Sabine Eickenrodt

Augen-Spiel

Jean Pauls optische Metaphorik der Unsterblichkeit

Sabine Eickenrodt

Augen-Spiel

Jean Pauls optische Metaphorik der Unsterblichkeit

WALLSTEIN VERLAG

Gedruckt mit Hilfe der Geschwister Boehringer Ingelheim Stiftung
für Geisteswissenschaften in Ingelheim am Rhein.

Inhalt

I. Clavis Pauliana: Einleitung 9
I.1. Voraussetzungen:
Textauswahl und Fragestellung 12
I.2. Der Register-Artikel »Auge/Augen«
im Nachlaß Jean Pauls 18
I.3. Witz, Metapher und Allegorie
in der *Vorschule der Ästhetik* 21
I.4. Das zeitgenössische Bildreservoir Jean Pauls:
Ophthalmologie, Sinologie und Aeropetomanie –
Voraussetzungen und Thesis der Arbeit 30

II. Poetisches Starstechen: Optische ›Palingenesien‹
des Erzählens in der *Unsichtbaren Loge* 36
II.1. Starstecher und Starinhaber:
Das Paradoxon des blinden Starstechens 42
II.2. Die »Erlebensunmöglichkeit« des Todes
oder vom »Sinn des Sehens« –
über Bonnet, Moritz und Kant 56
II.3. Mumien und künstliche Augen:
Zum Titel der *Unsichtbaren Loge*
und zu Kästners aufgeklärtem Unsterblichkeitsbeweis . . . 69
II.4. »Ägyptisches Predigen der Sterblichkeit«:
Barocke Spuren in der *Unsichtbaren Loge* 79
II.5. Augenschneiden und Starstechen:
Das poetische Verfahren im frühen Roman-Fragment . . . 88
5.1. Das Messer des Vetters Fedderlein 88
5.2. Lamm- und Augenstechen 93
5.3. »Staarmatz« und Starstechen 98
II.6. Zerschnittene Augen: Die Blendung des Amandus
und die Blindheit des Erzählers 107
II.7. Ein optischer Betrug: *Sieben letzte Worte*
und Vexierbilder des Todes – Jean Pauls Zeitpoetik 124

III. Sinesische Sprachgitter:
Schriftbilder der anderen Welt im *Hesperus* 136
III.1. Zweiwertigkeit des Sinesischen:
Philosophiekritik und Semiotik 138

III.2. Selbstgespräch eines Autors:
Hamann und das ›Manifest‹
einer sinesischen Poetologie 144
III.3. Blindes Denken: Atheismus und Sprachtheorie 149
III.4. Schleier und Sprachgitter:
Metaphern einer anderen Welt 158
III.5. Ein »Buch der Wandlungen«:
Namensvielfalt und Namenlosigkeit im *Hesperus* 167
III.6. Auge und Ei:
Jean Pauls moderne Experimental-Poetik 178
III.7. Augenarzt des Vaters: Viktors Blindenheilung 181
III.8. Die »schöne Verfinsterung der Sonne«:
Jean Pauls allegorisches Verfahren 187

IV. »Horizontale Himmelfahrt«
Poetische *ars volandi* im *Kampaner Tal*
und in *Des Luftschiffers Giannozzo Seebuch* 194
IV.1. Satirische Weltfahrt: Jean Pauls Rezeption barocker
Flugdichtung und der Ballon-Satire im 18. Jahrhundert . 202
IV.2. »Globe de compression«:
Experimentalkraft des bildlichen Witzes 211
IV.3. Ascension der Vernunft:
Die »idealistischen Saifenblasen-Montgolfieren«
der Kritischen Philosophie 214
IV.4. »Outside-Passenger«: Blanchard und Lavaters
Aussichten in die Ewigkeit im *Seebuch* 223
IV.5. »Bergperipatetiker«: Das Modell des Höhenblicks 236
IV.6. Exkurs: Das »Gesez der Schwere«:
Karoline von Günderrodes Jean-Paul-Rezeption.
Das Gedicht *Der Luftschiffer* (1803) 254
IV.7. »Luftige Promenaden« und blinde Orientierung:
Zur Dislozierung des Auges im *Seebuch* 268
IV.8. Blindheit und Endzeit:
Die wunderbare Gesellschaft in der Neujahrsnacht
– ein Prätext des *Seebuchs* 280
IV.9. Augen und Kugeln:
Die optische Metaphorik in Jean Pauls
Unsterblichkeitsschrift *Das Kampaner Tal* 284
9.1. Der Erzähler als Landschaftsmaler 287
9.2. Das »zweyte Seelenauge«: Jacobis Einfluß 292
9.3. Aurora und Göttin des Wegs:
Die Protagonistinnen Gione und Nadine 294

9.4. Heuschreckensprung und ›Augen-Kugel‹ der Kunst: Jean Pauls Rezeption von Hamanns »mimische[m] Stil« 299
9.5. Linkes und rechtes Auge: Westlicher und östlicher Ballonaufstieg im Schlußbild des *Kampaner Tals* 306

V. Sympathetische Ophthalmie
Jean Pauls Rezeption der »Friendship in Death« im *Titan* und *Selina*-Fragment: Ausblick ins Spätwerk 315
V.1. Die Freundinnen der Toten: Augenleiden und Jenseitsblicke 316
V.2. Der blinde Spiegel Liane: Zur Selbstreferentialität des ›Körperzeichens‹. 318
V.3. Hartnäckige »Ophthalmie an beiden Augen«: Liane, Selina und Diderots *Lettre sur les Aveugles* 319
V.4. Diamant und Auge: »Vereinigung von fortschwebender Phantasie und fortgrabender Philosophie« im *Selina*-Fragment 322
V.5. »Beweis des Gedächtnisses«: Das Vorbild Rousseau (*La Nouvelle Héloïse*). 325
V.6. »Sonnen- und Seelenfinsternis«: Bilder des Traumgedächtnisses 328

VI. ›Sehen im Wort‹.
Benjamins Umwertung von Kommerells *Jean Paul*: Epilog 334

Siglenverzeichnis 344

Bibliographie 346
Jean Paul 346
Quellen 347
Forschungsliteratur 360

Register der Werke Jean Pauls. 379

Personenregister 381

Danksagung 390

»Und erwache du auch, tieferer Träumer, der du die Aurora der Menschengeschichte in *Westen* erblickst und das Abendrot anfangs für Morgenrot ansiehst und den Aufgang der Sonne erwartest – und dann verzagst, weil sie verhüllt um Norden zieht! – Erwache, denn sie kommt wieder an ihrem Morgen, und jedesmal zu einem *längern* Tag.«

(Jean Paul: *Die wandelnde Aurora* 1799)

»*Wir Luft-Schifffahrer des Geistes!* [...] Wohin reisst uns dieses mächtige Gelüste, das uns mehr gilt als irgend eine Lust? Warum doch gerade in dieser Richtung, dorthin, wo bisher alle Sonnen der Menschheit *untergegangen* sind? Wird man vielleicht uns einstmals nachsagen, dass auch wir, *nach Westen steuernd, ein Indien zu erreichen hofften*, – dass aber unser Loos war, an der Unendlichkeit zu scheitern? Oder, meine Brüder? Oder? –«

(Nietzsche: *Morgenröthe* 1881)

I. Clavis Pauliana: Einleitung

Wohl kaum ein Autor hat mehr blinde Protagonisten, Starstecher und Augenoperateure in seinem Werk[1] aufzuweisen als Jean Paul. Vom ersten Roman *Die unsichtbare Loge* (1793) bis hin zur späten Unsterblichkeitsschrift *Selina* (postum: 1827) kann man ihre Spur verfolgen. Eine solche Fülle an Varianten optischer Defizite, die der Erzähler mit obsessiver Konkretion ins Bild setzt, wurde in der Forschung zwar vielfach beiläufig vermerkt, jedoch bisher weder in motivisch noch in metaphorologisch orientierten Studien zum Gegenstand der Untersuchungen gemacht. Selbst dort wurden sie nicht weiter zu bedenken gegeben, wo der Versuch im Vordergrund stand, den Augen-Menschen Goethe gegen den ›musikalischen‹ Jean Paul[2] auszuspielen. So unvergleichbar diese Blinden auch scheinen mögen, die sich thematisch aus der religiös-pietistischen Tradition ebenso rekrutieren wie aus der medizinischen des Starstechens oder der magnetistischen des Mesmerismus: Ihnen gemeinsam ist eine unverwandte Ausrichtung aller Sinne auf die ›andere Welt‹, die Blindheit nicht als Defizit, sondern als besondere Qualifikation fürs Jenseits erscheinen läßt. Ihre ›Auftritte‹ haben sie nicht selten in Sterbeszenen. In diesen wird mit großem dramaturgischen Aufwand ein Tableau der anderen Welt entworfen, ohne daß der Erzähler diese doch ›malerisch‹ in Erscheinung treten ließe. Gleichwohl ist das Thema der Blindheit bei Jean Paul aufs engste an den Topos der anderen, der ›zweiten‹ Welt gebunden und kann von den zeitgenössischen – insbesondere noch in der Tradition der Physikotheologie stehenden – Entwürfen nicht getrennt werden: Diese machten das mensch-

1 Die Schriften Jean Pauls werden – mit jeweiliger Datierung des Erstdrucks – im fortlaufenden Text nach üblicher Zitierweise mit Abteilung, Band, Seite (vgl. Angaben in der Bibliographie) nachgewiesen. Alle anderen Titel werden in den Fußnoten bei erster Erwähnung mit vollständiger Angabe genannt, in den folgenden mit Nachnamen des Autors, Kurztitel und Seitenzahl – in wenigen Ausnahmen nur mit Sigle und Seitenzahl.

2 Die Studie Julia Cloots (*Geheime Texte. Jean Paul und die Musik*. Berlin, New York 2001) zeigt (und kritisiert) überzeugend diese in der Rezeption tradierte Zuschreibung. Ihr kurzer Exkurs zum »Motiv der Blindheit« in den *Flegeljahren* (S. 210-212) beschränkt die Fülle dieses Motiv-Komplexes bei Jean Paul auf die Tradition des blinden, durch göttliche Gaben (der Musik) ausgezeichneten Sehers.

liche Auge und dessen Sehkraft zum Garanten einer uneingeschränkten Wahrnehmung jenseits des Todes.

Ein Vorhaben, das die Thematisierung von Blindheit in den Schriften Jean Pauls an die Frage der poetischen Darstellbarkeit von der anderen Welt binden will, hat sich in mehr als einer Hinsicht seines interpretatorischen Standorts zu vergewissern: Margarete Susman, die bereits 1925 in den Schriften Jean Pauls »eigentlich nur eine Periode, einen philosophisch-dichterischen Dithyrambus«[3] sehen wollte, weist zu Recht auf des Autors dilemmatische Auseinandersetzung mit dem Unsterblichkeitsthema hin, wenn sie deutlich macht, daß er den Glauben an die individuelle Fortdauer der Seele nicht aufzugeben bereit war und das (im 18. Jahrhundert ausgiebig diskutierte) Wiedersehen bzw. Wiedererkennen nach dem Tode als ein Postulat beizubehalten vermochte, obwohl er zugleich die »Gestalt der Persönlichkeit um ihrer noch tieferen Erhaltung willen« preisgegeben und jegliche »Phantasie über das Optische des Todes« vehement bekämpft habe. Als dilemmatisch ist dieses Verhältnis in der Tat insofern zu bezeichnen, als der naive Glaube an schöne »Aussichten in die Ewigkeit«, wie sie etwa Johann Caspar Lavater und zahlreiche andere Unsterblichkeitstheoretiker formulierten, von Jean Paul in aller Regel mit beißendem Spott quittiert wurde: Eine etwa bei Lavater – insbesondere auf Charles Bonnets *Palingenesie* (1769) – zurückgehende Überzeugung, daß die Fähigkeiten des menschlichen Auges dafür bürgten, unser künftiges Sehorgan in die Lage versetzen zu können, die »undenklich ausgebreitete Schöpfung auf Einmal« zu durchschauen und uns in der künftigen Welt »von allen Seiten zugleich sehen werden«[4] zu lassen, war ihm nicht weniger suspekt als der Kantische Pragmatismus einer moralphilosophisch gewendeten Theologie, in der die Unsterblichkeit der Seele als bloßes »Postulat der reinen praktischen Vernunft«[5] aufgegeben war. Jean Paul hat die vorkritische theologische und physikotheologische Tradition, die auf der Analogie zwischen einer »durch Hülfe des Telescops«[6] gesteigerten Sehkraft und einer durch das helle Licht Gottes gesteigerten Erkenntnisfähigkeit und

3 Vgl. Margarete Susman: *Das Problem der Unsterblichkeit bei Jean Paul.* In: *Jean-Paul-Jahrbuch* 1 (1925), S. 55-77; im folg. S. 70 f.

4 Johann Caspar Lavater: *Aussichten in die Ewigkeit, in Briefen an J. G. Zimmermann.* Th. 1-3, Hamburg 1773. Vgl. darin das Kapitel über Augen im 2. Th., 11. Brief, S. 138.

5 Immanuel Kant: *Kritik der praktischen Vernunft* (1788). In: *Werke in sechs Bänden.* Hrsg. von Wilhelm Weischedel, Bd. 4 (= Schriften zur Ethik und Religionsphilosophie). Darmstadt 1983, S. 252.

6 Vgl. auch im folg. Johann Friedrich Wilhelm Jerusalem: *Betrachtungen über die vornehmsten Wahrheiten der Religion an Se. Durchlaucht den Erbprinzen*

Stärkung der irdischen »schwachen Blicke« in einer zukünftigen »neue[n] Welt« beruhte, allerdings keineswegs aus seinem Werk verbannt, sondern vielfach variiert und mit dem Bildinventar der Augenheilkunde verbunden.

Im Dialog über die andere Welt bedient sich das Erzähler-Ich in der kleinen »Palingenesie« *Über den Tod nach dem Tode; oder der Geburttag*[7] der Argumente des zeitgenössischen Sinnesdiskurses, um gerade deren Nicht-Darstellbarkeit zu bezeugen: »Könnt' ich das künftige Leben beschreiben, so hätt' ich es« (I/6,165), entgegnet der Erzähler einem fragenden Jüngling, um daraufhin nahezu wörtlich die populäre Diskussion über die Wahrnehmungsfähigkeit sehend gewordener Blindgeborener aufzurufen und das seit Locke überlieferte Bild einer unüberwindbaren Kommunikationsschranke zwischen Blinden und Sehenden im Kontext der Unsterblichkeitsfrage neu zu formulieren: »Von der andern Welt sprechen wir jetzo wie Blinde vor dem Starstechen von der sichtbaren – alle Malereien ihres Morgenrots würden wie bei jenem Blinden auf Definitionen vom Trompetenton hinauslaufen« (I/6,165).[8] Die (ebenfalls im Kontext des philosophischen Sensualismus antwortende) Logik des Jünglings, daß gerade das Zusammenspiel der fünf unterschiedenen Sinne es erlaube, auf einen künftigen »eben besagten sechsten, siebenten« Sinn (in einer anderen Welt) zu schließen, wird vom Erzähler mit dem Vorwurf der Einseitigkeit abgewiesen. Statt an logische Schlußfolgerungen – so legt er nahe – habe man sich vielmehr an das Gefühl des »Sehnen[s]« (I/6,166) zu halten, das den (nicht sichtbaren und unkenntlichen) Gegenstand unserer Sehnsucht selbst verbürge. Mit diesem ›psychologisierenden‹ Argument, das auch in anderen Schriften – so v. a. im Aufsatz *Über die natürliche Magie der Einbildungskraft*[9] –

von Braunschweig und Lüneburg. Dritte Auflage. 2 Bde. Braunschweig 1770-1779, Bd. 1 (= VI: *Von einem zukünftigen Leben*, S. 232-273); hier: S. 240 f.

7 Der Aufsatz entstand 1801 (I/6,1254 f.) und ist erstmals in Johann Georg Jacobis *Taschenbuch für das Jahr 1802* erschienen.

8 Das Beispiel für das ›Farbenhören‹, die Bildverknüpfung des Trompetentons mit der Farbe Rot wird erstmals von Locke 1690 erwähnt und löste eine Flut von Anspielungen im 18. und 19. Jahrhundert aus. Vgl. hierzu den Stellenkommentar zu Herders Schrift *Kritische Wälder oder Betrachtungen über die Wißenschaft und Kunst des Schönen. Viertes Wäldchen über Riedels Theorie der Schönen Künste* (1769). In: Johann Gottfried Herder: *Werke in zehn Bänden.* Hrsg. von Günter Arnold u. a., Bd. 2 (= *Schriften zur Ästhetik und Literatur 1767-1781*; hrsg. von Gunter E. Grimm). Frankfurt a. M. 1991, S. 1014 f.

9 Dort heißt es: »Alle unsere Affekten führen ein unvertilgbares Gefühl ihrer Ewigkeit und Überschwenglichkeit bei sich – jede Liebe und jeder Haß, je-

vielfach wiederholt wird, führt der Erzähler jedoch jene Hierarchisierung der Sinne gerade fort, die in der Geschichte der Wahrnehmung dem Gesichtssinn aufgrund seiner Distanzierungsfähigkeit eine privilegierte Position gegenüber dem eng an die Körperlichkeit gebundenen Tastsinn eingeräumt hatte.[10] Denn mit der Begründung, daß uns der Gesichtssinn fehle, um uns die andere Welt vorzustellen, wir also im Hinblick auf diese ›wie Blinde‹ seien, verbleibt er einerseits in der Tradition, das Sehen höher zu schätzen als das Hören, Tasten, Riechen oder Schmecken, ohne andererseits dem Triumphzug der aufklärerischen Vernunft zu folgen, die sich in der Urszene des Starstechens, dem Sehend-Werden durch ärztlichen Eingriff, selbst zu feiern vermochte.

I.1. Voraussetzungen: Textauswahl und Fragestellung

In dieser Arbeit wird nach der optischen Metaphorik der Unsterblichkeit im Werk Jean Pauls gefragt. Dieses Erkenntnisinteresse setzt ein Problembewußtsein dessen voraus, daß der Werkcharakter seiner Schriften erzählerisch durch ein digressives Schreibverfahren und durch weitreichende Verknüpfungen der Romane untereinander selbst zur Disposition gestellt wird. Angesichts des umfangreichen Nachlasses,[11] der die Jean-Paul-Editoren der Würzburger Arbeitsstelle darin bestärkt, einen tradierten Werkbegriff in Bezug auf Jean Pauls Schriften tendenziell zu verabschieden, muß zugleich die Hoffnung, ein Konvolut an ausgewiesenen Unsterblichkeitsschriften unter seinen literarischen Arbeiten isolieren zu wollen, illusorisch erscheinen. Bereits ein kurzer forschungsgeschichtlicher Überblick zu Jean Pauls Unsterblichkeitsauffassung[12] kann deutlich machen, daß sich bis heute zwei große Rezeptionstenden-

der Schmerz und jede Freude fühlen sich ewig und unendlich. […] Wir sind unvermögend, uns nur eine Glückseligkeit vorzuträumen, die uns ausfüllte und ewig befriedigte.« (I/4,200).

10 Zur ästhetischen Wende Herders von einer Privilegierung des optischen zu einer des haptischen Sinns vgl. bes. Inka Mülder-Bach: *Eine »neue Logik für den Liebhaber«: Herders Theorie der Plastik*. In: *Der ganze Mensch. Anthropologie und Literatur im 18. Jahrhundert*. DFG-Symposium 1992. Hrsg. von Hans-Joachim Schings. Stuttgart und Weimar 1994, S. 341-370.

11 Vgl. Ralf Goebel: *Der handschriftliche Nachlaß Jean Pauls und die Jean-Paul-Bestände der Staatsbibliothek zu Berlin, Preußischer Kulturbesitz*. Teil 1 (Fasz. Ia-XV). Katalog. Wiesbaden 2002.

12 Die folg. Auswahl gibt einen repräsentativen Überblick über die Forschungsliteratur: Josef Müller: *Die Seelenlehre Jean Pauls* (Diss. Phil. Erlangen 1894). München 1894; Friedrich Sell: *Jean Pauls »Dualismus«*. Diss. Phil. Bonn

zen identifizieren lassen, deren eine mit ausdrücklichem Verzicht auf Textinterpretation die philosophisch-ästhetischen Voraussetzungen her-

1919; Herbert Remy: *Jean Paul. Seele und Leib.* Diss. Phil. Leipzig 1920; Georg Kulka: *Der Unsterblichkeitsgedanke bei Jean Paul* (1921). In: Ders.: *Werke.* Hrsg. von Gerhard Sauder unter Mitarbeit von Reiner Wild und Eckhard Faul. München 1987, S. 153-225; Susman: *Das Problem der Unsterblichkeit bei Jean Paul*, S. 55-77; Bruno Goetz: *Jean Paul und die drei Reiche.* In: *Jean-Paul-Jahrbuch* 1 (1925), S. 38-54; Walther Rehm: *Der Todesgedanke in der deutschen Dichtung vom Mittelalter bis zur Romantik.* Halle (Saale) 1928; Käte Hamburger: *Das Todesproblem bei Jean Paul* (1928). In: *Jean Paul.* Hrsg. von Uwe Schweikert. Darmstadt 1974, S. 74-105; zuerst in: *DVjs* 7 (1928), S. 446-474; Rudolf Unger: *Der Unsterblichkeitsgedanke im 18. Jahrhundert und bei unseren Klassikern.* Vortrag, gehalten in der Universität Göttingen am 8./9. Juli 1929. In: Ders.: *Gesammelte Studien III: Zur Dichtungs- und Geistesgeschichte der Goethezeit.* Darmstadt 1966 (2. Aufl.), S. 9-36; Anna Hübner: *Todeserlebnis und Todesproblem bei Johann Paul Friedrich Richter.* Diss. Phil. Wien 1936; Erich Trunz: *Zwischen Atheismus und Gottesglauben. Religiöse Motive in Jean Pauls großen Romanen.* In: Ders.: *Weltbild und Dichtung im Zeitalter Goethes: Acht Studien.* Weimar 1993, S. 108-124; Friedrich Diergarten: *Die Funktion der religiösen Bilderwelt in den Romanen Jean Pauls.* Köln 1967; Dorothee Sölle: *Realisation. Studien zum Verhältnis von Theologie und Dichtung nach der Aufklärung.* Darmstadt, Neuwied 1973, S. 168-280; Julius Harms: *Jean Pauls Weltgedanken und Gedankenwelt unter theologie- und philosophiegeschichtlichem Aspekt.* Diss. Phil. Marburg 1975; Wilhelm Schmidt-Biggemann: *Maschine und Teufel. Jean Pauls Jugendsatiren nach ihrer Modellgeschichte.* Freiburg, München 1975; Götz Müller: *Jean Pauls Ästhetik und Naturphilosophie.* Tübingen 1983; Albrecht Decke-Cornill: *Vernichtung und Selbstbehauptung. Eine Untersuchung zur Selbstbewußtseinsproblematik bei Jean Paul.* Würzburg 1987; Werner Gerabek: *Naturphilosophie und Dichtung bei Jean Paul. Das Problem des Commercium mentis et corporis.* Stuttgart 1988; Thomas Maier: *Der Vernichtglaube: die Diagnose der modernen Systemphilosophie in Jean Pauls »Selina«.* Frankfurt a. M., Berlin u. a. 1994; Thomas Maier: *»Selektion« als Prinzip moderner Vernichtung: ein Kapitel Jean Paul.* In: *Literatur für Leser*, H. 2 (1996), S. 93-106; Josef Kohnen: *Sterbe- und Grabespoesie im deutschen Roman. Zur intertextuellen Überlieferung des Themas von Martin Miller bis Wilhelm Raabe.* Bern etc. 1989, S. 61-116; Hans-Georg Pott: *Das Ich und der Tod. Zur biographisch-testamentarischen Form des Romans bei Jean Paul.* In: *JJPG* 24 (1989), S. 37-47; Peter Horst Neumann: *Vorgriffe auf die Unsterblichkeit. Über das Scheintod-Motiv bei Jean Paul.* In: *Aurora* 50 (1990), S. 207-217; Karl Pestalozzi: *Autonomie und Unsterblichkeitsglaube.* In: *Menschliche Autonomie.* Hrsg. von Raymond Battegay und Udo Rauchfleisch. Göttingen 1990, S. 106-119; Redmer Baierl: *Transzendenz. Weltvertrauen und Weltverfehlung bei Jean Paul.* Würzburg 1992; Monika Schmitz-Emans: *Überleben im Text? Zu einem Grundmotiv literarischen Schreibens*

auszuarbeiten versucht und deren andere diese in einem Schreibverfahren rhetorischer Selbstinszenierung verorten will, das (so Gerhard Neumann als ein vorsichtiger Vertreter dieser Richtung) Anfänge setze, »in denen das Endspiel keimt«.[13]

Zwar gehört die Zusammenstellung einiger zentraler Texte auch zu den vorrangigen Aufgaben einer Interpretation, die nicht in erster Linie nach den philosophischen Voraussetzungen von Jean Pauls Unsterblichkeitsdenken, sondern – wie es hier intendiert ist – nach dessen poetologischen Konsequenzen fragen will: Ohne die Berücksichtigung und Exposition der von der Forschung gemeinhin anerkannten Schriften zur Frage der Unsterblichkeit bzw. des *commercium mentis et corporis*[14]

und einigen Formen seiner Reflexion im poetischen Medium. In: *Colloquia Germanica* 26 (1993), H. 2, S. 135-161; Stephen Fennell: *Gleich und Gleich. Die Messianik bei Jean Paul*. Würzburg 1996; Gerhard Neumann: *Der Anfang vom Ende. Jean Pauls Poetologie der letzten Dinge im »Siebenkäs«*. In: *Das Ende. Figuren einer Denkform*. Hrsg. von Karl Heinz Stierle und Rainer Warning. München 1996, S. 476-44; Bernhard Buschendorf: *Jean Pauls »Kampaner Tal«: Ein Mendelssohn-Platonisches Kolloquium über die Unsterblichkeit der Seele*. In: *Literaturwissenschaftliches Jahrbuch* 38 (1997), S. 63-92; Thomas Wirtz: *»›Ich komme bald‹, sagt die Apokalypsis und ich«. Vorläufiges über den Zusammenhang von Weltende und Autorschaft bei Jean Paul*. In: *JJPG* 32/33 (1997/1998), S. 47-85; Wolfgang Riedel: *Die Macht der Metapher. Zur Modernität von Jean Pauls Ästhetik*. In: *JJPG* 34 (1999); Eckart Goebel: *Am Ufer der zweiten Welt. Jean Pauls »Poetische Landschaftsmalerei«*. Tübingen 1999 S. 56-95; Eugenio Spedicato: *Die grosse Kette des Bösen und Jean Pauls Poietodizee*. In: *JJPG* 34 (1999), S. 95-118; Ralf Berhorst: *Anamorphosen der Zeit. Jean Pauls Romanästhetik und Geschichtsphilosophie*. Tübingen 2002; Catherine J. Minter: *The mind-body problem in German literature, 1770-1830. Wezel, Moritz, and Jean Paul*. Oxford 2002.

13 Neumann: *Der Anfang vom Ende*, S. 476-494; hier: S. 483. Während Neumann jedoch diese Verwandtschaft mit Beckett nur erwägen will, avanciert sie in der Studie Paul Heinemanns (*Potenzierte Subjekte – Potenzierte Fiktionen. Ich-Figurationen und ästhetische Konstruktion bei Jean Paul und Samuel Beckett*. Würzburg 2001) zur zentralen These selbst. Heinemann untersucht die Gesamtwerke beider Autoren mit der problematischen Prämisse, daß deren Dichtungen »als Transzendentalpoesie im Sinne Friedrich Schlegels« (S. 396) betrachtet werden könnten.

14 Die Untersuchung dieser Texte wurde bereits früh als ein Forschungsdesiderat erkannt: Vgl. Hans-Jürgen Schings: *Der anthropologische Roman. Seine Entstehung und Krise im Zeitalter der Spätaufklärung. Kurt Ruh zum 65. Geburtstag*. In: *Deutschlands kulturelle Entfaltung. Die Neubestimmung des Menschen*. Hrsg. von Bernhard Fabian, Wilhelm Schmidt-Biggemann und Rudolf Vierhaus. München 1980, S. 247-275; hier: S. 263. Der Vermutung

wäre ein Verständnis des bei Jean Paul zu registrierenden historischen Wandels einer Auffassung von der ›anderen Welt‹ kaum möglich. Zu ihnen gehören u. a. die frühen *Rhapsodien* (entst. um 1780; II/1,255 ff.) die Abhandlungen *Über die vorherbestimte Harmonie* (entst. um 1790; II/2,649 ff.), *Über die Fortdauer der Seele und ihres Bewustseins* (entst. um 1791; II/2,776 ff.), *Über die natürliche Magie der Einbildungskraft* (in: *Quintus Fixlein* 1795[1796]; I/4,195 ff.), *Viktors Aufsatz über das Verhältnis des Ich zu den Organen* (in: *Hesperus* 1795; I/1,1099 ff.), *Palingenesien* (1798; I/4,717 ff.), *Das Kampaner Tal* (1797; I/4,567 ff.), die *Mutmassungen über einige Wunder des organischen Magnetismus* (in: *Museum* 1813; II/2,884 ff.), *Neues Kampaner Thal* (1816[-1823]; SW II/4,133 ff.) und *Selina oder über die Unsterblichkeit der Seele* (entst. 1823-25; 1827 postum hrsg. von Christian Otto; I/6,1105 ff.). Deren isolierte Interpretation käme allerdings einer retouchierenden Auslegung gleich, die leugnen wollte, daß der Topos der Unsterblichkeit nicht nur einer unter vielen anderen dieses Autors ist, sondern seinen gesamten Schriften und Romanen als ›geheimes‹ Generalthema zugrunde liegt.

Daß zumindest die in der Forschung vielzitierte November-Vision des eigenen Todes im Jahre 1790 (SW II/6.1,577), die der Autor selbst im Sinne einer literarischen Heiligenvita als biographisches Durchbruchserlebnis gekennzeichnet hat, durchaus nicht als eine Zäsur in seinem Schreiben aufgefaßt werden könne, hat früh Wolfgang Proß[15] gegen Interpreten geltend gemacht, die jene berühmt gewordenen – in die großen Romane eingelassenen – apokalyptischen Texte wie die *Rede des toten Christus* im *Siebenkäs* oder die Sterbeszene des Emanuel im *Hesperus* ihres relativierenden Rahmens[16] beraubten und separiert meinten lesen und deuten zu können: Auch nach diesem biographisch stilisierten Erlebnis ist im Gegenteil eine Selbstverpflichtung des Autors auf den ›ernsten‹ Ton, der die Texte aus der Zeit der satirischen

des Verfassers, daß der *Vorschule der Ästhetik* das Modell des *commercium mentis et corporis* als »geheime[s] Organisationsprinzip« (S. 265) zugrunde liege, kann in dieser Arbeit nicht nachgegangen werden.

15 Wolfgang Proß: *Jean Pauls geschichtliche Stellung*. Tübingen 1975, S. 175.

16 Der ans Lächerliche grenzende Aufschub des erhabenen Sterbens Emanuels im *Hesperus* wurde von Helmut Pfotenhauer (*Bilderfluch und Bilderflut. Zu Jean Pauls Hesperus*. In: Ders.: *Sprachbilder*. Würzburg 2000, S. 109-122; hier: S. 119) kenntlich gemacht. Thomas Wirtz (*»›Ich komme bald‹, sagt die Apokalypsis und ich«*, S. 71) analysiert das potenzierte reflexive Niveau des Erzählers im *Siebenkäs* und stellt zugleich die Absurdität heraus, die Christusrede – wie es nicht selten in der Forschung geschehen ist – im Sinne einer Erlösungsdichtung lesen zu wollen.

»Essigfabrik« für Vergangenheit erklärte, an keiner Stelle – auch im Spätwerk nicht – zu verzeichnen. Das für diese Arbeit relevante Textkorpus kann und soll deshalb hier mit dem Anspruch des Exemplarischen präsentiert werden, nicht ohne die in den Kapiteln zugeordnete Auswahl der Schriften bzw. der großen Romane unter der je wieder neuen Fragestellung nach einer optischen Metaphorik begründen und auf deren historischen Stellenwert hin überprüfen zu müssen.

Rudolf Unger hat darauf hingewiesen, daß »allein in den acht Jahren zwischen 1751 und 1758 nicht weniger als 54 selbständige Schriften« zum Unsterblichkeitsproblem »auf der Grundlage der zeitgenössischen rationalistischen Philosophie«[17] in Deutschland erschienen sind. Gerade das Frühwerk Jean Pauls steht – wie von Wilhelm Schmidt-Biggemann gezeigt wurde[18] – im Zeichen seiner Auseinandersetzung mit Leibniz und dessen Folgen in der philosophischen und popularphilosophischen, aber auch literarischen Thematisierung der Unsterblichkeit der Seele. Jean Pauls breite Rezeption dieser Jahrhundertdebatte ist bisher erst ansatzweise untersucht worden, und die Herausarbeitung ihres optischen Bildinventars und dessen Wirkung auf Jean Pauls Metaphorisierungsverfahren steht bis heute aus: Auch in der vorliegenden chronologisch verfahrenden Arbeit, die ihren Schwerpunkt in der Interpretation der Mikrostruktur ausgewählter Romane bis 1800 und der zentralen Dialoge über die Unsterblichkeit setzt, kann eine solche Untersuchung der philosophischen (und theologischen) Quellen nur exemplarisch geleistet werden. Dabei bleibt stets zu bedenken, daß der Autor sich diese Schriften nicht selten über Sekundärquellen wie (nach 1800) etwa Christian Wilhelm Flügges *Geschichte des Glaubens an die Unsterblichkeit* (1794-1800)[19] zugänglich machte, den er noch im nachgelassenen *Selina*-Fragment (I/6, 1149) erwähnt.

Andererseits war der ›Simultanleser‹ Jean Paul in der Lage, auch die komplexesten philosophischen Texte binnen kurzem zu ›verarbeiten‹: Dies zeigen seine Briefäußerungen an Friedrich Heinrich Jacobi über seine Fichte-Lektüre, die in die Jahre 1799 und 1800 zu datieren ist. (SW III/3,198;263). Jede Studie über eine Metaphorik der Unsterblichkeit in den Schriften Jean Pauls hat allererst zu bedenken, daß die Lektüre von Edward Youngs *Night Thoughts* (1742-45; dt. 1760-1771)[20]

17 Unger: *Der Unsterblichkeitsgedanke im 18. Jahrhundert*, S. 11.
18 Schmidt-Biggemann: *Maschine und Teufel*, a.a.O., 1975.
19 Christian Wilhelm Flügge: *Geschichte des Glaubens an die Unsterblichkeit.* 3 Teile. Leipzig 1794-1800.
20 Vgl. die folg. Titel nach der Chronologie ihres Erscheinens: *Dr. Eduard Young's Klagen oder Nachtgedanken über Leben, Tod und Unsterblichkeit.*

nicht weniger dem Wissenshorizont dieses Autors zuzurechnen ist als die noch von Wieland aufgenommene Euthanasia-Tradition, ebenso wie die Lektüre der Aufklärungstheologen Johann Joachim Spalding (1748) und Abraham Gotthelf Kästner (1767). Keine Romaninterpretation dieses Themas kann zudem von Jean Pauls (durchaus nicht immer widerspruchsfreier) Rezeption der sich an Leibniz orientierenden psy-

In neun Nächten. Nebst desselben characteristische Satiren auf die Ruhmbegierde, die allgemeine Leidenschaft. Aus dem Englischen ins Deutsche übersetzt, durchgehends mit kritischen und erläuternden Anmerkungen begleitet, und mit dem nach der letzten englischen Ausgabe abgedruckten Originale hrsg., von J. U. Ebert. 5 Bde. Braunschweig 1760-1771 (Orig.: 1742-45); Johann Joachim Spalding: *Die Bestimmung des Menschen, nebst einigen Zugaben.* Neue vermehrte Auflage. Leipzig 1794 (zuerst: Greifswald 1748), bes. S. 133-162 (= *Unsterblichkeit*); Abraham Gotthelf Kästner: *Erläuterung eines Beweisgrundes für die Unsterblichkeit der menschlichen Seele* (1767). In: *Gesammelte Poetische und Prosaische Schönwissenschaftliche Werke*, Bd. 3. Berlin 1841; Moses Mendelssohn: *Phaedon oder über die Unsterblichkeit der Seele in drey Gesprächen.* Carlsruhe 1780 (zuerst: 1767); Charles Bonnet: *Philosophische Palingenesie oder Gedanken über den vergangenen und künftigen Zustand lebendiger Wesen. Als ein Anhang zu den letztern Schriften des Verfassers; und welcher insonderheit das Wesentliche seiner Untersuchungen über das Christenthum enthält.* Aus dem Französischen übers., und mit Anmerkungen hrsg. von Johann Caspar Lavater. 2 Theile. Zürich 1769 f. (Orig.: *La Palingénésie philosophique, ou Idées sur l'État passé et sur l'État futur des Êtres vivans: Ouvrages destiné à servir de supplément aux derniers écrits de l'auteur, et qui contient principalement le précis de ses Recherches sur le Christianisme.* Genève 1770 (zuerst 1769)); Lavater: *Aussichten in die Ewigkeit*, a.a.O., 1773; Joachim Heinrich Campe: *Versuch eines neuen Beweises für die Unsterblichkeit der Seele.* In: *Deutsches Museum.* 2. Bd., Leipzig 1780, S. 203-211. (Diese Lektüre belegt Götz Müller: *Jean Pauls Exzerpte.* Würzburg 1988, S. 109); Jerusalem: *Betrachtungen über die vornehmsten Wahrheiten der Religion*, Bd. 1 (= VI: *Von einem zukünftigen Leben*), S. 232-273; Karl Spazier: *Antiphädon, oder Prüfung einiger Hauptbeweise für die Einfachheit und Unsterblichkeit der menschlichen Seele. In Briefen.* Leipzig 1785. Hrsg. und eingeleitet von Werner Krauss. Berlin 1961. – Wie wichtig dieses Thema auch noch um 1800 ist, zeigt Christoph Martin Wieland: *Euthanasia. Drey Gespräche über das Leben nach dem Tode. Veranlasst durch D.I.K.W.** LS. Geschichte der wirklichen Erscheinung seiner Gattin nach ihrem Tode* (1805). In: *Sämmtliche Werke.* Leipzig 1794-1811. Reprint der Ausgabe letzter Hand. Hrsg. von der Hamburger Stiftung zur Förderung von Wissenschaft und Kultur in Zusammenarbeit mit dem Wieland-Archiv Biberach/Riß und Dr. Hans Radspieler. Hamburg 1984, Bd. XII (= Bd. 37), S. 1-264.

chologischen Empirie eines Charles Bonnet (1769) und dessen Übersetzers Johann Caspar Lavater absehen oder gedanklich Jean Pauls Vertrautheit mit den großen Unsterblichkeitsdebatten im 18. Jahrhundert ausklammern: Zu diesen gehört die Lektüre der Werke Johann Friedrich Wilhelm Jerusalems (1774), die Kenntnis der Auseinandersetzung um Moses Mendelssohns Schrift *Phaedon* (1767), die bereits in *Über die Fortdauer der Seele und ihres Bewustseins* (1791; II/2,776) erwähnt wird; zu ihr gehört die Vertrautheit mit einem Plädoyer für den französischen Materialismus in Karl Spaziers *Antiphädon* (1785) ebenso wie die Kenntnis von Campes auf der Grundlage von Leibniz geschriebenem *Versuch eines Beweises der Unsterblichkeit der Seele* (1780). Und schließlich hat die Forschung gezeigt, daß Jean Pauls zustimmende Auseinandersetzung mit Friedrich Heinrich Jacobis Fichte-Kritik und entschiedenem Anti-Spinozismus sowie die weitgehend identifikatorische Lektüre von Herders Schriften über die Unsterblichkeit[21] zu den wichtigsten und durchaus nicht immer miteinander zu vereinbarenden Orientierungen im Denken dieses Autors gehören.

I.2. Der Register-Artikel »Auge/Augen« im Nachlaß Jean Pauls

Jean Paul hat seiner begründeten Ablehnung der in zahlreichen Unsterblichkeitsschriften virulenten »Phantasie[n] über das Optische des Todes« (Susman) keineswegs, wie man erwarten könnte, nun eine Poetik der Unsterblichkeit folgen lassen, die das erzählerische Verfahren und Medium des Sehens, die Visualisierung und das Augenmotiv, aus ihrem Repertoire gestrichen und zugunsten dargestellter Töne oder des abstrahierten Begriffs einer anderen Welt tendenziell eliminiert hätte. Die eingangs bereits benannte Verwendung des Augenmotivs in allen seinen Romanen, auch der Register-Artikel »Auge/Augen« im Faszikel 3a sowie die große Anzahl von Exzerpt-Einträgen[22] zum Thema ›Augen‹ bzw. ›Blindheit‹ im Jean-Paul-Nachlaß in der Staatsbibliothek Berlin zeigen eine obsessive Sammlung von höchst unterschiedlichen

21 Herders Schriften werden im jeweiligen Kontext nachgewiesen. Zum Wandel von Herders Unsterblichkeitsauffassung vgl. Tino Markworth: *Unsterblichkeit und Identität beim frühen Herder*. Stuttgart 2004.

22 Ich danke Herrn Dr. Michael Will, der mir seine Transkription des Register-Artikels »Auge/Augen« sowie der entsprechenden Exzerpte-Einträge zur Verfügung gestellt hat. Die auch im folg. herangezogenen Notate sind – wenn

naturkundlichen, biblischen, mythologisch-literarischen und sprichwörtlichen Quellen, Zitaten und Paraphrasen des Augen-Themas, die auch und gerade Kuriosa – »Der Elephant wischt die Augen mit den Ohren aus«, »Stechen des Stars gewöhnlich im Herbst und Frühling«, »Niemand steht blind von den Toten auf« – keineswegs verschmähten. Daß diese spezifische Roman-Werkstatt des Autors sein poetisches Verfahren gegen tradierte Deutungsversuche tendenziell resistent macht, ist der Forschung kein neues Problem. Waltraud Wiethölter hat in ihrer 1979 erschienenen wegweisenden Studie über den Witz bei Jean Paul zu bedenken gegeben, daß dessen poetischen Texten »[i]nformationstheoretisch gesprochen [...] die Redundanz«[23] fehle, die neben verläßlichen syntaktischen und semantischen Bezügen auch eine Interpretierbarkeit allererst verbürge. Jedes Wort, jede Formulierung und jede ingeniöse Verknüpfung hat bei Jean Paul in der Tat die Tendenz, für sich zu stehen. Dieser Sachverhalt hat nicht unwesentlich eine Forschungsrichtung gestützt, die das witzige schwankende Metaphernspiel der Romane Jean Pauls kurzerhand selbst für redundant erklärte, einzelne Passagen isolierte und diese für das ›eigentliche Werk‹ hielt.[24] Programmatische Widerstände gegen das digressive Verfahren dieses Autors gehören somit zur Wirkungsgeschichte seiner Literatur: Ihre Vertreter konnten auf die Autorität einer Tradition vertrauen, die in der Nachfolge der Romanpoetik der Aufklärung alles nicht zur ›Handlung‹ Gehörige getrost abzuschneiden empfahl.[25] Wer dieser methodischen Reduktion nicht folgen will, ist bis heute mit den Schwierigkeiten konfrontiert, die einer

nicht anders angegeben – dieser Fassung entnommen. Vgl. auch die von Michael Will, Sabine Straub und Monika Vince an der Würzburger Arbeitsstelle bearbeiteten Exzerpte-Hefte Jean Pauls von 1782 bis 1808 im Internetportal der Jean-Paul-Gesellschaft: http://www.uni-wuerzburg.de/germanistik/neu/jp-arbeitsstelle. Müller (*Jean Pauls Exzerpte*, S. 294-317) hatte in seine vorläufige Auswahl der Registerartikel folgende Stichworte aufgenommen: »Glükseligkeit«, »Lachen«, »Maschine«, »Name«.

23 Waltraud Wiethölter: *Witzige Illumination. Studien zur Ästhetik Jean Pauls.* Tübingen 1979, S. 18.

24 Vgl. hierzu zuletzt Hans Esselborn: *»Man kann sich nicht anders ganz sehen als im Auge eines fremden Sehers«. Jean Pauls Modernität im Spiegel der französischen Rezeption.* In: *JJPG* 34 (1999), S. 119-143.

25 Bereits Adolph Freiherr von Knigge beklagt sich in seiner Rezension über *Die unsichtbare Loge* (1794), daß die »häufigen Digressionen [...] nicht die Aufmerksamkeit, sondern die Ungeduld der Leser« erwecken würden: Vgl. *Jean Paul im Urteil seiner Kritiker. Dokumente zur Wirkungsgeschichte Jean Pauls in Deutschland.* Hrsg., eingeleitet und kommentiert von Peter Sprengel. München 1980, S. 3 f.; hier: S. 4.

Interpretation durch des Autors ungeheuren Kombinationsgeist zuzuwachsen scheinen: Der Sammler stellt sein Material nicht selten unter der Ägide des Wortspiels zusammen, das um des Klangs willen vor der Variierung von Gleichlauten nicht zurückschreckt. Zahlreiche Notate aus den Exzerpteheften können belegen, wie affiziert Jean Paul gerade solche Fundstücke aufnahm, denen ihre Sinnlosigkeit bereits auf den ersten Blick schon abzulesen war: Der dort zu findende Satz, daß man an manchen Orten »den heiligen Augustin als Augenpatron verehrt, weil sein Name mit Aug anfängt«,[26] ist keine Ausnahme, sondern kann als repräsentativ für dieses Verfahren gelten.

Die Handschrift des Registerartikels umfaßt 13 Seiten, hat also – verglichen etwa mit dem Artikel »Höhe/Tiefe« (von 21 Seiten) oder dem längsten Registerartikel »Tod« – einen mittleren Umfang. Die Editorinnen Sabine Straub und Monika Vince haben am Beispiel der Exzerpte zum Thema »Tod«[27] inzwischen auf die Diskrepanz zwischen den Registerartikeln und dem tatsächlichen Inhalt der Exzerptehefte hingewiesen. Sie warnen vor überzogenen Erwartungen an eine eindeutige Identifizierung der Quellen, können jedoch mit guten Gründen annehmen, daß der Autor zum Beispiel »beim Verfassen des *Siebenkäs* tatsächlich mit seinen gesammelten Registereinträgen gearbeitet hat«. Bereits die exemplarische Untersuchung der Verwendung nur einiger Exzerptestellen macht deutlich, daß auch die im besten Fall gelingende Rekonstruktion der Genese einer Textpassage keineswegs von deren Interpretation entlastet. Im Gegenteil: Die Editorinnen der Exzerpte erklären gar die wandelbare Höhle im *Kampaner Tal*, dem frühen Dialog über die Unsterblichkeit der Seele also, zu einem »Gleichnis für das schöpferische Vorgehen Jean Pauls«[28] selbst: Seine »auf den Erhalt ihrer selbst ausgerichtet[e] Dynamik der Kombination, Auflösung und Re-Kombination von Elementen« wird nach dieser Lesart schließlich einem »immerwährend[en] Scheintod als poetologische[m] Programm«[29] analogi-

26 Vgl. Exzerpte online: Fasz. IIb-15d-1789-0407.

27 Vgl. auch im folg. Sabine Straub, Monika Vince: *»Wetterleuchtende Demant- und Zaubergrube«. Zur Produktivität des Todes in Jean Pauls Exzerpten und literarischen Schriften*. In: *JJPG* 39 (2004), S. 27-58; hier: S. 34.

28 Ebd., S. 58.

29 Ebd., S. 57. Ralf Simon kommt in seiner originellen *Titan*-Interpretation zu ähnlichen Resultaten, wenn er die Frage nach der »Erzählbarkeit des Todes« stellt. Seiner *conclusio*, daß die »Darstellbarkeit des Undarstellbaren auf eine Intelligibilisierung des Sinnlich-Mimetischen hinausläuft, daß eine Idee oder ein abstrakter Begriff wie der Tod eine vermittelte ästhetische Anschauung findet«, kann in dieser Arbeit gefolgt werden. Ob diese Anschauung »sym-

siert. Wer für eine solche radikale Einziehung des metaphysischen Gehalts eines Unsterblichkeitsdenkens in das poetische Verfahren selbst plädiert, bricht zweifellos mit verbreiteten Forschungsansätzen, die die Eigenarten des Literarischen zugunsten von philosophischen Problemlösungsstrategien in den Hintergrund treten lassen wollen. Andererseits ist abzusehen, daß die elektronische Verfügbarmachung des weitverzweigten Exzerpte-Konvoluts[30] in Zukunft methodologische Probleme nicht beseitigen, sondern verstärkt aufwerfen könnte, weil das der Interpretation dann zugängliche Textgewebe dieses Autors sich mehr als je zuvor den tradierten Zuordnungsschemata eines literarischen Werkes gerade entziehen wird. Erst eine auf die Exzerpte gestützte Revidierung der I. Abteilung der zu Lebzeiten erschienenen Schriften, wie sie das Pilotprojekt der *Hesperus*-Edition[31] zur Zeit an der Jean-Paul-Arbeitsstelle vornimmt, wird die Möglichkeit einer systematischen Nutzung der Notate für zukünftige Interpretationen eröffnen können.

I.3. Witz, Metapher und Allegorie in der *Vorschule der Ästhetik*

Mit einem Begriff der Aufklärungspoetik, der – so Gottsched im *Versuch einer Critischen Dichtkunst* – die Metapher eine »verblümte Redensart« nennt, in der sich der Poet »von weitem ganz ungemeine Gedanken her[hole], die sich aber zur Sache schicken, und dem Verstande sehr angenehme Bilder machen, wenn er die Aehnlichkeit derselben einsieht«,[32]

bolisch« zu nennen ist, wie der Verfasser mit Bezug auf Kant vorschlägt, wäre allerdings zu diskutieren. Vgl. ders.: *Den Tod erzählen. Jean Pauls Thanatologie (»Titan«).* In: *Darstellbarkeit. Zu einem ästhetisch-philosophischen Problem um 1800.* Hrsg. von Claudia Albes und Christiane Frey. Würzburg 2003, S. 235-253; hier: S. 236, 252 f.

30 Vgl. Michael Will: *Die elektronische Edition von Jean Pauls Exzerpteheften.* In: *Jahrbuch für Computerphilologie* 4 (2002), S. 167-186. Online-Version; *Der elektronische Drache: Jean Paul digital.* In: *Rückert-Studien. Jahrbuch der Rückert-Gesellschaft e. V.* 14 (2002), S. 167-186.

31 Vgl. Thomas Wirtz: *Der »Hesperus« als Pilotband einer Edition der Erstausgaben. (Revidierte Abteilung 1A der zu Lebzeiten veröffentlichten Werke).* In: *JJPG* 34 (1999), S. 20-27; Barbara Hunfeld: *Glanz der Unebenheit. Aus Jean Pauls »Arbeitsloge« des »Hesperus«.* In: *JJPG* 35/36 (2000/01), S. 151-164.

32 Johann Christoph Gottsched: *Versuch einer Critischen Dichtkunst. Erster allgemeiner Theil.* In: *Ausgewählte Werke.* Hrsg. von Joachim Birke und Brigitte Birke. Bd. 6.1. Berlin, New York 1973, S. 326 f.

ist ein Verfahren nicht mehr zu beschreiben, das die erkenntnisstiftende Funktion der Metapher – ihre *creatio* also – betont. Deren räumliche Bestimmung, die im aristotelischen Sinn als Übertragbarkeit von ›Namen‹, als eine Herstellung von Äquivalenzen zwischen Verschiedenem verstanden worden ist und im 18. Jahrhundert der Wahrheitsfindung diente, war durch die Kantische Neubestimmung der symbolischen Erkenntnis in ihren Grundlagen erschüttert worden.

Was unter einer Metapher bzw. einer Allegorie zu verstehen sei, wird von Jean Paul in den Paragraphen 50 und 51 der *Vorschule der Ästhetik* (I/5,184 f.;189 f.) selbst definiert, ohne daß diese ästhetischen Bestimmungen seinen Lesern ein zuverlässiges Interpretament für das Verständnis seiner Romane an die Hand geben würden. Denn es ist kaum zu übersehen, daß die Definitionen mit seiner eigenen poetischen Praxis nicht Schritt halten können: Daß »jede Sprache in Rücksicht geistiger Beziehungen ein Wörterbuch erblasseter Metaphern« (I/5,184 f.) sei, ist im 18. Jahrhundert zeichentheoretischer Konsens; und noch in Jean Pauls Bestimmung der Allegorie, diese sei »seltner eine fortgesetzte Metapher als eine abgeänderte und willkürliche« (I/5,189), und sie sei die »leichteste Gattung des bildlichen Witzes [...], weil sie also viertens immer unter der Hand die Metaphern auswechselt« (I/5,189), steht merklich in der Tradition von deren Abwertung, also in der Folge einer autonomieästhetischen Privilegierung des Symbols, die u. a. auch von Karl Philipp Moritz vertreten worden war: »Die Figur, in so fern sie schön ist, soll nichts bedeuten«, so schreibt dieser in seinem Aufsatz *Über die Allegorie* (1789), »und von nichts sprechen, was außer ihr ist, sondern [...] soll durch sich selbst bedeutend werden.«[33]

Die Problematik einer einlinigen Verortung Jean Pauls im Kontext der ästhetischen Auseinandersetzung um die Allegorie hat Waltraud Wiethölter in ihrer bis heute maßgeblichen Studie über die *Vorschule der Ästhetik* herausgearbeitet: Es kann als unstrittig gelten, daß Jean Pauls poetisches Verfahren im Frühwerk als allegorisches insofern zu verstehen ist, als ihm ein Korrespondenzmodell von Witz und Harmonie im

33 Vgl. Karl Philipp Moritz: *Über die Allegorie* (1789). In: *Schriften zur Ästhetik und Poetik*. Kritische Ausgabe. Hrsg. von Hans Joachim Schrimpf. Tübingen 1962, S. 112-115. Die Briefe *an* Jean Paul ermöglichen eine genauere Rekonstruktion seiner ästhetischen Differenzen zu Moritz; sie zeigen, daß der Freund und erste Leser Jean Pauls, Christian Otto, der Symbolästhetik Moritz' grundsätzlich verhaftet bleibt und das allegorische Verfahren Jean Pauls aus dieser Perspektive entschieden kritisiert (SW IV/2,73). Vgl. hierzu meine Rezension der beiden ersten (von Monika Meier, Dorothea Böck, Jörg Paulus hrsg.) Briefbände in: *JJPG* 40 (2005), S. 187-199; hier: S. 196 f.

Sinne eines »abgeschwächte[n] Derivat[s] von prästabilierter Harmonie und Kombinatorik«[34] entspricht, das in der poetischen Praxis eine unendliche Reihe von Allegorien zu erzeugen vermag. Diesem frühen Verständnis hat Jean Paul nie ganz abgeschworen. Der Autor läßt vielmehr keinen Zweifel daran, daß der Witz auf den Begriff der Allegorie zurückzuführen und mit ihm aufs engste verbunden ist, insofern die allegorische Versinnlichung das Abstrakte nicht nur konkretisiert, sondern zugleich auch auslegt, also deutende Funktion hat.[35] Es wäre höchst problematisch, den Vorschulparagraphen als ein Indiz für Jean Pauls Verabschiedung der Allegorie zugunsten des Symbols zu nehmen, wenngleich Brüche und Übergänge in der allegorischen Praxis – im Sinne einer »Subjektivierung des Allegorischen«[36] – auszumachen sind.

Wiethölter markiert diesen Übergang nicht in der unspezifischen Argumentation der *Vorschule der Ästhetik*, sondern an Beispielen aus dem *Siebenkäs*, die Jean Pauls einsetzende ästhetische Reflexion des Zusammenbruchs eines Systems universaler Repräsentation gleichsam vorführten. Die Folge eines solchen Bruchs ließe sich an der Bewertung des Zufalls im poetischen Verfahren selbst ermessen: Habe dieser im Hoheitsbereich der Theodizee noch je durch den »Einheitsgrund der Dinge« aufgewogen werden können, so sei er nun zu seiner ganzen Unberechenbarkeit befreit, die ihre Spuren in einem sich tendenziell dem Schein übergebenden poetischen Verfahren zeige. Es ist dies der kritische Punkt, an den jede Interpretation der Texte Jean Pauls geraten muß und mit der Frage der Zuordnung zu ästhetischen Modellen seiner Zeit zu beantworten hat. Wiethölters Antwort ist plausibel, weil sie eine einlinige Verortung gerade mit dem Hinweis darauf verweigert, daß das historisch Ungleichzeitige der Allegoriebegriffe in Jean Pauls Texten nebeneinander auch bis in den späten Roman *Komet* hinein zu

34 Wiethölter: *Witzige Illuminationen*, S. 154.

35 Peter André Alt (*Traditionswandel des Allegoriebegriffs zwischen Christian Gryphius und Gottsched.* In: *Europäische Barock-Rezeption*. Hrsg. von Klaus Garber. Wiesbaden 1991, S. 249-279; hier: S. 277) hat darauf hingewiesen, daß gerade dieses »Band, das hermeneutische Impulse und veranschaulichende Wirkung untrennbar verknüpft, [...] bei Gottsched endgültig gerissen« sei. Mit Recht hat Alt (*Begriffsbilder. Studien zur literarischen Allegorie zwischen Opitz und Schiller*. Tübingen 1995, S. 554) für Jean Pauls frühe Teufelssatiren »die Dialektik einer Allegoriekritik« offengelegt, »die sich selbst allegorischer Mittel bedient, um Gehör zu finden«. Allerdings ist mit der Bestimmung dieser Dialektik noch nicht die Fortsetzung von diesem allegorischen Verfahren auch in späteren Schriften erklärt.

36 Vgl. auch im folg. Wiethölter: *Witzige Illumination*, S. 166.

finden sei. Um dem Dilemma einer jeweiligen Distinktion zu entkommen, schlägt sie (mit Burkhardt Lindner) vor, eher von einem »allegorischen Problemzusammenhang«[37] als von Allegorien zu reden. Diese Umschreibung umfaßt auch die Notwendigkeit, eine explizite Unterscheidung Jean Pauls vom Kantischen Begriff der »symbolischen Erkenntnis« vorzunehmen: Die Interpretin sieht sie in der Weigerung des Autors der *Vorschule der Ästhetik* gegeben, »die obsolet gewordene metaphysische Weltauslegung der Aufklärung gegen eine ästhetizistisch-symbolische einzutauschen«, und gelangt zu dem Befund, daß Jean Paul statt dessen versuche, »den neuzeitlichen Subjektivismus mit dem christlichen Denken und Glauben unmittelbar zu verbinden«, was letztlich heiße, daß Jean Paul »die Genieästhetik nicht philosophisch, sondern theologisch« gedeutet habe.[38] Wiethölter zeigt folgerichtig auch den Abstand von Jean Pauls Verständnis des Witzes als *figura ludens* zum Schillerschen Spielbegriff auf und formuliert somit eine Einsicht, die in der neueren Forschung von Bernhard Buschendorf[39] mit Blick auf Kant als eine »relative Autonomie des Ästhetischen« auf den Begriff gebracht wurde.

Die Studien zum metaphorischen Verfahren Jean Pauls avancierten in den 80er Jahren zum Leitthema der Forschung, das Hendrik Birus 1987 im Kontext seiner Kritik an Kommerells unspezifischem Metaphernbegriff und in gleichermaßen kritischer Auseinandersetzung mit dem literaturwissenschaftlichen Strukturalismus Jakobsons unter das summarische Urteil faßte, man könne die Formel vom ›Metaphoriker Jean Paul‹ allenfalls als eine »heuristische Fiktion«[40] verstehen. Dieser Schlußfolgerung war sein Buch[41] über die späte Affinität Goethes zu dem ›Orientalen‹ Jean Paul vorausgegangen, und sie kann als vorläufiger Abschluß einer Reihe von Forschungsarbeiten gelten, deren Hauptinteresse den stilistischen Eigenheiten und den sprachtheoretischen Grundlagen des Autors gegolten hatten: Mit Ursula Naumanns an der Rhetorik orien-

37 Vgl. Burkhardt Lindner: *Satire und Allegorie in Jean Pauls Werk. Zur Konstitution des Allegorischen.* In: *JJPG* 5 (1970), S. 7-61.

38 Wiethölter: *Witzige Illumination*, S. 180 f.

39 Bernhard Buschendorf: *»Um Ernst, nicht um Spiel wird gespielt.« Zur relativen Autonomie des Ästhetischen bei Jean Paul.* In: *JJPG* 35/36 (2000/2001), S. 218-237.

40 Hendrik Birus: *Der »Metaphoriker« Jean Paul.* In: *JJPG* 41 (1987), S. 41-66; hier: S. 66.

41 Hendrik Birus: *Vergleichung. Goethes Einführung in die Schreibweise Jean Pauls.* Stuttgart 1986.

tierten Studie *Predigende Poesie* (1976)[42] und mit Monika Schmitz-Emans' enzyklopädisch verfahrenden *Ansätze[n] zu einer Theorie der Sprache* (1986)[43] hatten die folgenden Studien ein Fundament erhalten, um ihre bis dahin weitgehend getrennt verfahrenden philosophisch-ästhetischen und poetologischen Fragestellungen zusammenführen zu können. Im Horizont der semiotischen Untersuchungen zum Verhältnis von Bild und Schrift, die Schmitz-Emans kontinuierlich fortführte[44] und die von Helmut Pfotenhauer[45] zum Forschungsschwerpunkt an der Würzburger Arbeitsstelle gemacht wurden, geriet die Frage nach dem Verhältnis von Weltende und Autorschaft in den 90er Jahren[46] zunehmend in den Blick der Forschung. Erst auf dieser Grundlage wurde die Unsterblichkeitsfrage, die bis dahin eine Domäne der philosophisch und theologisch orientierten Untersuchungen war, auch explizit in einen poetologischen Kontext[47] gerückt. Die hierzu bisher vorliegenden einschlägigen Studien zum metaphorischen bzw. allegorischen Verfahren[48]

42 Ursula Naumann: *Predigende Poesie. Zur Bedeutung von Predigt, geistlicher Rede und Predigertum für das Werk Jean Pauls.* Nürnberg 1976; bes. S. 63-88 (= »Verba visibilia«).

43 Monika Schmitz-Emans: *Schnupftuchsknoten oder Sternbild. Jean Pauls Ansätze zu einer Theorie der Sprache.* Bonn 1986.

44 Vgl. z. B. Monika Schmitz-Emans: *Der verlorene Urtext. »Fibels Leben« und die schriftmetaphorische Tradition.* In: *JJPG* 26/27 (1991/92), S. 197-222. Neuere Aspekte zum Thema ›Bild und Schrift‹ bieten ihre (Jean Pauls Texte mit einbeziehenden) Arbeiten: Vgl. dies.: *Die Literatur, die Bilder und das Unsichtbare. Spielformen literarischer Bildinterpretation vom 18. bis zum 20. Jahrhundert.* Würzburg 1999; *Sankt Lukas als Statist. Malerfiguren und Malergeschichten bei Jean Paul.* In: *JJPG* 37 (2002), S. 53-85.

45 Helmut Pfotenhauer: *Bilderflut und Bilderfluch. Zu Jean Pauls »Hesperus«.* In: *JJPG* 31 (1996), S. 9-21; *Roquairol oder semiotische Verwerfungen als poetische Figur.* In: *JJPG* 32/33 (1998), S. 9-32; *Bild – Schriftbild – Schrift: Jean Paul.* In: Ders.: *Sprachbilder*, S. 123-136.

46 Neben der Arbeit von Neumann (*Der Anfang vom Ende*, S. 476-494) vgl. Wirtz: *»›Ich komme bald‹, sagt die Apokalypsis und ich«*, S. 47-84.

47 Dieser war früh bereits von Ulrich Profitlichs Studie über das Erzähler-Leser-Verhältnis eröffnet worden: *Der seelige Leser. Untersuchungen zur Dichtungstheorie Jean Pauls.* Bonn 1968.

48 Die ausgewählten Forschungsarbeiten werden – soweit sie noch nicht genannt sind – nach der Reihenfolge ihres Erscheinens aufgeführt: Elisabeth Endres: *Jean Paul. Die Struktur seiner Einbildungskraft.* Zürich 1961; Wolfdietrich Rasch: *Die Erzählweise Jean Pauls. Metaphernspiele und dissonante Strukturen.* In: *Interpretationen.* Bd. III. Deutsche Romane von Grimmelshausen bis Musil. Hrsg. von Jost Schillemeit. Frankfurt a. M. 1966, S. 82-117; Hartmut Vinçon: *Topographie: Innenwelt – Außenwelt bei Jean Paul.*

Jean Pauls gewannen insbesondere durch Beate Allerts (1987; 1998) Interesse an des Dichters ›barockem Stil‹ sowie in neuerer Zeit durch Ralf Berhorsts (2002) gattungstheoretisch orientierte Untersuchung der Zeit-Bilder Jean Pauls, Maximilian Bergengruens (2000/03) an der Katoptrik orientierte *Titan*-Interpretation und Barbara Hunfelds (2004) semiotisch orientierte Studie zu den »kosmische[n] Augenblicke[n]« in Jean Pauls ›Kardinalroman‹ neue Aufmerksamkeit. Mit poststrukturalistischem Impetus hatte dieses semiotische Terrain bereits Thomas Wirtz zuvor in mehreren Aufsätzen abgesteckt. Im Bewußtsein um die Brisanz seines Gegenstands brachte er die *Rede des toten Christus* auf den Begriff, daß in ihr das »transzendentale Signifikat Gott durch die

München 1970; Lindner: *Satire und Allegorie in Jean Pauls Werk*, S. 7-61; ders.: *Jean Paul. Scheiternde Aufklärung und Autorrolle.* Darmstadt 1976; Proß: *Jean Pauls geschichtliche Stellung*, a.a.O., 1975; Ulrich Fleischhut: *Die Allegorie bei Jean Paul.* Bonn 1977; Peter Sprengel: *Innerlichkeit. Jean Paul oder das Leiden an der Gesellschaft*. München, Wien 1977; Beate Allert: *Die Metapher und ihre Krise. Zur Dynamik der »Bilderschrift« Jean Pauls.* New York 1987; dies.: *Die Unsichtbare Loge: Jean Paul's Critique of Ocularcentrism.* In: *Literatur und Geschichte. Festschrift für Wulf Köpke zum 70. Geburtstag*. Hrsg. von Karl Menges. Amsterdam 1998, S. 111-138; Bernhard Böschenstein: *Leibgeber und die Metapher der Hülle.* In: *Jean Paul. Sonderband Text + Kritik: Jean Paul.* 3., erw. Aufl. 1983, S. 59-64: Maximilian Rankl: *Jean Paul und die Naturwissenschaft*. Frankfurt a. M., Bern, New York 1987; Hans Esselborn: *Das Universum der Bilder. Die Naturwissenschaft in den Schriften Jean Pauls.* Tübingen 1989; Herbert Kaiser: *Jean Paul lesen. Versuch über seine poetische Anthropologie des Ich*. Würzburg 1995; Christian Sinn: *Jean Paul. Hinführung zu seiner Semiologie der Wissenschaft.* Stuttgart 1995; Rüdiger Zymner: *Manierismus. Zur poetischen Ästhetik bei Johann Fischart, Jean Paul und Arno Schmidt*. Paderborn 1995; Regula Bühlmann: *Kosmologische Dichtung zwischen Naturwissenschaft und innerem Universum: Die Astronomie in Jean Pauls »Hesperus«*. Bern, Berlin, Frankfurt a. M., New York 1996; Gesine Lenore Schiewer: *Cognitio symbolica. Lamberts semiotische Wissenschaft und ihre Diskussion bei Herder, Jean Paul und Novalis*. Tübingen 1996; Maximilian Bergengruen: *»Heißbrennende Hohlspiegel«. Wie Jean Paul durch die Optik seine Poetik sichtbar werden läßt*. In: *Kunst und Wissenschaft um 1800.* Hrsg. von Thomas Lange und Harald Neumeyer. Würzburg 2000, S. 19-38; Hartmut Vollmer: *»Blumen-Phantasien«. Betrachtung eines zentralen allegorischen Motivs in Jean Pauls Roman »Siebenkäs«*. In: *JJPG* 37 (2002), S. 129-145; Berhorst: *Anamorphosen der Zeit*, a.a.O., 2002; Maximilian Bergengruen: *Schöne Seelen, groteske Körper. Jean Pauls ästhetische Dynamisierung der Anthropologie.* Hamburg 2003; Barbara Hunfeld: *Der Blick ins All. Reflexionen des Kosmos der Zeichen bei Brockes, Jean Paul, Goethe und Stifter.* Tübingen 2004.

unendliche Semiose überholt« werde.[49] Seine provokante Formulierung verdankt sich einer Einsicht, die in der Geschichte der Jean-Paul-Forschung keineswegs als selbstverständlich gelten kann: der Prämisse, daß weder die experimentalnihilistischen Passagen ohne den Kontext des jeweiligen Romans noch andererseits die Romanhandlung ohne diese Passagen gelesen werden können.

Eine an der Unsterblichkeitsmetaphorik bei Jean Paul orientierte Untersuchung ist allererst mit dem ebenso programmatischen wie zugleich folgenreichen Satz in der *Vorschule der Ästhetik* konfrontiert, daß die Poesie »die einzige *zweite* Welt in der hiesigen« (I/5,30; Herv. i. Orig.) sei. Mit großem philosophie- und theologiegeschichtlichem Aufwand nähert sich Wolfgang Riedel (1999) diesem Satz im Kontext zeichentheoretischer Modelle. Im Rahmen seiner Interpretation der Witz-Paragraphen markiert er sein Interesse am »borderliner«[50] Jean Paul als einem Grenzgänger zwischen Philosophie und Rhetorik. Er geht davon aus, daß mit jeder Rede von der ›Innenwelt der Seele‹ immer schon metaphorisch Geist als Raum konzipiert werde und ein Denken voraussetze, das im tradierten theologischen Diskurs mit der dualen Zeichentheorie vorgegeben sei, in der die hiesige Welt auf eine andere verweise. Wenngleich dieses Modell mit der Physikotheologie historisch ihren letzten Triumph gefeiert habe, sei der »Topos der Natur als Buch«[51] der Poesieauffassung Jean Pauls weiterhin zugrunde zu legen: Dieser weise also der Dichtung – darin folgt Riedel unausdrücklich Wiethölters früher Witzanalyse – »Amt und Aufgabe der traditionellen Metaphysik und Theologie«[52] zu.

In Bezug auf die Darstellbarkeit der anderen Welt ist mit der Konstatierung einer solchen Amtsübertragung indirekt auch das von Hans Blumenberg umschriebene Problem der Existenz »absolute[r] Metaphern«[53] aufgerufen, das dieser auf »begrifflich nicht ablösbar[e] Aussagefunktione[n]« bezogen hat, auf eine metaphorische Rede also, die sich nicht auf ihr ›Eigentliches‹ zurückführen läßt. Nicht zufällig hat Blumenberg die Existenz dieser absoluten Metaphern historisch auf den Paragraphen 59 der *Kritik der Urteilskraft* bezogen, wo die Metapher als »Modell in pragmatischer Funktion«, d. h. der *praktischen* Bestimmung des Gegenstands, ausgewiesen werde: also nicht als ein Modell der Be-

49 Wirtz: *»Ich komme bald‹, sagt die Apokalypsis und ich«*, S. 71 f.
50 Riedel: *Die Macht der Metapher*, S. 91.
51 Ebd., S. 81.
52 Vgl. im folg. ebd., S. 83.
53 Vgl. auch im folg. Hans Blumenberg: *Paradigmen zu einer Metaphorologie*. In: *Archiv für Begriffsgeschichte* 6 (1960), S. 7-142; hier: S. 9 f.

stimmung (wie Kant sagt) dessen, »was er an sich, sondern der praktischen, was die Idee von ihm *für uns und den zweckmäßigen Gebrauch* derselben werden soll«.[54] In diesem Verständnis ist für Kant »alle unsere Erkenntnis von Gott bloß symbolisch«,[55] was aber nicht heiße – so Blumenberg – daß eine so verstandene absolute Metapher nicht durch andere ersetzt oder durch möglicherweise zutreffendere korrigiert werden könnte. Im Gegenteil: Blumenberg macht gerade am Beispiel des frühen Satirikers Jean Paul deutlich, daß die »Wahrheit der Metapher [...] eine vérité à faire«[56] sei. Obwohl es mit Kant müßig geworden sei, »über das Ganze der Welt theoretische Aussagen zu machen«, sei es – so Blumenberg – »doch keineswegs gleichgültig, nach den Bildern zu fahnden, die dieses als Gegenständlichkeit unerreichbare Ganze ›vertretend‹ vorstellig machen«.

Somit ist der Befund einer Rückstellung der Philosophie in Rhetorik als Zeitdiagnose zutreffend und charakterisiert Jean Paul mit Recht als einen Modernen wider Willen. Im Sinne der diagnostizierten Krisenzeit, die eine poetische Avantgarde jenseits des Autorselbstverständnisses[57] und ästhetischer Programmatik hervorzubringen vermag, ist eine Markierung dieses Übergangs insbesondere dann überzeugend, wenn man berücksichtigt, daß vom ersten Roman an das poetische Verfahren Jean Pauls dem Prozeß einer ›unwillkürlichen Moderne‹ unterliegt und immer schon im Begriff ist, sich je bereits in ihrer Aussageweise selbst zu reflektieren und zu relativieren. Die Poesie gibt sich also nicht bloß (im Sinne Jacobis) als eine Statthalterin der Metaphysik, sondern erlangt – so meine These – im poetischen Prozeß gerade deren Deutungshoheit. Eine Existenzsicherung der anderen Welt wird auf diese Weise von Jean Paul nicht über ein Kantisches ›moralisches Postulat der praktischen Vernunft‹ geleistet und auch nicht in eine »romantische Konstellation«[58] überführt, wie Riedel es – mit Berufung auf Kurt Wölfels frühen Einwand, daß Jean Pauls Polemik gegen den romantischen Idealismus eine eigene Wunde entblöße[59] – nahezulegen scheint. Die sprachliche Orga-

54 Vgl. auch im folg. Immanuel Kant: *Kritik der ästhetischen Urteilskraft* (1790). In: *Werke in sechs Bänden,* Bd. V, S. 460 f.; Herv. S. E.

55 Kant: *Kritik der ästhetischen Urteilskraft*, S. 461.

56 Vgl. auch im folg. Blumenberg: *Pradigmen zu einer Metaphorologie*, S. 21.

57 Vgl. hierzu den Aufsatz von Sabine M. Schneider: *Klassizismus und Romantik – zwei Konfigurationen der einen ästhetischen Moderne. Konzeptuelle Überlegungen und neuere Forschungsperspektiven.* In: *JJPG* 37 (2002), S. 86-128; hier: S. 87 f.

58 Riedel: *Die Macht der Metapher*, S. 91.

59 Kurt Wölfel: *»Ein Echo, das sich selber in das Unendliche nachhallt«. Eine*

nisation und erzählstrukturelle Anlage der Romane verweisen vielmehr auf ein höchst aporetisches poetologisches Modell: Sie zeigen, daß die Poesie als *Medium*, als vermittelte ›Selbstexplikation‹ und Ausdruck der zweiten Welt, »als die einzige *zweite* Welt in der hiesigen«, zugleich in den Dienst von deren Deutung tritt. Diese kann nicht als bloße Aufgabe der Entzifferung verstanden werden, sondern ist vielmehr erst im Sinne eines ›selbstexegetischen‹ Prozesses zu leisten.

Mit dieser Voraussetzung sollen die folgenden Interpretationen meiner Arbeit zeigen, daß eine bis in die Mikrostruktur der Romane sich fortsetzende Tendenz zur Allegorisierung das der Theologie entlehnte duale und über den Witz gesicherte – räumlich organisierte – Zeichenmodell aus seiner festgelegten Ordnung entläßt. Der im Witz ja mitgelieferte etymologische Anteil des *Sehens* (von dem Wiethölter spricht) und des *Wissens* (den der Autor der *Vorschule der Ästhetik* (I/5,171) herausstellt) tendiert in Jean Pauls Schriften zu einem dynamisierten allegorischen Verfahren. Eine solche These hat stets mitzubedenken, daß die Funktion des Witzes darin besteht, ein sinnliches Zeichen auf ein anderes, den Sinnen nicht zugängliches Bezeichnetes hin transparent zu machen. Diese andere (uneigentliche) Rede hält die abwesende ›andere Welt‹ in der Poesie präsent, ohne sie je repräsentieren zu können. Vielmehr wird zugleich immer auch die Differenz zwischen Sinn und Bedeutung, zwischen Bild und Schrift deutlich markiert und befestigt, und die andere Welt wird in einen unabschließbaren Prozeß des Schreibens und Erzählens überführt. Vor diesem Hintergrund wäre auch die von Heinrich Bosse[60] früh aufgeworfene und bis heute nicht beantwortete Frage »nach den stabilisierenden Faktoren in Jean Pauls schwankender Metaphernwelt« neu zu stellen. Bosses Überlegungen, ob es »metaphorische Konstanten bei Jean Paul in der Form [gebe], daß bestimmte gegensätzliche Qualitäten (heiß – kalt [...], rein – trübe) in der syntaktischen Position des Attributs der Wertmaßstäbe« funktionierten, führt ihn zu der Schlußfolgerung, daß, falls »sich solch eine – nicht modellhafte, sondern in Oppositionen organisierte« Metaphorik nachweisen ließe, dies erklären könne, »warum sich Jean Pauls Schriften so abweisend gegen die traditionellen Ansprüche an den Gehalt einer Dichtung zeigen«.

Betrachtung von Jean Pauls Poetik und Poesie (1966). In: *Kurt Wölfel. Jean-Paul-Studien*. Hrsg. von Bernhard Buschendorf. Frankfurt a. M. 1989, S. 259-300; hier: S. 259.

60 Heinrich Bosse: *Vorfragen zur Metaphorik bei Jean Paul*. In: *DVjs* 45 (1971), S. 326-349; im folg. S. 347; ders.: *Theorie und Praxis bei Jean Paul. § 74 der »Vorschule der Ästhetik« und Jean Pauls erzählerische Technik, besonders im »Titan«*. Bonn 1970.

I.4. Das zeitgenössische Bildreservoir Jean Pauls: Ophthalmologie, Sinologie und Aeropetomanie – Voraussetzungen und Thesis der Arbeit

Jean Pauls Metaphorisierung eines von ihm sich selbst auferlegten Rezeptionsverbots optischer Palingenesien kann zumal dort als eine eminent moderne gelten, wo sie ihre Bilder nicht in erster Linie aus dem theologischen Fundus der Allegorese, sondern aus den zentralen zeitgenössischen Wissensdiskursen bezieht, die vom Autor keineswegs in der bloßen Funktion eines Polyhistors oder verschrobenen Sammlers adaptiert, sondern vielmehr – so meine These – poetologisch ins Zeichen der Unsterblichkeit gestellt werden.

Ein Interpretationsvorhaben, das kulturgeschichtliche Dokumente als Bildspender eines poetischen Verfahrens ernst nimmt, hat sich höchst unterschiedlichen Anforderungen und Legitimationserwartungen zu stellen. Dies gilt insbesondere dann, wenn die für das Thema der anderen Welt herangezogenen zeitgenössischen Textdokumente aus so unterschiedlichen Wissensgebieten wie der Augenheilkunde, der Sinologie und der Ballonfahrt kommen. Jean Paul gibt in der *Vorschule der Ästhetik* im Paragraphen 55 über das »Bedürfnis des gelehrten Witzes« selbst eine Begründung für dessen Technik, die, wenn ihr »nicht das Entfernteste beifällt, das Neueste zum Bilde« (I/5,203) ergreife, und bezieht sich auf das Luftschiff, das als »witzig-verbindendes Weberschiff« seine Dienste getan habe, bis ihm durch die Ereignisse der Revolution einiges an Wert verlorengegangen sei. Daß die in dieser Arbeit ausgewählten Bildspender universalen Wissensdiskursen angehören, steht außer Frage. Ihre Relevanz im Kontext einer Metaphorik der Unsterblichkeit um 1800 ist zudem evident, und ihrer Bildlichkeit ist je schon die Assoziation des Gedankens an eine andere Welt eingeschrieben. Sie bilden die drei Schwerpunkte dieser Arbeit: *Erstens* bezog die durch medizinische Innovation möglich gewordene aufklärerische Urszene des Starstechens ihre Wirkung aus der Vorstellung, diese Welt durch die Vision der Bewohner einer anderen – mit den Augen der blindgeborenen Sehendwerdenden also – neu zu erschaffen. *Zweitens* war auch die im Kontext einer Verabschiedung der Metaphysik wieder ins Bewußtsein gerückte chinesische Kultur im 18. Jahrhundert[61] als andere Welt der christlichen Zivilisation im Alltagsbewußtsein fest verankert. *Drittens* galt die Montgolfiere als neues Vehikel der alten Luftschiff-Phantasie, in

61 Vgl. hierzu Adrian Hsia: *Chinesia. The European Construction of China in the Literature of the 17th and 18th Centuries*. Tübingen 1998.

andere Welten zu entschweben. Alle diese Bildspender können zudem auf barocke Inventionen zurückgeführt werden, die in der Analyse des metaphorischen Verfahrens je mit zu bedenken sind. Die zeitgenössische Augenheilkunde, deren Schriften Jean Paul zur Kenntnis genommen hat, wird von ihm im ersten Roman – so meine These – auf der Textgrundlage eines barocken Predigens der Sterblichkeit gelesen. Die chinesische Kultur im 18. Jahrhundert war nicht zuletzt durch Leibniz' Interesse an einer *clavis sinica* im Kontext seines Universalsprachen-Projekts zu Aktualität gelangt. Und mit der Erfindung der Montgolfiere erinnerte man sich eines Luftschiff-Projekts des italienischen Jesuiten Francesco Lana, dessen Erfindung von Leibniz gewürdigt worden war und im Jahre 1783 wieder hochaktuell wurde.

Die umfangreiche Recherche in so differierenden Wissensgebieten Jean Pauls kann sich mit dem positivistischen Ertrag, der die von Hans Esselborn[62] begonnene wichtige Präsentation eines »Universums der Bilder« zu ergänzen beansprucht, keineswegs begnügen. Jean Pauls Rezeption der zahlreichen Quellen, die in dieser Arbeit genannt werden, ist durch die Einträge in seine Exzerptehefte oder durch die Erwähnung in den Schriften und Romanen gesichert, zumindest aufgrund ihrer zeitgenössischen Popularität evident. Gleichwohl werden sie im folgenden nur in den seltensten Fällen an den Exzerpten selbst verifiziert: Dieser Verzicht ist durch den Umstand zu begründen, daß eine systematische Katalogisierung und Zuordnung der Quellen den Rahmen dieser thematisch weitgesteckten Arbeit notwendigerweise sprengen müßte. Deren Erkenntnisinteresse liegt nicht in der Kommentierung und enzyklopädischen Inventarisierung des Wissens Jean Pauls, sondern in dessen sprachlicher Realisierung vor dem Hintergrund seines Unsterblichkeitsdenkens. Dieses Interesse begründet methodisch auch die Entscheidung gegen eine diskursanalytische Untersuchung, wie sie Jürgen Link[63] zur Ballonfahrt initiiert hat. Zwar sind dessen Ergebnisse in dieser Arbeit mit Interesse zur Kenntnis genommen worden: Kritisch

62 Esselborn: *Das Universum der Bilder*, a.a.O., 1989.

63 Jürgen Link: *Über ein Modell synchroner Systeme von Kollektivsymbolen sowie seine Rolle bei der Diskurs-Konstitution*. In: *Bewegung und Stillstand in Metaphern und Mythen. Fallstudien zum Verhältnis von elementarem Wissen und Literatur im 19. Jahrhundert*. Hrsg. von Jürgen Link und Wulf Wülfing. Stuttgart 1984, S. 63-92; vgl. ders.: *»Einfluß des Fliegens! – Auf den Stil selbst!«. Diskursanalyse des Ballonsymbols*. In: Link (Hrsg.): *Bewegung und Stillstand in Metaphern und Mythen*, S. 149-164. Vgl. ebd.: Hans Ulrich Seeber: *Der Ballonaufstieg als Spektakel und Metapher. Zur Assimilierung neuen Wissens in die englische Versdichtung des 19. Jahrhunderts*, S. 165-200.

steht sie ihnen allerdings dann gegenüber, wenn eine ›Raster-Fahndung‹ nach Kollektivsymbolen Gefahr läuft, die Variabilität des individuellen metaphorischen Ausdrucks in den Romanen dieses Autors zu vereindeutigen. Wenn im thematischen Kontext von *optischer* Metaphorik die Rede ist, so wird nicht beansprucht, einer literarischen oder philosophischen Metaphorologie des technischen Mediums (wie des Fernrohrs, des Teleskops, Mikroskops, der Brillen und Lorgnetten) ein weiteres Kapitel hinzuzufügen.[64] Vielmehr lautet die grundlegende These dieser Arbeit, daß die Augenmetapher bei Jean Paul in das poetologische Zentrum seiner Welt der Zeichen rückt und ein unüberschaubares und scheinbar willkürliches digressives Geflecht seiner »Nebenschößlinge«, »Extrablätter«, »Antrittsprogramme« und abgerissenen Erzählfäden organisiert. Es kann davon ausgegangen werden, daß die für Jean Pauls Schriften vielfach nachzuweisende und in der sprachtheologischen Tradition stehende Zentralisierung des metaphorischen Verfahrens auf ein göttliches Auge hin zugleich auch entschieden ›dezentralisiert‹ wird: Die Interpretation der folgenden Kapitel will zeigen, daß in den Schriften und Romanen bis zum *Titan* das empfindsame ›Augenspiel‹ poetologisch gewendet und zu einem narrativen ›Spiel mit Augen‹ wird, in dem der Erzähler die Augenmetapher selbst einer Signifikantenkette der Ähnlichkeiten von Ballon, Sonne und Kugel übergibt. Wer in einem solchen poetischen Verfahren ›unendlicher Transplantation‹ Jean Pauls Verabschiedung der Metaphysik sehen wollte, müßte ausblenden, daß ein erbitterter Kritiker der Unsterblichkeitslehre, Arthur Schopenhauer, die »Ungereimtheiten, die er [Jean Paul] nicht verdauen kann«, monierte und distanziert anzuraten wußte, man müsse nur dessen *Selina* lesen, »um zu sehn, wie ein höchst eminenter Geist sich herumschlägt mit den sich ihm aufdringenden Absurditäten eines falschen Begriffs [...] der individuellen Fortdauer unsers gesammten persönlichen Bewußtseyns nach dem Tode«.[65]

64 Eine solche Studie gehört andererseits noch immer zu den Desideraten der Forschung: Insbesondere Ulrich Stadlers Arbeit hat erste Schritte zur Untersuchung der ›literarischen Optik‹, u. a. in Jean Pauls *Leben des Quintus Fixlein*, unternommen. Vgl. ders.: *Der technisierte Blick. Optische Instrumente und der Status von Literatur. Ein kulturhistorisches Museum.* Würzburg 2003, S. 101-109.

65 Arthur Schopenhauer: *Parerga und Paralipomena II.* Erster Teilband (1851). In: Ders.: *Zürcher Ausgabe. Werke in zehn Bänden.* (Hrsg. nach der historisch-kritischen Ausgabe von Arthur Hübscher; 3. Aufl., Wiesbaden 1972). Bd. IX. Kap. 10 (= *Zur Lehre von der Unzerstörbarkeit unsers wahren Wesens durch den Tod*), § 134. Zürich 1977, S. 290; Herv. i. Orig.: »Eben jenes Kämpfen und Ringen Jean Pauls beweist«, so heißt es dort weiter, »daß der-

Die vorliegende Arbeit strebt somit eine Verbindung von einerseits kultur- sowie literaturgeschichtlicher Dokumentation und andererseits poetologischer Reflexion im Dienst einer an der Mikrostruktur der Texte Jean Pauls orientierten Interpretation an. Angesichts der höchst unterschiedlichen und gleichwohl repräsentativen Bildspender wurde ein Interpretationsverfahren gewählt, das die Metaphorizität der Schriften dieses Autors exponiert. Es nimmt deshalb bewußt Überbelichtungen vor und arbeitet immer dann mit dem hermeneutischen Mikroskop sowie auch mit Kommentaren im Anmerkungsapparat, wenn das Erkenntnisziel der Arbeit es verlangt. Diese verfährt nicht streng monographisch, sondern versucht, in chronologisch orientierten Interpretationen einen exemplarischen Zugang zum Thema zu gewinnen. Zudem wird das Textkorpus mit wenigen Ausnahmen auf die Zeit von 1790 bis 1804 begrenzt. Die Auswahl der Texte läßt sich vor allem durch die jeweilige Aktualität, philosophische Brisanz und den hohen Stellenwert rechtfertigen, den die hier zu diskutierenden Wissensdiskurse als kulturgeschichtliche Bildspender für die Unsterblichkeitsdichtung insbesondere des ausgehenden 18. Jahrhunderts beanspruchen konnten. Deren Relevanz ist auch noch für die Spätschriften Jean Pauls zu belegen, wie einige von mir bereits an anderer Stelle veröffentlichte Einzelstudien zum *Titan*, zum Romanfragment *Der Komet* und zum nachgelassenen *Selina*-Fragment zeigen, die der vorliegenden Arbeit als ›Proben aufs Exempel‹ gelten, jedoch in diese nur kursorisch mit aufgenommen wurden.[66] Um die Veränderungen des Themas im Werk Jean Pauls zu skiz-

gleichen, aus Falschem und Wahrem zusammengesetzte Begriffe nicht, wie man behauptet, heilsame Irrthümer, vielmehr entschieden schädlich sind. Denn nicht nur wird, durch den falschen Gegensatz von Seele und Leib, wie auch durch Erhebung der gesammten Persönlichkeit zu einem Dinge an sich selbst, welches ewig bestehn soll, die wahre, auf dem Gegensatz zwischen Erscheinung und Ding an sich beruhende Erkenntniß von der Unzerstörbarkeit unsers eigentlichen Wesens, als eines von Zeit, Kausalität und Veränderung Unberührten, unmöglich gemacht, sondern jener falsche Begriff kann nicht ein Mal als Stellvertreter der Wahrheit fest gehalten werden; […]«.

66 Auf diese Studien wird jeweils in den Anmerkungen Bezug genommen: *Kopien der Kopien. Urbild und Abbild in Jean Pauls »Titan«*. In: *Übersetzen, Übertragen, Überreden. Für Klaus Laermann*. Hrsg. von Sabine Eickenrodt, Stephan Porombka, Susanne Scharnowski (unter Mitarb. von Jörg Neuenfeld). Würzburg 1999, S. 95-108; dies.: *Horizontale Himmelfahrt oder poetische Ars volandi. Die optische Metaphorik der Unsterblichkeit in Jean Pauls »Komet«*. In: *JJPG* 35/36 (2000/2001), S. 267-292. – Das Kap. III (*Sinesische Sprachgitter*) ist eine überarbeitete und erheblich erweiterte Fassung eines Aufsatzes, der unter diesem Titel im *JJPG* (2003), S. 30-77 erschienen ist.

zieren, wurde der bereits 1998 von mir publizierte Aufsatz *Blindes Vertrauen. Die Metapher der toten Freundin in Jean Pauls »Titan« und »Selina«-Fragment* (1998)[67] in gekürzter und überarbeiteter Fassung als V. Kapitel (*Sympathetische Ophthalmie. Jean Pauls Rezeption der »Friendship in Death«*) der Arbeit eingefügt. Diese Vorstudien legen das Fundament für eine systematische Historisierung von Jean Pauls optischer Metaphorik, die mit einer Perspektive auf das Gesamtwerk gleichwohl weiterhin als ein Forschungsdesiderat gelten muß, nicht zuletzt weil die Exzerpte, Nachlaßbände und die Kontextbriefe an Jean Paul noch nicht vollständig vorliegen.

Das Kapitel *Poetisches Starstechen: Optische ›Palingenesien‹ des Erzählens in der »Unsichtbaren Loge«* wirft die Frage nach einer Metaphorisierung von Blindheit im frühen Roman Jean Pauls auf, der die zeitgenössischen augenanatomischen Studien zur Praxis des Starstechens – so die grundlegende These dieses Kapitels – bereits um 1790 auf Sprache bezieht und zugleich an eine barocke Thematisierung der Sterblichkeit bindet, ohne diese doch zu affirmieren.

Das Kapitel *Sinesische Sprachgitter. Schriftbilder der anderen Welt im »Hesperus«* fragt nach dem Einfluß einer sprachtheoretischen Rezeption chinesischer Kultur bei Gottfried Wilhelm Leibniz und dessen Relevanz für Jean Pauls philosophiekritisches Denken und poetisches Verfahren. Seine Ablehnung des von Leibniz im Kontext einer *ars characteristica* entworfenen »blinden Denkens« wird in Analogie zur optischen Metapher des »Sprachgitters« gesetzt. Diese kann einen im Unsterblichkeitsdenken Jean Pauls originären Stellenwert beanspruchen und ist bisher vor allem in der Celan-Forschung beachtet worden, während sie dagegen in Studien zu Jean Paul – bis auf wenige eher enzyklopädisch verfahrende Ansätze wie bei Böschenstein[68] – immer noch so gut wie keine Rolle spielt.

Das Erkenntnisinteresse im Kapitel *»Horizontale Himmelfahrt«. Poetische ars volandi im »Kampaner Tal« und in »Des Luftschiffers Giannozzo Seebuch«* gilt schließlich einer metaphorischen Transformation

67 Erschienen in: Quer*elles*. Jahrbuch für Frauenforschung. Bd. 3: *Freundschaft im Gespräch*. Hrsg. von Sabine Eickenrodt und Cettina Rapisarda (unter Mitarb. von Ute Pott). Stuttgart 1998, S. 184-201.

68 Bernhard Böschenstein: *Umrisse zu drei Kapiteln einer Wirkungsgeschichte Jean Pauls: Büchner – George – Celan*. In: Ders.: *Leuchttürme. Von Hölderlin zu Celan. Wirkung und Vergleich*. Frankfurt a. M. 1977, S. 147-177; *Celan als Leser Hölderlins und Jean Pauls*. In: *Argumentum e Silentio. Internationales Paul Celan-Symposium*. Hrsg. von Amy D. Colin. Berlin und New York 1987, S. 183-198.

der von Jean Paul rezipierten Wissensdiskurse der Ballonfahrt im Sinne einer seit 1783 technisch ermöglichten Himmelfahrt, die im Kontext der Unsterblichkeit adaptiert werden. Die Interpretation rekurriert auf überlieferte Ballonfahrerberichte und Abhandlungen sowie exkursorisch auf zeitgenössische literarische Texte, insbesondere auf Karoline von Günderrodes Gedicht *Der Luftschiffer* (1803), das mit der von ihr rezipierten Unsterblichkeitsschrift Jean Pauls kontrastiert wird. Eine in den Texten des Autors vielfach aufgerufene Ballonmetaphorik wird dabei nicht nur im literarischen Bildbereich von Gravitation und Levitation (bzw. von Vertikalität und Horizontalität) zu lesen sein. Denn der Erzähler überantwortet das Bild des Ballons (als Analogon zum göttlichen Auge) seinem narrativen Darstellungsverfahren, das in der Forschung gemeinhin als ein humoristisches deklariert wird. Die vorliegende Arbeit vermeidet es, mit der Analyse von Jean Pauls Humorparagraphen in der *Vorschule der Ästhetik* einzusetzen, um sie dann der Lektüre seiner Schriften als verbindlich zu unterlegen. Vielmehr sollen umgekehrt die folgenden Jean-Paul-Studien als Beitrag zur Rekonstruktion des »›lange[n] Weg[s]‹ von der Wahrnehmung zur Darstellung«[69] verstanden werden, dessen Geschichte Peter Utz für die Goethezeit eindrücklich skizziert hat. Die für den Topos der Unsterblichkeit zentralen Texte Jean Pauls greifen auf Bilder zeitgenössischer Wissensdiskurse zurück. Sie werden im folgenden vor dem Hintergrund der von ihm rezipierten Zweiweltenlehre gelesen: mit dem Ziel, die Veränderungen in der poetischen Verfahrensweise dieses Autors allererst in den Blick zu bringen.

69 Peter Utz: *Das Auge und das Ohr im Text. Literarische Sinneswahrnehmung in der Goethezeit*. München 1990, S. 53 ff.

II. Poetisches Starstechen: Optische ›Palingenesien‹ des Erzählens in der *Unsichtbaren Loge*

»Von der andern Welt sprechen wir jetzo wie Blinde vor dem Starstechen von der sichtbaren«.
(Jean Paul; I/6,165)

In seiner Rede zum 175. Todestag Jean Pauls wurde eine in der Forschung etablierte und bisher kaum ernsthaft in Frage gestellte Überzeugung vom Laudator Jan Philipp Reemtsma mit Berufung auf seine Lesererfahrung grundlegend erschüttert: Der von Jean-Paul-Exegeten nicht selten vertretene Grundsatz, daß die *Unsichtbare Loge* als poetische Anleitung zur Existenz des »hohen Menschen«[1] zu lesen sei, setzt der durch Arno Schmidt sensibilisierte Interpret sein »Entsetzen« über

1 So argumentiert (wenngleich mit Einschränkungen) noch Reinhart Heinritz: *»Kindheitshöhle«. Über Jean Pauls Roman »Die unsichtbare Loge«.* In: *JJPG* 34 (1999), S. 156-169; bes. Kap. III: »Der ›hohe Mensch‹ im ›Widerstreit‹«, S. 164-169. Auch Beatrice Mall-Grob verbleibt in diesem Rahmen: »Die transzendierende Dynamik der hohen Menschen und die sich entziehende Bewegung des Unendlichen, das sich enthüllend verbirgt, diese Dynamik hat in der *Unsichtbaren Loge* eine entsprechende poetische Gestalt gewonnen.« Vgl. dies.: *»Der zerschlitzte Himmel«. Eröffnung des Unendlichen in der »Unsichtbaren Loge« Jean Pauls.* In: *Verbergendes Verhüllen. Zur Theorie und Kunst dichterischen Verkleidens.* Hrsg. von Wolfram Malte Fues und Wolfram Mauser. Würzburg 1995, S. 131-144; hier: S. 132. Kaiser (*Jean Paul lesen*, S. 46) sieht nicht die Irritationen der Liebesszenen in der *Unsichtbaren Loge*, wenn er schlußfolgert: »In der Liebe transzendiert sich das biologisch-soziale Individuum, es hebt seine Vereinzelung auf; aber auch das logische Subjekt, sofern die Welt – als gegenständlich äußere – nicht mehr von der Basis des menschlichen Verstandes aus gemessen wird, sondern – als göttliche Unendlichkeit – sich ihrerseits dem Menschen zuwendet [...]«; Fennell (*Gleich und Gleich*, S. 61-88) gibt eine genaue Analyse der platonischen Einflüsse und der Beschäftigung Jean Pauls mit sokratischer Philosophie in der *Unsichtbaren Loge*. Neuere Arbeiten kommen (über die Untersuchung der Metaphorik bei Jean Paul) zu einer entschiedenen Relativierung des Ideals vom ›hohen Menschen‹: Vgl. besonders Elvira Steppacher: *Körpersprache in Jean Pauls »Unsichtbarer Loge«.* Würzburg 1996; Allert: *Jean Pauls Critique of Ocularcentrism,* S. 111-138.

eine Textstelle dieses frühen Romans entgegen, die bisher in ihrer Bedeutung keineswegs erkannt bzw. der Auferstehungsszene Gustavs und der Sterbeszene des Amandus hintangestellt oder als bloßer Nebenschauplatz abgehandelt wurde. Diese von Reemtsma angeführte Passage der gewalttätigen Blendung eines Kindes, dem im Wald von einer alten Frau die Augen zerschnitten werden (I/1,88 f.), habe ihn nicht entsetzt, so berichtet der Jean-Paul-Leser, weil ihm hier die Literatur zuwenig von der Realität geschieden sei, er also einer Verwechslung von Fiktion und Wirklichkeit zu erliegen drohe, sondern gerade »*weil* sie Literatur ist und nichts weiter«.[2] Börnes Verherrlichung des Dichters Jean Paul als eines »Tröster[s] der Menschheit«[3] werde zumindest insofern relativiert, als diese Tröstung mit einer ungeheuren – und in ihrer Wirkung entsetzenden – »ästhetischen Virtuosität« einhergehe, »mit der hier Leid erfunden wird: nur um ein Widerspiel zu haben zum Sonnenauge, nur um dem Augenöffnen Gustavs [...] eine höllische Parodie zur Seite zu stellen«.[4]

Um möglichen Mißverständnissen vorzubeugen, konkretisiert Reemtsma sein Entsetzen mit Hinweisen auf die Romanhandlung: Erschreckend sei an dieser Blendungspassage nicht, *daß* der Erzähler »das Entsetzliche in seine Literatur läßt, sondern daß er es dort gleich wieder gut macht«, somit eine für den Leser identifizierbare und vorbildgebende Moralität also gänzlich ausbleibe. Er lasse uns vielmehr »mit dem, was wir gesehen haben, allein«, und mehr noch, er mache allen, die die Welt »an der Hand seiner Worte für zu wohnlich gehalten haben«, einen Strich durch die Rechnung, indem er Blindheit zur generellen Haltung des Romans erkläre, denn (so argumentiert Reemtsma):

> blind ist Gustav, der die zerschnittenen Augen des Kindes nicht sieht, und blind sind wir gewesen, wenn wir uns von den Worten des zu unserer Welt erwachenden Gustav nur haben verzücken lassen und nicht auch entsetzen vor diesem Arrangement aus unterirdischer Vor-Welt, gespieltem Tod und Erwachen zu einer Welt, in der, das wissen alle, nur Gustav noch nicht, der Tod umgeht.[5]

Reemtsmas Diagnose bricht mit dieser Feststellung ab, weil es ihm im folgenden um die Interpretation des späten *Komet*-Romans geht. Im

2 Jan Philipp Reemtsma: *Komet*. In: *JJPG* 35/36 (2000/2001), S. 10-31; hier: S. 11; Herv. i. Orig.

3 Ludwig Börne: *Denkrede auf Jean Paul*. In: *Hesperus. Blätter der Jean-Paul-Gesellschaft* 23 (1962), S. 35.

4 Vgl. auch im folg. Reemtsma: *Komet*, S. 12 f.

5 Ebd.

Sinne des Interpreten ließen sich seinen Beobachtungen deshalb weitere hinzufügen wie etwa die, daß ein die Leser ergreifendes Entsetzen nicht selten durch die Komik, die der Erzähler mit Hilfe seiner ostentativen Gleichgültigkeit gegenüber dem Geschehen zu verbreiten weiß, noch überboten wird. Jene höchste Steigerungsstufe des unbeteiligt dargestellten blinden Geschehens erlangt die Erzähler-Darstellung im Modus ihres Lachens, das alles, was geschieht, nicht nur ästhetisierend schönt, sondern – weit entsetzlicher – darüber hinaus noch einem offenen Zynismus einordnen zu wollen scheint. Die von Reemtsma angeführten Beispiele wären deshalb noch durch einen mehr als befremdlichen Satz, dessen Komik man sich durchaus nicht entziehen kann, zu überbieten: Gleich nach der Darstellung der gewaltsamen Blendung und anschließenden (beiläufig beschriebenen) Verarztung des Knaben Amandus, dessen Augen notdürftig mit einer Binde verdeckt werden, läßt der Erzähler seine Leser wissen, daß er »einmal auf der letzten Station vor Leipzig eine so reizende Querbinde über der Stirn und dem Auge eines Mädchens« gesehen habe, daß er »wünschte, meine Frau würde von Zeit zu Zeit dorthin geritzt, weil es nett ausfällt« (I/1,90).

Daß dieses in Heiterkeit umschlagende Leser-Entsetzen nur am Anfang einer Literaturgeschichte der Beunruhigung durch die mannigfaltigen Spielarten des ästhetisierten Schreckens steht, muß – im Kontext der Rezeptionsästhetik des 20. Jahrhunderts – kaum betont werden. Bereits die Lektüre von E. T. A. Hoffmanns *Sandmann*, der seine Motive – wie das der Augendestruktion und der Puppe Olimpia[6] – maßgeblich der *Unsichtbaren Loge* verdankt, ist in der Lage, seine Leser in eine weit unheilvollere Verfassung zu versetzen als die auf Empfindsamkeit gestimmten Rezipienten des ersten Jean-Paul-Romans.

Was Reemtsma als seine individuelle – wenngleich generalisierbare – Rezeptionserfahrung deutlich macht, wurde von Peter Utz für den *Sandmann* auf diskursanalytischer Ebene als eine im Motiv des Auges sich vollziehende Dissoziierung von »Wahrnehmung, Körper und Sprache«[7] ausgewiesen. Gerade das Problem der Wahrnehmung sei im *Sandmann* »sehr eng an das Problem der Sprache und damit an das ästheti-

6 Diese literarische Verpflichtung Hoffmanns gegenüber Jean Pauls *Unsichtbarer Loge* ist bisher noch nicht herausgearbeitet worden: Für die Puppe Olimpia war das in den Roman eingelassene »Wort über die Puppen« (I/1, 338-340) eine direkte Anregung. Eduard Berend hat in seiner Einleitung zum frühen Romanfragment darauf hingewiesen, daß Hoffmann wiederholt in seinen Briefen an Hippel aus der *Loge* zitiert (SW I/2, XLIII).

7 Utz: *Das Auge und das Ohr im Text*, S. 280.

sche Medium des Textes selbst zurückgebunden«,[8] was sich an der sinnentstellenden Reduktion von Sprache (»sköne Oke«) und am durchgängig zu beobachtenden Kommunikationsparadox wie in den sich ausschließenden Sätzen der Mutter zeige (»Zu Bette! zu Bette! der Sandmann kommt!« und »Es gibt keinen Sandmann, mein liebes Kind«).[9] Zum anderen weist Utz auf eine – für die Interpretation kaum hoch genug zu bewertende – tendenzielle Selbstabschaffung des Erzählers im *Sandmann* hin: Als »radikale Absage an den Traum einer auf die Sprache gestützten Identität«[10] müsse demnach bewertet werden, daß die »Reflexivität des sprechenden, erzählenden Subjekts« am Ende von Hoffmanns Erzählung gänzlich fehle und mit dem wahnsinnigen Protagonisten Nathanael auch der Erzähler selbst aus dem Text verschwinde. Es scheint, als habe Hoffmann diese – bei Jean Paul nur temporär in der Blendungsszene des Amandus zu beobachtende – Entfernung des Erzählers bzw. dessen fundamentale Verunsicherung und Tendenz zur Multiperspektivität radikalisiert und somit nicht nur die Gewißheit eines Gottes bzw. einer zweiten Welt, sondern auch die eines souverän agierenden Erzählers in der hiesigen[11] nachhaltig erschüttert.

Eine Interpretation der *Unsichtbaren Loge* hat im Kontext dieser von Reemtsma und Utz akzentuierten Modernisierungstendenzen allererst eine Positionsbestimmung des ersten Romans Jean Pauls vorzunehmen. Dieser markiert die Grenze zwischen dem Satirenschreiber und dem Romancier und zeigt auch die biographischen Spuren des frühen sog. Todeserlebnisses vom 15. November 1790, das Jean Paul in einer Tagebuchnotiz[12] beschrieben hat und das bekanntlich in eine Reihe von – auch satirischen – Texten über die Unsterblichkeit aus den Jahren

8 Ebd., S. 272.

9 Diese Sätze aus dem *Sandmann* werden zit. nach Utz: *Das Auge und das Ohr im Text*, S. 273.

10 Utz: *Das Auge und das Ohr im Text*, S. 280.

11 Reemtsma (*Komet*, S. 11) geht davon aus, daß »man einen toten Christus die Abwesenheit Gottes nur verkünden lassen kann, wenn man besser als jeder andere weiß, daß Gott zwar nicht, Jean Paul Friedrich Richter aber sehr wohl vorhanden ist.«

12 Auf dieses Erlebnis wird in der *Unsichtbaren Loge* (I/1,303) direkt angespielt: »Nie hab' ich einen Sektor oder Sonntag so traurig angefangen als heute; mein vergehender Körper und der folgende Brief an Fenk hängen wie ein Hutflor an mir. Ich wollt', ich verstände den Brief nicht – ach es wäre dann eine unvergeßliche Novemberstunde nie in mein Leben getreten, die, nachdem so viele andre Stunden bei mir vorübergegangen, bei mir stehen bleibt und mich immerfort ansieht.«

1789-91 einzuordnen ist.[13] Als Prämisse kann gelten, daß jene Augenmetaphorik, die E. T. A. Hoffmann im *Sandmann* (im Sinne einer Dialektik der Aufklärung) radikalisiert, in der *Unsichtbaren Loge* ohne die Poetisierung prothetischer Hilfsmittel wie Brille, Lorgnette und Fernrohr[14] auskommt: Die zentralen Bilder der Blindheit, die auch nach 1793 die Romane Jean Pauls durchziehen, werden vielmehr – so die grundlegende These dieses Kapitels – im Roman-Fragment auf die Augenheilkunde bzw. Augenanatomie zurückgeführt, deren medizinische Innovationen vor allem des Starstechens im 18. Jahrhundert Jean Paul mit präziser Kenntnis zu gestalten und an den Kontext der philosophischen Theologie rückzubinden weiß. Dabei bestimmen die Bilder des Starstechens und okulistischer Praktiken, die bisher von der Forschung übersehen wurden,[15] sowohl die Roman-Motivik als auch das poeti-

13 Daß der Tagebucheintrag vom 15. November 1790 nur als Wiederholung und Fortführung der Reflexionen über den Tod seit 1786 gelten könne, hat bereits der Herausgeber der Hanser-Ausgabe in seiner Einleitung zu den Jugendwerken Jean Pauls deutlich gemacht: Norbert Miller: *Die Unsterblichkeit der zweiten Welt. Jean Pauls literarische Anfänge und die Entstehung seiner Romanwelt* (II/4, S. 9-85; hier: S. 51 f.).

14 Vgl. zuletzt Stadler: *Der technisierte Blick*, S. 168-181; *Von Brillen, Lorgnetten, Fernrohren und Kuffischen Sonnenmikroskopen: Zum Gebrauch optischer Instrumente in Hoffmanns Erzählungen*. In: *E. T. A. Hoffmann-Jahrbuch* 1 (1992/93), S. 91-105. Vgl. überblicksartig Alexander Košenina: *Schönheit im Detail oder im Ganzen? Mikroskop und Guckkasten als Werkzeuge und Metaphern der Poesie*. In: *»Das Schöne soll sein«. Aisthesis in der deutschen Literatur*. Festschrift für Wolfgang F. Bender. Hrsg. von Peter Heßelmann u. a. Bielefeld 2001, S. 101-127.

15 Utz' (*Das Auge und das Ohr im Text*, S. 177 ff.) maßgebliche Studie zum Topos der Blindenheilung erwähnt Jean Paul (im Hinblick auf den *Hesperus*) nur am Rande; vgl. auch seinen Aufsatz *»Es werde Licht!«: die Blindheit als Schatten der Aufklärung bei Diderot und Hölderlin*. In: *Der ganze Mensch, Anthropologie und Literatur im 18. Jahrhundert*. DFG-Symposium 1992. Hrsg. von Hans-Joachim Schings. Stuttgart, Weimar 1994, S. 371-389. Harry Merkles Untersuchung *Die künstlichen Blinden. Blinde Figuren in Texten sehender Autoren*. Würzburg 2000, S. 56 ff. nimmt ebenso beiläufig auf die Blindenheilung im *Hesperus* Bezug. Seine Studie hat einen enzyklopädischen Anspruch und die bisher größte Auswahl an Blinden in der Literatur zu bieten. Es ist der motivgeschichtlichen Perspektive dieser Arbeit zuzuschreiben, daß sie Blindheit und Blindenheilung bei Jean Paul ausschließlich als Parodie der Aufklärung zu werten weiß. Bergengruens (*»Heißbrennende Hohlspiegel«*, S. 19-38) instruktive und mit Blick auf die »Magia naturalis« verfahrende *Titan*-Interpretation bezieht sich auf die poe-

sche Verfahren selbst. Das in der *Unsichtbaren Loge* omnipräsente motivische Arsenal des Augenschneidens und Augenstechens wird also dem

tische Inanspruchnahme optischer Medien. Bei ihm ist auch eine Auseinandersetzung mit Vinçon (*Topographie*, a.a.O., 1970) zu finden. Seine Studie zeichnet sich durch genaue historische Recherche aus, ist an der Augen-Metaphorik jedoch nicht interessiert. Die erste symptomatologisch verfahrende Arbeit zur Blindheit in Jean Pauls *Titan* hat ein Arzt vorgelegt: Rudolf Thiele: *Lianes Augenmigräne in der Darstellung Jean Pauls. Ein Beitrag zur Frühgeschichte der »Migraine ophthalmique«*. In: *Hesperus* 14 (1957), S. 50-57. Rita Wöbkemeier erwähnt in ihrer Monographie (*Erzählte Krankheit. Medizinische und literarische Phantasien um 1800*. Stuttgart 1988) die Augenkrankheiten bei Jean Paul an keiner Stelle. Allert (*Jean Paul's Critique of Ocularcentrism*, S. 111-138) hat die »Bilderschrift« des allegorischen Verfahrens auf die Augenmetaphorik bei Jean Paul bezogen. – Vgl. des weiteren folg. Auswahl themenrelevanter Studien: Eine Orientierung zur antiken Voraussetzung bietet Albert Esser: *Das Antlitz der Blindheit in der Antike. Die kulturellen und medizinhistorischen Ausstrahlungen des Blindenproblems in den antiken Quellen*. 2., erw. Aufl. Leiden 1961. Vom philosophischen, pädagogischen und literarischen Diskurs der Blindheit handelt William R. Paulson: *Enlightenment, Romanticism and the Blind in France*. Princeton 1987. Die Arbeit von Pilar Baumeister (*Die literarische Gestalt des Blinden im 19. und 20. Jahrhundert: Klischees, Vorurteile und realistische Darstellung des Blindenschicksals*. Frankfurt a. M. 1991) ist sozialgeschichtlich orientiert und im Kontext der vorliegenden Arbeit nicht relevant. Joachim Gessingers umfangreiche Monographie (*Auge & Ohr. Studien zur Erforschung der Sprache am Menschen 1700 – 1850*. Berlin, New York 1994) kann als das bisher nicht übertroffene Standardwerk gelten, in dem die relevanten Texte der Molyneux-Diskussion in Europa interpretiert werden. Eine interessante Studie zur Vorgeschichte der aufklärerischen Urszene der Blindenheilung gibt Conny van den Wildenberg-de Kroon: *Die Blindenheilung in dem deutschen und französischen Drama und in der bildenden Kunst des Mittelalters*. In: *Amsterdamer Beiträge zur älteren Germanistik* 40 (1994), S. 159-172. Eine kunstwissenschaftliche Würdigung erfährt das Thema bei Peter Bexte: *Blendung. Figuren der Blindheit in Kunst und Wahrnehmungstheorie*. Mit 12 Abbildungen sowie einem Textanhang. Kassel 1996. Motivgeschichtlich verfährt Matthias Völcker (*Blick und Bild: das Augenmotiv von Platon bis Goethe*. Bielefeld 1996; bes. S. 249 ff.), dem es u. a. um das Verhältnis von Wahrnehmung und Blindheit in Goethes *Wahlverwandtschaften* (besonders am Beispiel Ottilies) geht. Mathias Mayer (*Dialektik der Blindheit und Poetik des Todes. Über literarische Strategien der Erkenntnis*. Freiburg i. Br. 1996) verfolgt in seiner an Derrida orientierten Lektüre die literarischen Metamorphosen des Theiresias-Mythos. Auch in dieser Studie wird Jean Paul nicht thematisiert. Alexandra Hildebrandts materialreiche Studie (*»Lebwohl, du heiterer Schein!« Blindheit im Kontext der Romantik* (Phil. Diss.

Akt des Erzählens selbst analogisiert: Es untersteht somit im ersten Roman Jean Pauls einem höchst ambivalenten Erzähl-Prozeß, in dem der Erzähler als ein poetischer Starstecher ebenso aufzutreten weiß wie ein durch progredierende Starblindheit (bzw. durch Schielen) selbst befallener Patient.

II.1. Starstecher und Starinhaber: Das Paradoxon des blinden Starstechens

Der obsessiven Auseinandersetzung Jean Pauls mit dem Thema der Unsterblichkeit steht seine erzählerische Gestaltung aller nur denkbaren Varianten von Blindheit und anderer Augendefizite kaum nach. Ausdrücklich erhebt er die beiden zentralen vorrevolutionären Zäsuren auf philosophischem und naturwissenschaftlichem Gebiet bereits zum eigentlichen und später vielfach variierten Thema in seinem ersten Roman, ohne sie dem aufklärerischen Pathos vieler seiner Zeitgenossen umstandslos anpassen zu wollen, das sich sowohl in Abhandlungen als auch literarischen Verarbeitungen Geltung verschaffte. Jean Pauls literarische Konzentrierung auf die medizinische Augenheilkunde im Kontext seiner Reflexionen über die Unsterblichkeit kann angesichts

Bamberg 2000). Würzburg 2002) legt den Schwerpunkt auf die Motive der Blindheit insbesondere bei Chamisso. Nur wenige Fußnoten beziehen sich auf Jean Pauls Werk und orientieren sich zustimmend v. a. an Carl Pietzckers *Einführung in die Psychoanalyse des literarischen Kunstwerks am Beispiel von Jean Pauls »Rede des toten Christus«*. Würzburg 1988 (S. 188: Anm. 18-20). Eine Verbindung zwischen dem Topos der Blindheit um 1800 und dem poetischen Verfahren des Autors wird in dieser Studie nicht bedacht. Die Selbstbeschränkung der Verfasserin auf eine Entzifferung der Motive und Rückführung auf mögliche Quellen birgt zudem enorme Gefahren der Fehlinterpretation: So lassen sich die Augen-Stellen im späten Romanfragment *Der Komet* durchaus nicht für eine Perspektive in Anspruch nehmen, die affirmiert, daß »wahres Erkennen nur den Augen des ›Geistes‹ vorbehalten ist« (S. 124). Vgl. meine Interpretation (2001) der von der Autorin herangezogenen *Komet*-Stelle: Eickenrodt: *Horizontale Himmelfahrt*, S. 284 f.; auch die beiläufige Bemerkung der Autorin, daß Lianes Verlust des Augenlichts im *Titan* »symbolisch für die negative Bewertung von Weiblichkeit verstanden werden« (S. 83) könnte, übersieht, daß es viele männliche Blinde im Roman gibt, und verzichtet auf eine m. E. unabdingbare Kontextualisierung der Liane-Gestalt im poetischen Unsterblichkeitsdiskurs. Vgl. zur Blindheit Lianes (mit Rekurs auf die späte *Selina*-Schrift) meinen Aufsatz *Blindes Vertrauen*, a.a.O., 1998. – Vgl. auch Kap. V. der vorliegenden Arbeit.

des zeitgenössischen Buchmarktes allerdings kaum als originär gelten: Der Flut an Unsterblichkeitsschriften in der Auseinandersetzung mit Kants moralphilosophischer Neubestimmung korrespondierte eine in den Jahren nach 1780 nahezu unüberschaubare[16] Fülle an Publikationen zur Ophthalmologie, Augenhygiene und Optik,[17] die Jean Paul zu-

16 Julius Hirschberg (*Geschichte der Augenheilkunde* (= Handbuch der Gesamten Augenheilkunde). Nachdr. der Ausgabe Leipzig 1899-1918, Bd. 2, Hildesheim, New York 1977, S. 525-534) verzeichnet für die Jahre zwischen 1780 und 1880 fast hundert Monographien zur Hygiene des Auges. Darauf weist auch Utz (*Das Auge und das Ohr im Text*, S. 35 f.) hin.

17 Die folgende Auswahl nennt weitere der von Jean Paul zur Kenntnis genommenen Titel: Denis Diderot: *Lettre sur les Aveugles*. In: *Œuvres complètes. Édition critique et annotée*. Hrsg. von Yvon Beleval u. a. Bd. 4. Paris 1978. (Dt. Übers., nach der im folg. zit. wird: *Brief über die Blinden. Zum Gebrauch für die Sehenden. Mit einem Nachtrag* (1749). In: *Philosophische Schriften*. Aus dem Französischen übers. von Theodor Lücke. Bd. 1. Berlin 1961); *Herrn Johann [Jean] Janin, Wund- und Augenarztes der Stadt Lyon, Mitglieds des Königlichen Collegii der Wundarzneikunst [...] Anatomische, Physiologische und Physikalische Abhandlungen und Beobachtungen über das Auge und dessen Krankheiten. Nebst einem Inbegriff der Operationen und Mittel, welche man zu ihrer Heilung anzuwenden hat*. Aus dem Französischen übersetzt, von D. E. G. Selle. Zweyte Auflage. Berlin 1788; Johann Caspar Lavater: *Physiognomische Fragmente zur Beförderung der Menschenliebe und Menschenkenntniß*. 4 Bde. Winterthur und Leipzig 1775-1778, Bd. IV, S. 425 ff. (zur Augenoperation); *Adams, Büsch und Lichtenberg: Über einige wichtige Pflichten gegen die Augen*. Mit einigen Anmerkungen hrsg. von Samuel Thomas Soemmering. Frankfurt 1794. (Dieser Titel bezieht sich auf folg. Schriften: Georg Adam: *Anweisung zur Erhaltung des Gesichts*. Aus dem Englischen von Kries. Gotha 1800. (Orig.: *An Essay on Vision [...] intended for the service of those whose Eyes are weak or impaired*. By G. Adams. London 1789); Johann Georg Büsch: *Guter Rat bei verschiedenen Fehlern der Augen*. In: Ders.: *Erfahrungen*. 8 Bde. Hamburg 1790, Bd. 2, S. 261-344; Georg Christoph Lichtenberg: *Über einige Pflichten gegen die Augen*. Zuerst in: *Göttinger Taschenkalender von 1791*, wiederabgedruckt in: *Schriften und Briefe*. 4 Bde. Hrsg. von Wolfgang Promies, Bd. 3. Darmstadt 1972, S. 387-390). Gabriel Christoph Benjamin Busch: *Versuch eines Handbuchs der Erfindungen*. 8 Theile. Eisenach 1790-98; hier: 3. Theil, 1792, S. 387-390; August Gottlieb Richter: *Anfangsgründe der Wundarzneikunst*. 7 Bde. Wien 1782-1804; hier: Bd. 3: 1790 (mit 4 Kupfern); Joseph Georg Beer: *Praktische Beobachtungen über den grauen Staar und die Krankheiten der Hornhaut. Für Aerzte und Wundärzte*. Mit illuminierten und unilluminierten Kupfern. Wien 1791. Beer gilt neben Richter als einer der wegweisenden Augenärzte in Deutschland um 1800, wie die folg. Auswahl aus seinen Schriften zeigt: *Praktische Beobachtungen über verschie-*

mindest anhand populärer Darstellungen zur Kenntnis genommen hat. Und nicht wenige der Autoren wie z. B. Abraham Gotthelf Kästner, Albrecht von Haller, der englische Theologe und Experimentalphysiker Joseph Priestley oder Jung-Stilling haben sich sowohl mit Fragen zum Christentum bzw. zur Unsterblichkeit der Seele auseinandergesetzt als auch ihr Fachwissen auf dem medizinischen Sektor der Augenheilkunde bzw. der Optik geltend gemacht.[18] Mit dieser Prämisse kann Jean Pauls

dene, vorzüglich aber [...] jene Augenkrankheiten, welche aus allgemeinen Krankheiten des Körpers entspringen. Mit Kupfern. Wien 1791; *Repertorium aller bis zu Ende des Jahres 1797 erschienenen Schriften über die Augenkrankheiten.* 3 Theile. Wien 1799; *Auswahl aus dem Tagebuch eines praktischen Augenarztes.* Wien 1800; *Pflege gesunder und geschwächter Augen.* Berlin 1800.

18 Kästner: *Erläuterung eines Beweisgrundes für die Unsterblichkeit der menschlichen Seele* (1767), a.a.O., 1841; vgl. außerdem Kästners Übers.: *Vollständiger Lehrbegriff der Optik nach Herrn Robert Smith' Englischem mit Aenderungen und Zusätzen ausgearbeitet von Abraham Gotthelf Kästner.* Altenburg 1755. (Orig.: *A complete System of opticks, in four books, viz. A Popular, a Mathematical, a Mechanical, and a Philosophical Treatise. To which are added Remarks upon the whole by Robert Smith LLD. Professor of Astronomy and Experimental philosophy at Cambridge and Master of Mechanicks to his Majesty.* Cambridge 1738). Jean Paul hat die Schriften Kästners zur Kenntnis genommen, u. a. auch die Übersetzung von Smith, wie Müller (*Exzerpte*, S. 179 f.) zeigt; Albrecht von Haller: *Briefe über die wichtigsten Wahrheiten der Offenbarung.* Dritte verbesserte Auflage. Bern 1773; ders.: *Über den Ursprung des Übels.* Textwiedergabe nach der »Eilften vermehrten und verbesserten Auflage«. Bern 1777. Ohne Vorreden und Fußnoten. In: Eduard Stäuble: *Albrecht von Haller. Über den Ursprung des Übels.* Zürich 1953; vgl. bes. auch Albrecht von Haller: *Elementa physiologiae corporis humani.* 8 Bände. 1. Aufl. Lausanne 1757-66. (Dt. Übers.: *Herrn Albrecht von Hallers Anfangsgründe der Physiologie des menschlichen Körpers.* Aus dem Lateinischen übersetzt von Johann Samuel Hallen [sic!]. Berlin 1759 ff. (Bd. 5 der Ausgabe handelt vom Auge bzw. vom Gesichtssinn); Müller (*Exzerpte*, S. 184) belegt Jean Pauls Lektüre von Joseph Priestley (*Geschichte der Verfälschung des Christentums.* 2 Bände. Berlin 1785); vgl. ders.: *A contribution of the Letters to the Philosophers and Politicians of France, on the Subject of Religion; and the Letters to a Philosophical Unbeliever; in answer to Mr. Paine's Age of Reason.* Reprint of the 1794 edition. New York 1977; *The History and Present State of Discouveries relating to Vision, Light and Colours.* London 1772. Reprint Millwood, N. Y. 1978. (Dt. Übers.: *Dr. Priestleys Geschichte und gegenwärtiger Zustand der Optik vorzüglich in Absicht auf den physikalischen Theil dieser Wissenschaft.* Aus dem Englischen übersetzet und mit Anmerkungen und Zusätzen begleitet von Georg Simon Klügel. Zween Theile. Mit Kupfern. Leipzig 1776); vgl.

Orientierung der Romanhandlung bzw. Metaphorik in der *Unsichtbaren Loge* – in der (wie Reemtsma sagt) »der Tod umgeht« – an medizinischen Schriften zur Ophthalmologie geradezu als diskurskonform angesehen werden.

Peter Utz hat in seiner Studie *Das Auge und das Ohr im Text* auf die triumphale Inanspruchnahme der Staroperationen durch die Parteigänger der Aufklärung hingewiesen und mit Rekurs auf Foucault[19] die Augenmedizin im 18. Jahrhundert als den »Umschlagspunkt von archaischem öffentlichem Heilungswunder und moderner medizinischer Technologie, die sich immer stärker in die Verborgenheit ihrer aseptischen Operationsräume«[20] zurückgezogen habe, qualifiziert. In der Tat konnte gerade die medizinische Revolution auf dem Gebiet der Staroperation, deren neue an die bahnbrechenden Erkenntnisse Jacques Daviels[21] anschließende Praktiken europaweite Geltung erlangten, als ein Triumph der Aufklärung verbucht werden: Der königliche Leibarzt Ludwigs XV. hatte um 1745 mit der tradierten Lehre, daß ein grauer Star mit der Starnadel gestochen (also in den Augapfel niedergedrückt) werden müsse, endgültig gebrochen und an die Stelle dieser Operationspraxis die Starheilung durch Ausziehung bzw. Extraktion der Kristall-Linse gesetzt.[22] Als Revolution sollte dieser neue Weg in der

des weiteren *Johann Heinrich Jungs Methode den grauen Staar auszuziehen und zu heilen, nebst einem Anhang von verschiedenen andern Augenkrankheiten und der Cur-Art derselben*. Marburg 1791. Jean Paul waren Jung-Stillings Staroperationen durch dessen ab 1777 (bis 1817 in sechs Büchern) erschienene und durch Goethe initiierte Lebensgeschichte bekannt. Die Augenoperationen sind im vierten Band (*Henrich Stillings häusliches Leben. Eine wahrhafte Geschichte*. Berlin, Leipzig 1789) der Autobiographie beschrieben, die sich zugleich als eine Geschichte der Vorsehung verstanden wissen will: Johann Heinrich Jung-Stilling: *Lebensgeschichte.* Vollständige Ausg., mit Anmerkungen hrsg. von Gustav Adolf Benrath. Darmstadt 1976, S. 332-340. Die Frage der Augendiätetik gehörte u. a. zum Aufgabenbereich der aufgeklärten Theologie.

19 Michel Foucault: *Die Geburt der Klinik. Eine Archäologie des ärztlichen Blicks.* Übers. von W. Seitter. Frankfurt a. M. 1988. Vgl. hierzu Utz: *Das Auge und das Ohr im Text*, S. 11.

20 Ebd., S. 31.

21 Jacques Daviel erhielt eine Stelle als Wundarzt auf den Galeeren, was nicht unwesentlich zu seinem medizinischen Wissen und Erfolg beigetragen hatte. Überliefert ist das Wort des Chefarztes der Galeeren, daß Daviel »nie Leichen genug bekommen« könne. Vgl. Hirschberg (*Geschichte der Augenheilkunde*, Bd. 1, S. 473.

22 Hirschberg (*Geschichte der Augenheilkunde*, Bd. 1, S. 483 ff.) gibt eine Übersetzung von Daviels 1753 erstmals publizierter »Haupt-Veröffentlichung

Augenheilkunde vor allem deshalb gelten, weil mit ihm nicht nur eine *andere* Variante der Operationstechnik gegeben war. Vielmehr konnte die bisher unbestrittene Verortung des Seh-Zentrums in der *lens crystallina* widerlegt werden, denn auch ohne Kristall-Linse – dies war die gegen großen Widerstand zu verfechtende Erkenntnis – konnte der Mensch (sofern er über eine Starbrille verfügte) *sehen*. Mit dieser ›Dezentralisierung‹ des Gesichtssinns wurde die Augenoperation endgültig von Scharlatanerie und Zufallserfolgen zahlreicher (oft selbsternannter) Chirurgen im öffentlichen Raum des Marktes separiert und in die spezialisierte Welt des medizinisch aufgeklärten Sachverstands verwiesen. Kaum weniger wichtig ist die Tatsache, daß mit dieser Modernisierung auch die theologische Interpretationshoheit über die traditionellen Zuschreibungen, die dem Auge galten, weitgehend gebrochen war.

Wie weitreichend diese Entdeckung und Umorientierung war, zeigt der lange Artikel »Staar« in *Zedlers Universal-Lexicon*, der von der Davielschen Methode noch nichts wissen konnte. Im Streit darum, ob der Star aus einem »Häutgen« bestehe (wie der Augenarzt Thomas Woolhouse in seinen Schriften der Jahre 1696 bis 1728 vertrat)[23] oder als eine Trübung der Kristallflüssigkeit zu diagnostizieren sei, schlägt sich der Lexikon-Autor entschieden auf die letztere Seite der Modernisierer. Und obgleich seine Parteinahme für die Neuerer in der Debatte um die Staroperation vor Daviel am Anfang des Jahrhunderts deutlich zu erkennen ist, deren Überlegenheit er u. a. mit den Ansichten von Woolhousens Schülern Platner und Mauchart[24] belegt, kann er sich nicht

über Star-Ausziehung« unter dem Titel: *Ueber ein neues Verfahren, den Star durch Ausziehung des Krystalls zu heilen.*

23 Thomas Woolhouse wird von Hirschberg (*Geschichte der Augenheilkunde*, Bd. 1, S. 385 ff.; hier: S. 386) als ein Mann beschrieben, der »den Kopf des Gelehrten, die Hand des geschicktesten Augen-Operateurs« habe und im übrigen »der gediegenste Charlatan, den je die Sonne beschienen«, sei. Wie bei manch anderen Augenärzten seiner Zeit rekrutierten sich die Patienten, die nicht selten zu Opfern wurden, überwiegend aus der Gruppe der Armen. Hirschberg (*Geschichte der Augenheilkunde*, Bd. 1, S. 387) zitiert eine Äußerung von 1723 über die Praxis Woolhouse', daß »man in Paris unvorsichtig und straflos die Augen armer Leute opfere für die ersten Versuche von Lehrlingen einiger Monate«.

24 Gemeint sind Johann Zacharias Platner (1694-1747) und Burkard David Mauchart (1696-1751). Beide besuchten, wie Hirschberg (*Geschichte der Augenheilkunde*, Bd. 1, S. 387) angibt, um 1720 in Paris bei Thomas Woolhouse ein Privat-Colleg über Augenheilkunde. Vgl. auch den Artikel »Staar« in: Johann Heinrich Zedler: *Großes vollständiges Universal-Lexicon aller*

enthalten, das Stichwort »cataracta« weiterhin in der tradierten theologischen Metaphorik von ›Tor‹ und ›Tür‹ zu definieren:

> Die Flüsse, welche mit starckem Geräusche des Wassers von den hohen Bergen herabschießen, werden mit eben diesem Namen beleget. [...] Die Riegel oder Stoßriegel, womit man das Thor zu befestigen pflegt, führen ebenfalls diesen Nahmen. [...] Denn obgleich die Materie dieser Augenkranckheit nicht häuffig und gleichsam durch eine weite Oeffnung und mit Gewalt in die Augen einfället, so wird doch der Staar dem Augensterne wie ein Riegel den Thüren vorgeschoben, und gleich wie der Fall Brücken, indem sie die Thore verschliessen, den Feinden den Eingang verhindern; also verwehret die dicke Materie, so den Staar ausmachet, und den Augenstern gar sehr verdunkelt, auf gleiche Weise, daß die leuchtenden Strahlen nicht einfallen können und die Patienten dahers entweder nur einige Verletzung und Dunkelheit, oder gäntzliche Beraubung des Gesichts erfahren müssen.[25]

Daß sich das Plädoyer im *Zedler* für die Neuerer in der Starextraktion der tradierten Bildlichkeit noch nicht entledigt hat, ist keineswegs als Selbstwiderspruch zu werten, sondern bringt gerade jenen beschleunigten Diskurswandel zum Ausdruck, der sich in der ersten Hälfte des Jahrhunderts vollzieht: Der englische Astronom und Philosoph Robert Smith gibt in seinem Werk *A complete System of opticks* (1738) dem *humor crystallinus* bzw. der *lens crystallina* auch durch die Wahl der Metaphorik noch den unbezweifelbaren ersten und originären Rang in der Augenanatomie, wenn er bemerkt, daß sie hart sei »wie das Weiße

Wissenschaften und Künste. Leipzig und Halle 1732-1754. Reprogr. Nachd. Graz 1961 ff., Bd. 39, S. 573 (im folg. zit. als *Zedler*: Artikel, Band, Seite): »Platner, der [...] ein Schüler und guter Freund von Woolhousen gewesen, hat in einem Programma, so er 1736 zu Leipzig heraus gegeben, berichtet, wie er das Auge einer Frauen, welche einen vollkommenen wahren Staar daran gehabt, geöffnet und darinnen kein Häutgen, sondern die crystallinische Feuchtigkeit trübe [...] gefunden, woraus erhellet, daß selbsten die gewesenen Schüler des Woolhousens jetzt erwehnte Meynung vor wahr annehmen, und erkennen, und die Trübigkeit der crystallinischen Feuchtigkeit kein Glaucoma mehr, sondern einen wahren Staar zu nennen anfangen.« Johann Zacharias Platner ist der Vater Ernst Platners, aus dessen *Anthropologie* (1772) und *Neue[n] Anthropologie* Jean Paul in den achtziger Jahren ausführlich exzerpiert hat, wie Alexander Košenina nachgewiesen hat: *Ernst Platners Anthropologie und Philosophie. Der philosophische Arzt und seine Wirkung auf Johann Karl Wezel und Jean Paul.* Würzburg 1989, S. 107-129.

25 *Zedler*: Artikel »Staar«, Bd. 39, S. 572.

eines hartgesottenen Eyes«.[26] Vergleichsweise nüchtern klingen die Bezeichnungen der Kristall-Linse in der Beschreibung der Ausziehung des Staares bei jenen, die um die Entbehrlichkeit dieses traditionell theologisch konnotierten Augen-Zentrums für das Sehen wissen: »Das eigenthümliche dieser Operationsart besteht darinnen«, so der Augenarzt August Gottlieb Richter 1790, »daß die Staarlinse nach Eröffnung der durchsichtigen Hornhaut, und vorderen Haut der Kapsel durch die Pupille ganz aus dem Auge gedruckt wird«.[27] Nicht weniger sachlich weist Joseph Georg Beer 1791 auf die neue Operationsart hin, die in der Ausziehung des Stars bestünde: Sie sei »eine Erfindung der neueren Zeiten, auf welche man durch Zufall gekommen ist, indem bey einem Vorfall der Linse in die vordere Augenkammer die Hornhaut geöffnet und die Linse ausgezogen werden mußte«.[28] Auch Jean Paul zeigt sich in einem Notat des Register-Artikels »Auge/Augen« ganz auf der Höhe dieses Wissens seiner Zeit: »Da bei dem grauen Staar die Kristallins. herausgenommen werden, so mus man ihre Stelle d. 2 1 Brille f. nahe Gegenstände und 1 für ferne ersezen.«[29]

Dieser nüchterne Ton der Starstecher kann als eine beiläufige Folge des wissenschaftlich aufgeklärten Selbstbewußtseins gedeutet werden, das nun auch das ›Fenster zur Seele‹ – das menschliche Auge – unter Kontrolle gebracht hatte. Er wurde selbst schließlich zum programmatischen Erkennungszeichen der medizinischen Vernunft und ärztlichen Kompetenz der Operateure. Wer diesen Ton nicht aufzuweisen hatte – wie der Starstecher und fromme Pietist Jung-Stilling, der durch Goethes Beschreibung[30] einer mißlungenen Starextraktion in Frankfurt einen zweifelhaften Ruhm erlangen sollte –, wurde von der Zunft mit äußerstem Mißtrauen betrachtet. Dabei ging es seinen Kritikern keineswegs nur um einen gelegentlichen Mißerfolg, sondern um die Charak-

26 Smith: *A complete System of opticks*, a.a.O., 1738. Hier zit. nach der dt. Übers. von Kästner: *Vollständiger Lehrbegriff der Optik nach Herrn Robert Smith' Englischem*, S. 23.
27 Richter: *Wundarzneikunst*, Bd. 3, S. 271.
28 Beer: *Praktische Beobachtungen über den grauen Staar*, S. 70.
29 Register-Artikel »Auge/Augen«, Fasz. 3a. – Vgl. auch: »Staar entwed. durch das Stechen *per depressionem* operirt, od. durch den Schnitt *per extractionem*. 133«; Herv. i. Orig.
30 Johann Wolfgang Goethe: *Dichtung und Wahrheit*. In: *Sämtliche Werke nach Epochen seines Schaffens. Münchner Ausgabe*. 21 Bände. Hrsg. von Karl Richter in Zusammenarbeit mit Herbert G. Göpfer, Norbert Miller und Gerhard Sauder. München 1985 ff., Bd. 16 (hrsg. von Peter Sprengel), S. 723-729.

tereigenschaften des Operateurs, die dem Bild des emotional gefestigten und auf die eigenen Fähigkeiten gesund vertrauenden Mediziners widersprachen. Der reine Autodidakt ohne spezifische Ausbildung und konzeptionalisiertes Wissen gehörte der Vergangenheit ebenso an wie jener, der seine Technik als eine ihm von Gott verliehene meinte verstehen und in aller Öffentlichkeit auch annoncieren zu müssen. Der Tadel des Rezensenten Joseph Georg Beer an der von seinem Kollegen 1791 vorgelegten Schrift *Johann Heinrich Jungs Methode den grauen Staar auszuziehen und zu heilen* gilt folgerichtig nicht in erster Linie dessen ärztlicher Praxis, sondern bezieht sich auf dessen mangelnde Übereinkunft mit dem Idealbild einer kompetenten Arztpersönlichkeit:

> So angenehm mir seine gründlichen nur auf Erfahrung gebauten Beobachtungen sind, so sehr mißfällt mir der Ton des Hrn. Verfassers. Eigendünkel, Selbstlob, Empirie zeigt sich, wenige Seiten ausgenommen, in der ganzen Schrift abwechselnd, und machen es einem jeden gewiß recht beschwerlich, das Gute herauszusuchen.[31]

Selbst Goethes in *Dichtung und Wahrheit* eingefügte Darstellung von Jung-Stillings mißlungener Staroperation an einem wohlhabenden Frankfurter Bürger aus dem Jahre 1775 kann sich bei aller Sympathie für den glücklosen Augenarzt eines späten Kommentars nicht enthalten, dessen Parteinahme gegen den Typus einer charakterlich labilen, aber dabei fest auf Gott vertrauenden Arztpersönlichkeit unübersehbar ist. Auf die kurze Beschreibung des operativen Mißgeschicks (»die Linse«, so zitiert er Jung-Stilling, »sei nicht herausgesprungen, er habe sie holen und zwar, weil sie angewachsen, ablösen müssen«)[32] folgt eine lange Passage, die eher als ein besorgt-distanziertes Psychogramm denn als

31 Beer: *Praktische Beobachtungen über den grauen Staar*, S. 297. Noch der letzte Satz seines Buches ist als eine Abrechnung mit Jung-Stilling zu lesen: »Uiberdem ist die Materia Chirurgica des Hrn. Verfassers so schlecht bestellt, daß es unmöglich zu begreifen ist, wie der Hr. Verf. mit diesen einfachen (unwirksamen Mitteln hätte er sagen sollen) etwas geleistet habe.« (S. 200).

32 Goethe: *Dichtung und Wahrheit*, S. 724. In der Tat kann dieser Operationsausgang nicht als ein Fehler Jung-Stillings ausgewiesen werden. Die unvorhersehbaren Umstände einer Starextraktion galten generell als große Gefährdung. Vgl. z. B. Beer: *Praktische Beobachtungen*, S. 52: »Wenn der Staar mit der Regenbogenhaut gänzlich und in allen Punkten verwachsen ist, wird man schwerlich die zusammengewachsenen Theile von einander absondern, ohne eine Entzündung oder Zerrüttung der Theile zu veranlassen, wodurch dennoch immer der Erfolg der Operation vernichtet wird.«

Verteidigung des Staroperateurs gelten kann: Zwar zeichnet Goethe den Freund und Augenarzt nachsichtig als einen Mann, der »in einem sittlich religiösen Liebesgefühl« gelebt und der »ohne Mitteilung, ohne guten Gegenwillen« nicht habe existieren können, und resümiert, daß solchen Charakteren oft »eine dunkle Geistesform zum Grunde« liege und sie »alles für übernatürliche Bestimmung [hielten], mit der Überzeugung, daß Gott unmittelbar einwirke«.[33] Der gereizte Ton über die Zumutung, die ihm durch die psychische Instabilität des Freundes selbst erwachsen war, ist jedoch dem Schreiber auch dieses emotional gereinigten Textes unverkennbar immer noch abzuhören: Denn Goethes Befremden weiß sich im bewährten Konsens einer objektiv verfahrenden Naturwissenschaft, daß der sich selbst eines Kunstfehlers bezichtigende Arzt es an Selbstbeherrschung fehlen lasse bzw. das gehörige Augenmaß für die eigenen Fähigkeiten verloren habe und deshalb im übrigen alles andere als ein erheiternder Zeitgenosse sei: »[G]enug, wir spielten das unerfreuliche Drama Hiobs von Anfang bis Ende durch, da denn der treue Mann sich die Rolle der scheltenden Freunde selbst übernahm. Er wollte diesen Vorfall als Strafe bisheriger Fehler ansehen.«[34] Die breite Kritik an Jung-Stilling macht deutlich, daß ein Starstecher Anfang der 90er Jahre gut beraten war, die blinden Flecken seiner Kunst nicht zur persönlichen Konfession zu erheben, wenn er nicht riskieren wollte, sich dem Publikum zwar durch seine Gottesfurcht, jedoch keineswegs durch medizinische Kompetenz nachhaltig in Erinnerung zu bringen.

Mit der Integration der Blindheit als einem erzählerischen Grundzug muß die Romankonzeption in der *Unsichtbaren Loge*, die allerdings (wie vielfach zu belegen ist) unter dem Diktat der satirischen Ferne des Autors zum pietistischen Augenarzt steht,[35] als ein geradezu deviantes Ereignis im Kontext der aufgeklärten Staroperationsliteratur seiner Zeit gewertet werden. Denn wie wichtig dem Autor der *Unsichtbaren Loge* gerade die ambivalente Selbstcharakterisierung des Erzählers als eines Starstechers und zugleich eines Starinhabers auch noch während der Umarbeitungen für die zweite Auflage des frühen Romans war, zeigt eine akzentuierende Hinzufügung, in der sich der Erzähler auf August

33 Goethe: *Dichtung und Wahrheit*, S. 725.

34 Ebd., S. 727.

35 Dafür spricht, daß in der *Unsichtbaren Loge* Gustavs Erziehung unter der Erde bis zu seinem 8. Lebensjahr möglicherweise ein Vorbild in *Henrich Stillings Jugend. Eine wahrhafte Geschichte* (1777) hat: In diesem ersten Band der *Lebensgeschichte* (S. 45-53) wird des Verfassers ebenso 8 Jahre dauernde isolierte – und durch väterlich-strenge Frömmigkeit bestimmte – Erziehung erzählt.

Gottlieb Richters *Anfangsgründe der Wundarzneikunst* (1790) beruft und sowohl sein digressives Erzähl-Verfahren zum Symptom des Schielens deklariert als auch mit den identischen Namen[36] von Augenarzt und Erzähler spielt:

> Schielen – sagt Richter, *der Starstecher, nicht der Starinhaber*, in seiner Wundarzeneikunst (B. III, S. 426) – läuft untrüglich dem Stare voraus. Wie sehr ich schiele, sieht jeder, weil ich immer rechts und links zugleich nach allem blicke und ziele. – Werd' ich denn wirklich so stockblind wie ein Maulwurf: so ists ohnehin um mein bißchen Lebensbeschreiben getan .... (I/1,364 f.; Herv. S. E.).[37]

36 Auf dieses später in der zweiten Auflage hinzugefügte Spiel mit den identischen Namen hat Berend in den Anmerkungen zur *Unsichtbaren Loge* (SW I/2,467) hingewiesen. Einen detaillierten Vergleich bietet: *Jean Paul. Die unsichtbare Loge. Eine Biographie. Text der Erstausgabe von 1793 mit den Varianten der Ausgabe von 1826, Erläuterungen, Anmerkungen und Register*. Hrsg. von Klaus Pauler. München 1976-1981, S. 395. Allgemeine vergleichende Untersuchungen der beiden Romanfassungen findet man bei Wilhelm Georg Heckmann: *Die beiden Fassungen von Jean Pauls »Unsichtbarer Loge«*. Gießen 1920; Jochen Golz: *Die Fassungen der »Unsichtbaren Loge«. Blicke in die Werkstatt. In: Schrift- und Schreibspiele. Jean Pauls Arbeit am Text.* Hrsg. von Geneviève Espagne und Christian Helmreich. Würzburg 2002, S. 11-17.

37 Vgl. Richter: *Wundarzneikunst*, Bd. 3, S. 509 f.: »Wenn man aber das Auge in einer andern Richtung als das andre Auge auf den Gegenstand wendet, wenn man z. E. das eine Auge dergestalt auf den Gegenstand wendet, daß sich derselbe in der Sehaxe dieses Auges befindet, das andere Auge aber dergestalt, daß er sich zur Seite der Sehaxe befindet, das heißt, wenn man schielt, so bildet sich der Gegenstand in diesem Auge auf einer andern Stelle der retina ab, als in dem andern Auge, so siehet man den Gegenstand mit diesem Auge auf einer andern Stelle, mit jenem gleichfalls auf einer andern, d. i. man siehet ihn doppelt. Die dritte Gattung des Doppeltsehens: die dritte Hauptursache: das Schielen. Natürlich sehen Kranke dieser Art den Gegenstand nur doppelt, wenn sie ihn mit beiden Augen betrachten. [...] Nur dann sieht ein Schielender doppelt, wenn er mit beyden Augen gleich deutlich siehet, und das Schielen nicht von der Schwäche des Auges, sondern von irgend einer andern zufälligen Ursache entsteht; die häufigsten Ursachen dieser Art sind krampfhaft; ein Reitz nämlich wirkt auf den einen oder andern Augenmuskel dergestalt, daß der Kranke gehindert wird, beyde Augen nach Willkühr zu bewegen, und dergestalt auf einen Gegenstand zu richten, daß sich derselbe in der Sehaxe beider Augen befindet. [...] Oft gesellt sich dieses Doppeltsehen zu andern krampfhaften Krankheiten als ein Symptom, vorzüglich zu der Hypochondrie.«

Mit der Lektüre der Richterschen *Wundarzneikunst* wurde Jean Paul im übrigen mit einer Aussage konfrontiert, die dem zentralen erzählerischen Repertoire der Analogien von Starstechen und Romanschreiben als zugehörig zu werten ist, wenngleich sie in der *Unsichtbaren Loge* nicht ausdrücklich erwähnt wird und im zeitgenössischen Kompendium medizinischer Abhandlungen zur Augenheilkunde als metaphorisches Unikat gelten kann: »*Das Messer*«, so leitet der von Jean Paul Friedrich Richter gelesene Augenarzt Gottlieb August Richter seine fachkundigen Leser im Kapitel über den »Schnitt in die Hornhaut« an, »faßt der Wundarzt *wie eine Schreibfeder*. Die Hand in welcher er es hält, druckt er fest auf die Wange des Kranken. Je fester er sie andruckt, desto mehr Sicherheit hat sie.«[38] Die Wahl der Metaphorik scheint durchaus nicht zufällig zu sein: Der Starstecher nimmt für sich den Rang eines schöpferischen Autors in Anspruch, eines Arztes, der nicht nur zu heilen, sondern mit seinem (Feder-) Messer eine neue Welt zu erschaffen, zumindest aber mit fester Hand, (Medizin-) Geschichte zu *schreiben* versteht. Der unter dem Diktat der Blendung bzw. der Blindheit stehende Wahrnehmungsprozeß in der *Unsichtbaren Loge* läßt sich umgekehrt auch in dieser Tradition eines schreibenden Arztes bzw. eines heilenden Autors als ein eminent sprachlicher ausweisen und – so meine These – im steten Wechselspiel von Theodizee und Poietodizee programmatisch akzentuieren: Der in der Schrift *Über den Tod nach dem Tode; oder der Geburttag* niedergelegte Satz – »Von der andern Welt sprechen wir jetzo wie Blinde vor dem Starstechen von der sichtbaren« – erhält im frühen Romanfragment von 1793 sein (poetologisch gewendetes) naturwissenschaftliches Fundament.

Jene von Reemtsma betonte universelle Blindheit in der *Unsichtbaren Loge* läßt den Erzähler des Romans, dessen malade Verfassung den Lesern zur Kenntnis gegeben wird, dabei keineswegs unverschont. Die Kränklichkeit des siechen Erzählers, der – wie Berend beiläufig vorschlägt – u. a. auch auf das Vorbild Sternes bzw. auf Jean Pauls romanbegleitende obsessive Lektüre von »Hallers großer und kleiner Physiologie« (I/1,301)[39] zurückgeführt werden kann, gehört vielmehr selbst

38 Richter: *Wundarzneikunst*, S. 284; Herv. S. E.; vgl. ebenso S. 297: »Der Griff muß so lang seyn, daß er, wenn man *das Messer wie eine Schreibfeder* anfaßt, fest auf dem Rücken der Hand liegt.« (Herv. S. E.).

39 Vgl. auch I/1,370 f.: »›Die Anstrengung der empfindenden Phantasie ist unter allen geistigen die entnervendste; ein Algebraist überlebt allemal einen Tragödiensteller.‹ / ›Und auch‹, sagt' ich, ›einen Physiologen: Hallers verdammte und doch vortreffliche Physiologie hätte mich beinahe niedergearbeitet, die acht Bände hier.‹« Gemeint sind die achtbändige Ausgabe von Albrecht von

zur Erzählstruktur des Romans. Denn der Erzähler weist sich als »schreibseligen Kränklin[g]« (I/1,301) aus, der sich – als ein von Lungensucht und Schlagfluß attackierter – »Maulwurf« (I/1,301) präsentiert oder zumindest befürchtet, »so stockblind wie ein Maulwurf« (I/1,365)[40] zu werden, bzw. gewärtigen muß, daß ihn »nebenbei auch der schwarze Star befallen« (I/1, 364) wolle. Selbst noch die medizinische Präzision, mit der die eigene Augenkrankheit vom Erzähler qualifiziert wird, zeigt seine Nähe zur Hypochondrie[41] und nervlichen Zerrüttung an, die in

Hallers *Elementa physiologiae corporis humani* (1757-1766) sowie dessen für die Lehre bestimmte einbändige Ausgabe *Grundriß der Physiologie für Vorlesungen.* Nach der vierten lateinischen mit den Verbesserungen und Zusätzen des Herrn Prof. Wrisberg in Göttingen, vermehrten Ausgabe aufs neue übersetzt, und mit Anmerkungen versehen durch Herrn Hofrath Soemmerring in Mainz, mit einigen Anmerkungen begleitet und besorgt von P. F. Meckel, Professor in Halle. Berlin 1788. Zum Nachweis der Haller-Lektüre vgl. vor allem die von Monika Meier kommentierten Briefe Johann Bernhard Hermanns an Jean Paul (z. B. SW IV/1,499).

40 In der Beantwortung der Preisaufgabe mit dem Titel *Kan die Theologie von der nähern Vereinigung, die einige Neuere zwischen ihr und der Dichtkunst zu knüpfen angefangen, sich wol Vortheile versprechen* (1784, II/1,745-769; hier S. 751), die als Satire gegen den theologischen Kreis um Johann Caspar Lavater gerichtet war, wird das Maulwurfs- bzw. das Fledermausbeispiel bemüht: »[...] denn man könte mir nämlich von Dichter und Theologen den gemeinschaftlichen Has gegen die Vernunft zwar gerne zugestehen, so wie man auch [...] von der *Fledermaus* und dem *Maulwurf* einen gemeinschaftlichen Abscheu gegen das Licht einräumt; allein nur den Unterschied als etwas besonders mir aufrükken, daß der Theolog, gleich dem Maulwurf, in der dunkeln *Tiefe* grabe, der Dichter hingegen, gleich der Fledermaus, in der dunkeln *Höhe* fliege« (Herv. i. Orig.). – Schleusener-Eichholz (*Das Auge im Mittelalter*, Bd. 1, S. 183 f., 589 f.) weist auf die theologische Tradition des Fledermaus- und Maulwurfbildes hin: Blindheit wird als die Unfähigkeit gedeutet, das wahre Licht Gottes zu erkennen.

41 Zur frühen Korrespondenz über Hypochondrie und zur Rezeption zeitgenössischer medizinischer Schriften vgl. zuletzt Monika Meier: *Tödliche Krankheiten und »eingebildete« Leiden: »Hypochondrie« und »Schwindsucht« im Briefwechsel zwischen Jean Paul und Johann Bernhard Hermann. Mit Ausblicken auf Literatur und Ästhetik Jean Pauls.* Vortrag im Juni 2003 während der Tagung »Maladie en lettres/Krankheit in Briefen (17. bis 20 Jh.)«, in Lausanne, veranstaltet vom Institut für Geschichte der Medizin der Robert Bosch Stiftung und dem Schweizer Institut universitaire romand d'histoire de la médecine et de la santé. Ich danke der Autorin für die Einsicht in das noch unveröffentlichte Vortrags-Ms. (20 S.). Zum Thema vgl. auch Helmut Pfotenhauer: *Literarische Anthropologie. Selbstbiographien und ihre Geschichte – am Leitfaden des Leibes.* Stuttgart 1987.

den Schriften der Augenheilkunde in der Tat nicht dem grauen, sondern dem *schwarzen* Star zugeschrieben wurde.[42] Dieser weist in der *Unsichtbaren Loge* u. a. jene Begleiterscheinungen auf, die die zeitgenössische Medizin nicht (wie im Roman) der Symptomatik zurechnete, sondern im Kontext einer eher überkommenen naturmagischen bzw. alchimistischen Heil-*Praxis* repetierte, wenngleich keineswegs mehr als geeignete Medikation empfehlen wollte: Der Erzähler ist unter anderem von der Vorstellung gepeinigt, daß sich eine »lebendige Eidechse« in seinem Magen aufhalte, oder von der Möglichkeit, »daß der Same von Stachelbeeren, den man gewöhnlich mit einschluckt, in den Gedärmen getrieben hätte, wenn diese durch Verstopfung etwa zu wahren Lohbeeten des gedachten Staudengewächses gediehen wären« (I/1,365).[43] Als ein

42 Richter (*Wundarzneikunst,* S. 465) gibt einige Beispiele aus seiner Praxis: Im Kapitel »Vom schwarzen Staare« heißt es: »Ein Mann, der beynahe stockblind war, sahe jederzeit eine Stunde lang hell und deutlich, wenn er Champagnerwein trank. Eine Frau, die bereits stockblind war, verschaffte sich eine zeitlang das Gesicht immer dadurch auf eine halbe Stunde wieder, daß sie in ihrem Garten einigemale schnell auf und abging. Eine Dame, die bereits einige Jahre lang blind war, erhielt das Gesicht auf einige Augenblicke wieder, als sie sich einen Zahn ausziehen ließ.« An anderer Stelle heißt es: »Ein Mann verlohr durch einen Blitzstrahl, der des Nachts das Zimmer, in welchem er sich befand, plötzlich erleuchtete, das Gesicht. Ein andrer wurde blind, nachdem er in tiefes Nachdenken versenkt des Nachts einige Minuten lang gerade in den Vollmond sahe. – Es ist wahrscheinlich, daß die Erschütterung des Kopfes durch eine äußere Gewalt zuweilen unmittelbar auf die Nerven wirkt, und diese schwächt, ja gänzlich lähmt.«

43 Auf die alchimistische Bezeichnung der »Schwefel-Eidexe« nimmt Jean Paul in einem Brief an Christian Otto vom Donnerstag, den 12. Juli 1792 Bezug (SW III/1, 360). Hirschberg (*Geschichte der Augenheilkunde*, Bd. 1, S. 19) nennt Eidechsenblut als ein bereits in der altägyptischen Augenheilkunde bekanntes Mittel. Schleusener-Eichholz (*Das Auge im Mittelalter*, Bd. 1, S. 477) weist auf »die in der Antike verbreitete Auffassung von der die Augen heilenden Kraft der Sonne« hin, die das Mittelalter nur aus der Heilung von Tieraugen – insbesondere der Eidechse und des Adlers – kenne: »Die Eidechse (lat. *lacerta*, mhd. egedehsa) hat nach dem ›Physiologus‹ Augen hell wie die Sonne. Im Alter erblindet sie an beiden Augen, so daß sie die Sonne nicht mehr sehen kann. Da geht sie zu einer nach Osten gelegenen Wand und schaut mit beiden Augen durch ein Loch darin in die Sonne, bis ihre Augen wieder klar werden.« Zu den noch im 18. Jahrhundert (wenngleich verhalten) empfohlenen Medikationen bei Starkrankheiten gehören u. a. Vipernfett, Kellerasseln und auch künstliche Geschwüre: Auf die »Augensalbe von Vipernfet« bzw. das »Vipernfet. gegen Augenkrankheiten« nimmt Jean Paul im Register-Artikel »Auge/Augen« (Fasz. 3a) zweimal Be-

(eingebildeter) Kranker, der sich selbst einer progredierenden Starblindheit unterworfen zu sein wähnt, also ein potentieller Fall fürs Operationsmesser ist, präsentiert sich der Erzähler zugleich jedoch auch selbst als ein schreibender gottähnlicher Operateur, der sein Handwerk als scheinbar ungerührter ›Schnitter‹ bzw. als ein »Damenschneide[r]« (I/1,396)[44] betreibt und zugleich seinen Roman in »Sektoren«, also in Kreis-Ausschnitte, aufteilt, die »Sonntag[e]« (I/1,303) genannt werden, weil sie sich präzise an der Abfolge und Ordnung des Kirchenjahres orientieren.

Diese paradoxe Rolle des erblindenden Starstechers wird vom Erzähler im folgenden als die eines siechen Arztes bestätigt, der selbst nicht an einer einzigen Krankheit, sondern an potentiell *allen* zugrunde zu gehen droht: »Jeder *Arzt*«, so konstatiert der Erzähler im »achtundvierzigste[n] Sektor«, »muß eine Favorit-Krankheit haben, die er öfters sieht als eine andre – die meinige ist Nervenschwäche« (I/1,371; Herv. S. E.). Direkt auf diese Passage folgt eine – durch den Arzt des Arzt-Erzählers, d. h. durch Fenk – statuierte Gewissenspredigt, die die Krankheit des Erzählers ins Gebiet der leeren Zeichen verweist und somit sprachlich konnotiert: »Die jämmerlichste Semiotik ist sicherlich nicht die sinesische, sondern die hypochondrische. Deine Krankheit und eine stoische Tugend gleichen sich darin, daß, wer eine hat, alle hat« (I/1,372). Der Erzähler erhält damit den in Jean Pauls Werk negativ konnotierten Status eines sinesischen Autors, dessen omnipotente Welt der Zeichen ebenso leer bleibt wie die eines hypochondrischen Wahns (vgl. Kap. III dieser Arbeit). Im Bild des erblindenden Starstechers faßt

zug. Vgl. auch die Ausführungen des berühmten Augenarztes Beer: *Praktische Beobachtungen über den grauen Staar*, S. 47: »Die Kelleresel, so wie auch die künstlichen Geschwüre, gehören zu den Mitteln, welche gewöhnlich versucht werden, und wenigstens nicht schaden.« Gegen die Krankheiten der Hornhaut empfiehlt er u. a. (S. 206) »das Buksbaumöl, das Vipernfett mit weissem Vitriol vermischt, den mit Eyerklar abgeriebenen Alaun, die Galle der Thiere, ätzende Augenwasser mit Grünspan«. Diese Mittel wurden – wie Beer zeigt – Ende des 18. Jahrhunderts äußerst distanziert aufgeführt, während sie noch in der Starheilkunde am Anfang des Jahrhunderts als indiziert galten. Hirschberg (*Geschichte der Augenheilkunde*, Bd. 1, S. 391) berichtet von einer Arbeit des nicht unumstrittenen Augenarztes Woolhouse aus dem Jahre 1706, in dem das »Verschlucken von Tausendfüßlern (Keller-Asseln) zur Heilung des Stars« ernsthaft empfohlen wird wie auch »Vipern-Brühe« zu den medizinischen Verordnungen gehört habe.

44 Auf Gott als einen »Schneider des Menschen« bezieht sich in seinem Kapitel über Hamann z. B. Bruno Liebrucks: *Sprache und Bewußtsein*, Bd. 1. Frankfurt a. M. 1964, S. 300.

der Erzähler die Unmöglichkeit, über die zweite Welt anders als in Metaphern zu reden, und deklariert seinen biographischen Roman zum hermeneutischen Selbstexperiment eines blindlings Schreibenden, dessen Verfahren zugleich die Heilung vom eigenen Leiden mit aufgegeben ist.

II.2. Die »Erlebensunmöglichkeit« des Todes oder vom »Sinn des Sehens« – über Bonnet, Moritz und Kant

Bisher wurde kaum wahrgenommen, daß in Jean Pauls *Unsichtbarer Loge* fast alle Varianten des Scheintods und Scheinsterbens bereits enthalten sind, die im späteren – 1796 erschienenen – *Siebenkäs*-Roman bzw. in der *Rede des toten Christus* zum Gestaltungsprinzip erhoben worden sind. Das Augen-Öffnen und Sehend-Werden, die Auferstehung des Protagonisten Gustav, der seine Kindheit in einer unterirdischen Höhle verbracht hat, wird als ein Sterben fingiert. Auch Ottomars Lebendig-begraben-Werden präsentiert sich als grauenvolle Vision eines Menschen, der sein eigenes Leben und Sterben ›überlebt‹. Schließlich stellt der Erzähler auch das Sterben des geblendeten und dann wieder sehend gewordenen Amandus als eine Geburt (in eine andere Welt) dar und relativiert gründlich deren szenischen ›Realitätsgehalt‹ durch ihre unübersehbare Kongruenz zu Gustavs fingiertem Sterben. Ein solches Changieren zwischen der Sphäre des Lebens und der des Todes im Roman geht über die gewöhnlich zu registrierende Unzuverlässigkeit der Kriterien für eine Unterscheidung zwischen Fiktion und Wahrheit hinaus. Nicht zufällig hat Käte Hamburger in ihrem 1929 publizierten Aufsatz *Das Todesproblem bei Jean Paul* u. a. auch die Romanhandlung der *Unsichtbaren Loge* in den Umkreis der Todesvision von 1790 gestellt, in die Phantasie des Autors also, der sich im Augenblick seines zukünftigen Sterbens dabei zuzusehen und selbst zu beobachten meint. Der berühmten Tagebuchstelle vom Sylvesterabend 1790, auf die Hamburger am Anfang ihrer Reflexionen Bezug nimmt, geht die folgende resümierende Notiz voraus:

> 15. Nov. Wichtigste[r] Abend meines Lebens: denn ich empfand den Gedanken des Todes, daß es schlechterdings kein Unterschied ist ob ich morgen oder in 30 Jahren sterbe, daß alle Plane und alles mir davonschwindet und daß ich die armen Menschen lieben sol, die sobald mit ihrem Bisgen Leben niedersinken – der Gedanke gieng bis zur Gleichgültigkeit an allen Geschäften.

> 16. Nov. Ich richtete mich wieder auf, daß der Tod das Geschenk einer neuen Welt sei und die unwahrscheinliche Vernichtung ein Schlaf – wenig Lebhaftigkeit. (SW II/6.1,577).

Hamburger verzichtet auf eine biographische Lesart dieser Stelle zugunsten einer philosophisch-stoizistischen, die die Paradoxie einer »Unmöglichkeit des Bewußtseins des Todes«[45] reflektiert und vom Wissen um die »Immanenz des Todes im Leben«[46] ausgeht. Die Vision wird von der Interpretin insofern als Ausdruck eines vorläufig unbewußten Wissens Jean Pauls gedeutet, das in seinen späteren Schriften zum obsessiv erörterten Gegenstand seines Denkens und Schreibens avanciert sei. Gerade weil die frühe Vision Jean Pauls als ein Bild für die Erkenntnis zu gelten habe, daß der Grund für die Erlebensunmöglichkeit des Todes »aus der Einsicht in den Sinn des Ichs, des Bewußtseins«[47] gewonnen werden könne, »aus dessen Lebendigkeit wir niemals heraustreten können, solange wir Lebende und Erlebende sind«, müsse das Prinzip eines unendlichen Lebens aus dem des unendlichen Ichs abgeleitet werden. Denn Jean Paul habe erkannt, daß der Mensch sich »selbst nur als einen unendlich Lebenden erleben kann und daß auch der Glaube an seine Unsterblichkeit aus dieser Erlebensstruktur des Ich letztlich erwächst«. Und da sein eigenes Ende niemals von einem Lebenden erlebt werden könne, müsse sich der Sinn des Endes wiederum in den des Anfangs verkehren, so daß die andere dem Tod inhärente Paradoxie gerade darin bestünde, daß, »wenn wir nicht Sterbliche wären, wir auch nicht Unsterbliche wären«. Hamburger löst also die individuelle Schreckensvision des Autors Jean Paul aus ihrem biographischen Kontext, um sie über den Weg einer an Paul Hofmann geschulten Erlebnis-Philosophie zum bloß bildhaften Ausdruck einer Unsterblichkeitsgewißheit zu machen, die über eine formallogische Reflexionskette zu erlangen sei.

Ihre problematische Schlußfolgerung, daß Jean Paul ein christlicher Autor sei und sein Unsterblichkeitsprojekt im romantischen Liebesbegriff gründe,[48] fällt allerdings hinter die Radikalität ihres eigenen

45 Hamburger: *Das Todesproblem bei Jean Paul*, S. 81.

46 Ebd., S. 87.

47 Vgl. auch im folg. ebd., S. 94-96.

48 Diese Schlußfolgerung ist auf den Einfluß Rehms (*Der Todesgedanke in der deutschen Dichtung*, S. 432) zurückzuführen, den Hamburger (*Das Todesproblem bei Jean Paul*, S. 96; 99 f.) aufruft. Bei Rehm heißt es: »[...] aus dieser Todesbewußtheit, aus der Gewißheit der tieferen Einheit von Tod und Leben schöpft er den Glauben an das Leben jenseits des Todes, und dieser

Denkmodells – und schließlich auch des der implizierten Kantischen Vorgabe – zurück:[49] Denn bei Hamburger wird die Frage nach der »Erlebensunmöglichkeit des Todes« als die von der Fiktionalität des Todes aufgeworfen, ohne daß die Erzählstruktur der Jean-Paulschen Romane bzw. deren sprachliche Verfaßtheit selbst ins analytische Visier der Autorin käme. Diese führt letztlich nicht zur strukturalen Text-Analyse, sondern zur neuerlichen Konstruktion einer unter dem Gebot des christlichen Glaubens stehenden Autor-Haltung. Jean Pauls Unsterblichkeitsglaube, dessen Manifestationen Hamburger gerade über den Weg eines Verzichts auf biographische Reduktionen zu prüfen unternimmt, wird also letztlich von ihr wiederum auf diese gerade rückverpflichtet und in die Kontinuität der von Herder im dritten Gespräch *Ueber die Seelenwanderung* programmatisch geäußerten Wende zu einer »Reinigung des Herzens, Veredlung der Seele mit allen ihren Trieben und Begierden« als einer »wahre[n] Palingenesie dieses Lebens«[50] gestellt: »Aus der Erlebensunmöglichkeit des Todes«, so schlußfolgert Hamburger, »erhebt sich tröstend also auch für Jean Paul die Überzeugung von der Kontinuität des Lebens und aus ihr die Idee der Unsterblichkeit, die nun ihrerseits und zu ihrer eigenen Beglaubigung die Existenz Gottes fordert.«[51]

Kant hatte am Ende des Jahrhunderts in der *Anthropologie in pragmatischer Hinsicht* (1798) dieses Paradox (der »Erlebensunmöglichkeit« des Todes) als das eines Sprechers kenntlich gemacht, der es unternehmen wolle, sich im Prozeß des Sprechens selbst zu negieren, und also die Fiktion des Todes an den selbstperformativen Akt der Rede gebunden. Auf das Kapitel »Vom Sinn des Sehens«, in dem er den Gesichtssinn für den edelsten unter den Sinnen erklärt, »weil er sich unter allen am meisten von dem der Betastung, als der eingeschränktesten Bedingung der Wahrnehmungen, entfernt«,[52] läßt er einen Abschnitt über den

selbst war ihm verklärt durch den Glanz, den die Ewigkeit auf diesen Durchblick noch zurückwarf. Darum liebte er den Tod«.

49 In Präsenzmodellen wie etwa in Mayers Studie (*Dialektik der Blindheit und Poetik des Todes*, a.a.O., 1996), von deren Untersuchung Jean Paul ausgenommen ist, wird diese bei Hamburger aufgeworfene stoizistische Tradition einer »Erlebensunmöglichkeit« des Todes nicht erwähnt.

50 Vgl. Johann Gottfried Herder: *Ueber die Seelenwanderung. Drei Gespräche* (1785). In: *Sämmtliche Werke*. Hrsg. von Bernhard Suphan. 33 Bände. Berlin 1877 ff. (im folg. zit. als: HSW, Band, Seite); hier: HSW, Bd. 15, S. 303.

51 Hamburger: *Das Todesproblem bei Jean Paul*, S. 97.

52 Immanuel Kant: *Anthropologie in pragmatischer Hinsicht* (1798; 2. Aufl. 1800). In: *Werke in sechs Bänden*, Bd. 6, S. 395-690; hier: S. 449.

»gänzlichen Verlust des Sinnenvermögens«[53] folgen, in dem er auf die Unmöglichkeit, den eigenen Tod zu erleben, hinweist:

> Das *Sterben* kann kein Mensch an sich selbst erfahren (denn eine Erfahrung zu machen, dazu gehört Leben), sondern nur an andern wahrnehmen. [...]. – Die allen Menschen, selbst den Unglücklichsten oder auch dem Weisesten, natürliche Furcht vor dem Tod ist also nicht ein Grauen vor dem Sterben, sondern, wie Montaigne richtig sagt, vor dem Gedanken *gestorben* (d.i. tot) *zu sein*; den also der Kandidat des Todes nach dem Sterben noch zu haben vermeint, indem er das Kadaver, was nicht mehr er selbst ist, doch als sich selbst im düstern Grabe, oder irgend sonst wo denkt. – Die Täuschung ist hier nicht zu heben; denn sie liegt in der Natur des Denkens, als eines Sprechens zu und von sich selbst. Der Gedanke: *ich bin nicht*, kann gar nicht *existieren*; denn bin ich nicht, so kann ich mir auch nicht bewußt werden, daß ich nicht bin. Ich kann wohl sagen, ich bin nicht gesund, u. d. g. *Praedicata* von mir selbst verneinend denken (wie es bei allen Verbis geschieht); aber in der ersten Person *sprechend* das Subjekt selbst *verneinen*, wobei alsdann dieses sich selbst vernichtet, ist ein Widerspruch.[54]

Die hier von Kant präsentierte und von ihm in eine transzendentale ›Firmung‹ des Subjekts überführte Unmöglichkeit einer sich selbst negierenden Performanz der Rede wird unausdrücklich noch von neueren poststrukturalistisch orientierten *Siebenkäs*-Interpretationen wie der Gerhard Neumanns oder Thomas Wirtz' mitgedacht, um Jean Paul als den »Autor der fingierten Präsenz« zu qualifizieren, die »aus dem Schein-Tod des Helden das Doppelprinzip von Dissoziation und Auferstehung des Selbst herausreizt«.[55] Es mag dabei einleuchten, daß Neumann »für Jean Paul de[n] Akt des Redens über das Ende als rhetorische Figur – als Metapher nämlich – verstanden« wissen will, »und zwar im doppelten Sinne eines Generators des Schreibspiels und eines Inszenators von Individualität«.[56] Mit dieser einlinigen Rhetorisierung des Erzählverfahrens wird jedoch unterschlagen, daß jene »fingierte Präsenz« (Neumann meint hier offensichtlich die fingierte Präsenz des

53 Ebd., S. 462.

54 Ebd., S. 465 f. (Herv. i. Orig.).

55 Gerhard Neumann: [*Beitrag zur Schlußdiskussion*]. In: *Das Ende. Figuren einer Denkform.* Hrsg. von Karlheinz Stierle und Rainer Warning. München 1996, S. 658. Der Beitrag bezieht sich auf den vom Autor gehaltenen und in diesen Band (S. 476 ff.) aufgenommenen Vortrag *Der Anfang vom Ende.*

56 Neumann: [*Beitrag zur Schlußdiskussion*], S. 657.

Todes) durchaus nicht einem souverän inszenierten Autorspiel allein zuzuordnen wäre. Kants Privilegierung des Gesichtssinn vor allen anderen Sinnen mit der Begründung, es handele sich um den am wenigsten eingeschränkten Sinn, setzt ja zugleich voraus, daß dessen Verlust gerade jene Einziehung der Distanz bewirken müsse, die ihm zugeschrieben wird: Der Blinde ist distanzlos, er muß es sein, weil nur die (hörbare bzw. ertastbare) Präsenz der Dinge und Menschen ihm seine Welt erfahrbar macht und erschließt. Unter dem Einfluß des sog. Molyneux-Problems[57] ist die Frage, »[w]ie wir durch das Gesichte Begriffe bekommen«, Mitte des 18. Jahrhunderts konsensual entschieden: Am Beispiel von sehend gewordenen Starpatienten habe man nachweisen können, so z. B. der Hinweis auf Cheseldens Versuche[58] in Robert Smith' grundlegender Abhandlung über die Optik, daß sie »die Sachen, so verschieden auch derselben Gestalt und Größe war, durch den Anblick nicht unterscheiden können«.[59] Blindheit ist insofern gleichbedeutend

57 Überblicksartige Darstellungen sowie weiterführende Literatur geben: Utz: *Das Auge und das Ohr im Text*, a.a.O., 1990; Gessinger: *Auge & Ohr*, a.a.O., 1994; Hildebrandt: *»Lebwohl, du heiterer Schein!«*, a.a.O., 2002.

58 William Cheselden hatte die erste, berühmteste Beobachtungsreihe im Jahre 1728 zur Prüfung der Seh- und Wiedererkennensfähigkeit von Blindgeborenen nach der Operation angestellt. Vgl. zu Cheseldens Operationen Hirschberg (*Geschichte der Augenheilkunde*, Bd. 1, S. 437 ff.; vgl. ebd., Bd. 2, S. 406). Dieses Experiment wird unzählige Male in den Schriften der Augenheilkunde wiederholt, so auch bei Haller (*Grundriß der Physiologie für Vorlesungen*, S. 418), der sich auf Cheselden beruft, um zu zeigen, daß die Wahrnehmung von Entfernungen auf Erfahrungswerten beruhe und nicht aus dem Gesichtssinn abzuleiten sei: Auch »ein blinder Mensch«, so Haller, glaube, »wenn er das Gesicht erhält, alles zu berühren, was er sieht.« Ebenso argumentiert Jean Louis Leclerc de Buffon: *Allgemeine Historie der Natur nach allen ihren besonderen Theilen abgehandelt; nebst einer Beschreibung der Naturalienkammer Sr. Majestät des Königs von Frankreich.* Mit einer Vorrede Herrn Doctor Albrecht von Haller [sic!]. 8 Theile. Hamburg und Leipzig 1750-1774; hier: Zweyther Theil (1752), S. 202 ff.

59 Zit. nach Kästners Übers.: *Vollständiger Lehrbegriff der Optik*, S. 39. Der Molyneux-Streit – ob ein Blindgeborener »in dem sichtbaren Bild dieselbe Perception wiederfindet, die er in dem fühlbaren gewonnen hatte« (Hirschberg: *Geschichte der Augenheilkunde*, Bd. 2, S. 405) – wurde mit den Versuchsreihen der Staroperateure weitgehend entschieden. Ende des Jahrhunderts war die Notwendigkeit, das *Sehen* der bisher vom Blinden nur gewußten Dinge zu erlernen, Konsens, wie u. a. folgende Belege zeigen: Hirschberg (*Geschichte der Augenheilkunde*, Bd. 1, S. 516 f.) zitiert aus einem Brief Jacques Daviels an Albrecht von Haller vom März 1762: »Bei 22

mit dem Verlust eines zur Abstraktion befähigenden Sinnes und fordert zugleich – als ein auf Präsenz angewiesener Sinnesmangel – auch den Tod in den engen Zirkel der Rede hinein.

Nun markiert jedoch gerade Kants Beharren, daß ein Subjekt sich unmöglich in der ersten Person sprechend selbst vernichten könne, einen philosophiegeschichtlichen Bruch mit der an Leibniz orientierten und auch vom frühen Jean Paul intensiv rezipierten Commercium-Frage. Denn mit der Behauptung einer Unhintergehbarkeit des an die Sprache gebundenen Selbstbewußtseins war das physikotheologische Vertrauen in ein optisches Instrumentarium von Fernrohren und Mikroskopen als Metaphern für eine göttliche Omnipotenz und als Aussicht auf eine unerhörte Erweiterung des Gesichtssinns in der zweiten Welt[60] ad absurdum geführt. Die optische Metaphorik hatte ihren in der philosophischen Theologie erworbenen Stellenwert mit Kants transzendentaler Wende eingebüßt. Das Auge und seine prothetischen Hilfsmittel waren

Blindgeborenen habe ich die Star-Operation verrichtet. Keiner von allen hat die Gegenstände, die man ihm nach der Operation gezeigt, erkannt, ohne sie zu berühren, und nachdem man sie ihm wiederholt gezeigt und benannt hatte.« – Vgl. auch C. F. Pockels: *Von der Beschaffenheit einiger unserer Gesichtsbegriffe.* In: *Gnothi sauton oder Magazin zur Erfahrungsseelenkunde als ein Lesebuch für Gelehrte und Ungelehrte.* Hrsg. von Carl Philipp Moritz. Zehn Bände. Berlin 1783-1793. Neuherausgegeben und mit einem Nachwort versehen von Anke Bennholdt-Thomsen und Alfredo Guzzoni. Lindau i. B. 1979, Bd. 3, 3. St., Berlin 1785, S. 48-61; hier: S. 51 f.: »Einem Blindgebornen, der auf einmal sehend würde, würden alle Gegenstände eine gleiche Entfernung von seinem Auge zu haben scheinen; denn wie könnte er sich von einer unterschiedenen Weite verschiedener Gegenstände einen Begrif [sic!] machen, da er noch nie die Erfahrung gemacht hat, daß entferntere Sachen unter einem kleinern Winkel ins Auge fallen, und mithin auch uns kleiner, als nahe liegende, erscheinen müssen [...].« – Auf die Neuinterpretation des Molyneux-Beispiels im Kontext einer Aufwertung der Einbildungskraft bei Novalis hat Utz (*Das Auge und das Ohr im Text*, S. 221) hingewiesen: Der Blinde von Molyneux gewinne bei diesem »nicht nur ein aufgeklärtes Auge, sondern eine Wahrnehmungskraft, mit der er sich von der Herrschaft bloßer Gefühlsreize aktiv befreien kann«. Gerade diese »Wahrnehmungskraft« habe deshalb bei Novalis als eine »Vorstufe zur ›Einbildungskraft« zu gelten.

60 »Man kann sich, wenn man will, einbilden«, so Bonnet in der Übersetzung Johann Caspar Lavaters, »daß unsre Augen alsdann [d. h. in der anderen Welt] die Vortheile der Vergrösserungs- und der Ferngläser mit einander verbinden, und sich aufs genaueste nach allen Entfernungen richten können. Und wie weit werden die Gläser dieser neuen Sehröhren diejenigen übertreffen, deren sich die Kunst rühmet!« Vgl. Bonnet: *Palingenesie*, Theil 2, S. 378 f.

nun endgültig dem Hoheitsbereich eines naturwissenschaftlich domestizierten Interesses am Sehen und einer Verpflichtung des Auges auf das Postulat der Vernunft übergeben worden und jener Theodizee enthoben, die noch die Lehre der Psychologie von Charles Bonnets *Palingenesie* beherrschte. Die in der kritischen Anthropologie Kants aufgerufene Frage der »Erlebensunmöglichkeit« des Todes steht im Kontext der Beglaubigung eines Identitätskonzeptes, dem der Gedanke an die Existenz eines unzerstörbaren Kerns der Persönlichkeit bzw. an eine Fortdauer der Seele nicht mehr zwingend vorausgesetzt ist.

Gerade diese Annahme jedoch gehört zu den zentralen Prämissen der Bonnetschen Beweisführung einer Unsterblichkeit der Seele mit den Mitteln der empirischen Psychologie, die in den Schriften Jean Pauls zahlreiche Spuren hinterlassen haben: In der *Unsichtbaren Loge* ist – unter Anspielung auf Bonnets Verortung der menschlichen Seele in den »Fibern« des Gehirns[61] – vom »seligen Beben aller Fibern« (I/1,314) Gustavs die Rede, wenn er »zum Grabe des Freundes wie zum heiligen Grabe« ging. Und noch der Hinweis in der Blendungsszene des Amandus, daß dieser in den Wald hineingelockt worden sei, weil man ihm »Kleider und Augen« (I/1,90) rauben wollte, spielt auf die tradierte Metaphorik der Hülle für den irdischen Körper an, dem Bonnet (im Anschluß an Leibniz) ein zweites, ätherisches Gehirn bzw. einen »Keim des neuen Cörpers«[62] entgegensetzt: »Dieser Keim, in vergängliche Decken eingehüllt«, so übersetzt Lavater die entsprechende Passage aus der *Palingenesie*, »würde eigentlich das ausmachen, was man die Person des Menschen nennen kann. Dieser grobe und irdische Cörper, den wir sehen und betasten, wäre nur das Futeral, die Hülse oder das Kleid, das einmal, alt genug, abgelegt würde.« Bonnets Garantie für eine Fortdauer der Seele als einer Fortdauer der Persönlichkeit in der anderen Welt bedient sich eines semiotischen Modells. Das menschliche Gehirn wird von ihm als Analogon zu einem unermeßlichen ›Speicherplatz‹ eines zweiten (immateriellen) Gehirns gedacht, das ebenso wie dieses die Struktur einer Sprache aufweise:

61 Bei Bonnet (ebd., S. 20 f.) heißt es: »Wenn also der Mensch seine Persönlichkeit in einem andern Zustand behalten soll; wenn diese Persönlichkeit wesentlich vom Gedächtniß abhängt; wenn dieses nicht weniger von den Bestimmungen abhängt, welche die Gegenstände den Empfindungsfibern eindrücken, und die sie behalten; so müssen die Fibern, welche den wahrhaften Sitz der Seele ausmachen, an diesen Bestimmungen Theil haben; diese Bestimmungen müssen in denselben dauerhaft seyn, und den künftigen Zustand des Menschen mit seinem vorhergegangenen Zustand verknüpfen.«

62 Vgl. auch im folg. Bonnet: *Palingenesie*, S. 15.

> Wir drücken alle unsre Begriffe durch willkürliche Zeichen aus, welche das Aug oder das Ohr in Bewegung setzen. Diese Zeichen sind Buchstaben oder Worte. Diese Worte werden gelesen oder ausgesprochen: Sie prägen sich also, vermittelst der Gesichts- oder Gehörfibern dem Gehirn ein. Also, wenn die Bewegung in den Gesichts- oder Gehörfibern wieder hervorgebracht wird, werden die Worte, die mit dem Spiel dieser Fibern verknüpft sind, zugleich mit in der Seele wieder erweckt, und, durch diese Worte, die Ideen, welche sie auszudrücken oder darzustellen bestimmt sind.[63]

Weil wir in der Lage wären, so argumentiert Bonnet weiter, »gewisse Fibern in dem Gehirn unserer Nebenmenschen zu erschüttern, z. B. die für die Worte besonders bestimmte Fibern«, könnte kein Zweifel daran bestehen, daß wir auch willentlich Wortreihen und durch diese dann Begriffsreihen erwecken könnten. Umgekehrt zeigten die vielfältigen Möglichkeiten der Schwächung oder gar der scheinbaren Auslöschung des Wortgedächtnisses, daß das menschliche Gehirn wie eine »optische Maschine« arbeite, die – vom Willen unabhängig – »zahlreiche und abwechselnde Reihen von Visionen« auch ungerufen wieder hervorbringen könnten. Jene entschiedene Weigerung Bonnets, bei der Frage über die Fortdauer der Seele »den Cörper auf die Seite zu setzen«, liegt der gesamten Schrift als Prämisse zugrunde: Die Seele nämlich erlange »das metaphysische Bewußtseyn ihres Wesens anderst nicht, als wenn sie bey jeder Empfindung auf sich selber zurücktritt; und so weiß sie, daß sie existirt«.[64] Es ist kein Zufall, daß der 1793 entstandene und in den *Hesperus* eingelassene »Neunt[e] Schalttag« (I/1,1099-1105) unter dem Titel *Viktors Aufsatz über das Verhältnis des Ich zu den Organen* sich auf diese enge Verbindung zwischen Sehen und Gedächtnis bei Bonnet beruft, obgleich er dessen an Leibniz geschulten Gedanken einer prästabilierten Harmonie mit großer Skepsis beurteilt:

> Da unsere meisten Vorstellungen auf grundierende Gesichtsbilder aufgetragen sind: so denken wir wahrscheinlich mehr mit den Sehnerven als mit dem Gehirn. Warum bemerkte Bonnet, daß tiefes Denken die Augen und scharfes Sehen das Gehirn ermüde? (I/1,1102).[65]

Die implizite Berufung Viktors auf Bonnets Argumente im Kontext einer von ihm präsentierten sprachlich strukturierten »optische[n] Ma-

63 Vgl. auch im folg. ebd., S. 61 ff.

64 Ebd., S. 25.

65 Im Registerartikel »Auge/Augen« findet sich ein entsprechendes Notat: »Umgekehrt schwächt auch Anstrengung der Augen das Gehirn V.)«

schine« des Gehirns ist somit weder als ein Zeugnis für die Nachfolge des Leibnizianers zu werten noch als bloßes Plädoyer gegen die Materialisten, die – wollten sie recht behalten, so Viktor – »im Gehirnbrei die Millionen Bilderkabinetter von 70 Jahren versteinern und doch wieder wie Eidophysika beweglich machen« (I/1,1103) müßten. Viktor bahnt sich vielmehr zwischen diesen Positionen seinen Weg eines Beharrens auf der regelnden Einheit und Kraft dessen, was »wir eben einen Geist« (I/1,1103) nennen würden, um zu schlußfolgern, daß auch »der größte Tiefsinn, die heiligsten Empfindungen, der höchste Aufschwung der Phantasie [...] gerade das wächserne Flugwerk des Körpers am meisten« (I/1,1104) bedürften. Viktor bezieht von Bonnets Behauptung einer engen Bindung des Gedächtnisses an die Sehkraft die Stichworte für das Fundament einer Theorie des Träumens,[66] in die die Reflexionen des Aufsatzes schließlich einmünden.

Sowohl von der kritischen Philosophie als auch von medizinischer Seite galt der psychologische Unsterblichkeitsbeweis des Anthropologen Bonnet Ende des Jahrhunderts als widerlegt oder zumindest doch als in höchstem Maße ungesichert. In einer 1796 erschienenen enzyklopädischen Übersicht über die Unsterblichkeitslehren wird mit Hinweis auf Bonnets *Palingenesie* die Unbewiesenheit von dessen an »Leibnitzens Monadologie und Harmonia prästabilita« orientierten Darlegungen formuliert:

> Es ist unstreitig, daß Bonnet eben so sehr in der Absicht, diese Lücke des von der Immaterialität hergenommenen Beweises zu ergänzen, als, um die Möglichkeit der biblischen Auferstehungslehre zu zeigen, die alte Hypothese von dem Daseyn eines feinern Körpers in unserm gröbern wieder hervorgezogen, und scharfsinniger, als es von irgend Jemandem vor ihm geschehen ist, ausgeschmückt hat. Schade, daß die Meinung von diesem edlen Körper eine bloße, durch die Physiologie schwerlich noch gerechtfertigte Hypothese ist.[67]

Mit der ärztlichen Überzeugung schließlich, daß die Erinnerungsfähigkeit von der Sehfähigkeit abhängig sei und mit deren Verlust zugleich selbst verschwinde, war der Glaube an ein zweites, ätherisches Ge-

66 Dieser Stellenwert Bonnets wird in Müllers (*Jean Pauls Ästhetik und Naturphilosophie*, S. 25-28) Deutung dieses Aufsatzes nicht erwähnt, obgleich er Jean Pauls Affinität zu Bonnet verschiedentlich hervorhebt, z. B. in Bezug auf seine späten (1813 erschienenen) Auseinandersetzungen mit dem Magnetismus. Vgl. ebd., S. 43 f.

67 [Anonym]: *Versuch einer kurzen historisch-kritischen Uebersicht der Lehren und Meinungen unserer vornehmen neuen Weltweisen von der Unsterblichkeit der menschlichen Seele.* Leipzig und Altona 1796, S. 17.

hirn[68] zumindest aber auch in Frage gestellt. Soemmerrings (zuerst im *Göttingschen Taschenkalender für das Jahr 1791* erschienene) Schrift *Adams, Büsch und Lichtenberg über einige Pflichten gegen die Augen* proklamiert die medizinische Ansicht seiner Zeit, daß es »im Ganzen nicht unwahrscheinlich [sei], daß die Sehehügel im Hirne, in die sich die Sehenerven allmählich verfeinernd, wie Wurzeln in den Erdboden, verlieren, zum Theil auch zur Aufbewahrung durchs Gesicht erhaltener Ideen dienen« und daß, wenn das »Organ, durch das uns Empfindungen zugeführt werden«, verderbe, auch der »Theil im Hirne, der die durch selbiges empfangenen Empfindungen und Ideen aufbewahrte«, der Zerstörung preisgegeben sei. Die Vermutung einer engen Verknüpfung zwischen Erinnerungs- und Sehfähigkeit führt schließlich zu der Annahme, daß Blinde

> ihr wegen der Zurückerinnerung an das genossene Vergnügen trauriges Schicksal in der Folge leichter zu ertragen scheinen, als wir Sehende es uns vorstellen. Anfänglich freilich ist der Gram groß, und der ganze Körper leidet sichtlich, weil vielleicht im Sehehügel alles noch dem gesunden Zustande näher ist, folglich auch die Ideen des Empfundenen lebhafter sind; allmählich ertragen sie mit Gelassenheit und selbst Munterkeit ihr Loos, weil vielleicht ein Theil des Sehehügels verdirbt, und Zurückerinnerung zum Theil unmöglich macht.[69]

Die bei Bonnet im Zeichen der *Palingenesie* präsentierte (und von Jean Paul für das Träumen produktiv gemachte) enge Verbindung zwischen dem Gesichtssinn und der Gedächtnis- bzw. Erinnerungsleistung wird hier mit diametral entgegengesetzten Vorzeichen repetiert und einer Neubewertung zugeführt: Die Beschreibung des Blindenschicksals als eines traurigen, weil es mit dem Verlust seines Sehvermögens nicht sowohl ein abstrahierendes Verhältnis zur Gegenwart, sondern auch tendenziell die Vorstellung seiner Vergangenheit verliere, impliziert zugleich deren Ausgrenzung aus dem Kreis der Zurechnungsfähigen. Blindheit wird auf diese Weise nicht nur gegen die Parteigänger von Bonnets Palingenesie-These umgewertet und als physiologisch erklärbares Defizit rationalisiert, sondern zugleich auch als besonderes Handicap für immer aus den Grenzen der Vernunft verbannt: Blindheit kann vor den Postulaten einer kritischen Philosophie, die Identität auf die Fundamente optischer Distanzierungsfähigkeit gründet, in keiner

68 Vgl. hierzu Kap. V. dieser Arbeit und meinen Aufsatz: *Blindes Vertrauen*, S. 192. Die entsprechende Stelle findet sich in I/6, S. 1235.

69 Soemmerring (Hrsg.): *Adams, Büsch und Lichtenberg über einige wichtige Pflichten gegen die Augen*, S. 11-13 (= Anmerkung).

Weise bestehen und wird deshalb pathologisiert. Wer nicht (mehr) sehen kann, so lautet die implizite Schlußfolgerung der oben zitierten Passage, der wird tendenziell auch die Erinnerung an früher Gesehenes und mit ihr seine Orientierungsfähigkeit verlieren. Den Sehenden erscheint der sich seiner optisch erfahrenen Vergangenheit nicht mehr bewußte Blinde als ein permanent heiterer Verkünder der Sterblichkeit und gilt auch insofern als ein Beraubter, der buchstäblich und metaphorisch seiner Sinne nicht mehr mächtig ist. Im Grunde wird bereits mit dieser Schrift Soemmerrings ein Prozeß beendet, den der Augen-Anatom und Physiologe noch mit seinem 1796 erschienenen Versuch über eine Lokalisierung der Seele im Gehirn – *Über das Organ der Seele* – nur halbherzig fortzuführen unternahm. Denn dieser Abhandlung wurde auf sein eigenes Ersuchen hin ein Nachwort Kants beigegeben, durch das die von ihm dort vertretenen Thesen fundamental in Frage gestellt und deren philosophisches ›Verfallsdatum‹ gleich mit publiziert worden war.[70]

Die Verknüpfung von Blindheit und Wahnsinn wird nirgendwo deutlicher thematisiert als im *Hesperus*, der als der Roman mit den meisten blinden Protagonisten seiner Zeit gelten kann. Seine beiden komplementären Schlüsselszenen des Sehend- bzw. Blindwerdens arbeiten – analog zur Auferstehungsszene Gustavs und zur Blendungsszene des Amandus in der früheren *Unsichtbaren Loge* – mit Fiktionalisierungen des Sterbens bzw. des Todes: Der berühmten Passage des Starstechens am Anfang der Romanhandlung[71] ist die der Konfrontation des Star-

70 Vgl. insbes. Kants Kritik (*Werke in sechs Bänden*, Bd. 6, S. 253-259) an Samuel Thomas Soemmerrings Schrift *Über das Organ der Seele*. Königsberg 1796. Zu diesem Thema: Michael Hagner: *Das Ende vom Seelenorgan. Über einige Beziehungen von Philosophie und Anatomie im frühen 19. Jahrhundert. In: Ernst Florey und Olaf Breidbach: Das Gehirn – Organ der Seele? Zur Ideengeschichte der Neurobiologie*. Berlin 1993. Roland Borgards hat zuletzt auf diese scheinbar paradoxe Publikationspraxis hingewiesen: »Wunderbarerweise wird hier in *einem* Buch eine neue physiologische Lokalisierung des Seelenorgans vorgelegt und gleichzeitig philosophisch nachgewiesen, daß ein jeglicher Lokalisierungsversuch in eine logische Sackgasse führen und deshalb scheitern muß.« Vgl. ders.: *Die Wissenschaft vom Auge und die Kunst des Sehens. Von Descartes zu Soemmerring, von Lessing zu A. W. Schlegel*. In: *Kunst und Wissenschaft um 1800*. Hrsg. von Thomas Lange und Harald Neumeyer. Würzburg 2000, S. 39-61; hier: S. 50; Herv. i. Orig.

71 Merkles (*Die künstlichen Blinden*, S. 57 ff.) skizzenhafte Lesart dieser Szene als einer Parodie ist m. E. insofern nicht von der Hand zu weisen. Vgl. auch seinen Hinweis (ebd., S. 58) auf die Blindheit des Ich-Erzählers in einer der Vigilien der *Nachtwachen* des Bonaventura.

stechers Viktor mit einem Wahnsinnigen in Maienthal konfrontiert, »den man bloß das tolle Totengebein hieß« (I/1,1128). Der Erzähler benennt drei Gründe, warum dieser grauenerregende Mensch so genannt wurde, und schließt die Bemerkung an, daß die Worte der Wahnsinnigen dem Menschen, »der an der Pforte der unsichtbaren Welt horcht, merkwürdiger als die des Weisen« (I/1,1128 f.) seien.

> [E]rstlich weil er ein Knochenpräparat von Magerheit war; zweitens weil er die fixe Idee herumtrug, der Tod setze ihm nach und woll' ihn an der linken Hand, die er deswegen verdeckte, ergreifen und wegziehen; drittens weil er vorgab, er seh' es denen, die bald sterben würden, am Gesichte an, über welches sich alsdann schon die Einschnitte und Abszesse der Verwesung ausbreiteten. (I/1,1128).

Das motivische Vorbild für die Figur des »tolle[n] Totengebein[s]« konnte Jean Paul in zwei Schriften Karl Philipp Moritz' finden, die bereits im Schlußbild der *Unsichtbaren Loge* – der Vision eines überweltlichen »unermeßliche[n] Skelett[s]« (I/1,467) – als Bezugstexte zu gelten haben. Im *Hesperus* wird diese Vision erneut zitiert und in den Rang eines durchaus irdischen Protagonisten des Todes berufen. Das *Magazin zur Erfahrungsseelenkunde* berichtet 1784 unter dem Titel *Eine fürchterliche Art von Ahndungsvermögen. Aus einem Briefe* über einen Mann, der es einem Menschen aus dem Gesicht ablesen könne, »ob er bald und plötzlich sterben werde«.[72] Jene schreckliche Gabe, so der Autor des Artikels, verschone ihn nicht vor der Vision, daß die Leute, an denen er bisher seine Erfahrungen habe sammeln können, »seinen Augen völlig so vor[kämen], als ob sie schon ein paar Tage im Grabe gelegen, gelb und todten blaß, und wenn sie auch für jeden andern wie Rosen blühen«. Der Briefschreiber läßt offen, wo die Ursache dieses Vermögens zu suchen sei: »Etwa in den Augen des Mannes? Aber ich glaube, wenn wir sie einst anatomisch zerlegen könnten, unsere Mühe würde vergeblich seyn. Was bleibt also übrig?«

Moritz' zwei Jahre später unter dem Titel *Das Skelet* erschienener Aufsatz setzt diese obsessive Vision menschlicher Sterblichkeit ins Bild von deren Überwindung in einer »immerwährende[n] Vervollkommnung der Geisterwelt«.[73] Dabei geht der Autor von den Darstellungen des Todes »im Bilde«[74] aus, das er in den allegorischen Formen barocker

72 Vgl. auch im folg. Moritz (Hrsg.): *Magazin zur Erfahrungsseelenkunde*, Bd. 2, 2. St., 1784, S. 16 f.

73 Moritz: *Das Skelet* (1786). In: *Schriften zur Ästhetik und Poetik*, S. 20-23; hier: S. 23.

74 Vgl. auch im folg. Moritz: *Das Skelet*, S. 20-23; Herv. S. E.

Vanitas-Vorstellungen entwirft: der leeren Augenhöhlen, der Knochengestalt als »furchtbare[r] Trümmer einer zerstörten Welt« und der Reflexion über die Welt als ein »zweckloses Spiel.« Seine Argumentation sucht den Weg der Überwindung des Todes durch die Entkräftung seiner Macht im geschichtsphilosophischen Telos des Erhabenen:

> Das, was *dachte*, kann nicht so verwandelt werden. – / So wie aus der Zerstörung neues Leben hervorgeht, so erzeugt die anhaltende Betrachtung dieses Todtengerippes einen erhabenen Gedanken, einen neuen Begriff in der Seele, der plötzlich die Schrecken des Todes verschwinden macht.

Der Überwindung wird bei Moritz allerdings die Bereitschaft zur Grenzüberschreitung, zur direkten Konfrontation mit dem vorausgesetzt, was überwunden werden soll: »Das unverwandte Anschauen des Todes läßt uns einen Blick hinter den geheimnißvollen Vorhang thun, der das, was jenseit des Grabes ist, vor unsern Augen verhüllt. –«

Die erzählerische Anmerkung im *Hesperus*, daß »die Worte der Wahnsinnigen [...] dem Menschen, der an der Pforte der unsichtbaren Welt horcht, merkwürdiger als die des Weisen« (I/1,1128 f.; Herv. S. E.) seien, relativiert das Vertrauen, das Moritz in die Kraft der *Anschauung* (des Todes) setzt, und übergibt die Wahrnehmung der anderen Welt nicht einer visuellen Ahnung, sondern einer sprachlichen Vermittlung. Gleichwohl bedürfen gerade die Prämissen einer Sprache der Wahnsinnigen wie die des »tolle[n] Totengebein[s]« selbst allererst der Interpretation. Jean Paul destruiert im Bild *dieses* Wahnsinnigen die Hoffnung auf einen sich aus den Trümmern der Anschauung erhebenden Geist. Der bis aufs Skelett abgemagerte und somit dem Bild des Todes selbst bereits zu Lebzeiten ähnlich Gewordene sieht den Moder des Todes auf den Gesichtern der anderen und verkündet ihnen ihr je Bereits-schon-Gestorbensein bzw. ihre postmortale Blindheit und Stummheit: »Ach! du da! Leg dich doch in den Sarg zu Bett; er hat dir die Augen ausgebohrt und das Maul mit Moder beklebt ...... Brr!« (I/1,1142). Zugleich richtet das »tolle Totengebein« seine Rede an den Tod selbst, mit der Absicht, diesen von sich abzulenken, indem es sich präventiv tot stellt, sein Leben also unter die Herrschaft des fingierten Perfekts stellt: »›Tod! ich bin schon begraben‹« (I/1,1128). Die Rede des Totengebeins kann insofern als ein selbstperformatives Paradox vorgestellt werden, weil der sich gegenüber dem Tod sprechend als bereits tot Präsentierende den Sinn seiner Rede redend dementiert und weil er andererseits die von ihm als tot angeredeten Lebenden von ihrem Tot-Sein nicht überzeugen kann, solange seine Rede zumindest potentiell dialogisch konzipiert ist und die von ihm Angeredeten als

Zuhörende voraussetzt. Zugleich jedoch führt gerade seine paradoxe Rede den Wahnsinnigen aus seinem Leben, das er retten will, hinaus, indem er die Rolle des Todes – diesem zuvorkommend – stellvertretend übernimmt und seine linke Hand (die buchstäblich ›des Todes‹ ist) abhackt (I/1,1142), also wie ein Tod bzw. ›als Tod‹ dessen Urteil an sich selbst vollstreckt. Die Rede des Wahnsinnigen tritt also in dem Augenblick aus dem Zirkel ihrer Unhintergehbarkeit heraus und wird zur sprachlosen Tat, in dem er sich des Organs seines (weltlichen Handelns) selbst beraubt, also nichts anderes mehr ist und sein kann als eben nur noch Rede. Das von Moritz uminterpretierte barocke Vanitas-Bild wird somit im *Hesperus* – ausgehend vom stoischen Gedanken der »Erlebensunmöglichkeit« des Todes – in die Parodie kantischer Selbstmanifestation des denkenden Subjekts überführt. Denn im Bild des »tolle[n] Totengebein[s]« wird die (von Kant später dargelegte) Unmöglichkeit beschrieben, sich selbst als tot zu denken oder gar zu erklären. Zugleich wird auch die Hoffnung disqualifiziert, dem Tod durch Sprache (bzw. durch Vernunft) zu entkommen. Gegenüber der Adaption des »Skelett«-Bildes (I/1,467) am Ende der *Unsichtbaren Loge* erhält die Moritz-Rezeption im *Hesperus* damit m. E. eine neue Qualität: Die Zuversicht, aus den Worten eines Wahnsinnigen eher als aus denen eines Weisen Kunde über die andere Welt zu erlangen, muß zumindest dann aufgegeben werden, wenn der Wahnsinn nicht mehr das andere der Vernunft, sondern deren philosophische ›Verabsolutierung‹ repräsentiert.

II.3. Mumien und künstliche Augen: Zum Titel der *Unsichtbaren Loge* und zu Kästners aufgeklärtem Unsterblichkeitsbeweis

In seinem Vorwort zum ersten Roman Jean Pauls (SW I/2,VI) hat Eduard Berend auf dessen Tagebuchnotiz vom 31. Juli 1792 hingewiesen (vgl. SW II/6,583), die als Beginn an den Romanarbeiten mit dem vorläufigen Titel *Die Mumien* gelten kann, obgleich der Plan schon auf das Jahr 1790 zurückzudatieren sei. Bisher wurde der aus verschiedenen Entwürfen (SW III/1,359) schließlich gewählte Titel *Die unsichtbare Loge* mit dem Untertitel *Mumien* vor allem auf die zeitgenössische verbreitete Logen- bzw. Geheimbundliteratur zurückgeführt,[75]

75 Vgl. Michael Voges: *Aufklärung und Geheimnis. Untersuchungen zur Vermittlung von Literatur- und Sozialgeschichte am Beispiel des Geheimbundmaterials im Roman des späten 18. Jahrhunderts.* Tübingen 1987, S. 538-551.

ohne daß die von Berend ebenfalls erwähnte Charakterisierung des Werks durch den Autor als sein »ägyptisches Predigen der Sterblichkeit«[76] einer Erklärung zugeführt worden wäre. Erst in der »Vorrede zur zweiten Auflage« des Romans von 1821 verspricht Jean Paul eine Auflösung des rätselhaften Titels zu geben, indem er den thematischen Hintergrund geheimer Gesellschaften zu bestätigen sucht und dessen Bedeutung zugleich hinter dem Untertitel *Mumien* zurücktreten läßt:

> Noch deutlicher läßt sich der zweite Titel »*Mumien*« erklären, der mehr auf meine Stimmung, so wie jener mehr auf die Geschichte, hindeutet. Überall werden nämlich im Werke die Bilder des irdischen Vorüberfliegens und Verstäubens, wie ägyptische Mumien und griechische Kunst-Skelette, unter den Lustbarkeiten und Gastmahlen aufgestellt. (I/1,20; Herv. i. Orig.).

Es ist kaum zu übersehen, daß diese 28 Jahre später nachgereichte Titelerläuterung erst gar nicht zu leisten versucht, was sie verspricht: Denn weder wird in der *Unsichtbaren Loge* eine handfeste »Geschichte« ausformuliert, die es erlaubte, den Roman eindeutig zur Geheimbundliteratur zu rechnen, noch kann die frühere »Stimmung«, mit der der alternde Autor den Untertitel seines »Erstlings« begründet, nach seiner Erläuterung nun als erklärt gelten oder würde gar in der späteren Fassung dementiert. Im Gegenteil: Der Autor der Vorrede zur zweiten Ausgabe wiederholt nur das ›Konzept‹ der ersten, indem er das Geheimnis des unerklärten Titels für alle weiteren Ausgaben ›mumifiziert‹:

> Und so mögen denn diese zwei Mumien, weniger mit neuen Gewürzen zur Fortdauer einbalsamiert als hie und da mit den Zeichen-Binden anders eingewickelt, sich wieder der frühern Zuziehung und Einladung zu den Gastmahlen der Leser zu erfreuen haben! Und die dritte oder Schlußmumie soll nachgeschickt werden – als die dritte

76 Eduard Berend erwähnt diese Briefstelle in seiner Einleitung zur *Unsichtbaren Loge* (SW I/1,X). Vgl. Jean Pauls Brief an Emanuel [Osmund] vom 30. Oktober 1794: »Hier send' ich Ihnen meine Mumien, die ihren Namen nicht durch ihre Dauer, sondern durch ihr ägyptisches Predigen der Sterblichkeit verdienen. [...] Ach in diesem zerstäubenden Leben, in dieser finstern Baumanshöle von Welt, wo Blut wie Tropfstein zu unsern Gestalten zusammentropfet, und wo diese Gestalten so kurz blinken und so bald schmelzen, in diesem schillernden Dunst um uns giebt es nichts stehendes und fortglühendes und nichts was uns Gefühle der Unvergänglichkeit reicht, als ein Herz das geliebt wird und eines, das liebt – Und doch brauchen diese zerfliessenden Schatten ein Dezennium, um einen Bund zu schliessen, und nur eine Minute, um ihn zu trennen!« (SW III/2,28).

> Parze im schönen griechischen Sinne –, wenn nicht den Mumien-Vater selber vorher das Schicksal zur großen Mumie macht. Also im einen und im andern Falle kann es an einer dritten Schlußmumie nicht fehlen. (I/1,21 f.).

Sowohl die Verwirrung über diese sich selbst dementierende und sich in Tautologien ergehende Explikation als auch die Ignorierung des vom Autor selbst präsentierten Erzählverfahrens (eines »ägyptische[n] Predigen[s] der Sterblichkeit«) und die lange Reihe von scheinbar willkürlichen Titelüberlegungen in den Vorarbeiten zur ersten Fassung führten dazu, daß man den Untertitel kaum ernst zu nehmen vermochte. Wenn nicht einmal für den Haupttitel zuverlässige Rückschlüsse auf die Romanhandlung gezogen werden konnten, so mochte es offenbar erst recht als legitim gelten, einem eher zufällig gewählten Untertitel sein Interesse gänzlich zu versagen. In der vorliegenden Interpretation wird gerade diesem Titelzusatz (*Mumien*) insofern Aufmerksamkeit gewidmet, als er die Verbindung zwischen einer dem gesamten Roman zugrunde gelegten, aus dem Bildreservoir der Augenheilkunde entnommenen Metaphorik und Jean Pauls zeitgleichen Unsterblichkeits-Reflexionen herzustellen erlaubt.

Als ein wichtiger Mosaikstein in den Bemühungen, Jean Pauls Rekurs auf die »Mumien« zu erklären, kann gelten, daß Ägypten Ende des Jahrhunderts zum festen Zitatenschatz der gebildeten Gesellschaft gehörte.[77] Auch Jean Paul hat dessen vielfältige und mehrdeutige Konnotationen in seinen Schriften rezipiert: Der Vergleich der Ägypter mit der ›Kindheit der Menschheit‹ zählt zu den Topoi des aufklärerischen Bildungsgedankens. Im *Vierten Kritischen Wäldchen* (1769) analogisiert Herder den Pyramidenbau der Ägypter mit dem Erfahrungsprozeß des kindlichen Sehen-Lernens bzw. mit der Frage, was ein Blindgewesener lernen müsse, um Größenproportionen adäquat wahrnehmen zu kön-

77 Straub und Vince (*Wetterleuchtende Demant- und Zaubergrube*, S. 46) haben auf die große Anzahl von Exzerpten »zur Konservierung ägyptischer Mumien« hingewiesen. – Jean Paul war die bereits in Zedlers *Universal-Lexicon* ausführlich beschriebene Leipziger Mumie sicherlich nicht unbekannt, die der Rat der Stadt »im Jahr 1693 von einem Kaufmanne, der selbige aus Egypten erstlich nach Holland, und von da ferner nach Leipzig gebracht hatte, käufflich erstanden, und zum Zierrath« in der Bibliothek aufgestellt hatte (*Zedler*: Artikel »Mumie«, Bd. 22, S. 735-751). Das Lexikon bezieht sich in der ausführlichen Beschreibung dieser Bibliotheksreliquie wiederholt auf Athanasius Kirchers Schrift *Oedipus Aegyptiacus*, die als wichtige Informationsquelle für die ägyptische Seelenwanderung und den Isis-Kult gelten konnte.

nen. Herder fragt nach den Ursachen der ins Kolossalische gehenden Bildsäulen der Ägypter, um an ihnen einen »grossen Schritt des Menschlichen Geistes erklären zu können«:[78]

> Wenn wir die Grösse der Erscheinungen nicht unmittelbar empfinden, sondern nur nach dem Winkel, den diese in unserm Auge mahlen, muthmassen und schließen: so sind wir in den ersten Urtheilen, ohne gnugsame Erfahrung, bei allem was Erscheinung ist, Irrthümern über die Größe ausgesetzt – die ins Gigantische laufen müßen. Dem Kinde, das sehen lernt, kleben erst alle Gestalten im Auge: sie fangen sich an, zu entfernen, und was können sie seyn? als – – kolorirte Riesenbilder. Der Blindgewesene Cheseldens sahe: er lernte unterscheiden, die Bilder vom Auge trennen, und sahe – – – Riesengestalten. Wir gehen in der Dämmerung, gleichsam in der Mitte zwischen stockfinstrer Nacht der Blindheit und dem Tage des Gesichts: wir können sehen, aber nicht klar, nicht deutlich: wir können weder Beschaffenheiten und Farben unterscheiden, noch Fernen und Zwischenräume messen – was sehen wir? einen nahen Baum für ein entferntes, auf uns zukommendes Riesengespenst, für ein furchtbares Ungeheuer. Das sind Irrnißerfahrungen unsres körperlichen Gesichts, und wir werden sehen, auch unsrer Einbildungskraft, unsrer Seele.[79]

Jean Paul konnte diesen Text, der erst nach Herders Tod erschienen ist, nicht kennen, war aber doch mit seinen Voraussetzungen vertraut.[80] Da die Interpreten der *Unsichtbaren Loge* bisher vor allem den Platonismus des frühen Jean Paul hervorgehoben haben, steht eine Untersuchung bis heute aus, deren Interesse dem Einfluß der empiristisch-sensualistischen Wahrnehmungslehre auf das Roman-Fragment gilt. (Als ein offensichtlich direkter literarischer Bezugstext der *Unsichtbaren Loge*, in dem diese – insbesondere durch Diderots *Lettre sur les Aveugles* (1749)[81] vermittelte – Lehre bereits vorausgesetzt wird, die auch Herder kannte, wäre z. B. Wielands Erzählung *Selim und Selima* (1752) zu prüfen.)[82]

78 HSW, Bd. 4, S. 85.
79 HSW, Bd. 4, S. 85 f.
80 Vgl. zur Datierung im Kontext der Studien Herders zur *Plastik* Mülder-Bach: *Eine »neue Logik für den Liebhaber«*, a.a.O., 1994.
81 Diderot: *Brief über die Blinden*, S. 51-110.
82 Wieland: *Sämmtliche Werke*, Bd. XIII (= Supplemente 2; 1798), S. 174-200. – Vgl. hierzu den Stellenkommentar zu Herders Schrift *Zum Sinn des Gefühls* in: Herder: *Werke in zehn Bänden*, Bd. 4, (= Schriften zu Philosophie, Literatur, Kunst und Altertum 1774-1787; hrsg. von Jürgen Brummack und Martin Bollacher). Frankfurt a. M. 1994, S. 982 f.

Ein unter dem Signum der Ästhetik sich vollziehender Rekurs auf Ägypten, wie Herder ihn dachte, lag den aufgeklärten Unsterblichkeitstheoretikern in der Nachfolge Christian Wolffs Mitte des 18. Jahrhunderts allerdings fern. Wenn auf die Ägypter bzw. auf deren Totenkult rekurriert wurde wie z. B. in Abraham Gotthelf Kästners *Erläuterung eines Beweisgrundes für die Unsterblichkeit der menschlichen Seele* (1767), so geschah dies mit der Intention, eine Negativ- bzw. Kontrastfolie für die eigene Beweisführung zu liefern. Kästner leitet die Unsterblichkeit der Seele aus einem Erziehungsmodell her, in dem ihr Vermögen, sich zum Gehorsam gegenüber dem »Herrn der Welt«, Gott also, zu entscheiden, aufs engste an die Erinnerungsfähigkeit der Seelen nach ihrem Tode geknüpft wird:

> Behielte sie [die Seele] aber das Vermögen zu denken, aber in einem Zustande, bey dem sie sich des vorigen gar nicht erinnerte, so würde sie sich als ein neu entstandenes Wesen betrachten, ihre Pflichten gegen Gott nur von der Zeit an, auf die sie zurück denken könnte, rechnen; und wenn Gott mit ihr nach ihren vorigen Werken verführe, die Gerechtigkeit dieses Verfahrens gar nicht einsehen können. Ist also die Seele nicht unsterblich [...], so steht es bey jedem Sterblichen, wie lange er der Herrschaft Gottes unterworfen seyn will, wenigstens [...] wie lange er es empfinden will, daß er dieser Herrschaft unterworfen ist.[83]

Der Autor entwirft somit ein Unsterblichkeitsmodell, in dem die Herrschaft Gottes über die Menschen eng an deren Erinnerungsfähigkeit gebunden ist: Nur wenn die Menschen unsterblich seien, so lautet seine Argumentation, könnten sie über die Erinnerungsfähigkeit verfügen, die ihnen wiederum erst die Entscheidung zum Gehorsam gegenüber Gott ermögliche. Da der Erinnerungslose nur in der Gegenwart lebe, fehle ihm sowohl ein (aus Erinnerung erst erwachsenes) Pflichtgefühl gegenüber Gott wie auch ein Empfinden für den eigenen Gehorsam selbst. Da es Gott jedoch nicht gefallen könne, »daß leblose und unvernünftige Geschöpfe seine Absichten erfüllen, ohne solches selbst zu wissen«, habe er Seelen geschaffen, »die es wissen, daß sie ihm gehorchen«. Also müsse Gott – so wird die Argumentationskette geschlossen – nur ein solcher Gehorsam gefallen, der auf einem sich seiner selbst bewußten Wissen des Gehorchenden beruhe. Zur Bekräftigung seiner Aussage verweist Kästner auf die Herrschaft des Pharao, der jene Gott

83 Vgl. auch im folg. Kästner: *Erläuterung eines Beweisgrundes für die Unsterblichkeit der menschlichen Seele,* S. 181-183.

zugeschriebene Herrschaft über die Lebenden *und* die Toten im Grunde nur nachzuäffen vermöge. Denn in Bezug auf das Totenreich könne er seine Macht allenfalls über einbalsamierte tote Körper ausüben, nicht jedoch über lebendige – ihrer Vergangenheit innegewordene – Seelen herrschen:

> Sind die Seelen sterblich, so beherrscht Gott jeden Augenblick nur so viel Seelen, so viel Menschen auf einmal die Erde bewohnen. Ueber die Seelen, deren Körper hier gewesen sind, herrscht er wie ein ägyptischer König, der allen Mumien bey Cairo zu gebieten hätte. Wenn er sich aber den Seelen offenbarte, wenn er von ihnen Gehorsam verlangte, so gefiel es ihm, ein Gott der Seelen zu seyn. Und er ist gewiß nicht ein Gott der Todten, sondern der Lebendigen.

Wie weit Jean Paul von derartigen Beweisführungen aufgeklärter Theologie entfernt war, zeigt bereits seine Antwort in der Schrift *Über die Fortdauer der Seele und ihres Bewustseins* (1791), die die Argumentation Kästners und Jerusalems mit der Pose des logischen Pedanten ad absurdum führen:

> 2. Kästner und Jerusalem sagen: »ohne Unsterblichkeit macht ein Ruchloser sich unabhängig vom Schöpfer durch einen Dolch und ein Loth Arsenik.« Der Fatalist sagt ohnehin, daß ihm der Schöpfer diesen Dolch gereicht; aber der Freie kan auch sagen, daß dem Schöpfer zur Beherschung dieses Ruchlosen die ganze Welt (die künftige ausgenommen) zu Gebote stehe, er kan ihm den Dolch nehmen pp. Und hat *der* denn Unabhängigkeit von mir, dem ich selbst die Erlaubnis zu ihr verliehen? (II/2,777; Herv. i. Orig.)[84]

Kästners Überführung der Unsterblichkeit des Menschen in das Erziehungsmodell der Aufklärung ist in die *Unsichtbare Loge* allenfalls als Parodie eingegangen. Bereits ein Hinweis in einem Brief Jean Pauls an Christian Otto vom 12. Juli 1792 (vgl. im folg. SW III/1,359 f.) spielt in Bezug auf seine Überlegungen zur Titelgebung (gemeint ist der Vorschlag »die unsichtbare Loge oder die grüne Nachtleiche ohne den 9ten Nusknaker«) darüber hinaus gerade auf die Tradition der »geheimen Naturforscher« an, die – so der Briefschreiber – »diesen Titel recht gut verständen«, wenngleich er selber sich dabei »im Grunde gar nichts« denke, »wiewol mir bis ich die Vorrede seze noch gut einfallen kan was

84 Eine Stelle im Nachlaß (»Untersuchungen Nov. 1790-93«) bringt diese Argumentation auf den Punkt: »Sobald ich einsehe, ich muß glauben: so ists logisch Zwang und Glauben ist Wissen.« (SW II/7,17).

ich dabei denke«. Diese satirische Anmerkung zum Sinn des Titels stellt zumindest assoziativ eine Verbindung zu jener Definitionsgewalt über die »Mumien« her, die traditionell den Paracelsisten zugeschrieben worden war[85] und deren Interpretationskraft nun ironisch vom Autor des erst noch vorzulegenden Romans uneingeschränkt als aufgeklärte Deutungshoheit anerkannt wird, bevor er das ihm selbst noch verborgene Geheimnis seines Schreibens prägnant zu formulieren wüßte.

Einen weit plausibleren Hinweis auf die Wahl des Titels gibt dagegen ein entsprechendes Notat in Jean Pauls Register-Artikel »Auge/Augen«, wo es heißt: »Den Mumien güldne Augen eingesezt. (I. 124)«.[86]

85 Dem aufgeklärten Geist im *Zedler* (Artikel »Mumien«, Bd. 22, S. 745) ist dies immerhin einen Abschnitt wert, wenngleich der Autor sich eines skeptischen Kommentars nicht enthält: »Das glaube wer da will und kann« – so lautet der abschließende Satz seiner Beschreibung, daß eine Mumie bei den Paracelsisten ein »überaus feiner, subtiler geistiger Theil [sei], der einem ieden Menschen angebohren, und in und nach seinem Tode, ia so gar auch in denen Excrementen eine zeitlang verharret, und mit welchem durch die Transplantation Wunder-Dinge sollen können ausgerichtet werden«. Steppacher (*Körpersprache in Jean Pauls »Unsichtbarer Loge«*, S. 87) akzentuiert mit Recht die Bedeutung der »Mumie« in der »Strohkranzrede eines Konsistorialsekretärs, worin er und sie beweisen, daß Ehebruch und Ehescheidung zugelassen sind« (I/1,70-75; bes. S. 71). Dort heißt es – mit Rekurs auf »Hallers groß[e] Physiologie«: »Sanktorius wars, der sich auf einen delphischen Nachtstuhl setzte und da die Wahrheit aussaß, daß der Mensch alle 11 Jahre einen neuen Körper umbekomme [...], und es bleibet von der ganzen Mumie nicht so viel sitzen, als ein Apotheker klein geschabt in einem Teelöffel eingeben will.« Steppacher zeigt, »daß die Metapher der ›Mumie‹ [...] ein Doppeltes heraus[streiche]: einmal, was offensichtlich ist, die Bewertung desselben als tote Masse, womit nur schwerlich Zwiesprache zu halten ist; dann aber, was den eben besprochenen Zusammenhang noch einmal bekräftigt, die Veränderung der Körperwahrnehmung, welche den Körper als Studienobjekt ganz neu zu werten erlaubt. Das ursprünglich dem sakralen Bereich entstammende Verfahren der Mumifizierung von Toten fand nämlich auch in die biologischen, zoologischen und anthropologischen Disziplinen Eingang [...]. Die Entwicklung von der Mumie zum Präparat ist im Auge zu behalten, wenn man verstehen will, was es mit der Apotheker-Anspielung auf sich hat.«

86 Vgl. Register-Artikel »Auge/Augen«, S. 6. Das Exzerpt findet sich in Fasz. 2a, Bd. 1 (Reihe »Geschichte«, 1782), S. 124: »Der Pater Akosta und Garcilasso de la Vega sagen, daß sie in Peru Leichname von etlichen Inkas und Mamas in volkomnem Zustande gesehen; sie hätten ihre Haupthaare und Augenbraunen noch gehabt, doch wären ihnen güldne Augen eingesetzt gewesen.« Als Exzerptquelle wird »Alexis Drummonds Reisen« angegeben. Daß Jean Paul sich mit der Kultur- und Medizingeschichte des künstlichen Auges

Es belegt, daß Jean Paul die Geschichte der Augenheilkunde umfassend studiert hat und zudem das ästhetische Ideal seiner Zeit affirmiert. Eine entschiedene Abwertung von Statuen, deren Augen nicht nur angedeutet, sondern (nach ägyptischem Vorbild) künstlich durch Glas, Edelsteine oder Metall nachgefertigt wurden, gehörte in der zweiten Hälfte des 18. Jahrhunderts – so in Herders *Plastik* (1778) – zum ästhetischen Konsens.[87]

Die Vorarbeiten zur Leipziger Fassung (d. h. zur ersten Fassung der *Auswahl aus des Teufels Papieren*) zeigen, daß Jean Paul – im Kontext der satirischen Abhandlung *Kurze, doch getreue Nachricht von den Eigenschaften des Leibs und der Sele meiner von mir selbst erfundnen und verfertigten Gattin aus Holz*[88] – diese dem ästhetischen Verdikt unterliegende Tradition satirisch nutzt: Über die hölzerne Gattin heißt es dort:

> Von der doppelten Farbe ihrer Augen hab' ich oben [aus schon] gesprochen. Wenn sich übrigens belebte Damen schon durch Ein Auge aus Gold sonderlich verschönert dünken: so wird man unbelebten einen kleinen Stolz auf zwei aus Gold um desto eher verzeihen können. Denn sie theilen diesen Vorzug mit niemand als den todten ägyptischen Weibern, in deren Mumien manchmal güldne Augen gefunden werden [...]. (SW I/19,130).

Hirschberg präsentiert in seiner enzyklopädischen Schrift über die Augenheilkunde einen kurzen Überblick über die Geschichte und Literatur des künstlichen Auges, in deren Zentrum der Name des ungelehrten Wundarztes und Barbiers Ambroise Paré[89] steht, der schließlich im

beschäftigt hat, zeigen folg. weitere Notate in diesem Register-Artikel: »Denen, die im Gefechte starben, sezte man Statuen mit ofnen Augen 53.« – »Ein goldnes Auge einsezen, zu Nachts herausnehmen, schadet dem gesunden 33.« – »Göze stat der Augen 2 Perlen 142.«

87 Vgl. z. B. Johann Gottfried Herder: *Plastik. Einige Wahrnehmungen über Form und Gestalt aus Pygmalions bildendem Traume.* In: HSW, Bd. 8, S. 29 f.; Herv. i. Orig.

88 Der vollständige Titel lautet: *Der dritte Adam [nachtr. oder der zweite Pygmalion;] das ist: Kurze, doch getreue Nachricht von den Eigenschaften des Leibs und der Sele meiner von mir selbst erfundnen und verfertigten Gattin aus Holz; nebst dem Vorschlag an die Männer, sich auch dergleichen zu verfertigen oder doch verfertigen zu lassen und als ehelige Gehülfen stat der zeitherigen Frauen sich beizugesellen* (SW I/19,126-150).

89 Zur Biographie Parés vgl. Hirschberg: *Geschichte der Augenheilkunde*, Bd. 1, S. 321-324. – Zur Geschichte des künstlichen Auges vgl. ebd., Bd. 2, S. 189-191.

Jahre 1590 erster Chirurg des Königs wurde. Hirschberg, der Parés Schrift *Discours de la mumie*[90] als eine Arbeit gegen den Aberglauben in Frankreich qualifiziert, weist darauf hin, daß der Mediziner als erster im Jahre 1561 »das Einsetzen eines künstlichen Auges (und zwar aus emailliertem Gold, mit den natürlichen Farben), in die Augenhöhle eines lebenden Menschen, wenn das entsprechende Auge geschrumpft war, zur Verschönerung empfohlen«[91] hatte. Die Reminiszenz an Parés ›Schönheits-Chirurgie‹, die von Hirschberg u. a. auch der aristotelischen Charakterisierung der Puppenspieler mit beweglichen Augen analogisiert wird, ist zumindest als ein zentrales Motiv in den »siebenunddreißigste[n] Sektor« der *Unsichtbaren Loge* eingegangen: Dieser enthält die große Satire auf die »durch geschickte Bildhauer mit neuen Gliedern – z. B. Busen, Zähnen« (I/1,337 f.) ergänzte Gustav-Verführerin Bouse, die als »eine Antike von großer Schönheit« beschrieben wird, »die aber nach den Verwüstungen der Jahre und Menschen nicht mehr unbeschädigt zu haben war« und die »noch einmal so viel Zähne als andre Christinnen, und zwei Goldfäden dazu [hatte], weil der Zahnarzt die einen allemal im Hause und unter der Bürste hatte, während die andern die Dental-Buchstaben aussprachen«.[92] Auf diese Passage folgt

90 Ambroise Paré: *Discours de la mumie*. In: *Œuvres complètes d'Ambroise Paré*. Hrsg. von J. F. Malgaigne, Bd. III. Paris 1840-1841. Reprint Genf 1970, S. 474-490. Hirschberg (*Geschichte der Augenheilkunde*, Bd. 1, S. 351 f.) erwähnt diese Schrift im Kontext mit Georg Bartisch, dem Autor des Handbuchs (= *Ophthalmologia. Das ist / Augendienst. Newer und wolgegründter Bericht von ursachen und erkentnüs aller Gebrechen / Schäden und Mängel der Augen und des Gesichtes* [...]. Gedruckt zu Dreßden durch Matthes Stöckel 1583. Nachdr. der ersten deutschsprachigen umfassenden Augenheilkunde aus dem Jahre 1583. Mit einem Begleitheft von Richard Toellner. Hannover 1983): »Dass aber Bartisch ›im Zentrum des Aberglaubens‹ lebte, wie Pansier meint, ist ein Irrthum. Hätte nicht zu derselben Zeit auch in Frankreich der krasseste Aberglaube geherrscht, so würde Ambroise Paré nicht dagegen zwei Schriften de la mumie u. s. w. geschrieben haben, – er, der übrigens selber nicht frei von Aberglauben war.«

91 Hirschberg: *Geschichte der Augenheilkunde*, Bd. 2, S. 189.

92 Die traditionelle Konnotation von Auge und Zahn wird in den Vorarbeiten zur *Auswahl aus des Teufels Papieren* deutlicher artikuliert: »Zweitens erlaubt die Unbeweglichkeit der Puppe eine beständig lächelnde Oefnung des Mundes, die den Liebhabern und Kennern die ununterbrochenste Augenweide an der Farbe, Lage und Gestalt der Zähne gestattet.« (SW I/19, 129). In den Vorarbeiten zur zweiten Fassung heißt es: »Kenner und Liebhaber des Gebisses wissen aber wol, wie hoch sie diese ununterbrochene Augenweide an Farbe, Lage und Gestalt der Zähne schätzen müssen.« (SW I/19,174).

das »Wort über die Puppen« (I/1,338-340) und schließlich die Erzählung des »bal paré« (I/1,343 f.), dessen Glanz sich nicht zufällig der zweideutigen Konnotation von bühnenhafter Tanz-Vorstellung[93] und prothetischem Augen-Schein verdankt. Denn dieser Ball, der Gustav die Tänzerin Bouse von vornherein als Ersatz für die abwesende und von ihm angebetete Beata zuführt, läßt ihn schließlich diese künstliche Replik für das ›Ur-Bild‹ selber nehmen: »Kurz die Residentin gewann bei allem, wessen ihn heute das Wegsein seiner Beata beraubte. Er hatte heute zum ersten Male von der Residentin […] mehr angefasset als einen Handschuh – mehr, nämlich ihre Arm- und Rückenschienen.« (I/1,344).

Aber auch die Opposition von ›Ur-Bild‹ und ›Ab-Bild‹ kommt dort ins Schwanken, wo der Erzähler den empfindsamen Ausdruck der Seelenvereinigung satirisch auf die Spitze treibt und somit negiert: Der Passage über die Puppen und den »bal paré« wird eine Liebesszene zwischen Gustav und Beata vorangestellt, deren Wortlosigkeit nicht einer Sprache der Augen übergeben, sondern gerade als eine permanente Verstellung der Blicke beschrieben wird. Das Auge erfährt schließlich im Erzähler-Kommentar die eklatante Wandlung von einem Spiegel der Seele zu einem die Seele präparierenden Glas-Auge: Bei einem »Abwenden der Residentin auf 7 Sekunden« (I/1,331) küßt Gustav das Bild »seiner teuren Sängerin«, das er im Spiegel sieht und das ihn dann plötzlich ansieht bzw. im Augenblick des Sehens »vor dem Feuerstrom seines Auges das Augenlid niederschlug«, als er sich »plötzlich nach dem nahen Urbild des wegblickenden Farben-Schattens umdrehte und *sitzend* in das *gesenkte* Auge der *stehenden* Freundin mit seiner Liebe eindrang […]« (I/1,331; Herv. S. E.). Die suggerierte – und zugleich deutlich vereitelte – Unmittelbarkeit der Seelen-Begegnung wird darüber hinaus durch die Lektion des Erzählers erheblich gestört, der erklärt, daß es Augenblicke wie diesen gäbe,

> wo der tief aus der fremden Seele emporgehobne Schatz wieder zurücksinkt und im Innersten verschwindet, wenn man redet – ja wo das zarte, bewegliche, schwimmende, brennende Gemälde der ganzen Seele sich kaum *in* oder *unter* dem durchsichtigen Auge wie das zerstiebende Pastellgebilde unter dem Glas beschützt …. (I/1,331 f.; Herv. i. Orig.).

93 Ausdrücklich wird auf den Bühnencharakter dieses »bal paré« hingewiesen: »Endlich fing das dritte Schauspiel an, worin mehre als in den beiden andern glänzen konnten; denn es wurde nur mit den Füßen gespielt – der *Ball* kam.« (I/1,343; Herv. i. Orig.).

Der sich in unmäßiger Rede gefallende Erzähler dementiert in dieser Passage die Möglichkeit, die Seele anders als in bildlicher Repräsentation, also metaphorisch, zu denken, und bringt zudem das traditionell als ›Medium‹ der Seele interpretierte Auge in eine assoziative Nähe zum konservierenden Bilderglas. Der Erzähler geht damit über eine bloße Hof- und Adelssatire weit hinaus, die im »Wort über die Puppen« nahegelegt wird. Denn seine implizite Diagnose über die Sinne, denen bei aller Empfindsamkeit kaum mehr zu trauen ist, wird in seine poetologische Reflexion selbst eingebunden. Die Erzählerrede ist deshalb nicht – wie Reemtsma nahelegt – einem ästhetizistischen Verfahren überantwortet, das den erzählerischen Denkprozeß von der für den Roman konstatierten universalen Blindheit ausnehmen würde; sondern im Gegenteil: gerade die Frage ihrer Darstellbarkeit kann als das eigentliche Thema der *Unsichtbaren Loge* gelten.

II.4. »Ägyptisches Predigen der Sterblichkeit«: Barocke Spuren in der *Unsichtbaren Loge*

Jean Pauls Rede von einem »ägyptische[n] Predigen der Sterblichkeit« (SW III/2,28) stellt die *Unsichtbare Loge* zugleich ins Zeichen einer barocken Tradition und rekurriert somit auf das *Vanitas mundi*-Motiv, das nicht allein mit der Berufung auf Mumien und Marionetten evoziert wird, sondern auch in der Klage Gustavs (»o Eitelkeit, o Dunst, o Schatten, wo ich noch bin« (I/1,283)) nach dem Tode des Freundes Amandus anklingt. Der erste Roman Jean Pauls schöpft damit aus einem barocken Bilderfundus, der in Zitaten, Anspielungen und Motiven aufgerufen wird und seine Wurzeln in der Tradition der Parodia Christiana hat: Zwar ist eine Bekanntschaft des Dichters der *Unsichtbaren Loge* mit dem neulateinischen bayrischen Dichter Jacob Balde – insbesondere mit dessen Poem *De vanitate mundi* (1639) – den Exzerpten nicht zu entnehmen. Dessen maßgebliche Übersetzungen durch Herder wurden erst 1795 unter dem Titel *Terpsichore* publiziert. Es ist allerdings wahrscheinlich, daß Jean Paul den von Herder bereits 1781 für das *Deutsche Museum* übersetzten *Lobgesang auf Maria*[94] zur Kenntnis genommen hat. In Herders vierzehn Jahre später erschienenem *Kenotaphium*[95] wird der Jesuit Balde als ein Mann beschrieben,

94 HSW, Bd. 15, S. 23-26.

95 Johann Gottfried Herder: *Kenotaphium des Dichters Jakob Balde*. In: HSW, Bd. 27 (= *Herders Poetische Werke*. Hrsg. von Carl Redlich. Bd. 3: *Terpsi-*

der über das bayrische Klima »mehrmals so ergrimmet, daß er sich in Gedanken, auf den Fittigen seiner Muse, in die Ost- und Südwelt, nach Konstantinopel und Aegypten hin versetzt [...]«. Baldes 1636 erschienenes Poem *De vanitate mundi*, das ihm den Beinamen eines »deutschen Horaz« eingebracht hatte, war auf dem Buchmarkt mit einer 1729 erschienenen Münchener Gesamtausgabe[96] vertreten, die dennoch nicht darüber hinwegtäuschen kann, daß sein Werk Anfang des 18. Jahrhunderts dem Vergessen anheimgegeben war.[97] Herder wußte um die Problematik seiner Hochschätzung eines Autors, der unter dem negativen Urteil Gottscheds im *Versuch einer Critischen Dichtkunst* stand, weil dieser deutsche Verse mit lateinischen gemischt habe.[98] Gottscheds kom-

chore (Erster Theil und Zweiter Theil: 1795; Dritter Theil: 1796)), S. 201-234; hier: S. 203.

96 Jacob Balde S. J: *DE VANITATE MUNDI POEMA*. In: *Opera Poetica Omnia*. 8 Bände. Repr. Neudruck der Ausgabe München 1729. Hrsg. und eingeleitet von Wilhelm Kühlmann und Hermann Wiegand. Bd. 7, Frankfurt a. M. 1990, S. 1-207.

97 Davon zeugt noch Herders Äußerung nach Abschluß der Drucklegung 1795. Vgl. ders.: *Nachschrift. Eine Rechenschaft des Uebersetzers. Nebst zwei Briefen von Barläus an Balde*. In: HSW, Bd. 27 (= *Terpsichore)*, S. 274-284; hier: S. 282: »Aus einer Theilnehmenden Anzeige meiner Terpsichore, datirt im Ober-Oesterreichischen Fr. in Br. Von S. (Reichsanzeiger, n. 41. den 18. Febr. 96.) erfahre ich eben, daß eine Ausgabe der Werke unseres Dichters im Jahre 1729. zu München in 7 Octavbänden erschienen, die eine vollständige Sammlung seiner Gedichte enthalte und mir unbekannt war.«

98 Gottsched: *Versuch einer Critischen Dichtkunst*, S. 599-603 (Herv. i. Orig.): »8. §. Die Wälschen haben eine Art von Versen erfunden, die sie die *Macaronische* nennen; welche *Crescimbeni* weitläufig beschreibet, und in ihre Classen theilet. Einmal vermischet man das Latein mit dem Wälschen, und zweytens die alte Provinzialsprache, mit demselben: entweder so, daß Zeile und Zeile aus einer andern Sprache ist: oder daß wälsche Wörter ins Latein, oder lateinische Wörter ins Wälsche gemenget werden. Weil dieser berühmte und gelehrte Mann sich nicht geschämet, von dergleichen [...] Arten des poetischen Kehrichts zu handeln: so will ich doch zeigen, daß die Deutschen auch in Thorheiten fast eben so groß und sinnreich gewesen, als die Italiäner. [...] 9. §. Unter Neuern hat dergleichen Verse *Jakob Balde*, der bayerische Jesuit gemacht. [...]« (S. 599). Wenige Seiten später heißt es: »Es ist nur zu verwundern, daß auch ernsthafte Leute in neuern Zeiten sich mit dieser wunderlichen Versart, ohne Beobachtung lateinischer Quantitäten haben vermengen wollen; [...] Was man an den alten Mönchen mit Lachen laufen läßt, die vielleicht nichts bessers machen konnten: das schickt sich für unsere Zeiten nicht: es wäre dann, daß man es auch bloß zum Scherze brauchen wollte, wie *Balde* gethan. Doch nein, er hat sie auch im Ernste gebraucht [...]«

mentierende Bemerkung seiner Übersetzung des entsprechenden Artikels in Pierre Bayles *Dictionnaire*, dieser sage von den deutschen Gedichten Baldes nichts und auch er wolle davon schweigen, »denn sie taugen nichts«,[99] war kaum geeignet, eine unparteiische Kritik zu befördern. Herder stand also noch 1795 unter einem beträchtlichen Legitimationsdruck, seine Arbeit auf das Urteil anerkannter Autoritäten zu gründen. Die Selbstrechtfertigung seines Tuns bewegt sich deshalb auf dem schmalen Grat, auch sein eigenes Befremden an den formalen Mitteln des von ihm übersetzten Dichters zum Ausdruck zu bringen[100] und dessen Wert zugleich ganz außer Frage gestellt zu sehen. Kein Geringerer sollte ihm dafür bürgen als Leibniz, den er als den »Vertheidiger meines Unternehmens in Wiederaufweckung dieses Dichters«[101] herbeizitierte.

Es muß keine Wirkungsforschung betrieben werden, um deutlich zu machen, daß das Vanitas-Motiv in der *Unsichtbaren Loge* durchgängig aufgerufen wird: Im dritten Sektor wird der Name des Protagonisten Gustav mit dem Feldherrn des Dreißigjährigen Kriegs assoziiert, indem der Erzähler auf das »erste Kind der Schachamazone und des sterbenden Fechters und Rittmeisters im Schach« hinweist: auf Gustav, »welches

(S. 602 f.). – Auch der Artikel »Balde (Jacobus)« im *Zedler* (Bd. 3, S. 193 f.) ist in seinem Urteil entschieden: Unter dessen deutschen Gedichten, »so gar schlecht sind, werden vornehmlich diejenigen angemercket, welche er seinen Lateinischen de vanitate mundi mit eingemischet, ingleichen die Uebersetzungen seiner zuvor in Latein ausgegebenen Gedichte, als Agathyrsus, oder eine Trost- und Schutz-Schrifft der magern Leute«.

99 Vgl. Gottscheds Kommentar im Artikel »Jacob Balde«. In: *Herrn Peter Baylens, weyland Professors der Philosophie und Historie zu Rotterdam Historisches und Kritisches Wörterbuch*, nach der neuesten Auflage von 1740 ins Deutsche übersetzt; auch mit einer Vorrede und verschiedenen Anmerkungen sonderlich bey anstößigen Stellen versehen, von Johann Christoph Gottscheden. 4 Bände. Leipzig 1741-1744, Bd. 1, S. 436 (im folg. zitiert als *Bayle*: Artikel, Band, Seite). – Zur Kontextualisierung vgl. Thomas Wirtz: *Konstruiertes Leben. Bayle-Spuren im Werk Jean Pauls*. In: *JJPG* 35/36 (2000/01), S. 114-150.

100 Herder: *Kenotaphium des Dichters Jacob Balde*, S. 225: »Das große Gedicht Eitelkeit der Welt (de vanitate mundi) enthält alles, was über diese traurige Materie gesagt werden kann, wiederholt in allen Sylbenmaßen. [...] Sonderbar muß dem Dichter dies Thema am Herzen gelegen haben: denn er ist alle Gegenstände in ihrer Nichtigkeit durchgegangen; die Welt wird uns durch ihn völlig eine Wüste.«

101 Herder: *Kenotaphium des Dichters Jacob Balde*, S. 232.

nicht der erhabene schwedische Held ist, sondern meiner« (I/1,52). Bereits diese Stelle weist eine doppelte motivische Analogie zu barocker Bildlichkeit auf: In Baldes poetischem Zyklus *De vanitate mundi* wird Gustav Adolf unter dem Namen Jason als Hauptperson eines Spiels, eines ägyptischen Rätsels thematisiert, der im fünften Akt die Bühne verlasse.[102] Der Balde-Interpret, Rudolf Berger, hat darauf hingewiesen, daß die Handlung des Poems ein Schauspiel sei, das einer Komödie gleiche, »die allmählich ernst zu werden«[103] beginne und schließlich in die Tragödie münde. Balde knüpft den Jason-Stoff an die historische Figur des Schwedenkönigs und parallelisiert somit zugleich die kriegerischen Ereignisse mit einem Spiel auf dem Theater bzw. auf der Bühne des Lebens. In Kenntnis dieser Tradition wird die Spielmetapher in der *Unsichtbaren Loge* vielfach aufgerufen und in unterschiedlichen Kontexten der Romanhandlung variiert: in dem des Schauspiels, des Marionettenspiels, des Schachspiels, des Liebesspiels oder des Kriegsspiels. Ausdrücklich wird sie in der Passage des »Verlobungs-Schach[s]« am Anfang des ersten Sektors (I/1,33-46) thematisiert, in der der Bräutigam-Rittmeister sich das Recht der Ehe mit der Tochter der herrnhutischen Obristforstmeisterin erspielen muß, die verlangt, daß deren erstes Kind (Gustav) acht Jahre unter der Erde aufgezogen werden solle (I/1,34). Noch die Charakterisierung Ernestines (also der um ihre Ehe spielenden Tochter) als einer »Schachamazone«, deren Partie schließlich durch einen reinen Zufall, nämlich durch die das Spiel abbrechende Interven-

102 Vgl. Jacob Balde: *DE VANITATE MUNDI POEMA*, S. 150 ff.; Herv. i. Orig. »QUINTO Choragus Sueciae / Prodire caepit ACTU. / GUSTAVUS allo turgidus, / Et spe *laboriosa*; / Audax *Jason* FABULAM / EGIT duobus annis. / Dein COTHURNOS exuit, / Quos induisse nollet. / 78. Gustav bißher die Haupt-Person / Auff Teutscher Bühn vertratte. / Trug überall den Preiß darvon / Das Prae vor allen hatte. / Wie lang? Zwey Jahr; alsdan wars gar; / Das Blaetlein hat sich gwendet. / Ziech Kleyder ab: fort in das Grab! Das Spihl hat sich geendet. [...] IS SUEVUS GUSTAVUS erat; qui plurimus Actu / Quinto, caeruleo aequore plausit equos. / Mira quoque exhibuit: nam ludebatur *Jason*. [...] Ludimus? an sphynges & nos proponimus Orbi? / Qui reperis sensum; Gloria, dic, *Vapor est*. / Nulla manet constans, ut Comica labitur umbra [...]«. Die Rezeption des Jason-Stoffs wird – mit anderen Prämissen – auch von Franziska Frei Gerlach mit dem Hinweis auf den Medea-Mythos gestützt. Vgl. ihren instruktiven Aufsatz: *Schriftgeschwister. Die Rückversicherung des Fragments in Jean Pauls »Unsichtbarer Loge«*. In: *JJPG* 39 (2004), S. 83-111; hier: S. 87 ff.

103 Berger: *Jacob Balde: Die deutschen Dichtungen*, S. 24.

tion einer Katze, beendet wird, nimmt Bezug auf barocke Konnotationen dieses literarischen Bildes.[104]

Jean Paul nimmt mit der Rezeption dieser universalen Schachspielmetapher ein von der Stoa[105] beeinflußtes Vanitas-Bild in die komische Anfangsszene seines Romans hinein und gründet somit die gesamte Romanhandlung auf dem Fortuna-Symbol der *vanitas vanitatum*. Dafür sprechen auch die Vorarbeiten zur *Unsichtbaren Loge*, wo es heißt: »So wirds durch [das] ganze Buch gehen, immer Szenen, die nicht wieder kommen und das Fortud Rad beschmuzt iede Blume die auf ihm liegt ...« (SW I/19,313 f.); oder an späterer Stelle: »So wirds durch das ganze Buch gehen; es ist wie das Leben vol Szenen, die nicht wieder kommen.« (SW I/19,378). In diesem Kontext der Bewegung als eines Kreislaufs permanenter Vergänglichkeit und Sterblichkeit erhält gerade die *Wutz*-Idylle erst ihren logischen – statischen – Ort: Deren Vorarbeiten unter dem Titel *Leben des vergnügten Schulmeisterlein Maria Wuz in [gestr. Saufenhofen] Bittelbron* machen deutlich, daß diese von der Romanhandlung der *Unsichtbaren Loge* sowohl motivisch[106] als auch strukturell abhängt und von ihr interpretatorisch kaum zu trennen wäre:

104 Die Schachmetapher wird auch bei Balde: *DE VANITATE MUNDI POEMA*, S. 148 f. aufgerufen: »Der erste / zweyte / dritte Mann // Sich auff der Bühne übet // Daß immer einer von dem Plan // Den anderen wegschiebet. // Nachdem die Sach / als wie im Schach // Von dem zu dem geschlagen. // Trit letztlich auff auch der Gustav, // Und will im Spihl eins wagen.« Das Bild der ›Schachamazone‹ findet sich in der Tradition der Parodia Christiana: Vgl. Balde: *Lyricorum Liber Tertius*. In: *Opera Poetica Omnia*, Bd. 1, S. 138: »At REGINA gradu fertur Amazonis, / Quo se cunque movet: collaque (Feminis / Eheu, cuncta licent) demetit obvia, / Alis fulminis ocior. // Non obsistit eques, non peditum phalanx, / Non frendens elephas. Porus & Hannibal [...]« (Herv. i. Orig.). Vgl. Herders Übersetzung: *Das Schachspiel* (HSW, Bd. 27 (= *Terpsichore*), S. 26 f.).

105 Das Verhältnis Baldes zur Stoa wird von Martin Heinrich Müller (*»Parodia Christiana«. Studien zu Jacob Baldes Odendichtung*. Zürich 1964, S. 30-44) analysiert.

106 Die assoziative Verbindung Gustavs mit dem Schwedenkönig ist auch im *Wutz* mit konnotiert: »Seit der Schwedenzeit waren die Wuz Schulmeister in Bittelbron [...]«. (SW I/19,407). Ein systematischer Vergleich der Bilder des Todes in der *Unsichtbaren Loge* und der Idylle *Leben des vergnügten Schulmeisterlein Maria Wutz* steht bis heute aus, da die meisten Interpreten das Idyllen-Werk von den Romanen abtrennen. Ansätze für eine solche Arbeit bieten z. B. Roger Ayrault: *Leben des vergnügten Schulmeisterlein Maria Wutz in Auenthal ou les débuts du poète Jean Paul*. In: *Études Ger-*

> Wenn Könige u. Vicekönige u Landkommenthure u. selbst ich, weil wir alle *auf der Peripherie des Rades der Fortuna* sizen, [gestr. die] o wie Aequatorbewohner die größten u. stürmischsten Kreise auf diesem wirbelnden Rade beschreiben; wenn ieder Ruk desselben *ein durchrolter Bogen der Erdbahn* ist, in dem wir Stürmen entgegenfahren: so liegt ein Schulmeisterlein wie ein Polbewohner fest *am Zentrum des Rades* [gestr. bewegt sich] regt, wand- u. nagelfest, sich wenig oder nicht. (SW I/19,407; Herv. S. E.).

Es gehört zur Anlage des Romans, daß die Protagonisten wie in einer Schachpartie mit mathematischem Kalkül verschoben werden können und von vornherein den Status festumrissener Charaktere entbehren sollten. Eduard Berend hat in seinen Anmerkungen zur *Unsichtbaren Loge* (SW I/2,458) darauf hingewiesen, daß ursprünglich »eine Digression über die Symbolik der Schachfiguren vorgesehen« war.[107] Und in den Vorarbeiten zur *Unsichtbaren Loge* wird die Möglichkeit der Alternative noch erwogen, »ieden Karakter besonders beschreiben – oder sie alle in einander weben« (SW I/19,338) zu wollen. Spätere Aufzeichnungen zeigen, daß die Entscheidung für eine Darstellung bald getrof-

maniques. 18e Année, No. 1 (1963), S. 3-12. Vgl. auch Bernhard Böschenstein, der das »Tagen« der Wutz-Gestalt, den »Augenblick, wo er in die Außenwelt blickt«, mit Gustavs Hineinsterben in die Welt vergleicht, mit dessen Erfahrung also »der Außenwelt als Weltende«. Vgl. ders.: *Anmerkungen zur Metaphorik in Jean Pauls Leben des vergnügten Schulmeisterlein Maria Wutz in Auenthal. Elemente zu einem Kommentar.* In: *Digressionen. Wege zur Aufklärung.* Festgabe für Peter Michelsen. Hrsg. von Gotthardt Frühsorge u. a. Heidelberg 1984, S. 149-161; hier: S. 155.

107 Dieser Symbolik ist ein Artikel im *Zedler* (Artikel »Schachspiel, Schach«, Bd. 34, S. 684-686) gewidmet. Berend will eine Parallele zu Rousseaus *La Nouvelle Héloïse* (Sixième Partie, Lettre II) sehen »wo die verliebte Claire d'Orbe eine für St. Preux günstig stehende Schachpartie aus Schabernack und Koketterie mit einem Federball umwirft«. Vgl. Jean Jacques Rousseau: *La Nouvelle Héloïse.* In: *Œuvres Complètes.* Édition publiée sous la direction de Bernard Gagnebin et Marcel Raymond (sous le patronage de la Société Jean Jacques Rousseau et avec l'appui du Fonds National Suisse pour la Recherche Scientifique et de l'État de Genève (= Bibliothèque de la Pléiade), Bd. 2. Paris 1964, S. 643: »Un jour qu'en ton absence il jouoit aux échecs avec ton mari, et que je jouois au volant avec la Fanchon dans la même salle, elle avoit le mot et j'observois notre philosophe. A son air humblement fier et à la promptitude de ses coups, je vis qu'il avoit beau jeu. La table étoit petite, et l'échiquier débordoit. J'attendis le moment, et sans paroitre y tâcher, d'un revers de raquette je renversai l'échec-et-mat.«

fen war, die einem Verfahren analog ist, das zeigt, wie »er [der Doktor] u. der Vesperprediger in der Stube herumschreiten u. herumschielen, um bei diesem Presgang nach Schachfiguren nicht so wol [...] als nach Stelvertretern u. Agenten derselben ihr Schachbret zu bemannen« (SW I/19,371).

Die Schachspielmetapher wurde von Jean Paul bereits in der Entstehungszeit der *Auswahl aus des Teufels Papieren* (1783-89) satirisch eingesetzt und in einer gegen den Konstrukteur der Schachmaschine – Wolfgang von Kempele – gerichteten Satire offensiv genutzt.[108] Was zunächst als reine Weibersatire konzipiert war, geriet in den späteren Fassungen zu einer entschiedenen Kritik am Krieg, den der Autor in barocker Tradition als Pendant zum Schachspiel zu denken beginnt. In seiner Abhandlung *Kurze, doch getreue Nachricht von den Eigenschaften des Leibs und der Sele meiner von mir selbst erfundnen und verfertigten Gattin aus Holz* heißt es, daß man so klug gewesen sei,

108 Die Schachmetapher durchzieht das Werk Jean Pauls, und es wäre einen Versuch wert, ihre Nuancen und Veränderungen zu verfolgen: Noch im *Hesperus* (I/1,1020) reflektiert der Erzähler seine ihm unbekannte Herkunft, indem er sich »zuweilen einbilde, es sei möglich, daß ich etwan – da in der orientalischen Geschichte die Beispiele davon tausendweise da sind – gar ein unbenannter Knäsensohn oder *Schachsohn* oder etwas Ähnliches wäre« (Herv. S. E.). Die Spielmetapher wird im Kontext der Hofsatire (ebd.) fortgeführt: »Ich würde mit Bedacht verfahren und nur mit Subjekten aus meiner Billard-Gespannschaft die wichtigen Ämter besetzen, weil der Regent den kennen muß, den er voziert, welches er beim Spiel bekanntlich am ersten vermag.« Als philosophische Metapher ist sie Jean Paul bereits früh bekannt: Ralf Goebel hat auf dessen Rezeption von Herders Schrift *Vom Erkennen und Empfinden der menschlichen Seele* (1778) hingewiesen, in der die Leibnizsche Weltordnung als »Schachbrett« kritisiert wird. Vgl. ders.: *Philosophische Dichtung – dichtende Philosophie. Eine Untersuchung zu Jean Pauls (Früh-)Werk unter Berücksichtigung der Schriften Johann Gottfried Herders und Friedrich Heinrich Jacobis*. Frankfurt a. M. 2002, S. 50. Die Schachmetaphorik in Jean Pauls Fichte-Kritik hat Wiethölter herausgestellt (*Witzige Illumination*, S. 59-67; hier: S. 58 f.): Im Brief an Friedrich Heinrich Jacobi vom 4. Juni 1799 fragt Jean Paul seinen Adressaten und erklärten Fichte-Gegner: »Aber Heinrich, warum stössest du nicht öffentlich dieses transzendente Schachspiel – wozu er [Fichte] sich die *Figuren* und *Spieler* ausbittet, nur die Kombinazion nicht – um [...]«? (SW III/3,198 f.; Herv. i. Orig.). Siegfried Schönle hat eine Vielzahl von »Textstellen mit Schachbezug« bei Jean Paul ausgebreitet, ohne den Anspruch einer interpretatorischen Einordnung dieser Bezüge zu erheben. Vgl. ders.: *Das Schachspiel in den Schriften von Jean Paul (1763-1825)*. 2., überarb. und erg. Aufl. Seevetal 2000.

> die Figur im Schachspiel, welche bei den Morgenländern einen Minister vorstelte, in eine Dame zu verwandeln; ich erwarte, wenn man eben dieses in der Regierung der Staten, die doch auch ein Spiel ist, zu wiederholen und nachzuahmen so klug werden wird. – Man wird hieraus zur Genüge sehen, daß ich mit der einen Hand dem schönen Geschlechte seine alte Bestimmung nur nehme, um mit der andern ihm eine angemessenere zu geben; und daß meine Erfindung unbelebter Schönen [nachtr. im Grunde] die lebendigen nicht sowol *verdränge*, sondern als nur *erseze*. (SW I/19,146; Herv. i. Orig.).

In einer dem zweiten Entwurf zur *Auswahl aus des Teufels Papieren* entnommenen und unter dem Titel *Meine besonders wolgerathne Ausschweifung von den Schaugerichten* (SW I/19,197) stehenden Parallelstelle wird der Text denn auch insofern variiert, als die entsprechende Zeile der Passage folgendermaßen verändert wird: »[...]; ich erwarte, wenn man wird klug genug werden, eben dasselbe in der Regierung der Staten, die doch auch ein Spiel ist z. B. oft ein Kriegsspiel, zu wiederholen und nachzuahmen.« In der *Auswahl aus des Teufels Papieren* wird unter der Überschrift *Unterthänigste Vorstellung unser, der sämmtlichen Spieler und redenden Damen in Europa, entgegen und wider die Einführung der Kempelischen Spiel- und Sprachmaschinen* dann die Analogie von Schachspiel und Krieg schließlich noch um das Bild eines leeren Kopfes erweitert:

> Bekanntlich haben schlechte Köpfe meistens mehr Ansatz zu Spielerkenntnissen als gute; und man konnt' es der französischen großen Enzyklopädie ansinnen, die wahre Ursache davon völlig aufzudecken, indem sie nämlich etwan blos bemerkt hätte, daß das Spiel ein Krieg sei und mithin Tapferkeit darin, wie bei den Athleten, gern mit Unwissenheit unter Einer Hirnschale zusammenwohne. (SW I/1,286).[109]

109 Die Verwendung der Schachmetapher im Kontext der Weibersatire konnotiert – auch hier gibt es eine Steigerung zwischen dem ersten und dem zweiten Entwurf zur *Auswahl aus des Teufels Papieren* – das von Kempele erfundene Spiel mit dem Verstand der aus Holz verfertigten Ehefrauen: »Sollte ein oder der andre Eheman an seiner unbelebten Gemahlin eine Spielerin zu haben wünschen: so kan ich ihm auch hierin Auskunft geben. Er wende sich desfals nur an meinen Todfeind, den H. von Kempele, der Maschinen und Statuen gewis auch die leichtern und weniger tiefsinnigen Spiele als das Schach ist mus beibringen können.« (SW I/19,148). »Die feinsten Damen sind die Spielerinnen von Profession. Wil ein Ehemann seine unbelebte so fein haben, so wend' er sich desfals an meinen Todfeind, den H. v. Kempele: dieser wird sich gewis nicht weigern, der hölzernen Dame

Neben dieser dem Roman zugrunde liegenden Struktur eines Schachspiels, das die Satire an der Aufklärungspose der Menschenerzeugung auf die – traditionell an das Vanitas-Motiv gebundene – Puppen- und Marionettenmetapher zurückzubeziehen erlaubt, kann auch der Untertitel »Mumien« in dieser Überlieferungstradition gesehen werden. Noch in der metaphorischen Umschreibung von Worten als Mumien, die insbesondere in den *Sieben letzten Worten an die Leser*, also am Schluß der *Unsichtbaren Loge* aufgerufen wird, bekennt der Erzähler, er habe »alle die Papierspäne, die von diesem Buch fielen, eingesargt« (I/1,463), und weist dieses Finis seines Buches als »Leichenbestattung« aus.

Die Liste der motivischen Vanitas-Anspielungen in der *Unsichtbaren Loge* wäre zweifellos noch weiterzuführen, gewiß auch ohne Gefahr zu laufen, sie in einem interpretatorischen ›Indizienprozeß‹ über Jean Paul das Urteil sprechen zu lassen, er sei ein epigonaler Autor des Barock. Vielmehr wäre die Frage zu stellen, inwiefern dessen zentrale Motive und poetische ›Manier‹ für ein Erzählverfahren Ende des 18. Jahrhunderts produktiv gemacht werden konnten; für ein Verfahren, dem der Verlust seiner Orientierung an tradierten theologischen Vorgaben des Unsterblichkeitsglaubens selbst eingeschrieben ist.[110] Wie präzise ein solches poetisches Verfahren auch mit der motivischen Anlage in der *Unsichtbaren Loge* verbunden ist, soll im folgenden auf dem Weg einer mikrologischen Textlektüre dreier ausgewählter Passagen dargelegt werden.

die wenigen guten und modischen Spiele beizubringen, *worunter ich das tiefsinnige Schachspiel nicht mit zähle*, das wol sein hölzerner Türk aber schwerlich meine hölzernen Weiber begreiffen werden.« (SW I/19,199; Herv. S. E.).

110 Peter Sprengel hat dafür plädiert, eine Dichotomisierung des Dichters in einen frühen Aufklärungssatiriker und einen weltanschaulich verunsicherten Romancier zu beenden; manches spreche vielmehr dafür, »daß der Jean Paul der 90er Jahre in seinem humoristischen Rekurs auf die Maschinenmetapher jene umfassende Krisenerfahrung, die seinerzeit im radikalen Skeptizismus der Leipziger Jahre ihren Ausdruck fand, nur aus der *relativen* Sicherheit seines neu gewonnenen Vertrauens auf die Unsterblichkeit der Seele (›Kampaner Thal‹!) poetisch palingenisiert.« Vgl. ders.: *Maschinenmenschen. Ein zentrales Motiv in Jean Pauls Satire*. In: *JJPG* 12 (1977), S. 61-103; hier: S. 84; Herv. S. E. – Die Diagnose des Autors scheint an dieser Stelle – mit umgekehrten Vorzeichen – Buschendorfs These von der »relativen Autonomie des Ästhetischen« (in: *JJPG* 35/36 (2000/01)) vorwegzunehmen.

II.5. Augenschneiden und Starstechen: Das poetische Verfahren im frühen Roman-Fragment

5.1. Das Messer des Vetters Fedderlein

Der »sechundvierzigst[e] oder Esto Mihi-Sektor« (I/1,366 f.) hebt mit einer Rede an die Leser an, »die ihr mit eurem vergebenden Auge vom Schachbrett des ersten Sektors an bis zum Sterbelager des letzten mir nachgezogen seid«, um dann im »achtundvierzigste[n] oder Mai-Sektor« die Episode vom »hämmernde[n] Vetter« Fedderlein zu erzählen, dessen Name nicht nur die Feder, sondern auch ein Messer indiziert.[111] Der (nervöse) Erzähler wird zum Adressaten eines Berichts des Vetters über den Tod seiner Frau und ist also zum verharrenden Zuhören verdammt: »Es wäre auch gegangen«, so erläutert der Erzähler die peinigende Szene im nachhinein, »hätt' er nicht zum Unglück ein Trennmesser meiner Philippine erwischt und damit, während seiner eignen Aufmerksamkeit auf die Todespost, sehr auf den Tisch gehämmert.« (I/1,368). Die gesamte Szene der Nachricht über den Tod der Ehefrau des Vetters gerät aus den Fugen und wird als eine Szene präsentiert, in der jeder Versuch des nervösen Erzählers, dem Vetter sein enervierendes ›Handwerk‹ zu legen, nur zu einer weiteren Eskalation führt, die die Situation verkehrt und den Todesbericht zur höchst nebensächlichen Begleiterscheinung einer nervtötenden rhythmischen Bewegung macht:

> Meine Hand kroch daher – meine Augen hielten seine fest – dem gedachten Hammer näher, um ihn zu hindern.
> Aber des Vetters Hand wich ihr höflich aus und klopfte fort. Ich hätte mich gern tief gerührt, denn er kam den letzten Stunden meiner seligen Base immer näher – aber ich konnte meine Ohren vom Messer-Hammerwerk nicht wegbringen. Zum Glück sah ich den kleinen Wutz dort stehen und lieh eiligst dem Klopfer das unglückliche Trennmesser ab und schnitt dem Kinde damit ein paar halbe – Fastnachtbrezeln vor in der Angst.

111 Für die entschiedene Betonung der Stich- und Schneidemetaphorik spricht, daß die zweite Aufl. des Romans entsprechende Änderungen aufweist. So wurde etwa die Erstfassung des Satzes »Mein Wechsel […] war mit seiner Schnelligkeit und *seinen Kontrasten* aufs Höchste gekommen« durch folgende Variante ersetzt: »[…] war mit seiner Schnelligkeit und *seinen Abstichen* aufs höchste gekommen«. Vgl. Pauler (Hrsg.): *Jean Paul. Die unsichtbare Loge*, S. 403. (In der Hanser-Ausgabe, die die zweite Auflage gibt: I/1,368; Herv. S. E.)

Nun stand ich gerettet da und hatte selber das Messer. (I/1,368 f.; Herv. S. E.).

Die Komik dieser Situation unterbricht die vom Erzähler intendierte (stoische) Wiedergabe dieser Lebensgeschichte ›vom Schachbrett bis zum Sterbelager‹. Zudem muß der Erzähler an sich selbst die Kapitulation des Sinn transportierenden Wortes vor der unwillkürlichen Geste erfahren, die um so deutlicher wird, je ausdrücklicher er sich wie »ein Stoiker auf dieser neuen Unglück-Station von innen heraus helfen« (I/1,369) und sich also »während des äußern Schnipsens hinter mir meine gute Base und ihr Totenlager« vorstellen will.

Durch eine drastische Verschiebung der Gegenstände (er erhält das Messer, das er bekämpft) kommt der Erzähler selbst aus dem Konzept seines Erzählens; zugleich wird der Sinn verschoben, der von der Feder, deren Schnitt »jeder Europäer [...] an einem eignen Worte prüfet« (I/1,368), auf den Namen des Vetters Fedderlein und von diesem auf dessen Messer übergeht. Die Erzähler-Reflexion kreist anschließend um seine Hypochondrie, dann um »Hallers verdammte und doch vortreffliche Physiologie« (I/1,371), um schließlich Doktor Fenks Tadel an ihren gemeinsamen »Ausschweif-Reden« in ein physiologisch aufgeklärtes Lob über die Mageren zu überführen, das mit den Worten »Ich esse vom Wenigsten« (I/1,374) den Aufklärungsdiskurs über Diätetik[112] zitiert. Zugleich unterstehen diese ›unvernünftigen‹ und üppigen Abschweifungen jedoch der geordneten Chronologie der Kirchenfeste, die auf die Fastnacht der Vetterepisode (der Erzähler schneidet in seiner Not dem Kind »Fastnachtbrezeln« vor) die Zeit des Fastens (in der Rede über vernünftige Diätetik) folgen läßt.

Darüber hinaus kann diese Szene der zentralen Roman-Bildlichkeit des (Augen-) Schneidens eingeordnet werden. Denn sie zeigt, daß eine Analogisierung von Starstechen und Schreiben geradezu obsessiv die Erzählstruktur bestimmt und selbst in Detailuntersuchungen wie dieser des Erzähler-Konflikts mit dem Messer des Vetters Fedderlein auszuweisen ist. »Nun stand ich gerettet da und hatte selber das Messer«: Dieser Satz nimmt zum einen die der strukturellen Anlage des Romans unterlegte Ambivalenz der Selbstcharakterisierung des Erzählers als eines »Starstechers« und zugleich »Starinhabers« wieder auf und läßt zudem – vermittelt über die unmotivierte Aufrufung des bisher im Roman noch nicht erwähnten »kleinen Wutz« – auch die Blendungsszene

112 Vgl. Bergengruens Kapitel zum diätetischen Diskurs bei Zimmermann und Haller: »Von der humoristischen Diätetik zur Abbindung der körperlichen Warzen« (*Schöne Seelen, groteske Körper*, S. 89-94; hier: S. 91).

des Amandus in den Assoziationsradius des Erzählten treten. Wenngleich diese Messer-Szene als ein karnevaleskes (und somit wiederum an der Ordnung des Kirchenjahrs orientiertes) Gegenstück zur tragischen »Lanzetten«-Szene im »Achte[n] Sektor« (I/1,88) konzipiert ist, so wird sie doch unausdrücklich auf der sprachlichen Ebene mit transportiert: »Zum Glück sah ich den kleinen Wutz dort stehen und lieh eiligst dem Klopfer das unglückliche Trennmesser ab und schnitt dem Kinde damit ein paar halbe – Fastnachtbrezeln vor in der Angst.« (I/1,369). Die einlinige und zur Identifikation einladende Perspektive des Erzählers (»zum Glück«, »unglückliche[s] Trennmesser«, »in der Angst«) wird unter der Hand durch dessen implizit mitformulierte Aggressivität gebrochen, so daß die Angst des Erzählers auf die Angst des Rezipienten übergeht, dessen ›Schneiden‹ könne als Ersatzhandlung zu verstehen sein. So gelesen ist die Leser-Erwartung geradezu vorprogrammiert, daß bei einer bereits manifest gewordenen Funktionsverschiebung vom harmlosen Trennmesser zum Requisit einer Todesbotschaft folgerichtig nicht auszuschließen sei, daß dieses Messer nun selbst zum verletzenden Schnitt angesetzt werde könnte.

Der Erzähler der *Unsichtbaren Loge* arbeitet präzise mit diesen – der immanenten Erzähllogik folgenden – Erwartungshaltungen, wie der strategisch eingesetzte Sinnaufschub bereits auf der syntaktischen Ebene zu zeigen vermag. Die Unglücksbotschaft, die im ersten Teil des Satzes indiziert wird (»lieh eiligst dem Klopfer das unglückliche Trennmesser ab und schnitt dem Kinde damit ein paar halbe – […]«), löst sich erst nach dem Gedankenstrich in die faktische Harmlosigkeit der »Fastnachtbrezeln« auf. Zugleich wird in der ersten Hälfte des Satzes grammatikalisch eine Spur gelegt, die assoziativ auf den Ausgang des ganzen Satzes schließen läßt: Die Formulierung »*lieh* eiligst dem Klopfer das unglückliche Trennmesser *ab* und *schnitt dem Kinde* damit ein paar halbe –« (Herv. S. E) führt auch insofern in die Irre, als das trennbare Verb ›ab-leihen‹ die Leser des Satzes das folgende Verb ›schnitt‹ analog im Sinne des korrespondierenden Infinitivs ›ab-schneiden‹ ergänzen lassen, also die Assoziation hervorruft: ›schnitt dem Kind … ab‹. Auf einer dritten Verstehensebene dieses Satzes wird die sich als irrtümlich erweisende Annahme, daß die syntaktische Folgekonstruktion ›schnitt ab‹ zu erwarten sei, schließlich doch insofern indirekt bestätigt, als die mit diesem Prädikat bezeichnete Handlung zwar nicht am Kind, so doch ›stellvertretend‹ am Gebäck vollzogen wird. Denn daß in der Tat eine Ersatzhandlung stattgefunden hat, zeigt die Verschiebung des eigentlich gemäß der sprachlichen Logik zu erwartenden Verbs ›schnitt ab‹ in ein ›schnitt vor‹ (»*schnitt* dem Kind damit ein paar halbe Fastnachtbrezeln *vor*«; Herv. S. E.). Jene dem logischen Leserverständnis nahegelegte Handlung eines dem ›Kind-in-die-Augen-Schneidens‹ wird somit durch den performativen Akt ersetzt, der dem Kind *vor die Augen schneidet* bzw. vor Augen führt, was ihm eigentlich (analog zum Schnitt *ins* Auge des grausam geblendeten Amandus) hätte widerfahren können.

Daß diese auf der sprachlichen Ebene sich vollziehenden Verschiebungen des Augenbildes eng an den Namen »Fedderlein« gebunden sind, verweist zudem auf die Briefdiskussion zwischen Jean Paul und Johann Bernhard Hermann, der ab 1788 (SW IV/1,132) Philosophievorlesungen des Göttinger Professors und Kantkritikers Johann Georg Heinrich Feder hörte. Diese literarisch-satirische Verknüpfung von Todesbotschaft, Sinnesüberreizung, (Ver-)Blendung und Einbildungskraft zieht ihre Assoziationen aus einem philosophischen Kontext, der in poetische Darstellung überführt wird. Diese ist mehr als dessen bloße Illustration. In Briefen erörtern die Freunde 1789 Feders Modell der sinnlichen Wahrnehmung[113] und kommen zu differierenden Auffassungen: Jean Paul nimmt in diesem Disput Partei gegen die Materialisten, »die reden als ob das Auge sähe etc. da doch, indes sich das ganze Leben das nämliche Bild auf der Retina entwirft, im Maler nach den Fortschritten seiner Kunst *andre* Gesichtsempfindungen aufstehen« (SW III/1,254 f.; wiederabgedr. in SW IV/1,540; Herv. S. E.). Hermanns Replik auf Jean Pauls Brief distanziert sich ebenso von einer mechanistischen Theorie des Sehens und plädiert für eine Reflexivität der Sinneswahrnehmungen,[114] die Jean Paul in einem weiteren Brief als unlogisch verwirft:

> Wenn ieder Atom in der Ätherlinie nur den Zustand des andern, nämlich die abgespiegelte Sonne empfindet: so ist diese Reihe Spiegel

113 Im Brief wird Feders Lehrbuch *Logik und Metaphysik* (1769) genannt, das er – wie das *Lehrbuch der praktischen Philosophie* (1770) – seinen Göttinger Vorlesungen zugrunde gelegt hat.

114 »Der nachste Atom an der Sonne empfindet (mus empfinden) sein Licht, der zweyte in der Reihe auf mich zu empfindet den Zustand des ersten, und so der mein Auge berührende den Zustand des um einen entfernten. Die durchsichtige Hornhaut (ein Atom derselben, u einer nach den andern) den Zustand jenes lezten Luftatoms, so geht die Mittheilung der Zustande durch die Atomen der Cristalllinse u. des HUMORIS VITREI, wie durch die Atomen des Aethers u der immer dickern Luft, auch wohl eines Brillenglases fort – bis an den Atom, der ich der einzige in meiner Seele zu seyn glaube (dünke,) Bey mir siehet also *ent*weder nur der nächste Atom der Sonne das Licht derselben, und meine Seele so wenig, als mein Auge, oder mein Auge so gut als meine Seele u. die Aetherlinie.« (SW IV/1,166; Herv. i. Orig.).

> unnüz, von denen einer (mit Auswerfung der ganzen Reihe) mir eben so gut die Sonne gezeigt hätte; so haben alle diese ungleichartigen Wesen die nämliche Vorstellung; so zeichneten sich in meiner Seele die äusseren Gegenstände troz den die erstere umringenden konvexen und konkaven Gläsern (Sinnen) eben so ab wie im nakten Atom ohne Sin. (SW III/1, 271; wiederabgedr. in SW IV/1, 578).

Jean Paul vollzieht (mit kritischem Rekurs auf Feder) den Schritt von der Theorie einer sinnlichen Wahrnehmung hin zu der einer sinnlichen Erkenntnis: Der Göttinger Professor hatte diese im Lehrbuch *Logik und Metaphysik*, das 1790 – also etwa ein Jahr nach der Briefdiskussion der Freunde – in der siebenten Auflage erschien, folgendermaßen unter der Kapitelüberschrift *Von der sinnlichen Abstraction und dem Dichtungsvermögen* präsentiert:

> Bisweilen äussert sie [die Einbildungskraft] sich als das Vermögen, weniger, denn in der vorhergehenden Empfindung einer Sache lag, sich vorzustellen, aber doch noch unter einem Bilde. Sie kann alsdann das sinnliche Absonderungsvermögen genennet werden. Kraft desselben denken wir oft nur einen Theil des Ganzen, so wir gesehen haben. Kraft dieses sinnlichen Absonderungsvermögens sammlet sich die Seele allgemeine sinnliche Begriffe, oder Bilder, in welchen das, was einer Art oder Gattung gemeinschaftlich zukömmt, hauptsächlich aufbehalten wird, und dem Geiste vorzüglich klar obschwebet. Vermöge dieser allgemeinen Bilder, oder wenn dieser Ausdruck zu hart seyn sollte, vermöge dieser bildlichen Grundbegriffe, bemerken wir schon bey der gemeinen und sinnlichen Erkenntniß die Arten der Gattungen, und sind uns bey einzelnen Dingen bewußt, daß ihres gleichen mehrere vorhanden sind. Aber freilich gleichen diese sinnlichen Abstracta, indem es Bilder sind, *immer mehr einem Individuo, als dem andern*; wenn sie gleich noch so unvollständig ausgezeichnet, noch so unvollendet erscheinen.
> Die Einbildungskraft heisset das Dichtungsvermögen, insofern wir vermittelst desselben in der Vorstellung zusammensetzen, was wir nicht also zusammen empfunden haben. [...] So schaffet sie Faunen, Hyänen, beflügelte Pferde und andere Dinge, die den Sinnen im Ganzen nie vorgekommen sind.[115]

Die Episode des hämmernden Vetters Fedderlein vermag deutlich zu machen, wie produktiv der Satiriker Jean Paul die Briefdiskussionen und

115 Johann Georg Heinrich Feder: *Logik und Metaphysik*. 7. Aufl. Göttingen 1790, S. 32-34: Herv. S. E.

Lektüren (auch vom Hörensagen) für die erzählerische Darstellung nutzt. Das von ihm im Brief kritisierte mechanistische Modell der sinnlichen Wahrnehmung wird in eine slapstickartig sich verselbständigende Kette unwillkürlicher Handlungen überführt, deren Pointe gerade nicht in der Sequenz der Sprache, sondern in deren logischen ›Brüchen‹ liegt: Die auf der Darstellungsebene folgerichtige sprachliche Konsequenz (›ins Auge schneiden‹) wird unversehens durch den Akt der Einbildungskraft (›vor Augen schneiden‹) ersetzt und somit in eine Poetik der Wahrnehmung überführt, die jedes mechanistische Widerspiegelungs- und Repräsentationsmodell zugunsten einer produktiven Einbildungskraft des Traums abweist.

5.2. Lamm- und Augenstechen

Zu den bisher in der Forschung nahezu übergangenen Episoden gehört die der ersten Liebe Gustavs zur »eilfjährigen« (I/1,78) Schäferin Regina, die als Vorgängerin Beatas zu gelten hat und mit dieser über den Namen Marias[116] verbunden ist. Der Erzähler läßt an diesem mariologischen Kontext keinen Zweifel, wenn er darüber sinniert, daß Regina eigentlich nicht Gustavs »erste Liebe, sondern nur ein Frühgottesdienst, ein Vorfest, ein Protevangelium irgendeiner ersten Liebe« (I/1,79) sei. Diese Episode des »siebente[n] Sektor[s] oder Ausschnitt[s]« (I/1,76-81) geht unmittelbar der Blendungsszene des Amandus im »achte[n] Sektor« (I/1,81-89) voraus und entwirft die Szenerie eines in biblische Metaphorik eingebundenen arkadischen Schauplatzes, der vom Erzähler mit der Nachricht an seine Leser betreten wird, daß der »sogenannte Kammerjäger *Robisch*« (I/1,76 f.; Herv. i. Orig.) dem Knaben Gustav einen »Starmatz« schenkt und der »Pachter [...] dazu noch ein schwarzes Lamm gesellt, das er mit einem roten Band und mit Brotrinden um den Wall herumlockte«. Bereits mit diesen wenigen Angaben wird die vorgebliche Schäfer-Idylle der frühen Jahre Gustavs empfindlich gestört. Denn sie fügen sich einem salomonischen Schicksal ein, das mit der Initialisierung der Sektorenzahl ›Sieben‹ seinen Anfang nimmt und dieses Kapitel mit den Requisiten von »Lamm« und »Auge« schließlich einem apokalyptischen Ende zutreibt. Das Kapitel hebt mit Gustavs Erbauung eines »Salomon-Tempels« (I/1,76 f.) bzw. einer »salomonischen Schloßkirche« an, der/die sich als Kerker all dessen, »was auf sechs Füßen zappelte«, also als eine mit Käfern, Schnecken und Bienen bevölkerte »*Silberschlag*-Noachitische Arche«, erweist (I/1, 76; Herv. i. Orig.). Dieser Tempel erfordert zwar nicht sieben Jahre Bauzeit (wie

116 Beata spielt während der Theateraufführung des Geburtstags-Dramas der Bouse die Rolle der »Marie« (I/1,326).

der des Salomon; vgl. *1. Kön. 6, 38*) und bei dessen Bau habe auch nicht – wie der Erzähler in seiner Anmerkung eine Rabbiner-Legende dementiert – der Teufel mitgeholfen, sondern der Kammerjäger Robisch. Dennoch erhält die Zahl ›Sieben‹, die am Ende dieses Romankapitels auch als Zeitmaß angegeben wird (I/1,81), die Funktion eines Ordnungsgefüges für die gesamte Erzählung des siebten Sektors, insofern sie indirekt mit den sieben Augen des apokalyptischen Lamms verbunden wird, das die Sektoren-Überschrift als Stellvertreter der »obigen Katze« (I/1,76)[117] annonciert (die bekanntlich ja dem Volksglauben entsprechend über sieben Leben verfügen soll). Der Erzähler überführt dabei von vornherein die christlich-apokalyptische Symbolik des Lamms als Stellvertreter Christi in eine Burleske, insofern er anmerkt, daß Gustavs Lamm »wie ein Dorfkomödiant alle Rollen machen« mußte: »[B]ald mußt' es der Genius, bald der Pudel sein, bald Gustav, bald Robisch« (I/1,77 f.).

Die Interpretation dieser Passage ist also von vornherein darauf angewiesen, zunächst mindestens vier Bedeutungsebenen voneinander zu unterscheiden, die vom Erzähler virtuos auf der metaphorischen Ebene zusammengefügt werden: eine biblische, die Zitate und Bildüberlieferungen verschiedener Bücher der Heiligen Schrift (hier die Salomonlegende im *Buch der Könige* und die *Johannes-Apokalypse*) verknüpft; eine am Barock orientierte Bildlichkeit, die mit poetologischen Reflexionen des Erzählers verbunden ist; darüber hinaus antike Motive der Schäfer-Idylle und des mit ihr verbundenen Apollon-Mythos sowie die

117 Gemeint ist die Katze, die das Schachspiel am Anfang des Romans durch einen zufälligen Sprung aufs Brett entschieden hatte. – Die heilsgeschichtliche Konnotation des Lamms steht außer Frage. In den Vorarbeiten zur *Unsichtbaren Loge* wird dieser Aspekt ausdrücklicher hervorgehoben: »Das Frühiahr des 9ten Jahrs brachte ihm Abende ⟨Nachmittage⟩ des 1000iährigen Reiches. Sein Vater hatte ihm ein ganz schwarzes Lam geschenkt, dem er ein rothes Band um den Hals u. den ganzen Tag Brod (hinein) ⟨in ihn⟩ gab. Er hätt' es samt der Mutter für sein Leben gern mit einer h. Christs Peitsche auf die Weide getrieben; aber es gieng nicht.« (SW I/19, 323). Daß die sieben Augen des apokalyptischen Lamms von Jean Paul mit assoziiert wurden bzw. Katzen mit Blindheit und dem Augenlicht in Verbindung gebracht wurden, zeigen folgende Notate aus dem Artikel »Auge/Augen«: »Lam hatte 7. Augen und 7. Hörner III.17« – »Nicht blos die Augen, auch Fel der Kazen leuchtet« – »beim Tod einer Kaze schoren sie die Augenbraunen ab, Hund den ganzen Körper 107«. Vgl. auch die (in den *Vorarbeiten zur Auswahl aus des Teufels Papieren* zu findenden) satirischen Hinweise auf den göttlichen Status der Katzen im alten Ägypten (SW I/19,133 f.;184).

den gesamten Roman durchziehende Ebene der Augenheilkunde und Metaphorik des Starstechens. Aber auch diese so vielschichtige Passage, in der der Erzähler harmlos vorgibt, nur die Kindheit Gustavs zu skizzieren, steht unter dem Vorzeichen eines unendlich variierten Bildes vom Schneiden, Stechen und Scheren, das in virtuos gleichförmiger Heiterkeit den Roman durchzieht und ins Zeichen eines tödlichen Endes stellt. Daß dem zärtlichen Bericht des Erzählers über die Jugend Gustavs (»mein kleiner Apollo und Schafhirt« (I/1,79)) bereits schon in der wenig später erfolgenden Beschreibung der liebenden Annäherung zwischen dem (›apollinischen‹) Schafhirten Gustav und der (›mariologischen‹) Schafhirtin Regina seine Zärtlichkeit auf der Darstellungsebene selbst tendenziell abhanden kommt und einer permanenten – wenngleich vielfach gebrochenen – Perspektive auf den Tod erneut unterworfen wird, zeigt die folgenden Textstelle:

> Zwei ganze Wochen trieb er sein Lamm auf die Weide, eh' sein Mut so weit stieg, daß er – nicht sich neben ihr *Strickzeug* hinsetzte, dies überstieg Menschenkräfte, sondern nur daß er – das Schaf an seinem postillon d'amour festhielt, nicht um es zu Reginen hinzuziehen, sondern um selber von ihm hingezogen zu werden [...]. Von solchen kleinen *Spitzbübereien* läuft die Liebe über [...]. Und doch gönn' ich dir, winziger Träumer, so sehr diese weiße Sonnenseite deines Lebens an deinem Berge und *dein Lamm und dein Auge*! Und ich möchte so gern die Tage, die vor dir vorüberlaufen und deinen kleinen Schoß mit Blumen überlegen, zum Stehen bringen, damit der *Leichenzug der bewaffneten Tage* hinten halten müßte, die deinen Schoß entlauben können – *dein Lusthölzchen lichten – dein Lamm stechen – deiner Regina Dienstgeld zur Magd geben*! (I/1,79 ff.; Herv. S. E.).

Das dem manifesten Inhalt der Passage gegenläufige Verstehen dieses Textes wird durch die unausdrückliche Verknüpfung der Bilder des Stechens auf der Darstellungsebene ermöglicht: Denn die Erwähnung des »Lamms« und des »Auges« (»gönn' ich dir [...] dein Lamm und dein Auge!«) findet eine implizite Konnotation im Attribut »Strickzeug« (*dessen* Nähe zu suchen Gustav scheut: »dies überstieg Menschenkräfte«). Es entsteht also eine Wortassoziation, die die nahegelegte Bedeutung des ›Lammhütens‹ und ›Augenhütens‹ – durch dieses nun näherliegende (weil katachrestische) Bild des »Strickzeugs« in ihr Gegenteil verkehrt: in die Vorstellung eines Lamm- und Augenstechens.

Diese diametral ihrem ursprünglichen Bedeutungsgehalt entgegengesetzte Bildaussage nimmt aber folglich auch an den ihnen vom Erzähler zugrunde gelegten mythologischen bzw. biblischen Erzählungen Änderungen vor, die bis zur Neuinterpretation ihres ohnehin disparat zitierten Aussagegehalts führen können. Mit dem auf der metonymischen Ebene gewandelten Schafhirten Gustav wird somit erneut auch eine säkularisierte Parodia Christiana aufgerufen, die gerade den Wandel des Apoll vom Schafhirten zum Schafscherer ins Zeichen des omnipräsenten Todes setzt: »Der Delphisch Dreyfuß auff dem Herd«, so heißt es z. B. in Baldes *De vanitate mundi*: »Kocht Erbsen-Mus / und Bonen. // Die Schaaf Apollo wider schert. // Muß bey den Hirten wohnen.«[118] Auf der anderen Seite wird in der *Unsichtbaren Loge* das Bild des (durch einen Kammerjäger unterstützten) salomonischen Tempel-Erbauers auf dem Weg dieser Verschiebung auch im Kontext der biblischen Historie korrigiert: Denn die folgende Zeile, in der der Erzähler Gustav wünscht, daß »der Leichenzug der bewaffneten Tage hinten halten müßte, die deinen Schoß entlauben können – dein Lusthölzchen lichten – dein Lamm stechen – deiner Regina Dienstgeld zur Magd geben« (I/1,81), verbirgt kaum, daß die Konnotation des ›Stechens‹ nun eine entschieden erotische Variante der Stellvertreterrolle des Lamms mit auf den Plan ruft. Der Erzähler gedenkt am Schluß dieser Passage des salomonischen Tempel-Erbauers. Er weiß auch dessen Machtverfall aufgrund gottvergessener Liebe zu den Frauen aufzurufen, wenngleich die Sprache dieser erotisch grundierten Szene ihr Vokabular aus Rousseaus *Nouvelle Héloïse* bezieht: Mit der Formulierung »Lusthölzchen«, die als eine parodierende Anspielung auf den geheimen Ort der Liebenden Julie und St. Preux, auf ihr »mistere du bosquet«,[119] gelten kann, wird somit eine weitere intertextuelle Bezugsebene eröffnet, der auch eine Kußszene zwischen Gustav und Regina im »siebzehnte[n]« Sektor direkt zuzuordnen wäre.[120]

118 Balde: *DE VANITATE MUNDI POEMA*, S. 89). Vgl. auch Herders Übersetzung dieser Stelle (HSW, Bd. 27, S. 292), wo es heißt: »Der Hirt Apollo weidet nicht, / Er scheret jetzt die Schaafe.«

119 Die korrespondierende Formulierung des »Lustwäldchens« findet sich im 13. Brief des ersten Teils: Vgl. Jean Jacques Rousseau: *Julie oder Die neue Héloïse. Briefe zweier Liebenden aus einer kleinen Stadt am Fuße der Alpen*. In der ersten deutschen Übertragung von Johann Gottfried Gellius. Vollständig überarbeitet und ergänzt nach der Edition Rey, Amsterdam 1761. München 1988, S. 63. Vgl. Rousseau: *La Nouvelle Héloïse*, S. 63.

120 Die erotische Konnotation dieser Passage wird durch eine Kußszene im »Siebzehnte[n] Sektor« (I/1,142 f.) bestätigt. Sie adaptiert zugleich die Stichmetaphorik des ersten Kusses in Rousseaus *La Nouvelle Héloïse* (Première Partie, Lettre XIV), S. 65, wo es in St. Preux' Brief an Julie heißt: »L'impression profonde que j'aie reçue ne peut plus s'effacer. Une faveur? .... c'est un tourment horrible .... Non garde tes baisers, je ne les saurois supporter ......

Wenngleich die syntaktische Ordnung der oben zitierten Passage die Zeit selbst, den »Leichenzug der bewaffneten Tage«, zum eigentlichen

ils sont trop acres, trop pénétrans, ils percent, ils brulent jusqu'à la moele .... ils me rendroient furieux.« Die Gellius-Übersetzung (*Julie oder die Neue Héloïse*, S. 64) dieser Stelle lautet: »Der tiefe Eindruck, den ich empfing, kann nicht mehr erlöschen. Eine Gunstbezeugung – das ist eine schreckliche Pein – Nein, behalte Deine Küsse; ich kann sie nicht ertragen – sie sind zu bitter, zu durchdringend, sie durchbohren mich, brennen bis ins Mark.« – Die korrespondierende Stelle in der *Unsichtbaren Loge* lautet: »[N]eben Gustav verweilte nur noch Regina unter der dunkeln Laube, um eiligst mit ihrer Schürze *die Spuren der Erzählung aus den Augen zu bringen* und mit einer *Nadel* sich etwas hinaufzustecken – er stand dem Gesichte [...] so nahe und so stumm und hielt sie ein wenig, als sie nachwollte, – wäre sie stille gestanden, so hätt' er sie nicht halten können; aber da sie riß: so umfaßte er sie fester und im größern Bogen – ihr Ringen vereinigte beide, aber seiner trunknen Seele ersetzte die Nähe den Kuß – das Sträuben führte seine zuckende Lippen an ihre – aber doch erst als sie seine Brust von ihrer wegstemmte und *seine mit der Nadel zerritzte*, dann erst *strickte er sie* mit unaussprechlicher vom eignen Blute berauschter Liebe an sich und wollte ihren Lippen die Seele aussaugen [...].« (Herv. S. E.). In den Vorarbeiten zur *Unsichtbaren Loge* ist statt von einer Nadel noch von einem Messer die Rede: »[...] u. da unter dem Zusammenwachsen eu Lippen sie deine Brust von sich stemte u. mit einem Messer zufällig sie zerrizte: so (gieng) fil Himmel und Erde von dir weg u. unaussprechliche Liebe ⟨von deinem Blut befeuchtet⟩ knüpfte deine Seele und deine zuckenden Lippen [...]« (SW I/19, 312). Die Kußszene in der *Unsichtbaren Loge* überführt zudem das »Strickzeug« aus der oben zitierten ›Lamm-Passage‹ in erotische Praxis. Beide Stellen sind m. E. direkt aufeinander zu beziehen und können kaum unabhängig voneinander verstanden werden. Daß die Kußszene nicht nur als Rousseau-Parodie, sondern auch im Kontext heilsgeschichtlicher Parodie aufgefaßt werden muß, zeigt deutlich das Ende des »siebzehnte[n] Sektors«, wo es heißt: »Auf unschuldige Lippen drückte Gustav den ersten und letzten Kuß; [...] Wir werden nichts mehr von ihr [Regina] hören. – So wird es durch das ganze Buch fortgehen, das wie das Leben voll Szenen ist, die nicht wiederkommen. Nun tritt schon die *Sonne* höher an Gustavs Lebenstage und *fängt an zu stechen*«. (I/1,145; Herv. S. E.). Mit der stechenden Sonne wird die Nadel- und Stich-Metaphorik des Kusses auf eine neue Ebene der o. g. Lamm-Episode überführt. Denn jene göttliche Sonne, die das Lamm im heilsgeschichtlichen Kontext ›vertritt‹, ist nun selbst zur potentiellen Stichwaffe avanciert. Elsbeth Dangel-Pelloquin (*Küsse und Risse: Jean Pauls Osculologie*. In: *JJPG* 35/36 (2000/01), S. 189-204; hier: S. 202) ist in der Bewertung zu widersprechen, daß »im Wunsch nach dem Seelentausch, dem immer ein Moment von männlicher Bemächtigung eingeschrieben ist, eine Entgrenzungssehnsucht zum Ausdruck [komme], die gleichzeitig durch

Subjekt des ›Stechens‹ erklärt, zeigt eine Analyse der Mikrostruktur dieser Sätze, daß potentiell *jeder* Protagonist im Roman zum Subjekt und zugleich auch zum Objekt (d. h. zum ›Lamm‹) des ›Stechens‹ werden kann: Der starstechende und zugleich als Starinhaber ausgewiesene Erzähler zeigt in seiner Anrede an den Protagonisten, daß er ihm sein Lamm und sein Auge *gönne*, implizit bereits die Gefährdung dieser Besitztümer an, und Gustav selbst wird im erotisch konnotierten Schlußsatz der zitierten Passage als potentieller ›Stecher‹ (des ›Lamms‹ Regina) entworfen, während wiederum im selben Satz vom melancholischen Erzähler nahegelegt wird, daß seinem Protagonisten durch den »Leichenzug der *bewaffneten* Tage« das Handwerk einst gelegt werde. Diese Vermischung von Subjekt- und Objektpositionen wird einerseits durch die bis zur Ununterscheidbarkeit getriebene Verschränkung von burlesker und heilsgeschichtlicher Erzählerrede, andererseits aber durch die dem Lamm zugewiesene universelle Stellvertreterfunktion erst ermöglicht. Die parataktische Fügung von »Lamm« und »Auge« im oben zitierten Satz (»gönn' ich dir, winziger Träumer, [...] dein Lamm und dein Auge«) suggeriert zudem eine Gleichwertigkeit beider Substantive. Diese Parataxe wiederum legt nahe, daß das im Roman als universeller Stellvertreter fungierende ›Lamm‹ auch die Position des ›Auges‹ einnimmt. Durch diese antimimetische Verfahrensweise wird nun aber auch die ›Lamm‹-Passage aufs engste mit der Blendungsszene im folgenden »achte[n] Sektor« verbunden und zudem ein assoziativer Zusammenhang mit dem »Starmatz« hergestellt, der am Anfang des »siebente[n] Sektor[s]« als eines der beiden Geschenke an Gustav – neben dem des schwarzen Lamms – exponiert wird und die gesamte Szene an das dem Roman zugrunde liegende Bild des Starstechens bindet.

5.3. »Staarmatz« und Starstechen

Die Wahl dieses Vogels, dessen Bezeichnung »Staarmatz« (nach der Aussage des Grimmschen *Wörterbuchs*) nur für Staare »in der Gefangenschaft«[121] galt, ist in enger Verbindung mit dem von Jean Paul rezi-

die gesamte szenische Anordnung verweigert« werde. Denn ihre richtige Beobachtung, daß die Verletzung Gustavs durch die Nadel Reginas im Kontext eines »metonymischen Gleiten[s] der Sprache« stehe, riskiert mit der einlinigen Rückführung der Metaphorik auf die Geschlechterproblematik m. E. eine Reduktion dieses Bildes.

121 Artikel »Staar«. In: *Deutsches Wörterbuch von Jacob und Wilhelm Grimm.* Leipzig 1854 ff. Fotomechanischer Nachdr. der Erstausgabe. München 1999, Bd. 17, S. 269 (im folg. zit. als: *Grimm*: Artikel, Band, Seite). Es ist

pierten Diskurs der Augenheilkunde zu lesen. Eine etymologische bzw. assoziative Rückführung der Starkrankheit auf den Vogel ›Star‹ muß allerdings einer älteren Wissenschaft vom Auge zugeordnet werden und entsprach keineswegs mehr dem Erkenntnisstand im 18. Jahrhundert.[122] Die im *Grimm* durchgemusterten Quellen präsentieren Adelungs Vermutung als die (auch heute noch) für die am plausibelsten erachtete: »Adelung stellt Staar als Krankheitsbezeichnung mit starr, rigidus, zusammen, da mit dem Staare behaftete Personen starr vor sich hinsehen«.[123] Auf der manifesten Ebene des Textes in der *Unsichtbaren Loge* tritt diese Definition zugunsten einer ebenfalls im Grimmschen *Wörterbuch* angeführten zurück, die Georg Bartischs 1583 erschienenen *Augendienst* zitiert und distanziert darauf hinweist, daß dieser den Star als Krankheitsbezeichnung für identisch mit dem Vogelnamen

anzunehmen, daß die Wahl eines »Starmatzes« (d. h. eines Zugvogels in einem Vogelbauer) auch auf Rousseaus *La Nouvelle Héloïse* (Quatrième Partie, Lettre XI) anspielt. – Dort wird ein unvergitterter Vogelbauer beschrieben, dessen Ort die Vögel freiwillig aufsuchten. Vgl. Rousseau: *La Nouvelle Héloïse*, S. 475 f.: »Sur le devant étoient une douzaine d'arbres jeunes encore mais faits pour devenir fort grands, tels que le hêtre, l'orme, le frene, l'acacia. C'étoient les bocages de ce côteau qui servoient d'azile à cette multitude d'oiseaux dont j'avois entendu de loin le ramage, et c'étoit à l'ombre de ce feuillage comme sous un grand parasol qu'on les voyoit voltiger, courir, chanter, s'agacer, se battre comme s'ils ne nous avoient pas apperçus. Ils s'enfuirent si peu à notre approche, que selon l'idée dont j'étois prévenu, je les crus d'abord enfermés par un grillage: mais comme nous fumes arrivés au bord du bassin, j'en vis plusieurs descendre et s'approcher de nous sur une espece de courte allée qui séparoit en deux le terreplein et communiquoit du bassin à la voliere. […] Cela est charmant! m'écriai-je: Ce mot de voliere m'avoit surpris de votre part; mais je l'entens maintenant: je vois que vous voulez des hôtes et non pas des prisonniers.«

122 Daß Jean Paul diese Verbindung jedoch herstellte, zeigt noch eine späte biographische Notiz im Zusammenhang mit seiner zunehmenden Erblindung kurz vor seinem Tod: »Im Winter 1824, der hier viele Augenkranke machte, fing das Verdunkeln meiner Augen durch einen dünnen Nebel im Freien an […]. Auch im rechten Auge *trägt ein Staar sein Nest zusammen*, da es die Flamme und den Mond etwas vergrößert und zerflossen erblickt; das linke Auge zeigt ohnehin so viele Monde und Ringe dazu als wäre die Erde ein Saturn. – […]. (SW II/6.1,S. 877 f.; Herv. S. E.).

123 *Grimm*: Artikel »Staar«, Bd. 17, S. 265. Diese Definition vertritt auch Hirschberg: *Geschichte der Augenheilkunde,* Bd. 1, S. 341: »Ich meine, Star kommt allerdings von Starre, aber gemeint ist nicht diejenige der Blickachsen, sondern die der vermeintlichen Ausschwitzung gegenüber der Pupille.«

gehalten habe: »Aber das dieser gebrechen und mangel der Star genant wird / das ist kein wunder«, so Bartisch, »denn man findet mehr gebrechen, mängel und schäden der Menschen / die nach Thieren und auch andern dingen genant werden / als diesen Mangel allein.«[124] Die Verwendung des »Starmatz«-Bildes jedoch geht im Roman über eine bloße Assoziation mit der Augenkrankheit insofern hinaus, als ihm zugleich auch *ex negativo* seine Eigenschaft, zur Gattung der Zugvögel zu gehören und also über Grenzen hinwegziehen zu können, nicht abgesprochen wird. Im Gegenteil, das Bild des (in seinem Bauer gefangenen) Vogels wird von vornherein metonymisch verwendet: Zum einen zieht er – gebunden an seine ›Weitergabe‹ – durch den Text: zunächst als Geschenk des Kammerjägers an Gustav, der wiederum nach der Blendungsszene des Amandus diesem »seinen Matz herauslangen und schenken« (I/1, 90) will;[125] zum anderen machen, sobald der Starmatz (hinter den Stäben seines Bauers) ins Freie getragen wird, »die redenden Künste des Vogels [...] bald die Konversation so allgemein und unbefangen, daß man *über alles mit allen sprechen konnte*« (I/1,141; Herv. S. E.), wie es kurz vor der ›Nadel-Kußszene‹ zwischen Gustav und Regina heißt. Als ein tierisches Symbol der Starkrankheit, die u. a. vom Wort ›Starren‹ hergeleitet wird, garantiert der (gefangene) Vogel damit zugleich als ein einerseits fixiertes, jedoch potentiell von Hand zu Hand wanderndes *Objekt* und andererseits als das *Subjekt* einer universellen Rede die Bewegung eines Erzählens, das selbst auf die Überschreitung des ihm Sichtbaren ausgerichtet ist.

Es ist deshalb kein Zufall, daß das Auftauchen des Vogels im Text stets an jene Szenen gebunden ist, die von der Stichmetaphorik des Romans nicht nur auf der Darstellungsebene geprägt sind, sondern die die Blendung bzw. Verblendung der Augen im Kontext mit der Aufrufung des Gedankens an eine andere Welt auch zum Thema selbst erheben. In diesem Sinne ist insbesondere die Szene zu benennen, in der der Starmatz zum letzten Mal im Text erwähnt wird, ohne daß man Genaueres

124 Bartisch: *Ophthalmologia*, S. 42. Das Urteil im *Grimm* (Artikel »Staarblind«, Bd. 17, S. 265) ist allerdings nicht zutreffend, denn Bartisch (S. 43 f.) macht – obgleich unentschieden über die Herkunft der Bezeichnung – seine ärztliche Vernunft geltend: »Es sind ezliche Leute / die vermeinen nicht anders / man bekomme diesen mangel von dem Vogel / den man den Star nennet / wenn man derselben viel esse / oder aus einem Wasser trincke / da gemelter Vogel ausgetruncken / oder innen gebadet habe. Solches ist aber Aberglaube und falscher wahn.«

125 Der Rekurs auf die *Baierische Kreuzerkomödie* rechtfertigt es, auch diese Szene des Schenkens als ein »Bescheeren« zu lesen und somit ins Zeichen des Todes zu stellen.

über sein ferneres Schicksal erfährt. Im »zwanzigste[n] Sektor« (I/1,171-179) wird von der nervlichen Erschütterung Gustavs nach einer durch Hoppedizel verursachten Gespenstererscheinung berichtet, die insofern nicht ohne Folgen bleibt, als er (vermittelt über ein Porträt des ihm ähnlichen Guido, das ihm sein mit dem Erzähler identischer Erzieher aushändigt) diesen nun als eine Gestalt der anderen Welt beschwört. In der folgenden Interpretation dieser Passage geht es weniger um die Handlung, die ohnehin im Roman fragmentarisch bleibt, als um die sprachliche Darstellung selbst. Erwacht von einem Traum, in dem er seinen Freund, den Genius, der für den Träumenden mit Guido identisch ist, gesehen hat, ruft er aus dem Fenster in den nächtlichen Himmel hinaus: »Ach du tausendfach Geliebter! sende mir von deinem Himmel wenigstens deine Stimme!« (I/1,177), worauf folgende Szene entworfen und vom Erzähler kommentiert wird:

> *Unversehends schnitt etwas vor dem Fenster die Luft entzwei* und rief »Gustav«, und im fernen Weiterfliegen riefs zweimal höher herab »Gustav, Gustav«. Ein Eisberg fiel auf seine *starrende* Haut in der ersten Sekunde; aber in der zweiten glühte er wieder an, gab seine Arme dem Tode und dem Freunde und *schlug das Auge an einer Luftstelle unter dem Mondblenden ein, um etwas zu sehen.* – Die zwei Welten waren nun für ihn in eine zusammengefallen; gefaßt erwartete er den Freund aus der Welt hinter den Sonnen und wollte an seine Ätherbrust stürzen mit einer von Erde. [...] (I/1,177; Herv. S. E.).[126]

Der Erzählerkommentar, daß die von Gustav gehörte Stimme wahrscheinlich auf den entflogenen Starmatz zurückzuführen sei (»Der alte Starmatz tats vermutlich, der, so viel ich weiß, aus dem Bauer entkommen war« (I/1,177), endet schließlich mit den Worten:

> »Gustav erfuhr es nicht. Ob eine Seele Wellen gleich einem Setzteich, so hoch wie Hemd-Jabots, oder gleich dem Ozean solche wie Alpen schlage, das ist zweierlei; ob diese hohen Bewegungen ein Star erregt oder ein Seliger, das ist einerlei.« (I/1,177).

126 In den Vorarbeiten zur *Unsichtbaren Loge* lautet diese Passage folgendermaßen: »Plötzlich schoß etwas durch die Luft vor dem Fenster vorbei und rief ›Gustav‹ und im fernen Weiterziehen riefs noch zweimal schwächer zurück ›Gustav, Gustav‹. Ein Eisberg stürzte über seine starrende Haut in der ersten Sekunde; aber in der zweiten strekt' er mit dem Entschlus, nun zu vergehen, die Arme aus und wuchs mit dem Auge an Einer Luft-Stelle ⟨im Monds-Schimmer⟩ ein, um etwas zu sehen; die zwei Welten waren ihm nun in eine zusammengefallen.« (SW I/19,390).

Auch in dieser Passage steht das Verfahren der Bildgebung im Zeichen der Optik bzw. des – an das Motiv des Starmatzes – gebundenen Augenschneidens und der Blindheit: Sie hebt an mit dem Adverb »unversehends«, dessen Gewicht im folgenden Satzteil zugleich bestätigt wie auch dementiert wird: bestätigt durch die Information, daß ein Rufen nicht gesehen werden könne, dementiert durch die bildliche Darstellung dieses Rufens selbst, das »vor dem Fenster die Luft entzwei [schnitt]« und das zudem durch die folgenden lokalen Bestimmungen – »im fernen Weiterfliegen« und »riefs zweimal höher herab« – visualisiert wird. Zugleich wird der sprichwörtliche Ausdruck, daß ein ›Ton die Luft zerschneiden‹ könne, gerade vermittelt über diese Redewendung wiederum mit dem ›Sehen‹, das hier in Abrede gestellt wird, konnotierbar und gerät in assoziative Nähe zum (temporalen) Adverb »unversehends«, das die Passage eröffnet. Der plötzlich einsetzende schneidende Ton wird also in einem visualisierten Bild belassen, das den Visualisierungsprozeß des Geschehens selbst dementiert. Vermittelt über eine in der *Unsichtbaren Loge* durchgängig zu beobachtende Bildlichkeit des Schneidens rückt dieses paradoxe Bild (»schnitt etwas vor dem Fenster die Luft entzwei«) insbesondere durch das in der nächsten Zeile verwendete Adjektiv ›starrend‹ (»starrende Haut«) zugleich in den Kontext der Blindheit. Denn es bindet die Eigenschaft des Starblinden, einen ›starren‹ Blick zu haben, sowie die Reminiszenz an die beim Starstechen zu durchschneidende Horn*haut* unvermittelt an die Eigenschaft des Star-Vogels, ein Zugvogel, also »im fernen Weiterfliegen« beheimatet zu sein.

Das im zweiten Teil der Passage irritierende Bild – »schlug das Auge an einer Luftstelle unter dem Mondblenden ein, um etwas zu sehen« – wird im Kontext dieser optischen Metaphorik einem adäquaten Verständnis erst zugeführt. Denn in der bildlichen Logik des Zitats sind folgende Sequenzen zu unterscheiden: Zum einen entspricht die Verbkonstruktion »schlug [...] ein« der im Satz gebrauchten anderen »schnitt [...] entzwei«, insofern beiden Prädikationen Plötzlichkeit eignet. Was im Eingangssatz jedoch adverbial als »unversehends« gekennzeichnet wurde und somit auf Unvorhersehbarkeit des Geschehens *und* zugleich dessen Unsichtbarkeit (nämlich eines schneidenden Lautes) verwies, wird in diesem zweiten Teil aufs engste an das Sinnesorgan des Sehens, das Auge Gustavs also, selbst gebunden (»schlug das Auge [...] ein«). Zudem ist die Ungewöhnlichkeit der verbalen Konstruktion für diesen Vorgang hervorzuheben: Anstatt der Formulierung ›ein Auge auf etwas richten‹ wird die *nicht* idiomatische ›ein Auge an etwas einschlagen‹ gewählt und somit eine direkte Berührung des Auges zwar nicht mit dem von ihm angepeilten Objekt, so doch aber mit dessen *Umgebung* (»an einer Luftstelle«) suggeriert. Folglich wird damit aber auch die als unsichtbar qualifizierte, (durch einen Ton) ›entzweigeschnittene‹ Luft nun als der *Ziel*ort des Auges ausgewiesen, als ein Ort, der vom Auge selbst in einer Art blinder Aktion kontaktiert wird, »um etwas zu sehen«. Das Bild scheint also eine Dislozierung des Auges in einem Akt des Sehens zu beschreiben, der zugleich als einer der Fixierung gelten kann, insofern er einem Vorgang des Ankerwerfens an einer bodenlosen Stelle (»an einer Luftstelle«) gleicht. Gerade über diese auf der Bildebene nahegelegte ›Fixierung‹ des Auges wird wiederum die Formulierung – »schlug das Auge an einer Luftstelle unter dem Mondblenden ein« – insofern nun über Umwege doch idiomatisch konnotierbar, als sie den Ausdruck ›Löcher in die Luft starren‹ zumindest nahelegt. Der Rekurs auf diesen idiomatischen Ausdruck wiederum verstärkt die paradoxale Struktur des zu interpretierenden literarischen Bildes. Denn wer ›in die Luft starrt‹ oder gar ›Löcher in die Luft starrt‹, sieht gemeinhin nichts Bestimmtes, sondern es mangelt ihm gerade an einem Gegenstand des Sehens: Sein Blick ist leer. Gustav aber bedient sich dieses Blicks intentional, dies belegt der konsekutive Nachsatz: »um etwas zu sehen«.

Diese Lesart wird durch die Formulierung »unter dem Mondblenden« gestützt, die grammatikalisch als eine adverbiale Temporalbestimmung zu gelten hat, sich also nur auf den paradoxal strukturierten Seh-Vorgang Gustavs beziehen kann: Dieser »schlug« also – so das einzig mögliche Verständnis der betreffenden Passage – »das Auge an einer Luftstelle« ein, *während ihn der Mond blendete*. Wie präzise dieses Bild konstruiert ist, kann ein Exkurs zu Joseph Priestleys 1776 auf deutsch erschienener Geschichte der Optik zeigen, die Jean Paul mehrfach erwähnt.[127] Im zweiten Teil dieses Werks werden unter der Kapitelüber-

127 Vgl. z. B. im *Siebenkäs* (I/2,65). – Der Theologe und Naturwissenschaftler Priestley hat durch seine Theorie der verschiedenen Luftarten die Voraussetzungen auch für die Ballonfahrt geschaffen. Vgl. Joseph Priestley: *Experiments and Observations. Relating to various branches of Natural Philosophy; with a continuation of the Observations on Air.* 3 Volumes. London 1779-1786. Reprint Millwood, N. Y. 1977; über die inflammable Luft vgl. bes. Bd. 3. – Auch Georg Christoph Lichtenberg erwähnt ihn verschiedentlich in den *Sudelbüchern* (die folg. Bandangaben beziehen sich auf die *Schriften und Briefe,* a.a.O., 1972); vgl. zur Luft bzw. zur »antiphlogistischen Chemie«: Bd. 1, S. 944; Bd. 2, S. 535. – Zur Optik: Bd. 1, S. 681. – In Übertragung auf die Sprache vgl. auch folg. Notat Lichtenbergs (Bd. 2, S. 188): »Es ist eine sehr schöne Bemerkung von Priestley, daß der bilderreichste Stil eben so natürlich ist, als der einfachste, der nur die gemeinsten Worte gebraucht; denn wenn die Seele in der gehörigen Lage ist, so kommen jene Bilder ihr eben so natürlich vor, als diese simpeln Ausdrücke.«

schrift »Ueber die Wirkung des Lichts auf das Auge« die Ergebnisse eines Experiments mitgeteilt, das sich auf den Eindruck bezieht, »welchen das Auge durch das Anschauen der Sonne oder eines andern leuchtenden Körpers erhält«.[128] Priestley schließt seine Beschreibung eines Versuchs, der die sich verändernde Wirkung des (direkt angesehenen Sonnenlichts) auf die Nerven untersucht, mit der Bemerkung des von ihm zitierten Experimentators,

> daß ein weißer Gegenstand, den er aufmerksam betrachtete, während daß der Eindruck des Sonnenbildes in seinem Auge noch fortdauerte, plötzlich verschwand, *aber wieder sichtbar ward, als er ihn nicht mehr so steif ansahe*, eine Erscheinung, die von dem Zustande, in welchen die Nerven gesetzet waren, herrühren mußte, die er aber nicht völlig erklären zu können eingesteht. (Herv. S. E.).[129]

Das hier beschriebene optische Phänomen kann der zu interpretierenden Textstelle zumindest insofern analogisiert werden, als es den physikalischen Befund, daß gerade ein absichtliches Nichtsehen bzw. Nicht-starr-Anblicken eines Objekts den Betrachter seinem Ziel, diesen Gegenstand zu sehen, näher bringt, auf die Ebene der poetischen Darstellung überträgt. Denn der Vorgang des in der Luft ›ankernden‹ Auges wird in der Tat analog zu dieser optischen Erscheinung als ein Blick beschrieben, der gerade auf den Anblick des zu Sehenden Verzicht zu leisten habe, um im Zustand des Geblendetseins »etwas zu sehen«.

Dieses paradox konstruierte Bild bindet die Passage – vermittelt über die metonymisch verwendete Metapher des Stares – aufs engste an die ihr zugrunde liegende Frage nach einer Darstellbarkeit der zweiten Welt. Die Bedeutungsambivalenz des Stares wird dabei an keiner Stelle zugunsten einer Vereindeutigung aufgegeben, sondern die Bezeichnung ›Star‹ changiert vielmehr durchgängig zwischen der Zuschreibung, das Bild einer Augenkrankheit zu sein, und dem Alltagswissen, das die Stare der Gattung der Zugvögel zuordnet. Darüber hinaus vermeidet der Erzähler jegliche Festlegung auch im Hinblick auf deren symbolische Interpretation. Gerade die Eingangspassage der oben zitierten Textstelle zeigt, daß der Flug des Stares zwar als einer vorzustellen ist, der an Höhe gewinnt (»riefs zweimal höher herab«) und somit dem Himmel näher kommt. Zugleich wird jedoch unmißverständlich die Ungesichertheit der Annahme betont, daß die von Gustav vernommene

128 Klügel (Hrsg.): *Priestley's Geschichte und gegenwärtiger Zustand der Optik*, Theil 2, S. 451.

129 Ebd.

Stimme aus der vermeintlich anderen Welt die des Staren gewesen sei. Weder der Erzähler kann diese Version verbürgen (»Der alte Starmatz tats *vermutlich*, der, *so viel ich weiß*, aus dem Bauer entkommen war«; Herv. S. E.), noch wird Gustav als jemand ausgewiesen, der um diese Möglichkeit sicher Auskunft zu geben vermöchte (»Gustav erfuhr es nicht«). Angesichts der Gespensterfurcht seines Helden macht der Erzähler vielmehr über den Weg einer Psychologisierung des Star-Bildes deutlich, daß die *Verursacher* starker Seelenerregungen weder in ihren Eigenschaften noch in ihrer Wirkungskraft ins Gewicht fielen und also der Differenzierung nicht bedürften: Denn »ob diese hohen Bewegungen [der Seele] ein Star erregt oder ein Seliger, das ist einerlei«. Das Verschwinden des Stares aus dem Roman wird also nicht als Zeichen einer Befreiung (und Rückerstattung seiner eigentlichen Funktion, ein Zugvogel zwischen den Welten zu sein) markiert. Gerade die Verunsicherung über sein weiteres Schicksal ermöglicht es dem Erzähler, ihn in der Rolle eines Stellvertreters[130] – z. B. eines »Seligen« – aus dem Text zu entlassen; und mit dieser Verunsicherung korrespondiert die Nutzung des Bildes von Starblindheit im Kontext der Frage eines *commercium mentis et corporis*. Denn gerade das optisch fundierte Plädoyer für einen im Zustand der Blendung stets vom eigentlichen Gegenstand des Ersehnten absehenden (also diesen gerade nicht an-starrenden) Sehens transportiert deren Unsichtbarkeit auf die sichtbare Darstellungsebene eines ›schielenden‹ bzw. digressiv verfahrenden Erzählens selbst und übergibt sie *ad infinitum* der metaphorischen Vermitteltheit einer stets ›sektoralen‹ Wahrnehmung in der Poesie.

Doch auch mit diesem interpretatorischen Resultat ist die strukturelle Anlage der *Unsichtbaren Loge* keineswegs hinreichend erfaßt. In der Übertragung dieses *memento mori* auf das Bild des Stars im Roman Jean Pauls rückt die Möglichkeit des ›Stellvertreter-Tods‹ selbst ins Zentrum der Aufmerksamkeit. Es ist Jean Paul als einem Leser von Zedlers *Universal-Lexicon* kaum entgangen, daß im Alltagswissen des 18. Jahrhunderts der Star durchaus noch auf den Speisezettel der Armen gehörte: »Der Staar-Fang gehet *bald nach Johannis* an«,[131] so wird dort präzise das Datum seiner Jagd und Tötung benannt: der längste Tag des Jahres. In der *Unsichtbaren Loge* bleibt dieses Detail, das sich der obsessiv verwendeten Schneide- und Stichmetaphorik geradezu

130 Als Stellvertreter wird er zum einen durch seine Eigenschaft, ein Stimmenimitator zu sein und die Sprache der Menschen nachahmen zu können, qualifiziert; zum anderen durch die Tatsache, ein dem Lamm analoges Geschenk zu sein.

131 *Zedler*: Artikel »Staar«, Bd. 39, S. 571; Herv. S. E.

›ideal‹ hätte einfügen lassen, auffällig unerwähnt. Indirekt tritt es jedoch in den Kontext des letzten Kapitels im Roman, das unter dem Titel *Ausläuten oder Sieben letzte Worte an die Leser der Lebensbeschreibung und der Idylle* (I/1,463-469) präzise mit der Datierung »Am 21ten Junius oder längsten Tage« (I/1,463) versehen ist: Hier stellt der Erzähler die Verbindung dieses Ausläutens mit der bildenden Kunst her, in der die Maler den Juni »wie den Tod, mit einer Sense malen« (I/1,464). Im Zeichen dieser Ikonographie transformiert der Erzähler das aus dem Text verschwundene Bild des Stares in das eines anderen Zugvogels. Der Roman endet mit der Rede, die die Darstellung des menschlichen Schmerzes ins letzte Bild der *Unsichtbaren Loge* rückt: Dieser könne das im Menschen ruhende »Unbezwinglich[e]«, so der Redner der *Sieben letzten Worte*, nicht besiegen, sondern nur betäuben. Gerade darum allerdings

> wach[e] er [der Schmerz] fest die Nächte dieser westlichen Kugel hinaus, wo geliebte Menschen über die liebende Brust in ein weit entlegenes Leben wegziehen und dem jetzigen bloß das Nachtönen der Erinnerung hinterlassen, *wie durch Islands schwarze Nächte Schwanen als Zugvögel mit den Tönen von Violinen fliegen* (I/1,469; Herv. S. E.).

Dieses Bild suggeriert, daß das mit irdischen Augen nicht zu erkennende Unbezwingliche im Menschen durch den Schmerz betäubt und in diesem Sinn zugleich ›vertreten‹ werde. Es besagt auch, daß den Lebenden die Erinnerung an die Verstorbenen die Aussicht auf eine andere Welt ersetze. Das Bild knüpft somit erneut an die Analogisierung zwischen einem Star und einem »Seligen« (also Verstorbenen) an, um es nun ins Bild eines anderen Zugvogels, des Schwans, zu transformieren. Die hier relevante Wortkombination für den Vergleich (»wie durch Islands schwarze Nächte Schwanen als Zugvögel [...] fliegen«) läßt dabei keinen Zweifel aufkommen, daß das Adjektiv »schwarz« sich nicht nur auf Islands Nächte, sondern auch auf die »Schwanen« bezieht: In der nahegelegten Alliteration »schwarze Schwanen« (die zugleich bekanntlich mit Trauer konnotiert sind) wird somit onomatopoetisch der Bildkreis des Tönens wiederaufgegriffen (das althochdeutsche Wort »Schwan« ist verwandt mit dem lateinischen *sonare*)[132] und an den Gesang des wilden Schwans erinnert, dessen Lied (nach der Legende) am schönsten kurz vor seinem Sterben erklingt.

132 Vgl. *Grimm*: Artikel »Schwan«, Bd. 15, S. 2201.

II.6. Zerschnittene Augen: Die Blendung des Amandus und die Blindheit des Erzählers

Daß in den bisher vorgelegten Studien zur *Unsichtbaren Loge* die (als ein Sterben in die hiesige Welt fingierte) »Auferstehung« Gustavs im Zentrum der Interpretationen stand, ist im Hinblick auf die weitgehende Konzentrierung der Forschung auf das platonische Erbe und den ihm verbundenen programmatischen Entwurf eines »hohen Menschen« durchaus naheliegend. Die von Beate Allert vorgelegte Studie *Jean Paul's Critique of Ocularcentrism* (1998)[133] kann als ein Neuansatz in der Auseinandersetzung mit dem frühen Roman Jean Pauls gelten, weil sie nicht dessen manifeste Aussage des Erhabenen, sondern gerade das Irritierende und Widersprüchliche der Darstellung selbst herauszuarbeiten sucht. Ihre Interpretationsergebnisse, die sich auf neuere Theorien des Sehens bzw. die Voraussetzung einer den Romanen Jean Pauls zugrunde liegenden »Bilderschrift« beziehen, stellen den Autor in einen Kontext der literarischen Moderne, insbesondere surrealer filmischer Verfahren wie z. B. das Louis Buñuels.[134] Eine solche Traditionslinie zu ziehen ist nicht ganz unproblematisch, weil dieses Analogisierungsverfahren sich nicht an historischen Modellen, sondern an heuristischen Vorgaben orientiert.[135] Zu ihnen gehört die These, daß Jean Paul bereits antizipiert habe, was Vertreter der modernen Metapherntheorie wie »Merleau-Ponty, Blumenberg, Ricœur, Deleuze«[136] und andere später artikuliert hätten. Allerts detaillierte Textlektüre u. a. der Blendungsszene des Amandus vermag dagegen deutlicher als die Referierung und Bezugnahme auf Theorien von Christine Buci-Glucksmann[137] und

133 Allert: *Critique of Ocularcentrism*, S. 111-138. Diese Interpretation knüpft an die Ergebnisse ihrer früheren Arbeit an: *Die Metapher und ihre Krise*, a.a.O., 1987. Vgl. dies.: *Theorizing Visual Language in George Berkeley and Jean Paul.* In: *Studies in Eighteenth-Century Culture* 27 (1998), S. 307-342.

134 Allert: *Critique of Ocularcentrism*, S. 124.

135 Sie ist allerdings auch nicht neu. Insbesondere die französische Jean-Paul-Rezeption hat das erzählerische Verfahren für Autoren, u. a. Nerval, in Anspruch genommen. Vgl. zu diesem Thema zuletzt: Esselborn: *Jean Pauls Modernität im Spiegel der französischen Rezeption*, S. 134 f.

136 Allert: *Critique of Ocularcentrism*, S. 113.

137 Die Autorin stützt sich auf die 1994 erschienene englische Übersetzung von *La Raison Baroque* (1984) und bezieht sich u. a. auch auf Buci-Glucksmanns früheres Buch *La folie du voir: de l'esthétique baroque. Débats.* Collection dirigée par Michel Delorme. Paris 1986.

Martin Jay[138] zu zeigen, was sie unter »critique of ocularcentrism« versteht. Wenngleich die vorliegende Arbeit an die von Allert generalisierte Charakterisierung der Schreibweise Jean Pauls als eines ›barocken Stils‹[139] nicht anzuschließen vermag und im Gegensatz zur Interpretin die Rückbeziehung der Bilder auch auf die optische Wissenschaft vom Auge für unverzichtbar hält, wird andererseits ihre Beobachtung geteilt, daß in der *Unsichtbaren Loge* eine Position des am Geschehen beteiligten Erzählers kaum noch eindeutig identifiziert zu werden vermag, sondern sich vielmehr in der Multiperspektivität des Romans verliere. Wo sie die immanente, vielfach gebrochene und nur durch Kontextualisierung zu erschließende ›Bildlogik‹ zentraler Passagen des Romans jedoch nicht zu interpretieren, sondern – mit Blick auf ein neues Medium, den Film[140] – lediglich zu beschreiben sucht, bleiben zentrale Fragen im Hinblick auf die Augenmetaphorik in Jean Pauls erstem Roman unbeantwortet.

Gerade ihnen gilt das Interesse der folgenden Interpretation, die auf der Voraussetzung beruht, daß die Blendungspassage nicht unabhängig von der Korrespondenz zwischen Gustavs (im fingierten Sterben realisierten) ›Auferstehung‹ und Amandus' (im realen Sterben fingierten) Erwachen in der zweiten Welt zu lesen ist. Für die Differenzen dieser beiden korrespondierenden Szenen kann es nicht als unerheblich gelten, daß Gustavs ›Sterbeszene‹ im Zeichen der Sonne, während die des Amandus' im Zeichen des Mondes – bzw. einer totalen Mondfinsternis – steht.[141] Die Blendungsszene ist darüber hinaus sowohl thematisch als

138 Martin Jay: *Downcast Eyes: The Denigration of Vision in Twentieth Century French Thought*. Berkeley, London 1993; *»The Rise of Hermeneutics and the Crisis of Ocularcentrism«. Force Fields: Between Intellectual History and Cultural Critique.* New York, London 1993; *»Scopic Regimes of Modernity.« Force Fields: Between Intellectual History and Cultural Critique*. New York, London 1993.

139 Allert (*Critique of ocularcentrism*, S. 115) bezieht sich auch hier auf Jay: »The third ›scopic regime‹, ›the Baroque,‹ Jay calls ›the most significant alternative to the hegemonic visual style we have called Cartesian perspectivalism‹ […]. It is characterized by a ›dazzling, disorienting, ecstatic surplus of images‹ […] and an overabundance of details. This style, which has also been associated withe the mannerist tradition in art, implies a new importance for the ornaments.«

140 Vgl. Allert: *Critique of ocularcentrism*, S. 126.

141 Berend (SW I/2,XXX) ist deshalb nicht zuzustimmen, wenn er das Ereignis der totalen Mondfinsternis beim Sterben des Amandus als »eine jener geschmacklosen Gesuchtheiten« des Autors ansieht. Sie ist vielmehr im Zeichen der symmetrischen Anordnung dieser beiden Szenen zu verstehen. In

auch strukturell mit einer durchgehenden Bildlichkeit des Schneidens und der Augenverletzung verbunden. Denn der »achte Sektor«, der von den zerschnittenen Augen des Amandus handelt, wird inhaltlich selbst durch ein »Extrablättchen« mit dem Titel »Sind die Weiber Päpstinnen« in zwei Teile zerschnitten, deren letzterer als »Fortsetzung des vorigen Sektors« akzentuiert ist. Darüber hinaus setzt der Erzähler selbst den »achte[n] Sektor« gleichsam selbst wie einen operativen Schnitt, der die Auferstehungsszene Gustavs von der Sterbeszene des Amandus trennt. Mit dieser Prämisse kann die vorliegende Passage nur über den Weg einer Analyse der Bildlichkeit verstanden werden: Die in ihr beschriebenen Wahrnehmungsprozesse sind als eminent sprachliche ausgewiesen und können zugleich als Ausdruck einer paradoxalen Kommunikationssituation gelten, die eine kausale Herleitung und logische Beschreibbarkeit des Geschehens verweigert:

> Es war ein reiner Oktobermorgen, der Nebel lag zusammengefaltet dem Himmel zu Füßen, der wegfliegende Sommer schwebte mit seinen blauen Schwingen noch *hoch über den Ästen* und Blumen, *die ihn getragen*, und schauete mit dem weiten, still erwärmenden Son-

der entsprechenden Passage (I/1,282) heißt es: »Eine totale Mondfinsternis hob den Himmel und zog das erschrockne Auge des Menschen empor. Gustav sah [...] naß zu dem weltenhohen Erdschatten hinauf, der am Monde wie an einem Silhouettenbrette lag.« Diese Szene ist aufs engste mit der Bildlichkeit des Todes verbunden. Die in der Optik bekannte rote (und hier ins Zeichen des Todes gestellte) Verfärbung des Himmels wird wiederum metonymisch über die Verknüpfung unterschiedlicher Bilder hergestellt: über die mit der Vorstellung eines ›zerschnittenen‹ Mondes verbunde Assoziation des Blutes bzw. über das Bild einer die Straße illuminierenden »Leichenfackel« eines Erbbegräbnisses. Auch diese durch die Farbe ›Rot‹ verbundene Bildabfolge geht auf ein optisches Phänomen zurück: auf die mit einer Mondverfinsterung verbundenen Verfärbungen am Himmel. Vgl. hierzu z. B. Klügel (Hrsg.): *Priestley's Geschichte und gegenwärtiger Zustand der Optik* [= »Muthmaßungen von der Farbe des verfinsterten Mondes«], S. 335 ff.: »Ferner bemerkt er [der von Priestley referierte Autor], daß, da diejenigen Strahlen, welche durch den größesten Strich Luft gehen, röthlich, die welche den kleinsten durchlaufen, gelblich, und die dazwischen fallenden orangefarbig werden, die rothen Strahlen in den Schatten am stärksten sich zusammen neigen müssen [...]; so daß die Farbe des ganzen ein wenig erleuchteten Erdschattens immer röther werden muß, je näher man der Erde kömmt, *daher auch die Farbe des Mondes bey gänzlichen Finsternissen nach seiner verschiedenen Entfernung von der Erde verschieden werden, und beym Eintritte und Austritte aus dem Schatten etwas mehr als in der Mitte ins Rothe fallen müßte.*« (Herv. S. E.).

> nenauge den Menschen an, von dem er Abschied nahm. Gustav wollte aus dem Wagen, um den betaueten fliegenden Sommer, der zartgesponnen wie ein Menschenleben die Erde überzog, zusammenzuwickeln und mitzunehmen. Aber du, Mensch, hängst so oft als stinkende Pest- und Nebelwolke in die reine Natur herein!
> Denn sie mochten kaum eine Stunde gefahren sein, nach der er schon jedes Dorf für Scheerau hielt .... Ich will aber erst angeben, wo's war. Bei Issig schrie er im Wald: »O! nun dort wird *der schwarze Arm hineinlangen* und mich hinausziehen!« Als sich der Alte noch darüber wunderte, woher der Kleine wüßte, daß *jetzt eine Armsäule komme, die wirklich aus den Bäumen herauswies*: so fings auf einmal darhinter an zu schreien: »Ach meine Augen, meine Augen!« Den Kleinen und die Mutter versteinerte der Schrecken; aber der Rittmeister stürzte sich aus oder durch den Wagen, zerstieß die Gläser und prallte in den Wald hinein – und an ein kniendes feines Kind hinan, aus dessen zerschnittenen Augen Tränen und Wasser liefen. »Ach tu mir nichts, ich kann nimmer sehen!« sagt' es und griff mit den Händchen um sich, um die Lanzette wegzuschlagen, die zu seinen Knien lag. »Wer hat dir denn das getan?« sagt' er mit der sanftesten, vom heftigsten Mitleid brechenden Stimme; aber eh' es sprach, kam ein altes verwüstetes Bettelweib näher und sagte, im Gebüsch wär' ein Bettler hingeschossen, ders Kind blenden hätte wollen, um darauf zu betteln. Allein das Kind krümmte sich mit größern Konvulsionen *an seine Hand* und sagte: »O! sie will mich wieder schneiden.« Der Rittmeister erriet die Spitzbüberei, *schlitzte den nächsten Ast herab*, peitschte die Elende mit verfehlender Wut ins Angesicht und lief mit dem Blinden *auf dem Arm* dem furchtsamen Wagen zu. Es war ein herzerdrückender Anblick, der unschuldige Wurm mit feinen Zügen und Bewegungen in Lumpen und mit rot eingerunzelten Augen! – (I/1,88 f.; Herv. S. E.).

Die Irritation dieser Szenerie wird durch den plötzlichen Wechsel von der Idylle zur grausamen Tat der Blendung ausgelöst und ist auch darauf zurückzuführen, daß die vorgebliche Pedanterie der Ortsangaben und Wegebeschreibungen des Erzählers nicht eine Klarheit der Handlung zu schaffen, sondern diese vielmehr erst recht zu verwirren scheinen. Der mit der Präzision eines teilnehmenden Beobachters seine Worte setzende Erzähler bindet zudem das Protokoll des von ihm Gesehenen gleichermaßen an das zeitgenössische Vokabular der Augenheilkunde bzw. des Starstechens und an die biblische Tradition der Blindenheilung. Diese liegt der Textpassage zugrunde – wenngleich mit umgekehrten Vorzeichen. Die Orientierungslosigkeit Gustavs, der während der Fahrt »schon jedes Dorf für Scheerau hielt«, wird durch die vermeintlich präzise Verortung des Erzählers (»[i]ch will aber erst angeben, wo's war. Bei Issig schrie er im Wald«) keineswegs behoben. Denn der erzählten Handlung wird nicht die Topographie einer realen Landkarte, sondern eine Topologie heilsgeschichtlicher Überlieferung zugrunde gelegt. Zudem scheint die Ortsangabe »Issig« unausdrücklich auf Jung-Stillings Augenheilpraxis im Frankfurter Raum Bezug zu nehmen, die Jean Paul aus *Henrich Stillings häusliches Leben*[142] von 1789 bzw. aus zahlreichen zeitgenössischen Anekdoten bekannt war. Noch Goethe stellt in *Dichtung und Wahrheit* – ganz im Sinne seines »vorstrebend heitern Sinne[s]«[143] – dem unglücklichen Ausgang der Staroperation am Frankfurter Bürger Friedrich Maximilian von Lersner die gelungene an einem »alte[n] blinde[n] Betteljuden aus dem *Isenburgischen*« gegenüber, der, in dem höchsten Elend nach Frankfurt geführt [...], dem aber die zähe orientalische Natur so gut nachhalf, daß er vollkommen und ohne die mindeste Beschwerde sich mit Entzücken geheilt sah«.[144] Die Transformationen dieser Anekdote führen unzweifelhaft die Konnotation der biblischen Blindenheilung zu Jericho (*Luc.* 18,35-43; *Matth.* 20,29; *Joh.* 9,1-41) mit sich, die in der *caecitas peregrinationis* das irdische Leben der Menschen bzw. deren Sterblichkeit kennzeichnete. Für eine direkte Anspielung auf die Allegorese spricht, daß Amandus, dessen Name wörtlich ›der zu Liebende‹, der Liebenswürdige bedeutet und zugleich an den für seine Blindenheilung bekannten heiligen Amandus erinnert, mit dem Attribut des Mondes belehnt

142 Bernd Neumann (*Identität und Rollenzwang. Zur Theorie der Autobiographie*. Frankfurt a. M. 1970, S. 123) hat die Darstellung der Staroperationen mit Recht als *imitatio* der Blindenheilungen Christi gelesen. Zur Praxis der Augenheilkunde bei Jung-Stilling vgl. z. B. Friedrich Mehlrose: *Der gottesfürchtige Jung-Stilling. Ein Pionier der Star-Extraktion*. Düsseldorf 1983; Gerhard Berneaud-Kötz: *Jung-Stilling als Augenarzt und Staroperateur*. In: *Jung-Stilling. Arzt – Kameralist – Schriftsteller zwischen Aufklärung und Erweckung*. Ausstellungskatalog, hrsg. von der Badischen Landesbibliothek Karlsruhe. Karlsruhe 1990, S. 24-39; ders.: *Jung-Stilling als Arztpersönlichkeit, Laienmediziner, Arzt, Augenarzt und Staroperateur*. In: *Blicke auf Jung-Stilling. Festschrift zum 60. Geburtstag von Gerhard Merk*. Hrsg. von Michael Frost. Kreuztal 1991, S. 19-39; ders.: *Johann Heinrich Jung-Stilling: Muster des erhellenden Wortes und der erhellenden Tat als Staroperateur der Goethezeit*. In: *Auf den Spuren von Jung-Stilling: Studien zu Johann Heinrich Jung-Stilling (1740-1817). Freundesgabe für Alfred Klose zum 70. Geburtstag*. Hrsg. von Erich Mertens. Siegen 1998, S. 25-43.

143 Vgl. auch im folg. Goethe: *Dichtung und Wahrheit*, S. 727 f.; Herv. S. E.

144 Der Bericht Goethes stützt sich auf die Autobiographie Stillings. (Vgl. den Kommentar zu *Dichtung und Wahrheit*, S. 1054, Anm. zu S. 723.)

wird. Das in der Blendungspassage der *Unsichtbaren Loge* weitverbreitete Netz der Wegmarkierungen wie etwa der vom Rittmeister neutral als »Armsäule« beschriebenen, die von Gustav als Unglückszeichen gedeutet wird, ist kaum ohne diesen heilsgeschichtlichen Kontext zu verstehen. Denn daß der Blinde von Jericho geheilt wird, ist – so Schleusener-Eichholz – auf die »Etymologie von Jericho ›Mond‹, gedeutet als Sterblichkeit, zurückzuführen«.[145] Wenn Christus sich Jericho nähere, komme

> der Blinde zum Licht, da, indem seine Gottheit die Gebrechlichkeit unseres Fleisches auf sich nahm, das menschliche Geschlecht das verlorene Licht wiedergewann. Blind ist, wer die Klarheit des ewigen Lichtes nicht kennt; wer an den Erlöser glaubt, sitzt am Wege; wer schon glaubt, aber nicht darum bittet, das ewige Licht zu empfangen, oder vom Bitten abläßt, sitzt blind am Weg, ohne zu betteln. Wer aber glaubt, die Blindheit seines Herzens erkannt hat und um das Licht der Wahrheit bittet, sitzt blind neben dem Weg und bettelt.[146]

Schleusener-Eichholz, die sich vor allem auf Hugo von St. Viktors Vergleich des Menschenlebens mit dem Zu- und Abnehmen des Mondes[147] bezieht, weist auf die einflußreiche heilsgeschichtliche Deutung der beiden Blinden am Wegrand als Juden und Heiden hin, zu deren Heilung Jesus gekommen sei.[148] Die Blindenheilung (bzw. in der *Unsichtbaren Loge* die Blendung im angeblichen Auftrag eines Bettlers, »ders Kind blenden hätte wollen, *um darauf* zu betteln« (Herv. S. E.)) steht somit *auch* im Zeichen der christlichen Wegweisung, das mit dem vielfach variierten Bild des ausgestreckten Arms, der »Armsäule«, und mit der ebenfalls im Namen des Amandus enthaltenen Bedeutung des lateinischen *amandare* (= Weg weisen, verweisen) das alttestamentarische Erlösungsversprechen mitzitiert (vgl. *2. Mos.* 6,6). Es ist der Genauigkeit des Textes zuzurechnen, daß die Bedeutungsebenen im Roman changieren: Denn diese heilsgeschichtliche Lesart ist nicht abzutrennen von der bei Diderot reflektierten physischen und moralischen Untersuchung der Wahrnehmungs- bzw. Bewußtseinsprozesse von Blinden: »Wenn mich nicht die Neugierde beherrschte«, so zitiert dieser im *Lettre sur les Aveugles* einen Betroffenen, »so hätte ich ebensogern lange Arme.«[149] Daß Jean Paul diese Stelle geläufig war, zeigt der auch

145 Schleusener-Eichholz: *Das Auge im Mittelalter*, Bd. 1, S. 521.
146 Ebd.
147 Ebd., S. 522; Anm. 214.
148 Schleusener-Eichholz: *Das Auge im Mittelalter*, Bd. 1, S. 525.
149 Diderot: *Brief über die Blinden*, S. 56.

an anderer Stelle der Exzerpte wiederholte Eintrag im Register-Artikel »Auge/Augen«: »Augen eine lange Hand 36«.[150] Gerade durch diese ambivalente Konnotation sind die Unterschiede zur heilsgeschichtlichen Vorgabe in der *Unsichtbaren Loge* jedoch deutlich markiert. Nicht nur wird erst ein unschuldiges Kind (im Namen eines unsichtbaren Bettlers) geblendet, um die anschließende Blindenheilung *in Szene setzen* zu können, sondern eine Unterscheidung zwischen Geblendeten und Blendenden ist ebensowenig noch zu treffen wie die zwischen Blinden und Sehenden. Zudem droht das ›Licht der Wahrheit‹, das zu erlangen als Ziel jeder heilsgeschichtlichen Deutung der Blindenheilung gelten kann, in einer eklatanten Verzerrung der Perspektive und Verunsicherung des teilnehmenden Beobachters selbst auf immer verloren gegeben zu sein. Bereits die Eingangsszene zeigt das Ausmaß dieses Verlusts einer zuverlässigen ›Wahrheit‹: Denn die Erzählerangabe (»[b]ei Issig schrie er im Wald«) ist zum einen äußerst ungenau, und auch die wahnhafte Wahrnehmung des Protagonisten Gustav (»O! *nun dort* wird *der schwarze Arm hineinlangen* und mich *hinausziehen*«; Herv. S. E.) wird durch die Feststellung »des Alte[n]«, der sich darüber wundert, »woher der Kleine wüßte, daß *jetzt* eine *Armsäule* komme, die *wirklich* aus den Bäumen herauswies« (Herv. S. E.), nur unvollkommen ›realisiert‹. Die durch den Erzähler vermittelte Perspektive beider differiert aufs äußerste, und die Erzählung selbst wird als ein Wahrnehmungsprozeß präsentiert, der die Rede der Wahrnehmenden (im Sinne einer ›Mauerschau‹) als Zeugnis ihrer gegenwärtigen Wahrnehmung protokolliert. Deren Zuverlässigkeit wird durch den Perspektivenbruch bereits in einer einzelnen Aussage (Gustavs) in Zweifel gezogen: Die deiktische Bestimmung »dort«, mit der Gustav seine Beobachtung einleitet und die mit der Temporalbestimmung »nun« nur im Sinne einer Inszenierung des Gesehenen in Übereinstimmung zu bringen ist, wird durch das folgende Verb »hineinlangen« insofern als zuverlässige Ortsbestimmung dementiert, als mit ihr ein erneuter (irrealer) Perspektivenwechsel verbunden ist. In der logischen Weiterführung der Perspektive Gustavs, der in der Kutsche sitzt, müßte das Verb korrekterweise nicht *hinein-*, sondern hereinlangen heißen. Gustav nimmt also paradoxerweise die Außenperspektive des »schwarze[n] Arm[s]« selbst ein.

Daß dieser Bruch in der Perspektive keineswegs als Zufall des Erzählens gelten kann, zeigt die vergleichsweise ›logische‹ Stringenz der

150 Register-Artikel »Auge/Augen«, S. 8. Das entsprechende Exzerpt findet sich in Fasz. 5a, Bd. 2 (Reihe »Natur«, ca. 1781), S. 26 (ohne Quellenangabe): »Einer nent das Auge eine lange Hand.«

Perspektive des Rittmeisters, der in der Wahrnehmungsabfolge eines ›jetzt ... wirklich ... herauswies‹ verbleibt. Zwar ist dieses Vor-Wissen Gustavs zumindest aus der Romanhandlung insofern erklärbar, als dieser Szene sein Verschwinden und Wiedergefundenwerden vorausgeht: Einem anonymen Brief, der Gustav von der Mutter seines angeblichen Doppelgängers Guido beigefügt wurde, ist zu entnehmen, daß er von dieser »vor drei Tagen im Walde irrend« angetroffen worden sei, »wo ich ihn in meinen Wagen stahl, um ihn vor schlimmern Dieben zu bewahren« (I/1,68). Das Wissen um dieses Wegzeichen im Wald kann also – wie der Brief zumindest nahelegt – aus den Indizien des Romans erraten, wenngleich nicht mit Sicherheit erschlossen werden. Zu ihnen gehört, daß Gustav nach seiner Rückkunft Ähnlichkeiten mit dem Zustand des später geblendeten Amandus aufweist: »Seine Augen waren rot und feucht von den Qalen der Heimsucht« (I/1,68); so lautet der Kommentar über das aus der Ungewißheit zurückgekehrte Kind, das das Bild des geblendeten Amandus »in Lumpen und mit rot eingerunzelten Augen« vorwegnimmt. Hinzu kommt, daß der Schmerz über das vermißte Kind in der den ganzen Roman durchziehenden Stichmetaphorik beschrieben wird und zugleich indirekt den Augenraub wiederum ans Bild des Schachspiels bindet (Zedlers *Universal-Lexicon* weist darauf hin, daß das deutsche Wort ›Schach‹ »so viel, als Raub, Plünderung, Strassen-Raub«[151] bedeute): »Als das Kind [gemeint ist Gustav] die Nacht ausblieb und den ganzen Vormittag und als man gar im Walde auf der *Kunststraße* sein Hütchen antraf: so verwandelten sich die Stiche der Angst in das forteiternde Schmerzen dieser Stichwunden.« (I/1,67; Herv. S. E.).

Die gesamte Textpassage variiert eine im Roman ubiquitäre Gewalt des Schneidens und zeichnet sie als eine sich ständig wandelnde Macht der Stellvertretung aus, die ›Opfer‹ und ›Täter‹ wie auch ›Arzt‹ und ›Patient‹ im medizinischen bzw. heilsgeschichtlichen Sinn tendenziell ununterscheidbar werden lassen. Eine genaue Lektüre zeigt, daß nicht der *Anblick* der verletzten Augen des Amandus den in der Kutsche sitzenden »Kleinen« (Gustav) und seine Mutter vor Schrecken »versteinerten«, sondern die *Stimme* des Geblendeten, die sein Unglück (»Ach meine Augen, meine Augen!«) schreiend bedeutet, aber doch nicht zeigt. Auch die dann folgende Erzähler-Beschreibung vermag keinen ›wirklichen‹ Aufschluß über den Sachverhalt des Unglücks zu geben. Das Verstehen der Unglücks-›Tatsachen‹ ist abhängig von seiner äußerst schwankenden Perspektive und Deutung. Erst auf der sprachlichen

151 *Zedler*: Artikel »Schachspiel, Schach«, Bd. 34, S. 684-686.

Ebene der Darstellung, die dem bewußten Zugriff des Erzählers entzogen zu sein scheint, konstituiert sich der ›eigentliche‹ Sinn des Dargestellten. Auf das ›Nichts-Sehen‹ und somit blinde Versteinern Gustavs (und seiner Mutter) folgt ein blinder Bewegungsablauf des Rittmeisters, den der Erzähler nur höchst ungenau zu protokollieren weiß (»aber der Rittmeister stürzte sich *aus oder durch* den Wagen«; Herv. S. E.). Darüber hinaus evozieren die seine Bewegung charakterisierenden Verben (»*zerstieß* die Gläser und *prallte* in den Wald hinein«; Herv. S. E.) die Vorstellung des scheinbar richtungslosen Taumelns und dementieren das mit dem anfänglichen Verb »stürzte« aufgerufene Bild des mit scharfen Augen ausgestatteten Falken, das mit dem Namen des Rittmeisters[152] konnotiert ist. Weitere Unklarheiten des Bewegungsablaufs erschweren eine Deutung dessen, was im Wald geschah bzw. dem Leser durch die Erzählerrede vor Augen geführt wird: Die erzählerische Beobachtung der Rittmeisterbewegung (»zerstieß die Gläser«) bleibt völlig ungeklärt und ist gleichermaßen geeignet, das »Gläser«-Bild mit dem optischen Instrumentarium (Brillen) sowie mit anatomischen Spezifizierungen der Augenheilkunde (Glaskörper) oder mit der Scheibe des Kutschenfensters zu assoziieren, die Gustav von der bedrohlichen Außenwelt trennt. Die vom Rittmeister ›vorgefundene‹ Situation zitiert die Aufklärungsszene des Starstechens mit umgekehrten Vorzeichen: Sie zeigt ein kniendes Kind, das blind »mit den Händchen um sich [greift], um die *Lanzette* wegzuschlagen, die zu seinen Knien lag« (I/1,88; Herv. S. E.). Die klassische Blinden-Heilungsszene wird als Opferszene dargestellt; und die Beschreibung des Rittmeisters verbleibt im Bereich des Ambivalenten. Was zunächst als ein Rettungsversuch zu überzeugen vermag, gerät auf der sprachlichen Ebene der Darstellung kaum weniger ins Zwielicht als das Bild des knienden Kindes selbst. Die als Aus- oder Durchbruch beschriebene Bewegung des Rittmeisters entbehrt nicht der potentiellen Gewalt: Diesen Verdacht legt bereits eine fast unmerkliche Lautverschiebung nahe, die vom ersten Teil der Bewegung (»prallte in den Wald *hinein*«) zu deren zweiten Teil (»und an ein kniendes feines Kind *hinan*«; Herv. S. E.) stattfindet und eine andere Lesart – die des potentiell gewalttätigen Rittmeisters – impliziert. Mit der Verschiebung von »hinein« zu »hinan« wird indirekt eine Bedeutungsebene eröffnet, die den Rittmeister von Falkenberg keineswegs nur als einen Retter zu denken erlaubt, sondern seine Bewegung auf die thematische Ebene des Augenschneidens transportiert.

152 Im Register-Artikel »Auge/Augen« (S. 7) finden sich verschiedene Notate zur Sehkraft der Falken: »Den Falken im Reife die Augen geöfnet wenn man ihn steigen lässet« und »Dem Falken die Augen verbunden. 22«.

Die beiden Präpositionen »hinein« und »hinan« legen aufgrund ihrer phonetischen Ähnlichkeit nahe, austauschbar zu sein, ohne daß der Sinn des Textes grundlegend verändert würde: Denn wollte man das »hinan« durch ein »hinein« ersetzen, so wäre die in ihrer Bedeutung ungesicherte Formulierung »zerstieß die Gläser« in eine Lesart eingefügt, die den Rittmeister – wenngleich nicht kausallogisch, so doch assoziativ – mit der Zerschneidung des kindlichen Auges in Verbindung bringen würde. Die Möglichkeit einer solchen implizierten Lesart wird durch den Satz des orientierungslosen Kindes »Ach tu mir nichts, ich kann nimmer sehen!« bestätigt. Noch das ostentative Mitleid des Rittmeisters führt die sprachlichen Spuren der Gewalt mit sich, wenn er »mit der sanftesten, vom *heftigsten* Mitleid *brechenden Stimme*« (Herv. S. E.), die die Assoziation der (vom Visuellen zum Akustischen verschobenen) Rede vom ›Brechen der Augen‹ ebenso wie das ›Zerstoßen der Gläser‹ gleichermaßen auszulösen vermag, nach dem Schuldigen fragt (»Wer hat dir denn das getan?«).

Die Unmöglichkeit einer Unterscheidung von Tätern und Opfern erweist sich als das eigentliche Thema dieser Passage, die ein Personal der Stellvertreter präsentiert. Diese sind geeignet, die Rolle eines jeweils anderen potentiell zu übernehmen. Eine sich plötzlich nähernde Bettlerin schiebt die Schuld auf einen nicht anwesenden Bettler, das Kind dementiert, indem es sie sybillinisch schuldig spricht (»O! sie will mich wieder schneiden!«), der Rittmeister »erriet die *Spitz*büberei, *schlitzte den nächsten Ast* herab, *peitschte* die Elende mit *verfehlender* Wut ins Angesicht« (Herv. S. E.) und realisiert somit – wenngleich an einem Stellvertreter-Objekt – sein ohnehin latent auf der sprachlichen Ebene vorhandenes Gewaltpotential des Schneidens und Blendens. Für eine solche Lesart spricht zudem, daß gerade das (biblische) Wegzeichen der »Armsäule« zum Movens im Text wird, insofern ihm sowohl die Zeichenfunktion des Unheils bzw. der Blendung als auch die der Rettung zugewiesen wird. Das Bild des vom Rittmeister ›herabgeschlitzten Astes‹ mit dem er das Bettelweib »mit verfehlender Wut ins Angesicht« peitscht, wird im Blick auf die Rückkehr des Retters, der »mit dem Blinden auf dem Arm dem furchtsamen Wagen« zulief, wiederaufgenommen. Diese Ambivalenz der Bildkonnotationen ist keineswegs auf den Rittmeister beschränkt, sondern gilt durch die Parallelisierung von Textstellen auch im Hinblick auf andere Protagonisten.

Im »zehnte[n] Sektor« bindet der Erzähler den Prozeß des sektoralen Sehens an ein allegorisches Bild des Todes. Die von ihm zunächst heiter-ungerührt erzählte Situation ist zweifellos paradox. Auf dem Weg zum Arzt führt der Rittmeister die Kinder – unter ihnen den geblendeten Amandus – »durch alle Gassen der Stadt wie durch eine Bildergalerie« (I/1,95), um dann vor einem Gemälde am Haus des Dr. Fenk (des angeblichen Vaters des Amandus) betrachtend zu verharren: Es »bildete eine Doktors-Kutsche vor mit einem Arzt innen, mit dem Tode vorn, der in die Gabel eingespannt war, und mit dem Teufel oben, der auf dem Bock saß« (I/1,95).[153] Die Allegorie kommentiert zum einen das reale Erlebnis der Kutschenfahrt im Wald und initialisiert zum anderen eine Szene, die geradezu als (mit umgekehrten Vorzeichen versehene) Wiederholung der Blendungsszene gelesen werden kann: Zudem repetiert die Beschreibung des Aufeinandertreffens zwischen Dr. Fenk und Amandus die Darstellung des rittmeisterlichen Bewegungsablaufs in der vorausgegangenen Waldszene:

> [U]nd seine Verwunderung über alle Zeichen der Rückkehr Fenks [so heißt es über den »gutmütige[n] Rittmeister« nun] endigte nichts als der *hereinbrechende* Doktor selbst. Dieser *prallte vom halben Wege zu seiner Umarmung auf den kleinen Blinden zurück* und *riß* unter Tränen und Küssen die Bandage auf – besah die Augen lange *am Fenster* – und sagte nach einem tiefen Atemzug: »Gott Lob und Dank! er wird nicht blind!« Erst jetzt schlug der Doktor seine Arme mit doppelter Wärme um den Freund: »Verzeihs, es ist mein Kind!« (I/1,95 f.; Herv. S. E.).

Die Passage wird somit in direkte Korrespondenz zur Waldszene gesetzt und nimmt im Gebrauch der Verbkonstruktionen (»der *hereinbrechende* Doktor« sowie »*prallte* […] *auf* den kleinen Blinden zurück« Herv. S. E.) die unkontrolliert-brachiale Bewegung des Rittmeisters auch sprachlich wieder auf. Die Wiedersehensfreude und Erleichterung des Doktors werden zwar benannt, sind aber im Verlauf der erzählerischen Darstellung kaum noch eindeutig zu identifizieren. Schließlich wird die ›Umarmung‹ des Freundes dem überstürzten Akt ärztlicher Diagnosebildung nachgeordnet. Und selbst die Entschuldigung für die Verzögerung der Freundschaftsgeste gegenüber dem Rittmeister ver-

153 Eine reale Vorlage des Bildes wird auch in den Vorarbeiten zur *Unsichtbaren Loge* nicht erwähnt. Ein Notat in den Vorarbeiten zur *Auswahl aus des Teufels Papieren* spielt auf die Verbindung von Teufel, Tod, Arzt und Maler an: »[…] indem er [der Tod] seit langer Zeit […] überal ausbreitet, daß er mit allem Rechte einen wandernden Quacksalber für seinen Reisediener, einen einsichtigen Arzt für seinen Sekundanten (gestern sagte er indessen nur Waffenträger) […] einen Doktor der Arzneikunst für seinen Nunzius *a latere*, einen kurirenden Hirten hingegen nur für seinen Konsistorialboten ansehe und einen mit dem andern verwechsele.« (SW I/19,209; Herv. i. Orig.).

mag nicht, die Zustimmung der Leser, sondern allenfalls ihr Mißtrauen zu erwecken, da die Zurückstellung der Freundespflicht hinter der Sorge um ein geblendetes Kind gemeinhin keiner weiteren Begründung bedarf. Der Satz: »Verzeihs, es ist mein Kind« ist der Situation völlig unangemessen und wiederspricht auch einer zuvor geäußerten Behauptung im »neunte[n] Sektor«: »Sein [Amandus'] Vater hieß Doktor Zoppo«, so heißt es dort, »kam aus Pavia, botanisierte sich aus Italien nach Deutschland und ließ die Kleinen unterwegs gelbe Blumen *reißen*.« (I/1,89 f.; Herv. S. E.). Eine in diesem Satz mitformulierte Verbindung des Doktor Zoppo und Doktor Fenk kann indes nicht – wie Berend es nahegelegt hat (SW I/2,XXIIIf.) – der unfertigen Ausführung eines auf Fortsetzung angelegten Romans angelastet werden. Vielmehr deutet alles darauf hin, daß diese Verbindung auf der Bildebene der sprachlichen Darstellung geknüpft wird: Beide ›Väter‹ kommen aus Pavia, einem der Wirkungsorte des für seine Blendungsexperimente berühmt-berüchtigten Physiologen Spallanzani, der zugleich durch seine Experimente auf dem Gebiet der Urzeugung bekannt geworden war.[154] Beide sind – vermittelt über das Präteritum »riß« (»*riß* unter Tränen und Küssen die Bandagen auf«; Herv. S. E.) – miteinander aufs engste verbunden und werden in der Verwendung des erzählerischen Vokabulars in den Bannkreis der ungeklärten Blendung des Amandus gestellt. Denn die Erklärung, daß Dr. Zoppo »die Kleinen unterwegs gelbe Blumen *reißen*« (Herv. S. E.) lassen wollte, rückt die auf den ersten Blick harmlose Tätigkeit der Botanisierung in den augenmetaphorischen Kontext, insofern die »teuflische Augenärztin« ihm [Amandus] half, »gelbe Blumen zu finden [...], daß sie ihm Kleider und Augen rauben konnte«. Darüber hinaus ist diese Passage aber auch dem zeitgenössischen Diskurs über Wahnsinn und Melancholie assoziiert, insofern sie indirekt auf den *Werther*-Brief vom 30. November Bezug nimmt, der die Episode vom wahnsinnigen Heinrich berichtet, der in Begleitung seiner Mutter, einer »alte[n] Frau«, zur unpassenden Jahreszeit »gelbe und blaue und rote« Blumen suchen will.[155]

154 Daß Hoffmanns Erzählung *Der Sandmann* durch diesen Sachverhalt inspiriert wurde, liegt nahe.

155 Johann Wolfgang Goethe: *Die Leiden des jungen Werthers*. In: *Münchner Ausgabe*, Bd. 1.2 [= *Der junge Goethe* 1757-1775; hrsg. von Gerhard Sauder], S. 269-272; hier: S. 270. Der Briefbericht gibt Werthers Erschrecken wieder, das durch die Bemerkung der Frau ausgelöst wird, ihr Sohn sei am glücklichsten im Tollhause gewesen, »wo er nichts von sich wußte« (S. 271).

Nicht zufällig überführt der Erzähler Gustavs Fixation auf den Ort »Scheerau« (I/1,88)[156] in ein Sprachspiel: Gustav hält nach einer Stunde Fahrt »schon jedes Dorf für Scheerau«; somit wird dieser von ihm universal erwartete Ortsname selbst auch dem Ort der Blendung (»Issig«) des Amandus aufs engste assoziiert. Die scheinbar nebensächliche geographische Angabe ›Scheerau‹ erhält auf diese Weise eine neue Qualität: Sie wird lesbar im Kontext der dem Roman inhärenten Bedeutungsstruktur. Eine solche semantische Überbesetzung scheinbar ›harmloser‹ Wörter ist im Roman keine Ausnahme: In einer Anrede an den Tod, den der Erzähler ausführlich über seine gewünschten Todesarten informiert, endet er mit dem Satz: »Reitet dich aber der Henker, daß du keine Vernunft annimmst: so, lieber Tod – da *keine* Hölle ewig dauert – scher' ich mich auch nichts darum, um die letzte Schererei nach tausend Scherereien.« (I/1,278; Herv. i. Orig.). Das Sprachspiel zeigt in der Wahl seiner Variation die obsessive Nähe zur Fachterminologie der zeitgenössischen Augenheilkunde, in die das Operationsinstrument der »Scheere« ebenso gehört wie das der »Lanzette«,[157] mit der präzise

156 Diese Ortsangabe kommt bereits einmal in der auf die Jahre 1789 bzw. 1790 zu datierenden Satirensammlung *Abrakadabra oder die Baierische Kreuzerkomödie am längsten Tag im Jahr* (II/2, 529-648; hier: S. 533) vor: »Im Scheer-Scheerischen hatt' ich sonst ein Haus, ich wil aber die zwei Dörfer nicht nennen, in deren einem von beiden es stand.« – Bereits hier gibt es die sprachliche Assoziation von Kriegshandwerk (»Oberfeldscheere[r]«; S. 545), Operationsinstrument (»Lanzette«; S. 558), Barbierhandwerk (»daß Sie wenn Sie sich auf einen Stuhl und in einem Pudermantel hersezten und Ihnen einer von uns mit einer kurzen Scheere [...] die Haar-Manschette herunterschöre, die die Augenbrauen verdoppelt und bedekt [...]«; S. 575) sowie Beschenken im Sinne von »Bescheeren«, das zugleich mit dem Tod in Verbindung gebracht wird: Mit dem Vergleich, daß die »Erde eine dunkle *Kinderstube* sein sol, in der wir lärmen und spielen« (S. 588), wird folgendes Bild (des Sterbens) eingeleitet: »Dieses geht abends eine Stunde vorher vor eh' der Vater oben mit dem Bescheeren des h. Christs fertig ist. Ich glaube aber, es ist am besten, wir spielen nicht lange mehr sondern lassen uns waschen und kämmen und anziehen: denn Freund Hain muß den Augenblick da sein, um uns aus der Kinderstube in die h. Christstube abzuholen.« (S. 589).

157 Hirschberg (*Geschichte der Augenheilkunde*, Bd. 1, S. 518) weist darauf hin, daß kaum ein namhafter Starstecher nicht seine eigene Schere bzw. »nicht sein eignes Star-Messer erfand und allen übrigen vorzog«. Bereits 1805 existierte eine Beschreibung von 49 verschiedenen Starmessern. Die »Lanzette« wird auch in der *Baierische[n] Kreuzerkomödie* zweimal (II/2, 558; 622) erwähnt. Ebenso deutet die Erwähnung der »Abhandlung von den Thränenwegen« des Augenarztes Janin, dessen »von Selle verdeutscht[e]

das Tatwerkzeug in der Blendungsszene des Amandus angegeben wird. Die Konnotation der Blendung und Blindenheilung ist somit dem Text als eine kohärente Bildebene unterlegt, der auch auf die zunächst absurd anmutende Äußerung zurückzuführen ist, daß nach der Rettung des an den Augen verletzten Amandus sich im nächsten Landstädtchen der Rittmeister »Falkenberg rasieren und Amandus verbinden« ließ (I/1,90). Angesichts der Schwere des Ereignisses, das dieser heiteren Nachricht des Erzählers vorausgeht, mag zumindest die Abfolge der Handlungen befremdlich erscheinen. Daß erst der Retter rasiert und dann der Gerettete verbunden wird, gewinnt zwar an Plausibilität, wenn die Tradition der Augenärzte und Praktiker der Augenheilkunde bedacht wird, die – wie etwa Georg Bartisch oder Ambroise Paré – nicht selten Barbiere (sowie auch Zahnärzte) waren und ihre Kunst des Augenheilens nicht anders als die des Bartscherens[158] auf öffentlichen Märkten ausübten. Aber auch diese Erläuterung kann allenfalls den *Konnex* von Rasieren und Verbinden klären, nicht jedoch deren in den Text eingelassene logische Verkehrung: Daß der geblendete Amandus von dauerhafter Blindheit verschont sein würde, wird erst in der später erfolgenden Untersuchung durch Dr. Fenk klar, die mit ebensoviel Fachwissen des Erzählers erläutert wird wie die ›operativen‹ Umstände der Blendung selbst: »Bloß die Sclerotica scheint lädiert«, so lautet Fenks Diagnose, »die Okulistin [d. i. die das Kind blendende Bettlerin] zapfte die wässerige Feuchtigkeit heraus. In Pavia sah ichs alle Wochen an Hunden, denen die Zahnärzte (unsre medizinischen Lehnsvättern) die Augen aufschnitten und eine dumme Salbe daraufstrichen.« (I/1,96).[159]

›Betrachtungen übers Auge‹ 1788« (II/2,577) vom Verfasser als allgemein bekannt vorausgesetzt wird, darauf hin, daß die Verbindung von Messer- und Augenmetaphorik bereits in diesem Jugendwerk vorbereitet wurde.

158 Im Register-Artikel »Auge/Augen« (S. 1) findet sich des weiteren ein Notat, das die Sehschärfe der Augen von der Länge des Bartes abhängig macht: »Die Augen würden schärfer wie der Bart länger (VII.5).« Das entsprechende Exzerpt findet sich in Fasz. 2a, Bd. 7 (1785), S. 5: »Ein Benediktinermönch verlor durch das Barbiren das Gesicht und dess. Schärfe wuchs mit der Länge des Barts. Barthol. C. III. epist. med. 67. p. 275«.

159 Janin (*Abhandlungen und Beobachtungen über das Auge*, S. 31 f.) betont die Ungefährlichkeit oberflächlicher Augen-Schnittwunden und weist darauf hin, daß frühere Autoren den Verlust der Feuchtigkeit für den Verlust des Augenlichts verantwortlich gemacht hätten. Ihr Irrtum sei so weit gegangen, so Janin, »daß man einen Scheidekünstler für einen Zauberer hielt, weil er die Tochter eines Edelmanns geheilet hatte, bey welcher die wässerichte Feuchtigkeit durch eine Wunde herausgelaufen war, die man ihr mit

Die Abfolge von ›Retter rasieren‹ und ›Opfer verbinden‹ muß insofern zumindest als eine Verkehrung der im Falle eines Unglücks notwendigen Abfolge der Handlungen gelten, und es bedarf der Interpretation, daß dieser eklatante Sachverhalt für den ungerührten Erzähler keiner weiteren Aufmerksamkeit zu bedürfen scheint. Was sich auf der manifesten Oberflächenstruktur des Textes dem der Alltagslogik folgenden Verstehen widersetzt, fügt sich andererseits auf der metaphorischen Ebene in einen durch die obsessiv vernetzte Bildlichkeit des Schneidens erst entstehenden ›Sinn‹ ein: In ihm kann der Erzähler und Starstecher potentiell zum blinden Opfer, also zum »Starinhaber« werden, in ihm praktiziert eine »Okulistin« das grausame Handwerk des Kinder-Blendens, und in ihm ›schert‹ sich der Retter des Augenlichts weiter sonst um nichts, sondern kann – als ein Rittmeister mit dem für seine Augenschärfe selbst sprechenden Namen Falkenberg – sich nach dem Akt der Rettung allererst selbst ›scheren‹ (und somit auch ans Messer liefern) lassen.

Ausdrücklich wird dieser Signifikantenkette auch die Bildlichkeit im weiteren Handlungsgeschehen eingefügt: Der »eilft[e] Sektor« präsentiert Gustav und seinen die Sehkraft langsam zurückerlangenden Freund Amandus in einem »Blindekuhspiel« (I/1,103),[160] das die Konnotationsvielfalt einer gewaltsamen Blendung auf der bildassoziativen Ebene von Milch, Blut und Tränen in Verbindung mit einer geradezu obsessiven Stichmetaphorik wiederholt. Die Szenerie wird als harmloses Kinderspiel entworfen, beginnt mit dem Umstoßen einer »volle[n] Milchschüssel des Spitzhundes« (I/1,104), in die der doppelt geblendete Amandus »hineintrampelte und drüberschlug«, da »weibliche Pfiffigkeit« ihm im Sinne des Spiels ein Schnupftuch über seine Augen gehängt hatte. Auch diese ostentativ von kindlicher Arglosigkeit gekennzeichnete Passage repetiert die ›Urszene‹ der Blendung des Amandus im Wald: Niemand ist für das Geschehen persönlich haftbar zu machen oder könnte gar Anspruch auf Wahrhaftigkeit erheben. Selbst »Gustav mußte *als* Kind ein wenig lachen« (I/1,104; Herv. S. E.) – so lautet die Formulierung des Erzählers, der die vermeintliche Unschuld des Kinderspiels ins perfide Rollenspiel des Lebens transformiert. Auch hier wird die ›authentische‹ Blendungsszene nachgespielt und sprachlich kaum variiert, wie der Bericht des Erzählers zeigt: Amandus »*riß sich von den nassen Scherben auf* und puffte dem Gustav, der ihn tröstend

einem schneidenden Instrumente in die durchsichtige Hornhaut gemacht hatte«.

160 Die Anspielung auf Goethes Gedicht *Blinde Kuh* (1789; in: *Münchner Ausgabe*, Bd. 1, S. 156) liegt nahe.

bei den Händen faßte [...]. – ›Ach du hast dir gewiß *einen Splitter eingestochen*?‹ fragte Gustav mit der mitleidigsten Stimme [...].« (I/1,104 f.; Herv. S. E.).

Die Beispiele zeigen eine unendlich variable Erzählperspektive, deren manischer Blick auf die immer gleiche und immer wieder reproduzierte Urszene den Text je unterschiedlich akzentuiert. Bereits für Jean Pauls *Unsichtbare Loge* gilt insofern der von Peter Utz für E. T. A. Hoffmanns *Sandmann* formulierte Befund einer »radikale[n] Absage an den Traum einer auf die Sprache des Auges gestützten Identität«.[161] Die Einheit und Zuverlässigkeit der Wahrnehmungsperspektive ist nicht zuletzt aufgrund des je sektoralen, also ausschnitthaften und eingeschränkten Blicks eines Erzählers grundlegend erschüttert, der als ›teilnehmender Beobachter‹ und zugleich als ein am schwarzen Star erkrankter und somit von progredierender Blindheit befallener Protagonist an der Handlung des Romans partizipiert. Die von den Aufklärern im heilsgeschichtlichen Vokabular als Urszene einer Geburt der Vernunft gefeierte Staroperation erhält in der *Unsichtbaren Loge* den Stellenwert einer sich wiederholenden traumatischen Erfahrung der Blendung und des Verblendetseins: Jedes Mitleid gerät in den Verdacht, der Bosheit entsprungen zu sein, und jedes Okuliermesser kann potentiell die Augen für immer um ihre Sehkraft bringen. Selbst die »Auferstehung« Gustavs wird letztlich als eine Blendung des in die Sonne Sehenden inszeniert. Daß die Urszene der Aufklärung aus ihrer Unsterblichkeitsprogrammatik entlassen wird, gerade weil der Erzähler sie endlos verwandelnd reproduziert und somit in eine permanent sich wiederholende Rede über die Sterblichkeit transformiert, ist den wenigen Forschungsbeiträgen entgangen, die – wie etwa Elvira Steppacher – die Auferstehung Gustavs »als Modell der Entstehung von Sprache«[162] gelesen haben. Zwar kann ihrer Interpretation durchaus gefolgt werden, die die Auferstehungspassage an Herders Sprachursprungstheorie orientiert sieht und zeigt, daß die »betont dispersiv strukturierte Perzeption Gustavs keineswegs zur Dissolution, sondern zur Konkretion, eben Sprache, führt«.[163] Allerdings droht ihr expliziter Verzicht, die Krankheitsgeschichte des

161 Utz: *Das Auge und das Ohr im Text*, S. 280.

162 Steppacher: *Körpersprache*, S. 57.

163 Ebd.; vgl. zur *Titan*-Interpretation auf der Basis von Herders Schöpfungshieroglyphe in der *Ältesten Urkunde des Menschengeschlechts* Sinn: *Jean Paul. Hinführung zu seiner Semiologie der Wissenschaft*, a.a.O., 1995. Eine gründliche und kritische Auseinandersetzung mit Sinns Lektüre findet sich in Ralf Simons Rezension dieses Buches in: *JJPG* 31 (1996), S. 172-178.

Erzählers »aus medizinischer oder medizinhistorischer«[164] Sicht zu lesen, weil es ihr ausschließlich um die »Sprechweise der Figur« gehe, die komplexe Anlage des Romans tendenziell zu reduzieren. Ihr Hinweis, daß die Semiotik des schwarzen Stars »mehr über die objektiven poetischen Verfahren des Erzählers als über dessen subjektive Krankheitsgeschichte«[165] aussage, ist zweifellos wichtig. Andererseits hat Steppachers weitgehende Marginalisierung der Frage, warum die Auferstehungsszene Gustavs als ein Sterben beschrieben wird und die Entstehung der Sprache maßgeblich mit dem Prozeß der Erblindung des Protagonisten verbunden ist, Konsequenzen auch für eine poetologisch orientierte Interpretation. Die Interpretin zieht die *conclusio*, daß der Leser der *Unsichtbaren Loge* »zunächst auf die ›formale‹ Poetik des Poetischen verwiesen« werde und sich zugleich doch »auf die konkrete Gestaltung *dieses* poetologischen Programms gebracht [sehe]: die Programmatik des lebendigen Wortes«.[166] Sie deutet damit die Struktur des Romans im Sinne einer aporetischen Poetologie, die dem Text als »immanente Ambivalenz«[167] zugrunde liege: als Literatur, die gegen ihre eigene Verabsolutierung zu opponieren suche. Dieser Schlußfolgerung ist insoweit zuzustimmen, als die Interpretin sie mit Recht an die den Roman grundierende ›Biographie als Heilsgeschichte‹ zurückbindet und – mit Blick auf das Motiv der Erzählererkrankung – zeigt, daß der Versuch, einer in den Text »eingesenkten Utopie des lebendigen Wortes habhaft zu werden, [...] das tod- oder unheilbringende Sprechen der Schrift« gerade vorantreibe. Leider verzichtet die Interpretin auf die Analyse jenes Textes, der das Finis des Romans bezeichnet und zugleich als ein Prüfstein ihrer Arbeit hätte gelten können: auf den Epilog *Ausläuten oder Sieben letzte Worte an die Leser der Lebensbeschreibung und der Idylle*, die Jean Paul am 6. Juli 1792 in einem Brief an seinen Mentor Karl Philipp Moritz mit dem Zusatz gesendet hatte, daß er

164 Vgl. auch im folg. Steppacher: *Körpersprache*, S. 100.

165 Steppacher: *Körpersprache*, S. 109. Die zeitgleich erschienene Studie von Andreas Erb (*Schreib-Arbeit. Jean Pauls Erzählen als Inszenierung ›freier‹ Autorschaft*. Wiesbaden 1996, S. 166) bleibt – im Hinblick auf seine Ausführungen zum Thema der Krankheit in der *Unsichtbaren Loge* – hinter der präzisen Analyse Steppachers zurück. Erbs Versuch, des Erzählers progredierende Starblindheit mit einer »Verstopfung des Schreib-Körpers« zu erklären, ist originell, wird jedoch vom Verfasser nicht weiter ausgeführt. Seine Schlußfolgerung, daß dem Erzähler die »Seh-Kraft« zur bedrohenden Gefahr werde und »zur Ohnmacht des sonst so mächtigen Sehers umschlagen« (S. 167 f.) könne, verbleibt auf der Ebene der Spekulation.

166 Steppacher: *Körpersprache*, S. 110; Herv. i. Orig.

167 Vgl. auch im folg. Steppacher: *Körpersprache*, S. 97.

selten eine Stunde haben werde, »wo mein Herz so hoch schlug, *wo mir fast alle Sinnen so vergiengen* [wie] in der Geburtsstunde jener 7 Worte«. (SW III/1,359; Herv. S. E.).

II.7. Ein optischer Betrug: *Sieben letzte Worte* und Vexierbilder des Todes – Jean Pauls Zeitpoetik

»Heute wird also meine kleine Rolle, wenigstens für den ersten Auftritt, aus; sobald ich die sieben Worte gar geschrieben habe: so gehen ich und die Leser auseinander« (I/1,463). Gleich am Anfang der *Sieben letzten Worte* weist der Erzähler seine Anwesenheit im Text als eine Bühnenpräsenz aus, die sein Agieren im Roman als darstellerische Leistung eines Schauspielers qualifiziert. Die Betonung des Erzählers, er spiele selbst die »Rolle« eines Protagonisten in der von ihm präsentierten »Lebensbeschreibung« (deren Schreibprozeß als ein gegenwärtig vollzogener und somit noch unabgeschlossener fingiert wird), rekurriert somit auf den »Vorredner« zur *Unsichtbaren Loge*. Dieser fingiert sich als Reisender und artikuliert zunächst seine Gewißheit, daß nach »wenigen Schritten und Worten [...] die Vorrede aus [sei], auf die ich mich so lange gefreuet, und der Schneeberg da, auf dem ich mich erst freuen soll« (I/1,30). Der durch die Vorrede zu erwartende Beginn des Romans wird allerdings mit der Fiktion eines Höhenblicks verbunden, an dessen Stelle schließlich eine Erzählung tritt, die diesen negiert. Für die Interpretation der beiden Rahmen-Texte des Roman-Fragments bedeutet dies, daß den Tempusstrukturen neben dem behaupteten Vorrang des Ortes ein zentraler Stellenwert zukommt: Sie nimmt deshalb ihren Ausgangspunkt in Dirk Göttsches werkgeschichtlichem Aufriß,[168] dessen forschungsgeschichtlich orientierte Skizzierung mit Recht in der nachbarocken Zeitreflexion dieses Autors über die Vergänglichkeit menschlichen Lebens einsetzt. Die folgende Untersuchung der Zeitpoetik in der *Unsichtbaren Loge* setzt voraus, daß die – über das »autoreflexive Spiel mit dem Verhältnis von erzählter Zeit und Erzählzeit«[169] vermittelte – Zeitreflexion dieses Autors den grundlegenden Strukturen des Erzählens eingeschrieben sei.

168 Vgl. auch im folg. Dirk Göttsche: *Zeit im Roman. Literarische Zeitreflexion und die Geschichte des Zeitromans im späten 18. und im 19. Jahrhundert.* München 2001, S. 115-141; hier: S. 118 f.

169 Göttsche: *Zeitpoetik*, S. 118.

Im *Vorredner* zur *Unsichtbaren Loge* tritt das Präteritum im Prozeß des Erzählens hinter dem Präsens zurück, das erst ganz zum Schluß der Vorrede ins Imperfekt wechselt und durch diese erzählerische Distanznahme den Anfang der ›wirklichen‹ Erzählung, des ›eigentlichen‹ Romans also, markiert: Selbst dort, wo das Imperfekt sich zuvor im Text zu behaupten scheint, wird es in der Präsenz der Zeichen, der momentanen Fixierung in Schrift, wieder eingezogen: »*Endlich hab' ich nun den Ochsenkopf.* – / Diese Zeile ist kein Vers, sondern nur ein Zeichen, daß ich droben *war* und da viel *tat*« (I/1,27 f.; Herv. S. E.); oder es wird mit einer Temporalbestimmung der Gegenwart verbunden: »... Ich *schrieb jetzt* eine Stunde nicht; ich bin nun auf dem Schneeberg, aber noch in der Sänfte.« (I/1,30 f.; Herv. S. E.). Über weite Passagen hin bedient sich der Erzähler in Erwartung des ihn überwältigenden Blicks des Futurs, das, je näher das Ziel rückt, sich der imaginativen Präsensform bedient, um schließlich den *letzten* Schritt zur Aussicht ins Imperfekt zu transportieren und somit die Fiktion der Gegenwart als Fiktion kenntlich zu machen.

> [S]obald ich hinaustrete (noch *ein* Augenblick steht zwischen mir und dem Elysium), so stehen alle Berge von der zerschmolzenen Goldstufe, der Sonne, überflossen da [...] – – Ich gehe jetzo hinaus und sink' an die sterbende Sonne und an die entschlafende Erde.
> Ich trat hinaus. – – (I/1,32; Herv. i. Orig.).

Die Analyse des auffälligen Tempuswechsels in dieser Passage, die als Übergang vom Präsens (»Ich gehe jetzo hinaus«) ins Präteritum (»Ich trat hinaus«) beschrieben werden kann, kehrt sich im Epilog des Romans nun gerade um. Während im *Vorredner* das einsetzende Präteritum den zu erwartenden Höhenblick durch den Beginn der Lebensgeschichte ›ersetzt‹, wird die analoge Situation – allerdings in entgegengesetzter Abfolge der Tempi – vom Präteritum zum Präsens wiederholt: »– – Sobald ich heute am Tage, der so lang war als dieses Buch, mit dieser Leichenbestattung fertig war: so *ging* ich in die Nacht heraus, die so kurz ist wie die des Lebens ... und hier *steh'* ich unter dem Himmel [...].« (I/1,463; Herv. S. E.).[170] Durch die zirkuläre Struktur dieser Romankonstruktion wird zum einen suggeriert, daß der vergangene Tag, der (da er »so lang war als dieses Buch«) mit dem Augenblick des ›Hinaustretens‹ in der Vorrede begonnen habe, und daß folglich das

170 Naumann (*Predigende Poesie*, S. 119 f.) hat zuerst die Zeile »Ich trat hinaus – –« als eine Ablösung des Predigers (Redners) durch den Poeten interpretiert, ohne allerdings die Temporalität dieses Ablösungsprozesses zu untersuchen.

Fortschreiben der Lebensgeschichte der Maßeinheit eines einzigen Tages – eines Sonnenumlaufs – unterworfen sei. Somit rückt das vom Erzähler präsentierte ›Buch‹ auf doppelte Weise in den Horizont der Zeit: Es wird als ebenso flüchtig ausgewiesen wie der längste Tag des Junius, »den die Maler, wie den Tod mit einer Sense malen« (I/1,464), und korrespondiert somit – als ein auf das Schnitterhandwerk des Schreibens verpflichtetes Erzählen (»hab' ich alle die Papierspäne, die von diesem Buche fielen, eingesargt« (I/1,463) – mit der unaufhörlich verstreichenden Zeit, in deren Maß ein Menschenleben bzw. die Biographie eines Menschen kaum mehr zählt als ein einziger Tag. Wo gelebtes und geschriebenes Leben derart ununterscheidbar und der Sense der Zeit unterstellt werden, steht nicht nur die ganze bisherige und zukünftige durchlebte Zeit, sondern auch die Trennlinie zwischen Erlebtem und Fiktion selbst zur Disposition. Die Grenze zwischen Schriftlichkeit und Mündlichkeit und auch die zwischen Literarizität und Authentizität wird deshalb sowohl im Roman selbst als auch explizit in den *Sieben letzten Worten* bis zur Unkenntlichkeit verwischt. »Warum will ich schon wieder ein neues Buch schreiben und in diesem die Ruhe erwarten, die ich im alten nicht fand? – –« (I/1,464): so reflektiert der Erzähler im Bildkreis der *vanitas vanitatum*, indem er seine Reflexion an das Bild des Fortuna-Rades bindet (»Die Menschen bewohnen und bewegen das große Tretrad des Schicksals und glauben darin, sie *steigen*, wenn sie *gehen* ....« (I/1,463 f; Herv. i. Orig.). In einer den Vorarbeiten zur dritten Fassung der *Auswahl aus des Teufels Papieren* zugehörigen Parallelstelle wird diese Traditionslinie noch expliziter akzentuiert: »Der Mensch fühlet die Eitelkeit aller menschlichen Dinge nicht tiefer [aus mehr] als wenn er etwas endigt, es mag ein Buch oder ein Jahr oder ein anziehender Roman oder sein Leben selber sein« (SW I/19,219 f.).

Andererseits vermag erst eine Analyse des auffälligen Tempuswechsels im Epilog selbst zu zeigen, daß die vom Erzähler nahegelegten Begrenzungen des ›Sonnenumlaufs‹ zugleich auch durch seine Erzählung selbst gesprengt werden. Das nach Beendigung des Buches vorgestellte Hinausgehen in die Nacht garantiert in den *Sieben letzten Worten* mit der deiktischen Bestimmung »hier« in Verbindung mit der Präsensform (»und *hier steh'* ich«; I/1,463; Herv. S. E.) die ›dramatische‹ Einheit von Zeit und Ort, um schließlich parallel zum Sonnenuntergang langsam ins Präteritum überzugehen. Das Herabsinken der Sonne wird mit einer Fiktion des Todes verbunden (»die alten Stunden stäuben sich ab, es brauset, *wie wenn* an den Grenzen der Erde eine Vernichtung anfinge«; I/1,466 f.; Herv. S. E.), die ins visionäre Bild gefaßt wird und zunächst im Präsens verbleibt: »– – *Siehe*! es *tritt* eine Gestalt unter den schwarzen Bogen [...] – das hohe weiße Gebein *durchschneidet* die Nacht« (I/1,467; Herv. S. E.). Es folgt – parallel zur ›dargestellten‹ Nacht – eine durchgängig im Präteritum gehaltene Passage, deren Zeitmodus auch dort beibehalten wird, wo die prophetische Sprachformel »Siehe!« sich wiederholt: »*Siehe*! da *entfiel* droben dem nachtblauen Himmel ein heller Tropfe [...]« (I/1,467; Herv. S. E.). Ein solcher parallel zur Bestimmung des Tages und der Nacht bzw. des Wachens und des Schlafs verlaufender Tempuswechsel wäre keineswegs ungewöhnlich, wenn nicht im folgenden der Sonnenaufgang, also der Anbruch des Tages und somit der Übergang vom Traum zum Wachen wiederum im Präsens gehalten wäre, um dann den Augenblick des Erwachens ins Imperfekt zu überführen:

> O *siehe*! die Wolken gen Osten *glühen* höher und *drängen* sich in *ein* Glut-Meer zusammen – die steigende Sonne *nahet* sich – alle Schlummernden lächeln lebendiger aus dem seligen Traum dem Wachen entgegen –
> O ihr ewig geliebten kenntlichen Gestalten! wenn ich in eure großen himmeltrunknen Augen wieder werde schauen können ....
> Ein Sonnenblitz *schlug* empor – Gott *ruhte* flammend vor der zweiten Welt – alle geschlossene Augen *fuhren* auf. – –
> Ach! auch meine; nur die Erdensonne *ging* auf – ich klebte noch auf der streitenden Abend-Kugel – *die kürzeste Nacht war über meinen Schlummer vorübergeeilet, als wäre sie die letzte des Lebens gewesen.* (I/1,468 f.; Herv. S. E.; »ein Glut-Meer«: Herv. i. Orig.).

Der eklatante Widerspruch in der Erzähllogik ist nur auf einen Wechsel der Erzählperspektive selbst zurückzuführen, die – entgegen ihrer wiederholten deiktischen Versicherungen der Einheit des Ortes und der Zeit (wie »hier« bzw. »da« und »jetzt«) – keineswegs ungebrochen ist. Denn bereits der Wechsel vom Präsens in das Traum-Präteritum einer Erinnerung ist dort nicht plausibel zu machen, wo eine momentane erzählerische Selbstrepräsentanz des »hier« als authentisch angenommen werden soll. Jede Rückerinnerung aus diesem zeitlich und örtlich festgelegten »hier« wäre nur als eine vor diesen Augenblick zurückgehende erklärbar zu machen. Nicht aber eine solche Rückblende wird hier entworfen, sondern eine Erinnerung, die erst auf den Augenblick des sich seines Standorts Bewußtwerdenden *folgt* und also die »kürzeste« Nacht des längsten Tages meint. Das im Text als Traum-Erinnerung ausgewiesene Präteritum bezieht sich also genaugenommen auf eine *Zukunft* des Sich-Erinnernden. Eine Potenzierung dieser paradoxalen Verschränkung der Tempusstrukturen ist dort gegeben, wo die Perspektive des Träumenden als präsentische selbst eingenommen wird, da somit eine als Zukunft nur zu denkende Erinnerung des sich »hier« verortenden sprechenden Subjekts wiederum als absolute (gleichsam zweite) Selbstgegenwart des Denkenden Geltung beanspruchen will. Die dritte Potenzierung ist in der Vorstellung gegeben, daß das Erwachen des Träumenden bzw. Schlafenden aus der »kürzesten« Nacht im Präteritum erzählbar wäre, was den Standpunkt des sich »hier« verortenden Subjekts des Erzählers endgültig als Konstruktion auszuweisen vermag. Denn dieses Präteritum ließe sich nur aus der Perspektive der ›zweiten‹ – also potenzierten – präsentischen Ebene entwerfen und verdeutlicht zudem, daß die »kürzeste Nacht« nur scheinbar den Charakter einer »letzte[n] des Lebens« (I/1,469) angenommen habe. Daß zudem ein Fortgang der Handlung vom Augenblick der Selbstperformanz des redenden Subjekts am Anfang der *Sieben letzten Worte* bis zur vorgeblichen Selbstperformanz an deren Ende keineswegs stattgefunden hat, zeigt die Indifferenz der beiden temporalen Bestimmungen: Am Ende wird die Perspektive des sich am Anfang in der Gegenwart (»[s]obald ich *heute* am Tage [...] fertig war«; I/1,462; Herv. S. E.) selbst verortenden redenden Subjekts wiederaufgenommen: »Es sei! Aber *heute* richtet sich mein Geist auf mit seinen irdischen Kräften – ich erhebe meine Augen in die unendliche Welt über diesem Leben« (I/1,469; Herv. S. E.).

In einer solchen Nivellierung der Perspektiven scheint die Zeit in absoluter Gegenwart aufgehoben und somit deren unaufhörliches Vergehen außer Kraft gesetzt zu sein. Diese aus der Analyse der Tempusstrukturen abzuleitende Tendenz ist vom Titel des Epilogs nicht zu trennen: In den *Sieben letzten Worten* wird gerade die Ambivalenz des Textes – sich als eine mündliche Rede präsentieren und zugleich als ein Schriftstück testamentarisch legitimieren zu wollen – klar gefaßt. Sie implizieren sowohl die sieben letzten Worte Christi am Kreuz[171] als auch die Reminiszenz an die »heilige Siebenzahl«[172] des mosaischen Gesetzes; zugleich ist die Anspielung des Erzählers auch auf die Schöp-

171 Fennells (*Gleich und Gleich*, S. 111; Anm. 74) Ausführungen geben zu bedenken, daß es in »Christi eigentlicher Äußerung in aramäischer Sprache« nur vier Worte waren, »denn erst in der griechischen Gemeinsprache (und nur in der gebildeteren Fassung des Matthäus!) wurden es sieben.« Für die Interpretation der *Sieben letzten Worte* bei Jean Paul hat diese Anmerkung jedoch keine Relevanz.

172 Vgl. hierzu Johann Heinrich Stilling: *Bemerkungen über die heilige Siebenzahl*. In: *Johann Heinrich Jung's, genannt Stilling Sämmtliche Werke*. Neue vollständige Ausgabe. Bd. 12 [= Erzählungen, Gedichte, Taschenbuch-Aufsätze). Stuttgart 1842, S. 739-744; hier: S. 740.

fungszahl kaum zu übersehen, denn während Gott am siebenten Tag von allen seinen Werken *ruhte*, stellt der Schöpfer der *Unsichtbaren Loge* gerade seine Unfähigkeit zu ruhen heraus, wenn er sich fragt, warum er schon wieder ein neues Buch schreiben wolle »und in diesem die Ruhe erwarten, die ich im alten nicht fand?« (I/1,464). Die Verortung der *Sieben letzten Worte* auf der Grenze zwischen Mündlichkeit und Schriftlichkeit markiert zugleich aber auch das Paradox eines solchen erzählerischen Verfahrens. Denn die letzten Worte des Erzählers sind selbst Teil der schriftlichen Lebensbeschreibung, an deren Leser sich der Redende wendet. Der die *Sieben letzten Worte* Sprechende muß also die schriftliche Fixierung des von ihm gegenwärtig Gesprochenen immer schon voraussetzen. Er variiert und potenziert somit die Position der am Anfang dieses Kapitels konstatierten »Erlebensunmöglichkeit des Todes«: Denn jedes letzte Wort ist immer schon durch seine vorherige Verschriftlichung überboten, die seinen im selbstperformativen Prozeß behaupteten Status, ein letztes zu sein, von vornherein dementiert.

Insofern nimmt dieser dem Roman selbst zugehörige Epilog auch die Umkehrungen von Sterben und Geborenwerden – also Gustavs »Auferstehung« als Allegorie des ersten Menschen und Amandus' Tod als die des letzten – in ihren paradoxalen Aussagegestus ebenso hinein wie die den gesamten Roman durchziehende Augenmetaphorik. Die im ›Rollenspiel‹ ununterscheidbar gewordenen Erzähltempi sind gleichwohl nicht ohne eine gemeinsame Perspektive, in der sie nivelliert und zugleich auf den Fluchtpunkt der Zeit hin – auf deren Nichtigkeit also – ausgerichtet werden. Wo alles nur Gegenwart sein will, ist die Differenzierung oder Hierarchisierung einer Folge von Wahrnehmungen hinfällig geworden. Es scheint vielmehr, als sei mit jener im *Vorredner* zu findenden typisierenden Aufzählung von »acht Nummern Menschen« (I/1,30) – wie z. B. Rezensenten, Weltleuten und Fürsten – das Modell eines optischen Vexierbildes wiederaufgenommen, das in den Vorarbeiten zur *Auswahl aus des Teufels Papieren* zu finden ist:

> Ich kan mein Vergnügen über diesen Anblik mit nichts vergleichen als etwan mit dem Vergnügen, das ich einstmals in Paris auf der Bibliothek der Sainte-Genevieve empfunden. Man zeigte uns da verschiedene schöne Gemälde; und endlich eines, worauf ein Pabst, ein Kaiser, ein Kardinal, ein Bischof und ein Soldat zu sehen waren. Diese vornehmen und ehrwürdigen Figuren [...] lies man uns durch die Facette des Glases betrachten. Und nun urtheile man, wie gros wol unser Vergnügen über den *optischen Betrug gewesen, als alle diese*

Gestalten, gleich als wenn sie wirkliche Menschen wären, auf einmal in das Bild eines Todeskopfs zusammenschwanden. (SW I/19,168 f.: Herv. S. E.; »Todeskopfs«: Herv. i. Orig.).[173]

Diese Bibliothekserzählung macht deutlich: Der vom Erzähler wahrgenommene optische Betrug liegt nicht in der Erfahrung, daß den Bildern die Folie des Todes unterlegt ist, sondern umgekehrt: daß die im Zeichen des Todes stehenden Bilder den Anschein von realem Leben, von »wirkliche[n] Menschen« überhaupt haben erwecken können. Es erweist sich – »durch die Facette des Glases« betrachtet – als bloßer Schein, als Chimäre. Analog zu diesem Beispiel kann auch die *Unsichtbare Loge* mit ihrem Aufgebot an Protagonisten, deren Leben den Spielzügen auf einem Schachbrett gleicht, als optisches Vexierbild verstanden werden. Denn ob sie gleich König, Dame, Rittmeister oder Springer sind: Ihre wahren Konturen erhalten sie erst in der Allegorie des Todes, auf die alle zentralperspektivisch zulaufen:

– – Siehe! es tritt eine Gestalt unter den schwarzen Bogen, es schreitet über die Junius-Blumen ungehört ein unermeßliches Skelett und geht zu meinem Berge heran – es verschlingt Sonnen, erquetscht Erden, tritt einen Mond aus und ragt hoch hinein in das Nichts – das hohe weiße Gebein durchschneidet die Nacht, hält *zwei* Menschen an den Händen, blickt mich an und sagt: »Ich bin der Tod – ich habe an jeder Hand einen Freund von dir, aber sie sind unkenntlich.« (I/1,467; Herv. i. Orig.).

In den Vorarbeiten zur zweiten Fassung der *Auswahl aus des Teufels Papieren*, der auch das Motto der *Unsichtbaren Loge* entnommen wurde,[174] gibt es unter dem Titel *Der Teufel, der Tod und der Maler* ein Notat, das den Tag als eine »Gemäldeausstellung« qualifiziert, während die

173 Dieser Ausführung (ebd.) ist folgende Fußnote angefügt: »Eine Nachricht von diesem Gemälde und noch andern eben so sonderbaren kan man finden in den Anecdotes des beaux-art. T. 1, p. 10.« – Die Rede vom Vexierbild taucht auch in der *Baierischen Kreuzerkomödie* (II/2, 563 f.; Herv. i. Orig.) auf, wo der Teufel nach seiner Lektüre von Kants *Kritik der reinen Vernunft* an seiner eigenen Existenz zu zweifeln beginnt: »Aber am jüngsten Tage sol weitläuftig aus der Sache gesprochen werden: ich werde ganze Domkapitel und Oberkonsistorien fragen, obs nicht ihre Pflicht war, mir und andern Interessenten nicht vor[zu]halten, daß ich ein kaldäisches Meteor wäre – ein optischer Betrug – ein Vexierbild – ein Ehren- und kein *wirkliches* Mitglied – ein pium desiderium.«

174 »Wir unerklärbaren Geschöpfe sind im götlichen Buche der Natur die langen Gedankenstriche« (SW 1/19,203).

Nacht vom Maler »eine fatale Bilderstürmerin« genannt wird, »welche dem Tempel der Natur seine schimmerndsten Zierrathen nimt« (SW I/19,210). Des Erzählers segmentierendes Verfahren im Roman orientiert sich an der ›Bildabfolge‹, die der Ordnung der Sonntage des Kirchenjahres unterliegen. Im Sinne des genannten Notats präsentiert er sich auf diese Weise als ein Darsteller auf der Bühne oder als eine Schachfigur auf dem Spielbrett des Lebens; darüber hinaus auch als ein Maler, dem die Sektoren seines Schreibens als Bildausschnitte erscheinen, die sich erst in einem Zustand der Umnachtung zum ›wahren‹ Tableau des Todes zusammenfügen ließen. Jene Allegorie des Todes, die mit einem visionären »Siehe!« eingeleitet wird, steht deshalb in engem Zusammenhang mit der den gesamten Roman durchziehenden Augenmetaphorik. Das Bild der »Junius-Blumen« ist mit den »gelben Blumen« des Amandus, also mit der Szene von dessen gewaltsamer Blendung, aufs engste konnotiert. Es stellt auch die Attribute dieses »unermeßliche[n] Skelett[s]« ins Zeichen der Blindheit: Ein »schwarzer Regenbogen« (dessen Farbenspektrum erst in einer ebenfalls mit einem »Siehe!« beginnenden Vision durch das Medium einer himmlischen Träne zur Erscheinung gebracht wird) evoziert die traditionell verwendete Augenmetaphorik und erlaubt es zudem, auch das die Nacht ›durchschneidende‹ Gebein im Bildkontext des Augenschneidens und -stechens gleichermaßen wie in dem des Todes zu interpretieren. Die Struktur des Epilogs – der *Sieben letzten Worte* – zeigt, daß der Erzähler weit davon entfernt ist, das optische Vexierbild des Romans als bloße Eitelkeit zu verwerfen. Gerade weil für den Erzähler nahezu jede Handlung auf eine »unsichtbare Loge« bezogen bleibt, in der der Tod als der wahre Zuschauer der Lebendigen sitzt, wird ihm die Unhintergehbarkeit von Literatur zum Fakt und Movens seines Schreibens.

Für einen Maler-Erzähler, der sich selbst die Diagnose eines am unheilbaren schwarzen Star erkrankten Protagonisten seines Romans stellt, erweist sich die Blindheit bzw. der Prozeß des Erblindens als gleichwohl ambivalenter Sinnes- und damit zugleich auch als Sinn-Verlust. Dies ist um so deutlicher, als ein der Anamorphose in der Malerei[175] entnommenes Verfahren, das durch permanenten Perspektivenwechsel und Austauschen der Gesichtspunkte innerhalb eines geometrisch strukturierten Bildraumes als verwirrendes Augen-Spiel gekennzeichnet werden kann. Es findet sein Analogon im optischen

175 Das in der Bibliothek wahrgenommene Bild steht offensichtlich in der Tradition der Anamorphosen in der Renaissance. Vgl. z. B. den anamorphotischen Totenkopf zwischen Künsten und Wissenschaften in Holbeins (d. Jüng.) Bild *Die Gesandten* (1533).

(bzw. akustischen) Betrug eines Wortspiels der poetischen Sprache: Noch der Schluß des Romans steht im Zeichen einer solchen enigmatischen Wortspielerei, die Jean Paul in der *Vorschule der Ästhetik* als ein »Vexierbild« ausgewiesen hat. Dieses gehöre »zwar nicht sinn-, aber klangmäßig zweien Welten« an. (I/5,192). Wenn »in der Ursprache stets der Klang des Zeichens der Nachhall der Sachen war: so steht einige Ähnlichkeit der Sachen bei der Gleichheit ihres Widerhalles zu erwarten.« (I/5,193; § 52). Wenngleich der Autor der *Vorschule* »die Spiele mit Eigennamen« (wie z. B. »Fichte« und »Richter« (I/5,192)) der schlechteren Art der Wortspiele zurechnet, so wird doch in der *Unsichtbaren Loge* – zumal in deren zweiter Fassung – explizit ein solches praktiziert: Aufgrund ihrer Namensgleichheit ist der ›Starstecher‹ Richter mit dem ›Starinhaber‹ bzw. dem ›Erzähler‹ Richter zu analogisieren, dessen Schreibfeder wiederum einem Starmesser gleicht und den ›Starinhaber‹ (nun nicht nur auf der Namens-, sondern auch auf der ›Handlungsebene‹) selbst zum Starstechen qualifiziert und ihn schließlich mit dem höchsten Starstecher und Richter – dem Tod – in ein Ähnlichkeitsverhältnis zu bringen vermag. Der Autor der *Vorschule* macht deutlich, daß der Zufall nur dort dem Wortspiel seine Wirkung lasse, wo wir ihn gerade *nicht* als reinen Zufall gelten lassen können. Denn »ohne alle Möglichkeit eingemischter Ursächlichkeit« (I/5,193) könne er uns nicht vergnügen und werde auch in aller Regel als Zufall nicht bezeichnet. Das über die Namen hergestellte Ähnlichkeitsverhältnis legitimiert somit die Struktur einer universalen Selbstrepräsentation des Erzählers und unterstellt den Regeln seines Wortspiels auch das dem gesamten Roman inhärente Thema der Unsterblichkeit.

Die Tatsache, daß diese Namensähnlichkeit zwischen dem Starstecher »Richter« und dem Erzähler »Richter« erst in die zweite Auflage des Romans nachträglich eingefügt worden ist, läßt an der selbstinterpretatorischen Erklärung, diese Vorrede sei als eine Korrektur des Jugendwerks oder doch als dessen altersweise Relativierung zu lesen, beträchtliche Zweifel aufkommen. Zumindest gerät angesichts dieser neuerlichen Akzentuierung des Wortspielcharakters die Erklärung des Vorredners ins Zwielicht, der sich als später Parteigänger Goethes ausweist und das Bild der Anamorphose gegen den »romantische[n] Geist« (I/1,18 f.) bzw. das mit diesem konnotierte »poetische Tollkirschenfest« ins Feld führen will:

> Sogar bei den größten Genien anderer Völker und früherer Zeiten sucht man *Kunst-Verrückungen und Anamorphosen und Anagrammen des Verstandes*, wie z. B. in des gedachten Proselyten Luther oder Attila, umsonst. Sogar ein Sophokles glaubte, von seinen erb-

> süchtigen Kindern des Alterwahnwitzes angeklagt, sie durch ein so verstandreiches Trauerspiel wie der Ödipus zu Boden zu schlagen; [...]
> Nun soll aber die Poesie mehr das Entstehen als das Vergehen zeigen und schaffen und mehr das Leben auf den Tod malen als das Gerippe auf das Leben. (I/1,18 ff.; Herv. S. E.).

Die vom Vorredner dieser Polemik zugrunde gelegte affirmierte Goethische Position, daß Dichtkunst »nur erheitern und erhellen, nicht verdüstern und bewölken« (I/1,20) solle, wird in den zeitgleichen Arbeiten am *Kometen*, der die permanente Heiterkeit geradewegs zum irrsinnigen Lebensprinzip exponiert, ad absurdum geführt. Gegen die Ernsthaftigkeit einer solchen vorgeblich korrigierenden Selbstdeutung des eigenen Frühwerks spricht zudem, daß der Verfasser keine inhaltliche Überarbeitung des Romans in diesem Sinne vorgenommen hat, sondern im Gegenteil den anamorphotischen Charakter der Bildfolgen in der ersten Fassung unterstreicht.

Die Warnung vor den »Anamorphosen und Anagrammen des Verstandes« korrespondiert schließlich mit einer Stelle im *Titan*, wo es heißt: »So bringt uns die Gegenwart nur Bilder zu optischen Anamorphosen, und erst unser Geist ist der erhabne Spiegel, der sie in schöne Menschen-Formen umstellet.« (I/3,80). Maximilian Bergengruen und später Ralf Berhorst[176] haben diese Stelle im Kontext der »natürlichen Magie der Einbildungskraft« und somit in Bezug auf einen »immer wieder geäußerten Anspruch Jean Pauls auf ästhetische Totalität«[177] zu deuten versucht. Der ambivalente Charakter der ›Medialität‹ von Poesie ist dabei nicht zu übersehen: Zum einen korrigieren die Anamorphosen der Einbildungskraft die Entstellungen der Wirklichkeit, zum anderen jedoch wird Poesie selbst zum Spiegel, »der an der Gegenwart metamorphotische Verzerrungen vornimmt, die aber nur ›vorgespiegelte‹ Verwandlungen sind«.[178] Gerade weil aber die Einbildungskraft bei Jean Paul stets als Gefahr *und* als ein Remedium zugleich erkannt werden muß, ist die *Titan*-Lektüre Berhorsts insofern problematisch, als sie darauf verzichtet, dessen *Komischen Anhang*, insbesondere das

176 Bergengruen: *»Heißbrennende Hohlspiegel«*, S. 32; Berhorst: *Anamorphosen der Zeit*, S. 321; 405 f. Zur rhetorischen Verwendung des Begriffs: *Anamorphosen der Rhetorik. Die Wahrheitsspiele der Renaissance*. Hrsg. von Gerhart Schröder, Barbara Cassin, Gisela Febel, Michel Narcy. München 1997; bes. den einleitenden Aufsatz unter gleichem Titel: S. 11-32.

177 Berhorst: *Anamorphosen der Zeit*, S. 405.

178 Ebd., S. 321.

Seebuch, in seine Analyse des Romankonzepts einzubeziehen.[179] Bergengruens Skepsis gegenüber einem von Jean Paul selbst exponierten ästhetischen Programm, das im Blick durch einen zylindrischen Spiegel die Verworrenheiten und Verzerrungen verschwinden machen wollte, ist daher durchaus angebracht, wenngleich sein Versuch, Jean Pauls »ästhetische Dynamisierung der Anthropologie« auf das Konzept eines moralphilosophisch fundierten »romantischen Humors«[180] zurückführen zu wollen, interpretatorische Reduktionen in Kauf nehmen muß.

Jean Pauls poetisches Verfahren in der *Unsichtbaren Loge* kann als eines der Anamorphose bezeichnet werden, weil durch die ständig sich verändernde Erzählperspektive auch die Beziehung der einzelnen Protagonisten zueinander verändert wird und in je neuem Licht erscheint. Es deckt zugleich die Bedingungen der Möglichkeit eines solchen Verfahrens selbst auf. Nicht zufällig faßt der *Vorredner* zur *Unsichtbaren Loge* die Aporien dieses Erzählens in ein hieroglyphisches Bild:

> Ich komme auch wieder hinunter, und ich sehne mich zugleich *hinab* und *hinauf*. Denn der irre Mensch – die ägyptische Gottheit, ein Stückwerk aus Tierköpfen und Menschen-Torsos – streckt seine Hände nach entgegengesetzten Richtungen aus und nach dem ersten Leben und nach dem zweiten: seinen Geist ziehen *Geister* und *Körper*. (I/1,30; Herv. i. Orig.).

Diesem ›Schriftbild‹ der Zeit eignet ein emblematischer Charakter, insofern es die ›Romanhandlung‹ im doppelten Sinne darstellt und dechiffriert. Es antizipiert die Verbindung von ›Auge‹ und ›Hand‹ durch eine unlösbare Verknüpfung vom Bild der Janusgesichtigkeit der Zeit mit einer ihre Hände in entgegengesetzte Richtungen wegweisenden ägyptischen Gottheit. Diese bildlich fixierte Überblendung von räumlichen und zeitlichen Bedeutungsebenen markiert aber zugleich auch die Grenze zwischen Vergangenheit und Zukunft als einen blinden Fleck der Gegenwart, die ihrer selbst niemals ansichtig zu werden vermag. Jede

179 Berhorsts (ebd., S. 407) Schlußfolgerungen, daß der Roman »am Ende die ›eingebildeten‹ Zeiten Vergangenheit und Zukunft mit der Gegenwart« überblende und sich somit »für den Helden Albano das Ideal einer ›ganzen‹, nichtdefizitären Zeit – um den Preis einer artifiziell anmutenden Darstellungsweise« ergebe, läßt die absolute Gegenwärtigkeit Giannozzos kurz vor seinem Sturz außer acht. Nur durch die Konzentrierung des Verfassers auf »den symbolischen Charakter individueller Glücksgeschichten« (S. 407) kann der Eindruck entstehen, daß erst in den *Flegeljahren* »Jean Pauls Poesie selbstbezüglich« (ebd.) werde.

180 Vgl. Bergengruen: *Schöne Seelen, groteske Körper*, S. 219-227.

sich unverstellt gebende Präsenz des Erzählens erweist sich somit immer schon als ruinös: als unabgeschlossene Konstruktion oder als bereits schon verfallen. Die dunkle Gegenwart des Erzählens gerät in der *Unsichtbaren Loge* (stellvertretend für die andere Welt) somit in den Fokus des Erzählers selbst: Sein Bemühen, die eigene Erzählgegenwart im Prozeß des Erzählens einzuholen, kann als sein eigentliches Anliegen angesehen werden. Aus dieser Zeitstruktur des Romans ergibt sich somit auch die Doppelrolle des Erzählers als eines ›Starstechers‹ und eines ›Starinhabers‹ zugleich. Denn auch diese Doppelbesetzung ist mehr als eine bloße Rollenaufteilung des erzählerischen Subjekts. Sie erweist sich vielmehr selbst als Teil eines Prozesses, der in das Bild progredierender Erblindung gefaßt wird. Der Text legt nahe, daß diesem Prozeß erst dort Einhalt geboten werden könne, wo Zukunft und Vergangenheit zusammenfallen: in der absoluten Gegenwart des Erzählens. Erst an diesem (unsichtbaren) Punkt wäre der »irre Mensch«, von dem das Bild im *Vorredner* spricht, wirklich ›geheilt‹. Die auf der Wortspielebene erzeugte Analogie zwischen ›Starstecher‹ und ›Starinhaber‹ zielt somit auf den Zustand von deren Identisch-Gewordensein, auf den Augenblick also, in dem der ›blindeste‹ und der ›sehendste‹ Mensch, wo der ›vollkommenste Starinhaber Richter‹ und der ›vollkommenste Starstecher Richter‹ ununterscheidbar geworden wären. Die in den Vorarbeiten beschriebene perspektivische Entzerrung der Anamorphose verwies auf den Tod als den wahren Grund der Lebenden. In der »Lebensbeschreibung« der *Unsichtbaren Loge* wird er in einem Prozeß der Introspektion tendeziell ins erzählende Subjekt hineingenommen – und somit selbst fiktionalisiert. Damit verläßt der Erzähler endgültig den heilsgeschichtlichen Kontext des Barock, den er gleichwohl zitiert: Denn diese Internalisierung des Todes ist nicht identisch mit einem barocken Wissen um den Tod; und auch anders als der Erzähler in Hoffmanns *Sandmann* verschwindet der Erzähler in der *Unsichtbaren Loge* nicht am Schluß selbst aus seinem Text. Vielmehr transformiert er sein Verschwinden in die paradoxe Rede der *Sieben letzten Worte*, die die »Erlebensunmöglichkeit« des Todes rhetorisch versiert bezeugt und die nicht zufällig zeitlich mit dem längsten Tag im Jahr zusammenfällt: Wenn dieser abgelaufen ist, so bezeugt es Zedlers *Universal-Lexicon*, wird traditionell ›der Star gestochen‹.

III. Sinesische Sprachgitter: Schriftbilder der anderen Welt im *Hesperus*

»Nur die Chinesen sind mit zwei Augen ausgestattet, die übrigen Sterblichen sind ganz blind.«[1]
(Christian Wolff)

»Der Chinese soll warm in die Druckerey kommen; das ist die wahre Abfertigung für dieses Volk.«[2] Schillers gnadenloses Urteil in seiner Antwort auf Goethes Epigramm, das dieser am 10.8.1796 mit der Bemerkung nach Jena gesandt hatte, Richter habe ihn mit einer »arroganten Äußerung« zu seiner beiliegenden Polemik mit dem Titel *Der Chinese in Rom*[3] veranlaßt, gehört zu den Standardsätzen eines biographischen

1 Christian Wolff: *Oratio de Sinarum philosophia practica. Rede über die praktische Philosophie der Chinesen* (1721. – *Adnotationes. Anmerkungen*: 1726). Übers., eingel. und hrsg. von Michael Albrecht (Lateinisch-Deutsch). Hamburg 1985; hier: *Anmerkungen*, S. 77: »Das alte und noch heute gebräuchliche Sprichwort dieses Volkes scheint zu bekannt zu sein, als daß es hier angeführt werden sollte: ›Nur die Chinesen sind mit zwei Augen ausgestattet, die übrigen Sterblichen sind ganz blind.‹« In Jean Pauls Exzerpte-Registerartikel »Auge/Augen« verweist folgender Satz auf diese tradierte Sentenz: »Sineser: der Ungelehrte 1. Gelehrte 2 Augen. (0.14)«. (Fasz. IIIa)

2 Friedrich Schiller: Brief an Johann Wolfgang Goethe vom 10. August 1796. In: *Schillers Werke. Nationalausgabe*. Begründet von Julius Petersen. Hrsg. im Auftrag der Nationalen Forschungs- und Gedenkstätten der klassischen deutschen Literatur in Weimar (Goethe- und Schiller-Archiv) und des Schiller-Nationalmuseums in Marbach von Lieselotte Blumenthal und Benno von Wiese. Bd. 28 (= Briefe vom 1.7.1795-31.10.1796; hrsg. von Norbert Oellers). Weimar 1969, S. 281.

3 Johann Wolfgang Goethe: *Der Chinese in Rom* (1796). In: *Münchner Ausgabe*. Bd. 4.1 (= Wirkungen der Französischen Revolution 1791-1797; hrsg. von Reiner Wild), S. 857 f.; Herv. i. Orig. – Das Epigramm wurde am 10. August 1796 an Schiller geschickt. Im *Musen-Almanach* für 1797 (hrsg. von Friedrich Schiller) wurde das Gedicht erstmals gedruckt: »Einen Chinesen sah ich in Rom, die gesamten Gebäude, / Alter und neuerer Zeit, schienen ihm lästig und schwer. / Ach! so seufzt' er, die Armen! ich hoffe, sie sollen begreifen / Wie erst Säulchen von Holz tragen des Daches Gezelt, / Daß an Latten und Pappen, und Schnitzwerk und bunter Vergoldung / Sich des ge-

Kapitels aus dem Leben Jean Pauls, das oft benannt, selten beschrieben und kaum zu interpretieren versucht wurde.[4] Angesichts der hier aufgerufenen und prompt geahndeten Bemerkung in einem Brief Jean Pauls vom 3. August 1796 an Karl Ludwig von Knebel (SW III/2,227), die nicht der Rede wert und zudem – wie inzwischen nachgewiesen wurde – mit Goethe gar nicht in Verbindung zu bringen war, vermag diese schroffe Reaktion des Sich-beleidigt-Glaubenden wohl eher von dessen Überempfindlichkeit als von einem wirklich zu identifizierbaren Affront Zeugnis ablegen zu können. Das Epigramm wurde zwar vielfach zitiert, aber erst Hendrik Birus hat es in seiner luziden Studie[5] unternommen, die rüde Ausgrenzung Jean Pauls als eines Chinesen und dessen damit einhergehende Stigmatisierung als »krank« nicht nur als überzogen, sondern auch von der Sache her zumindest als befremdlich zu konstatieren. Weit hergeholt scheint in der Tat nicht nur die ›Orientalisierung‹ eines Autors zu sein, der selbst wenig Sympathien für China je zum Ausdruck gebracht hat, sondern der im Gegenteil (kaum anders als Goethe selbst) aus seiner Abneigung gegenüber modischen Chinoiserien[6] wohl nie ein Geheimnis zu machen versuchte

bildeten Aug's feinerer Sinn nur erfreut. / Siehe, da glaubt' ich, im Bilde, so manchen Schwärmer zu schauen. / Der sein luftig Gespinst mit der soliden Natur / Ewigem Teppich vergleicht, den echten, reinen Gesunden / Krank nennt, daß ja nur *er* heiße, der Kranke, gesund.«

4 Werner Fuld (*Jean Paul und Weimar*. In: *Text und Kritik*, 3. Aufl. (1983), S. 162-189) weist auf die indirekte Antwort Jean Pauls in der *Geschichte meiner Vorrede zur zweiten Auflage des Quintus Fixlein* hin, die im August 1796 erschien. Vgl. auch die folg. Studien: Reingard Nethersole: *»Der Chinese in Rom« oder von der Alterität zur Heterogenität in der Literaturwissenschaft*. In: *Begegnungen mit dem Fremden. Grenzen – Traditionen – Vergleiche. Beiträge zum Germanistenkongreß 1990*. Bd. 2, 50/58. Hrsg. von Eijiro Iwasaki. München 1990/91; Peter-Horst Neumann: *Goethes Mittagsschlaf auf dem Papst-Thron und Jean Paul als »Chinese in Rom«*. In: *Aurora* 52 (1992), S. 137-142; Timothy J. Casey: *The Chinaman in Kuhschnappel. Jean Paul's Escape from Reality*. In: *Publication of the English Goethe Society* (*PEGS*) 67, 1997 (1998), S. 33-42; Bernhard Setzwein: *»Der Chinese in Rom«. Jean Paul Friedrich Richters Reise nach Weimar*. In: Ders.: *Käutze, Ketzer, Komödianten. Literaten in Bayern*. München 1990, S. 21-44.

5 Birus: *Vergleichung*, a.a.O., 1986.

6 Vgl. Willy Richard Berger: *China-Bild und China-Mode im Europa der Aufklärung*. Köln, Wien 1990; Hsia: *Chinesia*, a.a.O., 1998.

und sich – anders als Zeitgenossen wie etwa Georg Forster,[7] der das Elend und die Armut der Masse der chinesischen Bevölkerung beklagte – gegenüber der sozialen Realität dieses Landes gänzlich immun zeigte. Eine Änderung dieser Haltung und Stereotypisierung des Chinesischen für satirische Zwecke ist bis zum Jahre 1810 in der Korrespondenz Jean Pauls jedenfalls nicht zu verzeichnen: Die Freunde Emanuel Osmund und Christian Otto erhielten am 22. Juni fast wortgleiche Beschwerden über die Abfuhr durch den »gekrönten Phantasten in Gotha« (d. i. der Herzog von Gotha), der – so vermutet der Briefschreiber – sich für die Lästerung »seines Lieblings Volk[s], die Sineser« (SW III/6,114) in den *Dämmerungen für Deutschland* (ersch. 1808) gerächt habe, wo es heißt: »Man sollte halbe Bibliotheken gegen Tee und China schreiben, gegen ein verschroben selbstsüchtiges, kleinliches Land, das den edelsten Erdteil aussaugt und beschimpft« (im folg. I/5,1022 bzw. Anm. 1); und er beruft sich auf Montesquieu, wenn er Festungsmauern (wie im »sinkende[n] Rom«) für Verfalls-Zeichen der Tapferkeit hält: anders als beim freien Deutschen, der »alle Mauern floh«, bezeichne »die chinesische Mauer, als die Spaliermauer von 333 Millionen Menschen, deutlich das Menschen-Gewächs, welches daran ruft und kriecht«.

III.1. Zweiwertigkeit des Sinesischen: Philosophiekritik und Semiotik

Birus' Annahme, daß Goethes Attacke gegen Jean Paul kaum mehr als »eine oberflächlich orientalisierende Einkleidung der altvertrauten klassizistischen Anti-Manierismus-Polemik«[8] war, ist auch insofern naheliegend, als Goethes späte Orientstudien (im Prosateil des *West-östlichen Divans*) das dichterische Verfahren Jean Pauls als eines der »Verglei-

7 Georg Forster: *Über die Beziehung der Staatskunst auf das Glück der Menschheit*, in: *Georg Forsters Werke. Sämtliche Schriften, Tagebücher, Briefe*. Hrsg. von der Akademie der Wissenschaften der DDR. Bd. 10 (= Revolutionsschriften 1792/93; hrsg. von Klaus Georg Popp). Berlin 1990, S. 565-591; hier: S. 571.

8 Birus: *Vergleichung*, S. 13. Vgl. auch Helmut Pfotenhauers *Titan*-Studie, in der Goethes Epigramm auf dem Hintergrund des »locus classicus der Polemik gegen Manierismus und Verzierungskunst« gelesen wird: *Roquairol oder semiotische Verwerfungen als poetische Figur*. In: *JJPG* 32/33 (1998), S. 9-32; hier: S. 14 ff. Zum Manierismus Jean Pauls vgl. des weiteren die am Barock orientierte Arbeit Zymners (*Manierismus*, a.a.O., 1995).

chung« lobend hervorhoben.[9] Eine solche späte Aufwertung zeugt eher – auch darin ist Birus zuzustimmen – von einer »stillschweigenden Revision« des eigenen Manierismus-Verdikts über Jean Paul, die wohl nicht zufällig am Material gerade jenes Romans dann vorgenommen wurde, der im Briefwechsel des Jahres 1796 Stein des Anstoßes war.[10] Jean Paul hatte sowohl in brieflichen Äußerungen zur Arbeit am *Hesperus* verschiedentlich dessen »Manier« selbst hervorgehoben und nicht immer darauf vertrauen wollen, daß seinen Lesern – auch wenn sie ihm gewogen waren – die Erzählweise des »Abend-Irstern[s]«[11] ohne weiteres einleuchten würde. Dies zeigen seine verschiedentlich formulierten Anleitungen zur Lektüre ebenso wie die Äußerung gegenüber Friedrich von Oertel vom 22. August 1796, daß er für die zweite Auflage des *Hesperus* »viel bossieren und ändern« werde, jedoch »nicht die Manier« (SW III/2,236). Diese nämlich hatte er in der vierten Vorrede zum *Hesperus* (I/1,1095), die der zweiten Auflage von 1798 neu hinzugefügt wurde und auf den 8. Juni 1797 zu datieren ist, nicht nur als »abgedrungene Antikritik gegen eine oder die andere Rezension, die mir etwan nicht gefallen sollte« (im folg. I/1,1095 f.), thematisiert, sondern zum Programm seines Schreibens erhoben, insofern er dessen »Manier« als einen »endliche[n] Spiegel der Unendlichkeit« definiert. Auf diese Weise wertet er sein eigenes erzählerisches Verfahren auf und opponiert mit deduktivem Gestus gegen jede normative ästhetische Setzung, denn »das ästhetische Ideal und Integral wird, wie jedes, nur von einer unendlichen Kraft erreicht, wir aber mit unserer endlichen kommen ihm unaufhörlich *näher*, nicht einmal *nah*« (Herv. i. Orig.). Es wurde in der Forschung m. W. bisher nicht akzentuiert, daß Jean Pauls in der 2. Auflage des *Hesperus* nachgereichte Definition der Manier der rigiden, wenngleich nur indirekt geäußerten epigrammatischen Kritik Goethes antwortet, dessen Name in der Vorrede aufgerufen wird:

> Jedes Gewebe menschlicher Kräfte gibt nur eine Manier, und höhere Geister würden in Homer und Goethe wenigstens die *menschliche* finden; ja die höhere Engel-Hierarchie fände die niedere manieriert, der Seraph den Engel der Gemeine. [...] – Aber noch mehr: da der

9 Johann Wolfgang Goethe: *West-östlicher Divan*: *Vergleichung*. In: *Münchner Ausgabe*, Bd. 11.1.2 (hrsg. von Karl Richter in Zusammenarbeit mit Katharina Mommsen und Peter Ludwig), S. 190-192; hier: S. 190.

10 Birus (*Vergleichung*, S. 23) weist darauf hin, daß der *Hesperus* wohl das einzige größere von Goethe gelesene Werk Jean Pauls war, und präsentiert im Anhang seiner Studie die Exzerpte nach der Erstausgabe.

11 Brief an Johann Gottfried Herder vom 17. August 1796 (SW III/2,231).

Grad und das *Verhältnis* unserer Kräfte sich von Jahr zu Jahr verwandelt – und mithin auch die Frucht und der Ertrag derselben, die Manier –: so wirft leider gewöhnlich die Manier des funfzigsten Jahrs sich zum Korrektor der Manier des fünfundzwanzigsten auf (I/1,1096; Herv. i. Orig.).

Jean Pauls Polemik gegen Goethes Urteil (der bei Erscheinen der 2. Auflage des *Hesperus* 48 Jahre alt war) ist kaum auf den biographischen Hintergrund zu reduzieren, sondern vielmehr als ein ästhetisches Manifest zu verstehen, das nicht nur die Unantastbarkeit des Weimarer »Seraphen«, dem er noch ein Dedikationsexemplar der ersten Auflage zugesandt hatte, in Frage stellte, sondern zugleich auf die Historizität auch des klassischen Kunstideals bestehen will: In einem Brief an Karoline Herder vom 31.7.1797 (SW III/2, 358),[12] der einen Monat nach der Niederschrift der Vorrede die Polemik gegen Goethe wiederaufnimmt, wird der dort geäußerte Widerwille gegen ein Verfahren, das »die griechischen Statuen aus dem einen Winkelmannschen Kunstzeitalter nach den Statuen aus einem andern behacken und zuschleifen wollte« (I/1,1096), noch einmal präzisiert.

Es ist auffallend, daß Jean Paul darauf verzichtet, seine Manierismusdefinition im *Hesperus* zumindest polemisch ins Zeichen des Chinesischen zu stellen. Eine Antwort, die Goethes Charakterisierung eines »Chinesen in Rom« aufnimmt und wendet, kann erst im 1. Band des *Titan* aufgefunden werden, dessen Manuskript 1799 abgeschlossen war und 1800 erschien. Im *Hesperus* dagegen, dessen Handlung sich – wie von Hans Bach angemerkt wurde (SW I/3.1, XXXVI) – möglicherweise an der Rezeption indischer Philosophie und Literatur orientiert habe, die Jean Paul über Meyerns *Dya-Na-Sore* bzw. über die erste, 1791 erschienene deutsche Übertragung Georg Forsters von Kalidasas *Sakantola* zugänglich war, gibt es nur wenige Hinweise auf China; um so mehr fällt die *eine* zentrale Stelle, die kaum für die Pose eines ›chinesischen Autors‹ spricht, ins Auge: Im Anschluß an eine der Reflexionen über die Sichtbarkeit der »zweiten Welt« fährt der Erzähler mit der Überlegung fort, daß wir unsere »innern Zustände [...] nicht philosophischer und klarer nachzeichnen als durch Metaphern« (I/1,590), um gleich darauf – mit indirektem Hinweis auf Kants Privilegierung der

12 Dort heißt es: »Göthe dichtete früher so; aber nun liebt er den Stof nirgends mehr als an seinem Leibe und quälet uns mit seinen ausgetrokneten Weisen à la grec. [...] Eine Apollos Gestalt ist für die Erde volendet; aber kein Gedicht kann es sein, da unsere mit den Jahrhunderten wachsende Rezeptivität wenigstens an den Stof höhere Foderungen macht: [...]«.

Zeichnung vor der Farbe[13] – die Dichtkunst gegen die kritische Philosophie auszuspielen:

> Wahrlich der Unsinn spielt Versteckens leichter in den geräumigen *abgezognen* Kunstwörtern der Philosophen – da die Worte, wie die sinesischen Schatten, mit ihrem Umfange zugleich die Unsichtbarkeit und die Leerheit ihres Inhalts vermehren – als in den engen grünen Hülsen der Dichter. (I/1,590; Herv. i. Orig.)

Diese negative Bewertung der »sinesischen Schatten«[14] in der zitierten Passage ist – so meine These – erst vor dem Hintergrund zweier geistesgeschichtlicher Entwicklungslinien zu verstehen, die Jean Paul in seinem Verdikt zusammendenkt: Zum einen weist er sich mit der Aufwertung eines metaphorischen Denkens gegenüber philosophischer Begrifflichkeit als ein Parteigänger und Anhänger Johann Heinrich Lamberts aus, der im ersten Hauptstück seiner *Semiotik* vom »leeren Wortkram«[15] der aristotelischen Schule redet und deutlich zu machen sucht, daß es »sehr wohl möglich [sei], unvermerkt in solchen Wortkram zu fallen, wenn man sich nicht die Mühe nimmt, die Begriffe, die die Wörter vorstellen, durch wirkliche Empfindung der Sache, neuerdings klar zu machen«; und er fügt hinzu, daß die symbolische Erkenntnis »figürlich [sei], und zwar vornehmlich in so fern die Zeichen, wodurch sie vorgestellt wird, sichtbar oder Figuren sind [...]«.[16] Lamberts Argumentation richtet sich gegen die Unähnlichkeit der willkürlichen Zeichen mit den Dingen, die sie bezeichnen, und stellt dagegen die Ähnlichkeit der Metapher mit den bezeichneten Sachen; und er betont, daß diese Ähnlichkeit der Metaphern mit den Sachen, für die sie stehen, nicht vom Eindruck, den »das Wort oder die [bezeichnende] Sache macht, [herrühre], sondern in demjenigen [zu suchen sei], welchen die Dinge machen, die man durch die Metapher benennt«. Lamberts Privilegierung der sym-

13 I/1,590: »Die engen Injurianten der Metaphern, die uns statt des Pinsels lieber die Reißkohle gäben, schreiben der *Farbengebung* die Unkenntlichkeit der *Zeichnung* zu; sie solltens aber bloß ihrer Unbekanntschaft mit dem Urbilde schuldgeben« (Herv. i. Orig.).

14 Vgl. hierzu auch die Parallelstelle in den *Flegeljahren* (I/2,738).

15 Vgl. auch im folg. Johann Heinrich Lambert: *Neues Organon oder Gedanken über die Erforschung und Bezeichnung des Wahren und dessen Unterscheidung vom Irrthum und Schein*, Bd. 2 (*Semiotik oder Lehre von der Bezeichnung der Gedanken und Dinge*). Repr. Nachdr. der Ausg. Leipzig 1764. In: *Philosophische Schriften*. Hrsg. von Hans-Werner Arndt. Hildesheim 1965, S. 14 f.

16 Ebd.

bolischen Erkenntnis vor begrifflicher Erkenntnis bildet das semiotische Fundament von Jean Pauls Hieb gegen die »abgezogenen Kunstwörter der Philosophie«, die er im Bild der »sinesischen Schatten« faßt und zugleich metaphorisiert.

Zum andern steht die gedankliche Nähe, die Jean Paul zwischen dem »leeren Wortkram« und den »sinesischen Schatten« herstellt, in einer Traditionslinie, deren Anfang spätestens im Brief an Wernlein in Hof vom 5. Juli 1790 (SW III/1,296 f.) zu datieren ist, die dann im 9. Schalttag des *Hesperus*, in Viktors *Aufsatz über das Verhältnis des Ich zu den Organen*, der eine Umarbeitung der frühen Unsterblichkeitsschrift *Über die Fortdauer der Seele* ist, wiederaufgenommen und schließlich auch in der *Clavis Fichtiana* benannt wird: Der »Fohismus in Sina« – so heißt es im Brief von 1790 – »sagt, daß man Geistes Anstrengung und Sinnen Abtödtung solange fortsetzen müßte, bis Wille und Gedanke und Empfindung verschwände ec.« Die im Brief schließlich vorgenommene Analogisierung von »Stoizismus – Monachismus – Mystizismus und Fohismus« wird im *Hesperus* fast wörtlich – im Kontext der Reflexion über Unsterblichkeit – wieder zitiert: » – wie jämmerlich läuft z. B. die große Theorie von der Selberbeherrschung aus dem *Christentum* in den *Stoizismus* – dann in den *Mystizismus* – dann in den *Monachismus* über, und der Strom sickert endlich ausgedehnt im *Fohismus* ein, wie der Rhein im Sand!« (I/1,1099; Herv. i. Orig.) Diese systematische »*Versandung*« wird vom Erzähler im *Hesperus* – anders als vom Briefschreiber, der sich explizit gegen Wolff wendet – der Kantischen Theorie zugeschrieben und in der *Clavis Fichtiana* schließlich als »echte[r] philosophische[r] Fohismus [...], nach welchem sämtliche Schulen und wir alle so ringen« (I/3,1022), den Kantianern, Influxionisten, ja selbst den Leibnizianern zugeschrieben, obgleich diese gerade dem Quietismus des Foe durchaus nicht nahestanden, dessen »impiété déguisée« (verstellte Gottlosigkeit)[17] vom Autor der *Theodizee* selbst kritisiert

17 Vgl. Gottfried Wilhelm Leibniz: *Essais de Theodicée*. In: *Die philosophischen Schriften von Gottfried Wilhelm Leibniz*. Hrsg. von Carl Immanuel Gerhardt. Zweite Abtheilung, Bd. 6. Leipzig 1932, S. 55 f. Diese Stelle ist fast wortidentisch mit einer Passage über Foe im Spinoza-Artikel des *Dictionnaire* von Bayle (Bd. 4, S. 263), nach der im folg. zitiert wird: »Da er [Foe] in seinem 79. Jahre seinen nahen Tod gemerkt, hat er seinen Schülern erkläret, daß er die vierzig Jahre über, da er in der Welt geprediget, ihnen die Wahrheit nicht gesaget habe; daß er sie bisher unter der Decke der Metaphoren und Figuren verborgen gehalten; daß es aber nunmehro Zeit sey, sie ihnen zu entdecken: nämlich, hat er gesagt, daß man weder etwas suchen, noch auf etwas anders seine Hoffnung setzen könne, als auf das Nichts und das

wurde. Daß Leibgeber im Paragraphen 9 der *Clavis Fichtiana* ausgerechnet Fichte von der Aufzählung dieser idealistischen Philosophen ausdrücklich ausnimmt, kann wiederum kaum als Position Jean Pauls, sondern als satirische Spitze und gleichsam als späte tückische Einlösung jenes Briefschreiberworts von 1790 gelten, daß ihm das »nützlichste Buch« eines wäre, das die »Vernunftmäßigkeit alles menschlichen Unsins darstelte« (SW III/1,297).

Die zitierte *Hesperus*-Stelle kann also als repräsentativ gelten für die Zweiwertigkeit des Chinesischen bei Jean Paul, das durchgängig sowohl sprachtheoretisch (semiotisch) als auch philosophiekritisch gelesen werden müßte, um seine Variabilität der Verwendung im Werk zu erklären. Gerade diese eingeschliffene, höchst kritische Bewertung des ›Sinesischen‹ und folglich dessen Gebundensein an den Negativbefund Jean Pauls über die kritische Philosophie kann benennen, warum er die Chance, seine polemische (gegen Goethe gerichtete) Manierismusdefinition nicht zugleich als die eines ›Chinesen‹ ausgewiesen hat. Es fällt deshalb um so mehr ins Auge, daß gerade im »Antrittsprogramm des *Titans*«, der sich als ein Roman der Weimarer klassischen ›Manier‹ zu geben scheint, das Chinesische akzentverschoben auf die zeichentheoretische Ebene bezogen wird: Das ›Sinesische‹ wird hier deutlich aus der Philosophiekritik herausgelöst, die an die *Clavis* delegiert und gleichsam ›exportiert‹ wird; zugleich übernimmt es – der Metapher des

Leere [...] welches der erste Ursprung aller Dinge ist.« Auf diese Passage folgt eine Abhandlung (S. 264 ff.) unter der Überschrift *Der von den Chinesern gelehrte und ausgeübte Quietismus.* Müller (*Jean Pauls Exzerpte*, a.a.O., 1988) führt in seiner Auflistung der exzerpierten Titel fünf Leibniz-Notate Jean Pauls aus den Jahren 1766 bis 1803 an, worunter sich eine Abschrift aus einer in der *Allgemeinen Deutschen Bibliothek* (Bd. 3, Berlin, Stettin 1766) erschienenen Rezension (*Über Monaden*) der Raspe-Edition befindet. Neben Abschriften aus der *Theodicée* sowie einer unbekannten Ausgabe der *Nouveaux Essais* bzw. der Volksausgabe *Geist des Herrn Leibniz oder Auserlesene Gedanken über die Religion, Moral, Sprachen und Geschichte aus allen seinen Werken zusammen getragen.* Aus dem Französischen übersetzt, 4 Theile. Wittenberg, Zerbst 1775-77, will Müller auch die Lektüre (1788) der Briefe nachweisen. Vgl. Gottfried Wilhelm Leibniz: *Œuvres philosophiques Latines et Francaises.* Publié par R. E. Raspe. Amsterdam, Leipzig 1765. Vgl. auch Godofredi Guillelmi Leibnitii: *Epistolae ad diversos, theologici, iuridici, medici, philosophici, mathematici, historici et philologici argumenti / e msc. autoris com annotationibus suis primum divulgavit Christianus Kortholtus.* Leipzig 1734, 1742. Auf die eingeschränkte Verfügbarkeit der Leibniz-Schriften im 18. Jahrhundert hat bereits Schmidt-Biggemann (*Maschine und Teufel*, S. 59, Anm. 1) hingewiesen.

»Sprachgitters« im Werk Jean Pauls vergleichbar – die Funktion einer metaphorischen Verweisung auf die ›andere Welt‹. Damit tritt zugleich aber die Konnotation des ›Sinesischen‹ mit leeren Schatten hinter die Betonung des Pikturalen, der Bildlichkeit chinesischer Schriftzeichen zurück. Ich zitiere in diesem Zusammenhang die letzten Sätze des »Antrittsprogramm[s]«.

> – – Und nun lasset uns sämtlich ins Buch hineintanzen, in diesen Freiball der Welt – ich als Vortänzer voraus und dann die Leser als Nachhopstänzer –, so daß wir unter den läutenden Tauf- und Totenglöckchen am *sinesischen Hause* des Weltgebäudes [...] munter tanzen von Tomus zu Tomus – von Zykel zu Zykel – von einer Digression zur andern – von einem Gedankenstrich zum andern – bis entweder das Werk ein Ende hat oder der Werkmeister oder jeder! – (I/3,68; Herv. S. E.).

III.2. Selbstgespräch eines Autors: Hamann und das ›Manifest‹ einer sinesischen Poetologie

Diese Passage demonstriert die poetologische Selbstpräsentation des Erzählers und stellt sich zugleich als eine großangelegte Erläuterung der »Jobelperioden« im Sinne der mosaischen Zeitrechnung dar. Ausdrücklich verbindet der Erzähler die alttestamentarische Chronologie (des Romans) mit jenem »sinesischen Hause des Weltgebäudes«, das nicht auf Stein, sondern auf die Schrift – genauer gesagt: auf Gedankenstriche – gebaut ist. Friedrich Ohly hat materialreich gezeigt, daß Jean Paul mit dem Bild des Gedankenstrichs die Weltmetapher vom Buch der Natur[18] aufruft, und es wäre zu ergänzen, daß der Erzähler des *Titans* in seinem »Antrittsprogramm« den Hinweis auf die göttliche Erstoffenbarung mit der Erinnerung an eine Diskussion verbindet, die nicht nur das abendländische Selbstverständnis bis weit ins 18. Jahrhundert hinein zu erschüttern drohte: auf den Streit, wie weit die Anfänge der chinesischen (Schrift-)Kultur zurückzudatieren seien; und dieser sog. Ritenstreit war – im Anschluß an die jesuitischen Missionare im Gefolge Matteo Riccis,[19] die sich weiter gehend mit der chinesischen Kultur

18 Friedrich Ohly: *Das Buch der Natur bei Jean Paul.* In: *Studien zur Goethezeit*. Erich Trunz zum 75. Geburtstag. Hrsg. von Hans Joachim Mähl und Eberhard Mannack. Heidelberg 1981, S. 177-232.

19 Vgl. den Überblick von Filippo Mignini: *Das Europa Matteo Riccis und China, die »andere« Welt*. In: *Matteo Ricci. Europa am Hofe der Ming*. Hrsg. von Filippo Mignini. Milano 2005, S. 13-23.

anfreundeten, als der römisch-katholischen Kirche genehm war – mit dem aufklärerischen Bemühen um eine Vergleichbarkeit der kulturellen Systeme erneut entfacht. Daß der Erzähler diese Debatte indirekt aufruft und spielerisch für seine Zwecke nutzt, wird darin deutlich, daß das »Antrittsprogramm« gerade durch eine vom Gesandten und Informanten Hafenreffer überlieferte römische Zeile eingeleitet wird, die der Erzähler als »dunkel« ausweisen zu müssen glaubt: »aber um der Götter willen hic haec hoc hujus huic hunc hanc hoc hoc hac hoc« (I/3,58). Der Witz liegt unter anderem darin, daß diese Zeile auch in den Ohren der Leser, die des Lateinischen kundig sind, eher wie Chinesisch klingen und für sie folglich als – wenngleich göttlich legitimierter – Unsinn gelten muß. Die Pose des Erzählers in der Chronologie der mosaischen Zeitrechnung ist kaum zu übersehen und befindet sich im steten Widerspruch zur digressiven Störung dieser alttestamentarischen Ordnung durch den (mit dunklen römischen Botschaften versehenen) Erzähler im »Antrittsprogramm«.

Es gibt ein literarisches Vorbild dieses listenreichen, sich dezidiert verstellenden Erzählers, das Jean Paul von Johann Georg Hamann hat nehmen können. Im *Selbstgespräch eines Autors,* mit dem Hamann dem Verleger der *Allgemeinen Deutschen Bibliothek*, Nicolai, 1773 zum Druck seiner neuerlichen Streitschrift gegen Herders *Theorie über den Ursprung der Sprache* bewegen wollte, beginnt der Schreibende seine Reflexion über die Voraussetzungen, ein öffentlicher Autor dieses Zentralorgans der Aufklärung, der »neuen Apologie des Sokrates« zu werden, ironisch mit folgender Maxime:

> Ohne Verwandelung wird man nicht unsterblich, und es gehört *odyßeische* Tugend dazu, einen *einäugigten* Polyphem, der wie ein Brutus schnarcht, stockblind und sich unsichtbar zu machen – Setze dich also, liebes Herz! und schreibe flugs im Namen eines *Mandarinen* vom *Hofe* der *Mitternacht* an den berühmten Verleger des *Todes fürs Vaterland* [...] Ich bin ohne Ruhm zu melden und Ihnen, mein Herr, zu dienen, ein Chineser![20]

Diese Haltung eines ›chinesischen Autors‹ ist kaum anders denn als eine der ironischen Anbiederung zu verstehen, die ja gerade, indem sie sich selbst expliziert, zur Erfolglosigkeit verdammt ist. Der so verfah-

20 Vgl. auch im folg. Johann Georg Hamann: *Selbstgespräch eines Autors*. In: *Sämtliche Werke. Historisch-kritische Ausgabe.* Hrsg. von Josef Nadler, Bd. 3 (= Schriften über Sprache/Mysterien/Vernunft 1772-1788). Wien 1951, S. 68-79; hier: S. 69 f. (Herv. i. Orig.). Die *Sämtlichen Werke* werden im folg. zitiert als: Hamann HKA, Band, Seite.

rende Autor widerspricht im übrigen zugleich ganz eklatant der eigenen Schrift, die sein Begleitschreiben zum Druck ja erst empfiehlt: In den *Philologischen Einfällen und Zweifeln über eine akademische Preisschrift* (1772) macht der Verfasser deutlich, daß er »aber allen *rothwelschen* und *chinesischen* Quacksalbereien der Autorschaft von Herzen feind«[21] sei; und im Begleitschreiben selbst wird bereits mit jenen geläufigen Argumentationsmustern wie der Identifikation von Stoizismus und Fohismus gearbeitet, die auch von Jean Paul rezipiert werden. Der Name des gelehrten Catius – so heißt es im *Selbstgespräch eines Autors* (das auch in dieser Hinsicht Jean Pauls ›römische Zeile‹ im *Titan* beeinflußt haben mag) – sei »nicht nur im güldenen Zeitalter Roms von dem weisesten Dichter verewiget, sondern selbst durch die Jesuiten zu *Pekim* als ein Apostel des heil. *Foe* verkündiget worden«.[22] Auch dieser Satz weiß um seinen umstrittenen Inhalt und um seine Wurzeln im sog. Ritenstreit, der 1721 mit der Prorektoratsrede Christian Wolffs *Über die Praktische Philosophie der Chinesen*[23] seinen aufklärerischen Höhepunkt gefunden hatte.

Hamanns Pose des chinesischen Autors bedient sich – in der Auseinandersetzung mit Herder um den göttlichen oder menschlichen Ursprung der Sprache – ganz unverblümt des alten Vorwurfs, der die jesuitischen Missionare der Mimikry gegenüber der chinesischen Kultur und des damit verbundenen drohenden Atheismus bezichtigt hatte. Bereits in seinem ersten Text gegen Herders 1771 erschienene Preisschrift, in *Des Ritters von Rosenkreuz letzte Willensmeynung*, nimmt Hamann nicht zufällig auf eine der zentralen Fragen des Ritenstreits – auf die der Zuverlässigkeit biblischer Zeitrechnung angesichts neuer Erkenntnisse über das Alter der chinesischen Schriftkultur[24] – Bezug und läßt keinen Zweifel an seiner Position:

21 Johann Georg Hamann: *Philologische Einfälle und Zweifel über eine akademische Preisschrift.* In: Hamann HKA, Bd. 3, S. 35-53; hier: S. 44 (Herv. i. Orig.).

22 Hamann: *Selbstgespräch eines Autors.* S. 71 (Herv. i. Orig.). Die Rolle des Stoikers Cato im Werk Jean Pauls wäre in diesem Zusammenhang neu zu deuten; vgl. z. B. im *Titan* (I/3,460 f.); auch den *Brief des Doktor Viktor an Kato den Ältern über die Verwandlung des Ich ins Du, Er, Ihr und Sie* im »erste[n] Fruchtstück« des *Siebenkäs* (I/2,416 ff.).

23 Ein direkter Nachweis – so Albrecht in seiner Einleitung (vgl. Wolff: *Oratio*, S. IX-LXXXIX; hier: S. XXII) – von Leibniz auf Wolffs China-Schrift ist ebenso ungeklärt wie die Frage, »ob Wolff überhaupt die *Novissima Sinica* gelesen hat«.

24 Wolff (*Oratio*, S. 77) anerkennt das Alter der chinesischen Kultur. In den (erst 1726, also fünf Jahre nach der Prorektoratsrede erschienenen) *Anmer-*

Sobald aber nur der mathematische Beobachtungsgeist aus den ätherischen Sphären sich zum Horizont unsrer kleinen moralischen Dunstkugel herunterlassen wird; alsdenn wird die Hypothese eines einzigen Menschenpaars und der Wahn chinesischer und ägyptischer Zeitrechnungen für die gegenwärtige Gestalt unsrer Erde, im geometrischen Lichte erscheinen.[25]

Das seit Gonzales de Mendoza bekannte hohe Alter der chinesischen Kultur und die fehlende Übereinstimmung mit der biblischen Chronologie wurde insofern und erst dann zum Problem, als die biblische Überlieferung selbst in Frage gestellt war: Hamann setzt sich in seinem Urteil auch über jene Vertreter hinweg, die seit Athanasius Kirchers *Oedipus Aegyptiacus* (1652/54) und *China monumentis qua sacris qua profanis [...] illustrata* (1667) nachzuweisen versuchten, daß die chinesische Schrift auf den ägyptischen Hieroglyphen basierte[26] und somit über den Stamm Noahs an die jüdisch-christliche Geschichte anzubin-

kungen (S. 77) heißt es: »Daß die Chinesen das älteste aller Völker sind, steht unumstritten fest. Fuhsi nämlich, der das Reich gegründet hat, hat im Jahre 2952 vor Christus seine Herrschaft angetreten, und von da an ist die Reihe der Kaiser, die auf ihn nacheinander folgten, sicher überliefert.« Jean Paul hat die Streitfrage um das Alter der chinesischen (Schrift-)Kultur zur Kenntnis genommen, wie den von Müller (*Jean Pauls Exzerpte*, S. 59) vorläufig aufgelisteten Exzerpten zu entnehmen ist. Vgl. ebd. das auf 1780 zu datierende Notat: *Ein neuer Beweis für das Alter der Chineser* aus einer Rezension in der *Allgemeinen Deutschen Bibliothek* (1773); vgl. ebenso die Hinweise aus dem Jahr 1783 (S. 135,137) auf Cornelius De Pauw: *Recherches philosophiques sur les Égyptiens et les Chinois.* Berlin 1773. – De Pauws Schrift und dessen höchst kritisch gehaltene Geschichte Chinas war auch durch Jacobi kolportiert worden: Vgl. Friedrich Heinrich Jacobi: *Briefe über die Recherches philosophiques sur les Égyptiens et les Chinois par M. de Pauw.* In: *Werke*. Hrsg. von Friedrich Roth und Friedrich Köppen. Repr. Nachdr. der Ausg. Leipzig 1825, Bd. 6. Darmstadt 1968, S. 265-344; zu China insbes. S. 267-307.

25 Johann Georg Hamann: *Des Ritters von Rosenkreuz letzte Willensmeynung über den göttlichen und menschlichen Ursprung der Sprache*. In: Hamann HKA, Bd. 3, S. 25-33; hier: S. 28.

26 Vgl. hierzu Harald Bräuner: *Europäische Chinakenntnis und Berliner Chinastudien im 17. und 18. Jahrhundert*. In: *Berlin und China. 300 Jahre wechselvolle Beziehungen*. Hrsg. von Heng-yue Kuo. Mit Beiträgen von Harald Bräuner. Berlin 1987, S. 5-29; hier: S. 9. – Auch Jacobi (*Briefe über die Recherches philosophiques*, S. 292) hält es mit De Pauw für »eitel Verblendung«, Gemeinsamkeiten oder Gleichförmigkeiten »zwischen den chinesischen Schriftzeichen und den ägyptischen Hieroglyphen« wahrzunehmen.

den wäre. Ein zentraler Punkt dieser Debatte bezog sich auf die Tatsache, daß in den chinesischen Annalen die »Sündflut« nicht vermerkt wurde, und dieses Fehlen drohte nicht nur die biblische Chronologie überhaupt zu widerlegen, sondern schürte den Verdacht, das Buch der Bücher könne auf weltgeschichtlichen Marginalien aufbauen[27] und somit – auch moralisch – keineswegs als allgemeinverbindlich angesehen werden.

Als Signum eines strikten Parteigängers der Unvereinbarkeit von christlicher und chinesischer Kultur war die Botschaft Hamanns eindeutig an die Adresse der Aufklärer im Gefolge Christian Wolffs gerichtet, der als Leibniz-Anhänger zu dem Schluß gekommen war, daß der Tugendbegriff dieser ›anderen‹ (d. h. konfuzianischen) Welt im Kontext der praktischen Philosophie dem christlichen durchaus an die Seite zu stellen war. Diese ›Vergleichung‹ mußte allerdings – unter dem Beschuß der Hallenser pietistischen Kritiker in der Nachfolge Speners und Franckes, die es schließlich erwirkten, daß Wolff des Atheismus bezichtigt und unter Androhung des Stranges die Stadt zu verlassen gezwungen war – höchst verklausuliert und geradezu sprachakrobatisch vollzogen werden.[28]

Jean Paul war mit dem Sachverhalt dieser Debatte der kulturellen Vergleiche vertraut – dies zeigt der bereits zitierte Brief an Wernlein von 1790, in dem er sich dagegen verwahrt, ein Wolffianer zu sein – »wogegen ich in meinen Morgen-, Vesper- und Nachtsegen nicht genug beten kann« – und in dem er die (seiner Leibnizlektüre geschuldete) Auseinandersetzung mit den »Äquilibristen« und »Influxionisten« polemisch auf den Versuch einer Vergleichung mit dem Ziel des Auffindens von Ähnlichkeiten bzw. der Synchronisierung der kulturellen Systeme überträgt: »Der Christ und der Tugendhafte sind in einem gewissen Grade Stoiker.« (SW III/1,296 f.).[29]

27 Vgl. hierzu und auch im folg. Albrecht (Wolff: *Oratio*), S. XII.

28 So auch noch in den *Anmerkungen* Wolff (*Oratio*, S. 147 und 153): Der Behauptung Philipp Couplets (seiner Hauptquelle in der *Prorektoratsrede*), daß mit dem chinesischen Wort *tien* »nicht der stoffliche Himmel gemeint [sei], sondern Gott, der Schöpfer des Himmels«, wolle er nicht folgen, weil man den alten Chinesen auf diese Weise eine Kenntnis des Schöpfers der Welt unterstelle, die sie ebensowenig gehabt hätten wie eine natürliche Religion; und es entspreche also den Gesetzen der Logik, daß weder die alten Chinesen noch Konfuzius Atheisten gewesen sein könnten, weil man Gott nicht leugnen könne, »wenn man nicht deutlich einsieht, was Gott ist«.

29 Auf diesen Brief weist Monika Schmitz-Emans (*Der Bau des wahren Luftschlosses. Studien zur Leibniz-Rezeption des jungen Jean Paul*, in: *JJPG* 20 (1985), S. 49-89; hier: S. 73) akzentverschoben mit der Frage hin, welche Be-

Die Spannung zwischen digressivem »Antrittsprogramm« und Orientierung der Kapiteleinteilung an der alttestamentarischen Zeitrechnung in Jobelperioden und Halljahren findet auf der Folie des in der Philosophie der Aufklärung fortgesetzten Ritenstreits statt, der von Jean Paul poetologisch gewendet wird: Seine durchgängig negative Konnotation des Chinesischen legt es nahe, daß er den ironischen Duktus bei Hamann, ein »Chineser« zu sein, durchaus in dessen Sinn, also weder als philosophische, literarische oder gar kulturcharakterliche Positionsbestimmung, sondern als ein sich selbst explizierendes Verfahren der Verstellung versteht. Insofern ist es nur folgerichtig, daß der Erzähler noch die Proklamation der alttestamentarischen (Zeit-)Ordnung ins digressive Interregnum seiner Romankapitel versetzt: Das »Antrittsprogramm« wird auf diese Weise – analog zum *Selbstgespräch eines Autors* – zum Manifest einer ›sinesischen‹ Poetologie, die noch, indem sie behauptet, sich auf dem (römischen) Königsweg der Weimarer Klassik zu bewegen, den Abfall von Goethe erzählerisch zelebriert.

III.3. Blindes Denken: Atheismus und Sprachtheorie

Der Ritenstreit war andererseits durchaus nicht nur ein Sujet der moralphilosophischen Debatte der Aufklärung. Mit Leibniz, der auf eine lange angekündigte und aus taktischen Gründen nie veröffentlichte *clavis sinica* des Sinologen Andreas Müller[30] vergeblich hoffte, von der er sich den Schlüssel zu den Kombinationsmöglichkeiten der chinesischen Charaktere versprach, war das Interesse an China in erster Linie sprachtheoretisch orientiert und galt den chinesischen Schriftzeichen im Kontext einer *scriptura universalis*. Seine Erwartung, das chinesische Schriftsystem als Vergleichssystem seiner zeichentheoretischen Entwürfe nutzen zu können, ist vielfach dokumentiert und erklärt Leibniz' Parteinahme im Ritenstreit für die Jesuiten in Peking, mit denen er in Briefkontakt stand[31] und deren Bemühung, »die christlichen

deutung für Jean Paul einer Synchronie zwischen *seelischen und körperlichen* Vorgängen zukomme.

30 Vgl. hierzu Bräuner: *Europäische Chinakenntnis*, S. 12-16; vgl. auch das entsprechende Kapitel der einschlägigen Arbeit von Rita Widmaier: *Die Rolle der chinesischen Schrift in Leibniz' Zeichentheorie*. Wiesbaden 1983, S. 95-101.

31 Einer der wichtigsten Korrespondenten war der Jesuitenpater Claudio Filippo Grimaldi. Vgl. Leibniz, Johann Gottfried: *Novissima Sinica* (1697). Mit einem Anhang (Briefe und Textdokumente) erstmals aus dem Manuskript

Wahrheiten in den philosophischen und historischen Schriften der alten Chinesen freizulegen«,[32] er nicht nur taktisch anerkannte. Leibniz war insofern – wie nach ihm sein Schüler Christian Wolff – für Jean Paul in erster Linie ein Parteigänger der um ›Vergleichung‹ bemühten christlichen Anhänger der konfuzianischen Tugendlehre und vertrat namentlich jene philosophische Begriffssprache, die der *Hesperus*-Erzähler mit »sinesischen Schatten« konnotiert hatte. Ganz deutlich wird die Einbeziehung Leibniz' in die Gesellschaft der von Jean Paul kritisierten Philosophen in der *Clavis Fichtiana*, wo er äußert, daß die Sprache mehr von der sichtbaren Welt entlehnt sei als von der hörbaren (I/3,1024), und wo er schließlich die Bedeutung metaphorischen Sprechens[33] ge-

übersetzt und ediert von Heinz Günther Nesselrath. Hrsg. von der Deutschen China-Gesellschaft. Köln 1979, S. 83-90; 94-98. Am 31. Mai (10. Juni) 1691 schreibt Leibniz an Grimaldi: »Aber auch hinsichtlich der Geheimnisse der chinesischen Sprache und Schrift werden Sie uns einiges lehren können, damit wir endlich wissen, was von dem von Andreas Müller versprochenen oder vielmehr erhofften ›Schlüssel‹ zu halten ist.« (S. 89). Zur Korrespondenz über das Vorbild chinesischer Wörterbücher vgl. auch Leibniz, Gottfried Wilhelm: *Nouveaux Essais sur l'Entendement Humain*. In: *Die philosophischen Schriften*, Bd. 5, S. 335: »Le R. P. Grimaldi, President du tribunal des Mathematiques à Pekin, m'a dit que les Chinois ont des Dictionnaires accompagnés de figures. Il y a un petit nomenclatur imprimé à Nuremburg, où il y a de telles figures à chaque mot, qui sont assés bonnes. Un tel Dictionnaire Universel figuré seroit à souhaiter, et ne seroit pas fort difficile à faire.« Vgl. auch die Sammlung der Briefe aus den Jahren 1689 bis 1714: *Leibniz korrespondiert mit China*. Hrsg. von Rita Widmaier. Frankfurt a. M. 1990. Die *Novissima Sinica* lag Mitte des 18. Jahrhunderts in folg. Ausgabe vor: Ludwig Dutens (Hrsg.): *Leibnitii Opera Omnia*, Bd. IV (= *Novissima Sinica*: Text und Rezension). Genf 1768, S. 78-89. Herder zitiert in der *Adrastea* die Ausgabe von 1697: Gothofredi Guillelmi Leibnitii: *Opera Omnia, nunc primum collecta, in classes distributa, praefationibus et indicibus exornata, studio Ludovici (Louis) Dutens. T. 1-6* (T. 4.1 = Philosophia ingenere et opuscula Sinensis attinquentia). Genf 1768. Vgl. Johann Gottfried Herder: *Christianisierung des Sinesischen Reiches*. In: HSW, Bd. 24 (= *Adrastea*, Bd. 4: 1802), S. 5-10. Herder nennt dort (S. 9) auch die in Jean Pauls Exzerpten nachweisbare Ausgabe von De Pauw (*Recherches philosophiques*, a.a.O., 1773), des weiteren u. a. Jean Baptiste Du Halde: *Mémoires, concernant l'histoire, les sciences, les arts, les mœurs, les usages […] des Chinois par les missionnaires de Pékin*. Paris 1776 ff.

32 Widmaier: *Die Rolle der chinesischen Schrift*, S. 115.

33 Schiewer (*Cognitio symbolica*, S. 208) erwähnt (ohne genauen Nachweis) eine Parallelstelle im *Hesperus*, wo »Jean Paul die Bedeutung metaphorischen Sprechens bereits in dem Zusammenhang der Sprachentwicklung angespro-

gen das philosophische Verfahren einer »transzendente[n] Kettenrechnung« auszuspielen sucht:

> Unsere Sprache ist ursprünglich bloß eine Zeichenmeisterin der *äußern* Wahrnehmungen; die spätern *innern* empfingen von ihr nur das Zeichen des frühern Zeichens; daher machen die *Quantitäten* – diese einzigen physiognomischen Fragmente der Sinnenwelt – fast den ganzen Sprachschatz aus; die *Qualitäten* – mit andern Worten die Kräfte, die Monaden der Erscheinung, uns nur im Bewußtsein, nicht im Begriff gegeben – diese Seelen werden immer nur in jene Leiber der Quantitäten, d. h. in die Kleider der Kleider gehüllt. (I/3,1024; Herv. i. Orig.)

Gerade dieses Entlehntsein der Sprache von der »sichtbaren Welt« konnte Leibniz als ein Argument dafür gelten, den Schriftzeichen der Chinesen einen so hohen Stellenwert im Kontext seiner Suche nach einer allen Menschen gemeinsamen Ursprache zu geben; weit eher als durch die Legende, daß die Chinesen beim Turmbau zu Babel nicht gegenwärtig gewesen seien,[34] wurde diese Inanspruchnahme durch den Hinweis auf die künstliche und rationale Entstehung ihres – auf ein ursprünglich hieroglyphisch fundiertes – Schriftsystem gestützt.[35] Der zeichentheoretische Entwurf einer *scriptura universalis* (bzw. einer *ars combinatoria*) setzte für Leibniz die Erkenntnis voraus, daß es unmöglich wäre zu sprechen, »wenn es nur Worte für das Individuelle gäbe«; die chinesischen Schriftzeichen schienen gerade insofern ein geeignetes Modell für eine semantische Schrift zu bilden, »deren Charaktere [so Widmaier] unabhängig von einer gesprochenen Sprache unmittelbar Begriffe abbilden, die umgekehrt jeder in seiner eigenen Sprache aussprechen könnte«.[36] Leibniz' Universalsprache, deren Künstlichkeit von ihm

chen« habe. Die (vermutlich) gemeinte Stelle (I/1,578) lautet: »›Also muß‹, antwortete er, ›die pantomimische Sprache gerade so viel bezeichnen wie die Ohrensprache. – Sooft ich einen Taubstummen zum Abendmahl gehen sehe, denk' ich daran, daß aller Unterricht nichts in den Menschen bringe, sondern nur das Dagewesene bezeichne und ordne. – Die Kinderseele ist ihr eigner Zeichenmeister, der Sprachlehrer der Kolorist derselben.‹«

34 Vgl. Widmaier: *Die Rolle der chinesischen Schrift*, S. 222.

35 Vgl. hierzu Widmaier, ebd., S. 13; S. 124 f.; S. 133 f.; vgl. auch im folg. Leibniz' (*Nouveaux Essais*, S. 254) Ausführungen über die chinesische Schriftsprache, »que leur langue est artificielle, c'est à dire qu'elle a esté inventée tout à la fois par quelque habile homme pour établir un commerce de paroles entre quantité de nations différentes, qui habitoient ce grand pays que nous appellons la Chine [...]«.

36 Widmaier: *Die Rolle der chinesischen Schrift*, S. 33.

betont wird, basiert andererseits auf der Zweiwertigkeit des metaphorischen Zeichens, das – da es zugleich höchst individuell und allgemein ist – seine mediatisierende Funktion in der sprachlichen Kommunikation erst erhält. Die chinesischen Schriftzeichen standen im Zentrum seines Interesses, gerade weil sie unabhängig von Lauten existierten: Die Kluft zwischen schriftlichem und mündlichem Ausdruck, die auch vor Leibniz schon – wie z. B. bei Louis Le Comte[37] – als eigentümliche Sprachnot der Chinesen erkannt und ausgewiesen worden war, schien die chinesischen Zeichen so geeignet für einen universalsprachlichen Entwurf zu machen. Eine der chinesischen Sprache unterstellte lautliche Spracharmut wird ihr also von Leibniz keineswegs zum Nachteil ausgelegt, obgleich er deren mangelnde Korrespondenz zwischen Bilderflut der Schriftzeichen und Simplizität bzw. Beschränktheit der zur Verfügung stehenden Worte nicht verschweigt, sondern für seinen Zweck nutzt:

> Man sagt von den Sinesern, daß sie reich im Schreiben, vermittelst ihrer vielfältigen Zeichen, hingegen arm im Reden und an Worten, weil (wie bekant) die Schrift bey ihnen der Sprache nicht antwortet; und scheinet, daß der Ueberfluß der Zeichen, darauf sie sich geleget, verursachet, daß die Sprache desto weniger angebauet worden, also daß wegen geringer Anzahl und Zweideutigkeit der Worte sie bisweilen, um sich zu erklären und den Zweifel zu benehmen, mitten im Reden gezwungen werden sollen, die Zeichen mit den Fingern in der Luft zu mahlen.[38]

Leibniz weiß um das Verdikt des Atheismus, das über diese ›Antwortlosigkeit‹ verhängt ist, und räumt deshalb – gleichsam präventiv – im

37 Le Comte nahm einen hieroglyphischen Schriftbeginn der chinesischen Charaktere an: Widmaier, ebd., S. 111. Vgl. dagegen William Warburtons (gegen Athanasius Kircher gerichtete) Abwertung der Hieroglyphe mit dem Argument, die Metapher sei aus der Not, sich auszudrücken, entstanden: »The first simple Ages, uncultivated and immerged in Sense, could express their rude Conceptions of abstract Ideas, and the reflex Operations of the Mind, only by material Images; which so applied, became Metaphors.« Zit. nach Müller (*Jean Pauls Ästhetik und Naturphilosophie*, S. 116 f.), der bei seiner Auflistung der Geschichte der Hieroglyphendeutung auf den Zusammenhang der China-Rezeption bei Leibniz und im 18. Jahrhundert nicht eingeht.

38 Gottfried Wilhelm Leibniz: *Unvorgreifliche Gedanken, betreffend die Ausübung und Verbesserung der teutschen Sprache*. In: *Deutsche Schriften*. Hrsg. von G. E. Guhrauer. Repr. Nachdr. der Ausg. Berlin 1838, Bd. 1. Hildesheim 1966, S. 440-486; hier: S. 469 f.

nächsten Abschnitt ein, daß dieser ›Zeichenüberhang‹ nicht ohne Gefahren sei, sondern daß, wer aus Sprachnot gestisch werde und aus Wortarmut weitschweifig, das Wort Gottes leicht verfehlen könne.[39] Bereits Konkurrenten und ideologische Gegner Andreas Müllers – des zeitgenössischen Hoffnungsträgers für die Invention einer *clavis sinica* – hatten die chinesischen Zeichen als potentiell gotteslästerliche Bilderschrift unter Atheismusverdacht gestellt;[40] und diese Vorgeschichte trug sicherlich zur Haltung Leibniz' bei, der sich dagegen verwahrte, die chinesische Begriffszeichensprache mit Allegorien zu identifizieren, die ihm eine zu große Nähe zur ägyptischen (allgemein als Ursprung der chinesischen Schriftzeichen angesehenen) Hieroglyphenschrift aufwies. Anders als die ägyptischen Charaktere, denen eine Ähnlichkeit zur allegorischen Begriffsschrift nicht abzusprechen wäre, weil sie »viel populärer und zu sehr den sichtbaren Dingen wie Tieren und anderem ähnlich sind«, seien die chinesischen Charaktere »nach viel intellektuelleren Betrachtungen aufgebaut [...], solchen, wie sie die Zahlen, die Ordnung und die Relationen hervorbringen«.[41] Noch Walter Benjamin scheint in seiner Rehabilitierung der Allegorie diese von Leibniz gezogene Trennlinie in seine Analyse (revidierend) zu implementieren, wenn er im Trauerspielbuch den Schriftcharakter der Alle-

39 Ebd., S. 70: »Allein, ob schon alles endlich durch Umschweife und Beschreibung bedeutet werden kann, so verlieret sich doch bey solcher Weitschweifigkeit alle Lust, aller Nachdruck, in dem, der redet, und in dem, der höret, dieweil das Gemüthe zu lange aufgehalten wird und es heraus kommt, als wann man einen, der viel schöne Paläste besehen will, bey einem jeden Zimmer lange aufhalten, und durch alle Winkel herum schleppen wollte.« – Noch bei Herder wirkt dieser Gemeinplatz nach, den Leibniz nicht übergehen konnte: »Wir Europäer wißen nicht« – so heißt es bei Herder (HSW, Bd. 23 (= *Adrastea* 3, 1802), S. 480), »wie ein Sineser nach seinen Schriftzeichen denke; da die Mandarine es aber, Trotz ihrer den Laut nicht charakterisirenden Bilderschrift, seit Jahrtausenden in den Wißenschaften so gar nicht weit gebracht haben, so wäre der Erfolg einer neuen Charakterschrift in Symbolen zu denken mißlich.«

40 Vgl. z. B. den Atheismus-Vorwurf des Theologieprofessors Ellias Grebnitz, im folg. zit. nach Bräuner: *Europäische Chinakenntnis*, S. 15: »[...] und nach Gottes Wort, so fern es die Abbildung Gottes betrifft, kann nicht anders von der Chinäsischen Weise zu drucken und zu schreiben gehalten werden, als von der Mahler- und Bildschnitzer-Kunst: daß sie durch Gottes Verhängniß vom Teufel eingeführet, damit er die elende Leute in der Finsterniß der Abgötterey desto mehr verstrickt halte«.

41 Brief an Joachim Bouvet (1703), zit. nach Widmaier: *Die Rolle der chinesischen Schrift*, S. 128.

gorie betont und diese als ein Schema kenntlich macht; die Allegorie sei »als dieses Schema Gegenstand des Wissens, ihm unverlierbar erst als ein fixiertes: fixiertes Bild und fixierendes Zeichen in einem [...]. Fast gleich sehr wie in China ist es als ein solches Bild nicht Zeichen des zu Wissenden allein, sondern wissenswürdiger Gegenstand selbst«.[42] Leibniz' Ablehnung der Allegorie beruhte – im Hinblick auf Benjamins Neubewertung – somit auf deren zeichentheoretischer Simplifizierung und Reduktion: Nicht als (hieroglyphisches) Zeichen, das den Dingen, auf die es verweist, ähnlich ist, wäre die Allegorie mithin zu verstehen, auch nicht als ein bloß willkürliches Zeichen, dessen Zeichenfunktion qua Konvention festgeschrieben wäre und auf der Differenz von Zeichen und Bezeichnetem beruhte, sondern Allegorien sind gleichermaßen als Ausdruck und als Konvention zu verstehen – und in *dieser* Lesart der Auffassung der chinesischen Charaktere bei Leibniz durchaus nicht so fern, wie dieser selbst meinte konstatieren zu müssen. Benjamins Vergleich des allegorischen Schriftbilds mit dem chinesischen Schriftzeichen markiert eine zentrale Stelle seines Allegorie-Kapitels im *Ursprung des deutschen Trauerspiels*, dessen erster Teil mit einer Laudatio auf die »Werke von Jean Paul, des größten Allegorikers unter den deutschen Poeten« endet. Werde der »Gegenstand unterm Blick der Melancholie allegorisch« – so heißt es dort –, so sei er »eine Bedeutung, einen Sinn auszustrahlen [...] von nun an ganz unfähig; an Bedeutung kommt ihm das zu, was der Allegoriker ihm verleiht«. Diese Möglichkeit der grenzenlosen Veränderung und Verwandlung von Dingen, die ihm ein »Schlüssel zum Bereiche verborgenen Wissens« werden könne, erwähnt Benjamin mit dem von Franz Baader übernommenen Hinweis darauf, daß es (so dieser) »nur von uns ab[hänge], irgend einen Naturgegenstand als ein conventionelles Gedankenzeichen zu brauchen«; und erläuternd zitiert er eine Anmerkung, wo es heißt, »daß Alles, was wir an der äußern Natur sehen, schon Schrift an uns, sohin eine Art Zeichensprache ist, welcher indeß das Wesentlichste: die Pronunciation, fehlt [...]«. Die von Benjamin hergestellte Traditionslinie zwischen barockem und romantischem Allegoriebegriff setzt nicht zufällig bei dieser von Leibniz (und anderen) konstatierten Kluft zwischen mündlichem und schriftlichem Ausdruck an, die dieser an der ›Sprachnot‹ der Chinesen, am Mißverhältnis zwischen dem Zei-

42 Vgl. auch im folg. Walter Benjamin: *Ursprung des deutschen Trauerspiels*. In: *Gesammelte Schriften* I.1. Hrsg. von Rolf Tiedemann und Hermann Schweppenhäuser. Frankfurt a. M. 1980, S. 359-364. Auf Leibniz weist Benjamin in der »Erkenntniskritischen Vorrede« hin (S. 227 f.).

chenüberhang und der vergleichsweise geringen Artikulationsvielfalt dargelegt hatte.

Der Vergleich der chinesischen Schriftzeichen mit der Gebärdensprache der Taubstummen, auf die Leibniz in den *Nouveaux Essais* als einem Topos seiner Zeit Bezug genommen hatte, lag nahe; in dieser Verbindung konnte das innovative Vorstellungspotential der chinesischen Schriftzeichen weit unverdeckter erwogen werden:

> Il serait de méme fort important d'examiner les idées, qu'un homme né sourd et muet peut avoir des choses non figurées, dont nous avons ordinairement la description en paroles, et qu'il doit avoir d'une manière tout à fait differente, quoyqu'elle puisse estre equivalente à la nostre, comme l'écriture des Chinois fait un effet equivalent à celuy de nostre Alphabet, quoyqu'elle en soit infiniment differente et pourroit paroistre inventée par un sourd.[43]

Leibniz' Taubstummenbeispiel setzt voraus, daß deren Zeichensprache analog zur chinesischen Zeichensprache (bzw. deren von ihm konstatierten ›Antwortlosigkeit‹) andere Vorstellungen von den unsichtbaren – »nicht mit Gestalt versehenen Dingen« – evozieren müßte, da ihnen die Lautartikulation nicht zu Gebote stehe. Erst die von außen hinzugefügte »Pronunciation« – also im Benjaminschen Sinne: die Deutung – kann diese Zeichensprache, die sich (obgleich sie äußerst künstlichen Ursprungs ist) natürlicher Zeichen bedient, einem konventionalisierbaren Verständnis zuführen und eine Übersetzbarkeit der einen in die andere Vorstellungswelt erst garantieren.

Umberto Eco hat Leibniz' Entwurf einer vollkommenen Sprache, einer *scriptura universalis* mit dessen Terminus des »blinden Denkens«[44] zu fassen versucht, das mit Zeichen operiere, »ohne daß es gezwungen ist, die *ihnen entsprechenden* Vorstellungen zu evozieren. Darum verlangt es«, so faßt Eco Leibniz weiter zusammen, »von uns, um die Reichweite unseres Geistes zu vergrößern, so wie das Teleskop die

43 Leibniz, *Nouveaux Essais*, S. 125. Noch bei Lambert (*Neues Organon*, S. 10) wird diese Analogisierung der Gebärdensprache der Tauben und Stummen mit der »Schrift der Chineser«, die ihre Begriffe in Figuren vorstellten, wiederaufgenommen und u. a. mit der Choreographie in Verbindung gebracht.

44 Umberto Eco (*Die Suche nach der vollkommenen Sprache*. Aus dem Italienischen von Burkhart Kroeber. 3. durchges. Aufl. München 1995, S. 286 f.; Herv. S. E.) bezieht sich u. a. auf Leibniz' Begriff von der *cogitatio caeca*. Vgl. Gottfried Wilhelm Leibniz: *Meditationes de Cognitione, Veritate et Ideis*. In: *Die Philosophischen Schriften*, Bd. 4, S. 422-426; hier: S. 423.

Reichweite unserer Augen vergrößert, keine zu große Mühe«. Im Paragraphen 79 der *Vorschule der Ästhetik* nimmt Jean Paul ablehnend auf die entsprechende Stelle bei Leibniz Bezug und weiß sich mit Jacobis Idealismuskritik einig:

> Nun ist die Phantasie überall mehr Wort-Schatten als Lebenfarben nach- und vorzubilden angewöhnt; die cogitationes coecae, wie Leibniz sie nennt, bewohnen uns den ganzen Tag, ich meine Schatten zur Hälfte aus der Sinnensprache, ein Viertel Ton- und ein Viertel Schriftsprache. »Wie leicht und leer«, sagt Jacobi, »gehen uns die unendlichen Wörter: Himmel, Hölle, durch den Geist und über die Lippe!« Wie kahl wird nicht Gott ausgesprochen und gelesen! (I/5,284)

Das Kalkül eines dergestalt vorstellungsunabhängigen Denkens wird von Jean Paul (mit indirektem Bezug auf Leibniz) in der *Clavis Fichtiana* einer philosophischen »Rechenhaut«[45] zugeschrieben und verurteilt. Leibniz' Versuch, sein Interesse an der chinesischen Zeichensprache im Sinne einer »lebendigen Logik«[46] zeichentheoretisch für seinen universalsprachlichen Entwurf nutzbar zu machen, kann – so meine These – gleichsam gegen die Intention Jean Pauls mit dessen poetisch-allegorischem Verfahren analogisiert werden. Die von Leibniz gewählte optische Metapher des Teleskops[47] bindet die im Zeichen

45 Jean Paul bezieht sich hier indirekt auch auf Herders *Ideen zur Philosophie der Geschichte der Menschheit* (HSW, Bd. 13, S. 361), der die »künstlich[e] Vernunft Europäischer Gelehrte[r]« folgendermaßen kritisiert: »Diese hingegen rechnen mit Wortbegriffen und Ziffern, freilich unendlich feine und künstliche Combinationen, an die der Naturmensch nicht denket; eine sitzende Rechenmaschiene aber, wäre sie das Urbild aller menschlichen Vollkommenheit, Glückseligkeit und Stärke?«

46 Leibniz, zit. nach Widmaier: *Die Rolle der chinesischen Schrift*, S. 131.

47 Leibniz bedient sich der optischen Metapher des Mikroskops und Teleskops. Vgl. hierzu Widmaier (ebenda, S. 37 f.), die sich auf Hans Blumenberg beruft. Die Autorin zitiert einen Brief von Leibniz an Herzog Johann Friedrich vom April 1679: »Mon invention contient l'usage de la raison tout entier, un juge des controverses, [...] un microscope pour eplucher les choses presentes, un telescope pour deviner les eloignées, un Calcul general, une magie innocente [...]«; und noch mit dem Hinweis darauf, daß »jene [die Chinesen] uns [die Europäer] für einäugig gehalten haben«, begründet Leibniz in der *Novissima Sinica* die potentielle Überlegenheit der Chinesen für den Fall, daß man ihnen nicht nur jenes »eine Auge« der Europäer, die Mathematik, sondern – was er ausdrücklich wünsche – darüber hinaus noch das andere Auge, nämlich die »Erste Philosophie«, vermitteln würde (S. 17).

jeweils ›abgebildeten‹ Begriffe so stark ans Medium der Deutung bzw. der verzerrenden Bedeutungsgebung, daß nicht mehr die zeichenadäquate Vorstellung bzw. der ›entsprechende‹ (wörtliche) Begriff evoziert wird, sondern eine unvorstellbare – weil potentiell unbegrenzte – Bedeutungsfülle, deren Präsentation jede Sehkraft blindlings übersteigt und sie als »ganze Sichtbarkeit« (I/1,1059) den Augen offeriert.

Dieses von Leibniz im Rahmen einer *ars characteristica* zur Universalisierung der Sprache genutzte »blinde Denken« wird – gegen die eigene Intention – von Jean Paul gerade für die Poetisierung der zweiten, der anderen Welt adaptiert: Es tritt insofern doppelt ins Zeichen des Todes. Der im »Antrittsprogramm des *Titans*« aufgerufene Bezug zum »Buch der Natur« vereint keineswegs zufällig das Bild des »sinesischen Hauses des Weltgebäudes« mit der Choreographie der Gedankenstriche (»munter tanzen von [...] einem Gedankenstrich zum andern« (I/3,68)), die einem ›syntaktischen Totentanz‹ der Leser und ihres Vortänzers, des Erzählers, analogisiert wird. Der Erzähler hebt auf diese Weise – ganz ähnlich wie in seiner frühen *Volständigen Mittheilung der schlechten, aberwizigen, unwahren und überflüssigen Stellen, die ich in meinem noch ungedrukten »satirischen Organon« aus Achtung für den Geschmak und für das Publikum ausgestrichen habe* (auch im folg. II/1, 995-1006) – die Unbotmäßigkeit seiner digressiven Störung der Romanfabel hervor, indem er das Dementierte, das Ausgestrichene, markiert und damit dem Gedächtnis seiner Leser erst unauslöschbar einzuprägen weiß: In seinem Kompendium durchgestrichener Gedanken, deren satirischer Urheber einem »vornehme[n] Sineser« analogisiert wird, dessen Stand man »aus der Länge der Fingernägel siehet«, findet man bereits die Assoziation, daß die Auslassungsfunktion und Leerstellenanzeige des Gedankenstrichs gerade auf seine privilegierte Verbindung zur anderen Welt hinzuweisen vermöge: »Seit. 200. durchstrich ich: ›Der Tod ist kein Punkt, sondern nur ein Abtheilungszeichen im menschlichen Dasein, ist ein Gedankenstrich, der zwo Welten verbindet: auch ist das künftige Leben mit *fortlaufender Signatur* des ietzigen gedrukt‹« (II/1,1002; Herv. i. Orig.);[48] und in einem Brief Jean Pauls von 1795 heißt es: »Man hat ohnedem kaum Zeit, 3 Seiten vom Buch der Natur umzuwenden und ihre sinesischen Karaktere zu lesen: so fält der lesende Kopf zerstäubt aufs Papier.«[49] Die so eröffnete Assoziation

48 Diesen Hinweis verdanke ich Ohly (*Das Buch der Natur*, S. 187), der die korrespondierende Stelle im »Antrittsprogramm des *Titans*« allerdings nicht erwähnt.

49 Brief an Hofrat Schäfer in Bayreuth vom 20. Mai 1795 (SW III/2,84).

von chinesischen Charakteren und Gedankenstrichen im »Buch der Natur« mit der anderen Welt läßt keinen Zweifel daran, daß deren Poetisierung bei Jean Paul zeichentheoretisch gebunden ist.[50]

III.4. Schleier und Sprachgitter: Metaphern einer anderen Welt

Eine poetische ›Vision‹ der anderen Welt muß sich im Werk Jean Pauls, gerade weil sie ›blind‹ verfährt, der optischen Metaphorik bedienen: Das »Sprachgitter« und das chinesische Schriftzeichen gehören deshalb zu den zentralen Metaphern der anderen Welt. Dabei zeugen Stellen wie die im folgenden aus Emanuels Sterbeszene zitierte von der Privilegierung des Sehens vor dem Hören oder der lautlichen Artikulation von Sprache: »Die Stille ist die Sprache der Geisterwelt, der Sternenhimmel ihr Sprachgitter – aber hinter dem Sternengitter erschien jetzt kein Geist, und Gott nicht« (I/1,1135). Wo eine Stimme dennoch sich erheben und das Bild des Schweigens lautlich untermalen will, verwandelt sie sich unversehens wieder in Schrift:

> Und als gar seine [Viktors] Phantasie hinter dem Flor-Gegitter [Klotildes] die zwei großen Augen aufschloß, die sonst darunter die Tränen eines zurückgestoßenen Herzens verborgen hatten, und als er die entrückte Stimme wieder hinter diesem Sprachgitter aus Schattenfäden reden ließ: so konnt' er sich nicht mehr halten, sondern er schrieb [...]. (I/1,979).

Zudem befindet sich die Metapher des Sprachgitters bei Jean Paul in einem ständigen Bedeutungsfluß; andererseits werden Komposita, die mit dem Wort ›Gitter‹ oder nur dessen Assoziationen (wie »Schattenfäden«) gebildet werden, im Umkreis dieser zentralen Metapher so ausgestreut, daß sie von dessen Sprachcharakter auch dann kontaminiert bleiben, wenn sie der nichtsprachlichen Welt, der stummen Natur, entnommen zu sein scheinen. So wie die Metapher des Sprachgitters eine originär optische ist und deshalb auch in der Lyrik Paul Celans, dessen Jean-Paul-Rezeption Bernhard Böschenstein[51] als erster kenntlich ge-

50 Riedel (*Die Macht der Metapher*, S. 77) hat deutlich gemacht, daß jedes Sprechen über die Transzendenz ein parabolisches bleibt und damit »unter das alttestamentliche Bilderverbot« fällt. Ganz ähnlich wie über die Innenwelt des Ichs sei über die größere zweite Welt folglich nur in Metaphern zu sprechen.

51 Eine ausführliche Studie zur Metapher des Sprachgitters bei Jean Paul steht derzeit noch aus. Die bisherigen Arbeiten wurden vielmehr im Rahmen der

macht hat, eine exponierte Rolle spielt, so scheinen ihre zahlreichen Abwandlungen wie z. B. »Spitzen-Fallgitter« (I/1,569), »Flor-Gegitter« (I/1,979) im *Hesperus*, »Rosen-Gegitter« (I/2,412), »Gefängnisgitter« (I/2,452) im *Siebenkäs*, »Sanggitter« (I/3,78), »zitternde[s] Nonnengitter« (I/3,175), »Silber-Gitter der Sternbilder« (I/3,640) oder »Sklaven-Gitter« (I/3,693) im *Titan* fast durchgängig auf Sprache verwiesen und dem Versuch der Kommunizierbarkeit zweier getrennter Welten zugeschrieben zu sein.

Das an die im *Phaidon* begründete platonische Traditon der Gittermetaphorik anknüpfende Bild des Sprachgitters hat für die literarische Rezeption des 18. Jahrhunderts keine nennenswerte Verbreitung gefunden und ist insofern als originär ›jeanpaulisch‹ zu bewerten. Man könnte sagen, daß Jean Paul der berühmten *Phaidon*-Passage in der Beweisführung für die Unsterblichkeit der Seele[52] nur bedingt zu folgen vermag: Die dort vertretene Verdammung einer Betrachtung der Seele

Celan-Forschung vorgelegt: Vgl. Alfred Kelletat: *Accessus zu Celans »Sprachgitter«*. In: *Der Deutschunterricht* 18 (1966), S. 94-110; Adelheid Rexheuser: *»Den Blick von der Sache wenden gegen ihre Zeichen hin«. Jean Pauls »Streckverse« und »Träume« und die Lyrik Paul Celans.* In: *JJPG* 2 (1967), S. 55-72; Marlies Janz: *Vom Engagement absoluter Poesie: Zur Lyrik und Ästhetik Paul Celans.* Unveränderter Nachdr. der 1. Aufl. 1976. Frankfurt a. M. 1984, S. 224; Anm. 105; Böschenstein: *Wirkungsgeschichte Jean Pauls*, S. 147-177; ders.: *Celan als Leser Hölderlins und Jean Pauls.* In: *Argumentum e Silentio. Internationales Paul Celan-Symposium.* Hrsg. von Amy D. Colin. Berlin u. New York 1987, S. 183-198; Jean Bollack: *Paul Celan über die Sprache. Das Gedicht »Sprachgitter« und seine Interpretationen.* Aus dem Französischen von Henriette Beese und dem Verfasser. In: *Paul Celan.* Hrsg. von Werner Hamacher u. Winfried Menninghaus. Frankfurt a. M. 1988, S. 272-307; Monika Schmitz-Emans: *Das Wort als Materie und als Flugobjekt. Zur Bedeutung eines Metaphernkomplexes bei Jean Paul und Celan.* In: Dies.: *Poesie als Dialog. Vergleichende Studien zu Paul Celan und seinem literarischen Umfeld.* Heidelberg 1993, S. 15-57. – Fennell (*Gleich und Gleich*, S. 80 f.) sieht zwar den zentralen Stellenwert der Gittermetaphorik für Jean Pauls platonisch orientiertes Unsterblichkeitsdenken, verzichtet jedoch auf die Erwähnung der singulären Metapher des Sprachgitters. Interessante Ansätze bietet Joachim Seng: *Von blühenden Sprachgittern. Paul Celan als Leser Jean Pauls.* In: *Die neue Rundschau* 1998, S. 147-161.

52 Vgl. auch im folg. Platon: *Phaidon.* In: *Werke in acht Bänden.* Griechisch und Deutsch. Hrsg. von Gunther Eigler, Bd. 3 (bearb. von Dietrich Kurz). Darmstadt 1990, S. 89: »Es erkennen nämlich die Lernbegierigen, daß die Philosophie, indem sie ihre Seele findet, ordentlich gebunden im Leibe und ihm anklebend und gezwungen, wie durch ein Gitter durch ihn das Sein zu betrachten [...].«

durch Augen und Ohren, die platonische Sinnenfeindlichkeit also, wird bei Jean Paul in die christliche Vorstellungswelt transportiert bzw. explizit in das optische Vokabular der Bibel überführt. Friedrich Wilhelm Korff[53] hat beiläufig die Metapher des Sprachgitters mit der auffällig häufig zu verzeichnenden Schleiermetaphorik bei Jean Paul in Verbindung gebracht, die dieser sowohl einer physiologischen als auch kosmologischen Semantik – wie etwa der Netzhaut des Auges oder der Sonnenfinsternis – entnimmt. Korff verweist mit Recht auf das im Matthäusevangelium (*Matth.* 27,45 ff.) beschriebene *dies irae*-Bild des zerreißenden Vorhangs im Tempel nach dem Tod Jesu; (und es wäre dieser Anmerkung hinzuzufügen, daß die heilsgeschichtliche Verknüpfung dieses Bildes vom Tag des offenbarten Menschensohns mit dem Bild vom himmlischen Feuerregen der alttestamentarischen Lot-Legende im Lukasevangelium (*Luk.* 17,29 f.) hervorgehoben wird). Die vielfältigen Bilder des Verschleierns und Verhüllens im *Hesperus* laufen deshalb nicht zufällig gleichsam zentralperspektivisch auf den einen Namen Klotilde zu, der verschiedene Sinnpotentiale – wie Leid, Idol, Lot und auch Tod – in sich zu bergen und anagrammatisch enthüllt werden zu können scheint. Klotilde sieht ihrerseits auch *Viktors* Vielgestaltigkeit und weist auf dessen Namensvielfalt hin: »Die einzige Veränderung in Herrn Eymanns Hause ist ein Gast, den jeder anders nennt: Viktor – Horion – Sebastian – junger Lord – Doktor« (I/1,690).

Nicht nur bedeutet der Name Lot soviel wie Schleier oder Verhüllung, sondern die Ambivalenz Klotildes, ihr Changieren zwischen Kälte und Wärme, wird vom Erzähler im biblischen Kontext zu erklären versucht, indem er sie gerade nicht als bloß gottesfürchtige Leitfigur interpretiert: »und gerade die Kälte erfrischte sein glühendes Gehirn«, so heißt es über Viktors Liebe zu Klotilde: »Diese kalte gleichgültige Gestalt war wie ein Schleier über die erhabne liebende gedeckt, die immer mit ihrem schwermütigen Blicke vor ihm schwebte, und die er nicht aushielt« (I/1,794). Der Schleier Klotildes ist somit keine bloße Verhüllung ihres Körpers, der diesem äußerlich wäre, sondern zugleich auch mit ihrer Gestalt identisch; und diese rückt damit in die Nähe jener namenlosen Frau des Lot, die – zur Salzsäule erstarrt – zurückbleiben mußte, weil sie nicht in der Lage war, das göttliche Blickverbot zu befolgen. Die Abbildung des Gesehenen wird also einem Prozeß der ›verschleierten‹ Blicke überantwortet, dem sowohl Viktor als auch der Erzähler, der diesen Prozeß selbst fortschreibt, sich zugehörig wissen. So

53 Friedrich Wilhelm Korff: *Diastole und Systole. Zum Thema Jean Paul und Adalbert Stifter*. Bern 1969, S. 24 ff.

kann er die Klotilde-Gestalt nicht nur zum ›Generalsignifikanten‹ des Abschieds und der Trennung deklarieren, sondern zugleich zum Ausdruck eines permanenten Verhaftetseins mit dem ersehnten (und doch bereits versunkenen) Objekt ihres »schwermüthige[n] Blick[s]«.

Jean Paul übernimmt ›Schleier‹ und ›Gitter‹ keineswegs nur aus dem tradierten Bestand der Sprachmetaphorik, sondern führt sie nicht selten auf ihren biblischen Kontext bzw. ihre wörtliche Bedeutung zurück: Die Metapher des Sprachgitters bezieht sich direkt auf den klerikalen Bereich, auf die Existenz von Trenngittern (sog. Sprach- oder Sprechgittern, auch Sprachfenstern),[54] die vorwiegend in Nonnenklöstern eine Grenzlinie zwischen hiesiger und anderer (klösterlicher) Welt zogen und als eine originär kommunikative Einrichtung das Gespräch zwischen diesen beiden Sphären möglich machten wie auch die Position der Miteinandersprechenden streng fixierten bzw. der Klosterordnung unterwarfen. Böschenstein, der sich auf Berends Kartei mit 21 Nachweisen des Wortes ›Sprachgitter‹ im Werk Jean Pauls stützen kann,[55] macht deutlich, daß sowohl hier als auch in Paul Celans gleichlautendem Gedicht der reale optische Funktionsgehalt dieses klerikal konnotierten Bildspenders im Metaphorisierungsprozeß keineswegs verlorengeht, sondern vielmehr radikalisiert wird. Bei beiden erlange das Auge den Stellenwert des Gesprächspartners; und bei beiden werde die Sprache zu einer Sprache des Blicks. Böschenstein zeigt darüber hinaus – auch dieser Hinweis ist für unseren Kontext von Bedeutung –, daß die beiden herangezogenen ›Sprachgitter‹-Stellen im *Hesperus* und im Gedicht Celans von den Versuchen reden, in die Ewigkeit zu schauen bzw. sehend den »Himmel zu erkunden«; insofern sind sie von der Vorstellung einer ›anderen Welt‹ nicht zu trennen, die im Bild des Sprachgitters als zumindest potentiell kommunizierbar aufgerufen wird. Ähn-

54 Vgl. *Grimm*: Artikel »Sprachgitter«, Bd. 16, S. 2757 f.; ›Sprachgitter‹ wird hier synonym mit ›Sprechgitter‹ gebraucht. In der gleichen Bedeutung wird das (wohl ältere) ›Sprechfenster‹ verwendet, das als gesonderter Begriff bei Grimm aufgeführt ist. Anders als das ›Sprachzimmer‹ bleiben ›Sprachgitter‹ und ›Sprachfenster‹ auf die klerikale Bedeutungsebene verwiesen, während ›Sprachzimmer‹ auch im Kontext bürgerlicher Geselligkeit verwendet wurde. Abfällig wird dieser Terminus im *Hesperus* verwendet: »Viktor hatte überhaupt eine kleine Verachtung für die Menschen [...], für welche die Erde keine Entzifferkanzlei des Buchs der Natur, sondern ein *Sprachzimmer*, eine Zeitungsbude elender Personalien ist, die sie weder benutzen noch behalten noch beurteilen, sondern nur erzählen wollen« (I/1,683; Herv. S. E.).

55 Vgl. auch im folg. Böschenstein: *Wirkungsgeschichte Jean Pauls*, S. 175 f.

lich wie in der Sprachgitter-Stelle der Emanuel-Passage im *Hesperus* (»Die Stille ist die Sprache der Geisterwelt, der Sternenhimmel ihr Sprachgitter« (I/1,1135)), die mit der Zeile »aber hinter dem Sternengitter erschien jetzt kein Geist, und Gott nicht« endet, so werde auch bei Celan der »Gebärde des Ausblicks über das Gitter« eine Antwort versagt. Böschenstein bezieht sich hier auf die fünfte Strophe des Gedichts: »schräg, in der eisernen Tülle, / der blakende Span. / Am Lichtsinn / errätst du die Seele.« Er kommentiert sie mit den Worten: »Ungewiß bleibt, ob die Seele, wenn sie dem ›Lichtsinn‹ folgt, eine Antwort erlangt. Celan hat mir das Restriktive der Aussage dieses Gedichts verdeutlicht.«

Auch die Legitimierung dieser Lesart durch den Dichter selbst schließt – angesichts der Fülle von Interpretationen, die Jean Bollack[56] kritisch geprüft hat – diametral entgegengesetzte Deutungen, die mit anderen Jean-Paul-Stellen arbeiten, keineswegs aus: Joachim Sengs insgesamt überzeugender Versuch, die Celan-Verse »Am Lichtsinn / errätst du die Seele« auf der Folie nicht des *Hesperus*, sondern einer korrespondierenden Stelle im *Kampaner Tal* zu lesen,[57] führt den Interpreten, der den »Lichtsinn« bei Celan gemäß der Jean-Paulschen Stelle als »Lichtspur eines geliebten Menschen« deutet, zum allerdings nicht unproblematischen Interpretationsergebnis, daß der Vers eine Kommunikation, ja gar Möglichkeit der »Begegnung« nahelege. Es ist hier gewiß nicht darüber zu urteilen, ob Sengs Lesart sich im Kontext der Interpretationsgeschichte dieses Gedichts bewährt; zu fragen wäre allerdings, ob der Prämisse zugestimmt werden kann, daß Jean Pauls

56 Bollack: *Paul Celan über die Sprache*, S. 282 ff.; vgl. auch den von Bollack aufgewiesenen Bezug zu Ernst Robert Curtius' expliziter Rückführung des poetischen Sprachgitter- und Kristall-Bildes auf die Mathematik und Optik: *Dichtung wider Dichtung. Paul Celan und die Literatur*. Hrsg. von Werner Wögerbauer. Aus dem Französischen von Werner Wögerbauer u. a. Göttingen 2006, S. 285 ff.

57 Seng: *Von blühenden Sprachgittern*, S. 159 f. Die entsprechende Stelle (I/4,618) lautet: »Der Mensch trägt seine Irrtümer wie seine Wahrheiten zu oft nur in Wortbegriffen und nicht in Gefühlen bei sich; aber der Bekenner der Vernichtung stelle sich einmal statt eines sechzigjährigen Lebens eines von 60 Minuten vor und sehe dann zu, ob er den Anblick geliebter edler oder weiser Menschen als zweckloser stundenlanger Lufterscheinungen, als hohler dünner Schatten, die dem Lichte nachflattern und im Lichte sogleich zerfließen und die ohne Spur und ohne Weg und Ziel nach einem kurzen Schwanken hinaus in die alte Nacht verrinnen, ob er diesen Anblick ertragen könnte: nein, auch ihn überschleicht immer die Voraussetzung der Unvergänglichkeit [...].«

Satz so einlinig gelesen werden sollte, wie es an dieser Stelle geschieht. Der Interpret legitimiert sein Urteil mit dem letzten Satz dieser Passage im *Kampaner Tal*, der die vorangegangene Vorstellung der Vernichtung knapp dementiert (»nein, auch ihn überschleicht immer die Voraussetzung der Unvergänglichkeit«). Das bei Jean Paul durchaus nicht selten zu beobachtende Verfahren, dem Dementierten durch das Dementi erst wirklich Nachdruck zu verleihen oder durch einfache Negation das Negierte erst zur Erscheinung zu bringen (»erschien jetzt kein Geist, und Gott nicht« (I/1,1135)), läuft Gefahr, in einer Interpretation, die sich auf *eine* Aussage in den Texten dieses Autors verlassen will, erheblich simplifiziert zu werden.

Andererseits liegt eine nicht zu unterschätzende Schwierigkeit, die Celan-Stelle direkt auf Jean Paul zurückzuführen, bereits in der Tatsache, daß das Wort »Lichtsinn«, das wörtlich ja zunächst nur die Fähigkeit von Organismen ausweist, auf Lichtreize zu reagieren, im Werk Jean Pauls nicht aufzufinden ist; allerdings spricht er in den *Palingenesien* und auch in der Abhandlung *Über das Träumen, bei Gelegenheit eines Aufsatzes darüber von Doktor Viktor*[58] vom »Lichtmagneten« und in den Exzerpten von 1785 ist eine Abschrift aus Annulus Platonis[59] zum Lichtwort Gottes nachzuweisen. In jedem Fall

58 »[...] von der kleinen Erde fallen alle Reize ab, aber die Edelsteine unsers Wesens werfen dann, wie Lichtmagnete, in der Finsternis einen vergrößerten Glanz« (I/4,746); »Man binde mir Augen, Ohren, Mund und Nase zu und lasse mir nicht viel mehr Empfindung, als die Fußsohlen heraufschicken, worauf ich stehe: büß' ich darum Gedächtnis und Bewußtsein ein? Wird nicht vielmehr der Lichtmagnet des Bewußtseins in diesem Dunkel desto heller funkeln?« (I/4,972 f.).

59 Müller (*Jean Pauls Exzerpte*, S. 148) gibt die Stelle in der Fassung des Jean-Paul-Notats sowie des Original-Zusammenhangs wieder, nach dem ich zitiere: *Annulus Platonis oder physikalisch-chymische Erklärung der Natur nach ihrer Entstehung, Erhaltung und Zerstöhrung*, von einer Gesellschaft ächter Naturforscher aufs neue verbessert und mit vielen wichtigen Anmerkungen herausgegeben. Berlin, Leipzig 1781, S. 17 f.: »Die Worte, so aus dem Munde Gottes gehen, sind lauter Licht und Leben. Sie sind niemals leidend, sondern allzeit wirksam, eine lautere Kraft, die ganz und gar wesentlich ist. ›Durch dieses wesentliche Sprechen oder Hauchen Gottes sind alle Dinge aus dem Unsichtbaren ins Sichtbare gesprochen und herfür gerufen worden‹ (Hebr. XI,3.), wie es die mikrokosmischen Vorspiele richtig erklären (1. Schlange Mosis §21, S. 22.) und zugleich anführen, daß sogar die Worte der Menschen nicht ohne Realität seien. Denn wenn der Mensch bei kalter Winterszeit seine Worte an ein Fenster spreche, sähe man, daß die Kälte als ein Oppositum von der andern Seite her den warmen und feuchten Odem congelire und coaguliere u.s.w.«

rekurriert seine metaphorische Verwendung von »Sprachgitter« fast durchgängig auf die Privilegierung des Sehens vor dem Hören, auf Licht- und Schattenphänomene, und wird in der Tat fast durchgängig im Kontext des Unsterblichkeitsdenkens verwendet. Sieht man einmal von der platonischen Herkunft der Gittermetaphorik ab, so gab es nur einen Text, auf den sich Jean Paul indirekt hat beziehen können: auf Herders *Ideen einer Philosophie zur Geschichte der Menschheit*, auf die geschichtsphilosophischen Ausführungen eines Autors also, der wie kaum ein anderer die Sprache als Lautsprache, als Sprache der Töne, des Schalls gepriesen und die Überlegenheit des aufrechten Gangs ausdrücklich an die Artikulationsgabe der menschlichen Stimme gebunden hat. Herder macht andererseits kein Hehl daraus, daß diese ›Organisation zur Rede‹ zwar Ausdruck einer hohen Bildungsstufe der Menschheit sei, aber durchaus auch als deren Beschränkung aufgefaßt werden könne, denn ein »feineres Idiom, durchdringend wie ein Sonnenstral könnte theils nicht allgemein seyn, theils wäre es für die jetzige Sphäre unsrer gröbern Thätigkeit ein wahres Übel«.[60] Der Autor der *Ideen* läßt insofern keinen Zweifel daran, daß – bei aller erstrebenswerten Vollkommenheit einer solchen »Sprache des Lichts« – nicht vergessen werden dürfe, daß dem jetzigen Erdenzustand die »Sprache mit allen ihren Schranken gnug« sei:

> Geschöpfe, die sich einander noch nicht innig berühren können, stehn wie hinter Gegittern und flüstern einander zu das Wort der Liebe; bei Wesen, die die Sprache des Lichts oder eines andern Organs sprächen, veränderte sich notwendig die ganze Gestalt und Kette ihrer Bildung.

Wenngleich diese Stelle deutlich macht, daß Herder die Sprache der Töne und die eschatologische, aus der negativen Theologie[61] tradierte »Sprache des Lichts« nicht nur graduell, sondern auch qualitativ unterscheidet, so wird zugleich gezeigt, daß die Lautsprache der individuel-

60 Vgl. auch im folg. HSW, Bd. 13, S. 362 f.

61 Vgl. hierzu die instruktive Studie von Wolf Peter Klein: *Am Anfang war das Wort. Theorie- und wissenschaftsgeschichtliche Elemente frühneuzeitlichen Sprachbewußtseins*. Berlin 1992, S. 184-202 (= Kap. 7: »Das letzte Wort: Eschatologie und Engelsprache«); hier: S. 198. Klein bezieht sich auf Franciscus Georgius (1525): »Das Geschöpf wird Gott sprachlos gegenüberstehen. [...] Vielmehr wird sich die Kommunikation eher analog der Ausbreitung von Licht vollziehen: ebenso augenblicklich und geradlinig wie erleuchtend und aufklärend.«

len Rede keineswegs in der Lage wäre, den Abstand zu überbrücken, durch den die Sprechenden voneinander getrennt sind. Gerade der vermeintlich individuellste Ausdruck des Menschen wird bei Herder zum Losungswort deklariert, zur geflüsterten ›Parole‹: zum »Wort der Liebe«, das denen, die es kennen, als Zeichen der Trennung und zugleich als Versprechen von deren potentieller Überwindung zu gelten hat. Insofern ist das »Wort der Liebe« bei Herder das individuellste wie zugleich auch das allgemeinste Wort der menschlichen Lautsprache; ein Wort also, das sich tendenziell seiner Artikulierbarkeit zu begeben und stimmlos zu werden bzw. sich der gestischen Verständigung, mithin einer wortlosen Zeichensprache anzuvertrauen hat.

Herders geschichtsphilosophische Verwendung der Gittermetaphorik, die er im Kontext der menschlichen Bildungsgeschichte als einer Sprachgeschichte verstanden wissen will, scheint in Bezug auf Jean Pauls Entscheidung, nicht von ›*Sprech*gittern‹, sondern von ›*Sprach*gittern‹ zu reden, durchaus nicht irrelevant zu sein. Sie zeugt vielmehr von einem Metaphorisierungsprozeß, der um die Ambivalenz des ihm zugrunde liegenden Bildspenders weiß und diese zugleich zum Ausgangspunkt für seine sprachtheoretische Reflexion über die Unsterblichkeit der Seele nimmt. Diesem Verfahren liegt nämlich die Erkenntnis zugrunde, daß das klösterliche Nonnengitter, das sogenannte Sprachgitter, auf eine Gesprächssituation verweist, in der – obgleich sie als originär mündlich zu charakterisieren wäre – gerade die Präsenz der Gesprächsteilnehmer keineswegs verbürgt ist. Die durch das Gitter Sprechenden sind einander wohl sichtbar, zugleich jedoch in höchstem Maße physisch abwesend;[62] und die Worte, die sie wechseln, entstammen nicht nur verschiedenen sozialen Räumen: Wer durch das Nonnengitter spricht, schickt seine Worte in eine andere Welt, deren Grenzkontrolle sich jede individuelle Rede von vornherein zu unterziehen hat. Alle Antworten und Gegenreden dieser Repräsentantinnen einer anderen Welt bleiben deshalb ihres Standorts, ihrer geistigen Zugehörigkeit notwendigerweise verhaftet. Jede Äußerung tritt auf diese Weise in den Bannkreis der (heiligen) Schrift, jedes gesprochene Wort verweist stets immer auch schon auf einen bereits vorinterpretierten und unhintergehbaren Textsinn.

62 Daß es auch für diese Regel Ausnahmen gab, ist der Aufmerksamkeit des Satirikers nicht entgangen. Ein Exzerpte-Notat weist sogar auf deren sanktionierte Überschreitung hin: »Die italienischen Nonnen lassen sich von den besuchenden Manspersonen durchs Gitter die Brust berüren Pater Benzi erwies die Erlaubtheit davon in 1 dikken Buche.« (Fasz. IIa: Exzerpte, Reihe »Geschichte«, Bd. 2, 1783, S. 86).

Es ist als sicher anzunehmen, daß sich sowohl Jean Paul als auch Paul Celan dieser paradoxen Gesprächssituation hochgradig bewußt waren, die das Wort »Sprachgitter« – im Gegensatz zum *Sprech*gitter – auszudrücken in der Lage ist. Während dieses letztere eine eindeutig mündliche Kommunikationssituation kennzeichnet, gibt sich der Ausdruck »Sprachgitter« als ein Kompositum zu erkennen, das nicht auf den reinen Sprechakt zu begrenzen ist, sondern zugleich auch die Sprache als Schrift, als Struktur und schließlich als Grundlage geschichtsphilosophischer Reflexion in sich zu fassen vermag. Paul Celan hat sich – wie Joachim Seng zeigt – insbesondere auf eine Stelle in Jean Pauls *Kampaner Tal* bezogen, in dem das Gespräch über die Unsterblichkeit in peripatetischer Form, als philosophischer Spaziergang also, präsentiert wird.

> Als wir uns aus der wetterleuchtenden Demant- und Zaubergrube in die verdickte Nacht begaben: so sahen wir den Mantel des Erebus in schweren nassen Falten niederhängen, und dünne Blitze quollen aus dem nächtlichen Dunst, die Blumen rauchten aus zugedeckten Kelchen, und unter dem tiefer einsinkenden Gewitter schlugen die Nachtigallen lauter, gleichsam als lebendige Gewitterstürmer, hinter blühenden Sprachgittern. (I/4,578)[63]

Sengs überzeugende Interpretation dieser Stelle geht von der Beobachtung des nachgeschobenen Satzteils (»hinter blühenden Sprachgittern«) aus, der die beschriebene Szenerie »schlagartig« belebe. Es werde somit ein sprachlicher Prozeß in Gang gesetzt, in dessen Satzzusammenhang das Wort »Sprachgitter« offenbleibe, d. h., »sowohl auf die Nachtigallen als auch auf die im Anschluß geschilderte Gesprächssituation beziehbar« wäre; und gerade am Beispiel dieses poetischen Verfahrens, in dem zugleich die »Ortsbestimmung ›hinter‹ auf eine Abgrenzung der tönenden Nachtigallen von der sie umgebenden Umwelt« hinweise, sei zu belegen, daß für Celan sich im *Kampaner Tal* »vor allem auch die sprachliche Struktur veranschaulicht« fände, die das Wort »Sprachgitter« bei Jean Paul bezeichne.

63 Vgl. auch im folg. Seng (*Von blühenden Sprachgittern*, S. 158), der sich auf einen Brief Celans von 1957 an Klaus Demus beruft, in dem der Zusammenhang einiger Gedichte seines *Sprachgitter*-Bandes mit der im Juli desselben Jahres abgeschlossenen Lektüre von Jean Pauls *Kampaner Tal* hergestellt wurde. Die zitierte Stelle hat Celan in seiner Jean-Paul-Ausgabe am Rand doppelt angestrichen, wie Böschenstein 1987 (*Celan als Leser Hölderlins und Jean Pauls*, S. 191) zuerst bemerken konnte, da er Einblick in die Ausgabe erhielt.

Nicht nur beschreibt der Satz Jean Pauls einen Prozeß auch insofern, als sich das Adjektiv »blühend« dem Bild der Blumen, die »aus zugedeckten Kelchen« rauchten, zuordnen ließe, sondern – so Seng weiter – es öffne diese gleichsam und nutze die »ihm innewohnende Bildlichkeit zur assoziativen Verknüpfung«. Ich möchte der Beobachtung des Interpreten hinzufügen, daß der Satz auf diese Weise dem Charakter der Verhüllungen und Verschleierungen (»verdickte Nacht«, »schwere nasse Falten«, »nächtlicher Dunst«, »zugedeckte Kelche«), die er durchgängig repräsentiert, zugleich selbst entgegentritt; darüber hinaus kommt die Darstellung des Gewitters geradezu ohne Laute aus, wird der rein optischen Wahrnehmung (auch durch den tendenziellen Gleichlaut von »Gewitter« und »Gitter«) übergeben und nur indirekt durch das letzte Wort des Satzes – »Sprachgitter« – als Parechese akustisch ›realisiert‹. Den Bildern der Natur wird auf diese Weise der Sprachcharakter gleichsam syntaktisch ›angehängt‹; insofern beglaubigt der Ausdruck »blühende Sprachgitter« das ihm vorangehende katachrestische Verfahren, das hier auf einer Entkoppelung der Verben von den ihnen zugehörigen Substantiven und somit auf ihrer Verschiebung beruht: Die dünnen Blitze »rauchten« nicht (was assoziierbar wäre), sondern »quollen«; die Blumen »quollen« nicht, sondern »rauchten«; und nicht das Gewitter »schlug lauter«, sondern die Nachtigallen »schlugen lauter«; und selbst dieser im Text singuläre Laut wird zugleich noch durch ihre erzählerische Verortung »unter dem tiefer einsinkenden Gewitter« optisch ›verschluckt‹.

III.5. Ein »Buch der Wandlungen«: Namensvielfalt und Namenlosigkeit im »Hesperus«

Das Bild des Sprachgitters steht bei Jean Paul fast durchgängig im Konnotationsbereich des Todes bzw. der »anderen Welt« und ist im *Hesperus* an die Augenblicke der Liebe zwischen Viktor und Klotilde gebunden. Die dieser optischen Metapher zugrunde liegende ›Realie‹ einer Kommunikationssituation im Nonnenkloster macht die weiblichen Protagonisten wie Klotilde im *Hesperus* (und auch Liane im *Titan*) so geeignet, im erzählerischen Verfahren Jean Pauls semiotisch verortet zu werden. Sie sind Schrift, insofern ihre Namen einen ganzen Fundus an Verweisen auf die Bibel und Ähnlichkeiten mit ornamentalen chinesischen Schriftzeichen enthalten. Beide zeichnen oder üben sich in Kalligraphie, beide schreiben Briefe oder sind doch zumindest Mittlerinnen des Schriftverkehrs empfindsamer männlicher Seelen: Viktor findet in Klotildes »fliegende[m] Stammbuch« (I/1,549) ein geschriebenes

Blatt ihres (der Unsterblichkeit geweihten) Lehrers und Freundes Emanuel. Klotilde wird zur »Buchhalterin und Vorleserin« (I/1,663) des blinden Lords, sie schreibt über die multiple Identität Viktors (I/1,689) und tritt in mehr als einer Hinsicht in direkte Verbindung zum Erzähler Jean Paul, der als »blinder Berghauptmann« und späterer Fürstensohn sowohl die Geschichte seiner Protagonisten als auch seine eigene ihm bis dahin unbekannte ›Identität‹ selbst sukzessive zu enthüllen weiß und seinen Lesern gleich miterzählt: Die permanente Arbeit der Interpretation, die Exegese der Textgestalt Klotildes,[64] die der Protagonist Viktor, der »Pseudo-Evangelist« Matthieu und der Erzähler betreiben, erweist sich zum Ende des Romans als selbstreferentiell insofern, als das Projekt des eigenen Schreibens vom Erzähler auch als ein Prozeß der Selbstaufklärung geheiligt wird: Dieser kündigt seine eigene Lebensbeschreibung als des Evangelisten »Jean Pauls Apostelgeschichte« (I/1,1225) an und analogisiert seine »biographische Schreibstube und casa santa« (I/1,1215) jenem Lorettohaus Klotildes, mit dem der Erzähler die Legende des nach Loretto in Italien verbrachten Geburtshauses der Maria von Nazareth, deren in einen gewaltigen Dom eingebaute »casa sancta«, zitiert.

Die Komposition des Terms ›Sprachgitter‹ verfügt zweifellos über ein großes Reservoir von Substituten, die die erste Forderung an eine Metapher – ihrer Doppeleigenschaft von Affinität und Ungleichheit – und somit auch die notwendige Bedingung eines metaphorischen Paradigmas erfüllen. Gerade deshalb erweist sich auf der textinterpretatorischen Ebene die Aussagekraft dieses Paradigmas selbst als äußerst variabel, was das Lektüreverständnis keineswegs eindeutig zu machen vermag, sondern den Text vielmehr mit divergierenden Sinnpotentialen bzw. entgegengesetzten Bewertungen versieht. Dies hat zum einen die Konsequenz, daß die im Bild des Sprachgitters initiierte Metaphernkette zwar

64 Jean Pauls Übertragung dieser Metapher des Sprachgitters auf seine ätherischen weiblichen Romangestalten konnte sich der zeichentheoretischen Tradition seines Verfahrens zumindest in einem Punkte sicher sein: Lambert (*Neues Organon*, S. 193) spricht vom Verfahren der dichterischen Sprache als einer Vermengung der »eigene[n] Bedeutung der Wörter mit der metaphorischen, um die Sprache zu jeden Bildern biegsam zu machen«. Die Sprache werde auf diese Weise »weicher, flüßiger, und auch zum Theil kraftloser und weibischer«. Elsbeth Dangel-Pelloquin (*Eigensinnige Geschöpfe. Jean Pauls poetische Geschlechter-Werkstatt.* Freiburg i. Br. 1999, S. 37 ff.), die auf die semiotische Tradition nicht eingeht, kann Klotilde deshalb mit Recht als *sacra scriptura*, als permanent »abwesende[n] heilige[n] Text« deuten und als dessen Exegeten den Protagonisten Viktor identifizieren.

durchgängig als »Zeichensprache für ein den Sinnen Abwesendes«[65] fungieren kann. Zugleich jedoch rückt der Erzähler selbst bereits in der *Vorrede zur zweiten Auflage* sein Verfahren in die Geschichte der Metaphorik als einer Geschichte der Debatte um Wahrheit und Wahrscheinlichkeit ein: Der dort von ihm formulierte Wahrheitsanspruch wird einer souveränen (gottähnlichen) Autorinstanz, die wie ein »Schneider« (I/1,484)[66] ihr schöpferisches Handwerk zu betreiben hätte, entzogen und vielmehr einem »Strumpfwirkerstuhl« überantwortet, der garantiert, daß die Wahrheit des Erzählten für den Erzähler keineswegs *hinter* dem Text mehr aufzufinden, sondern vielmehr mit dessen »Gestrick« identisch sei, von dem keine einzige Masche aufgehen dürfe, um nicht das ganze Gebilde zu zerstören.

Diese unmißverständliche Aufkündigung des poetischen Mimesisgebots setzt einen Leser voraus, der dem ›malerischen‹ Verfahren des Erzählers[67] pedantisch gegenübertritt, sich also »von Worten, nicht von Sachen erhalten und füttern« (I/1,481) könne, der verstehe, daß das ihm vorgelegte Buch *Hesperus* nicht vom Abendstern rede oder auf diesen verweise, sondern dieser vielmehr selber sei (I/1,487 f.). Der Erzähler im *Hesperus* will seinen Gegenstand des Erzählens keineswegs der Beliebigkeit ausliefern, um ihn etwa in einem grenzenlosen Spiel zu entsubstantialisieren. Mit dieser Prämisse ist die multiple Identität des Protagonisten nicht mit dem Verweis auf ein bloßes Rollenspiel zu marginalisieren, sondern seine Namen – Viktor, Sebastian, Eymann, der junge Lord, Horion – sind ›sprechend‹, insofern sie als typisierende Epitheta aufgefaßt werden können und in ihrer divergierenden Einheit der wechselnden Erzählerposition analog sind, mit dieser gar am Ende des Romans zu »einem glühenden Punkt« (I/1,1231) zusammenschmelzen. Zwar wurde auf die Vielgestaltigkeit seit Kommerells Beobachtung, daß Viktor »am wenigsten Gestalt von allen Jünglingen Jean Pauls«[68]

65 Vgl. Pfotenhauer: *Bild – Schriftbild – Schrift: Jean Paul*, S. 59-72; hier: S. 59; wiederabgedr. in: Ders.: *Sprachbilder*, S. 123.

66 Auf Gott als einen »Schneider des Menschen« weist Liebrucks (*Sprache und Bewußtsein*, Bd. 1, S. 300) in seinem Kapitel über Hamann hin. Vgl. zur Sprachmetapher der Hülle auch Schmitz-Emans: *Jean Pauls Ansätze zu einer Theorie der Sprache*, S. 54 ff.

67 »Und doch hab' ich an dich unter dem ganzen Buche gedacht, und die Hoffnung, mein kleines Nacht- und Abendstück vor nasse, aufgerichtete und feste Augen zu bringen, war der tragende Malerstock der müden Hand gewesen.« (I/1,488).

68 Max Kommerell: *Jean Paul*. Frankfurt a. M. (5., durchges. Aufl.) 1977, S. 329.

sei, nicht selten hingewiesen. Die Verbindung zu einer Stelle im Registerartikel »Name« in den Exzerpten wurde allerdings bisher nirgends gezogen, wo es heißt: »Bei den Sines.[en] ändert das Kind den Namen fünfmal.«[69] Im Licht dieser Notiz rückt die Vielgestaltigkeit des Protagonisten in den Kontext einer Auseinandersetzung Jean Pauls mit der zeitgenössischen Philosophie; es wird auch deutlich, daß Viktors *fünf* Namen keineswegs insofern als sprechend aufzufassen wären, als sie miteinander konkurrierende *Charakter*eigenschaften zu etikettieren hätten.[70] Die Namen Viktors konvergieren vielmehr – wie im folgenden zu zeigen sein wird – mit jenen unterschiedlichen Bewertungen, die die optische Metapher des Sprachgitters im »Gestrick« des *Hesperus* erfährt. Es wird vorausgesetzt, daß eine Untersuchung der optischen Metapher des Sprachgitters, die dem Kontext der Liebe Viktors zu Klotilde angehört, von den verschiedenen Namensbedeutungen des Protagonisten – wie z. B. Viktor/*Sieg*, Sebastian/*Leid*, Eymann/*Mann des Auges* – nicht absehen kann.

Die Farbe Schwarz, für die Viktor eine »*sinesisch[e]* Achtung« (I/1,946; Herv. i. Orig.) hegt, gewinnt im Kontext der Klotilde-Gestalt eine höchst unterschiedliche Wertigkeit. In der Passage des Schattenrisses, den Matthieu von ihr im »Hafen eines Laubengangs« (I/1,540) ausschneidet, eröffnet die wegweisende Spur der »versäeten schwarzen Papierschnitzeln« eine Kette an bezeichnenden Hinweisen auf das »Urbild« Klotilde, ohne daß man ihrer wirklich ansichtig werden könnte. Viktor wird zum Beobachter und Interpreten Matthieus, der wiederum Klotilde beobachtet und sie in den Konturen eines Schattenrisses abbildend interpretiert, während der Erzähler seinerseits Viktor beobachtet und selbst sich von seinen Lesern beobachtet und interpretiert sieht: Ausdrücklich wird diese Interpretationskette als eine Spur vorgestellt, die ins Leere läuft. Nicht das Bild oder die Gestalt Klotildes kommt Viktor vor Augen, sondern zunächst nur ihre Bezeichnung, ihr Name. Dieser Name gibt sich zugleich als ›leer‹ zu erkennen, denn er bleibt gestaltlos und erweist sich auch als Sammel- und Höhepunkt aller namenloser Bezeichnungen, die seiner Artikulation vorausgehen:

69 Müller: *Jean Pauls Exzerpte*, S. 311.

70 Eduard Berends Überlegung, daß der *dreifache* Name des Protagonisten im *Hesperus* »den drei ihm innewohnenden Seelen, Sebastian der humoristischen, Viktor der sentimentalen und Horion der philosophischen« entspreche, wäre zu revidieren. Vgl. ders.: *Die Personen- und Ortsnamen in Jean Pauls Werken*: In: *Hesperus*, Nr. 13, März 1957, S. 21-31; hier: S. 29.

> Agathe nahm ihn [Klotildes Schattenriß] lächelnd; aber die *Ungenannte* [Klotilde] schien jenen Ernst [...] gegen den Form- und Gesichterschneider anzunehmen, weil er den Verdacht des Horchens durch seine Schere zu sehr erweckte. Viktor konnte von der *Ungenannten* noch nichts als die Länge wahrnehmen (vgl. auch im folg. I/1,540 f.; Herv. S. E.).

Akustisch führt die Aufhebung dieses »Laubsprachgitters« in die Unverständlichkeit: »Als sie drei Worte sagte: hörte er so sehr auf die Melodie, nicht auf den Text, daß er nichts davon verstand ...«; und optisch wird nicht mehr als die Silhouette »auf dem schneeweißen Grund von Schweizerpapier« produziert, die wiederum der Erzähler im Auftrag seines Korrespondenten als »ungemein schön« vorzustellen sich genötigt sieht und in dieser Darstellungsnot auf die Ähnlichkeit mit einem »Fräulein von **, jetzige Hofdame in Scheerau« hinweist, zweifelnd, »ob sie alle Leser kennen«.

Die Passage läßt sich nur auf den ersten Blick als poetische Einlösung der in der *Vorschule der Ästhetik* zu findenden Anmerkungen über die Farben lesen, die die Phantasie – so heißt es im Paragraphen 79 (*Darstellung der menschlichen Gestalt*) – am leichtesten bereite, »da sie ja durch das ganze Leben am unendlichen Raume färben und sogar den Schatten in ihren Färbekessel tauchen muß« (vgl. auch im folg. I/5,284). Dagegen müßten Konturen und Umrisse, die als »Einschränkung der Farbe« zu werten seien, die Phantasietätigkeit erschweren, außer solche, welche »Bewegung – diesen Widerschein des Geistes – fodern und zeigen, z. B. eine lange Gestalt, weite Ferne, Landstraßen, hohe Gipfel«. Jean Pauls Beispiele sind aus einem – wiewohl veränderten und erweiterten – Kantischen Fundus des Dynamisch-Erhabenen entnommen, wenngleich er die »innere Bewegung« (die bei Kant der Vorstellung des Erhabenen in der Natur zugeordnet wird) als eine *vermittelte* Phantasietätigkeit auszuweisen sucht, die sich an den Blicken der anderen erst entzündet:

> Um also unserm Geiste eine schöne Gestalt zu zeigen: – – zeigt ihm nur einen, der sie sieht; aber um wieder sein Sehen zu zeigen, müßt ihr irgendeinen Körperteil, und wär' es ein blaues Auge, ja ein weißes, großes Augenlid, mitbringen; dann ist alles getan (I/5,287).

Die allmähliche Verfertigung der Gestalt Klotildes beim Sehen ist – entgegen dieser Paragraphen-Regel – auch dann zum Scheitern verurteilt (daran läßt der ironische Kommentar des Erzählers keinen Zweifel), wenn das produktionsästhetische Gebot des *pars pro toto* eingehalten wird: wie etwa die von Viktor wahrgenommene Länge der Ungenannten, »die, obgleich ein wenig vorgebogen gehalten, doch über das Gewöhnliche ging« (vgl. auch im folg. I/1,541).

Der Erzähler trägt darüber hinaus durch eine kaum merkliche Selbstkorrektur zur Bestätigung dieses ›Unsichtbarbleibens‹ im Prozeß der visuellen Verfertigung bei: Im Auftrag seines Korrespondenten, der ihm die Silhouette der Dame geschickt habe, »weil er meiner Phantasie nicht trauet«, sieht er sich genötigt, ihren Schattenriß »auch unter dem Schreiben in einem fort« anzusehen, da dieser »einem schönsten andern weiblichen Engel, der je aus einem unbekannten Paradies in diese Erde hereingeflogen, gleichsam *aus den Augen* oder vielmehr aus dem Gesicht geschnitten ist« (Herv. S. E.). Die vermeintliche sprachliche Unkorrektheit der ersten Formulierung (»aus den Augen« geschnitten) erweist sich unter der Hand als präzise Bezeichnung einer ›Vorstellung‹, die leer bleibt, weil der Prozeß ihrer Visualisierung produktionsästhetisch als ein kontinuierlicher Akt des Entfernens (im Sinne eines ›Aus-den-Augen-Lassens‹) kenntlich gemacht wird. Jede Ähnlichkeit, die das ›Urbild‹ vermutlich aufzurufen in der Lage wäre, erweist sich als unzuverlässige Kopfgeburt und phantastische *creatio ex nihilo*, die das eigene Tun als ›Schneide‹-Technik des blinden Erzählens gleich mitpräsentiert: Der ›Anblick‹ Klotildes kommt somit einer Wahrnehmung gleich, die den Gesichtssinn durch den haptischen Sinn ersetzen muß und die sich in einen selbstreferentiellen Schreibprozeß des Protagonisten verkehrt:

> Viktor kam es vor, als wenn auf einmal sein Blut herausgedrungen wäre und mit *warmen* Berührungen außen auf der Haut seine Zirkel beschriebe. Endlich brachte Klotildens *kaltes* Auge [...] seinen neuen Adam wieder auf die Beine [...]. (I/1,541 f.; Herv. S. E.).[71]

Daß Viktor, dessen Name ja ›Sieg‹ bedeutet, sich zugleich – als gebürtiger Sohn des Kaplans Eymann identifizieren kann, der seinen Beruf des erfolgreichen Staroperateurs wie auch den Status des ›Augen-Mannes‹ *post festum* legitimiert, ist für die Schlußsätze dieser Passage interpretatorisch nicht hoch genug zu bewerten: Das Bild des Sprachgitters, das auch hier erzählerisch in Anspruch genommen wurde, verliert seine metaphorische Funktion im Kontext des Unsterblichkeitsdenkens und profanisiert die ›andere Welt‹ zur bloß exotischen Fremde: »Gleichwohl war ihm noch immer, als wenn alles, was sie täte, zum ersten Male in der Welt geschähe, und er gab auf sie acht wie auf einen operierten Blindgebornen oder auf einen Omai oder Li-Bu.« (I/1,542). Das der-

71 Diese Szene evoziert zweifellos auch die biblische Ikonographie des anderen Namens Viktors: *Sebastian*.

gestalt domestizierte Bild des Sehendwerdens vom operierten Blindgeborenen, das Jean Paul im 1802 entstandenen – später in die Erzählung *Dr. Katzenbergers Badereise* übernommenen – Text *Über den Tod nach dem Tode* (I/6,165) emphatisch ins Zeichen der Unsterblichkeit stellt, wird hier mit dem Sündenfall in Verbindung gebracht und damit geradezu verkehrt: Der Hinweis auf die zivilisatorische Initiation der ›Wilden‹ läßt vermuten, daß Jean Paul sich auf eine ihm nachweislich bekannte Bemerkung in Pierre Bayles *Dictionnaire* beruft, wo die Meinung zitiert wird, »Adam und Eva hörten erst mit der Versündigung auf blind zu sein«.[72] Die Metapher des Sprachgitters wird also in dieser Passage des *Hesperus* einem radikal neuen Kontext eingefügt, insofern dieser ›Aufklärungs‹-Prozeß mit den Mitteln des leeren Sehens bzw. Auslegens sich tendenziell als ein Akt der Verblendung und buchstäblichen ›Veräußerung‹ der Sinne erweist: als ein Akt, der nicht die andere, die zweite Welt, sondern nur die unbeschränkte Beherrschung der hiesigen und den Sieg über die menschliche Natur zu evozieren vermag.

Dem blinden (sinesischen) Denken des Nicht-Sehens und der unendlichen Kette leerer Vorstellungen Viktors stellt der Verfasser des »Extrablatts über töchtervolle Häuser« die imaginäre Variabilität des Nicht-Gesehenen entgegen, das – wie das Herz heiratswilliger Mädchen – unsichtbar bleibt, weil es gleich einer »sinesische[n] Kugel bald groß, bald winzig« (I/1,809) ist und sich somit als unendlich anpassungsfähig und wandelbar erweist. Von einer Überführung dieser Ehe-Satire in Sprachtheorie zeugen dagegen vor allem jene beiden Passagen im *Hesperus*, die die Metapher des Gitters ›definitorisch‹ zu nutzen versuchen: Die eine präsentiert Viktor in einem »Knochengebäude, d. h. im Sparrwerk eines Hauses«, das ihn zu melancholischen Reflexionen

72 Vgl. den Nachweis des Exzerpts bei Müller: *Jean Pauls Exzerpte*, S. 149. – Dieses Notat bezieht sich auf den Artikel »Adam« in *Bayle*: Bd. 1, S. 73: »Die Schrift saget, ihre Augen wären aufgethan worden. Dieser Ausdruck beweget den gemeinen Mann, zu glauben, daß Adam und Eva bis dahin, und bis sie das Geboth Gottes übertreten gehabt, blind gewesen wären [...]. Der heilige Augustin widerleget diese Unwahrheit an verschiedenen Orten in seinen Schriften gründlich [...] und saget, daß diese Eröffnung der Augen unserer ersten Aeltern, in der Empfindung gewisser körperlicher Regungen bestanden, die ihnen zuvor unbekannt gewesen, und welche eine Scheu bey ihnen erwecket.« Auf die entsprechende Stelle wird in einem Brief an Jean Paul von Johann Georg Eyl 1790 mit einem Zitat des Augustinus angespielt (SW IV/1,210). Im Artikel »Tiresias« (*Bayle*: Bd. 4, S. 393a) werden Blindheit und Impotenz gleichgesetzt: »Die Blinden und Verschnittenen sind denen Ergetzlichkeiten dieser Welt auf gleiche Art beraubet.«

über das nichtige Schauspiel des Lebens animiert: »Himmel, wie närrisch, daß ich mir hier im *gegitterten* alles das lieber *denke*, als in den *ausgemauerten* Häusern des Dorfes dort *sehe!*« (I/1,621; Herv. i. Orig.). Die andere Passage gehört zu den wenigen im Roman, in denen Klotilde sich der Sprache ›mächtig‹ zeigt. Angesichts einer von Matthieu in »schwarzem Papier« nachgeschnittenen Gruppe muß Viktor (wie immer beim Anblick von Silhouetten-Gruppen) an »zerrinnende Schatten-Menschen«, insbesondere aber an »die blasse Gestalt Klotildens« denken, die – als habe sie seine Gedanken erraten – »mit den *vergleichenden* Augen auf dem Gerippe und dem Schattenbilde, leise zu Viktor sagte: ›Mich könnten zu einer andern Zeit so viele *Ähnlichkeiten* traurig machen‹« (I/1,842 f.; Herv. S. E.). Klotildes melancholische Klage schreibt die Ähnlichkeiten gerade einer skelettierten Welt zu, stellt sie ins Zeichen des Todes und begibt sich somit ›ausdrücklich‹ ihrer Existenz des ›natürlichen‹ Zeichens.[73]

Klotildes Melancholie bezieht sich angesichts der vielen Ähnlichkeiten auf die unendlich abstrakte Verfügungsgewalt eines Denkens, dem die Unterschiede seiner Gegenstände nichts mehr gelten. Zugleich jedoch verweist ihr Name, der im *Hesperus* immer wieder mit der organischen Natur assoziiert und mit vegetabilischen Bildern analogisiert wird, auf ein Höchstmaß an Veränderlichkeit, die sie von anderen weiblichen Protagonisten im Roman – wie etwa von Joachime – unterscheidet, die im »Nelkenblätterverzeichnis« liest, »nicht um diese zu pflanzen, sondern sie nachzumalen – in Seide« (I/1,811). Analog zu Viktor trägt Klotilde das Prinzip des Wandels bereits in ihrem Namen: Zum einen weist der Erzähler selbst darauf hin, daß seine Protagonistin einer historischen Figur, der hl. Chlotildis, nachgebildet wurde, die den heidnischen Frankenkönig Chlodwig I. zum katholischen Glauben bekehrt hat; zugleich jedoch ist dieser Name ihr ›eingraviert‹ wie der Titelvignette zum Buch der Natur. Auf dem Hintergrund der Kennt-

73 Mit Schmitz-Emans (*Jean Pauls Ansätze zu einer Theorie der Sprache*, S. 322) wäre allerdings darauf hinzuweisen, daß bei Jean Paul »die ›Naturzeichen‹ selbst […] einem noch in der *Levana* gewählten Bild zufolge ein Sprachgitter« bilden. Dort (I/5,594) heißt es: »Soll man im Meer einer menschlichen Seele Abschnitte, und auf ihm Grade der Breite und Länge angeben: so muß man beim Kinde einen ersten Abschnitt der drei ersten Jahre machen, innerhalb welcher es, aus Mangel an Kunstsprache, noch im tierischen Kloster lebt und nur hinter dem Sprachgitter der Naturzeichen mit uns zusammenkommt. In dieser sprachlosen Periode, wovon jetzo gehandelt werden soll, fallen die Zöglinge noch ganz den Redekünsten der Weiber anheim […].«

nisse, die Jean Paul von Leibniz' Forschungen auf dem Gebiet der chinesischen Schrift im Zusammenhang mit dem Projekt einer *ars characteristica* besitzen konnte, ist es nicht abwegig, diese Zuschreibung des Wandels mit der Anzahl der acht Buchstaben in Klotildes Namenszug in Verbindung zu bringen, der sich – so gelesen – einem keineswegs zufälligen kalkulatorischen Bezugssystem im Roman einfügen läßt.[74]

Die Anzahl der Buchstaben in Klotildes Namen entspricht den acht Grundzeichen des chinesischen *Buchs der Wandlungen*, des *I-Ging*, das dem legendären Kaiser Fu-Hsi zugeschrieben wird und 64 Hexagramme enthält. Das *I-Ging* galt Leibniz wie auch seinem jesuitischen Briefpartner Joachim Bouvet, der als Mathematiker und Astronom im Jahre 1688 an den kaiserlichen Hof in Peking gegangen war, als das primäre Beziehungssystem der chinesischen Schrift. Der Briefwechsel fiel für Leibniz in die Zeit einer intensiven Auseinandersetzung mit den sog. Figuristen, denen Bouvet angehörte und deren Aufgabe darin bestand, »durch symbolische Interpretation der chinesischen Klassiker den gemeinsamen Ursprung östlicher und westlicher Kulturen auf der Grundlage christlicher Wahrheiten zu erweisen«.[75] Gerade die Überzeugung Bouvets, daß das *I-Ging* eine »einmalige von göttlicher Weisheit inspirierte Schöpfung«[76] des Kaisers Fu-Hsi gewesen sei, versprach, einen Weg zu bieten, die Dyadik in der (aus einer Kombination von ganzen und gebrochenen Linien bestehenden) Figur des Fu-Hsi der von Leibniz entworfenen *ars characteristica* zu analogisieren, da sie ähnlich wie ein binäres Zahlensystem zu funktionieren schien.

Die Anzahl der acht Buchstaben im Namen Klotildes wird zum Anlaß eines umfassenden Kalküls des Erzählers im *Hesperus*, das er spielerisch in die alphabetische Ordnung seiner »Extrablättchen und Nebenschößlinge« verlagert, »weil Unordnung mein Tod ist« (vgl. auch im folg. I/1,722 ff.). Auch diese Ordnung orientiert sich – über die Assoziation des *Buchs der Wandlungen*, des *I-Ging* – am Buchstaben ›I‹ des Alphabets, das dieses als wahr aufgefaßte und aus *einer* Quelle fließende Wissen des chinesischen Altertums unvermittelt integriert: Der Erzähler im *Hesperus* teilt die Buchstaben ›A‹ (»*Alter der Weiber*«) bis zum Buchstaben T (»*Trübsal, Trauer*«) in zwei Rubriken ein, die auf den vierten und fünften »Schalttag« verteilt werden. Im siebten »Schalttag«

74 Eduard Berend (*Jean Pauls Dualismusglaube*. In: *Hesperus. Blätter der Jean-Paul-Gesellschaft* 2 (1955), S. 24-27) hat früh auf den ›Glauben‹ Jean Pauls an eine Magie der Zahlen, die im Nachlaß (29 Einträge ab 1805 unter der Überschrift »Wunder des Dualismus«) zu dokumentieren ist, hingewiesen.

75 Widmaier: *Die Rolle der chinesischen Schrift*, S. 115.

76 Ebd., S. 122.

(I/1,961 ff.) präsentiert der Erzähler das »Ende des Registers der Extra-Schößlinge«, das mit den Buchstaben ›UV‹ (»*Unempfindlichkeit der Leser – Vorrede*«) beginnt und mit ›W‹ (»*Weiber*«) endet. Der Buchstabe ›X‹ wird auf die Buchstabenfolge ›I K S‹ verwiesen, ›Y‹ auf den Buchstaben ›I‹ (den es seinerseits in der Auflistung nicht gibt) und ›Z‹ auf ›T S‹; es folgt ein mit »Jean Paul« unterzeichneter Nachtrag ›Tz‹ mit einem Text zum Begriff ›*Spitz*‹ (I/1,965). In der ersten Reihung fehlen die Texte unter den Buchstaben ›C‹ und ›F‹, weil sie auf ›K‹ und ›Ph‹ (I/1,723) verwiesen werden.

Der neunte Buchstabe des Alphabets – das ›I‹ – wird durch ein ›H‹ ersetzt, weil »unter der Rubrik des I's die *Invaliden* kämen« (I/1,724; Herv. i. Orig.); der Erzähler proklamiert also – indem er das ›H‹ zweimal aufeinander folgen läßt, das ›I‹ zum ›H‹ und damit zum *achten* Buchstaben im Alphabet. Zugleich ergibt die Addition aller Buchstabentexte, d. h. aller Texte, die einem Begriff zugeordnet sind, ebenfalls die Zahl ›acht‹; und die Summe des vierten, fünften und siebten Schalttags die Zahl ›sechzehn‹, eine Ziffer also, die durch einfache Division wiederum zur ›acht‹ führt. Der das ›I‹ (»*Invaliden*«) ersetzende ›H‹-Text ist dem Begriff »*Holbeins Bein*« (bestehend aus acht und vier Buchstaben) gewidmet und präsentiert die Geschichte des Malers, der, da er mehr in der »nächsten Weinkneipe« (vgl. auch im folg. I/1,725) zu finden gewesen sei als auf dem Gerüst,[77] sich eines Tages zur Täuschung seines Auftraggebers entschloß, »eine zweite Auflage von seinen Beinen zu machen und sie an das Haus hängend zu malen«. Die Geschichte des ›H‹ erzählt somit nicht nur, daß im »Vakuum (Leeren)« leicht zu ersehen sei, »daß der Maler da aufhöre, wo Kniestücke anfangen, beim Knie«, sondern sie erzählt zugleich auch die Geschichte des ›I‹ *in effigie*, eines ›I's‹, das wie der Maler Holbein abwesend und doch zugleich auch anwesend ist. Dieses Verfahren der Umgehung eines Buchstabens hat sein Vorbild in Sternes *Tristram Shandy*, wo im *achten* Band (Kap. 13) – der Buchstabe ›K‹ im Alphabet demonstrativ ausgelassen wird. Hinter dem Buchstaben ›I‹ wie *Iracundulous* (d. h. »irrigste« aller Leidenschaften) steht der Vermerk »there is no K to it«.[78] Über

77 Vgl. hierzu Knut Jauslin: *Holbeins Bein. Traktat über das Verschwinden des Autors in den Wortwelten unter Berufung auf die Herren Arno Schmidt, Jean Paul und Laurence Sterne*. In: *Zettelkasten* 7 (1989), S. 166-224.

78 Laurence Sterne: *The Life and Opinions of Tristram Shandy, Gentleman*, edited with an Introduction and Notes by Ian Campbell Ross. Oxford 1983, S. 444 f.; hier: S. 445. Die Übersetzung Rudolf Kassners gibt diese Stelle korrekt wieder: Laurence Sterne: *Das Leben und die Ansichten Tristram Shandys*. Roman aus dem Englischen von Rudolf Kassner. Rev. Übers. anhand des Originaltexts und älterer Übertragungen. München, Leipzig 1982 (EA

diesen intertextuellen Bezug verbindet sich bei Jean Paul das abwesende ›I‹, das durch seinen ›H‹-Ersatz zum *achten* Buchstaben des Alphabets aufrückt, aufs engste mit dem Buchstaben ›K‹, durch den Klotilde Viktor *in absentia* zum ersten Mal vor Augen kommt (I/1,528).[79]

In dieser Passage des Romans wird beschrieben, daß der Kaplan in seinem Pfarrgarten »viele Beete nicht zu Langvierecken abgestampft, sondern sie zu lateinischen Buchstaben in Doppel-Fraktur, als Anfangsbuchstaben seiner Familie, *geschweift und umgebogen*« (Herv. S. E.) habe: »Sein eignes E hatt' er mit Rettich ausgesäet, Apolloniens A mit Kapuzinersalat, Flamins F mit Kohlrabi, Sebastians S mit Süßholz oder Glycyrrhiza vulgaris.« Fügt man das »K aus Tulpen« für Klotilde hinzu, so ergibt sich anagrammatisch – vorausgesetzt man folgt der späteren Anweisung des Erzählers, den Buchstaben ›F‹ an ›Ph‹ zu delegieren (I/1,723) – die neue Buchstabenordnung ›K-E-PH-A-S‹ (für Klotilde, Eymann, Flamin, Appollonia, Sebastian) und ruft somit den Namen des Petrus auf, der ihm im *Neuen Testament* (*Joh.* 1,42; Herv. S. E.) beigegeben worden ist: »Du sollst Kephas heißen [...]: *Ein Fels*«; einen Beinamen, der auf die kirchengeschichtlich folgenreiche Aufgabe des Petrus hinweist, der feste Grundstein, das unumstößliche Fundament der Gemeinde zu werden, und in dieser aramäischen Form später nur noch von Paulus[80] (*1. Kor.* 1,11;12) mahnend benutzt wurde.

Das Verfahren des Erzählers im *Hesperus*, im kalkulierten Spiel dieser Kombinatorik von ›sinesisch-lateinischen‹ (Garten)-Schriftbildern, dieses von Goethe später also als viel zu leicht befundene ›jeanpaulische‹ »luftig Gespinst« der Romanarchitektur, unversehens in ein paulinisches einigendes ›Felsenwort‹ zu verwandeln, das auf den festen Grund der Heiligen Schrift gebaut ist, wird kaum anders denn als Ironie und somit ganz in der Kontinuität von Jean Pauls Philosophie-Kritik der »leeren sinesischen Schatten« zu verstehen sein. Der ganze

1964), S. 648. Unverständlich bleibt dagegen, warum die neue Übersetzung von Michael Walter (Bd. 8, Zürich 1990, S. 36) diese Stelle verändert hat, indem er ein ›K‹ einsetzt und es mit »kurioseste« Leidenschaft übersetzt.

79 Dangel-Pelloquin (*Eigensinnige Geschöpfe*, S. 41) hat darauf hingewiesen, daß Klotilde »ganz buchstäblich in den Roman, als ein einziges bloßes Schriftzeichen« eintritt, als der Buchstabe ›K‹ aus Tulpen, »also aus einer schmückenden Pflanze zwischen lauter Nutzpflanzen«. Dieser Beobachtung wäre hinzuzufügen, daß die Tulpe türkischen Ursprungs ist und in der orientalischen Ikonographie als Paradiesblume gilt. Sie gehört zu den Liliengewächsen. Über diese Pflanze wird eine enge Beziehung zur Liane-Gestalt im *Titan* hergestellt.

80 Zu Jean Pauls zahlreichen Paulus-Anspielungen vgl. meine Interpretation des *Komet*: *Horizontale Himmelfahrt oder poetische Ars Voland*, S. 267-292.

Aufwand, diese – kalkulatorisch verfahrende – Registratur der Ordnung führt im Prozeß des Erzählens endlich doch zu *nichts*, es sei denn, man wollte die Schrift-Gestalt Klotilde oder ›K‹ vermittelt über das ›I‹, in die – an Viktors Namen *Ey*mann – orientierte metaphorische ›I‹-Reihe integrieren: Dessen Bedeutungsvielfalt ist ja gerade nicht nur auf seiner Herkunftsebene (als Sohn des Lords bzw. des Kaplans) legitimiert, sondern auch insofern er ›eye = Auge‹ und ›I = Ich‹ auf der Laut-Skala der (englischen) Sprache ununterscheidbar werden läßt. Klotilde wäre insofern der – von Viktors Namenswandel ›repräsentierten‹ – unendlichen Kette der Ähnlichkeiten selbst zugehörig, die sie – sobald sie spricht – gerade ›ausdrücklich‹ zu beklagen hat.

III.6. Auge und Ei: Jean Pauls moderne Experimental-Poetik

Götz Müller[81] hat gezeigt, daß Jean Pauls Abwendung von Leibniz ab 1791 mit dem Aufsatz *Über die Fortdauer der Seele und ihres Bewustseins* (II/2, 776-798) und unter dem Eindruck der Todesvision vom 15. November 1790 rückgängig gemacht worden sei; zugleich aber müsse von der Inkonsistenz einer Leibniz-Rezeption auch in der Folgezeit ausgegangen werden, da dessen rationale Konzeption in der Monadologie seine »persönliche Beunruhigung über eine mögliche Vernichtung des Individuums« nicht habe beschwichtigen können. Müllers Verortung von Viktors Abhandlung des Leib-Seele-Problems im Kontext einer Wiederaufnahme der Gedanken aus der Monadologie folgt der Überzeugung, daß Jean Pauls dort formulierte Materialismuskritik Leibniz' System der prästabilierten Harmonie in seine Traumtheorie überführt. Bei Leibniz – so Müller – »entsprechen die Vorstellungen der Seele und Bewegungen des Körpers einander, wobei sich die Seele ihren Leib und seine Bewegungen vorstellt, wenngleich häufig dunkel und verworren«.

Viktors Aufsatz kann mit dieser Prämisse in der Tat als eine frühe Fassung der 1799 entstandenen Studie Jean Pauls *Über das Träumen, bei Gelegenheit eines Aufsatzes darüber von Doktor Viktor* gelten, die im Rahmen von *Jean Pauls Briefen und bevorstehendem Lebenslauf* (1799; I/4,925-1080; hier: S. 971-982) erschienen ist. In ihr wird der Traum als »unwillkürliche Dichtkunst« (I/4,978) bezeichnet und der Schlaf als »tägliche[r] Selbstmor[d]« (I/4,974) charakterisiert. Die Vor-

81 Vgl. auch im folg. Müller: *Jean Pauls Ästhetik und Naturphilosophie*, S. 17-28.

aussetzung in Viktors *Hesperus*-Aufsatz, daß man sich die Seele im Traum nicht »vom Irdischen losgekettet« (I/1,1105) denken könne, führt im Traktat *Über das Träumen* gerade zur Annahme einer organischen Qualität der Träume, die in den Bildern von Zeugung und Geburt gefaßt werden: »Wir wollen miteinander den Traum vom Ei anfangen oder ausbrüten und ihn beschlafen.« (I/4,973). Diese Annahme ist jedoch keineswegs eindeutig, da der »Traum vom Ei« sowohl als *genitivus subjectivus* als auch als *genitivus objectivus* gelesen werden kann: Der Kontext läßt offen, ob es darum geht, die Genese des Traums *ab ovo* zu erforschen oder aber die Evolutionsgeschichte einer sich selbst aufklärenden Menschheit als einen bloßen Traum zu kennzeichnen, der wider besseres Wissen neu zu träumen und neu hervorzubringen wäre. Diese Deutung kann sich allererst durch die variierende Bewertung, die die Metapher des Eies im Werk Jean Pauls – insbesondere im *Hesperus* – gewinnt, legitimieren: Das »willkürliche Nachträumen aller Völker-Träume und Zeiten-Träume – die Doppel-Dürre an Erfahrung und Gelehrsamkeit« (I/5,402) assoziiert der Ästhetiker und Kritiker des philosophischen Idealismus in der *II. oder Jubilate-Vorlesung über die neuen Poetiker* mit »phantastischen Schaumgeburten«, die erklären könnten, warum »jetzo so viele poetische Werke nur zerschlagne kalte Eier sind, deren Inhalt ohne Bildung und Küchlein umherrinnt in Ei-Weiß und Dotter, den Sinnbildern der Philosophie und Poesie« (I/5,402). Die Bindung des Traums an die Bedeutungsambivalenz der Ei-Metapher ermöglicht es dem Erzähler im *Hesperus*, seinen Lesern eine metaphorische Komposition zu offerieren, die selbst als Resultat eines ›willkürlichen Einschlafens‹ gelesen werden soll: Das poetische Experiment im *Hesperus* versteht sich also keineswegs als ein unwillkürliches Träumen (während der Traum umgekehrt sehr wohl »unwillkürliche Dichtung« sein kann); es *will* vielmehr – so heißt es im späteren Aufsatz *Über das Träumen* – »durch ein kleines Dekret einen Teil meiner Seelenkräfte wie ein Parlament dissolvieren«:

> Also *wodurch* eigentlich? – Durch ein absichtliches Aussetzen und Innehalten der geistigen und mithin der körperlich-korrespondierenden Anstrengung. Aber dann kommen die Bilder – d. h. die Kompositionen der fortoszillierenden Organe – ungerufen vor den Geist, der, als Widerspiel des Tags, jetzt nur anschauet, und nicht erschafft und hier mit seiner Tätigkeit der körperlichen nur *nach*-, wie am Tage *vor*zugehen scheint. Das vom schnellern Pulse der Nacht und von den Friktionen des treibenden Tages erhitzte Gehirn hält elektrische Bilder vor das Ich, so wie in Fiebern, in der Hypochondrie, im Rausch. (I/4,973; Herv. i. Orig.).

Der kalkulierte Rausch der Bilder, von denen der frühe Traumtheoretiker Jean Paul hier spricht, markiert die andere Seite jener Aneinanderreihung willkürlicher Zeichen, die ins Leere laufen und der philosophischen Begriffssprache angelastet werden. Dem Rausch vergleichbar ist ein poetisches Verfahren, das seine Sprache von der Kontrolle durch das ordnende Bewußtsein des Autors zumindest partiell entbindet. Andererseits ist der Erzähler weit davon entfernt, dieses »Aussetzen und Innehalten« des Geistes als Voraussetzung für einen unmittelbaren Weg in die andere Welt zu preisen, auf dem das Gitter der Sprache sich von selbst demontierte. Die Möglichkeit einer sich im Bild des Eies zum Ausdruck bringenden Organizität und Ursprünglichkeit der Sprache wird im *Hesperus* von vornherein ausgeschlossen, indem der Erzähler das Ei selbst als metaphorischen Ursprung der metaphorischen Sprache kenntlich macht, die sich somit gleichsam aus sich selber zeugt: »Achtung ist jener kalte hüpfende Punkt im Dotter des Herzens, dem die kleinste fremde Wärme oft nach Jahren – die Metapher ist aus einem Ei geschlagen – wachsendes Leben und Amors Flügel zuteilt.« (I/1,715). Sowohl Metapher als auch Ei bestehen nach dieser Lesart aus einem je vertrauten und einem fremden Teil, tragen also die originäre Kommunikationssituation des Sprachgitters bereits in sich. Jede Ursprachlichkeit, die auf ein Jenseits der Sprache verweisen wollte, wird auf diese Weise von vornherein *ad absurdum* geführt.

Ein Ähnlichkeitsverhältnis von ›Auge‹ und ›Ei‹ ist im Rahmen der metaphorischen Komposition des *Hesperus* ein grundlegendes Strukturmerkmal des Romans. Roland Barthes hat mehr als hundertfünfzig Jahre später am Modell von Batailles *Histoire de l'œil* gezeigt, wie der Term ›Auge‹ variiert wird:[82] Die erste Variation von Auge zu Ei sei bereits eine doppelte, eine formale und inhaltliche Variation, weil im Französischen beide Worte ›œil‹ und ›œuf‹ einen gemeinsamen und einen variierenden Laut haben und zudem beide Gegenstände kugelförmig und weiß, wenngleich sonst völlig verschieden seien. Die Grenzen der Übertragbarkeit dieses strukturanalytischen Paradigmas von einem Text des modernen Erotismus auf einen Roman am Ende des 18. Jahrhunderts müssen nicht eigens ausgewiesen werden. Allerdings kann eine solche primäre Kette der Signifikanten, die das Weiße und das Kugelförmige sowie den lautlichen Gleichklang als invariante Elemente setzt, im *Hesperus* durch den Rekurs auf die englische Sprache gleichermaßen identifiziert werden. Viktor/Sebastian gilt über weite

82 Roland Barthes: *La métaphore de l'œil* (1963). In: *Œuvres complètes*. Édition établie et présentée par Éric Marty, Bd. 1. Paris 1993, S. 1346-1351; hier: S. 1347.

Strecken des Romans (bis zur Entdeckung, daß er der Sohn Eymanns ist) als halber Brite: Die Variation von Auge zu Ei ist analog zu Barthes deshalb ebenfalls eine translinguale: Der Term ›Auge‹ variiert zu ›Ei‹, indem der lautliche Gleichklang durch die Verwendung des englischen Wortes für Auge – ›eye‹ – hergestellt wird. Die so vermittelten invarianten Elemente initiieren eine weitere metaphorische Ausdehnung, die den gesamten Text des Romans erfaßt, von ›Auge/eye‹ bzw. ›Ei‹ (im Sinne des Ursprungs)[83] über das Pronomen ›I‹, also die englische Ich-Form, über das ›Eiland‹ des Lords bis zum zweiten Namen Viktors ›Eymann‹, der ihn als einen Mann des Auges, als einen begnadeten Starstecher ausweist und den Akzent zugleich auch auf seine Potenz legt: Diese Komponente ist dem Namen Viktor – einem Beinamen des Herkules – bereits von Anfang an als sein mythologisches Erbteil eingeschrieben.[84] Die der Romanhandlung zugrunde liegende Herkules-Legende wird verschiedentlich explizit benannt, so wenn der Erzähler Viktors »Entschluß zu künftigen Herkules-Arbeiten am Hofe« (I/1,526) betont.[85]

III.7. Augenarzt des Vaters: Viktors Blindenheilung

Das Auge ist die Ausgangsmetapher des *Hesperus*, und im Term ›Ei‹ besteht ihre erste Variation. Analog zu Roland Barthes' Analyse kann somit auch bei Jean Paul eine sekundäre Kette (»une chaîne secondaire«)[86] hergeleitet werden, die alle Wandlungen des Flüssigen markiert und sich als ungemein variabel erweist; das Ich (›I‹) zerfließt in verschiedene, kaum noch zu entwirrende Namensidentitäten und verströmt sich in unaufhörlichen Tränen, so daß der Hofapotheker Zeusel »dieses Zer-

83 Die Frage nach dem Ursprung wird über die Datierung der zahlreichen Geburtstage im Roman immer wieder neu gestellt.

84 Artikel »Herkules«. In: *Benjamin Hederichs Gründliches mythologisches Lexicon, worinnen so wohl die fabelhafte, als wahrscheinliche und eigentliche Geschichte der alten römischen, griechischen und ägyptischen Götter und Göttinnen [...] zusammengetragen und mit einem Anhange [...] versehen worden*. Leipzig 1770. Reprogr. Nachdr. Darmstadt 1996, S. 1258. Im folg. zit. als: *Hederich*: Artikel, Band, Seite.

85 Eine systematische Untersuchung der mythologischen Herkules-Bezüge im *Hesperus* steht bis heute aus. Der mythische Herkules erlegte auch den hundertköpfigen, vielstimmigen Drachen Hesperius Draco, den Bewacher der goldenen Äpfel: Dieser wurde nach seinem Tod von Juno unter die Sterne versetzt. Vgl. hierzu *Hederich*: Artikel »Hesperius Draco«, S. 1269.

86 Barthes: *La métaphore de l'œil*, S. 1347.

fließen der wärmsten Seele sogar einmal für eine Tränenfistel« ansah, »weil er glaubte, keine andere Augen könnten weinen als kranke ....« (I/1,496).[87] Selbst im kritischen Augenblick der für die Romanhandlung zentralen Staroperation, in der kein Patient seinem Arzt ein nasses Auge wünscht, weint Viktor, der Sohn und Operateur des Lords, »bang und froh neben dem stummen Vater« (I/1,504). Der Akt des Starstechens wird damit als ein sprachlicher Prozeß ausgewiesen, der von der Stummheit des blinden Vater-Patienten mit offenem blutenden Auge zur Stummheit des Sohnes führt, wenn dieser »das geöffnete Auge unter den frohen Tränen des seinigen« (I/1,505) wieder zubindet. Dieses Öffnen und Schließen der Tränen- und Blutschleusen hängt mit dem Fluß und Stocken der Rede aufs engste zusammen. Der durch das Starstechen eingeleitete Heilungsprozeß des Vaters ist deshalb zugleich auch als Schöpfungsprozeß ausgewiesen und somit im heilsgeschichtlichen Kontext wie auch in dem der Aufklärung zu verorten (»es werde Licht, und es ward« (I/1,504)); einem Kontext, in dem der blinde Lord – durch seinen Sohn sehend gemacht wird und nun an ihn *das Wort* weitergibt (»Du warst es? Rede!« (I/1,504)). Der Erzähler nimmt nicht zufällig in dieser Anfangsszene des *Hesperus* eine Uminterpretation des im 18. Jahrhundert tradierten Musters der Blindenheilung vor, in der die Rührung des Publikums durch den Umstand geweckt wurde, daß der erste Blick des geheilten Sohnes auf *seine Mutter* fiel.[88]

Es wurde bisher m. W. in der Forschung nicht gesehen, daß dieser Szene die Blindenheilung aus dem apokryphen *Buch Tobit* deutlich unterlegt ist, die Jean Paul kannte, wie der Register-Artikel »Auge/Augen« belegt (»Schwalbenkoth macht den Tobias blind und Fischleber sehend«). Derrida hat in den *Mémoires d'aveugle*[89] am Beispiel der Rezeption der biblischen Legende in Bildern von Bianchi, Ligozzi, Rubens und Rembrandt die berühmte Szene, in der der Sohn Tobias sei-

87 Diese und andere Informationen über die Physiologie der Tränen hat Jean Paul der »Abhandlung von den Tränenwegen« des französischen Augenarztes Janin (*Abhandlung und Beobachtungen über das Auge*, S. 49-128) in deutscher Übersetzung entnommen.

88 Zur Staroperation vgl. Utz: *Das Auge und das Ohr im Text*, S. 29 ff. – Zu diesem Thema im Rahmen der Diderot-Rezeption Jean Pauls vgl. meine *Titan*- und *Selina*-Interpretation im Kap. V dieser Arbeit.

89 Jacques Derrida: *Mémoires d'aveugle. L'autoportrait et autres ruines*. Paris 1990. Hier zit. nach: Derrida: *Aufzeichnungen eines Blinden. Das Selbstporträt und andere Ruinen*. Hrsg. und mit einem Nachwort vers. von Michael Wetzel. Aus dem Franz. von Andreas Knop und Michael Wetzel. München 1997, S. 30 ff.

nem Vater das Augenlicht wiedergibt, zu deuten gesucht. Er erforscht zunächst die Ursachen der Erblindung des Vaters (Tobits) und deutet sie als Folge von dessen Trauer. Denn die Legende erzählt, daß Tobit mit Blindheit geschlagen worden sei, nachdem er seine Toten begraben und über deren Tod geweint habe. Der erfolgreiche Akt der Blindenheilung, den der Sohn Tobias am Vater Tobit schließlich vollziehe, wiederhole diesen Tränenfluß der Trauer: Jedoch weine der Vater nicht vor Glück, weil er wieder sehen könne, sondern »weil sein Sohn ihm das Augenlicht zurückgibt und *sich dabei selbst sichtbar*«[90] mache. Es würde zu weit führen, Derridas interpretatorische Folgerungen zu bedenken, die sich aus seiner Akzentuierung dieser Szene ergeben und die sich auf die bildende Kunst beziehen. Wichtig scheint jedoch die Parallele, die zwischen der Romanfabel Jean Pauls und dem *Buch Tobit* bereits auf der Handlungsebene gezogen werden kann: Im *Hesperus* nämlich wird berichtet, daß der Lord Horion am Grab seiner Frau Mary erblindete, und es wird nahegelegt, daß seine Krankheit durch das Unglück ihres Todes erst ausgelöst worden sei. Nicht authentische, sondern zitierte Tränen und eine zitierte Trauer grundieren also diese Szene des Starstechens im *Hesperus*, in dem sowohl die Logik der Gefühle als auch die der genealogischen Bezüge in Frage gestellt wird: Viktor wird am Anfang der Szene als Stellvertreter des eigentlichen (verhinderten) Augenarztes präsentiert, und er ist – wie sich später herausstellt – nicht einmal der leibliche Sohn des Lords.

Die Heilung/›Aufklärung‹ des Vaters durch den Sohn ist somit nicht in erster Linie Teil eines bewährten empfindsamen Repertoires, sondern zugleich ein Skandalon: Mit ihr gerät das seit der Aufklärung tradierte Machtgefüge zwischen Starstecher und Starblindem in Unordnung; durch sie wird der Lord/Vater durch die ärztliche Erlösung aus seiner Blindheit dem eigenen Tod ein Stück näher gebracht. Die Schutzfunktion der Blindheit bestand für diesen darin, das tödliche Zentrum der »Insel der Vereinigung« vor sich selbst zu verbergen, es nicht nur *aus den Augen* zu bringen, sondern es selbst noch im Bewußtsein der eigenen Blindheit zum blinden Fleck des Bewußtseins zu machen. Blindheit wird somit im *Hesperus* als ein auf Trauer gegründeter höchst potenzierter Bewußtseinszustand interpretiert. Peter Utz' erhellende Diderot- und Hölderlin-Studie *»Es werde Licht!«*[91] markiert Diderots *Lettre sur les Aveugles* als einen Übergangstext. In ihm sei der anthropologische Diskurs der Auflärung in einen »fiktionalen Diskurs« transformiert worden, dessen neue Losung mit den Worten ›Es werde Spra-

90 Ebd., S. 34; Herv. S. E.
91 Vgl. im folg. Utz: *»Es werde Licht!«*, S. 374-378.

che!‹ buchstabiert werden könnte. Utz argumentiert mit den beiden Sterbeszenen des berühmten blinden Mathematikers Saunderson in Diderots Brief, die er als »Erprobung zweier dramaturgischer Modelle« liest, »wie sie in der zweiten Hälfte des 18. Jahrhunderts gängig werden: Der Tod als Revolte und der Tod als Reintegration«.[92] Der fiktionale Status dieser beiden Szenen, in deren erster die letzten Worte des blinden Saunderson als atheistische Rede und in deren zweiter als fromme Beglaubigung im Kreis der Familie entworfen werden, ist für Utz programmatisch: Denn sie stehen für eine neue Stufe der auf Imagination beruhenden Kommunikation zwischen Blinden und Sehenden. Diderots Rekurrierung auf die Metaphorizität der Sprache, die er als eigentliche Übersetzungsleistung zwischen den Sinnen bereits selbst deklariert, wird in Utz' Interpretation als Pointe des Briefes gelesen und auf eine neue Ebene gehoben: Indem der Bericht Diderots seinen fiktionalen Status selbst expliziere, habe schließlich die »Fiktion der Feder [...] den Schnitt des Skalpells ersetzt«.[93] Die von Diderot entworfenen Sterbeszenen des blinden Saunderson hatten ihren Ort in der prinzipiellen Aufhebung des Verdikts über die moralische Verfaßtheit von Blinden. Daß der Autor des *Lettre sur les Aveugles* diese Rehabilitierung der Blinden gerade über die hochbewußte, philosophisch versierte und mathematisch geschulte Autonomie eines sterbenden Saunderson betrieb, der seine letzten Worte nutzt, um Gottes Wunder aus seiner blinden, aber doch keineswegs bedauernswerten Sicht in Abrede zu stellen,[94] brachte ihn unter Atheismusverdacht.

Die von Diderot eingeleitete Umwertung von Blindheit konnte Ende des Jahrhunderts als bekannt vorausgesetzt werden. Sie ist mitzubedenken, wenn der Prozeß des Starstechens sich im *Hesperus* als sprachliche, als metaphorische Operation und zugleich als narratives Zitat der Heilsgeschichte präsentiert: Diese wird über die Tobias-Legende aufgerufen, vor allem aber über die Protagonisten des Romans, die durch ein Gefüge von Stellvertretern aufeinander bezogen sind: Kaum eine Identitäts- und Herkunftszuschreibung erweist sich im Romanverlauf als zuverlässig oder gar haltbar. Das schwankende Repräsentationsmodell ist vielmehr der narrativen Grundstruktur des Romans ›fest‹ eingeschrieben: Viktor übernimmt die Aufgabe des (verhinderten) Augenarztes, er wird als Christus- und Herkules-Darsteller präsentiert, und der Erzähler gibt vor, mit seinem Helden unter den vielen Namen selbst identisch zu sein (I/1,925). Am Ende der Blindenheilung steht

92 Ebd., S. 377.
93 Ebd., S. 378.
94 Diderot: *Brief über die Blinden*, S. 78-81.

ein Sohn, der, indem er den vermeintlichen Lord-Vater (in Vertretung des ›eigentlichen‹, jedoch abwesenden Arztes) sehend macht, als ›Auge Gottes‹, als dessen Redebevollmächtigter *sichtbar* wird; zugleich *sieht* der Erzähler – der sich selbst wiederum als Stellvertreter Viktors ausweist – den Menschen immer schon unter dem Signum des omnipräsenten Todes, der Vernichtung. Die von Viktor, dem Stellvertreter des Arztes und des Sohnes, »in den Boden des Augapfels« (I/1,505) hinabgedrückte Starlinse wird als »Atom« charakterisiert und im Fortgang des Erzählerkommentars metaphorisch über sich selbst hinausgetrieben:

> Gedrückter Mensch! der du zugleich ein *Sohn* und ein *Knecht* des Staubes bist, wie klein ist der Gedanke, die Minute, der Bluts- oder der Tränentropfen, der dein weites Gehirn, dein weites Herz überschwillt! Und wenn ein paar Blutkügelchen bald deine Montgolfiers-Kugeln, bald deine Belidors-Druckkugeln werden, ach wie wenig Erde ist es, die dich hebt und drückt! – (I/1,505; Herv. i. Orig.).

Viktors Blindenheilung endet in der elegischen Klage eines Erzählers, der die Operation ihres medizinischen Kontextes enthebt und die Starlinse im Auge dem Gedanken der Minute im Gehirn und dem Bluts- oder Tränentropfen im Herzen analogisiert. Die Zusammenstellung der drei ›Kugeln‹ – Auge, Gehirn und Herz – nimmt deutlich auf die in der Tradition des Schöpfungs- und Augenpreis[95] geläufige Triade ›Geist, Gedächtnis, Herz‹ im Sinne einer Charakterisierung der Trinität als *potentia*, *memoria* und *voluntas* Bezug.[96] Das wissenschaftlich erforschte und gegenüber den anderen Sinnen privilegierte Auge wird

95 Vgl. hierzu Gudrun Schleusener-Eichholz: *Poetik und Naturwissenschaft. Augenanatomie in Dichtungen des 17. Jahrhunderts und moderner Dichtung (Pierre de Marbeuf, Phineas Fletcher, Catharina Regina von Greiffenberg, Hannelies Taschau).* In: *Daphnis* 2/3 (1997), S. 437-515; hier: S. 451 ff. Zur »Insel der Vereinigung« im *Hesperus* vgl. Horst Brunner: *Die poetische Insel. Inseln und Inselvorstellungen in der deutschen Literatur*. Stuttgart 1967, S. 153-193.

96 Vgl. zum Thema der Trinität das von Schleusener-Eichholz (*Poetik und Naturwissenschaft*, S. 483) angeführte Beispiel der Catharina Regina von Greiffenberg: *Sämtliche Werke*. Hrsg. von Martin Bircher und Friedhelm Kemp. 10 Bde., Reprint New York 1983, Bd. 3, S. 283: »Gebenedeyet seyen nicht weniger die edlen Geistes-Werkzeug / die lieben Augen / die Spiegel des Geistes / die Dometschere des Gedachtnis / und Verrahtere des Herzens / die Sonnen des Leibes / die Sternen der kleinen Welt / und Liechter der Natur / die du / O ewige Sonne der Gerechtigkeit! O Morgen-Stern des Heils / und Liecht der Welt! auch in deiner Menschwerdung / empfangen wollen!«

›probeweise‹ zurückversetzt in seinen heilsgeschichtlichen Kontext, um zugleich den avanciertesten Technologien des 18. Jahrhunderts zugeschrieben zu werden: Montgolfiers-Kugeln und Belidors-Druckkugeln können – gemäß der Logik dieser Bildfolge – gerade nicht der Kugel-Trinität ›Auge, Gehirn, Herz‹ zugeordnet werden, sondern gehören zur Zeichenkette ›Starlinse, Atom, Gedanke, Minute, Bluts- und Tränentropfen‹.[97] Wie präzise Jean Paul die Komposition seiner Bilder betreibt, zeigt sich darin, daß diese Analogie keineswegs willkürlich ist: Montgolfiers-Kugeln und Belidors-Kugeln gewinnen ihre Funktionsfähigkeit nur über eine physikalische Erzeugung von Druck, der sie steigen *oder* explodieren läßt. Sprachlich bindet diese Eigenschaft des Drucks beide Kugeln an die in den Boden des Augapfels gedrückte Starlinse sowie an den Aufruf »Gedrückter Mensch!«. Der Ausruf endet in der elegischen Klage: »ach wie wenig Erde ist es, die dich hebt und drückt!« Diese metaphorische Verknüpfung kann interpretatorisch nicht hoch genug bewertet werden: Eine Umbesetzung innerhalb des Paradigmas erlaubt die Assoziation, daß der Mensch in die Erde wie die Starlinse in den Boden des Augapfels gedrückt werde, was aber bedeutet, daß der Mensch – analog zur Montgolfiers-Kugel und Belidors-Kugel – der Vernichtung und Zerstörung zumindest ebenso nahe wäre wie dem geglückten Aufstieg der Montgolfiere, deren *ascension* bereits in den Anfangsjahren nach ihrer Erfindung als Signal der Französischen Revolution galt, aber zugleich immer auch mit der Bedeutung der ›Himmelfahrt‹ belegt wurde. Bereits in der Exposition der Insel will der Erzähler mögliche Hoffnungen seiner Leser auf verborgene Geheimnisse von vornherein zerstreuen:

> Hier auf diesem Eiland, mein Leser, mache Augen und Ohren auf! .... Nicht, als ob merkwürdige Dinge erschienen – denn diese würden sich schon durch halboffne Ohren und Augensterne drängen –, sondern eben weil lauter alltägliche kommen. (I/1, 655).

Diese Erklärung kann angesichts der Insel-Magie, die im folgenden dann geboten wird, als ironische Pose verstanden werden. Angesichts der mit ihr verbundenen Staffagenkunst[98] gewinnt die Mahnung des Erzäh-

97 Die erste Montgolfiere stieg 1783 vom Pariser Marsfeld auf. Der französische General und Ballistiker Bernard Forêt de Bélidor (1693-1761) erfand – so die Kommentatoren der Hanser-Ausgabe (I/1, 1272) – 1756 die sog. *globes de compression*, Druckminen von einer für damalige Verhältnisse verheerenden Wirkung.

98 Zur Orientierung an der englischen Gartenästhetik in Jean Pauls *Titan* vgl. Hans von Trotha: *Angenehme Empfindungen. Medien einer populären*

lers einen programmatischen Charakter: Nichts von dem, was erzählt wird, kann noch Anspruch auf eine Existenz außerhalb des Erzählprozesses erheben. Dies ist die Essenz des poetologischen Programms.

III.8. Die »schöne Verfinsterung der Sonne«: Jean Pauls allegorisches Verfahren

Die Proklamierung Jean Pauls durch Walter Benjamin zu einem allegorischen Autor ist m. E. dort gerechtfertigt, wo seine Definition von der Manier als einem »endlichen Spiegel der Unendlichkeit« ernst genommen wird: Gegen die lange Tradition einer Abwertung der Allegorie setzte Benjamin bekanntlich – mit besonderer Würdigung Friedrich Creuzers – die romantische Einsicht und Initiative, die Kategorie der Zeit in »dieses Gebiet der Semiotik«[99] getragen zu haben. Gerade in der Differenz »zwischen bildlichem Sein und Bedeuten«, die er den »Abgrund der Allegorie« nennt, so argumentiert Benjamin im Anschluß an Creuzer, könne eine Unterscheidung zum Symbol getroffen werden. Gegen die symbolische Funktion der Stellvertretung setzt Creuzer zunächst die bekannte Bestimmung der Allegorie als ›anderer Rede‹, die nicht »einen *verhüllten*, einen *versteckten* Sinn«[100] wie das Symbol bezeichne, sondern »etwas Anderes sagt, etwas Anderes bedeutet«. Den zentralen Unterschied jedoch sieht er darin, daß das Symbol »in das Momentane zu setzen [sei], dessen die Allegorie ermangelt«, d. h. also in eine temporale Bestimmung, die er ihrerseits erläuternd in eine *optische Metaphorik* kleidet. Die Allegorie wird somit nicht nur als ein Zeichen ausgewiesen, das – wie die »Vernunft, mit dem Verstande vereinigt« – seinen Gegenstand »in successiver Schlußfolge erstrebet«, sondern sie erhält – im Unterschied zum Symbol – für Creuzer auch einen *gestischen* Charakter:

> In einem *Augenblicke* und ganz gehet im Symbol eine Idee auf, und erfasst alle unsere Seelenkräfte. Es ist ein Strahl, der in gerader Richtung aus dem dunkelen Grunde des Seyns und Denkens *in unser Auge fällt*, und durch unser ganzes Wesen fährt. Die Allegorie *locket*

Wirkungsästhetik im 18. Jahrhundert vom Landschaftsgarten bis zum Schauerroman. München 1999, S. 293-359.

99 Vgl. auch im folg. Benjamin: *Ursprung des deutschen Trauerspiels*, S. 342.

100 Vgl. im folg. Friedrich Creuzer: *Symbolik und Mythologie der Alten Völker, besonders der Griechen* (1810). In: *Friedrich Creuzer's deutsche Schriften*, neue und verbesserte Ausgabe, 4 Theile. Leipzig und Darmstadt 1836-1843. Bd. 4, H. 3 (1843), S. 534-541; Herv. i. Orig.

> *uns aufzublicken*, und nachzugehen dem Gange, den der im Bilde verborgene Gedanke nimmt. Dort ist momentane Totalität; hier ist Fortschritt in einer Reihe von Momenten. (Herv. S. E.).

Benjamin argumentiert unausdrücklich mit Jean Pauls poetischer Überbietung der in der *Vorschule* formulierten ästhetischen Auffassungen, die der Allegorie nicht eben den ersten Platz in der Hierarchie der »bildlichen Phantasie« (I/5,184) zuweisen wollen; mit einer ›Überbietung‹, die an keiner Stelle im *Hesperus* deutlicher gezeigt werden kann als an den Zeilen eines wortlosen Liebesgeständnisses zwischen Viktor und Klotilde am »dritten Osterfeiertag« (I/1,944), das in das Bild einer Sonnenfinsternis gefaßt ist:

> Es war ihm, wie wenn er durch eine lange Kirche ginge, da er in Klotildens Lorettohaus eintrat; ihr einfaches Zimmer war, wie Marias Wohnzimmer, von einem Tempel eingefasset. Sie hatte schon ihre schwarze Putzkleidung vollendet. Die schwarze Tracht ist eine schöne Verfinsterung der Sonne, worin man das Auge von ihr gar nicht wegzubringen vermag. Viktor, der bei seiner *sinesischen* Achtung für diese Farbe heute dieser schwarzen Magie eine wehrlose Seele, ein entzündetes Auge mitbrachte, wurde blaß und verwirrt über das aufgehellte Angesicht Klotildens, über welches der Zug eines herabgeregneten Kummers so wie ein Regenbogen über den hellen blauen Himmel schwebte (I/1,946; Herv. i. Orig.).

Klotildes »schwarze Tracht« gerät in Analogie zur Sonnenfinsternis, in der ihr die Rolle des Mondes zugewiesen ist, der durch die Sonne, die er in der Phase ihrer Verfinsterung ja bedeckt, zum transparenten Leuchten gebracht wird und die Gefahren eines direkten In-die-Sonne-Blickens trügerisch vergessen läßt. Zwar scheint diese Passage in der Abfolge ähnlicher bzw. stets leicht variierter Zusammenkünfte der sich ›Liebenden‹ kaum ins Gewicht zu fallen: Sie gewinnt jedoch insofern eine Schlüsselposition für die Grundstruktur des *Hesperus*-Romans, als die visuelle Konstellation, in der sich der Erzähler hier der Augenmetapher bedient, zum Signum erzählerischen Unsterblichkeitsdenkens und seiner darstellerischen Implikationen wird.

Dabei wird der platonische Rat aus dem *Phaidon* in der Lehre des Sokrates von den Ideen, daß »mir nicht begegne, was denen, welche die Sonnenfinsternis betrachten«, daß sich nämlich viele die Augen verdürben, »wenn sie nicht im Wasser oder sonst worin nur das Bild der Sonne anschauen«,[101] seiner langen Tradition symbolischer Darstellung

101 Platon: *Phaidon*, S. 99.

beraubt, auf die noch Creuzer in seinem Definitionsversuch eingeht: daß nämlich das Symbol »sonnenähnlich«[102] heißen könne, weil es »aus der Welt der Ideen, wie aus dem vollen Glanze der Sonne« abgestrahlt erscheine, daß es aber andererseits »durch das *Medium* getrübt [sei], wodurch es in unser Auge fällt«; wie ein »Farbenspiel des Regenbogens durch das an der dunkelen Wolke gebrochene Bild der Sonne« entstehe, so werde das »einfache Licht der Idee *im Symbol* in einen farbigen Strahl von Bedeutsamkeit zerlegt«. Zwar nimmt das Bild im *Hesperus* auf das Bildinventar symbolischer Darstellung Bezug (wie etwa in Erwähnung des Angesichts Klotildes, »über welches der Zug eines herabgeregneten Kummers so wie ein Regenbogen über den hellen blauen Himmel schwebte«); zugleich jedoch kann bereits in dieser kurzen zitierten Passage ein Perspektivenbruch beobachtet werden, der die unvermittelte Inanspruchnahme dieser Sonnenfinsternis-Stelle für das Symbol als »sterblichen Träger des Unsterblichen« vereitelt: Inmitten der Liebesszene verläßt der Erzähler fast unmerklich die Perspektive seines Protagonisten und gibt sich Reflexionen hin, die in bestätigender Paraphrase und vorgeblicher Befolgung der Platonischen Warnung, sich nicht durch einen direkten Blick in die Sonne die Augen zu verderben, geradezu das Gegenteil des Satzes aus dem *Phaidon* zum Ausdruck bringen: »Die schwarze Tracht ist eine schöne Verfinsterung der Sonne, *worin man* das Auge von ihr gar nicht wegzubringen vermag« (Herv. S. E.). Die erzählerische Zäsur des reflektierenden ›Man‹, in der der Erzähler und sein Protagonist in einem »glühenden Punkt« (I/1,1231) – des Wissens – zusammenschmelzen und das dargestellte Bild zugleich auch kommentieren, macht darüber hinaus deutlich, daß hier das ästhetische Postulat des Schönen selbst in Frage steht. Auch dort, wo bei Jean Paul ein Bild zum transparenten Zeichen einer anderen Welt zu werden verspricht, wird die Differenz zwischen Bild und Bedeutung nicht ausgelöscht, sondern geradezu potenziert. Dafür spricht vor allem, daß das Bild der Sonnenfinsternis bei Jean Paul aufs engste an die Metapher des Auges gebunden ist: Jene Kongruenz von Sonne und Mond – die visuelle Begegnung, dieses ängstlich-liebende Einander-Anblicken von Viktor (*alias* Horion) und Klotilde – beruht allererst auf der Tatsache, daß ihrer beider Namen im Roman durchgängig kosmologisch konnotiert sind.

Der Name Viktors (des ›Siegenden‹) geht auf den nächsten Seiten dieser Passage unmerklich in den Namen »Horion« über, der auf den ägyptischen Sonnengott Horus anspielt und bei den Ägyptern auch

102 Vgl. auch im folg. Creuzer: *Symbolik und Mythologie der Alten Völker*, S. 530; Herv. S. E.

Kämin genannt wurde, »welches so viel als der sichtbare heißen soll«.[103] Horus' beide Augen galten ihnen als Sonne *und* Mond, während *das* ›Horusauge‹ allein mit dem Mond gleichgesetzt wurde. Klotilde wird im *Hesperus* vielfach mit dem Mond bzw. mit der »Morgenröte des Vollmonds« (I/1,762) in Verbindung gebracht und erhält damit auch namentlich den ihr angemessenen Platz in der »Geschichte von St. Lüne« (I/1,592), die Viktor nach den Aussagen des Erzählers früh zu studieren und im Rahmen der »Kirchen- und Reformationsgeschichte [des] Beichtsprengels« zu interpretieren hatte. Es spricht manches dafür, daß der Ort des Romangeschehens – St. Lüne – nicht nach Schwarzenbach an der Saale,[104] sondern nach dem reformierten niedersächsischen Frauenkloster Lüne benannt wurde. Darauf deutet u. a. der beiläufige Hinweis auf Cäsar (I/1,593), der der Legende nach auf dem Lüneburger Kalkberg ein Heiligtum der Mondgöttin Luna errichtet und somit der Stadt zu ihrem Namen »Lunaeburg« oder auch »Selenopolis« verholfen haben soll.[105]

Auf eine solche namentliche Zuordnung von Sonne und Mond verweist zudem eine präzise Verwendung der Farben in der Sonnenfinsternis-Passage, die ausdrücklich benannt wird (wie etwa Viktors »*sinesisch[e]* Achtung für die Farbe«) und die im Prozeß ihrer Veränderung auf die verwendete Augenmetapher interpretatorisch zu beziehen wäre: Eine mit der Sonnenfinsternis verbundene Kongruenz von Sonne und Mond geht über eine bloße Simultaneisierung – wie sie etwa in den *Flegeljahren* benannt wird und sich gleichsam auf eine barocke Emblematik[106] rückbeziehen ließe, die Sonnenaufgang und -untergang *gleich-*

103 Dafür spricht z. B. der (satirische) Vergleich Viktors mit einem Wickelkind, in dessen Gestalt Horus auf der isischen Tafel erscheint: Vgl. *Hederich*: Artikel »Horus«, S. 1294 f.

104 Dies ist die Annahme Theodor Langenmeiers: *Der Dichter der Empfindlichkeit. Eine Einführung in Jean Pauls Roman »Hesperus oder 45 Hundsposttage«*. In: *Hesperus*, Nr. 12 (1956), S. 1-14; hier: S. 3; Eduard Berends Aufsatz *Die Namengebung bei Jean Paul* (In: *Publications of the Modern Language Association of America* 57 [1942], S. 820-850) gibt auch den kurzen Hinweis auf Lüneburg: Jean Paul, so heißt es dort ohne weiteren Beleg, habe »Lüneburg zu St. Lüne verkürzt« (ebd., S. 835).

105 Für Lüneburg spricht auch die Rolle des Kammerjägers, die der väterliche Kaplan Eymann im Kampf gegen die Ratten im Pfarrhaus übernimmt: Im Besitz der Ratsbücherei von Lüneburg befindet sich die einzige Niederschrift der Rattenfängersage in einer Chronik von 1400.

106 Benjamin (*Ursprung des deutschen Trauerspiels*, S. 370) weist auf eine Emblem-Tafel hin, die »die Sonne in der gleichen Landschaft auf- und untergehend zeigt. [...] Denn fürs Vergegenwärtigen der Zeit im Raume [...] ist

zeitig präsentierte – insofern ja hinaus, als sie für Momente ein ›drittes Auge‹ vorstellen: ein Auge, das reflexiv, gleichsam nach innen gekehrt ist und sich selbst anschaut. Eine bloß *mediale* Funktion Klotildes wie die eines Mondes, der die Sonne verdeckt und der seine schwarze Farbe (die sich nach einer Anmerkung im *Siebenkäs* aus Himmelblau und Rot,[107] den Farben Viktors und Klotildes also, zusammensetzt) erst dem ›Blick‹ der Sonne verdankt, wird in diesem Bild in Frage gestellt: Das Angesicht Klotildes (des Mondes) erscheint durch den Blick Viktors, Horions (der Sonne) ihm nun als ein »aufgehelltes«, und er bringt – so heißt es – »dieser schwarzen Magie [...] ein entzündetes Auge« mit, ist also selbst von diesem *Medium* auch farblich ›kontaminiert‹, insofern nicht nur sein Blick ›getrübt‹, sondern auch mit der Farbe ›rot‹ (»entzündet«) assoziierbar geworden ist. Die Passage geht über eine bloße Liebesszenenbeschreibung insofern weit hinaus, als in diesem Bild eine in sich kreisende (reflexive) Signifikantenkette erzeugt wird, in der ein Signifikat – wie etwa das platonische Schöne – sich seiner Identifizierbarkeit buchstäblich begeben hat.

Nicht erst durch den Hinweis auf Viktors »*sinesisch[e]* Achtung für die Farbe«, sondern auch durch die traditionellen kalligraphischen Farben ›schwarz‹ und ›rot‹ rückt die Sonnenfinsternis-Stelle somit ein in die Metaphorik des ›sinesischen Sprachgitters‹. Vom ersten Augenblick an wird diese »schöne Verfinsterung der Sonne« damit zugleich ins Zeichen des Abschieds und der Trennung gestellt. Was nach Creuzers Auffassung des Symbols »wie ein Blitzstrahl, der auf einmal die dunkele Nacht«[108] erleuchten müßte und »erwecklich [...] eben durch jene Incongruenz des Wesens mit der Form und durch die Ueberfülle des Inhalts in Vergleichung mit seinem Ausdrucke« werde, wird bei Jean Paul

Simultaneisierung des Geschehens das gründlichste Verfahren.« Bei Jean Paul wird dieses Simultaneisierungsverfahren m. E. am deutlichsten im »Glück eines schwedischen Pfarrers« in den *Flegeljahren* (I/2,601 f.) genutzt.

107 Im *Siebenkäs* (I/2,58; Anm. 1) heißt es: »Himmelblau ist die Ordenfarbe der Jesuiten [...]. Die Hypothese des Physikers *Marat*, daß Blau und Rot das *Schwarze* geben, sollte man untersuchen, indem man dem Jesuitenblau das Kardinalrot zusetzte. Er selber brachte später in der Revolution aus Blau und Rot und Weiß das schönste Elfenbeinschwarz heraus oder den chinesischen Tusch, womit später Napoleon zeichnete.« Eine vorläufige Probe der Farbgebung im *Hesperus* zeigt, daß im Roman die Farben ›rot‹, ›blau‹ und ›schwarz‹ bei weitem überwiegen. Rot ist z. B. die Schminke Klotildes, ihr Anfangsbuchstabe ist als rote Tulpenrabatte gepflanzt; schwarz sind die Augen Matthieus, die Papierschnitzel seiner Scherenschnitte etc.

108 Creuzer: *Symbolik und Mythologie der Alten Völker*, S. 530 f.

gerade der *momentanen* ›Kongruenz‹ im Bild der Sonnenfinsternis überantwortet, der ein Prozeß der Erblassung und der Entfärbung von Anfang an eingeschrieben ist:

> Seine verdunkelten Augen fielen schmerzhaft vom Himmel herab – auf Klotildens ihre, die aufgehoben seinen gegenüberstanden. Sie konnte die Träne, die vom Auge erst bis zur Wange gefallen war, *weder durch den Schleier entziehen*, noch für eine auf dem Angesicht zergangene Schneeflocke ausgeben, da der Schleier die Flocken abstieß; [...] *Wie zwei scheidende Engel schauten beide sich mit weinenden Augen an.* [...] Er hielt plötzlich still ... Er sah mit unversiegenden Augen gegen St. Lüne.... Klotilde kehrte sich um und erblickte ein entfärbtes Angesicht [...]. Erst da die annähernden Eltern Klotilden erinnerten, *den Schleier zurückzuschlagen*, und ihren Geliebten anmahnten, den ersten Abschied von dem errungenen Herzen zu nehmen: da blickten beide weit in das große Eden hinein, das sich um ihr Leben aufgetan – und *die helle Minute, die jetzt im Strom der Zeit vorüberfloß*, spiegelte in die Ewigkeit zwei himmlische Gestalten hinauf, eine *entschleierte*, blaßrote, von Tränen verklärte, und eine [...] von Hoffnung widerscheinende – *und nun lasset nicht länger die Hand Seelen zeichnen, die nicht einmal das glänzende große Auge der Liebe abmalet ...* (I/1,956-960; Herv. S. E.).

Der Moment der Trennung dieser Liebenden wird als Augenblick der Beendigung der Sonnenfinsternis beschrieben und weist dieser momentanen Kongruenz (von Sonne und Mond) im nachhinein ihre Vergänglichkeit als eine ›anhaltende‹, d. h. permanente, zu. Die Darstellung evoziert dabei den Eindruck, daß dieser – bereits immer schon vergangene – Augenblick der visuellen ›Begegnung‹ keineswegs als *unvermittelter* zu denken sei: Das sich über Klotildes Auge selbst anblickende Mond-Auge des Horus wird vielmehr als eines kenntlich gemacht, dem der Schleier seinen direkten Blick verhüllt. *Der* Augenblick, in dem der Schleier (Klotildes *alias* des Mondes *alias* des Horus-Auges) fällt, ist mit dem einer Abwendung und räumlichen Distanzierung der Blicke identisch; zugleich gehört dieser Moment – der durchaus in der ›Bildlogik‹ einer Sonnenfinsternis verbleibt – einer »hellen Minute [an], die *jetzt* im Strom der Zeit vorüberfloß (Herv. S. E.)«, und wird im Schlußsatz der zitierten Passage an die erzählerische Reflexion, die bereits den Augenblick der ›Kongruenz‹ durch den Kommentar eines platonisch versierten ›man‹ unterbrach, mit dem Hinweis auf die generelle Unfähigkeit eines ›Seelen abmalenden‹ Erzählens zurückgegeben.

Diese Kritik richtet sich gegen ein blindes Denken, das vorstellungsfrei verfährt. Es stellt zugleich auch ein Erzählen in Frage, das in der

Flut der Bilder jene Gitter der Sprache, die den Blick in die andere Welt verstellen, nicht wahrzunehmen in der Lage wäre und sich dem Glauben an die erlösende Kraft natürlicher Zeichen weiterhin verhaftet zeigte. Als ein Bild der anderen Welt kann die Sonnenfinsternis-Passage, in der der Erzähler auf die sinesische Namensvielfalt seines Protagonisten anspielt, nur insofern verstanden werden, als ihm seine Zeitlichkeit als eine Abfolge unzähliger aufeinanderfolgender Momente des immer neuen ›jetzt‹ tief eingraviert und dem allegorischen Bewußtsein des Erzählers eng verhaftet bleibt: Als Allegoriker weist sich der Erzähler des *Hesperus* nämlich dort bereits aus, wo er das Bild eines Gitters der Sprache seiner – an der Zweiweltenlehre orientierten – räumlichen Metaphorik enthebt und in die gestische Temporalität erzählerischer Reflexion überführt. Ein solches poetologisch gewendetes Verfahren muß den Anspruch auf die erlösende Gestaltung ›momentaner Totalität‹ ebenso ausschließen wie die Erwartung auf eine Transzendierung der Sprache mit den Mitteln der Sprache selbst.

IV. »Horizontale Himmelfahrt« Poetische *ars volandi* im *Kampaner Tal* und in *Des Luftschiffers Giannozzo Seebuch*

»Ein Wagen Gottes, Auge um und um,
voll Windes und lebendiger Räder.«[1]
(Johann Gottfried Herder)

Die Nachricht vom Luftschiffer Blanchard, der bei seinem kühnen Unternehmen, den Ärmelkanal von Dover nach Calais zu überqueren, einer Katastrophe knapp entronnen war, indem er nach Abwurf allen Ballastes zum letzten Hilfsmittel gegriffen habe – »die Stricke seines Nachens abzuhauen, sich an sie anzuhängen, und sich somit seines Ballons statt eines *Parachyte* zu bedienen«[2] –, gehört zur Mythenbildung in der Geschichte der Ballonfahrt. Noch Edgar Allan Poe verknüpft sie 1835 satirisch mit einer wunderbaren Landung auf dem Mond, der vorausgeht, daß vor den Augen des Luftschiffers – seines irdischen Ballastes gänzlich beraubt – sich ein unermeßlicher Horizont eröffnet.[3] Das Bild der Rettung des Ballonfahrers durch Abschneiden der Gondel ist zweifellos ambivalent und scheint im Kontext kollektiver Mythenbildung selbst dort noch Geltung beanspruchen zu können, wo eine sanfte Landung kaum mehr zu erwarten ist: In den Anfängen der Ballonfahrt fügt es sich nahtlos ein in die philosophische Autonomiedebatte und politische Symbolik der Französischen Revolution und deren Folgen. Darüber hinaus kann die ikonographische Tradition von Caspar Walter Rauhs Illustrationen des *Seebuchs* über Odilon Redons Bebilderungen der Poeschen Ballongeschichten bis hin zu Magrittes Ballon-

1 Johann Gottfried Herder: *Vom Erkennen und Empfinden der menschlichen Seele. Bemerkungen und Träume. Erster Versuch* (1773). In: *HSW*, Bd. 8, S. 165-203; hier: S. 201.

2 Wieland zitiert hier Blanchards Genter Bericht über seine Kanalüberquerung: Vgl. Wieland, Christoph Martin: *Die Aeronauten* (1784). In: *Sämmtliche Werke*, Bd. X (= Bd. 30: Vermischte Aufsätze, 1797), S. 40-136; hier: S. 129; Herv. i. Orig.

3 Edgar Allan Poe: *Das unvergleichliche Abenteuer eines gewissen Hans Pfaall.* In: *Werke in zehn Bänden*. Deutsch von Arno Schmidt und Hans Wollschläger. Bd. 3 (= Phantastische Fahrten). Herrsching 1979, S. 27-111; vgl. auch: *Der Ballon-Jux*, ebd., Bd. 4 [= Phantastische Fahrten II), S. 556-577.

surrealismen zeigen, daß nicht zufällig eine formale Analogie zwischen Ballon und Auge, zwischen den sog. ›Luftkugeln‹ und ›Augenkugeln‹ gesucht wurde.[4] Sie beruht auf der Tradition einer Vergleichung der Augen mit den Himmelskörpern und Sternen und bezieht somit – wie z. B. an Dichtungen des 17. Jahrhunderts vielfach nachgewiesen werden kann[5] – ihre Plausibilität aus einem formalen Äquivalenzverhältnis.[6] Noch Lavater gebraucht in seinen *Aussichten in die Ewigkeit* im Kontext eines Kapitels über die Augen den Ausdruck »Kugelsonne«;[7] und auch bei Jean Paul wird das Bild der Augenkugel vielfach variiert: wie z. B. in den *Flegeljahren*, wo der Erzähler resümiert, daß der »Mensch unter der Masse von Massen und Weltkugeln sich genau an die kleine, die ein Augenlid bedeckt« (I/2,941), halte. Es lag 1783, dem Jahr des ersten Aufstiegs einer Montgolfiere, nur allzu nahe, den Ballon als eine weitere den Himmelskörpern zu analogisierende Kugelform geltend zu machen und ihm im Triumphgefühl menschlicher Vernunft metaphysischen Rang zuzusprechen: Denn mit dem von Luftschiffern realisierten grenzenlosen Blick schien er die Stelle des göttlichen Auges selbst einzunehmen. Die ungeheure Wirkung der Ballonfahrt auf die Zeitgenossen ist erst dann zu verstehen, wenn man bedenkt, daß diese

4 Vgl. z. B. Caspar Walter Rauh: *Flugobjekte. Zeichnungen und Druckgraphiken aus der Sammlung der Oberfrankenstiftung*. Hrsg. vom Kunstmuseum Bayreuth. Bayreuth 2000. Vgl. ebenso die Abbildungen von René Magritte (*Die schönen Relationen*. Ölbild 1967) und von Odilon Redon (*Das Auge, wie ein fremder Ballon*. Illustration zu Edgar Allan Poe, 1882). In: *Reisen im Luftmeer. Ein Lesebuch zur Geschichte der Ballonfahrt von 1783 (und früher) bis zur Gegenwart.* Hrsg. von Karl Riha. München 1983, S. 318; 346.

5 Vgl. hierzu Schleusener-Eichholz: *Poetik und Naturwissenschaft*, S. 456 ff.

6 Die formale Ähnlichkeit von Himmelskörpern und den Montgolfieren wurde ohnehin nahegelegt. Vgl. z. B. Louis Sébastien Mercier, der den Mond mit einem aerostatischen Ball vergleicht: *Le Ballon-Montgolfier*. In: Ders.: *Mon Bonnet de Nuit.* Tome II. Neuchatel 1784. Texte établi et annoté par Jean-Claude Bonnet, Pierre-François Burger, Shelly Charles, Paul-Édouard Levayer, Jean-Pierre Perchellet, Françoise Waquet. Mercure de France 1999, S. 555-571; hier: S. 562 f. (Herv. i. Orig.): »Maintenant, quand je lève les yeux au firmament, je ne vois plus la lune que comme un ballon aérostatique; ce satellite flotte surement par les même lois que le ballon-Montgolfier [...]. Toute *planète* est un ballon aérostatique. Je le soutiens, que dis-je! tout *astre*, toute *soleil*, toute *étoile*, autant de globes *creux*, ballons! ballons! qui enferment le *gaz* contenu dans leur intérieur. Il n'y a qu'une seule loi pour le petit poisson comme pour le pesant Saturne.«

7 Lavater: *Aussichten in die Ewigkeit*, Theil 2, 11. Brief, S. 138.

von Menschenhand erzeugten ›Kugeln‹ nicht länger einem göttlich festgelegten Heilsplan folgten, sondern durch menschliche Willkür am Himmel jederzeit und prinzipiell von jedem, der den nötigen technischen Sachverstand besaß, zur Erscheinung gebracht werden konnten. Die sich mimetisch in den Himmel einfügenden Ballons erschütterten somit zugleich endgültig dessen ›gestirntes Firmament‹: Dem Planetenhimmel war nun unwiderruflich der Charakter einer nach göttlichem Willen gezeichneten Himmelskarte verlorengegangen, dessen Schrift der Sterne die von Gott mit Vernunft begabten Kundigen zu *entziffern* hatten, um – wie Barthold Heinrich Brockes es ausdrückt – »ganz erstaunt, in neuer Ehrfurcht, des Schöpfers Größe kennen [zu] lernen«.[8]

Die neuen Technologien des Fluges (wie auch der Optik) um 1800 repräsentierten aufgrund ihrer unübersehbaren Nähe zum kollektiven menschlichen Fortschritt und gleichzeitig zur Katastrophe und zum Absturz, die den Ballonfahrern bei jedem Aufstieg stets von neuem drohte,[9] ein zutiefst modernes Projekt.[10] Darüber hinaus waren sie – so

8 *Herrn B. H. Brockes, L. weil. Rathsherrn der kaiserlichen freyen Reichsstadt Hamburg, Physikalische und moralische Gedanken über die drey Reiche der Natur, Nebst seinen übrigen nachgelassenen Gedichten, als des Irdischen Vergnügens in GOTT.* Neunter und letzter Theil. Hamburg 1748, S. 438 f. [= Die dritte Offenbarung].

9 Vgl. hierzu: *Im Ballon! Eine Schilderung der Fahrten des Wiener Luftballons »Vindobona« im Jahre 1882, sowie der früheren Wiener Luftschiffahrten (1791-1881), weiters Beschreibung der bedeutendsten und interessantesten Ascensionen, die überhaupt je stattgefunden haben, und endlich eine Aufzählung aller jener Luftfahrten, bei denen Menschenleben zum Opfer gefallen sind.* Hrsg. von Victor Silberer. Wien 1883. Der Herausgeber zeichnet eine Chronik der Ballon-Abstürze und kommt auf 46 Opfer, wobei er deutlich macht, daß »eine grosse Anzahl von Unglücksfällen, welche sich ereignet haben, seit der erste Ballon seinen Flug gegen die Wolken nahm, nicht allgemein bekannt geworden ist«. Vgl. S. 285-324; hier: S. 321 (Kapitel: »Die Opfer der Luftreisen«).

10 Vgl. hierzu Sabine Höhler: *Luftfahrtforschung und Luftfahrtmythos. Wissenschaftliche Ballonfahrt in Deutschland*, 1880-1910. Frankfurt a. M., New York 2001, S. 15. Darüber herrscht in der Forschung Konsens, wenngleich eine Monographie zur Flugdichtung um 1800 bisher nicht geschrieben wurde. Vgl. folgende allgemeine Auswahltitel zum Thema: Gaston Tissandier: *Bibliographie aeronautique. Catalogue de livres d'histoire, de science, de voyage et de fantaisie, traitant la navigation aérienne ou de aérostats.* Paris 1887. Repr. Nachdr. Amsterdam 1971; *Katalog der Historischen Abteilung der Ersten Internationalen Luftschiffahrts-Ausstellung (ILA) zu Frankfurt a. M. 1909. Mit 2 Tafeln und 80 Abbildungen.* Hrsg. von Dr. Louis Liebmann und Dr. Gustav Wahl. Frankfurt a. M. 1912. Repr. Nachdr. Staten Island

meine These – für Jean Paul geradezu disponiert, als Reflexionstopos in der Frage nach einer poetischen Darstellbarkeit der ›anderen Welt‹ gelten zu können. Die bis in neuere Studien hineinreichende Konstatierung eines qualitativen Genre-Bruchs zwischen den Texten *Das Kampaner Tal* (1797) und *Des Luftschiffers Giannozzo Seebuch* (1800), deren motivische Zusammengehörigkeit in der Forschung als unstrittig gilt,[11]

1997; Helene Jacobius: *Luftschiff und Pegasus. Der Widerhall der Erfindung des Luftballons in der zeitgenössischen Literatur.* Halle a. d. S. 1909; Jacob Minor: *Die Luftfahrten in der deutschen Literatur. Ein bibliographischer Versuch.* In: *Zeitschrift für Bücherfreunde* NF. 1 (1909/10), S. 64-73; Dieter Zastrow: *Entstehung und Ausbildung des französischen Vokabulars der Luftfahrt mit Fahrzeugen »leichter als Luft« (Ballon, Luftschiff) von den Anfängen bis 1910.* Tübingen 1963; Felix Philipp Ingold: *Literatur und Aviatik. Europäische Flugdichtung 1909-1927. Mit einem Exkurs über die Flugidee in der modernen Malerei und Architektur.* Basel und Stuttgart 1978; *Leichter als Luft. Ausstellung zur Geschichte der Ballonfahrt. 24. September – 26. November 1978 im Westfälischen Landesmuseum für Kunst und Kulturgeschichte in Münster.* Hrsg. von Bernhard Korzus und Burkhard Leismann. Münster 1978; Eckhard Schinkel: *»Süßer Traum der Poeten«: Der Freiballon. Zu den Möglichkeiten und Grenzen einer Motivuntersuchung.* Frankfurt a. M. 1985; Helmut Reinicke: *Aufstieg & Revolution: Über die Beförderung irdischer Freiheitsneigungen durch Ballonfahrt und Luftschwimmkunst.* Berlin 1988; Wolfgang Behringer/Constanze Ott-Koptschalijski: *Der Traum vom Fliegen. Zwischen Mythos und Technik.* Frankfurt a. M. 1991; Ute Hoffmann: *Aviation, Androids and Artificial Intelligence: The Intricate Paths of Literary Imagination and Technological Development.* Berlin 1992; Paul Wider: *Menschen und Ballone. Dokumentation zur Geschichte der Ballonfahrt in Süddeutschland und der deutschsprechenden Schweiz.* Esslingen, München 1993; Wolfgang Hädecke: *Poeten und Maschinen. Deutsche Dichter als Zeugen der Industrialisierung.* München, Wien 1993; *Fliegen und Schweben. Annäherung an eine menschliche Sensation.* Hrsg. von Dieter R. Bauer und Wolfgang Behringer. München 1997; Manfred Wenzel: *Zur Frühgeschichte der Ballonfahrt in Deutschland im Umfeld Soemmerrings (1783/84).* In: *Samuel Thomas Soemmerring in Kassel (1779-1784). Beiträge zur Wissenschaftsgeschichte der Goethezeit.* Hrsg. von Manfred Wenzel. Stuttgart, Jena, New York 1994, S. 329-352.

11 Die Literatur zur Ballonmotivik bei Jean Paul bezieht sich vor allem auf das *Seebuch*. Vgl. folg. Auswahl (der im Text nicht ausdrücklich genannten Literatur): Walter Höllerer: *Nachwort zum dritten Band der Sämtlichen Werke Jean Pauls* (I/3,1144-1147). Höllerer (ebd., 1147) weist – soweit ich sehen kann – als erster auf den Zusammenhang zwischen dem Luftschiffer Giannozzo und einer Episode im *Titan*, Albano auf der Vogelstange, hin: »Der Magister Wehmeier entdeckt den gleichsam Fliegenden auf der äußersten Spitze der Vogelstange und entsetzt sich an dem Gedanken, ›in jeder Minute

bedarf jedoch mit Blick auf das metaphorische Verfahren im Werk Jean Pauls einer Revision. Eine Studie der literarischen Bildlichkeit hat sich der Aufgabe einer Untersuchung der Mikrostruktur dieser Texte dabei nicht weniger zu unterziehen als diese im Konnotationsbereich einer »kollektiven Symbolik« zu verorten, wie sie Jürgen Link[12] für die Bal-

falle der Eleve herab [...].‹ Dieser im Kleinen ausgeführte Gegensatz wiederholt sich, übertragen, in immer neuen Varianten den Roman hindurch, bis schließlich der Luftschiffer [...] sein Dasein außerhalb des Romans verlegen und in die Haut des Giannozzo schlüpfen muß.« Horst Dahmann: *Jean Pauls Luftschiffer Giannozzo als Humorist.* Göttingen 1961; Gerhart Baumann: *Jean Paul: »Des Luftschiffer Giannozzo Seebuch«.* In: *Die Wissenschaft von deutscher Sprache und Dichtung.* Festschrift für Friedrich Maurer. Hrsg. von Siegfried Gutenbrunner, Hugo Moser u. a. Stuttgart 1963, S. 399-423; Hans Thiersch: *Die kosmischen Visionen Jean Pauls und die kosmischen Vorstellungen in der deutschen Literatur des 18. Jahrhunderts.* Göttingen 1963; Jost Hermand: *Jean Pauls »Seebuch«.* In: *Euphorion* 60 (1966), S. 91-109; Barbara Ränsch-Trill: »Den Bürgern ein Narr – der Natur ein Priester«. *Jean Pauls »Luftschiffer Giannozzo« als poetische Vergegenständlichung neuzeitlicher Bewußtseinsvorgänge.* In: *Zeitschrift für Ästhetik und allgemeine Kunstwissenschaft* 27 (1982), H. 1, S. 30-42; Eckhard Schinkel: *»Süßer Traum der Poeten«*, S. 51-79; Ulrich Klein: *Die deutschsprachige Reisesatire des 18. Jahrhunderts.* Heidelberg 1987, S. 71-98; Hans Esselborn: *»Denn der Unendliche hat in den Himmel seinen Namen in glühenden Sternen gesäet.« Die astronomische Metaphorik des Unendlichen bei Jean Paul.* In: *Geschichtlichkeit und Gegenwart.* Festschrift für Hans Dietrich Irmscher zum 65. Geburtstag. Hrsg. von Hans Esselborn und Werner Keller. Köln, Weimar, Wien 1994, S. 209-228; Annette Debold: *Reisen bei Jean Paul. Studien zu einer real- und gattungshistorisch inspirierten Theorie und Praxis des Dichters.* St. Ingbert 1998; Jochen Golz: *Welt und Gegen-Welt in Jean Pauls »Titan«.* Stuttgart, Weimar 1996, S. 82-89. – Darüber hinaus gibt es eine Reihe von allgemeinen Darstellungen zur Ballonfahrt, die Jean Paul beiläufig erwähnen, wie z. B. Helmut Reinicke: *Aufstieg & Revolution*, a.a.O., 1988; *Reisen im Luftmeer. Ein Lesebuch zur Geschichte der Ballonfahrt von 1783 (und früher) bis zur Gegenwart.* Hrsg. von Karl Riha. München 1983; Karl Riha: *Ballonreisen – Zu einigen Aspekten der Luftschifferei.* In: *Reisekultur. Von der Pilgerfahrt zum modernen Tourismus.* Hrsg. von Hermann Bausinger, Klaus Beyrer, Gottfried Korff. München 1991.

12 Link: *»Einfluß des Fliegens! – Auf den Stil selbst!«*, S. 149-164. Dieser Aufsatz ist mit wenigen Veränderungen bereits zuvor unter folg. Titel erschienen: *Riskante Bewegung im Überbau. Zur Transformation technischer Innovation in Kollektivsymbolik am Beispiel des Ballons.* In: Jürgen Link: *Elementare Literatur und generative Diskursanalyse* (mit einem Beitrag von Jochen Hörisch und Hans-Georg Pott). München 1983, S. 48-72; ders.: *Über ein Modell synchroner Systeme von Kollektivsymbolen*, S. 63-92; ders.: *Literatur-*

lonfahrt im 19. Jahrhundert reklamiert. Der im folgenden zu unternehmende interpretatorische Rekurs auf Jean Pauls vielfältige Adaptionen des Bildmaterials zur zeitgenössischen Ballonfahrt im Kontext einer an ihr zu demonstrierenden Unsterblichkeitsmetaphorik läßt Zweifel aufkommen an einer seit Kommerell tradierten Überzeugung der Forschung: daß die Schlußpassage im *Kampaner Tal* (I/4,622-626), die mit einem doppelten Ballonaufstieg der beiden Protagonistinnen (sowie des Erzählers selbst) endet, Jean Pauls in der *Vorschule der Ästhetik* notierte Definition einer »optische[n] Erhabenheit« (I/5,107) ungebrochen erfülle und somit als Feier seines Glaubens an die Zweite Welt gelten könne, während hingegen im Flug und Absturz des Giannozzo deren desillusionierte Leugnung dominiere.[13] Zumindest die aus diesen

analyse als Interdiskursanalyse. Am Beispiel des Ursprungs literarischer Symbolik in der Kollektivsymbolik. In: *Diskurstheorien und Literaturwissenschaft.* Hrsg. von Jürgen Fohrmann. Frankfurt a. M. 1988, S. 284-307.

13 Eine eingängige Interpretation des Ballonaufstiegs im *Kampaner Tal* wurde – bis auf wenige Ansätze – bisher noch nicht geleistet. Kommerells (*Jean Paul*, S. 83) Stilisierung war in der Tat für das Verständnis dieses Textes leitend: »Der Urgedanke des Todes formt sich auch andere Seelen an, und wie er selbst zwei Stufen hat, haben auch diese Seelen zwei Stufen. Er beginnt als Vernichtungsschauer: als welcher er sich in Karlsons Klage ohne Trost (Kampanertal) ausdrückt, und hebt sich auf durch den Glauben, den er der verdunkelten Seele abzwingt.« Seine Wertung des Ballonaufstiegs Giones am Ende des *Kampaner Tals* wird vom Autor selbst emphatisch durch Textellipsen kenntlich gemacht, als sei die von ihm vorgelegte Interpretation gezwungen, ihre nicht zureichenden sprachlichen Ausdrucksmittel für diesen erhebenden Augenblick selbst zur Aufführung zu bringen: Die Szene (S. 147) wird von ihm als – gleichsam göttliches – *Zeichen* charakterisiert, das nicht mehr denotierbar ist, weil es auf ein Übermaß an Bedeutungen verweist: »Das ist eine Lage als Zeichen, und wieviel Bedeutungen geben sich in diesem Zeichen auf, keine mehr für sich, keine mehr strenger Sinn, alle zusammenleuchtend: die Selbstdarbringung einer Seele, die sich erhebt, um ›in einer verhüllten Minute näher an den Sternen alte schwere Tränen einsam zu vergießen‹ [...]. Dann Erhebung, alles was dies Wort für Jean Paul in sich schließt – als der Zustand, in dem dieses Mädchen ihr Wesen erreicht, als der für Jean Paul schlechthin menschliche Zustand .. dann Jean Pauls Begriff vom Augenblick als einer Loslösung, einem gebrochenen Erdzauber .. schließlich die Zwischenlage des Menschen überhaupt, mit Seilen an den Boden gefesselt zu sein, Bereitschaft und Auffahrt, aber halbvermögende, im Blick nach den Sternen ergänzte .. und das Gesprächsthema selbst, das unirdische Licht auf dem fernen erhöhten Angesicht ...«. Jost Hermand (*Des Luftschiffers Giannozzo Seebuch.* In: Ders.: *Unbequeme Literatur. Eine Beispielreihe.* Heidelberg 1971, S. 45) liest die Schlußszene ebenfalls als Aus-

geläufigen Interpretationsmustern resultierende Annahme, daß die Bewegungsmetaphern[14] im *Seebuch* zur Horizontalen tendierten, wäh-

druck des Erhabenen: »Weltanschaulich gesehen, wirkt der hier beschriebene Ballonaufstieg wie eine Himmelfahrt im Sinne der *Night Thoughts* (1742 bis 1745) von Edward Young, die ganz im Zeichen einer ›erhabenen‹ Empfindsamkeit stehen.« Müller (*Jean Pauls Ästhetik und Naturphilosophie*, S. 28 ff.) nimmt auf den Ballonaufstieg nicht Bezug. Er verortet die Debatten über die Unsterblichkeit im *Kampaner Tal* im Kontext von Jean Pauls Jacobi-Rezeption: »Ganz im Jacobi schließt Jean Paul von dem subjektiven Faktum der ›*außerweltlichen* Anlagen und Wünsche‹ in uns auf die Existenz der zweiten Welt und auf die Existenz eines Gottes, der vollkommen alle die Zwecke verwirklicht, die den Menschen als Wunsch und Hoffnung bedrängen. Aus dem Leiden des Tugendhaften wird im Zeichen dieser Wünsche die Unsterblichkeit abgeleitet.« (S. 32). – Ebenfalls mit Rekurs auf Jacobi zeigt Buschendorf (*Jean Pauls »Kampaner Tal«*, S. 92), daß der zweifache Ballonaufstieg mit den Mitteln der Elevations- und Entkörperungsmetaphorik ein Bild optischer Erhabenheit entwerfe und damit den »poetischen – und in dieser gefühlsappellativen Form nach Jean Paul besonders validen Beweis der im Gespräch statuierten Unsterblichkeitsgewißheit« erbringe. Golz' sozialgeschichtlich orientierte Interpretation (*Welt und Gegen-Welt in Jean Pauls ›Titan‹*, S. 76) verankert diese Szene, die er im Kontext seiner *Giannozzo*-Interpretation präsentiert, zwar nicht philosophiegeschichtlich, spricht jedoch erkennbar in diesem Sinne vom Ballon-Motiv im *Kampaner Tal* als einer »Metapher der Sehnsucht«. Endres schlägt in ihrer frühen – an Staiger orientierten – Studie (*Jean Paul. Die Struktur seiner Einbildungskraft*, S. 117) vor, auf der Basis einer Analyse der temporalen Stukturen im dichterischen Verfahren Jean Pauls die produktionsästhetische »Inszenierung« der Schlußpassage, in der selbst das Mondlicht »wie ein Bühnenlicht verborgen« bleibe, von der »reinen Wonne« des Lesegenusses zu trennen. Die Autorin plädiert damit entschieden für eine nachträglich konstruierte Harmonisierung der Resultate ihrer eigenen Analyse. Monika Schmitz-Emans bezieht sich in ihrer Studie zum *Kampaner Tal* zwar nicht auf die Ballon-Passage, sondern auf den angehängten Holzschnitt-Kommentar; allerdings konstatiert sie auch für den ersten Teil die Gültigkeit einer Doppelung, die nicht nur für die Gegensätze »Ernst und Spaß« bzw. erster und zweiter Teil dieses Textes gelten, sondern: »Letztlich dominieren im »Kampaner Tal« Bilder des Kontrastes und der Spaltung überall dort, wo die Autonomie der Geisterwelt verteidigt werden soll, auch wenn die Grundstimmung des Gesprächs versöhnlich ist.« Vgl. dies.: *Bilderklärung als Transsubstantiation: Jean Pauls »Erklärung der Holzschnitte unter den zehen Geboten des Katechismus«*. In: Dies.: *Die Literatur, die Bilder und das Unsichtbare. Spielformen literarischer Bildinterpretation vom 18. bis zum 20. Jahrhundert*. Würzburg 1999, S. 161-192; hier: S. 165. Ähnlich argumentiert bereits Sölle (*Studien zum Verhältnis von Theologie und Dichtung nach der Aufklärung*, S. 243 ff.),

rend die im *Kampaner Tal* annoncierte »horizontale Himmelfahrt« (I/4,584) auf einer vertikalen Bildgebung beruhe, wird in dieser Arbeit auf dem Weg einer strukturalen Analyse des poetischen Verfahrens zu differenzieren sein. Dabei stellt sich die Frage, ob der für das *Seebuch* von der Forschung in Anspruch genommene Duktus eines modernen Erzählens sich auf der Grundlage einer Untersuchung der optischen Metaphorik nicht bereits für den ersten, bisher ausschließlich im Kontext des Erhabenen interpretierten Teil des *Kampaner Tals* konstatieren ließe.

wenn sie das Unversöhnte im »Flugsymbol« des *Kampaner Tals* hervorhebt: »Mit dieser Beschreibung des Einschiffens in den Himmel schließt ein Gespräch über die Unsterblichkeit, in dem eine ›Klage ohne Trost‹ unwiderlegt und unbeantwortet bleiben muß. Argument und Bedürfnis bleiben unversöhnt, und wenn es eine Versöhnung gibt, so kann sie nur im Bild des Auffliegens sich sagen. [...] Die ›Hülle‹ des Körpers [...], die fest angeknüpften Seile der Montgolfière, die freilassen und zurückholen, weisen auf das Unversöhnte, immer Gebundene im Bild hin, während die Bewegung der Sprache im Rhythmus, Satzbau und Wortwahl die Aussöhnung verkündigt.« Die am Ballon als »Kollektivsymbol« interessierte Studie Sabine Schmidts verfährt reduktionistisch, wenn sie die Ballonfahrt der beiden Protagonistinnen im *Kampaner Tal* auf den Geschlechterdiskurs verpflichten will, ohne die Frage der Unsterblichkeit an den Ballonflug zu binden: *Wenn Frauen in die Luft gehen. Aspekte eines Kollektivsymbols bei Jean Paul, August Lafontaine und Adalbert Stifter.* In: *Korrespondenzen.* Festschrift für Joachim W. Storck aus Anlaß seines 75. Geburtstages. Hrsg. von Rudi Schweikert in Zusammenarbeit mit Sabine Schmidt. St. Ingbert 1999, S. 175-200.

14 August Langen hat in seiner wegweisenden Studie 1948/49 Jean Pauls *Seebuch* mit Verweis auf die Weltraumbilder in Klopstocks *Messias* als einen Höhepunkt der Geschichte »durchseelte[r] Bewegungslandschaft« ausgewiesen: »Namentlich der Gewittersturm des Schlusses, in dem der Held zugrunde geht, übersteigert dieses Mittel zu einem Fortissimo von seltener Kraft, wiederum Dynamik des Motivs und der sprachlichen Formung vereinend. Erst in der Ausdruckskunst des 20. Jahrhunderts kehrt Ähnliches wieder.« (*Verbale Dynamik in der dichterischen Landschaftsschilderung des 18. Jahrhunderts*. In: *Landschaft und Raum in der Erzählkunst*. Hrsg. von Alexander Ritter. Darmstadt 1975, S. 112-191; hier: S. 179).

IV.1. Satirische Weltfahrt: Jean Pauls Rezeption barocker Flugdichtung und der Ballon-Satire im 18. Jahrhundert

Seit den Frühschriften kann für Jean Pauls Werk die Adaption der Bild-Variante »satirische Weltfahrt« mit deren implizierten theologischen Anspielungen – wie z. B. der des »Eliaswagens«[15] – nachgewiesen werden. Sie bleibt, bei zunehmender Übertragung des motivischen Arsenals der Flugphantasien in das poetische Verfahren selbst, auch in den späteren Texten weitgehend präsent. Eine bereits in den frühen (Mitte der 80er Jahre geschriebenen) Briefen Jean Pauls zu belegende Verwendung des Ballonbildes auf der Grundlage des zeitgenössischen Wissens wie der Höhenphysiologie[16] und der in Journalen verbreiteten Satiren auf das kriminelle Potential eines grenzüberschreitenden Vehikels der Luft oder auf die französische Haute-Couture der Ballonmode[17] sind

15 Brief an die Brüder Otto vom Juli 1786 (SW III/1,216). – Vgl. auch Georg Christoph Lichtenberg: *Vermischte Gedanken über die aërostatischen Maschinen* (1783). In: *Schriften und Briefe*, Bd. 3, S. 63-75; hier: S. 72 f.: »Da man heutzutage ein so großes Verdienst darin sucht, die Wunder aus der Bibel weg zu erklären, so gebe ich zu bedenken, ob nicht das von der Himmelfahrt des Elias ebenfalls hierdurch wegerklärt werden könnte. Denn ein *feuriger* Wagen und ein *inflammabler* differieren nicht mehr als die Wörter flammans und inflammabilis, und beides könnte wohl im Hebräischen mit einem einzigen Worte ausgedruckt werden. Daß Elias seinen Mantel fallen ließ, setzt die Sache fast außer Zweifel. Professor Charles warf seine Überröcke auch herunter, um desto schneller zu steigen.« (Herv. i. Orig.). Vgl. den Artikel *Wieder etwas über die Luftschiffahrt*: in: *Das Graue Ungeheuer*. Bd. I-XII. Hrsg. von Wilhelm Ludwig Wekhrlin. Nürnberg 1784-1787, Bd. 2, Nr. 5, Mai 1784, S. 148-150; hier: S. 148 (im folg. zit. als: *GU*: Artikel, Band, Nummer, Jahrgang, Seite): »Was ich an der Montgolfiere des Propheten Elias bewundere, ist, daß sie weder Wälder noch Scheunen anzündete, ungeachtet sie mit flammenden Segeln fuhr.«

16 Als Disziplin etablierte sich die Höhenphysiologie erst Mitte des 19. Jahrhunderts: Stefan Cüppers: *Die geschichtliche Entwicklung der Höhenphysiologie und ihre Bedeutung für die Luftfahrtmedizin bis 1961*. Aachen 1994.

17 In den *Berlinischen Nachrichten von Staats- und gelehrten Sachen* findet sich in einem Bericht aus Paris vom 4. September 1783 folgende Nachricht: »Wir haben schon Kopfzeuge (Hüte) und Besätze zu Damenkleidern à la Montgolfier und au ballon volant.« Zit. nach: *Die Pioniere der Ballonfahrt. Zeitgenössische Berichte aus dem Jahre 1783* (= Beiträge zur Geschichte der Ballonfahrt, Bd. 7). Hrsg. von Peter P. E. Günther. Berlin 1994, S. 5. – Zur Ballon-Manie in der Pariser Modewelt (und deren satirischer Kritik in Deutschland) gibt auch Jacobius (*Luftschiff und Pegasus*, S. 124) mehrere

durchaus als Fingerübungen einer *ars combinatoria* zu lesen, die hochgradig perfektioniert in den späteren Texten wieder aufzufinden ist. Zu ihnen gehören auch kleinere Beiträge wie der in den frühen Satiren enthaltene Text *Habermanns große Tour* (1789; II/2,123-148), die direkt aufs Zeitgeschehen Bezug nehmende Schrift *Über die erfundne Flug-Kunst von Jakob Degen in Wien* (1808; II/3,278-284),[18] die in den

Belege. Vgl. auch die in einem Brief Jean Pauls an die Brüder Otto vom 26. Dezember 1785 (SW III/1,187; Herv. i. Orig.) mitgeteilte Anekdote: »Die Madame X. wurde als schwanger gotloser Weise beim Stadtvogt angegeben; sie hat aber ihre Unschuld glüklich ins Licht gesezt und demselben gezeigt, daß die ganze Sache nur ein ganz neumodischer cu de Paris *von vornen* wäre. Man hat Ursache zu glauben, daß es mit allen unsern Damen, die nach der Mode sich *tragen*, auch nicht anders ist«; vgl. Brief an Hermann vom 16. Mai 1786 (SW III/1,210): »Ich wolt', ich hätte das beste Luftschif unter allen. Nicht etwan, weil [ich] alsdan die besten Untersuchungen über die Beschaffenheit der obern Luft anzustellen vermöchte. Auch nicht [wegen] der Aussicht von oben herunter. Schwerlich würd' ich mich auch deswegen blos einschiffen, um einzubrechen und dies und das zu stehlen. Und wenn es noch irgend einen Nuzen giebt, den das Luftschif hat: so, wolt' ich wetten, thät' ichs seinet wegen nicht, aber ich würde mich einsezen, um bei Ihnen angefahren zu kommen«; vgl. Brief an Schreinert vom 22. November 1789 (SW III/1,278): »Wären Luftschiffe bessere Kabriolets: so wär' ich mit einer solchen Luftgondel oben vor Ihrem Fenster angelandet und [hätte] von den 2 Freunden den einen wiedergefunden, da der andre ienseits der Erde ist.«

18 Degens Versuche sind dokumentiert in seiner Schrift *Beschreibung einer neuen Flugmaschine von Jakob Degen, bürgerlichem Uhrmacher.* Mit einer Kupfertafel. Wien 1808. Vgl. auch die zeitgenössische Schrift *Die Kunst zu fliegen oder Geschichte aller Luftfahrten von Dädalus bis auf die neuesten Versuche in Wien 1808*. Mit zwei Kupfern. Wien 1808. (Diese Studie spannt den Bogen von Zambeccaris Ballon bis zu Degens Flug-Maschine); Johann Joseph Prechtl: 1. *Etwas über die Flugmaschine des Herrn Degen in Wien.* Geschrieben zu Brünn am 10ten October 1808. 2. *Ueber Degens's neuesten Flugversuch in Verbindung mit einem Luftballon.* Aus einem Briefe an den Prof. Gilbert. Wien den 15ten Nov. 1808. In: *Annalen der Physik*, Bd. 30. Halle 1808. S. 320-329; Johann Christoph Stelzhammer: *Ueber die Flugmaschine des Uhrmachers Jakob Degen in Wien.* Mit einer Tafel. In: *Annalen der Physik*. Bd. 30, Halle 1808, S. 1-9. Die Degensche Flugmaschine hatte keineswegs nur für Jean Paul einen zweifelhaften Ruf: Minor (*Die Luftfahrten in der deutschen Literatur*, S. 69) zitiert z. B. aus einem Brief Uhlands vom 23. April 1812 an Kölle: Sie »ist bereits zusammengeschlagen, nachdem angesehene Personen dieselbe in Augenschein genommen«. Eine Biographie dieses vielseitigen Erfinders, der u. a. auch den Banknotendruck revolutionierte, wurde bisher noch nicht geschrieben. Jakob Degens (1760-1848) und

Herbst-Bluminen erschienenen *Landnachtverhandlungen mit dem Manne im Monde, samt den vier Präliminarkonferenzen* (1817; II/3,585-618) sowie auch *Die Wunderbare Gesellschaft in der Neujahrsnacht* (1801; I/4,1121-1138), wo das Ballon-Motiv in der Assoziation eines Totenschiffes auftaucht. Alle diese Texte adaptieren die technologische Neuerung der Ballonfahrt in Kenntnis der langen Tradition des Motivs der satirischen Weltfahrt. Diese konnte Jean Paul aus dem Planetenroman im Barock, etwa von Cyrano de Bergeracs *L'Histoire Comique des Estats et Empires de la Lune* (1656)[19] oder von dem bei Grimmelshausen – auf der Vorlage von Francis Godwins *The Man in the Moone* (London, 1638) – überlieferten satirischen Roman *Der Fliegende Wandersmann nach dem Mond* (1659)[20] beziehen, gleichermaßen von deren

Samuel Johann Paulis (1766-1821) spektakuläre Flugversuche fanden erst nach Jean Pauls Niederschrift des *Seebuchs* – in den Jahren 1804/05 – eine Öffentlichkeit. Daß Jean Paul später *Degens* mißglückte Aufstiege und nicht die Lenk-Experimente Paulis adaptierte, zeigt, daß er diesen wahrscheinlich nicht kannte. Denn gerade die Flexibilität, sich auch namentlich über die Ländergrenzen hinwegzusetzen, hätte den Flugkonstrukteur und Aeronauten zu einem dankbaren Satireobjekt prädestiniert: Pauli nannte sich nach dem Sieg der Franzosen in Bern am 5. März 1798 fortan »Jean Pauly«. Vgl. hierzu Hans Rudolf Degen: *Samuel Johann Pauli* (1766-1821). In: *Pioniere. Schweizer Pioniere der Wirtschaft und Technik.* Hrsg. vom Verein für wirtschaftshistorische Studien. Meilen 1996, S. 27-38; hier: S 28; vgl. ebd. den Artikel desselben Autors über Jakob Degen, S. 9-26.

19 Cyrano de Bergerac: *L'Histoire Comique des Estats et Empires de la Lune* (1656). In: *Les Œuvres Libertines de Cyrano de Bergerac.* Parisien (1619-1655). Précédées d'une notice biographique par Frédéric Lachèvre. Tome Premier (= I. *Les Estats et Empires de la Lune* (texte intégral, publiée pour la première fois d'après les manuscrits des Paris et de Munich, aves les variantes de l'imprimé de 1657. II. *Les Estats et Empires du Soleil.* Reprint Genève 1968, S. 3-99.

20 Vgl. zur Editionsgeschichte Dieter Breuer: *Grimmelshausen-Handbuch.* München 1999, S. 167-169; hier: S. 167: »Die deutsche Übersetzung [des Godwin-Romans] erschien unter dem Titel *Der Fliegende Wandersmann nach dem Mond* erstmals 1659 in Wolffenbüttel und wurde 1667 von Grimmelshausens Nürnberger Verleger Wolff Eberhard Felßecker nachgedruckt.« (Von dieser Ausgabe sind 10 deutsche Ausgaben bekannt; vgl. die mir zugängliche: Francis Godwin [und Jean Boudoin]: *Der fliegende Wanders-Mann nach dem Mond oder eine gar kurtzweilige und gar seltzame Beschreibung der Neuen Welt des Mondes, wie solche von einem gebohrnen Spanier mit Namen Dominico Gonsales, beschrieben, und der Nach-Welt bekandt gemacht worden ist.* Nürnberg (Felßecker) 1699). Bereits Eduard Berend (*Jean Pauls Ästhetik.* Berlin 1909, S. 58) hat auf das Interesse Jean

Adaptionen und Neubearbeitungen im 18. Jahrhundert: vor allem von Jonathan Swifts an Godwin und Cyrano de Bergerac orientierten *Gulliver's Travels* (1726).[21] Nach dem ersten Aufstieg der Montgolfieren erschienen zudem zahlreiche Neubearbeitungen oder geringfügig veränderte Neuauflagen wie etwa Gottfried August Bürgers (unter Mitwirkung Lichtenbergs) 1786 (2. Aufl. 1788) herausgegebene Fassung der Abenteuer Münchhausens,[22] auf die direkt in der *Wunderbaren Gesellschaft in der Neujahrsnacht* angespielt wird (vgl. I/4, 1137; dazu den Kommentar S. 1124). Zu ihnen gehört auch Eberhard Christian Kindermanns *Beschreibung einer geschwinden Reise auf dem Luftschiff nach der obern Welt*, das 1744 mit Bezugnahme auf das Luftschiff-Projekt des Jesuitenpaters Franceso Lana entstanden war und im Jahre 1784 mit dem Titelzusatz *Als ein Beytrag zu der gegenwärtigen neuern Erfindung der Herren Montgolfiér und du Rosiér* neu publiziert wurde.[23] Wilhelm Naucks Satire auf die ständische Gesellschaft in

Pauls an Grimmelshausen (neben Fischart, Rollenhagen, Abraham a Santa Clara) hingewiesen und dessen Exzerpte aus dem *Simplizissimus* herausgestellt. Die von Jean Paul benutzte Ausgabe konnte von Müller (*Exzerpte*, S. 244) nicht verifiziert werden. Er nimmt die zweite Ausgabe von 1669 an (die erste erschien ein Jahr zuvor): Weitere Ausgaben erschienen (nach Breuer: *Grimmelshausen-Handbuch*, S. 25 f.) in den folg. Jahren nach 1671; die verschiedenen Bände der Gesamtausgabe, die auch die deutsche Übersetzung von Godwins Roman enthielt, in den Jahren 1683-1685, 1699, 1713; vom Herausgeber Wagenseil gekürzte bzw. bearbeitete Ausgaben: 1779, 1785 und 1790.

21 Jonathan Swift: *Gulliver's Travels* (1726). In: *The Prose Works of Jonathan Swift*, D. D. Edited by Temple Scott, with a biographical introduction by W. E. H. Lecky. 12 Volumes. London 1897-1908, Bd. 8 (edited by G. Ravenscroft Dennis). London 1905.

22 Gottfried August Bürger: *Wunderbare Reisen zu Wasser und Lande, Feldzüge und lustige Abentheuer des Freyherrn von Münchhausen, wie er dieselben bey der Flasche im Cirkel seiner Freunde selbst zu erzählen pflegt.* Aus dem Englischen nach der neuesten Ausgabe übersetzt, hier und da erweitert und mit noch mehr Kupfern gezieret. London 1786. Erstmaliger wortgetreuer Abdruck der ersten Übersetzung Gottfried August Bürgers von 1786 (ohne die Kupfer), vermehrt um ein Nachwort von Dr. Erich Hegenbarth. Leipzig 1925.

23 Eberhard Christian Kindermann [Anonym]: *Beschreibung einer geschwinden Reise auf dem Luftschiff nach der obern Welt. Als ein Beytrag zu der gegenwärtigen neuern Erfindung der Herren Montgolfiér und du Rosiér.* Mit einem Kupfer. Frankfurt, Leipzig 1784. Die frühere Ausgabe von 1744 erschien unter dem Titel: *Die geschwinde Reise auf dem Lufft-Schiff nach*

Form einer utopischen Reise mit dem Luftschiff in eine imaginäre Republik unter dem Titel *Wunderbare Reise ins Land Rerum* (1786)[24] oder Adolph Freiherr von Knigges Satire auf die Popularität der Vorführungen des Luftschiffers Blanchard mit dem Titel *Die Reise nach Braunschweig* (1792)[25] sind eher der großen Anzahl von Ballonfahrt-Dichtungen zuzurechnen, die in den Jahren nach dem Ereignis der ersten Auffahrt den Buchmarkt und die Bühne auch in Deutschland überschwemmten.[26]

Die meisten unter ihnen können einer der beiden Fraktionen zugeordnet werden, die entweder (wie die satirischen Warner vor den möglichen katastrophischen Folgen der Ballonfahrt und die Kritiker einer Hybris des Fliegens) das ikarische Modell eines Absturzes vertraten oder (wie die Parteigänger eines – wie immer auch persiflierten – Unsterblichkeitsversprechens) die Variante eines technologisch ermöglichten Entschwebens in die andere Welt. Beide sind in das *Seebuch* eingegangen und haben ihre Vorbilder in zahlreichen zeitgenössischen Satiren, die auf den Dädalus-Mythos sowie u. a. auch auf den Gnostiker Simon Bezug nehmen konnten: Die in den Apokryphen des Petrus überlieferte Geschichte vom Fall des fliegenden Magiers, der im Wettstreit mit dem Vertreter Gottes abstürzt und sich die Knochen bricht, wurde zum Genossen des Teufels und zum Inbegriff des Häretikers

der obern Welt, welche jüngsthin fünff Personen angestellet, um zu erfahren ob es eine Wahrheit sey, daß der Planet Mars den 10. Jul. dieses Jahrs das erste mahl, so lange die Welt stehet, mit einem Trabanten oder Mond erschien?

24 Wilhelm Nauck [Anonym]: *Wunderbare Reise ins Land Rerum.* Mit Titelvignette und 1 Kupfer. Philadelphia (= Leipzig) 1786.

25 Adolph Freiherr von Knigge: *Die Reise nach Braunschweig; ein comischer Roman.* Hannover 1792. Nach der Erstausg. hrsg. von Paul Raabe. Illustriert von Anneliese Kohring-Kieselbach. Kassel 1972: desgl. in ders.: *Sämtliche Werke.* In Zusammenarb. mit Ernst-Otto Fehn, Manfred Grätz, Gisela von Hanstein und Claus Ritterhoff hrsg. von Paul Raabe. Photomechanischer Nachdr. der Erstausg. nach den Exemplaren der Stadt- und Universitätsbibliothek Bern, Abteilung I, Bd. 7, München 1992.

26 Das Motiv des Luftschiffs auf dem Theater in den Jahren nach dem ersten Aufstieg wäre eine eigene Untersuchung wert. Vgl. unter vielen anderen z. B. Friedrich Gustav Hagemann: *Die Luftkugel. Ein Beytrag zur Bibliothek theatralischer Schnurren. Aus einer Geschichte unseres aerostatischen Jahrhunderts gezogen.* Hamburg 1784; *Arien auf den Luftballon. In einer Operette von drey Aufzügen. Hrsg. am 24. August 1786, also an dem Tage der Luftreise des Freyherrn von Luetgendorf. Nebst einem Sinnbilde des deutschen Künstlers.* Friedberg 1786.

deklariert. Seine dämonologische Interpretation[27] kann als paradigmatisch für den europäischen Raum gelten und ist in die Konzeption der teuflischen Giannozzo-Gestalt zumindest mit eingegangen. Es ist nicht verwunderlich, daß mythische und christliche Überlieferungen[28] nach dem ersten Ballonaufstieg in den Status möglicher Deutungsmuster dieser Neuerung einrückten. In seinem in der *Berlinischen Monatsschrift* von 1784 erschienenen Artikel *Ueber die Erfinder der Luftmaschinen* bezieht sich Prévost auf das Beispiel eines Luftschiffers mit Namen Johann Baptist Dante »mit dem Zunamen Dädalus, aus Perugia gebürtig«.[29] Dieser hätte sich Flügel gemacht und bereits diverse Male

27 In der apokryphen Apostelgeschichte wird der Magier Simon als Mann verurteilt, der glaubt, für das Empfangen des Heiligen Geistes Geld nehmen zu können. Vgl. hierzu: Wolfgang Behringer: *Ars Volandi. Gedankenspiele im Umfeld einer europäischen Debatte der Neuzeit.* In: Bauer; Behringer (Hrsg.): *Fliegen und Schweben*, S. 16-36; hier: S. 17; vgl. auch Walter Nigg: *Das Buch der Ketzer.* Zürich 1986, S. 30; Louis Sébastien Mercier (*Le Ballon-Montgolfier.* In: Ders.: *Mon Bonnet de Nuit.* Tome II. Neuchatel 1784. Texte établi et annoté par Jean-Claude Bonnet, Pierre-François Burger, Shelly Charles, Paul-Édouard Levayer, Jean-Pierre Perchellet, Françoise Waquet. Mercure de France 1999, S. 555-571; hier: S. 555) weist auf Simon im Rahmen seiner Aufzählung der Vorbilder der neuen Aeronauten hin: »On connait Simon le Magicien, qui s'éleva fort haut aux yeux du peuple romain; mais un apotre chrétien le fit tomber, et il se cassa le col.«

28 Hierzu vgl. z. B. Karl Graf von Klinckowstroem: *Zur Vorgeschichte der Luftschiffahrt.* München 1902; ders.: *Luftfahrten in der Literatur.* In: *Zeitschriften für Bücherfreunde.* NF. 3 (1911/12), S. 250-264; Minor: *Die Luftfahrten in der deutschen Literatur*, S. 64-73; Friedrich Panzer: *Das Flugproblem in Mythos, Sage und Dichtung.* In: *Wissenschaftliche Vorträge, gehalten auf der Internationalen Luftschiffahrtsausstellung zu Frankfurt a. M. 1909.* Berlin 1910, S. 118-134; Aby Warburg: *Luftschiff und Tauchboot in der mittelalterlichen Vorstellungswelt. (Burgundische Teppiche mit Darstellungen der Alexandersage im Palazzo Doria in Rom).* In: *Illustrierte Rundschau*, Nr. 52. Beilage des Hamburger Fremdenblattes vom 2. März 1913. – Neuere Untersuchungen: P. Nilson: *Winged man and flying ships. Of Medieval Flying Journeys and eternal Dreams of Flight.* In: *Georgia Review*, Vol. 50, Iss. 2, 1996, S. 267-296; vgl. unter anderen Beiträgen des Sammelbandes Bauer/Behringer (Hrsg.): *Fliegen und Schweben*, a.a.O., 1997: Constance Ott-Koptschalijski: *Fahren im Luftmeer. Überlegungen zu mittelalterlichen Luftschiffergeschichten bei Agobard von Lyon, Gervasius von Tilbury und Nicole Oresme*, S. 88-110; Peter Dinzelbacher: *Ekstatischer Flug und visionäre Weltschau im Mittelalter*, S. 111-145.

29 Pierre Prévost (*Ueber den Erfinder der Luftmaschinen.* Deutsch von Martin Heinrich Klaproth. In: *Berlinische Monatsschrift* 1784, 1, S. 129-142; hier:

mit Erfolg den Thrasymenischen See überflogen, als er seine Kunst jedoch öffentlich zeigen wollte, aber das Unglück gehabt, »daß das Eisen an einem seiner Flügel brach. Er fiel auf eine Kirche nieder, und zerbrach sich die Lende; doch blieb er am Leben«. Wie mythenbildend diese ikarische Erzählung gewirkt haben muß, zeigt der Hinweis Prévosts, daß sie bereits von Francesco Lana und ebenfalls von Pierre Bayle erwähnt worden sei. Dieses ikarische Modell wurde unendlich oft variiert und erzielte mit dem mißlungenen Aufstieg des Barons von Lütgendorf, der bereits 1784 zum ersten Mal eine unbemannte Luftkugel in Augsburg gezeigt hatte,[30] eine stattliche Anzahl von Satiren wie mit dem Titel *Testament, Leichen-Kondukt und Grabschrift des zu Augsburg gebohrnen und zu Gersthofen erblaßten Erdlieb Luftballon*[31]

S. 131) verweist in der Anmerkung auf des »Oldoini Werk über die Gelehrten aus Perugia, unter dem Titel: Athenaeum Augustum Perug. 1678. 4, welches im Journal des Savans vom genannten Jahre S. 459 angezeigt ist«. Prévost nennt Bayle, der die Geschichte des Dädalus aus Perugia auf das 15. Jahrhundert datiert habe, wohingegen Lanas Ausdruck »zu unseren Zeiten« eher darauf schließen lasse, »daß dieser Dante nicht so alt ist«. Auch Mercier weist in einem Nebensatz auf diese – von Bayle übernommene – Quelle hin. Vgl. Mercier: *Le Ballon-Montgolfier*, S. 556; ebenso Gabriel Christoph Benjamin Busch im Artikel »Luftschiffkunst, Aeronautik«, den Jean Paul nachweislich (vgl. Müller: *Exzerpte*, S. 219) zur Kenntnis genommen hat. Vgl. Busch: *Versuch eines Handbuchs der Erfindungen*. Erster Theil, S. 382 f.; vgl. auch *Bayle*: Artikel »Dantes (Johann Baptista)«, Bd. 2, S. 262).

30 Einen genauen (satirischen) Bericht über diese Ereignisse vom 23. 8. bis zum 4. 9. 1786 gibt das *Graue Ungeheuer* (*GU*, Bd. 8, Nr. 23, 1786, S. 105-125) unter dem Titel »Briefe über die große Mystification zu Augsburg, oder die Lütgendorfische Luftfahrt«. Diesem Bericht folgte (ebd., S. 138-142; hier: S. 141) ein Nachtrag (»Noch ein Brief über Lütgendorf«), in dem es schadenfroh heißt: »Lütgendorf ist in allen Elementen unglücklich. Er wollte einst auf dem Wasser gehen; und man mußte ihm zu Hilf kommen, sonst ertrank er«. Schließlich nahm man ihm (ebd.) übel, daß er trotz seines Mißerfolgs »unverschämt« sei: »Während der ganzen Scene trank er Burgunder; und ungeachtet er mit dem öfentlichen Spott des Publici gebrandmarkt war, so erschien er des Abends in der Komoedie.«

31 Der vollständige Titel lautet: *Testament, Leichen-Kondukt und Grabschrift des zu Augsburg gebohrnen und zu Gersthofen erblaßten Erdlieb Luftballon, von ihm selbst noch vor seinem Ende zu Papier gebracht und veranstaltet; izt aber von einem seiner Erben zum öffentlichen Druck befördert* [Gersthofen] 1787: »Im Namen der Wind-Götter« werden dort (beglaubigt von »Leichtglaub Edler v. Vorwitz, geschworner Notarius«) alle diejenigen

(1787), die die konzeptionelle Anlage des *Seebuchs* – eine Teilung in ein schriftliches Testament des Giannozzo und in dessen herausgeberisches Postscriptum durch Graul *alias* Leibgeber – zumindest angeregt zu haben scheint.

In den Jahren kurz nach Erfindung der Montgolfiere blieb kaum ein tagespolitisches Ereignis ohne Bezug auf die technologische Revolution und deren realitätsverändernde Folgen: Als beliebteste Requisite hielt sie Einzug in die Theater, im Wissen darum, daß jedem Zuschauer die Parallele eines zerplatzenden Ballons mit einer ökonomischen oder politischen Katastrophe auf Anhieb einleuchtete. Zu den ›Events‹ der Zeit gehören unter anderem die von einem Autor des *Grauen Ungeheuers* 1784 (*Anekdote. Luftbälle*) erwähnte Aufführung des Theaters zu Drurylane, wo zur Zeit der Katastrophe der Caisse d'Escompte auf der Bühne ein prächtiger Saal voller Zahltische vorgestellt wurde, der sich mit seinem gesamten Personal und Mobiliar in einen riesigen aerostatischen Ball verwandelt.[32] Das satirische Inventar der Luftschiffahrt ist voller Beschreibungen, die das katastrophische Potential der Montgolfiere mit ihrer derealisierenden Wirkung in Verbindung bringen. Von vornherein ist die avisierte Omnipotenz eines im Luftschiffer sich verkörpernden Weltenschöpfers an die Phantasmagorie ihres Gegenteils geknüpft: an die Möglichkeit, daß der Aerostat – wie z. B. in Musäus' *Freund Heins Erscheinungen in Holbeins Manier*[33] (1785) oder in Kleists Pariser Brief an Luise von Zenge vom 16. August 1801[34] – aufs engste an die Vorstellung des im Alltag stets gegenwärtigen Todes ge-

zu Haupterben eingesetzt, »die mir in meinem Leben so oft zu Lieb auf die sieben Tische und nach Gersthofen ganz geduldig nachgelaufen sind«. Unter den 31 abzuführenden Legaten ist z. B. folgendes genannt: »Beeden diesen Herren miteinander [d. i. den Leibärzten] die Luftpumpe [...]« oder das »große Obernetz dem ehrenwürdigen Frauenvolk, um Fang-Garn daraus zu machen«. In diesem Sinne erschienen weitere satirische Pamphlete wie z. B. *Anatomierung des in Gersthofen erblaßen Erdlieb Luftballon*. [Gersthofen] 1787.

32 Artikel »Anekdote. Luftbälle«. In: *GU*, Bd. 2, Nr. 4, April 1784, S. 8 f.

33 Johann Rudolf Schellenberg [d. i. Johann Carl August Musäus]: *Freund Heins Erscheinungen in Holbeins Manier*. Winterthur 1785. Eine neue Auflage erschien in Mannheim 1803. Die 4. Erscheinung Freund Heins (S. 28 ff.) beschreibt (incl. Kupferstich) unter der Überschrift »Der Aerostat« den Absturz eines in Brand geratenen Luftballons.

34 »Bei dem Friedensfest am 14. Juli«, so schreibt er, »stieg in der Nacht ein Ballon mit einem eisernen Reifen in die Höhe, an welchem ein Feuerwerk befestigt war, das in der Luft abbrennen, und dann den Ballon entzünden sollte. Das Schauspiel war schön, aber es war voraus zu sehen, daß wenn der

bunden wird, nicht weniger aber an die beunruhigende Erfahrung eines Wirklichkeitsverlustes, der sich als Weltverlust präsentiert. Und nicht immer kann diese Erfahrung des 18. Jahrhunderts satirisch gewendet werden wie in der weitverbreiteten Anekdote jenes alten Physiker-Onkels, der sich mit der Erfindung der aerostatischen Kugel beschäftigt habe und dem dann eine irrtümlich mit brennbarer Luft gefüllte Klistierspritze als Medikation gegen Koliken zum Verhängnis geworden sei. Wieland erzählt sie in der Abhandlung *Aeropetomanie* (1783)[35] und erwähnt ebenso wie die 1784 erschienene Satire *Der Gebrüder Montauciel Reise auf dem Luftballon*[36] den aufgequollenen Bauch des Opfers, das »sich bis an die Decke« erhoben, dann ein paar Touren im Zimmer gemacht und schließlich »wie ein Vogel zu einem unglücklicherweise offnen Fenster« hinausgeflogen sei. In *Montauciels Reise* bleibt die Geschichte im wesentlichen unverändert – mit der allerdings nicht unbedeutenden Variante, daß das Hinausschweben aus dem offenen Fenster wie eine Geburt in eine andere Welt beschrieben wird, die den Verlust der gerade verlassenen durchaus aufzuwiegen weiß. Die Erzählung seines Schicksals läßt den betagten Onkel schlußfolgern, daß er die Verjüngung seines »alte[n] baufällige[n] Körper[s] mittels

Ballon in Feuer aufgegangen war, der Reifen auf ein Feld fallen würde, das vollgepfropft von Menschen war. Aber ein Menschenleben ist hier ein Ding, von welchem man 800 000 Exemplare hat – der Ballon stieg, der Reifen fiel, ein paar schlug er tot, weiter war es nichts.« Vgl. Brief Heinrich von Kleists an Luise von Zenge vom 16. August 1801. In: Ders.: *Sämtliche Werke und Briefe*. Hrsg. von Helmut Sembdner. Darmstadt 1962, Bd. 2, S. 68-691; hier: S. 686.

35 Christoph Martin Wieland: *Die Aeropetomanie* (1783). In: *Sämmtliche Werke*. Bd. X (= Bd. 30: Vermischte Aufsätze), S. 1-39; hier S. 37 ff.

36 *Der Gebrüder Montauciel Reise auf dem Luftballon oder Begebenheiten zweyer Franzosen, die auf einem Luftballon in die Höhe geschickt wurden, und bis in den Mond kamen. Beschrieben von ihnen selbst.* Uebersetzt durch Tintinum Federum. Wien 1784, S. 28 ff. Die Satire erwähnt, daß der Onkel auf dem Mond landet und eine dort vorhandene Flaschengalerie kennenlernt, in der – in einer Reminiszenz an Ariosts *Orlando furioso* (1532) – der verlorene Verstand der Erdbewohner aufbewahrt wird (S. 44 ff.). Diese Variante findet sich z. B. auch bei Gottlieb Wilhelm Eckhardt: *Montgolfiers Luftball. Eine poetische Deklamation*. Berlin 1784, S. 23. Die Mondbesucher treffen vornehmlich auf den verlorenen Verstand der Deutschen, wie den der Rezensenten, Frauenzimmer, Liebhaber, Dichter und Philister, der im *Giannozzo* nicht auf dem Mond, sondern gerade auf der Erde zu suchen ist. Das Vorbild des Ariost wird explizit erst 1817 in der Neujahrsschrift *Landnachtverhandlungen mit dem Manne im Monde, samt den vier Präliminarkonferenzen* (II/3,585-618; hier bes. S. 598 f.) von Jean Paul adaptiert.

eines Klistiers mit brennbarer Luft« der Erfindung der Montgolfieren verdanke. Von den wenigsten wird die Erfahrung des technologisch ermöglichten Weltverlusts mit vergleichbar satirischem Leichtsinn in einen Jungbrunnen und Quell der Potenz uminterpretiert. Es überwiegt das ikarische Modell auch dort, wo die Ballonfahrt als Bildspender für eine Metaphorik der Unsterblichkeit genutzt wird: Pragmatisch geriert sich Lichtenbergs Prognose als Beantwortung der Frage, inwiefern ein von Pferden gezogener Luftwagen dem Dichter nützen möge: »Daß sich die Seele erhebt, wenn der Leib erhoben wird, ist demonstriert«, argumentiert der Autor der *Vermischten Gedanken über die aërostatischen Maschinen*, »so wie wenn der Leib stürzt, die Seele gemeiniglich auch nicht zurücke bleibt.«[37]

IV.2. »Globe de compression«: Experimentalkraft des bildlichen Witzes

Heinz Brüggemann beruft sich in einem Aufsatz über die Korrespondenzen zwischen Jean Pauls *Seebuch* und Lichtenbergs Abhandlung *Vermischte Gedanken über die aërostatischen Maschinen*[38] (1783) auf die Vergleichbarkeit des Ähnlichkeiten schaffenden Witzes mit der »Denkform des Metaphorisierens« und geht somit über eine Konstatierung der motivischen Aneignung der satirischen Tradition hinaus. Zwar nimmt er auf den einschlägigen Witzparagraphen in Jean Pauls *Vorschule der Ästhetik* an keiner Stelle Bezug, trifft jedoch gleichwohl dessen definitorischen Kern: Der »im Blick von oben plötzlich Ähnlichkeiten ent-deckende Witz«[39] werde im *Seebuch* aufgegriffen durch

37 Lichtenberg: *Vermischte Gedanken über die aërostatischen Maschinen*, S. 74.

38 Heinz Brüggemann: *Das Inventarium neu erworbner Kenntnisse und das leichte Corps der Phantasie. Georg Christoph Lichtenberg: »Vermischte Gedanken über die aërostatischen Maschinen« und Jean Paul: »Des Luftschiffers Giannozzo Seebuch«. Kleiner Versuch über Poesie und Wissenschaft um 1800*. In: *Poesie als Auftrag. Festschrift für Alexander von Bormann*. Hrsg. von Dagmar Ottmann. Würzburg 2001, S. 29-42; hier: S. 37. Zum Thema vgl. auch Brüggemann: *Luftbilder eines kleinstädtischen Jahrhunderts. Ekstase und imaginäre Topographie in Jean Paul: »Des Luftschiffers Giannozzo Seebuch«*. In: *Die Stadt in der europäischen Romantik*. Hrsg. von Gerhart von Graevenitz. In Verbindung mit Alexander von Bormann, Walter Hinderer, Gerhard Neumann, Günter Oesterle und Dagmar Ottmann. Würzburg 2000, S. 127-182.

39 Vgl. im folg. Brüggemann, *Das leichte Corps der Phantasie*, S. 40 f.

»eine kombinatorische Phantasie, die die spätaufklärerische Satire in einer Ornamentalästhetik zur romantischen Groteske und Arabeske fortbildet«. Einem solchen antimimetischen Akt entspreche, daß das »Luft-Schiffs-Journal« eine experimentelle Haltung, ja »gelegentlich ganz direkt die Haltung experimenteller Naturwissenschaft selber« einnehme. In der Tat ist diese ›Experimentalhaltung‹ auch in der *Vorschule der Ästhetik* (Paragraph 50) als eine Eigenschaft des Witzes ausgewiesen, der anders als die Poesie, die lieber das Tote beseele, »lieber das Leben *entkörpert*« (vgl. auch im folg. I/5,187 f.; Herv. i. Orig.). Jean Paul zieht dort eine definitorische Trennlinie zwischen der bildlichen Phantasie, die »strenge an Einheit ihrer Bilder gebunden« sei, weil »sie leben sollen, ein Wesen aber aus kämpfenden Gliedern es nicht vermag«, und dem bildlichen Witz, der »unter dem Vorwande einer Selbstvergleichung ohne Bedenken seine Leuchtkugeln, Glockenspiele, Schönheitswasser, Schnitzwerke, Putztische nach Belieben wechseln« könne. Andererseits läßt der Autor keinen Zweifel daran, daß das Experimentelle einer Experimentalhaltung der Poesie im ästhetischen Fach doch entschieden zu differenzieren sei. Gegenüber dem Reflexionswitz der Franzosen hätten die Engländer und Deutschen »ungleich mehr Bilder-Witz«, zu dem »die *Phantasie* erst breite Segel spannen« (Herv. S. E.) müsse. Gerade der polemisch abgewiesene antithetische Witz der Franzosen, dem (phantasielos) alles kombinierbar sei, solange das Prinzip der Antithese sich nur erfülle, wird vom Autor der *Vorschule der Ästhetik* selbst als Negativbeispiel ›experimentell‹ verfahrender Poesie ausgewiesen und zugleich als ein nur wieder der ästhetischen Norm entsprechendes ironisiert. Kein literarisches Bild erscheint dem Ästhetiker des Paragraphen 50 dabei geeigneter als das des Herzens, dessen metaphorische Dehnbarkeit vom scharf kritisierten naturwissenschaftlich anästhesierten Gefühl auf dem Seziertisch der französischen Poesie bis zum Vergleich mit Luftkugeln und Globen[40] im ironischen Sprachexperiment von deren Kritikern wie dem *Vorschul*-Autor selbst problemlos vorgeführt werden kann:

40 Reinicke (*Aufstieg & Revolution*, S. 59) weist darauf hin, daß der Name ›Ballon‹ mit der Wasserstoffkugel von Charles aufgekommen und dann auf die Montgolfiere übergegangen sei: »In den letzten vier Monaten von 1783 war ›globe‹ neben ›machine‹ gebräuchlich. Es bedarf einer neuen Sprache.« Die Analogie von Herz und Globen findet sich auch in einer Passage über die kalte Verfügbarkeit der Liebe im *Seebuch*: »[...] nie hingegen, nie blies ich ein armes dummes Herz mit Äther auf und ließ den Globen an meinem Faden bald hoch, bald niedrig fliegen und tat zuletzt einen derben Schnitt hinein [...].« (I/3,945).

> Das arme Herz! Bei den tapfern Deutschen ist es doch wenigstens der Mitname des Mutes, aber in der französischen Poesie ist es – wie in der Zergliederkunst – der stärkste Muskel, obwohl auch mit den kleinsten Nerven. Ein komischer Dichter würde vielleicht keine Scheu tragen, das gedruckte Herz den Globe de compression – oder Globus hystericus der gallischen Muse zu nennen – oder ihre Windkugel am Windrohr – oder das Feuerrad ihrer Werke oder deren Spiel- und Sprachwalze [...]; man braucht aber wenig oder keinen Geschmack, um so etwas mit dem Tone unverträglich zu finden, welchen ästhetische Programmen fodern. (I/5,189)[41]

Eine dergestalt in ihren Perspektiven wechselnde Rede macht zugleich jedoch auch deutlich, daß eine Verpflichtung des Autors auf die »Geltung autonom gewordener Kunst in der gesellschaftlichen Moderne um 1800, die er am Ende schon bestimmt sieht von Industrie, Geld und Macht« (Brüggemann),[42] zumindest Probleme aufgibt, wenn der Experimentalcharakter seiner Poesie reklamiert wird, ohne zugleich wahrnehmen zu wollen, daß die Motivik des Ballonflugs bzw. der Himmelfahrt – wie im *Kampaner Tal*, im *Seebuch*, in der *Wunderbaren Gesellschaft in der Neujahrsnacht* und schließlich im *Komet* – aufs engste an den Topos der Unsterblichkeit geknüpft wird. Auf dem Hintergrund einer überwältigenden Rezeption der Zweiweltenlehre im Werk Jean Pauls kann die in der Forschung aktuelle Differenz der Bewertungen dieser Texte als Ausdruck einer von Wolfgang Riedel für die *Vorschule der Ästhetik* konstatierten ›ambiguen‹[43] bzw. einer von Bernhard Buschendorf für das *Kampaner Tal* in Anspruch genommenen ›relativen‹ Autonomie des Ästhetischen[44] nur dann entschieden werden, wenn die Frage nach Veränderungen in der poetischen Verfahrensweise des Autors stärker als bisher gewichtet würde. Insbesondere der zweite (Interpretations-)Teil dieses Kapitels folgt deshalb nicht epo-

41 Vgl. den Kommentar der Herausgeber (I/5,1219): Unter »Globe de compression« sind Druckminen zu verstehen, »die 1756 der franz. General und Ballistiker Bernard Foret de Bélidor (1693-1761) erfunden hatte«. Der Ausdruck »Globus hystericus« meint eine »nervöse Krankheit, bei der der Patient das Gefühl hat, eine Kugel in seinem Hals stecken zu haben.«

42 Brüggemann: *Das leichte Corps der Phantasie*, S. 42. Meine ausführliche Kritik an Brüggemanns These hätte den Rahmen dieser Arbeit gesprengt und konnte deshalb in die Druckfassung nicht mit aufgenommen werden. Sie wird in einer Auseinandersetzung mit diskursanalytischen Ansätzen der Interpretation des *Seebuchs* an anderer Stelle erscheinen.

43 Vgl. Riedel: *Die Macht der Metapher*, S. 93.

44 Buschendorf: *Zur relativen Autonomie des Ästhetischen*, S. 218-237.

chalen oder autorintentionalen Verwendungen des Ballon-*Motivs* bei Jean Paul, sondern fragt im Rahmen detaillierter Einzeluntersuchungen zum *Kampaner Tal* und zum *Seebuch* nach deren Poetizität. Sprache, so ist vorausgesetzt, kann die zweite, die andere Welt nicht übersetzen, ersetzen oder gar abbilden, sondern transformiert diese vielmehr in poetische Praxis, macht sie an den grundlegenden Strukturen des Erzählens selbst lesbar.

IV.3. Ascension der Vernunft: Die »idealistischen Saifenblasen-Montgolfieren« der Kritischen Philosophie

Mit dem innovativen Bildreservoir der Ballonfahrt schien in der Anfangsphase nach dem ersten Aufstieg auf dem Marsfeld in Paris im Jahre 1783 exemplifizierbar geworden zu sein, daß ein aufklärerischer Fortschrittsoptimismus in der Lage war, die Autorität der Theologie zu brechen. Gessinger erwähnt zu Recht, daß das gleichzeitige Auftreten der ersten aerostatischen Maschinen und mechanischen Sprechapparate »für die Neudefinition des Verhältnisses von Mensch und Universum nicht unterschätzt werden«[45] dürfe, da beide technischen Innovationen die Menschen in die Lage versetzten, »die Schöpfung aus einem Blickwinkel zu betrachten, der traditionellerweise den Göttern vorbehalten war«. Die geistige Erhebung des Individuums in den Status des autonomen Erkenntnissubjekts[46] schien mit dem Gelingen der auch physischen Selbsterhebung mit einem Mal indes noch überboten worden zu sein. Jene frühen Gedanken von der Kunst zu fliegen, mit denen der Jesuitenpater Francesco Lana in der Schrift *Prodromo [...] all' Arte Maestra* (1670),[47] sein wohlwollender Kritiker Leibniz im Paragraphen 24

45 Gessinger: *Auge & Ohr*, S. 430.

46 Vgl. hierzu materialreich Peter André Alt: *Aufklärung über den Himmel. Aspekte literarischer Himmelsbilder im 18. Jahrhundert.* In: *Euphorion.* Bd. 89, 1995, S. 367-391.

47 Dies ist das berühmteste Flug-Projekt *vor* den Montgolfieren, wohl weil es deren Kugelform für ein Luftschiff bereits vorwegnahm: *Prodromo o vero, saggio di alcune Invenzioni nuove, premesso all' Arte Maestra, Opera che prepare il Padre Francesco Lana, S. I. per mostrare i più reconditi principi della Naturale Filosofia, riconosciuti con accurata Teorica nelle più sequate Invenzioni ed esperienze fin ora ritrovate da gli Scrittori di questa materia, ed altre nuove dell' Autore medesimo.* Brescia 1670. Die Hauptquelle vieler Autoren um 1800 war Faujas de Saint-Fond, der bereits 1784 im Rahmen seiner Studie über die Technik der Montgolfieren eine erste kurze Vorge-

der *Hypothesis Physica Nova* (1670/71) und später Rousseau mit seiner Schrift *Le Nouveau Dédale* (1742)[48] die Säkularisierung des Himmel-

schichte der Ballonfahrt publiziert hatte, in der er u. a. auch Roger Bacons, des Autors der *Perspectiva*, Flugschrift (*De mirabili potestate artis et naturae*) erwähnt. Barthélemy Faujas de Saint-Fond: *Déscription des Expériences de la Machine Aérostatique de MM. de Montgolfier, et de celles auxquelles cette Découverte a donné Lieu*. Paris 1783-84. – Gekürzt wurde diese Schrift in deutscher Übersetzung, an der sich auch Jean Paul orientiert hat, verbreitet von: Christoph Gottlieb Murr: *Der Herren Stephan und Joseph von Montgolfier Versuche mit der von ihnen erfundenen Aerostatischen Maschine. Ein Auszug aus der französischen Beschreibung des Herrn Faujas de Saint-Fond*. Mit acht Kupfertafeln. Nürnberg 1784. (Im folg. wird nach der Murr-Übersetzung zitiert: Murr, Seite). In dieser Ausgabe wird darauf hingewiesen, daß auf Lanas italienischsprachige *Prodromo*-Schrift »drey lateinische Bände, voll der sonderhaften Bemerkungen über die wichtigsten Gegenstände der Physik und Mathematik« (S. 120) gefolgt seien und daß der Autor im zweiten – 1686 in Brescia erschienenen – Band von *Magisterium Naturae et Artis* »seinen Plan zum Luftschiffe lateinisch« (S. 121) wiederholt habe.
Lanas Gedanken (1670) wurden in Deutschland nach Erfindung der Montgolfiere im Rahmen einer Schrift von Philipp Lohmeier aus Rinteln verbreitet, um zu zeigen, daß diesem das ›Urheberrecht‹ auf Lanas Erfindung zukomme. Lohmeier habe – so die umstrittene Behauptung – im Rahmen seiner Disputatio bereits im Jahre 1666 ähnliche Thesen zur Konstruktion eines Luftschiffes geäußert. Vgl. folg. Nachdrucke: Philipp Lohmeier: *Exercitatio physica de Artificio navigandi per aerem* [...]. Rinteln 1676 [Resp.: Franciscus David Frescheur]. Nachdruck: Wittenbergae: Borckard 1679; Philipp Lohmeier: *Exercitatio physica de artificio navigandi per aerem* (lat. und dt.). [Resp.: Franz David Frescher]. Rintelii 1676 (Phil. Diss. vom 4. März 1676). Nachdruck: Arolsen 1784; Francesco de Lana (*Prodromo premesso all'arte maestra*) und Philipp Lohmeier (*Exercitatio physica de artificio navigandi per aerem*): *Von der Luftschiffkunst*. Ins Teutsche übersetzt und mit Anmerkungen begleitet. Tübingen: Heerbrandt 1784.
Faujas de Saint-Fond datiert die Publikation von Lohmeiers Schrift korrekt auf das Jahr 1676 und erwähnt dessen Folgeschrift *Exercitationes de paradoxis gravitatis et levitatis*. Rinteln 1678. In der *Berlinischen Monatsschrift* des Jahres 1784 wurde schließlich die Diskussion um Lohmeier wiederaufgenommen: In einem Zusatz zu Pierre Prévosts Artikel *Ueber den Erfinder der fliegenden Luftmaschinen*, S. 140, verweist sein Übersetzer Martin Heinrich Klaproth auf die *Spenersche Zeitung* (im »9ten Stük der angef. Zeitung von diesem Jahr«), in der verbreitet worden sei, daß »nemlich ein Professor zu Rinteln, Lohmeier, schon 1666 eine Disputation über die Luftmaschinen gehalten, und eine Zeichnung davon herausgegeben« habe. Die empfindliche Reaktion Prévosts im Folgeartikel *Noch etwas über die aerostatischen Maschinen, vorzüglich über deren Lenkung* (H. 2, S. 39-49; hier:

reiches betrieben, und jene kosmischen Gedankenflüge, in deren Tradition noch Johann Jacob Engels *Traum des Galilei*[49] steht, haben indes

S. 39 f.) zeigt die Brisanz und Popularität dieser Frage, die dort gleich am Anfang abgehandelt wird: »Zuvörderst kann man anmerken, daß der [...] genannte Lohmeier nichts als ein bloßer Plagiatus ist. Seine Disputation *de artificio navigandi per aerem* ist eine genaue Wiederholung von Lana's Behauptungen, wovon ich ausführlich genug gehandelt habe.« Und in einer Anmerkung fügt er hinzu, daß Lohmeiers Disputation »übrigens zu Rinteln 1676 (nicht, wie Febr. S. 140 steht, 1666) *gehalten und gedrukt* worden« sei (Herv. S. E.).
Bereits im *Zedler* (Artikel »Luft-Schiff-Kunst«, Bd. 18, S. 1048 f.) wird auf den Plagiatsvorwurf Lohmeiers hingewiesen, der – wie auch Prévost deutlich macht – bereits lange vor der Montgolfieren-Zeit von Autoren erhoben worden ist, die sich nicht dem Verdacht aussetzten, an die Realisierbarkeit des Flug-Projekts zu glauben: »[...] wiewohl Morhof in polyhistore [...] ihn eines Plagii beschuldigt, als habe er seine Sachen aus dem Lana genommen, ohne ihn zu nennen: Das Werck aber an sich selbst für unmöglich ausgiebt, und sich über den Herrn Leibnitz verwundert, der in hypothesi physica nova [1671] die Einfälle Lanas billiget. Der Herr Becher [Johann Joachim Becher] in seiner närrischen Weisheit part. 2. p. 169 [*Närrische Weisheit und weise Narrheit*, 1683 und 1706] setzet es oben an unter den Weisheiten, die auf eine Narrentheidung ausgelauffen, wenn er schreibet: ›was der Jesuit P. Lana in seinem Tractat von einem fliegenden Schiff und in der Lufft zu schwimmen, oder zu fahren, meldet, welches geschiehet durch Kugeln, welche leichter sind, als die Lufft selbsten, da möchte ich von dem P. Lana dergleichen Kugeln eine sehen, welche nur leer von sich selbst in die Höhe gienge, wenn sie gleich nichts mit sich nehme.‹«
Mit dem Triumph des Wissens zitiert auch Faujas de Saint-Fond (Murr, S. 135) aus der Schmähschrift Johann Joachim Bechers, der sich dort wundert, »wer ihn [Leibniz] auf diesen Postwagen gesetzt, davon er doch nicht absteigen will, ohneracht er schon etliche Jahre darauf sitzet, und siehet, daß der Wagen nicht fort gehen will«. Dagegen hält Faujas de Saint-Fond (Murr, S. 130) *seine* Lektüre des Leibniz und beruft sich auf die *Miscellaneis Berolinensibus*, 1710, wo dieser in *De Elevatione vaporum, et de corporibus, quae ob cavitatem inclusam in aere natare possunt* die »Unmöglichkeit des Luftschiffes des Jesuiten Lana berechnet« habe. Lana selbst, so Faujas de Saint-Fond, »äußert aber am Ende des 6. Kapitels seines Prodromo, daß er nicht glaube, daß Gott zulasse, diese Maschine in Ausführung zu bringen, weil man dadurch Flotten und Häuser anzünden, und großes Uebel und Verheerungen stiften könne«. Wie eifersüchtig die französische Erfindung von deutschen Autoren beschrieben und für Deutschland in Anspruch genommen wurde, zeigt u. a. auch die frühe Übersetzung von Saint-Fonds *Déscriptions*: *Des Herrn Faujas de Saint-Fond Beschreibung der Versuche mit der Luftkugel, welche sowohl die Herren von Montgolfier, als andre aus Gele-*

nicht immer der Planung eines realen Flugobjektes bedurft: Gewißheiten wie die Friedrich Hermann Flayders, der bereits 1627 die »Flug-Rüstung des Verstandes« jedem Vogelflug überlegen weiß und die »göttliche[n] Schwingfedern« als die »Werckzeuge der Vernunfft« identifiziert,[50] schienen mit den ersten »Luftkugeln«, aerostatischen Maschi-

genheit dieser Erfindung in Frankreich gemacht haben. Uebersetzt von Abbé Uebelacker. Mit einer Abhandlung desselben, wodurch erwiesen wird, dass ein deutscher Physiker vom XIIII. Jahrhunderte [Albert von Sachsen] der Urheber der Erfindung sey. Wien 1784. Lana wird bei Leibniz in folg. Schrift erwähnt: *Hypothesis Physica Nova* (1670/71). In: Ders.: *Sämtliche Schriften und Briefe*. Hrsg. von der Deutschen Akademie der Wissenschaften zu Berlin. Sechste Reihe (= Philosophische Schriften. Hrsg. von der Leibniz-Forschungsstelle der Universität Münster, Bd. 2: 1663-1672). Berlin 1966, S. 219-257; hier: S. 232 f.

48 Diese Schrift Rousseaus ist erst 1910 wiederentdeckt worden: Jean Jacques Rousseau: *Le Nouveau Dédale*. Réproduction de l'édition de 1801. Introduction par Edmont Petit. Paris 1987. Die Schrift wurde erstmals 1801 publiziert, wie der Herausgeber nachweist. Es ist nicht wahrscheinlich, daß Jean Paul Kenntnis davon erhalten konnte, da es auch in Frankreich nur wenige Hinweise auf diese Publikation gibt. Die Schrift datiert auf das Jahr 1742 und fällt mit einem aufsehenerregenden Flugversuch des Marquis de Bacqueville über die Seine zusammen, den Rousseau möglicherweise gesehen hat und den auch Diderot erwähnt (vgl. Kommentar des Herausgebers, S. 19). Die Schrift ist im Tenor des technisch Machbaren gehalten. Mit dem Verweis auf die Erfindung der Blutzirkulation und anderer bahnbrechender Erfindungen der Zeit wird auch der Flug für möglich erklärt: »La circulation du sang étoit déja parfaitement démontrée [...] Nous marchons sur la terre, nous voguons sur l'eau, nous y nageons même et nous la parcourons au-dedans. Pourquoi la route des airs seroit-elle interdite à notre industrie? Et quel privilège peuvent avoir les oiseaux, pour nous exclere de leur séjour, tandis que nous sommes admis dans celui des poissons?« (Rousseau: *Le Nouveau Dédale*, S. 7). Zur frühen Schrift Rousseaus vgl. auch Karl Graf von Klinckowstroem: *Rousseau und die Luftschiffahrt*. München, Berlin 1924.

49 Johann Jacob Engel: *Traum des Galilei*. In: *Schriften*. Reprint. Bd. 1 (= 1801-1806). Frankfurt a. M. 1971, S. 239-258; hier: S. 249. Dieser Text handelt vom Traum des Galilei, an der Hand des Copernicus den Himmel zu durchfliegen. »[U]nd wir nahmen unsern Flug in die unermeßliche Weite des Himmels. [...] alles was ich hienieden zuerst sah, das sah ich dort besser mit unbewaffnetem Auge, und wandelte am Himmel, voll Entzückens über mich selbst, unter meinen Entdeckungen, wie auf Erden ein Menschenfreund unter seinen Wohlthaten wandelt.«

50 Friedrich Hermann Flayder; Johann Oswald; Johann-Ulrich Brenizer: *Curieuse Gedancken von der Kunst zu fliegen krafft welcher ein jeder Mensch [...] sich selber durch die Lufft schwingen kann.* Weiland in 3 beson-

nen, Montgolfieren und Charlieren mit einem Schlag ›materialisiert‹ worden zu sein. Daß der sich etablierende französische Sprachgebrauch einer »ascension«[51] für die zahlreichen Aufstiege im Ballon durchaus im sowohl technologischen Sinne von aerostatischer Erhebung als auch im theologischen von Christi Himmelfahrt verstanden wurde, zeigen diverse Quellen, die die Hybris des Ballonfahrtunternehmens selbstbewußt als einen Sieg der Vernunft feierten: Ein Artikel in Wekherlins *Grauem Ungeheuer* von 1786 mit dem Titel *Ueber den Werth der Luftmaschinen* ist mit einem Motto von Charles Bonnet (»Der Philosoph erwartet Alles«) überschrieben und konstatiert, daß die »Fabel vom Dädalus [...] in diesem Jahrhundert zur Geschichte geworden« sei, weil diese Entdeckung »das Siegel auf die Wahrheit drükt: Der Mensch ist ein Theil der Gottheit, seine Kraft ist der Allmacht ähnlich.«[52]

Reinicke erwähnt, daß des Ballonfahrers Garnerin 1803 angekündigte »Ascension« in Berlin von katholischer Seite wegen dieses von ihm gebrauchten Himmelfahrtsvokabulars gerügt wurde und daß es durchaus üblich war, Ballone (wie die Dr. Jeffreys oder Blanchards nach gelungener Kanalüberquerung) in einer Kirche auszustellen, bzw. daß manche Ballonfahrer wie etwa Zambeccari, eines der zahlreichen berühmten Opfer der Ballonfahrt, sich zum Bau seiner Maschine eines Gotteshauses bedienten.[53] Selbst bei den entschiedenen Kritikern der Ballonfahrt, wie etwa dem Solothurner Geistlichen Urs Jakob Tschann, der 1784 den zu diesem Zeitpunkt bereits verstorbenen Dichter der *Alpen*, Albrecht von Haller,[54] als Zeugen für die Lächerlichkeit des

deren lateinischen Reden auf der Universität Tübingen vorgetragen; anjetzo aber ins Teutsche übersetzt. Frankfurt a. M. 1737; zit. nach Reinicke: *Aufstieg & Revolution*, S. 20-22. Flayders Schrift *De arte volandi* war zuerst 1627 in lateinischer Sprache erschienen .

51 Vgl. Zastrow: *Entstehung und Ausbildung des französischen Vokabulars der Luftfahrt*, S. 447 f.

52 *Ueber den Werth der Luftmaschinen.* Nach Herrn Professor Weber's zu Dillingen akademischer Rede, abgelesen auf dasiger hohen Schule den 27. Jul. 1785. und gedruckt bei Bernhard Kälin, Univers. Buchdrukern und Buchhändlern, 1786. In: *GU*, Bd. 8, Nr. 22, 1786, S. 16-30; hier: S. 16, 28.

53 Vgl. Reinicke: *Aufstieg & Revolution*, S. 132.

54 Vgl. diesen Hinweis bei Wider: *Menschen und Ballone*, S. 32 f.: Das Gedicht Tschanns (zuerst in: *Wöchentliche Riedlinger Freytagszeitung* vom 23. Jenner 1784 (Nr. 7)) lautet: »Auch Haller hörte mit Vergnügen / Im fernen Eliseen Reich, / Daß seine Berner wollten fliegen / Den muthigen Franzosen gleich: / Er kam daher auf Geisterflügeln / Das Wunderding mit anzusehn, / und bleiben hoch über Zährings Hügeln, / Gleich einem Adler schwebend

Unternehmens meinte herbeizitieren zu müssen, war keineswegs ausgeschlossen, daß sie letztendlich selbst am allgemein praktizierten Himmelfahrtsunternehmen teilhaben wollten.

Die emphatisch an die technischen Möglichkeiten des Menschen gebundene Entfabelung der Welt, die sich im teleologischen Bewußtsein des Augenblicks einer nunmehr erfüllten Geschichte der Poetenträume und philosophischen Dichtung wähnte, korrespondiert aufs engste mit der parallel verlaufenden Schwärmerkritik, die in Jean Pauls *Seebuch* keine geringere Rolle spielt als das Heilige, mit dem der Ballonfahrer satirisch konnotiert wird: Sein Luftschiff gilt ihm als »Charonskahn« (I/3,1009), er meint in einer »Hängekanzel« (I/3,948) zu sitzen und nennt seinen Ballon eine heilige Stätte. Die Feier der Ballonhelden ist in den frühen Jahren der Montgolfieren und Charlieren in der Tat höchst selten ohne massive Seitenhiebe gegen »astrologische Schwärmer« oder »Siegwartsseelen« zu vernehmen: »All' ihr Empfinder hin zum Mond, / Den ihr im Geist schon längst bewohnt!« – so heißt es in einer Lobeshymne auf die Montgolfiere – »Vergess't mir, bitt' ich, in der Hast / Nicht eure weichen Thränentücher / Und lieben schwärmerischen Bücher; / Befreit uns ja von diesem Brast! / Ihr brauchet ohnedem Ballast!«[55]

Von dieser Ambivalenz zeugt noch die luftperspektivische Beobachtung und Verdammung der Verführungsszene eines »dummen Schneußvögeleins« durch den Rezensenten Fahland, der das »Vorlegeschloß der [weiblichen] Person« mit nur wenigen Zutaten wie »der Erdkugel und einigen Himmelskugeln und der zweiten Welt« (I/3,946) zu sprengen versteht und die Verachtung des über ihm schwebenden Luftschiffers bewirkt; dieser instrumentalisiert das Signum seiner Wahrheitsliebe und Entrüstung, den Ballon, im Sinne einer gleichsam göttlichen Intervention von oben, deren Komik sich kaum zufällig einer drastischen erotischen Metaphorik verdankt und die moralische Tatkraft des »Matrosen« als zumindest zweideutig erweist:

> Verdammt! ich schoß freilich so und ankerte; aber nie verfluchter. Ich blieb mit meiner Sänfte im Introitus stecken, der sich zwischen den beiden Türgriffen so in der Mitte fing, daß ich nicht aufmachen und mich durch Auswurf einigen Ballasts wieder aus dem Schweiß-

stehn. / Drey Stunden hieng er hoch in Westen; / Die Luftmaschine kam nicht vor: / Nur Rauch, und Flüche von den Gästen / Erhoben sich zu ihm empor. / Zuletzt erfüllt von Mißvergnügen, / Rief er hinab zum Vaterland: / Der Bär ist noch zu plump zum Fliegen – / Worauf der sel'ge Geist verschwand.«

55 Eckhardt: *Montgolfiers Luftball*, S. 13, 21.

loch heben konnte; – ich hatte meinen Ballon gleichsam als eine Peterskuppel auf diesen Tempel gebauet. (I/3,947 f.).

Giannozzos Überbietung der (hier als unmoralisch vorgestellten) Bilderflut aus dem Fundus empfindsamer und schwärmerischer Topoi im Konnotationsbereich eines tugendhaft motivierten und gewissenhaft praktizierten ›*coitus interruptus*‹ bezieht jedoch zugleich eindeutig Position gegen die Valenz von Bildern im Kontext einer Aufklärungstheologie, die der Kantischen Bestimmung der Unsterblichkeit der Seele als einem Postulat der reinen praktischen Vernunft folgt. Deren scharfe Kritik legt bereits die Satire auf Kants Philosophie in Gestalt des Kaplans im *Kampaner Tal*[56] nahe. Jean Paul bedient sich hier wie auch andernorts eines satirischen Reservoirs des Ballonmotivs, dessen moralische Konnotation und assoziative Verknüpfungenen mit Vorstellungen der christlichen Himmelfahrt evident sind. Einer Lehre, die in der Nachfolge Kants »die Körperauferstehung als eine Hülle des Vernunftglaubens an persönliche Fortdauer des Moralwesens« deutet, wie der Autor seiner zentralen und materialreichen Quelle der Unsterblichkeitstheorien, Christian Wilhelm Flügge, in seiner Rezension einer Abhandlung über christliche Religion[57] referiert, steht dem poetischen Denken Jean Pauls ebenso entgegen wie der (in Falks *Taschenbuch für Freunde des Scherzes*[58] 1797 abgedruckten) Satire auf das

56 Der frühere Jean Paul feierte hingegen die kritische Philosophie Kants: Vgl. seinen Brief an Pfarrer Vogel in Rehau vom 13. Juli 1788, in: SW III/1,244; Herv. i. Orig.: »Wenn Sie werth sein wollen, daß Sie die Sonne – des Stoizismus bescheinet: so kaufen Sie sich ums Himmels Willen 2 Bücher, 1) Kants Grundlegung zu einer Metaphysik der Sitten und 2) Kants Kritik der *praktischen* Vernunft, 1788. Kant ist kein Licht der Welt, sondern ein ganzes stralendes Sonnensystem auf einmal.«

57 Christian Wilhelm Flügge: *Versuch einer historisch-kritischen Darstellung des bisherigen Einflusses der Kantischen Philosophie auf alle Zweige der wissenschaftlichen und praktischen Theologie.* 2 Bde. Hannover 1796-98. Repr. Nachdr. Hildesheim, New York 1982. Bd. 2 (= Kap.: »Die Lehre von der Unsterblichkeit«), S. 382-390; hier: S. 389.

58 *Taschenbuch für Freunde des Scherzes und der Satire.* Hrsg. von J. D. [Johann Daniel] Falck. Nebst einem saubern Conterfey auf die Kantische Philosophie. Mit Churfürstlich Sächsischem Privilegio. Leipzig 1797. Diesen Hinweis verdanke ich Frau Dr. Ute Pott, Leiterin des Gleimhauses zu Halberstadt. – Die Philosophen- und Gelehrtensatire gehört zum zentralen Bildfundus der Luftschiff-Metapher. Vgl. z. B. auch Gottlieb Conrad Pfeffels Gedicht *Die Luftschiffer* (1791). In: *Poetische Versuche.* 5 Theile. Vierte rechtmäßige, verbesserte und vermehrte Auflage. Tübingen 1802, S. 25:

›Himmelfahrtskommando‹ der Kritischen Philosophie: Deren dort als desaströs dargestellter zergliedernder analytischer Geist wird im Bild eines aufsteigenden Ballons suggeriert, aus dem menschliche Körperfragmente wie Arme und Beine sowie diverse Kleidungsstücke stürzen, die wie in einem emblematischen Bilderrätsel die Begriffs- und Namensetiketten der persiflierten Philosophien Kants und Fichtes tragen und diese somit buchstäblich als ›vom Himmel gefallene‹ deklarieren. Daß Jean Paul diese Satire zur Kenntnis genommen hat, belegt sein Brief an Friedrich von Oertel vom 4. April 1797,[59] der sich direkt auf den Almanach Johann Daniel Falks bezieht. Dieser nehme, so heißt es dort, »unter dem Kaperbriefe seines Namens« seine Ideen zwar aus zweiter Hand von Pope und anderen, könne jedoch als »ein ächter Satiriker« gelten, wenngleich seinen Satiren der »erhabn[e] Hinblick *auf den Ernst der ewigen Natur* [fehle], ohne den die Satiren die Mortalität der Kalender erleben und verdienen« (Herv. S. E.) müßten. Gerade diesen Ernst versucht Jean Paul in einem Brief vom 29. Mai 1800 an Friedrich Heinrich Jacobi beharrlich einzuklagen, indem er anläßlich seiner abschätzigen Charakterisierung der von ihm bemängelten intellektuellen und philosophischen Defizite Friedrich Schlegels (»so fand ich auf der andern Seite sein Gehirn nicht vollöthig«)[60] die »idealistischen Sai-

»Um Hypothesen auszuspähen, / Befuhr ein Philosophenpaar / Das Reich der Lüfte. Dieses war / Schon oft auch ohne Ball geschehen. / Schon konnten sie von ihrer Bahn / Kaum noch, gleich einem bunten Plan, / Der Erde fernes Thal erblicken. / Ah Freund, wie göttlich wohl ist mir! / Kein Mensch ist über uns! rief hier / Magister Morus voll Entzücken. / Mir nicht, versetzte Doktor Duns, / Ich sehe niemand unter uns.« Vgl. auch Adolph Freiherr von Knigge: *Der Luftball* (in: *Gesammelte Poetische und Prosaische kleinere Schriften.* Zweither Theil. Frankfurt a. M. 1785). In: *Sämtliche Werke*, Abt. V, Bd. 16, S. 10: »Herr A.: Das Stroh thut's nicht – Noch mehr Papier genommen, / Und angesteckt! – Er steigt sonst wahrlich nie – / Herr B.: Wo soll ich denn so viel Papier bekommen? / Herr A.: Nim doch die Schriften der Academie! / Herr B.: Mein Freund! die brennen gleich so sehr zusammen, / Und würden ihn mit Rauch und bösem Wind / Nur füllen, da von Feuer, Geist und Flammen / sie gar zu leer und gar zu mager sind.«

59 Brief an Friedrich von Oertel vom 4. April 1797 (SW III/2,317). Auch Götz Müller (*Exzerpte*, S. 272) weist die Exzerpierung dieses Titels durch Jean Paul nach.

60 Brief an Friedrich Heinrich Jacobi vom 29. Mai 1800 (SW III/3,338). Jost Hermand hat auf diesen Brief – ohne Kenntnis der Falk-Vorlage – beiläufig hingewiesen und an ihm die These zu erhärten versucht, daß »das Wort ›Montgolfière‹ [...] meist recht negativ verwendet werde«. Vgl. Hermand: *Jean Paul: Des Luftschiffers Giannozzo Seebuch*, S. 58.

fenblasen-Montgolfièren« des Fichtischen Denkens[61] am Werk seines Briefadressaten gemessen haben will.

Die systematische Begründung einer Fortdauer der Seele im Kantischen Gebäude einer Kritik der praktischen Vernunft ist dem poetischen Verfahren Jean Pauls, das unzählige Bilder der Vernichtung findet, mehr als suspekt. Denn nicht nur wird die »Vernichtung irgend eines sittlichen Wesens« im Kontext des moralischen Unsterblichkeitspostulats mit dem Argument geleugnet, daß die Vernichtung »Gott, als etwas das ihm selber widerspricht, schlechterdings unmöglich« sei, und daß er »unser Daseyn folglich wollen und solange forterhalten [müsse], solange er als Selbstvernünftiger sein eigenes Daseyn wollen muß«;[62] sondern weil ein solches Postulat die Bilder selbst im System dieses Vernunftglaubens zu verorten und gleichzeitig zu entwerten weiß. Diese Argumentation verfällt dem durch Jean Paul verhängten Verdikt der Einseitigkeit ebenso wie eine Praxis der Satire, die sich zum Selbstzweck machen und folglich den ›Ernst‹ nicht länger als ihr ›eigentliches‹ Ziel ins Visier nehmen wollte. Mit Bezugnahme auf die Rezeption von Kants religionsphilosophischen Schriften[63] referiert Flügge, daß, wer »die Körperauferstehung als eine Hülle des Vernunftglaubens an persönliche Fortdauer des Moralwesens deutet«,[64] weder »Allegoriste« oder »historischer Interprete« noch »erbaulicher Ausleger« sei, sondern ein »Ausleger des in seinem allmächtigen Hervorstreben noch von Phantasieprodukten umschlossenen Vernunftglaubens [...].« Einem solchen Ausleger genüge es auch »[o]hne historische Untersuchungen [...], daß er jene Formen als Hieroglyphen der religiösen Hauptidee betrachten, und daß er den Streit zwischen Metempsychose und Anastasis in die frohe Harmonie des Glaubens an persönliches

61 Der Einfluß der technologischen Neuerung der Ballonfahrt auf die philosophische Metaphorik wurde m. W. bisher nicht untersucht. Vgl. die einschlägigen Arbeiten über Fichtes »Schweben der Einbildungskraft«: Walter Schulz: *Metaphysik des Schwebens. Untersuchungen zur Geschichte der Ästhetik*. Pfullingen 1985; sowie Lore Hühn: *Das »Schweben der Einbildungskraft«. Zur frühromantischen Überbietung Fichtes.* In: *Deutsche Vierteljahrsschrift für Literaturwissenschaft und Geistesgeschichte* 70 (1996), H. 4, S. 569-599.

62 Flügge: *Versuch einer historisch-kritischen Darstellung*, Bd. 2, S. 383 f.

63 Vgl. Immanuel Kant: *Die Religion innerhalb der Grenzen der bloßen Vernunft*. (Drittes Stück; 1793). In: *Werke in sechs Bänden*, Bd. 4 (= Schriften zur Ethik und Religionsphilosophie), S. 762 ff.

64 Vgl. auch im folg. Flügge: *Versuch einer historisch-kritischen Darstellung*, Bd. 2, S. 389 f.

Fortleben mit Grund auflösen darf«.[65] Die »Auferstehung und Himmelfarth Jesu« bedürfen in dieser Lesart also weder einer historischen Legitimation noch einer blind-religiösen Bildergläubigkeit. Vielmehr gelten sie, gerade weil sie als bloße »Beyspiele« einer »Darstellung der praktischen Idee von der Unsterblichkeit« verstanden werden sollen, als unentbehrliche Bestandteile einer Vernunft, die im aufklärerischen Triumph ihrer Selbstauslegung sich als hermeneutischen Endzweck präsentiert und gewissermaßen in ihnen auch zu heiligen weiß.[66]

IV.4. »Outside-Passenger«: Blanchard und Lavaters *Aussichten in die Ewigkeit* im *Seebuch*

Jean Paul teilt nicht nur Herders früh formulierte Kritik an der haltlosen Bilderflut in Johann Caspar Lavaters *Aussichten in die Ewigkeit*, sondern überbietet diese satirisch auch im *Seebuch*. In einem Brief an Lavater vom 30. Oktober 1772 hatte Herder gerade dessen allzu konkrete Ausmalung der anderen Welt scharf kritisiert. Lavaters Überzeugung, daß die Fähigkeiten und Beschaffenheiten des menschlichen Auges dafür bürgten, daß unser *künftiges*, d. h. jenseitiges Sehorgan fähig sein werde, die »undenklich ausgebreitete Schöpfung auf Einmal«[67] zu durchschauen, und daß wir in der künftigen Welt »von allen Seiten zugleich sehen werden«, weist er dort mit freundlicher Entschiedenheit und dem Hinweis auf die vergleichsweise vorsichtige Vorgehensweise der Bibel zurück:

> Ob ich einen Licht- oder Glaskörper, ein oder Millionen Augen haben soll, das alles rührt mich entweder nicht oder ärgert mich: denn es verrückt mir meinen Sinn, mein innres Auge, mit dem ich Gott sehen, lieben und thätig sein will, wo und auf welche Weise es auch geschehe.[68]

65 Flügge weist hier in der Anmerkung (ebd.) auf das »Neu[e] theol. Journal 1796, S. 764 u. f.« hin.

66 Vgl. hierzu bes. Jean Pauls Urteil über Herders Abhandlung *Vom Erlöser des Menschen. Nach unsern drei ersten Evangelien* (1796; HSW, Bd. 19, S. 135-252): Brief an Johann Gottfried Herder vom 17. August 1796 (SW III/2,232).

67 Lavater: *Aussichten in die Ewigkeit*, S. 36.

68 Johann Gottfried Herder: Brief an Lavater vom 30. Oktober 1772. In: *Aus Herders Nachlaß. Ungedruckte Briefe von Herder und dessen Gattin, Goethe, Schiller, Klopstock, Lenz, Jean Paul, Claudius, Lavater, Jacobi und an-*

Sowohl Jean Pauls Lavater-Anspielungen in der Rede von den »sentimentalischen Aussichten in die Abendsonne« (I/3,974) wie auch in der von einem »Plan zu einem Jubiläum des Mülanzer Galgens« im *Seebuch* verbinden die Satire auf bildreiche Unsterblichkeitsentwürfe mit der Bildtradition der Ballonmotivik. Das im *Seebuch* wiederaufgenommene, Blanchards Kanalüberquerung ›zitierende‹ Bild einer Durchtrennung aller Haltestricke zwischen Gondel und Ballon ist deshalb, wie im folgenden zu zeigen sein wird, mehr als die bloße Reminiszenz an eine berühmte Begebenheit der frühen Luftschiffahrt oder als die apokalyptische Vision eines desillusionierten Misanthropen.

Zum einen unterscheidet sich dieses Bild vom Katastrophen- und Rettungsszenario Blanchards insofern gravierend, als Giannozzo die Haltestricke zwischen Ballon und Gondel nicht kappt, sondern sich lediglich vorübergehend als »Outside-Passenger auf [seine] Sänfte heraus« setzt und sich »an den Strick des Schiffes« (I/3,960 f.) klammert. Er fingiert gleichsam den Verlust seiner »Rotunde«, um das Gefühl des Ausgesetztseins auf seinem »alles zusammenspinnenden Weberschiffe« und die leere Anschauung einer im »wilden ewigen Szenenwechsel« (I/3,961) öde erscheinenden Welt am eigenen Leibe durchexerzieren zu können. Dabei läßt Giannozzos Weltekel keinen Zweifel daran, daß der berühmte Luftschiffer Blanchard in seinem Experiment des Fliegens einen Heroen- oder Ehrenstatus keineswegs werde beanspruchen können:

> Diese hehre, heilige Gegend konnt' ich wenigen, am wenigsten dem daherfliegenden Frosch, der sich gerade wie ein anderer im dünnen Luftraum aufbläset, nämlich dem erbärmlichen Luft-Styliten Blanchard vergönnen, der für Geld seinen Küstenhandel nahe an der Erde trieb, und der jetzt mit dem tiefern Gegenwinde daherfuhr. Ich, zu einem Luft-Treffen fertig, stieß wie ein Falke auf sein Schiff, sah' es aber leck nur langsam sinken; der Sünder hatte manches an sich, was er hätte brechen mögen, den Hals kaum gerechnet. Mög' einer diesem Windschiffer einmal hinter einer Windbüchse nachschauen! – (I/3,982).

Diese fast wörtliche Wiederaufnahme einer entsprechenden Stelle in der noch an Sterne orientierten frühen Satire *Habermanns große Tour*

dern bedeutenden Zeitgenossen. Hrsg. von Heinrich Düntzer und Ferdinand Gottfried von Herder, Bd. 2 (= Lavater, Mendelssohn, Fr. H. Jacobi, J. G. Zimmermann, G. Forster, August Herder). Frankfurt a. M. 1857, S. 10-25; hier: S. 17.

(II/2,142)[69] zeigt, daß die Hauptvorwürfe gegen den berühmten Luftschiffer – Aufgeblasenheit, Geldgier und geschäftstüchtiger Größenwahn – im *Seebuch* kolportiert werden. Diese wurden gegen den Heros der Lüfte erhoben, sobald die enthusiastischen Erwartungen der ersten Jahre an die technische Neuerung gedämpft waren und der Ton Blanchards, wie Wieland bereits 1785[70] kritisiert, »sich immer mehr der Manier gewisser andrer Künstler« annäherte, »die ihr Wesen zur Belustigung der Zuschauer ebenfalls in der Luft treiben«: Während Habermanns Schmähschrift auf Blanchard ironisch das Argument der Befürworter des Ballonfahrers gegen die eigene Satire in Rechnung stellt – neidisch zu sein –, übernimmt der spätere Jean Paul, vermittelt durch die Anrede Grauls an Giannozzo das ebenfalls in einer weitverbreiteten Verteidigungsschrift des Luftschiffers geprägte Verdikt über einen seiner Kritiker, einen »arme[n] Teufel«,[71] der eine »neue Schmähschrift kompiliert und die Unverschämtheit gehabt [habe], dieselbe Blanchards Erklärung zu betiteln, ja sogar den Namen des Aeronauten darunter zu setzen«. Dieser habe sich schließlich nicht gescheut, so heißt es dort weiter, auch auf eine ebenfalls von ihm verfaßte frühere Schmähschrift zu verweisen und dreist zu behaupten, daß er »nach Herrn Blanchards Urtheil, große Kenntnisse in der Aerostatik besitzt. Der arme Teufel!« Eine Vertrautheit Jean Pauls mit der »in allen Zeitungsläden«[72] verbrei-

69 Berend datiert den Text in der Einleitung zum ersten Band (SW I/1,XXXIX) auf das Jahr 1788/89.

70 Wieland: *Die Aeronauten*, S. 126.

71 *Wer ist Blanchard? Etwas über die aerostatische Kunst. Von einem Licenciaten, der einmal in einer Gesellschaft mit dem Luftschiffer gewesen ist.* (o. Orts- und Jahresangabe), S. 1-16; hier: S. 7: »Nachdem, was wir bisher von Herrn Blanchard sagten, ist also der arme Teufel, (so wollen wir in der Folge den Verfasser der Schmähschrift nennen) ein Verläumder, ein eifersüchtiger, neidischer Mensch, und ein einfältiger Tropf [...].« Vermutlich richtet sich die Verteidigungsschrift gegen Jonas Ludwig von Hess, da der Verfasser fragt, was »den Herrn Heß bewogen [habe], den Hn. Blanchard in seinem Journale mit so viel Unanständigkeit zu schwärzen« (S. 15 f.). – Hess' Schrift (*Durchflüge durch Deutschland, die Niederlande und Frankreich.* Hamburg 1796) ist als eine der möglichen Vorlagen für das *Seebuch* des öfteren benannt worden. Bisher wurde m. W. nicht beachtet, daß Jean Paul wahrscheinlich auch Hess' *Versuche zu sehen*. Hamburg 1797-1800, die als eine großangelegte Anklage gegen die revolutionären Ausschreitungen in Frankreich zu verstehen sind, mit in seine satirischen Episoden einbezogen hat.

72 So lautet ein Zusatz auf dem Titelblatt: »Ist in allen Zeitungsläden für 4 Schilling zu bekommen«.

teten (und bisher der Forschung entgangenen) Schrift *Wer ist Blanchard?* ist um so sicherer anzunehmen, als diese eine Analogie zur früheren Schmähschrift Habermanns in der *Auswahl aus des Teufels Papieren* herzustellen in der Lage ist und gerade in dem vom Blanchard-Verteidiger beklagten satirischen Spiel seines Kontrahenten mit der Autorschaft eine geradezu ideale Orientierung für seine konzeptionelle Anlage des *Seebuchs* zu bieten scheint.

Diese setzte voraus, daß im *Seebuch* die als Freunde ausgewiesenen Protagonisten Graul *alias* Leibgeber und Giannozzo in einen *circulus vitiosus* versetzt werden, in dem Freundschaft nicht das ›Gegenüber‹ zur Geltung bringt, sondern eine vom Erzähler in unendliche Bewegung gebrachte Repräsentationsmaschinerie evoziert, und in dem die Protagonisten sich selbst als Vorbild und zugleich als Abbilder des je anderen in die Romanhandlung hineinzuzeichnen vermögen. Somit gibt es keine Begegnung zwischen Graul und Giannozzo, sondern nur ein stetes Nacheinander, dem ein ›Facing‹ – eschatologisch formuliert: ein »facie ad faciem«[73] – versagt bleibt. Im Traum Giannozzos, den Graul in seinem Bericht an den Herausgeber wiederaufnimmt, heißt es:

> Sogar du, mein lieber Graul, wurdest unter diese Manen des Wachens geschickt; ich lief dir entgegen, aber du konntest dich durchaus nicht umwenden, du mußtest mir bloß wie eine Gliederpuppe *die herumgedrehten Arme rückwärts entgegenrecken* [...]. (I/3,1004 f.; Herv. S. E.).

Der letzte Satz Giannozzos nimmt dieses Bild einer unendlichen ›Nachfolge‹ wieder auf: »Addio, Graul, ja wohl kannst du mich nicht auf der Brust umarmen ...« (I/3,1010); während der letzte Satz Grauls als ein Traumzitat Giannozzos ausgewiesen wird und somit wiederum diesem redend ›nachfolgt‹: »Giannozzo, wo lebst du, Lämmchen? Kannst du mir nicht erscheinen? Wahrlich, ich gedenke deiner, armer Teufel!« (I/3,1010). Ein sich dergestalt selbst in der Zirkelstruktur seines Erzählens überlebender Erzähler scheint mir mit Fohrmanns Vorschlag, das *Seebuch* als »ästhetizistisches Manifest« zu lesen, als einen Text also, der »nach dem gewaltvollen Tod des Individuums noch einmal auf das Überleben des Textes selbst setzt«,[74] bisher noch am prä-

73 Vgl. hierzu Klein: *Am Anfang war das Wort*, S. 198. Der Autor weist auf eine »gängige neutestamentliche Formel« hin, der zufolge die Sprache in der anderen Welt nicht als eine Lautsprache, sondern als eine »schweigend-visuell[e] Beziehung« zwischen den Menschen und ihrem Schöpfer gedacht wurde.

74 Jürgen Fohrmann: *Jean Pauls »Titan«. Eine Lektüre*. In: *JJPG* 1985, S. 7-32;

gnantesten gefaßt worden zu sein. Er läßt jedoch außer acht, daß Giannozzos »ästhetizistisches Manifest« von vornherein auch den Tod selbst in diese narrative Strategie integriert und zudem ankündigt, er wolle wie »die confrèrie de la Passion jede meiner Leidensgeschichten in ein Possenspiel einkleiden«.

Seine Orientierung am Scherz macht zudem deutlich, daß es dem Erzähler nicht in erster Linie um einen Rückgriff auf Motive der Ballonfahrt geht, sondern um die Metaphorizität des Luftschiffs, das er in der *Vorschule der Ästhetik* im Paragraphen 55 als ein »witzig-verbindendes Weberschiff« (I/5,203) ausweist, dessen verknüpfende Funktion zwar auch auf anderem Wege wie dem des unbildlichen Witzes, der Antithesen, Allegorien oder ähnlichkeitsstiftenden Bildspendern aus dem Assoziationsbereich des Essens oder Kriegs hergeholt werden könne; wem aber – so heißt es dort weiter – »nicht das Entfernteste beifällt, der ergreift das *Neueste* zum Bilde« (Herv. S. E.). Das Bild des Luftschiffs gewinnt insofern eine Qualität als Bildspender im Dienste witziger Verbindungen und nimmt in Jean Pauls Gesamtwerk eine ubiquitäre Position ein, auf die Szenen des Abschieds ebenso wie Charakterisierungen des Zeitalters zu beziehen sind, Standesinsignien nicht weniger als Gefühle der Angst, Modeerscheinungen wie Anwürfe gegen »[p]oetische Nihilisten« (I/5,459), Anspielungen auf einen vollen Magensack ebenso wie solche auf Schlachtvieh am Haken und satirische Attacken auf ein empfindsamens Herz, das »wie ein Luftschiff durch den Auswurf des schwersten Ballastes, des Geldes, so leicht, so schnell, so hoch« (I/2,859) werde, nicht weniger als Bilder der Unsterblichkeit wie das der »Flug-Maschine der Seele« in den *Flegeljahren* (I/2,669), des »Flugkörper[s] nach jenseits« (I/6,1142) oder des »magnetische[n] Ätherschiff[s]« (I/6,1220) in der späten *Selina*-Schrift.[75] Auch die Wiederaufnahme der wirkungsmächtigen Erzählung einer Rettung des Ballonfahrers durch Abschneiden der Gondel in einer verändernden Paraphrase der Blanchard-Legende durch den Luftschiffer Giannozzo kann – unter der Voraussetzung des Paragraphen 55 in der *Vorschule der Ästhetik* – deshalb nicht auf ihren anekdotischen Wert reduziert werden. In diesem von Giannozzo uminterpretierten Bild wird viel-

hier: S. 12. – Diese These vertritt auch Goebel: *Am Ufer der zweiten Welt*, S. 119 f.

75 Die Erforschung der Rezeption des Ballonbilds insbesondere im Frühwerk Jean Pauls gehört zu den Desideraten. Die Veränderungen dieser Bildverwendung, deren Relevanz für das Gesamtwerk außer Frage steht, wären nur mit einer systematischen Bestandsaufnahme unter Einbeziehung des Nachlasses, der Exzerpte, Briefe und Kontextbriefe zu untersuchen.

mehr – analog zur Durchtrennung der Verbindung zwischen Kopf und Rumpf respektive der zwischen Seele und Leib – die alte Diskussion im Kapitel über den Plan zu einem *Jubiläum des Mülanzer Galgens* satirisch wiederaufgenommen, die Johann Caspar Lavater in den *Aussichten in die Ewigkeit* 1773 am Beispiel eines Gehenkten folgendermaßen durchbuchstabiert:

> Ja, ich erinnere mich, irgendwo gelesen zu haben, daß ein in England Gehenkter plötzlich in seiner Rede an das Volk durch den zulaufenden Strang unterbrochen, hernach abgehauen, auf den Zergliederungs-Saal gebracht ward; und nachdem ihm der Strick abgelöset, und das anatomische Messer angesetzt worden, alsobald seinen Mund aufgethan, den abgebrochenen Faden seiner unter dem Galgen angefangenen Balet-Rede sorgfältig wieder aufgenommen, und so lange fortgesetzet, bis ihm die Augen aufgegangen, und er um sich herum ein halb Dutzend Zergliederer erblickt.[76]

Lavaters Erzählung selbst kann mit Ausnahme der kühnen Parallelführung vom wiederaufgenommenen *Faden* der Rede mit dem durchtrennten *Strang* eines Gehenkten kaum Originalität beanspruchen; sie gehört vielmehr zu den unzähligen Berichten über Fälle von Scheintoten, die im 18. Jahrhundert die Medizin und auch die Theologie in Atem hielten,[77] weil an ihnen die Grenzziehung zwischen Leben und Tod fragwürdig geworden war und die Diskussion über ein Fortleben nach dem Tode nun mit empirischen Argumenten geführt werden konnte. Lavater beruft sich auf den Augenschein dieses Exekutionsbeispiels und eines weiteren von einem »andern Gehenkten, der wieder lebendig geworden«, mit der entschiedenen Absicht, eine Analogie zur Unsterblichkeit der Seele zu ziehen:

> Was für Schlüsse lassen sich aus diesen ganz verschiedenen Erscheinungen, in Absicht auf den Zustand der Seelen nach dem Tode des Cörpers herleiten? – – – So viel wenigstens, daß derselbe von dem Zustande des Lebens und des Wachens ganz verschieden sey; daß vielleicht einige Seelen eine Zeitlang überall und im strengsten Verstande schlafen, ohne sich ihrer im geringsten bewußt zu sein; andere

76 Lavater: *Aussichten in die Ewigkeit*, S. 69.

77 Jean Pauls Interesse an dem von Zeitgenossen diskutierten Phänomen des Scheintods ist vielfach zu belegen. Vgl. zuletzt Straub/Vince: *Zur Produktivität des Todes in Jean Pauls Exzerpten*, S. 53 (Anm. 94); allgemein zu diesem Thema vgl. auch das entsprechende Kapitel »Scheintod« bei Eva Horn: *Trauer schreiben. Die Toten im Text der Goethezeit*. München 1998, S. 69–76.

alsobald einen andern Lauf in ihren Gedanken nehmen, ihres vorigen Zustandes vergessen, und vielleicht, nach unendlichen Umwegen, am Tage der Auferstehung, gerade wieder da sind, wo sie in der Stunde ihres Todes gewesen; daß die Seele in einem zerrütteten todtähnlichen Cörper bleiben, und in diesem, ohne sich des Orts ihres Aufenthalts bewußt zu seyn, entweder schlummern, oder in einem traumähnlichen Ideensturm sich hin und her wälzen könne.[78]

Daß Jean Paul für dieses Modell kaum mehr als Spott aufzubringen vermochte, muß nicht eigens betont werden. Die Ableitung der Unsterblichkeit der Seele aus dem ›Überleben‹ eines bereits Exekutierten steht in einer metaphorischen Tradition, in der – so etwa bei Jacob Böhme – beschworen wird, daß einige sündige Menschen doch noch »an einem Faden am Tode Christi«[79] hingen und daß die Seele einem Menschen auch dann nicht genommen werden könne, wenn man ihm den Kopf abschlage.[80]

Eine Assoziation der zahlreichen Situationen des Hängens und der satirischen Jubelrede auf den Mülanzer Galgen mit den Stricken und

78 Lavater: *Aussichten in die Ewigkeit*, S. 69.

79 Bei Böhme heißt es: »139. So sich aber dennoch der Willen-Geist etwan in Tod Christi einwendet, und doch auch heftig an den Grimm angebunden ist, die hanget wie an einem Faden am Tode Christi. / 140. Diese Seele muß wol eine Weile also brennen, bis der Willen-Geist kann in Tod Christi eingehen, bis ihr syderisch Holz verbrennet.« Vgl. ders.: *Psychologia Vera, oder Viertzig Fragen Von der Seelen, Ihrem Urstande / Essentz / Wesen / Natur und Eigenschaft / was sie von Ewigkeit in Ewigkeit sey [...]. Dabey am Ende gefüget ist Das umgewandte Auge von der Seelen und ihrer Bildniß* (1730). In: *Sämtliche Schriften*. Faksimile-Neudruck der Ausgabe von 1730 in elf Bänden. Bd. 3. Neu hrsg. von Will-Erich Peuckert. Stuttgart 1960, S. 37.

80 In § 6 der 11. Frage (»Wie und an welchem Ort der Seelen Sitz im Menschen sey?«) heißt es bei Böhme (*Vierzig Fragen von der Seelen*, S. 82 f.; Herv. i. Orig.): »Und dis ist unser Bericht auf diese Frage: und wird nicht also verstanden, daß wann dem Menschen der Kopf abgehauen wird, daß das Blut hinlauffet, und das äussere Leben zerbricht, daß es die Seele treffe und tödte: Nein, sie verlieret wol ein *Principium*, aber nicht das Wesen des *Principii*; es folget ihr in der Tinctur, im Geiste als ein Schatten nach.« Andererseits gebraucht Jean Paul dieses Bild in einem Brief an Julie von Krüdener vom 22. August 1796 mit Bezug auf die Unsterblichkeitsdebatte im *Kampaner Tal* umgekehrt gerade für den Glauben an die Vernichtung, die er dort eine »Seelen-Guillottine und -Füssillade« nennt (SW III/2,235). Diese Briefstelle nennt Eduard Berend: *Jean Pauls Kampaner Tal*. In: *Hesperus. Blätter der Jean-Paul-Gesellschaft* (1956), S. 19.

Halteleinen von Giannozzos Montgolfiere sind zudem kein Resultat des Zufalls: Erzählerisch wird sie sowohl inhaltlich als auch auf der metaphorischen Ebene des *Seebuchs* geradezu obsessiv erzeugt; und dies nicht allein durch den Hinweis, daß uns »ein öffentlicher Ort wohl [tue], wo Mumien hängen« (I/954), durch Formulierungen wie »Globen an meinem Faden« (I/3,945), »Seiltänzer *am* straffen vertikalen Seile« (I/3,956; Herv. i. Orig.) oder der rhetorischen Empfehlung an Delinquenten, doch zu erwägen, »daß ihr weniger euer Leben (das läuft hinter dem Sperrstrick fort) als eure Armut hergebt« (I/3,958); sondern auch durch die boshafte Reflexion, daß es den »alten Sündern von Stande ebenso guttun und sie ebenso umschmelzen [würde], als ob man sie in eine Kapuzinerkutte vor dem Sterben steckte, wenn man bloß den Strick vom Kapuziner nähme und sie daran hier vor ihrem Ende befestigte« (I/3,954). Ähnliche Bilder sind auch in anderen Texten wie z. B. in den *Flegeljahren* aufzufinden, wo es heißt, daß die meisten der Akzessit-Erben »den Galgenstrang als Nabelschnur der zweiten Welt« (I/2,683) verdienten. Im *Seebuch* erhalten sie die Funktion, eine Analogie zwischen der Hängekonstruktion des Ballons und der des Galgens zu stiften. Dies geschieht zum einen über eine direkte Bezugnahme auf ›Realien‹ der Ballonfahrt, wie z. B. im Bild einer Hofdame, die im Kampf gegen das »fliegend[e] Corps« (I/3,939) der Fledermäuse als Vorposten und »*enfant perdu* die fliegenden Drachen oben fahren« sah und bloß »perdu [ausrief], weil sie: enfant ausließ« (Herv. S. E.). Die zeitgenössischen Leser des *Seebuchs* werden kaum Mühe gehabt haben, mit dem tradierten militärischen Ausdruck »enfant perdu« auch den neuen aus der Luftschiffersprache gleich mitzudenken: Der freie Aufstieg eines Ballons wurde »à ballon de perdu« genannt und zumindest in der Anfangszeit der Ballonfahrt mit der Verlegenheitslösung assoziiert, wegen der Unberechenbarkeit der Reise nicht wie in den Fesselballons, die täglich vom Reveillonschen Garten[81] aufstiegen und häufig Damen an Bord hatten, Vertreter des Adels oder ehrenvolle Bürger, sondern ›sicherheitshalber‹ zum Tode verurteilte Verbrecher in den Himmel auffahren zu lassen.[82]

81 Faujas de Saint-Fond (Murr, 19) weist darauf hin, daß die ersten Versuche der Gebrüder Montgolfier mit Luftbällen im Garten des »dienstfertigen Freundes des Herrn Reveillon, welcher Eigenthümer der Königlichen Manufactur von gefärbtem Papier in der Strasse von Montreuil ist«, stattfanden.

82 Reinicke (*Aufstieg & Revolution*, S. 44) berichtet, daß Pilâtre de Rozier und der Marquis d'Arlandes »auf die Ehre des Adels [pochten], der sich den Ruhm zu sichern hätte – statt zweier Verbrecher –, durch die Lüfte zu reisen«.

Zum anderen stellt sich diese Analogie direkt über ein *tertium comparationis* her, dessen willkürliche Ordnung im Unsterblichkeitsdiskurs des *Seebuchs* kaum zu überbieten ist: »Wer einen Galgen sieht«, so heißt es in der Mülanzer Jubelrede, »erfreuet sich, weil er weiß, daß eine Stadt sogleich nachkommt nach diesem dreibälkigen Telegraph [d. h. dem Galgen] oder sechseckigen Bierzeichen derselben.« (I/3,951; Herv. S. E.). Nicht über ein inhaltlich zu bestimmendes Ähnlichkeitsverhältnis wird die Verbindung zur Luftkugel des Giannozzo, zu seinem Leder-Würfel, »der auf *allen 6 Seiten* Fenster hat« (ebd., 928 f.; Herv. S. E.), hergestellt, sondern ausschließlich über die geometrische Form des Sechsecks,[83] das – einerseits durch die semiotische Gleichset-

83 Die Form des Ballons kann durchaus auf reale Formen von ›Luftkugeln‹ bzw. deren Gondeln verweisen: Giannozzos Angabe, daß seine Kugel »aus einem feinen, aber unbekannten Leder mit Seide überzogen« (I/3,928) bestehe, läßt sich auf Lichtenbergs (*Vermischte Gedanken über die aërostatischen Maschinen*, S. 76) Versuche zurückführen, die »Haut zu gebrauchen, worin die Tiere, hauptsächlich die Kälber, Füllen, Ziegen und Lämmer in Mutterleibe liegen.« »Heben nun künftig die Hauswirte«, so Lichtenberg weiter, »diese vortrefflichen Häute, die sie bisher aus Aberglauben in die Mistgruben verscharrten, so sorgfältig auf, als die Kalbfelle und lernen sie selbst präparieren, so könnte man große Bälle aus Taft oder Linnen von beiden Seiten damit überziehen, obendrauf firnissen, und auf diese Weise Bälle von einer großen Dauerhaftigkeit erhalten.« (S. 69). Diese Invention Lichtenbergs kann in der Tat als Fortführung der Vorschläge Faujas de Saint-Fonds gelten, der die Verwendung von Goldschlägerhäutchen (Murr, S. 61) für die Herstellung von Ballonhüllen proklamierte. (Als Goldschlägerhaut wurde traditionell die feine Haut aus Rinder- oder Schafsdarm bezeichnet, in die die Goldschläger das Gold zum Schlagen einlegten. Vgl. *Grimm*: Artikel »Goldschläger«, Bd. 8, S. 834.). Busch (*Versuch eines Handbuchs der Erfindungen*, Theil 1, S. 391) weist darauf hin, daß bereits in frühen Flugkonstruktionsplänen (Julius Cäsar Scaligers) die Verwendung von Goldschlägerhaut zur Nachahmung der Taube des Archytas empfohlen worden sei. Jacobius (*Luftschiff und Pegasus*, S. 91) erwähnt, daß die fliegenden Skulpturen Enslens aus Goldschlägerhaut verfertigt waren. Auch die Würfelform der Gondel ist keine Jean-Paulsche Phantasie, sondern hat reale Vorbilder: Wider (*Von Menschen und Ballonen*, S. 33) gibt an, daß die von Urs Jakob Tschann (gemeinsam mit dem Bruder Anton Tschann) gefertigte Maschine die Form eines Polyeders hatte; immer wieder (S. 42) sei bei Tschann das »Motiv eines zum Himmel segelnden Lusthauses oder Schlosses« erwähnt, was auf »eine würfelförmige Konstruktion« schließen lasse, die nicht selten – wie am 7. Dezember 1788 bei Zürich – »ein prächtiges Lusthaus« vorstelle, »mit 20 Fensterstücken, auch mit 4 Porten, samt anderer geschmackvoller Bauart«. Wider verweist zudem auf einen Brief eines bayrischen Exjesuiten

zung von Galgen und Bierzeichen und andererseits durch die assoziative Ähnlichkeit von Bierzeichen und Ballongondel – das metaphorische Äquivalenzverhältnis von Galgen und Ballon (auf durchaus unsinnige Weise) erst zu stiften vermag.[84] Der aus des Luftschiffers Blanchard Bildfundus schöpfende »Outside-Passenger« Giannozzo *fingiert* das Kappen der Stricke, die den Ballon mit seiner Gondel verbindet, indem er sich probeweise auf seine »Sänfte« hinaussetzt (I/3,960). Auch das diesem Bild zugehörige Ballonfahrer-Stereotyp eines sich vor den Augen auftuenden unermeßlichen Horizonts wird in die Langeweile eines stundenlangen »ewigen Szenenwechsel[s]« überführt, der dem Auge alle gesehenen Details vergleichgültigt und unterschiedslos in eine Kette von abstrahierenden Gattungsbezeichnungen eingliedert: »[A]llein da ich so im wilden ewigen Szenenwechsel fünf Stunden lang hingefahren war über eine Religion und Landschaft und Reichsstadt nach der andern, über eine Saat von Völkern […]« (I/3,961). Nicht die Erhabenheit eines bodenlosen Schwebens, sondern die öde Registratur einer ordnenden Weltsicht von oben, die auch dem erzählerischen – seine Bilder nach rein formalen Kriterien erschaffenden – Verfahren selbst eignet, treibt den Luftschiffer Giannozzo wie die Schwerkraft einen Erhängten auf sicheren Grund zurück: »Ein Mensch wie ich – zumal wenn ihm der Sturm *die Halsvenen lange zugeschnürt* und den Kopf bluttrunken und schläfrig gemacht – steigt lieber und gescheuter in sein Wachthäuschen zurück und schläft den Rausch des Äthers aus.« (I/3,961; Herv. S. E.). Ein dergestalt »buchstabierte[s] Panorama«,[85] das im *Seebuch* weit vor Stifters kartographischen Höhenblicken die Wahrnehmungspoetik revolutioniert, kann auf die Zuverlässigkeit des Augenscheins nichts mehr geben: Solange der Luftschiffer Giannozzo sich wie ein dem Tod geweihter Gesetzloser am Strick des Galgens hinausbegibt, um *alles zu sehen*, erhält er nichts weiter als einen *ordnenden Begriff* vom Gesehenen; sobald er hingegen den Bereich des Schlafes

in Solothurn, P. Christian Fabris, vom 24. Februar 1784 an Hans Heinrich Füssli in Zürich, der seine »Luftmaschine« als eine »doppelte, und zwar oben […] aufrechtstehende, ganze […], unten aber eine umgekehrte, abgesägte […] Pyramide« beschreibt.

84 Es kann auch ein intertextueller Bezug zur frühen *Unsichtbaren Loge* hergestellt werden: Dort wird im »Vierunddreissigste[n] oder 1. Advent-Sektor« (I/1,303) Ottomars Sarg eine »sechseckig[e] Brutzelle des zweiten Lebens« genannt.

85 Albrecht Koschorke: *Das buchstabierte Panorama: Zu einer Passage in Stifters Erzählung »Granit«*. In: *Vierteljahresschrift des Adalbert-Stifter-Instituts des Landes Oberösterreich* (= ASTI) 38, 1989, Folge 1/2, S. 3-13.

(und der Träume) aufsucht und seine Augen schließt, befindet er sich im »*Wacht*häuschen« seiner Gondel (Herv. S. E.). Nicht hingegen das Wort ›rêve‹ (Traum),[86] sondern das Wort »Révenant« (Wiedergänger) bringt den Luftschiffer auf »den ersten Gedanken der Auffahrt« (I/3,929), ein »Wort«, das – so heißt es programmatisch in der »Ersten Fahrt« – irgendeiner zufällig vor ihm ausgesprochen und damit bewirkt habe, daß sich ihm, Giannozzo, »eine Pandorabüchse, ein Äolsschlauch von Phantasien« auftat; ein *Wort*, das die Fiktionalität des Erzählten von vornherein auch darin auszuweisen sucht, daß der Erzähler selbst sich seines eigenen fiktionalen Status (eines Revenants) bewußt ist und diesen programmatisch seinem Erzählen voraussetzt. Für die konzeptionelle Anlage des *Seebuchs* hat diese Verpflichtung auf die unendliche Rede erhebliche Konsequenzen. Nicht nur wird auf diesem Weg die Authentizität des durch Graul alias Leibgeber verbürgten Berichts fundamental in Frage gestellt, sondern auch die personelle Differenz dieser zwei ›Ich-Erzähler‹, die sich – vermittelt über die Anrede im Traum – miteinander in einem fingierten (Traum-)Gespräch befinden. Die Erzählung des Giannozzo nimmt darüber hinaus die Fiktionen einer stereotypisierten Todesvision Blanchards und die der Lavaterschen Ableitung einer Seelenunsterblichkeit aus dem Phänomen des Scheintods in die Bildlichkeit des Erzählten hinein, um sie zugleich ironisch zu dessen Modell zu erheben: Der Erzähler behauptet damit die Geburt des Erzählens aus dem Geist der lebendigen *Rede*, aus einem zufällig *gehörten Wort*, und er erklärt auch den Tod des Erzählers (*alias* Giannozzos) selbst noch zu einer prinzipiell durch Narration zu überschreitenden Station in der Logik dieses ›sprachmagischen‹ Verfahrens. Jean Pauls Konstruktion des *Seebuchs* im erzähltheoretischen Rahmen der Metafiktionalität anzusiedeln scheint für das Verstehen dieses Textes dabei keineswegs hinreichend zu sein. Dagegen kann Kurt Wölfels frühe These, daß sich die Reden in Jean Pauls Roman-Dialogen (z. B. dem Tafelgespräch in den *Flegeljahren*) gebärdeten, als »erhebe die Figur von vorn herein den Anspruch, das letzte Wort zu sagen und zu behalten«,[87] auch für die Struktur des *Seebuchs* wichtige Hinweise

86 Vgl. Hans-Walter Schmidt-Hannisa: *Träume vom Fliegen – Caspar Walter Rauh und Jean Paul.* In: *Caspar Walter Rauh. Flugobjekte*. Zeichnungen und Druckgraphiken aus der Sammlung der Oberfrankenstiftung. Schriftenreihe des Kunstmuseums Bayreuth, Bd. 7. Bayreuth 2000, S. 17-27; hier: S. 25. (Herv. S. E.). Zu Flugträumen ders.: *»Der Traum ist unwillkürliche Dichtkunst«. Traumtheorie und Traumaufzeichnung bei Jean Paul.* In: *JJPG* 35/36 (2000/01), S. 93-113; bes. S. 103 ff.

87 Kurt Wölfel: *Über die schwierige Geburt des Gesprächs aus dem Geist der*

geben. Da »das behaltene letzte Wort bekanntlich dem Gespräch ein Ende setzt«, so Wölfel, ergebe sich die Schwierigkeit, daß die Rede »buchstäblich den Charakter einer ›Exekution‹« anzunehmen gezwungen sei: »Sie führt das Gespräch aus, aber auf eine für das Gespräch tödliche Weise.« Wölfel schließt aus der Abstinenz des Autors Jean Paul gegen die Ausformung eines Gesprächs als sinnfällig gemachter ›dargestellter Wirklichkeit‹, daß sich das Autor-Bewußtsein auch im Redeverhalten der Figuren aktualisiere: »[I]hr Sprechen wird vom Gestus des Schreibens überformt und löst sich damit vom konkreten, aber fiktiven (Gesprächs-)Handlungszusammenhang.« Für die Interpretation des *Seebuchs* ist diese Beobachtung m. E. nur mit Einschränkungen bzw. Akzentverschiebungen in Anspruch zu nehmen: Als ausgewiesenes schriftliches Testament geriert sich die testamentarische Rede des Luftschiffers ja gerade als eine aus der flüchtigen mündlichen Rede entstandene Abfolge von Phantasien und somit von vornherein als eine nicht ›erlebte‹, sondern als ›fingierte‹ Rede, die den Testaments-Charakter insofern selbst in Frage stellt. Zugleich ist die Anrede an den Freund in dieses ›fingierte Testament‹ eingeflochten und wird – als eine im Traum geführte – doppelt irrealisiert; dessen potenzierte Fiktionalität wird sogar noch überboten durch das ›Wahrwerden‹, das ›wirkliche‹ Ausgesprochenwerden des letzten Satzes Giannozzos durch seinen im Traum angeredeten und (fingiert) zitierten Freund, der es dem Herausgeber als schriftliches Zeugnis übergibt. Die Rede bleibt in ihrer verschriftlichten Form auf ihren mündlichen Ursprung verwiesen, und die verschriftlichte Rede scheint durch die erzählerische Integration des Freundes Graul ›letztlich‹ wiederum zur Form des Dialogs zu tendieren. Die satirischen Feldzüge Giannozzos gegen die Greuel der Welt werden somit auch auf erzählstruktureller Ebene an eine Strategie des ›Als-ob‹ gebunden: Zu ihr gehört die Rede des Luftschiffers am Ende des *Seebuchs*: »[...] und ich will jetzt mit meinem Posthörnchen wütig ins Wetter blasen, wie ihr Mozart drunten im Don Juan, und den Heuchlern auf dem Boden den Anbruch des Jüngsten Tages *weismachen*« (I/3,1010; Herv. S. E.). Giannozzos Fingierung des Jüngsten Gerichts integriert in diese Passage Realien der Ballonfahrt, die überliefern, daß z. B. das Erscheinen von Blanchards Ballon während seines Aufstiegs in Breslau am 27. Mai 1789 vom Volk als »Zeichen am Himmel« gedeutet wurde, »die nach der Schrift den jüngsten Tag verkündigen sollen«.[88]

Schrift. In: Buschendorf (Hrsg.): *Kurt Wölfel. Jean Paul-Studien*, S. 72-101; vgl. auch im folg. S. 97-99.

88 Vgl. Anton Gottfried Steiner: *Geschichte der zu Breslau den 27. Mai von Herrn Blanchard unternommenen Luftreise*. (Breslau, den 6. Juni 1789). In:

Die Schlußpassage des Luftschiffer-Journals, das am Anfang sein ästhetisches Credo ablegt, indem es ein »Possenspiel« verspricht, ruft zugleich mit unmißverständlich satirischer Absicht Fichtes Schrift *Die Bestimmung des Menschen* (1800) auf den Plan. Dort wird die Alternative zu einer moralischen Weltregierung drastisch in das Bild eines Gottes gefaßt, eines »bösartigen Geist[s]«, dem »das ganze menschliche Leben sich [...] in ein Schauspiel« verwandele und der

> »den Armen dieses unaustilgbare Streben nach dem Unvergänglichen einpflanzte, bloß um sich an ihrem unaufhörlichen Ringen nach dem, was sie unaufhörlich flieht, an ihrem jedesmal wiederholten Haschen nach dem, was ihnen abermals entschlüpfen wird, an ihrem rastlosen Herumtreiben im stets wiederkehrenden Kreise zu belustigen, und ihres Ernstes beim abgeschmackten *Possenspiel* zu lachen«.[89]

Es kann als eine direkte Parodie auf diese Fichte-Stelle gelesen werden, daß Giannozzo die Rolle dieses »bösartigen Geist[s]« und zugleich auch die des Weisen, der seines Marionettenstatus überdrüssig ist, zu spielen beansprucht: Solle dieser Weise nicht – so lautet Fichtes Schlußfolgerung –, weil es ihn verdrießen werde, seine Rolle in diesem Spiel fortzuführen, »das Leben von sich werfen«, und solle nicht »der Augenblick des Erwachens zur Vernunft der Augenblick des irdischen Todes werden«, so müsse »der Zweck unseres irdischen Lebens, den uns die Vernunft aufstellt, und für dessen unfehlbare Erreichung sie bürgt«, auch erreicht werden *sollen*. Der Tod des Luftschiffers wird am Ende des *Seebuchs* von der verschriftlichten Rede des luftschiffenden ›Journalisten‹ Giannozzo schließlich selbst zur Fiktion erklärt, indem

Zeitgenössische Berichte der ersten bemannten Luftfahrt in Breslau. Jean Pierre Blanchard's 35. Luftfahrt 1789. Aus Anlaß des 200jährigen Jubiläums hrsg. von Peter P. E. Günther. Mit Abbildungen. (= Beiträge zur Geschichte der Ballonfahrt. Hrsg. von Peter P. E. Günther. Bd. 5). Berlin 1989, S. 13-28; hier: S. 28: »Die Mägde dieses Dorfes, die auf dem Felde beschäftigt waren, erblickten Herrn Blanchard zuerst und noch schwebend. Die Zeichen am Himmel, die nach der Schrift den jüngsten Tag verkündigen sollen, fielen ihnen ein. Sie stürzten heulend ins Dorf, beteten: ›Vor dem Teufel uns bewahr‹ und wollten zum Pfarrer.«

89 Vgl. auch im folg. Johann Gottlieb Fichte: *Die Bestimmung des Menschen* (1800). In: *Ausgewählte Werke in sechs Bänden.* Hrsg. von Fritz Medicus, Bd. 3. Darmstadt 1962, S. 261-415; hier: S. 374; Herv. S. E. – Fichte hatte bekanntlich mit seiner im *Philosophischen Journal*, Bd. VIII, 1798 publizierten Schrift *Über den Grund unsers Glaubens an eine göttliche Weltregierung* den sog. Atheismusstreit ausgelöst: *Ausgewählte Werke in sechs Bänden*, Bd. 3, S. 119-133.

diese mit der an den Herausgeber gerichteten Nachschrift des Augenzeugen seines Todes, der des Freundes und Texterben Graul (*alias* Leibgeber), tendenziell verschmilzt. Diese Konstruktion kann zumindest auf einer der möglichen Interpretationsebenen als buchstäbliche (und somit satirisch perfektionierte) ›Realisation‹ dieser philosophischen Gedankenkette gelten.

IV.5. »Bergperipatetiker«: Das Modell des Höhenblicks

Vor dem Hintergrund der tradierten Forschungsmeinung, das *Kampaner Tal* sei in seiner Erhabenheitskonstruktion der avancierteren Kunstreflexion im *Seebuch* nicht zuletzt deshalb nachzuordnen, weil der frühere Text den Glauben an die Unsterblichkeit affirmiere, wird die folgende Interpretation sich nicht an der chronologischen Abfolge der zu analysierenden Texte orientieren, sondern dieser vielmehr entgegenlaufen. Die Lektüre setzt beim petrarkistischen Modell eines vertikalen Höhenblicks ein, das m. E. sowohl für das *Seebuch* als auch für dessen Vorläufertexte (den *Vorredner* zur *Unsichtbaren Loge* und die *Biographischen Belustigungen unter der Gehirnschale einer Riesin*) als Vorbild gelten kann. Sie endet mit einer Interpretation des ersten Teils des *Kampaner Tals*, das im Zusammenhang mit dem *Seebuch* durch die Forschung zwar vielfach aufgerufen, jedoch bisher gerade *nicht* vergleichend analysiert worden ist. Götz Müller hat für den *Siebenkäs*-Roman eine Mehrfach-Kodierung[90] der Redeweisen hervorgehoben, die in Übertragung auf eine poetische *Ars volandi* im erzählerischen Verfahren bei Jean Paul auch für die Metaphorik des Luftschiffs in Anspruch genommen werden kann. Der Ballon wird deshalb in den folgenden Interpretationen nicht auf den Übertragungswert – Metapher für die Poesie zu sein – festgelegt, sondern vielmehr selbst als Term einer Metaphernkette (von Auge, Ballon, Sonne, Kugel, Diamant etc.) ver-

90 Götz Müller: *Mehrfache Kodierung bei Jean Paul.* In: Ders.: *Jean Paul im Kontext. Gesammelte Aufsätze.* Mit einem Schriftenverzeichnis hrsg. von Wolfgang Riedel. Würzburg 1996, S. 77-96 (zuerst in: *JJPG* 26/27 (1991/92), S. 67-91): »Neben der Generierung ständig neuer Vergleiche gibt es bei Jean Paul ein entgegengesetztes, bisher unbeachtetes Phänomen: die mehrfache Verwendung des Gleichen. Wenn das ostinate Bild ›Passionswerkzeuge im Kopf des Hechtes‹ in unterschiedlichste Nachbarschaften versetzt wird, so ändert es ständig seine Bedeutung. Man kann daher nicht bestimmen, was ein Vergleich bei Jean Paul bedeutet, wenn man nicht weiß, in welchen anderen Kontexten das Bild verwendet wird.« (S. 79).

standen, in der das Auge die höchst variable Position einer Zentralmetapher einnimmt und somit die Autoreferentialität der Kunst immer wieder erneut auf das Denken eines Unsterblichkeitsglaubens rückzuverpflichten weiß.

Die Ballonfahrerberichte und literarischen Schriften aus dem thematischen Umfeld der Zeit beziehen sich nicht nur durchgängig auf die Schwindelerfahrungen des Abgrunds, der sich vor dem technisch ermöglichten vertikalen Blick nach unten auftat, sondern weit mehr noch auf die Unlenkbarkeit der Luftschiffe. Deren fehlende Höhensteuerung machte die Aeronauten von Anfang an zu Hasardeuren, senkte nachhaltig das anfänglich große militärische Interesse an der Ballonfahrt und gab Literaten wie Lichtenberg[91] Anlaß, den unkontrollierbaren Flug der Montgolfieren und Charlieren einem Abenteuer des Geistes, auch einem der Abschweifung[92] und darüber hinaus dem poetischen Spaziergang zu analogisieren. Bereits bei den ersten Ballonflügen waren zudem Optiker an Bord: Während des Aufstiegs von Dr. Jeffrey 1784 in London bzw. von Sacharow und Robertson 1804 in Sankt Petersburg wurden Teleskope mitgeführt – die Garanten eines direkten vertikal nach

91 Lichtenberg: *Vermischte Gedanken über die aërostatischen Maschinen*, S. 74: »Man bedenke auch nur das Atmen der Alpenluft«, so schließt der Autor seine Aufzählung über die ›Nützlichkeit‹ der neuen Erfindung ironisch ab, »das Baden, Plätschern und Schwimmen im Lichtmeer und in Gesellschaft der Morgensterne, während die Hälfte der Welt unter einem noch im Schlamm der Nacht ruht. Der Nutzen ist nicht zu verkennen.«

92 Eine solche Indienstnahme der Ballonfahrt für die Poesie proklamiert zugleich die von der Aufklärung geahndete »Laune« (als poetologische Kategorie abschweifenden Erzählens) zum poetischen Verfahren schlechthin: Vgl. die seit Quintilian in rhetorischer Tradition stehende Ablehnung der Digressionen noch in Blankenburgs *Versuch über den Roman*, der sich u. a. mit Christian Garves Studie *Einige Gedanken ueber das Interessirende* (in: *Popularwissenschaftliche Schriften über literarische, ästhetische und gesellschaftliche Gegenstände.* Im Faksimiledruck hrsg. von Kurt Wölfel, Bd. 1. Stuttgart 1974, S. 161-439) auseinandersetzt: »Den Mißbrauch der Laune aber«, so endet der *Versuch*, »kann ich nicht genug widerrathen. Unter den Händen der Yorickschen Nachahmer hat die gute Laune zu so abentheurlichen Verdrehungen der Gedanken und im Styl Anlaß gegeben, daß sich nichts poßierlicher lesen läßt, als ein Theil unsrer Reiseschreiber.« Vgl. Christian Friedrich von Blankenburg: *Versuch über den Roman*. Faksimiledruck der Originalausgabe von 1774. Mit einem Nachwort hrsg. von Eberhard Lämmert. Stuttgart 1965, S. 527; zu Garve vgl. S. 187 ff. – Zur rhetorischen Figur der Digression vgl. Poser und Michael von Groß-Naedlitz: *Studien zur Abschweifung im deutschen Roman des 18. Jahrhunderts. Quellen, Vorbilder, Praxis.* Bonn 1969.

unten gerichteten Blicks,[93] der die Grundlage für eine kartographische Vermessung des Erdbodens bildete und zugleich (mehr als drei Jahrzehnte vor Erfindung der Photographie) in der Lage war, die Illusion einer optischen Fixierung des je im Augenblick überflogenen Terrains zu geben. Dieses Verfahren, das 1857 mit der Erfindung der Luftbildphotographie durch Nadar die Optik schließlich revolutionierte, war mit der Entwicklung der Luftballone aufs engste verbunden. In der Patentschrift zu seiner Erfindung noch präzisiert Nadar die exakt zu befolgende Anwendung des neuen Mediums an Bord: »Der photographische Apparat muß immer senkrecht nach unten gerichtet sein, entweder an einer Seitenwand der Gondel oder im durchbohrten Boden.«[94] Christian Kramps 1784 erschienene *Geschichte der Aerostatik*[95] vermerkt bereits, daß der erste von einem Deutschen mit Namen Johann Carl Enslen gefertigte bemannte Ballon, der im März 1784 in Straßburg aufstieg, eine durch den reichen Optiker (und Kunsthändler) Adorne in Auftrag gegebene Konstruktion war.[96]

93 Vgl. den *Bericht des Herrn Academicus Sacharow an die kaiserliche Akademie der Wissenschaften zu Petersburg, über die Luftfahrt, welche er zu Folge ihres Auftrags in Begleitung des Physicus Robertson am 30ten Junius 1804 unternommen hat.* In: *Annalen der Physik*, Bd. 20 (1805), S. 107-124; hier: S. 112; Herv. i. Orig.: »*Erstens* befestigte ich in einer auf dem Boden der Gondel gemachten Oeffnung perpendiculär ein achromatisches Fernrohr, welches mir nicht nur die Erdgegenstände deutlich zeigte, über welchen der Ballon sich befand, sondern auch andeutete, nach welcher Seite er seinen Lauf nahm.«

94 Gaspard Felix Tournachon (gen. Nadar), zit. nach Walter Glanzmann: *Der Erde entfliehen. Nadar als Aeronaut.* In: *Luft-Ballone. Eine Ausstellung der Flughafen Main AG und der Stadt Frankfurt am Main zur Ballonfahrt in Geschichte und Gegenwart. Aus Anlaß der 200jährigen Wiederkehr des ersten in Deutschland erfolgten Ballonaufstiegs von Jean Pierre Blanchard am 3. Oktober 1785.* Frankfurt a. M. 1985, S. 41-43. Nadar gründete 1863 zusammen mit Jules Verne die »Gesellschaft zur Förderung der Luftfahrt mit Maschinen, die schwerer sind als Luft« (S. 42).

95 Christian Kramp: *Geschichte der Aerostatik historisch, physisch und mathematisch ausgeführt.* 2 Theile. Mit Kupfern. Straßburg 1784-86. Band 2 bezieht sich auf die Geschichte der Ballonfahrten nach dem ersten Aufstieg.

96 Vgl. hierzu: Stephan Oettermann: *Johann Carl Enslen (1759-1848) … und zuletzt auch noch Photographie-Pionier.* In: *Silber und Salz. Zur Frühzeit der Photographie im deutschen Sprachraum 1839-1860. Kataloghandbuch zur Jubiläumsausstellung 150 Jahre Photographie.* Hrsg. von Bodo von Dewitz und Reinhard Matz. Köln, Heidelberg 1989, S. 116-141. Vgl. auch Wider: *Von Menschen und Ballonen*, S. 57.

Unter der Vorherrschaft der Optik kann andererseits geradezu von einer doppelt erfahrbaren Blindheit der realen und literarischen Ballonfahrer gesprochen werden: von einer Blindheit einerseits, die durch eine rasante Entfernung von der Erde erzeugt wird und jedes Ding in der Unschärferelation einer kartographischen Überschau einsehbar zu machen schien; und andererseits von der einer ständigen Unvorhersehbarkeit des Flugs, die *jeden* Augenblick als absolut gegenwärtigen aufzufassen zwang, da ein zukünftiger weder präventiv abzuwenden noch projektiv zu planen war. Die Ballonfahrt erschütterte nachhaltig die Wahrnehmungserfahrungen des Raum-Zeit-Gefüges im 18. Jahrhundert: Zwar konnte die optische Verfügbarkeit des Erdbodens durchaus in direkter Parallele zu einer letztgültigen Erhebung menschlicher Vernunft zu göttlicher Vollkommenheit gesehen werden. Auch die tradierte (vorkritische) philosophische Metaphorik, die die optischen Hilfsmittel wie das Teleskop noch in den Dienst der Gottesbeweise gestellt hatte, schien berechtigten Anlaß zu geben, die technische und geistige Autonomie des Menschen durch Überwindung des Gesetzes der Schwere und über den Weg seiner optischen Selbstbemächtigung für gesichert zu halten.

Die historischen Stationen dieses an Bildern des ›prothetischen‹ Sehens orientierten philosophischen Metaphorisierungsprozesses sind bekannt: Sie reichen von Descartes' geometrisch-physiologischen Untersuchungen zum Sehen in *La Dioptrique*[97] über Kants frühe kritische Auseinandersetzung mit der Annahme einer göttlichen Offenbarung in der Natur und den mit ihr verbundenen – insbesondere physikotheologischen – Varianten der Gottesbeweise[98] bis hin zur Kantischen Neubestimmung des Begriffs des Erhabenen im Kontext der ästhetischen Theorie.[99] Welche Popularität die – in der ersten Hälfte des 18. Jahrhunderts von Brockes für die Offenbarung Gottes[100] in Anspruch ge-

97 Vgl. René Descartes: *La Dioptrique*. In: *Œuvres de Descartes*. Publiées par Charles Adam & Paul Tannery sous les auspices du Ministère de l'Instruction Publique. Vol. VI (= *Discours de la Méthode* & Essais; Paris 1956). Paris 1904-1956, S. 81-228; hier bes. »Discours Dixième: De la façon de tailler les verres«, S. 211-227 (Lat.: S. 584-650). Vgl. hierzu Borgards: *Die Wissenschaft vom Auge und die Kunst des Sehens*, S. 39-61.

98 Vgl. Immanuel Kant: *Der einzig mögliche Beweisgrund zu einer Demonstration des Daseyns Gottes* (1763). In: *Werke in sechs Bänden*, Bd. 1, S. 620-738; hier bes. S. 682-707.

99 Vgl. hierzu Hans Feger: *Die Macht der Einbildungskraft in der Ästhetik Kants und Schillers*. Heidelberg 1995, bes. S. 217-260.

100 Vgl. *Herrn B[arthold] H[heinrich] Brockes, L. weil. Rathsherrn der Kaiserlichen freyen Reichsstadt Hamburg, Physikalische und moralische Gedan-*

nommene und vielfach rezipierte – optische Metaphorik auch noch in den 70er Jahren in Deutschland hatte, kann die von Lavater im 11. Brief der *Aussichten in die Ewigkeit* unternommene emphatische Verteidigung Gottes als des größten Linsenschleifers belegen, der jede Fertigkeit auch des geschicktesten Optikers übersteige und das Auge selbst nicht nur für die hiesige, sondern auch für die andere Welt zu perfektionieren wüßte: »Er kann z. Ex. das Auge unsers künftigen verklärten Cörpers so bilden, daß die ganze sichtbare Oberfläche desselben, von einer, im strengsten mathematischen Sinne, parabolischen, oder hyperbolischen und dem Zwecke des Sehens noch angemeßeneren Section ist.«[101]

In der literarischen Rezeption des Ballonmotives und der poetischen Adaption kühner Schwebezustände sind poetische Firmungen der Kantischen Theorie auffällig selten vertreten, was mit der seit 1783 modischen und für zeitgenössische Autoren geradezu unumgänglich gewordenen Lektüre authentischer Ballonfahrerberichte zu tun haben kann,

ken über die drey Reiche der Natur, Nebst seinen übrigen nachgelassenen Gedichten, als des Irdischen Vergnügens in GOTT Neunter und letzter Theil. Hamburg 1748, S. 437-439 [= Die dritte Offenbarung], hier: S. 438: »Die dritte zeiget offenbar, in den Vergrößrungsgläsern, sich / Und in den Telescopiis, zum Ruhm des Schöpfers, sichtbarlich: / [...] Das Auge zeigt am Tag' uns eine, die Gläser zeigen bey der Nacht, / Daß Gott viel Millionen Welten und Sonnen hat hervorgebracht. / Doch darf man nicht hiebey gedenken, es sey es bloß das Glas allein / Und seine Klarheit, die ich hier ein solches Wunder heiße. Nein; / Des Auges' dazu eingerichtet' und eigene Beschaffenheit, / Daß es durchs Glas gestärkt sich findet. / Noch mehr die Stärke der Vernunft, die, wenn man es besonders ründet, / Des Glases Wirkung ausgefunden, am meisten die Vortrefflichkeit [...].«

101 Lavater: *Aussichten in die Ewigkeit*, Theil 2, (Eilfter Brief), S. 34. Der Anfang dieser Passage lautet: »Nun aber steige die Kunst des Glasschleifens so hoch als immer möglich ist; man bringe es nicht nur in der Bildung, sondern auch in der Politur der Gläser noch tausendmal weiter, als es bis izt die größten Künstler in London u. Paris gebracht haben; Man wird immer hinter der strengsten mathematischen Genauigkeit in mathematischem Sinne unendlich zurückbleiben; und hinter der physischen denkbaren Vollkommenheit durchsichtiger Cörper ebenfalls undenklich weit. – Das polierteste Glas, und wenn es so fest und so polierbar wäre wie der Diamant, muß nothwendig noch seine Höhen und Tiefen und Unebenheiten haben, die, wenn sie sich auch durch das schärfte Vergrösserungsglas nicht entdecken liessen, dennoch in mathematischem Sinne, unendliche Höhen und Tiefen sind. [...] Aber was keine endliche Kraft, kein Fleiß, keine Genauigkeit eines Erschaffenen kann, das kann der ewiggebende Schöpfer, der Quell aller sichtbaren und unsichtbaren Vollkommenheiten. Er – und, ich getraue mir

die zumindest ebenso oft auf Atemnot, schneidende Kälte[102] und einen katastrophischen Niedergang zu sprechen kommen wie auf das erhabene Gefühl des Aufstiegs. Dies war zudem durch eine fast durchgängig zu registrierende Selbstbeobachtung des Körpers zumindest beeinträchtigt, die bei einer mit zunehmender Höhe zu registrierenden Verwischung der gegenständlichen Konturen nicht nur ein metaphysisches, sondern auch das physische Vertrauen in die optischen Hilfsmittel gänzlich obsolet werden ließ. Wie schwer sich der kartographische Höhenblick eines Ballonfahrers unter das Kantische Erhabenheitspostulat subsumieren ließ, mag allein schon die Tatsache verdeutlichen, daß die vorausgesetzte statische Position des Herabblickenden, sein fester Standort, grundsätzlich durch den Auftrieb des Ballons und die damit verbundene schwankende Bewegung des Körpers verloren gegeben war. Welch große Veränderung dies mit sich brachte, kann Christan Garves Abhandlung *Ueber einige Schönheiten der Gebirgsgegenden* verdeutlichen, in dem er – im Sinne der Kantischen Tradition – zwei Landschaftsansichten gegeneinanderstellt: einen Talblick, den Blick also aus der Ebene auf den Berg, und einen Höhenblick, den von hohen Bergen also hinab ins Tal. Die Frage, warum »ein Wald, eine Wiese, oder ein Ackerfeld auf einer Berglehne ein interessanterer Gegenstand

fast zu sagen, Er allein kann die höchste mathematische Genauheit in die Cörperwelt hinübertragen.«

102 Berühmt wurde der Bericht des Luftschiffers Zambeccari über seinen Aufstieg am 7. Oktober 1804, in dessen Folge ihm seine erfrorenen Finger amputiert werden mußten: »Die unerträgliche Kälte, welche in den hohen Regionen, in denen wir uns befanden, herrschte, die Erschöpfung, in die mich das 24stündige Fasten versetzt hatte [...], alles das vereinigt liess meine Kräfte plötzlich schwinden und ich fiel in einen bleiernen Schlaf, der dem Tode ähnlich war.« Zit. nach Silberer (Hrsg.): *Im Ballon!*, S. 291. – Carl Friedrich Claudius, der – angeregt durch verschiedene Luftfahrtversuche Jakob Degens in Wien – ein an einem Ballon hängendes Fluggestell entworfen hatte, schreibt im Bericht über seine erste Luftfahrt am 5. Mai 1811 in Berlin: »Herr Professor Jungius ist der Meinung, daß, nach einer muthmaßlichen Schätzung aus dem ausgespannten Balle, damals meine Erhebung nicht weniger als achtzehntausend Fuß, und die Kälte etwa zehn Grad unter dem Gefrierpunkt betragen haben mag.« Vgl. ders.: *Ausführliche Nachricht meiner ersten Luftfahrt am 5. Mai, und meiner darauf am 10. Mai erfolgten glücklichen Rückkehr in Berlin nebst der Abbildung meines Flugwerks und dessen Beschreibung* (= Beiträge zur Geschichte der Ballonfahrt, Bd. 4). Hrsg. von Peter P. E. Günther. Berlin 1989, S. 8.

zu seyn scheint, als wenn er in einer und derselben Fläche vor mir läge«,[103] beantwortet er mit einer Analogie aus der Malerei:

> Ich finde die Ursache in der aufgerichteten Lage selbst. – Ich gehe in die Werkstätte eines Mahlers, und sehe mehrere große Bilder, horizontal auf dem Boden oder auf einer Tafel liegen. Was thut der Mahler, wenn er mir den vollkommensten Genuß seiner Kunstwerke verschaffen will? Er stellt seine Bilder auf die Staffeley: *er bringt sie aus einer horizontalen Lage in eine, die zwischen ihr und der verticalen in der Mitte liegt*. Dadurch bringt er alle Theile seines Bildes meinem Auge näher, ohne doch die Entfernungen unkenntlich zu machen; dadurch verschafft er seinem Bilde eine bessere und gleichere Beleuchtung, da mich zuvor ein Theil desselben blendete, der andere mir dunkel blieb; dadurch setzt er mich in den Stand, es mit *meiner größern Bequemlichkeit und ohne Anstrengung zu betrachten*, und alle Mannigfaltigkeit desselben mit einem Blicke zu umfassen, da ich zuvor mich bücken, mein Auge angreifen mußte, und doch nur immer eine Sache auf einmahl sah. (kursive Herv. S. E.; gesperrte i. Orig.).

Das Beispiel der Malerei, deren angemessene Betrachtung einen ›bequemen Blick‹ voraussetzt, dem alle Objekte gleichermaßen – ohne körperliche Motion und ohne von außen diktierte Rangfolge – anstrengungslos zugänglich ist, bleibt für Garve auch als ästhetischer Bezugspunkt für den »Anblick der Ebne oder der Thäler, von der Höhe aus angesehn«[104] gültig: »Alle Gegenstände erscheinen in denselben verkleinert, und doch deutlich. Dadurch bekommen sie das Ansehn von Feinheit und Kunst und werden Gemählden ähnlicher.« Erst das »Vergnügen der Aussicht, deren man von so hohen Bergspitzen, als die Schneekoppe, der Blocksberg, und die noch höhern Gipfel der Alpen sind, genießt, ist mehr ein Vergnügen, das aus *Ideen*, als eines, das durch den sinnlichen Anblick der Gegenstände entsteht.«[105] Die Erfahrung der Landschaft, von einem hohen Berge aus gesehen, stellt Garve somit als eine ›derealisierte‹ dar (»Man sieht die Städte und Dörfer [...] nicht wirklich«), die vom Sehen ins Wissen transformiert wird (»man weiß nur, daß sie da oder dort liegen«). Eine solchermaßen distanzschaffende ›Einziehung‹ der Gegenständlichkeit in die Vernunftideen wäre für den

103 Vgl. auch im folg. Christian Garve: *Ueber einige Schönheiten der Gebirgsgegenden*. In: Ders.: *Popularwissenschaftliche Schriften*, Bd. 2, S. 1067-1114; vgl. auch im folg. S. 1074 f.

104 Vgl. auch im folg. ebd., S. 1083.

105 Vgl. auch im folg. ebd., S. 1087 f.; Herv. i. Orig.

Luftschiffer Giannozzo, der bis zum Ende seines Berichts ›sieht‹ und selbst noch den *einen* letzten Augenblick des Nicht-Sehens in seiner Rede negierend expliziert (»Ich sehe nicht mehr« (I/3,1009)), ebensowenig denkbar wie für den von ihm verachteten Aeronauten Blanchard: Dieser verbindet vielmehr gerade in seinem Bericht über eine Luftreise in Berlin 1788 die stereotype Beschreibung einer Kartographisierung des Blicks[106] mit den erheblichen Irritationen, die seinem Flug auf höchst sinnliche Weise bereitet werden – durch unzählige Pferdekarossen, die dem aufsteigenden Ballon das Geleit geben und ihn in eine Staubwolke hüllen.[107]

Den Flug der Montgolfiere hat beiläufig Fennell als eine »logische Erweiterung der Bergsymbolik«[108] charakterisiert, ohne allerdings deren motivische und strukturelle Verbindung bei Jean Paul zu untersuchen. In der Tat galten die Luftschiffer in den satirischen Schriften bereits in den frühen Jahren der Ballonfahrt als »Bergperipatetiker«.[109] Gerade in diesem Kontext können der »[a]uf dem Fichtelgebirg, im Erntemond 1792« (I/1,32) datierte *Vorredner in Form einer Reise-*

106 Vgl. z. B. Eckhardt: *Montgolfiers Luftball*, S. 38 f.: »Voraus euch optikgier'gen Seelen / Woll'n wir die Flugkarjol empfehlen; [...] Wie viele Städte, Dörfer, Flekken, / Wild und Geflügel ohne Zahl / Und Männer viel mit blankem Stahl, / Samt mancher heerdenvollen Trift / Wird nicht das späh'nde Aug' entdekken, / Indem ihr auf dem Luftmeer schifft! / Traun! diese Aussicht übertrift / Weit Montserrats Prospektvergnügen! / Provinzen werden auf einmal / Dort oben im Original / Wie auf der Charte vor euch liegen [...]«. Vgl. auch den Artikel *Ueber die Luftbälle. Mit Vergünstigung des Göttingischen Magazins!* In: *GU*, Bd. 1, Nr. 3, März 1784, S. 282-292; hier: S. 289: »Sollte sie [die Ballonfahrt] nicht in der Geometrie zur Aufnehmung genauerer Landkarten, in der Astronomie zu bequemern Observationen [...] dienen?« – Ebenso Lichtenberg: *Vermischte Gedanken über die aërostatischen Maschinen*, S. 70. Der Nutzen der Ballonfahrt sei für verschiedene Berufe unabsehbar: »Dem Physiker nachdem er eine Gegend durchwandert, dieselbe nun auf einmal mit dem Auge zu fassen. Die Bergketten zu übersehen, und in die Krater erloschner Vulkane hineinzuschauen wie in die Mondsflecken, und auf einmal Ähnlichkeiten zu entdekken, die jetzt dem Blick des Witzigsten entwischen.«

107 *Jean Pierre Blanchard's 33. Luftfahrt 1788. Zeitgenössische Berichte der ersten bemannten Luftfahrt in Berlin.* Aus Anlaß des 200. Jubiläums. Hrsg. von Peter P. E. Günther. Mit Abbildungen. Berlin 1988, S. 17.

108 Fennell: *Gleich und Gleich*, S. 65.

109 Vgl. Eckhardt: *Montgolfiers Luftballon*, S. 38 f.: »Was sagt denn ihr zu dieser Leiter, / Ihr Bergperipatetiker? / Euch gilt's, ihr Sammler rarer Kräuter, / Und euch Prospektbewunderer! / Erklärt auch euch, ihr Glockenläuter! / Ihr alle dauert uns gar sehr [...]«.

beschreibung (I/1,23-32) zur *Unsichtbaren Loge* sowie die vom 28. April 1795 bis 1. Mai 1795 datierten ersten beiden Abschnitte aus *Jean Pauls biographischen Belustigungen unter der Gehirnschale einer Riesin* (I/4,261-297) als Vorläufertexte des *Titans* gelten: als Modelle zur berühmten Anfangspassage im 1. Zykel, der im hohen Ton des italienischen Romans gehaltenen blinden Besteigung der Terrassen der Isola Bella, dem korrespondierenden Aufstieg Albanos zum »Trauerschloß« Lianes im 96. Zykel und schließlich zum *Seebuch* im *Komischen Anhang zum Titan*. Insbesondere Albanos Irrweg zum Trauerschloß, der mit der Alliteration des auf den Tod gestimmten Vokals ›O‹ (»Abendrot«, »rotglühende[s] Laub«, »auf toten Auen«, »die giftigen Zeitlosen«, »auf den übersponnenen Stoppeln«, »am fliegenden Sommer«, »wolkenlos« (I/3,532)) eingeschlagen wird und mit einem allegorischen Tableau des Todes endet, ist an der Petrarkistischen Vorlage der Besteigung des Mont Ventoux orientiert. In ihr gipfelt der desorientierte Aufstieg im thematischen Kontext der Unsterblichkeit der Seele mit den Worten: »[E]s kann nun einmal nicht geschehen, daß irgendein körperliches Wesen durch Hinabsteigen zur Höhe gelangt.«[110]

> Er zuckte [so heißt es im *Titan*], da ihm plötzlich auf der Blumenbühler *Höhe* das weiße Bergschloß entgegenglänzte. Er rannte *hinab* – wild vor dem verhaßten entstellten Blumenbühl vorbei – und draußen in den tiefen Hohlweg *hinauf*, der zum Bergschloß führet. Da aber dieser sich in zwei aufsteigende Täler spaltet: so verirrte sich der vom Schmerz verschleierte Mensch in das linke und eilte zwischen dessen Wänden immer heftiger, bis er nach langem Treiben *auf die Höhe* heraustrat und das schimmernde Trauerschloß hinter sich erblickte. Da war ihm, als rühre sich die weite hinabliegende Landschaft wie ein stürmendes Meer durcheinander [...]; und der Himmel schauete still und hell auf das Bewegen *nieder*. Nur *unten* am westlichen Horizonte schlief eine lange dunkle Wolke.
> Er stürmte *wieder bergab* und kam in wenigen Minuten im kleinen Blumengarten des Trauerhauses an. Als er heftig durch ihn schritt,

110 Francesco Petrarca: *An Francesco Dionigi von Borgo San Sepolcro in Paris* (1336). In: *Petrarca. Dichtungen, Briefe, Schriften.* Auswahl und Einleitung von Hanns W. Eppelsheimer. Frankfurt a. M. 1980, S. 88-98; hier: S. 91; ders.: *Ad Dyonisium de Burgo Sancti Sepulcri ordinis sancti Augustini et sacre pagine professorem de curis propriis*. In: *Le Familiari.* Edizione critica per cura di Vittorio Rossi. Volumio Primo. Introduzione e Libri I-IV, Liber Quartus (= X), Firenze 1933, S. 153-161; hier: S. 155: »Differebam nempe ascendendi molestiam, sed ingenio humano rerum natura non tollitur, nec fieri potest ut corporeum aliquid ad alta descendendo perveniat.«

sah er *oben* an den Schloßfenstern mehrere Menschen-Rücken; […]. (I/3,532 f.; Herv. S. E.).

Die bei Petrarca vorgedachte Verbindung von richtungslosem Bergaufstieg, Höhenblick und Lektüre des Augustinus wird insbesondere in den satirischen Vorreden Jean Pauls als Modell zitiert und an die ›Horizontalität‹ der Schrift, an ein biographisches Erzählen geknüpft: In den *Flegeljahren*, die auf Petrarca Bezug nehmen, merkt der Erzähler an, daß es »dem Dichter keinen Vorteil schafft, daß man seine Streck- und Einverse nicht als *eine* Zeile drucken lassen kann« (I/2,680 f.: Herv. i. Orig.). Der satirische *Vorredner* zur *Unsichtbaren Loge* und die *Biographischen Belustigungen* verbinden ihre indirekten Anspielungen auf Petrarcas Bericht – z. B. die fast zeitgleiche Datierung im heranrückenden Frühling, im April[111] – zudem mit der Luftschiffmetapher, die im Bildbereich des Todes aufgerufen wird. Der Spott des *Vorredners* über das Rezensentenwesen berauscht sich am Vergleich mit seinem schwindsüchtigen Schwiegervater, der »mit dem Schirokkowind seines phlogistischen Atems« (I/1,24) in der Lage sei, die Fliegen in seiner Stube reihenweise zu töten; und die Rezensenten, von denen die Rede sei, könnten »sich leicht denken, ob so kleine Wesen und Nasen, die sich keinen antimephitischen Respirator vom Herrn Pilâtre de Rozier applizieren können [d. h. also ein vom berühmten Aeronauten erfundenes Gerät zum Atmen in Stickluft], einen solchen abscheulichen Schwaden auszuhalten fähig sind«. Nachdem der Vorredner die neueste Technik der Aeronautik[112] bemüht hat, um »den ordentlichen guten Rezensenten einem Schwiegervater von solchem Gift und Wert gleichsetzen zu dürfen«, verweist er nach Erreichen der Bergspitze, des Ochsenkopfs auf dem Schneeberg, auf sein mit dem Luftschiff verbundenes Omnipotenzgefühl einer weltordnenden Kraft: »Wahrhaftig ich wollte unter einem Luftschiffe ganz andre Epopöen und unter einer Täucherglocke ganz andre Feudalrechte schreiben, als die Welt gegenwärtig hat ….« (I/1,28). In den *Belustigungen*, die beißende Satire mit ernster Lebensbetrachtung verbinden, versichert der Erzähler einem »scheiden-

111 Zwar ist die Vorrede zur *Unsichtbaren Loge* auf den »Erntemonat« datiert; dies ändert jedoch nichts daran, daß der Frühling als Orientierungsjahreszeit angegeben wird (I/1,23).

112 Auch im Text der *Unsichtbaren Loge* (I/1,300) selbst wird das Luftschiffer-Bild nochmals aufgenommen: »Wollte nur der Himmel, ihr Liebenden, euer lahmer Lebensschreiber könnte seine Feder zu einem Blanchards-Flügel machen und euch damit aus den Grubenzimmerungen und Grubenwettern des Hofes in irgendeine freie Pappelinsel tragen, sie sei im Süd- oder im Mittelmeer!«

de[n] Unbekannte[n]« in Bezug auf das Läuten des »sogenannte[n] *Zügenglöckchen*[*s*], das die Mönche immer ziehen, wenn ein Mensch im Sterben ist« (I/4,286; Herv. i. Orig.), er würde

> die Totenglocke halten und sprachlos machen, damit jetzt in deinen verfinsterten Totenkampfplatz kein Nachhall der entfallnen Erde hineintönte, der dir (weil das Ohr alle Sinne überlebt) so grausam die Minute ansagt, wo du für uns verloren bist, wie sich aufsteigende Luftschiffer durch einen Kanonenschuß den Augenblick melden lassen, wo sie vor den Zuschauern verschwinden. (I/4,286, Herv. S. E.).

In beiden Texten wird der Vorgang des Reisens auf einen Berg mit dem des Erzählens dieser Reise selbst parallelisiert und somit das *Gegenwarts*-Protokoll einer Reisebewegung fingiert, die sich zudem vorübergehend den Ausblick (aus der Kutsche oder der Sänfte)[113] mit der Absicht selbst verhängt, den voll erblühten Frühling *auf einmal* »wie eine riesenhafte Göttin mit allen ihren Strahlen, Adern, Reizen und Girlanden Knall und Fall aufrecht vor mir stehen« ((I/4,271) zu haben: »[I]ch werde schon zu seiner Zeit«, so heißt es über den erhofften Panoramablick in den *Belustigungen* weiter, »wenn mirs zuviel wird, erblinden und umfallen.« Beide Texte sind insofern als ›Vor-Reden‹ im doppelten Sinne des Wortes zu verstehen. Sie annoncieren ein kommendes, dem Leser erst noch zu unterbreitendes Werk ebenso wie den Ausblick von einem hohen Berg: Im *Vorredner* ist dies der Roman *Die Unsichtbare Loge*, dessen Beginn vom Erzähler mit der Erreichung des Berggipfels – zunächst des Ochsenkopfes und dann des Schneebergs im Fichtelgebirge – projiziert wird; und in den *Belustigungen* ist es der Kopf einer in Blei gegossenen riesenhaften »heilige[n] Jungfrau Europa« (I/4,291), die der Vorredner auf dem hochgelegenen »Waldkappel« zu erklimmen sich anschickt. Die parallele Struktur der beiden Texte ist auch insofern augenfällig, als in ihnen der ersehnte Gipfel des Bergs sowohl als »Kopf« (als »Ochsenkopf« und als Kopf der Jungfrau Europa) als auch als heilige Stätte (als »Kuppel des Fichtelgebirgs« (I/1,28) und als »*Waldkappel*« (I/4,269; Herv. i. Orig.)) bezeichnet wird, der Erzähler also den Sitz des Heiligen in der Wortassoziation einer Kir-

113 In den *Belustigungen* (I/4,270) heißt es: »Solang' ich fahre, schreib' ich oder schlaf' ich: denn unter der ganzen Fahrt kömmt der Wagenfenster-Vorhang nicht weg, und ich werfe keinen Blick hinaus«. Im *Vorredner* zur *Unsichtbaren Loge*: »Ich muß nun diese Vorrede schreiben, damit ich unter dem Fahren nicht aus der Schreibtafel und Kutsche hinaussehe, ich meine, damit ich die grenzenlose Aussicht oben […] auf einmal in die aufgeschlossene Seele nehme.« (I/1,23).

chenkuppel oder Waldkappelle mit dem der (schreibenden) Vernunft zusammenfallen läßt: Den Kopf der bleiernen Riesin entwirft der Reisende nach Waldkappel von vornherein als Schreibstube, in der er sich ein »kleines Schreibepult und ein[en] Sessel« (I/4,278) aufgestellt erträumt.

Bereits an der Schwelle zur ästhetischen Landschaftswahrnehmung bei Petrarca wird der Gipfelblick vom Mont Ventoux durch einen widersprüchlichen und scheinbar richtungslosen Bergaufstieg im Topos des Pilgerwegs vorbereitet und schließlich – vermittelt über eine Zeile des Augustinus – ›revidiert‹. Joachim Ritter hat Petrarcas Versuch, die Besteigung des Mont Ventoux in die – neuplatonisch und christlich gewendete – Tradition der philosophischen *theoría* einzuordnen, als einen notwendig scheiternden qualifiziert, da für diese »das im Sinnfälligen scheinende Ganze [der Natur] nicht auch in diesem Sinnfälligen begriffen und als Sinnfälliges *vergegenwärtigt* werden kann«.[114] Die *theoría* erfordere gerade kein Hinausgehen in die Natur, deren direkte Sichtbarkeit für sie bedeutungslos bleibe, insofern sie im Kontext der *memoria* »bereits gewußt und *gegenwärtig* gehalten« werde. Andererseits lasse sich die Petrarkistische Zuwendung zur Natur als Landschaft »nicht in die innerliche Bewegung des Selbst aufheben und als Form der Erhebung begreifen, in welcher die Seele innerlich zu Gott vom Körperlichen zum Unkörperlichen aufsteigt«.[115]

Indem Petrarca seine Wahrnehmung der entgrenzten Landschaft schließlich auf das Augustinus-Wort rückverpflichtet, verweist er sie zwar ›in ihre Schranken‹. Zugleich jedoch avanciert die panoramatisch erblickte Landschaft zu einer Art Blindenschrift seines (auto-)biographischen Gedächtnisses: Der Betrachter nimmt zunächst die ihm zu Füßen liegende Landschaft nur zum Anlaß einer Reflexion über das bisherige unstete Leben. Erst in zweiter Linie wird er der vor ihm sich ausbreitenden Landschaft ›wirklich‹ gewahr: der »Gebirge der Provinz von Lyon«, des »Golf[s] von Marseille« und des, »der gegen Aigues-Mortes brandet«, sowie der »Rhone«,[116] um schließlich über diesen

114 Vgl. auch im folg. Joachim Ritter: *Landschaft. Zur Funktion des Ästhetischen in der modernen Gesellschaft.* In: *Subjektivität*. Sechs Aufsätze. Frankfurt a. M. 1974, S. 141-163; hier: S. 149 f.; Herv. S. E.

115 Ritter: *Landschaft*, S. 173, Anm. 11.

116 Petrarca: *An Francesco Dionigi von Borgo San Sepolcro in Paris*, S. 95; ders.: *Ad Dyonisium de Burgo Sancti Sepulcri*, S. 158: »Limes ille Galliarum et Hispanie, Pireneus vertex, inde non cernitur, nullius quem sciam obicis interventu, sed sola fragilitate mortalis visus; Lugdunensis autem provincie montes ad dexteram, ad levam vero Massilie fretum et quod Aquas Mortuas

kartographischen Überblick zur Lektüre des Augustinus geleitet zu werden. Die namentliche Entzifferung der Landschaft fungiert somit als topographischer Stichwortgeber für die Erinnerung (»Ich schaute zurück nach unten«);[117] ebenso initiiert sie die erneute Zuwendung zum Regelwerk des Augustinus. Aber nicht nur scheint die Wahrnehmung der Landschaft mit einer – auf sie scheinbar direkt antwortenden – Zeile aus den *Confessiones* zu kommunizieren, sondern die Anerkennung der Bekenntnisregel (»Und es gehen die Menschen zu bestaunen die Gipfel der Berge [...] und haben nicht acht ihrer selbst«)[118] ist unterdessen selbst von der Wahrnehmungserfahrung des Petrarca schon ›infiziert‹. Man kann insofern von einer Transformation des vertikalen Gipfelblicks in die Horizontalität des (auto-)biographischen Schreibens sprechen; von einer Übertragung, die die Ausgangsstation des anfänglichen demütigen Blicks von unten auf den Berg in einer – vom Augustinus-Wort allerdings korrigierten – ordnenden Erfahrung der Gleichrangigkeit des Gesehenen, deren ›Einebnung‹ also, überwindet. Die Abfassung des schriftlichen Berichts an den Vater hat sich deshalb nicht zufällig der Präsenz des Erfahrungsortes (des Anblicks eines im nachhinein nunmehr niedrig scheinenden Bergs) als einer wesentlichen Voraussetzung des Schreibens zu vergewissern.

Während der Bericht des Petrarca die abgeschlossenen Ereignisse im Präteritum erzählt und zugleich die Umstände seines Erzählens als einen ihnen zugehörigen Part mitthematisiert, legen Jean Pauls Vorreden unabgeschlossene Verlaufsprotokolle vor, die den je erzählten Aufstieg in Stationen aufteilen: im *Vorredner* zur *Unsichtbaren Loge* in »acht Nummern Menschen« (I/1,30), d. h. in die Kategorien »Rezensenten«, »Weltleute«, »Holländer«, »Fürsten«, »Buchbinder«, »Einbein« (d. i. der Autor selbst), »Höfer« (also Einwohner der Stadt Hof) und »Kunstrichter«; in den *Belustigungen* in Stationen des Frühlings, dessen Anblick der Redner, um sich diesen nicht »heft- und scheibenweise in den

verberat, aliquot dierum spatio distantia, preclarissime videbantur; Rodanus ipse sub oculis nostris erat.«

117 Petrarca: *An Francesco Dionigi von Borgo San Sepolcro in Paris*, S. 93; ders.: *Ad Dyonisium de Burgo Sancti Sepulcri*, S. 157: »Primum omnium spiritu quodam aeris insolito et spectaculo liberiore permotus, stupenti similis steti. Respicio: nubes erant sub pedibus; iamque michi minus incredibiles facti sunt Athos et Olimpus, dum quod de illis audieram et legeram, in minoris fame monte conspicio.«

118 Petrarca: *An Francesco Dionigi von Borgo San Sepolcro in Paris*, S. 96; ders.: *Ad Dyonisium de Burgo Sancti Sepulcri*, S. 159: »›Et eunt homines admirari alta montium et ingentes fluctus maris et latissimos lapsus fluminum et occeani ambitum et giros siderum, et relinquunt se ipsos.‹«

Schoß« schneiden und wie einen »zerlegten Gliedermann« (I/4,270) zubröckeln lassen zu müssen, durch Verhängen der Wagenfenster aufschiebt und durch »gegenwärtig[e] *Belustigungen* und *Mémoires*« (I/4, 278; Herv. i. Orig.) ersetzt. In den *Belustigungen* erzeugt bereits der Titel eine Verknüpfung, die neben dem gängigen Gebrauch des Futurum I – im Kontext der erwarteten Aussicht – die Vorrede von vornherein selbst bereits als Bestandteil der Erzählung ausweist:

> [U]nd ich gedenke, unter ihrer Hirnschale meinen Schreibetisch wie ein Nähkissen einzuschrauben und daselbst – indem ich zugleich aus ihren [der Riesin] Augenhöhlen die herrlichste Aussicht von der Welt genieße – den größten Teil der gegenwärtigen *Belustigungen* und *Mémoires* ungemein heiter abzufassen .... (I/4,278; Herv. i. Orig.).

Das Paradoxon des Erzählens wird hier perfektioniert, indem die Fiktion der geschriebenen Gegenwart durch den Hinweis darauf gebrochen wird, daß dieses im Prozeß des Reisens und Aufzeichnens entstehende Dokument der »Belustigungen« in der erst »übermorgen« (I/4, 277) zu erreichenden Gehirnstätte der Riesin voraussichtlich abgefaßt werden solle. Der Text tendiert auf diese Weise zu einer Nivellierung der temporalen Erzählebenen. Dies gilt auch für die fingierte Präsensebene der Reise-»Belustigungen«, die an die Imperfektebene der ›*Mémoires*‹ erinnerter Kindheits-»Belustigungen« gebunden und somit der Futurebene eines nahenden Aufenthalts in der höchstgelegenen Schreibstube im Kopf der »Jungfrau Europa« gleichgeordnet wird. Die verhängte Kutschenfahrt läßt den Erzähler eine Anekdote aus der Kindheit aufrufen:

> Als kleiner Junge wurd' ich oft von einem Schloßdrescher mit zugedrückten Augen durch alle Winkel getragen, und ich belustigte mich, fest an ihn geschlungen, an meiner eigenen Angst über den verhüllten Weg, den ich zu vergessen und nicht zu erraten suchte: – wenn er endlich hart an einer Mauer stockte und ich aufsah und umher und ich konnte aus dem metamorphotischen Flächen-Chaos nicht sogleich ein bekanntes Zimmer zusammenschieben – – wie süß lösete sich da meine freiwillige Beklemmung auf!
> *Die Kutsche ist dieser Schloßdrescher* [...]. (I/4,278 f.; Herv. S. E.).

Der Gleichsetzung von Kutsche und Schloßdrescher wird vom Erzähler unmißverständlich auch ein Schreibverfahren hinzugedacht, das die Initiierung von Blindheit im Kontext eines wissentlich herbeigeführten Nichtwissens und somit als planvolle ›Selbstbelustigung‹ im Bereich des nur allzu Bekannten konzipiert. Als zentrale Voraussetzung dieses Experiments kann das Vertrautsein mit dem Ort gelten und letztlich eine Bewegungsleistung, die die vergehende Zeit in einer sich immerfort wiederholenden Gegenwart stillegt. Die »*Mémoires*« des Erzählers rufen ein zweites Beispiel auf den Plan, das eine »hundertmal gedacht[e]« (I/4,281) Vorstellung in den populären Bildbereich der Ballonfahrt rückt und durch die enorme Leistung des Fliegens die Wahrnehmung der Zeit tendenziell sistiert, die Gegenwart ›perpetuiert‹ und absolut und zum Raum werden läßt:

> [S]o schwäng' ich mich gerade so weit auf, daß ich die Abendsonne am Erdenrande glimmen sähe, und erhielte mich, indem ich mit der Erde flöge und zugleich ihrer Achsebewegung entgegenführe, immer in einer solchen Richtung, daß ich der Abendsonne ein ganzes Jahr lang ins milde weite Auge blicken könnte .... (I/4,281).[119]

Auch am Ende der »zweiten Belustigung« bleibt der Erzähler im Bildbereich der Ballonfahrt. Die Ankunft im Kopf der »Jungfrau Europa« wird zunächst als eine erzählerische Besetzung von hohlen Kugeln – der des Kopfes, der der Augen und der der »europäischen Zirbeldrüse« (I/4,296), also dem cartesianisch ausgewiesenen ›Sitz‹ der Seele[120] – die-

119 Vgl. Wieland (*Die Aeronauten*, S. 77 f.), der den Bericht von Charles über einen seiner Aufstiege zitiert. Mit ihm wird der Flugimagination in den *Belustigungen* ihr Wirklichkeitssinn attestiert: »›Ich richtete mich jetzt mitten in dem Wagen auf, (sind seine eignen Worte) und überließ mich dem Schauspiele, welches mir die Unermeßlichkeit des Horizonts darstellte. Bey meiner Abreise von der Wiese war die Sonne für die Einwohner der Thäler untergegangen; aber bald ging sie für mich allein wieder auf, und begann noch einmahl den Globus und den Wagen mit ihren Strahlen zu vergolden. Ich war nun der einzige beleuchtete Körper im ganzen Gesichtskreise, und ich sah die ganze übrige Natur in Schatten getaucht. Bald verschwand auch die Sonne selber, und ich hatte das Vergnügen, sie zweymahl in Einem Tage untergehn zu sehen.« – Die gleiche »Nachricht vom Versuche des Herrn Charles und Robert, mit einem großen Luftballe, am ersten December 1783 in dem Königlichen Garten der Thuillerien zu Paris« zitiert Faujas de Saint-Fond (Murr, S. 104 f.) nach einer »physikalischen Vorlesung des Herrn Charles«. Die Differenzen in den Übersetzungen von Murr und Wieland sind unmaßgeblich.

120 Auf die Zirbeldrüse (*glandula pinealis*) gibt es in Jean Pauls Romanen zahlreiche satirische Hinweise wie z. B. in der *Unsichtbaren Loge* auf die »harte steinige Zirbeldrüse der Seele« (I/1,204) oder in der *Wutz*-Idylle auf den »Isolierschemel der versteinerten Zirbeldrüse« (I/1,427), im *Hesperus* auf den Befund, daß die Zirbeldrüse der Frauen kleiner als die der Männer sei (I/1,989), sowie im *Siebenkäs* auf die »Zirbeldrüse als Rittersitz für die Seele« (I/2,290).

ser bleiernen Riesin beschrieben: In ihnen nimmt der Imperator und »geistig[e] Beherrscher Europens« buchstäblich Quartier, ohne doch den versprochenen Ausblick wiederzugeben: »Schieb' ich ihre Augäpfel weg: so hab' ich aus ihren Augenhöhlen die prächtigste Aussicht vor mir, die ich nur zu radieren und in eine Kunsthandlung zu geben brauche.« (I/4,296).[121] Das hier aufgerufene satirische Bild ist wörtlich zu nehmen: als ein ›inneres Sehen‹, als Imagination: Der potentielle sich selbst belustigende ›Radierer‹ blickt buchstäblich aus den leeren Augenhöhlen der bleiernen Statue, deren künstliche Augen er spielerisch durch seine eigenen ersetzt: er ist blind und sehend zugleich. Die gezielte Zusammenführung von Zirbeldrüsen- und Augenbild legt nahe, daß diese Passage Diderots *Lettre sur les Aveugles* zumindest Anregungen entnimmt: Dort wird ein Vergleich gezogen zwischen der Imagination von Sehenden, die durch einen optischen Eindruck, und von Blinden, die durch einen haptischen ausgelöst werde.[122] Sollte einmal ein blindgeborener Philosoph einen Menschen nach dem Cartesischen Vorbild schaffen wollen, so werde er dessen Seele in die Fingerspitze legen, »denn von dort kommen doch seine hauptsächlichen Empfindungen«. Diderots Vergleich der Einbildungskraft eines Blinden und der eines Sehenden endet mit einer Rehabilitierung der Blinden, mit dem Argument, daß diese zu einer viel größeren Abstraktionsleistung als die Sehenden gezwungen seien. Die Abstraktionen der Blinden bestünden gerade in der Trennung der »wahrnehmbaren Eigenschaften der Körper durch das Denken [...], entweder voneinander oder von dem Körper selbst«.[123] Diderot spricht ihnen eine geometrische Vorstellungskraft zu, die die Welt in »Punkte, Linien, Flächen, Körper, Gedanken, Ideen, Empfindungen usw.« teile. Seine Vergleiche sind durch die leitende Fragestellung motiviert, inwiefern die menschliche Sprache von den Sinnen abhänge. Und er kommt zu dem Schluß, daß im konventionalisierten Zeichensystem der Buchstaben und artikulierten Laute ein

121 Eine späte Analogie zu diesem Bild ist in Goethes Beschreibung (*Dichtung und Wahrheit*, S. 404) seiner Besteigung des Straßburger Münsters zu finden: »Ich erstieg ganz allein den höchsten Gipfel des Münsterturms, und saß in dem sogenannten Hals, unter dem Knopf oder der Krone, wie man's nennt, wohl eine Viertelstunde lang, bis ich es wagte wieder heraus in die freie Luft zu treten, wo man auf einer Platte, die kaum eine Elle ins Gevierte haben wird, ohne sich sonderlich anhalten zu können, stehend das unendliche Land vor sich sieht, indessen die nächsten Umgebungen und Zieraten die Kirche und alles, worauf und worüber man steht, verbergen. Es ist völlig als wenn man sich auf einer Montgolfiere in die Luft erhoben sähe.«

122 Vgl. auch im folg. Diderot: *Brief über die Blinden*, S. 62.

123 Vgl. im folg. ebd., S. 63 f.

Kompromiß zugunsten der Sehenden und zum Nachteil des Gefühlssinns der Blinden geschlossen worden sei. Neu ist an dieser Bewertung, daß er die Fähigkeit zur sprachlichen Kommunikation zwar als ein Privileg der Sehenden interpretiert, jedoch deren räumliches Denkvermögen dem der Blinden nachordnet.

Jean Paul ist sich dieser Fragestellung bewußt, und er überträgt sie satirisch auf die Selbstthematisierung des Erzählens in den *Biographischen Belustigungen*, deren Zusammenspiel von optischem, haptischem und akustischem Sinn in Bezug auf die im Text durchgängig präsente Flugmetaphorik erst noch zu untersuchen wäre. Entsprechend dem inneren Blick aus leeren Augenhöhlen präsentiert sich der ›Radierer‹ im Kopf der »Jungfer Europa« als ein blinder Erzähler, dessen Erzählen sich im folgenden als eine sukzessive Verräumlichung der Zeit und eine Reduktion der Wahrnehmung von Landschaft auf die Koordinaten der Orientierung erweist. An die Stelle des Blicks tritt zunächst die Aussicht auf die vom Erzähler vertagte Erzählung: »– *Morgen* begeben wir uns denn wirklich in die Historie unter vorteilhafteren Zufälligkeiten, als den meisten Schreibern zugute kommen« (I/4,296; Herv. S. E.); und nach einer längeren Ausführung über die Abhängigkeit des Schreibens vom Wind wird die Temporalbestimmung »Morgen« kurzerhand zu einer Angabe der Himmelsrichtung, und die Planung des Erzählers unter der Gehirnschale und in der bleiernen Luftkugel des Kopfes der Riesin wird in die windige Navigation eines Ballonfahrers überführt: »So aber – wenn die Flut des Windes sich wie die des Weltmeers von *Morgen* [d. h. Osten] gegen Abend treibt – *hebt man* die Flügeldecken und die Flügel gewaltig auf und sumset über die Wolken hinaus und beginnt nichts Geringeres als die ....« (I/4,297; Herv. S. E.) – eine Überschrift in der nächsten Zeile gibt die Antwort: als die »Dritte Biographische Belustigung. Anfang der Historie«. Der letzte Satz der »Zweiten Belustigung« transportiert somit selbst die Veränderung seiner Bedeutung durch die Verwandlung einer temporalen in eine lokale Bestimmung; diese wiederum wirkt zurück auf die anfängliche Ankündigung, d. h. durch den windigen Flug von Ost nach West kommt der Erzähler schneller beim »Morgen« an als am Anfang des Satzes geplant. Darüber hinaus ist auch ein Wandel des Ich-Erzählers in eine neutralere, distanzschaffende Erzählinstanz des »man« (»hebt man die Flügel«) zu verzeichnen; dieser Kunstgriff verknüpft die »biographischen Belustigungen« des Reisenden in der Kutsche mit denen des Grafen Lismore aus Schottland, dessen Geschichte (bis zum Beginn des satirischen Appendix) im dann folgenden Abschnitt erzählt wird.

Die beiden Vorreden zeigen exemplarisch, daß Jean Paul das populäre Modell des »Bergperipatetikers« überschreitet und in ein autopoetologisches Konzept der Wahrnehmung überführt. Die strikte Übertragung des Ballonbildes auf die Reflexionsebene der Darstellung selbst kann für die Literatur und Poetik Ende des 18. Jahrhunderts als singuläre Erscheinung angesehen werden, die in dieser radikalen Konsequenz auch später – wenn man einmal von Stifters *Condor*[124] absieht – nur wenige Nachfolger gefunden hat. Jean Paul verwendet die Luftschiffmetapher wie andere Zeitgenossen im Bildbereich des Todes und der Unsterblichkeit, allerdings ohne deren Erhabenheitspostulat zu erfüllen. Vielmehr zeigen die beiden Untersuchungen, daß die vertikale Orientierung im theologischen Koordinatennetz des Unsterblichkeitsglaubens bei ihm konsequent in die Horizontalität eines autoreferentiellen Erzählens überführt wird, das im permanenten Selbstaufschub verharrt. Dieses Verfahren ist sowohl auf der erzählstrukturellen Ebene als auch auf der der Mikrostruktur der Bilder zu bestätigen. Angesichts der Fülle von Dokumenten kann die vorliegende Arbeit Jean Pauls Verwendung der Ballonfahrtmetapher im zeitgenössischen literarischen Umkreis allenfalls exemplarisch untersuchen. Die Parallellektüre von Karoline von Günderrodes um 1803 entstandenem Gedicht *Der Luftschiffer* bietet sich für eine solche Kontextualisierung an, weil ihre Orientierung an Jean Pauls von Lyrismen bestimmter Unsterblichkeitsschrift *Das Kampaner Tal* als sicher gelten kann.[125]

124 Ein Forschungsbericht kann hier nicht gegeben werden: Vgl. zuletzt Hunfeld: *Der Blick ins All*, a.a.O., 2004; Bettine Menke: *Rahmen und Desintegration. Die Ordnung der Sichtbarkeit, der Bilder und der Geschlechter. Zu Stifters »Condor«*. In: *Weimarer Beiträge*, 44 (1998), H. 3, S. 325-363. Zu den wichtigsten Studien gehören neben Christian Begemann (*Die Welt der Zeichen. Stifter-Lektüren*. Stuttgart, Weimar 1995, S. 110-163) Eckehard Czucka: *Tatsachen-Bilder. Literatur zwischen 1930 und 1940. Zum Beispiel Friedo Lampe und Wilhelm Lehmann*. In: *Ursprung der Gegenwart. Zur Bewußtseinsgeschichte der Dreißiger Jahre in Deutschland*. Hrsg. von Helmut Arntzen. Weinheim 1995, S. 449-457; Korff: *Diastole und Systole*, S. 84-110.

125 Brief Karoline von Günderrodes an Karoline Barkhaus vom 26. Juli 1799. In: *»Ich sende Dir ein zärtliches Pfand«. Die Briefe der Karoline von Günderrode*. Hrsg. von Birgit Weißenborn. Frankfurt a. M., Leipzig 1992, S. 55: »Sie haben doch das Kampaner Thal von Jean Paul gelesen? Es gefällt mir noch weit besser als Siebenkäs, ich kann mir nichts Liebenswürdigeres denken als Gionnens Charakter, fast fürchte ich, er ist nur Ideal, unerreichbar in jeder Lage [...]«.

IV.6. Exkurs: Das »Gesez der Schwere«: Karoline von Günderrodes Jean-Paul-Rezeption. Das Gedicht *Der Luftschiffer* (1803)

In seinem Pariser Schreiben an Luise von Zenge vom 16. August 1801 zweifelt der Briefsteller Heinrich von Kleist desillusioniert am Wert der Ballonfahrt, die er mit der Grausamkeit der französischen Zustände, mit Absturz, Feuer, Katastrophe und Tod in Verbindung bringt.[126] Auf dem Hintergrund dieses Dokuments muß die neuerliche Verwendung des Bildes in Kleists Abschiedsbrief zehn Jahre später an Sophie Müller vom 20. November 1811 (der als Teil der Zelebrierung seines geplanten Todes zu verstehen ist) erstaunen. Denn hier wird die Luftschiffmetapher in die Nähe einer heiteren Vision des nahe bevorstehenden Todes im Sinne einer »Entdeckungsreise«[127] gerückt:

> Der Himmel weiß, meine liebe, treffliche Freundin, was für sonderbare Gefühle, halb wehmütig, halb ausgelassen, uns bewegen, in dieser Stunde, da unsere Seelen sich, *wie zwei fröhliche Luftschiffer*, über die Welt erheben, noch einmal an Sie zu schreiben. [...] [S]eien Sie auf Erden, wie es gar wohl möglich ist, recht glücklich! Wir, unsererseits, wollen nichts von den Freuden dieser Welt wissen und träumen lauter himmlische Fluren und Sonnen, in deren Schimmer wir, mit langen Flügeln an den Schultern, umherwandeln werden. Adieu![128]

126 Vgl. Kleists Brief an Luise von Zenge vom 16. August 1801, S. 686.

127 So bezeichnete auch Henriette Vogel den kurz bevorstehenden Doppelselbstmord in einem Nachtrag zum Abschiedsbrief Kleists (Brief an Sophie Müller vom 20. November 1811. In: *Sämtliche Werke und Briefe*, Bd. 2, S. 885-886; hier: S. 886). Roland Borgards hat kürzlich in einer verdienstvollen – wenngleich gegenüber einschlägigen Forschungsbeiträgen erstaunlich resistenten – Studie Kleists Rezeption der aeronautischen Experimentalphysik in den *Berliner Abendblättern* untersucht. Er beschreibt Kleists »aeronautisches Programm« als »Anweisung für soziales und politisches Handeln« und untermauert seine These mit einem differenzierten Quellenstudium. Seine Resultate lassen allerdings den Blick auf das katastrophische und zugleich auf Unsterblichkeit gehende Potential des Ballonbilds ganz außer acht, das sich sowohl in den Briefen seit 1801 als auch in den Dramen Kleists nachweisen läßt. Vgl. ders.: *Experimentelle Aeronautik. Chemie, Meteorologie und Kleists Luftschiffkunst in den »Berliner Abendblättern«*. Ungekürzte Fassung. In: Homepage www.roland-borgards.de. Downloadbereich (11/2005), S. 1-41; hier S. 17.

128 Ebd., S. 885 f.; Herv. S. E.

Chronologisch geht diesem jenseitsbegeisterten Brief ein ihm korrespondierendes poetisches Bild voraus: der berühmte Sterbemonolog im *Prinz Friedrich von Homburg* (1809-11):

> Nun, o Unsterblichkeit, bist du ganz mein!
> Du strahlst mir, durch die Binde meiner Augen,
> Mit Glanz der tausendfachen Sonne zu!
> Es wachsen Flügel mir an beiden Schultern,
> Durch stille Ätherräume schwingt mein Geist;
> Und wie ein Schiff, vom Hauch des Winds entführt,
> Die muntre Hafenstadt versinken sieht,
> So geht mir dämmernd alles Leben unter:
> Jetzt unterscheid ich Farben noch und Formen,
> Und jetzt liegt Nebel alles unter mir.[129]

Der Bruch in der Verwendung des Luftschiffbildes gegenüber dem Pariser Brief von 1801 scheint dem Umstand geschuldet zu sein, daß Kleists ehemals politischer Gebrauch des (als katastrophisch konnotierten) Kollektivsymbols über den Weg einer poetischen Umwertung nun autobiographisch formulierbar wird, und sei es auch nur im Sinne einer Distanzierungsfunktion gegenüber dem eigenen nahen Tod. Es ist der Besonderheit dieser Todesfeier zuzuschreiben, daß sie den Weltverlust ganz ins Bild einer Verbindung von Autonomie und Unsterblichkeit versetzt, deren Metaphorik aussagebegleitend mitgedacht wird. In der Forschung hat man auf den Zusammenhang dieser Stelle in Kleists Drama *Prinz Friedrich von Homburg* mit einer Passage aus Fichtes *Bestimmung des Menschen* hingewiesen,[130] die die Unsterblichkeit an den Entschluß bindet, dem »Vernunftgesetze zu gehorchen«. Bei Fichte heißt es:

> Ich *bin* unsterblich, unvergänglich, ewig, sobald ich den Entschluß fasse, dem Vernunftgesetze zu gehorchen; ich soll es nicht erst *werden*. Die übersinnliche Welt ist keine zukünftige Welt, sie ist gegenwärtig; [...] Ich ergreife durch jenen Entschluß die Ewigkeit, und streife das Leben im Staube und alle andern sinnlichen Leben, die mir noch bevorstehen können, ab, und versetze mich hoch über sie.[131]

129 Heinrich von Kleist: *Prinz Friedrich von Homburg*. In: *Sämtliche Werke und Briefe*, Bd. 1, S. 629-709; hier: S. 707.

130 Pestalozzi: *Autonomie und Unsterblichkeitsglaube im 18. Jahrhundert*, S. 106-119: hier: S. 115 f.

131 Fichte: *Die Bestimmung des Menschen*, S. 385; Herv. i. Orig. Karl Pestalozzi, der den Monolog des *Prinzen von Homburg* als Fichte-Adaption lesen will, führt dieses Zitat an, um darzulegen, daß sich bei Fichte »der

Unsterblichkeit werde von Fichte – so Pestalozzi – somit als eine Metapher gefaßt und gehe in die Dichtung Kleists »als bildhaftes Vergegenwärtigen eines moralischen Sachverhaltes«[132] ein. Vorausgesetzt, man läßt diesen interpretatorischen Hinweis Pestalozzis auf Fichte gelten, so kann konstatiert werden, daß Kleists Abschiedsbrief die früheren Homburg-Sätze zitierend wiederholt und sie schließlich aufs äußerste radikalisiert, indem er ihre Metaphorik wörtlich nimmt.

In einem Nebensatz hat Jürgen Link assoziativ Kleists Bild auf Karoline von Günderrodes Gedicht *Der Luftschiffer* bezogen,[133] das erst nach dem Tod der Dichterin aus deren Nachlaß veröffentlicht worden ist und dessen Entstehungszeit laut Morgenthaler, dem Herausgeber der *Historisch-Kritischen Ausgabe*, in die Jahre zwischen 1802 und 1804 zu datieren ist.

Der Luftschiffer

Gefahren bin ich in schwankendem Kahne
Auf dem blauligten Ozeane
Der die leuchtenden Sterne umfließt,
Habe die Himlischen Mächte gekrüßt.
War in ihrer Betrachtung versunken
Habe den ewigen Äther getrunken
Habe dem Irrdischen ganz mich entwand
Droben die Schriften der Sterne erkant
Und in ihren Kreißen u Drehen
Bildlich den heiligen Rythmus gesehen
Der gewaltig auch jeglichen Klang
Reißt zu des Wohllautes wogendem Drang

Aber ach! es ziehet mich hernieder
Nebel überschleiert meinen Blick
Und der Erde Gränzen seh ich wieder
Wolken treiben mich zu ihr zurük

Zusammenhang von Autonomie und Unsterblichkeit vollends zu einer Metapher« verdünne. Unsterblichkeit gehe – so Pestalozzi – in die Dichtung Kleists ein als »bildhaftes Vergegenwärtigen eines moralischen Sachverhaltes«. Vgl. Pestalozzi: *Autonomie und Unsterblichkeitsglaube*, S. 106-119; hier: S. 115 f. – Diese Fichte-Stelle wird auch zitiert bei Rudolf Unger: *Herder, Novalis und Kleist. Studien zur Entwicklung des Todesproblems in Denken und Dichten vom Sturm und Drang zur Romantik*. Frankfurt a. M. 1922, S. 138.

132 Pestalozzi: *Autonomie und Unsterblichkeitsglaube*, S. 16.

133 Link: *»Einfluß des Fliegens! – Auf den Stil selbst!«*, S. 155.

Wehe! das Gesez der Schwere
Es behauptet neu sein Recht
Keiner darf sich ihm entziehen
Von dem irrdischen Geschlecht.

Eine Stropheneinteilung ist in der handschriftlichen Überlieferung nur ansatzweise zu erkennen: Nach Vers 12 wurde von der Günderrode ein kurzer gliedernder Querstrich eingefügt. Vers 17 bis Vers 20 sind in enger, unregelmäßiger Schrift mit dünner Feder geschrieben, also vermutlich als Versuch einer nachträglichen Fortsetzung zu werten. Eine Sinnzäsur, die sich an der Stropheneinteilung orientierte, wäre also mit Sicherheit für *den* Teil des Gedichts zu konstatieren, der in Vers 13 mit »Aber ach! es ziehet mich hernieder« beginnt. Im Kommentar der *Historisch-Kritischen Ausgabe* ist zudem vermerkt, daß der Titel *Der Luftschiffer* erst *nach* Niederschrift des Gedichts eingesetzt wurde; es kann also durchaus angenommen werden, daß dieses Gedicht kein Poem des Augenblicks ist, sondern mehrere Bearbeitungsphasen aufweist; allerdings ist nicht ganz geklärt, ob die handschriftliche Hinzufügung der Verse 17-20, die die Klage über das »Gesez der Schwere« umfassen, zugleich mit dem Titel *Der Luftschiffer* eingetragen worden sind. Der Gedanke liegt nahe, daß die nachträgliche Titelgebung auch als ein Zeichen der Modernität zu werten ist, die Dichterin also die traditionell behafteten Bilder wie das des Charonskahns, des Totenschiffs, und das der »Schrift der Sterne« mit dem Bild des Ballons verbindet, das in Frankfurt um 1800 allgegenwärtig war: Der Erbprinz von Darmstadt und spätere Landgraf Ludwig X., der ab 1806 erster Großherzog von Hessen und bei Rhein wurde, war ein enthusiastischer Anhänger der Ballonfahrt, dem eine seltene Sammlung von Kupferstichen und Büchern zum Thema zu verdanken ist und der sich selbst bereits im Jahre 1785 auf der Bornheimer Heide in Frankfurt a. M. als Luftpassagier einzuschiffen gedachte.[134] Wenngleich das Gedicht of-

134 Vgl. hierzu die Sammlung von Kupferstichen in der Hessischen Landesbibliothek Darmstadt. Otto Weber (*Die Erben des Ikarus. Lichtenberg und die Anfänge der Ballonfahrt.* Darin (zusammengestellt von Karin Berst): *Kuperstiche und Bücher aus den Anfängen der Ballonfahrt. Eine Sammlung des Landgrafen Ludwig X.* Ober-Ramstadt 1983, S. 8) zitiert Johann Heinrich Mercks spitze Bemerkung über den Erbprinzen in einem Brief an Soemmerring vom 4. Mai 1784 (in: Merck, Johann Heinrich: *Briefe*. Hrsg. von Herbert Kraft. Frankfurt a. M. 1968, S. 442 f.; hier: S. 443): »Seitdem ist unser Erbprinz von Paris zurückgekommen und hat die Luftballons zu Dutzenden mitgebracht, die aber bis auf Einen nicht gestiegen sind, weil sie

fenläßt, ob das lyrische Ich weiblich zu konnotieren sei, legen die enthusiastischen Äußerungen Karoline von Günderrodes zum *Kampaner Tal* doch eine entschiedene identifikatorische Wirkung der dort beschriebenen luftschiffenden Frauen auf die Dichterin nahe. Bereits Jean Paul hatte mit seinem Bild am Schluß der Unsterblichkeitsschrift poetisch ein Tabu berührt, das noch bei Stifter im Kontext einer konservativ ausgerichteten geschlechtertypischen Ordnung thematisiert und – begleitet von der Lust-Angst Tausender von Zuschauern – bereits um 1800 im Alltag der verschiedenen öffentlichen Ballon-Aufstiege kontinuierlich gebrochen wurde: Die Kühnheit einer aufsteigenden Mme Blanchard, die später tödlich abstürzte, einer Mme Garnerin oder einer Mrs Sage,[135] die Lunardi während einer Ballonexpedition 1785 begleitete, löste eine Flut an Projektionen, Satiren und Ängsten der Männer, aber auch der Frauen selbst aus, die sich angesichts dergestalt konkretisierter hochfliegender Wünsche erst recht auf ihre beengten Verhältnisse zurückverwiesen sahen: Ein unbekannter Verfasser[136] berichtet z. B. im Jahre 1804 von einer durch die neue Technik ernsthaft hervorgerufenen und durchaus nicht mehr zu heilenden Angst eines Frauenzimmers, nachdem sie »den Prof. Robertson mit einem Luftballon zu

alle höchst leidlich gemacht waren. [...] Als ein echter deutscher Prinz hat er (unter uns gesagt) sogar die Eisenfeile und das Vitriol mitgebracht. Was ist in Deutschland nicht möglich, und besonders in Darmstadt?« Zu Mercks Verwendung des Ballonmotivs vgl. Norbert Haas: *Spätaufklärung. Johann Heinrich Merck zwischen Sturm und Drang und Französischer Revolution*. Kronberg/Ts. 1975; auch Otto Weber: *Höhenflüge mit inflammabler Luft*. In: *Johann Heinrich Merck (1741-1791). Ein Leben für Freiheit und Toleranz. Zeitdokumente. Zum 250. Geburtstag und zum 200. Todestag*. Gedenkausstellung für Johann Heinrich Merck vom 17. März bis 5. Mai 1991 in der Kunsthalle Darmstadt. Hrsg. von E. Merck. Darmstadt 1991, S. 152-157. Zur Ballonfahrt in Hessen aufgrund einer Auswertung der Briefwechsel von Lichtenberg, Forster, Soemmerring, Merck und Goethe vgl. Wenzel: *Frühgeschichte der Ballonfahrt*, S. 329-352.

135 L. A. Sage: *A letter, adressed to a female friend, describing [...] her expedition with Mr. Lunardi's baloon, which ascended [...] 1785, accompanied by George Beggin*. 3. Aufl. London 1785. Sabine Schmidts These (*Wenn Frauen in die Luft gehen*, S. 185), daß der Erzähler die Protagonistin Nadine nur »als Objekt wahr[nehme] und als Gefahr für die Freiheit seines Herzens, nicht aber als selbständigen Menschen«, ist der moralischen Wertung näher als einer Textanalyse.

136 *Museum des Wundervollen oder Magazin des Außerordentlichen in der Natur, der Kunst und im Menschenleben*. Hrsg. von J. A. Bergk und F. G. Baumgärtner, Bd. 3. Leipzig 1804, S. 268.

Hamburg in die Höhe« hat fahren sehen und daraufhin die Furcht nicht mehr verloren habe, »mit einem Luftballon fortgenommen zu werden«. Ihr Nervensystem sei seitdem vielmehr »so zerrüttet, und dasselbe so verstimmt, daß jede geringe Aehnlichkeit mit der Vorstellung eines Luftballons ihre Besorgniß wieder von neuem« erwecke. Nicht minder besorgte Stimmen rieten vom Mitfliegen der Ballonfahrerinnen generell ab, weil keineswegs »ausgemittelt [sei], ob nicht der Druck der Lüfte den zarten Organen des Fräuleins gefährlich werden könnte«[137] – und weil der unkontrollierbare gemeinsame Aufstieg mit einem Mann zumindest als bedenklich galt.

Die wenigen Ansätze einer Interpretation des Günderrode-Gedichts stellen das Bild des Luftschiffers in eine geistes- bzw. philosophiegeschichtliche Traditionslinie, so wie es Waltraud Howeg in ihrer frühen Günderrode-Studie von 1953 in Bezug auf Jean Pauls Traumdichtungen und Hölderlins Äthergedichte vorgeschlagen hat.[138] Ausgehend von Walther Rehms Studie,[139] stellt Howeg Günderrodes Prosagedicht *Ein apokaliptisches Fragment*[140] in die Nähe Jean Pauls, insofern hier der »Grundton ihres Traumdichtens [...] Töne von Jean Pauls Traumwelt zu leihen«[141] scheine. Diese Nähe verbleibe jedoch in der motivischen Anlage der Dichtung, während die »von naturhaft-kosmischer Schau durchdrungene Ideenwelt« des Fragments sich »aus dem Strome Hölderlinscher Dichtung«[142] nähre. Günderrodes Gedicht *Der Luftschiffer*, das Howeg in enger Verbindung mit dem *Apokaliptische[n] Fragment* zu interpretieren vorschlägt, sei – was die äußere Motivik anbelangt – zwar wahrscheinlich auf die Lektüre Jean Pauls[143] zurückzuführen. Durch ihr interpretatorisches Verfahren der Parallelstellenanalyse bringt Ho-

137 Garnerin plante 1798 mit Mademoiselle Célestine Henry aufzufahren: Dieser Versuch, so meldete die *Vossische Zeitung*, Nr. 59, 1798 wurde von der Polizei verboten. Vgl. hierzu Reinicke: *Aufstieg & Revolution*, S. 105.

138 Waltraud Howeg: *Karoline von Günderrode und Hölderlin*. Inaugural-Dissertation (Martin Luther-Universität Halle-Wittenberg). Silstedt (Krs. Wernigerode) 1952 (1953).

139 Rehm: *Der Todesgedanke in der deutschen Dichtung*, a.a.O., 1928.

140 Karoline von Günderrode: *Ein apokaliptisches Fragement*. (1804). In: *Sämtliche Werke und ausgewählte Studien. Historisch-kritische Ausgabe*. Hrsg. von Walter Morgenthaler unter Mitarbeit von Karin Obermeier und Marianne Graf. Bd. 1 (= Texte), Basel, Frankfurt a. M. 1990, S. 52 ff. (im folg. zit.: *GüHKA*, Band, Seite).

141 Howeg: *Karoline von Günderrode und Hölderlin*, S. 29.

142 Ebd., S. 33.

143 Howeg nennt ausschließlich *Des Luftschiffers Giannozzo Seebuch* als mögliche Anregung für Günderrodes Gedicht. Angesichts des großen Ein-

weg Günderrodes Bilder dann allerdings entschieden mit Hölderlins Dichtung in Verbindung, um schließlich doch einen »typische[n] Gegensatz zwischen Karolines und Hölderlins Empfinden«[144] offenbart zu sehen: Anders als bei diesem könne bei Günderrode das »über dem Irdischen schwebende Meer [...] das menschliche Wesen, das dem Gesetz der Schwere, der Anziehungskraft der Erde unterworfen ist, nicht halten, oder besser, Karoline kann sich nicht in ihm halten«. Howeg räumt von vornherein die qualitative Unterlegenheit von Günderrodes Dichtung gegenüber der Hölderlins ein, die sie zugleich als Maßstab heranzieht, und so läßt sie den eigenen interpretatorischen Versuch in Rehms hochproblematisches Verdikt münden, daß Günderrodes Tod »die volle Frucht eines todreifen Lebens«[145] sei. An ihren Dichtungen könne man – so Howeg – »das Reifen dieser Frucht verfolgen, und der Tod ist wirklich in diesem Leben und Dichten der organische Abschluß«.[146]

Lucia Maria Licher hat in ihrer 1996 vorgelegten Gesamtstudie des Werks der Autorin dem Gedicht eine kurze Passage gewidmet. Der Nachlaßtext gestalte »die Vorstellung völliger Autonomie des Subjekts mit dem Bild überirdischer Ballonfahrt«[147] – mit der alleinigen Absicht, sie zu kritisieren. Licher beläßt es bei dieser Aussage und analogisiert Günderrodes Gedicht mit einer Stelle bei Josef Görres,[148] der sich in seiner Polemik gegen die Französische Revolution – wie andere auch – des Bilds eines Aerostaten bedient. Auf diese Weise stellt die Interpretin das *Luftschiffer*-Gedicht in die Tradition einer literarischen Flugkritik

drucks, den das *Kampaner Tal* auf diese gemacht hat, nimmt der *Giannozzo* aber wohl eher den zweiten Rang in deren Jean-Paul-Rezeption ein.

144 Vgl. auch im folg. Howeg: *Karoline von Günderrode und Hölderlin*, S. 47.

145 Rehm: *Der Todesgedanke*, zit. nach Howeg, ebd., S. 163.

146 Ebd.

147 Lucia Maria Licher: »*Mein Leben in einer bleibenden Form aussprechen«: Umrisse einer Ästhetik im Werk Karoline von Günderrodes*. Heidelberg 1996, S. 83.

148 Vgl. Joseph Görres: *Resultate meiner Sendung nach Paris* (1800). In: *Gesammelte Schriften*. Hrsg. im Auftrage der Görres-Gesellschaft von Wilhelm Schellberg (u. a.), Bd. 1 (= Politische Schriften der Frühzeit 1795-1800; hrsg. von Max Braubach). Köln 1928, S. 553-602; hier: S. 584 f.: »So war denn nun die Revolution geendigt, einer Aerostate gleich hatte sie sich in die höchsten Regionen der feurigen Meteore erhoben, hatte dort geschwebt über alles gewöhnliche irrdische erhaben, über Stürmen und Gewittern, fern von der alltäglichen Menschennatur; aber das Medium war zu fein, zu ätherisch für die grobe Hülle, für die Schnellkraft des Brennglases; die Hülle zerriß, das Gas entwich, und hinunter zur Erde sank der schwebende Pallast mit allen seinen Kollonaden, und Bildsäulen und mit seinem Dom.«

und darüber hinaus in die Folge der zeitgenössischen kritischen Auseinandersetzung mit Fichte. Auf den ersten Blick spricht einiges für diese – von Licher nur unzureichend begründete – Lesart. Für die Jahre nach 1800 und mit Sicherheit vor 1804 ist in der Tat Günderrodes Lektüre von Fichtes *Bestimmung des Menschen* zu datieren, die sie für ihre Studienbücher exzerpiert hat.[149] In die gleiche Zeit fallen ihre Novalis- und *Athenäums*-Exzerpte.

Die letzten Zeilen des Gedichts schließlich – »Wehe! Das Gesetz der Schwere / Es behauptet neu sein Recht« (die Pigenot-Ausgabe von 1922 liest hier statt »neu« »nur«)[150] – nehmen allerdings die Tradition des (barocken) Lehrgedichts für sich in Anspruch und lassen Töne einer romantischen Poesie des Kunstenthusiasmus keineswegs zu. Zum Vergleich wäre Günderrodes früheres Gedicht-Fragment aus dem Nachlaß *Der Dom zu Cölln* aus den Jahren zwischen 1799 und 1802 heranzuziehen, das mit den Worten endet: »Und das Leben der Kunst, es führte die Seele zum Himel. / Dichtkunst! Du Seele der Künste, du die sie alle gebohren, / Du beseelest das Grab steigest zum Himel empor.«[151]

Eine genauere Lektüre des Gedichts läßt eine zu schnelle Einordnung, wie sie Lucia Licher vorschlägt, fragwürdig erscheinen. Denn es gibt nicht nur eine Sinnzäsur im Gedicht, die Günderrode selbst kenntlich

149 Diese Datierung folgt der Morgenthaler-Ausgabe (*GüHKA*, Bd. 3, S. 325). Sie (Bd. 2, S. 288-298; hier: S. 294) enthält das (freie) Günderrode-Exzerpt von Fichtes *Bestimmung des Menschen*. Es zeigt, daß Günderrode die entsprechende Passage aus dem dritten Buch (»Glaube«) zur Kenntnis genommen hat: »U eine Stime, die des Gewissens sagt mir laut: ›behandle die Menschen als wären sie vernünftige Wesen, als deinesgleichen. – Ich könte dieser Stime meinen Gehorsam versagen, könte mir das Dasein der Wesen ausser mir läugnen, den es steht in meiner Macht jede Denkart zu erwählen; Aber ich folge; nicht mehr blind, sondern aus Wahl u freiem Entschlus jenem tief in mir gegründetem Interesse, dem zufolge vernünftige Wesen auser mir existieren [...].‹« Die früheren Herausgeber des Studienbuchs haben zu bedenken gegeben, daß Günderrode die Opposition zwischen Fichtes Philosophie und der von ihr hochgeschätzten Herderschen Gedankenwelt nicht in ihren Konsequenzen realisiert habe. Dies lege zumindest ihre zeitweilige identifikatorische Fichte-Lektüre nahe. Vgl. *Karoline von Günderrode in ihrer Umwelt III. Karoline von Günderrodes Studienbuch*. Hrsg. von Max Preitz und Doris Hopp. In: *Jahrbuch des Freien Deutschen Hochstifts*. Hrsg. von Detlev Lüders. Tübingen 1975, S. 231 (Anm. 31).

150 *Karoline von Günderrode. Dichtungen*. Hrsg. von Ludwig von Pigenot. München 1922.

151 Karoline von Günderrode: *Der Dom zu Cölln. Ein Fragment*. In: *GüHKA*, Bd. 1, S. 379.

gemacht hat, sondern im ersten Teil spricht ein für die kritische und satirische Ballonpoesie ganz untypisches lyrisches Ich, das die Freiheitstradition des Luftschiffbildes aufruft, nur um die eigene Stimme im zweiten Teil (nach der Zäsur) wieder einzuziehen und sie an die Tradition des Lehrgedichts zu delegieren. Das Gedicht schwebt also zwischen einer Ich-Perspektive und einer konventionalisierten Lehr-Perspektive, die das letzte Wort behält und mögliche Interpretationen in Frage stellen müßte, die in Günderrodes Gedicht den lyrischen Ausdruck einer romantischen »Schwebereligion«[152] lesen wollten. Der imaginierte Flug im ersten Gedichtteil ist im Imperfekt gehalten und nicht – wie es in der Tradition bis hin zu Kleists *Prinz Friedrich von Homburg* vielfach aufzurufen wäre – im suggestiven Präsens; also nicht in einer Gegenwart, die zeitlos zu werden verspricht und zugleich einen souveränen fliegenden Blick garantiert, dem jeder Erdenraum kartographisch verfügbar wäre.

Der Abstand des *Luftschiffer*-Gedichts Karoline von Günderrodes sowohl zur Tradition konservativer Flugkritik als auch zu der romantischer Kunstprogrammatik ist erheblich. Darüber hinaus stellt das Gedicht auch eine literarische Wertung wie die Karl Heinz Bohrers in Frage, der behauptet hat, daß die Briefe der Dichterin »origineller als ihre Literatur« seien.[153] Andererseits wäre aber – gerade um diese Differenzen deuten zu können – eine dergestalt interpretatorische Entlastung des Werks von autobiographischen Anteilen m. E. zu revidieren. Eine autobiographisch orientierte Lesart des *Luftschiffer*-Gedichts hat sich einer Lektüre des Textes zu unterziehen, die zum einen den

152 Bettina von Arnim (*Die Günderode*. In: *Bettine von Arnim. Werke und Briefe in drei Bänden*. Hrsg. von Walter Schmitz und Sibylle von Steinsdorff. Bd. 1 (hrsg. von Walter Schmitz). Frankfurt a. M. 1986; Herv. i. Orig.) weist 1839 diesen – auf Schleiermachers *Über Religion* – anspielenden Begriff als zentral für ihre Briefkommunikation mit der Freundin aus: »[…] alleweil fällt mir ein, unsre Religion muß die *Schwebe-Religion* heißen, das sag ich Dir Morgen« (S. 449); » – also auch, über die Verkältung hinweg im Nachtwind wie im Sonnenschein sein eigner Herr bleiben, das muß ein Gesetz unserer schwebenden Religion sein. –« (S. 456). – »Nicht wahr das soll auch ein Hauptprinzip der schwebenden Religion sein daß wir keine Bildung gestatten, – Das heißt kein angebildet Wesen, jeder soll neugierig sein auf sich selber, und soll sich zu Tage fördern wie aus der Tiefe ein Stück Erz oder ein Quell, die ganze Bildung soll darauf ausgehen daß wir den Geist ans Licht hervorlassen.« (S. 468).

153 Karl Heinz Bohrer: *Der romantische Brief. Die Entstehung ästhetischer Subjektivität*. München, Wien 1987, S. 127.

Perspektivenwechsel des lyrischen Ichs sowie zum anderen das Verhältnis von Gravitation und Levitation zu interpretieren versucht.

Der Paarreim der ersten zwölf Verse des Gedichts verweist das lyrische Ich auf seine Himmelsschau als eine vergangene, deren Vergangensein nur durch das letzte Verb in Vers 12 das Gesehene im Präsens als ewig anwesend formuliert: »[Habe] Bildlich den heiligen Rythmus gesehen / Der gewaltig auch jeglichen Klang / *Reißt* zu des Wohllautes wogendem Drang« (Herv. S. E.). Der ganze erste Teil des Gedichts bis hierher zeichnet das sprechende lyrische Ich als das einer Seherin aus, deren Entfernung von der Erde als eine *vergangene* Todesvision präsentiert wird: »Gefahren bin ich in schwarzem Kahne / Auf dem blauligten Ozeane« (Vers 1 f.). Der ekstatische Ton dieses vergangenen Sehens geht ab Vers 13 über in einen elegischen Kreuzreim, der ein lyrisches Ich einführt, das nicht sieht, sondern sich eher als einsichtig wider Willen beschreibt, als ein Ich zudem, das ein Einsehen in »das Gesez der Schwere« (Vers 17) hat und dieses Gesetz zugleich auch über die eigene Stimme triumphieren läßt: Die verbalen Zuschreibungen des aktiven Sehens und Handelns (wie ›habe gekrüßt‹, ›habe getrunken‹ und ›habe erkant‹) kulminieren in Vers 15 – »Und der Erde Gränzen seh ich wieder« –, um danach nur noch passivisch vorgestellt zu werden (»Wolken treiben mich zu ihr zurük«) oder ganz in den ›Handlungsbereich‹ der Gravitation im durchgängigen Präsens überzuwechseln, wie der letzten Strophe zu entnehmen ist.

Ein zweiter Lektüredurchgang zeigt, daß selbst im ersten Teil des Gedichts die Perspektive des lyrischen Ichs gebrochen ist. Jenes sprechende Ich, das von seiner visionären Himmelsschau redet, suggeriert an keiner Stelle den ekstatischen Flug durch den Äther als ein Element, in das es zumindest sprechend ganz eintauchen könnte. Von Anfang an wird dieses Ich durch die deiktischen Adverbien räumlich gebannt und auf eine Rede-Perspektive eingeschränkt, die ihre Bodenhaftung in keinem Augenblick verläßt: »Habe dem Irrdischen ganz mich entwand, / *Droben* die Schriften der Sterne erkant« (Vers 8/9; Herv. S. E.). In Vers 13 heißt es: »Aber ach! es ziehet mich *hernieder*« (Herv. S. E.). Ganz ähnlich – wenngleich mit anderen Vorzeichen – wird die Tendenz zum Nichtsehen und zur Blindheit mit zunehmender Entfernung von der Erde in Homburgs Sterbemonolog beschrieben: als ein ›Hinab‹ und nicht als ein ›Hernieder‹: »Jetzt unterscheid ich Farben noch und Formen, / und jetzt liegt Nebel alles unter mir.« Das lyrische Ich in Günderrodes *Luftschiffer*-Gedicht dagegen verfügt über eine gebrochene Perspektive, die die thematisch behauptete Position des luftschiffenden Blicks immer auch schon irrealisiert, indem die sprachliche Blickführung an keiner Stelle eine räumliche Bewegung ›von oben nach unten‹, sondern stets eine ›von unten nach oben‹ beschreibt. Diese gegenläufige Blickbewegung mündet konsequenterweise nicht in einen Verlust der Konturen, sondern gerade in deren Wiedergewinnung, im erneuten, aber nun ernüchterten Sehendwerden, um schließlich eine Perspektive zu adaptieren und in ihr zu verharren; in einer Perspektive, die die eines anderen ist und zugleich in ihrer Valenz des Andersseins beklagt wird. Die Schlußverse 17-20 haben deshalb geradezu einen selbstdialogischen Charakter, der Rede und Gegenrede nicht nur gegeneinanderführt, sondern ineinander verschränkt: »Wehe! Das Gesez der Schwere«, so beginnt der erste elegische Part, der pariert wird durch den machtvoll-vernünftigen Einwand: »Es behauptet neu sein Recht / Keiner darf sich ihm entziehen / Von dem irrdischen Geschlecht.« Dieser Umschlag der Rede im letzten Teil des *Luftschiffer*-Gedichts markiert den Einsatz einer anderen Rede des lyrischen Ichs, die immer schon gehalten ist, sich als die Rede eines imaginierten anderen auszuweisen. Der letzte Abschnitt des Gedichts zeigt somit den Versuch, durch Klage dem hellen Bewußtsein zu widerstehen, und sich mit dem namenlosen Gesetz, dessen universale Geltung beklagt wird, doch gleichzeitig immer auch schon zu identifizieren.

Der Schelling-Schüler Gotthilf Heinrich von Schubert hat zwei Jahre nach dem Tod der Günderrode 1808 auf ein Luftschifferbild im Zusammenhang mit seiner Darlegung einer »Sprache des Wachens« zurückgegriffen, die er im Anhang zur *Symbolik des Traumes* (1814) entwickelt. Gegen ein bloß ekstatisches Außer-sich-Sein setzt er eine »echte Begeisterung«, in der »die Selbständigkeit und Freiheit des Menschengeistes bewahrt bleibt«. Von dieser Region eines »eigentlich menschlichen Selbstbewußtseins […], das den Faden seines eigenen Wollens und Wirkens beständig fest in der Hand hält«, unterscheidet er die bloße »Begeisterung des mit dem Geheimniß der Naturkräfte wohlbekannten Silens«. Dieser, so versichert er,

> mag noch so sehr die Form der wahren, höhern Begeisterung annehmen, immerhin bleibt sie dem Zustande eines Luftschiffers gleich, dessen Fahrzeug von dem Sturmwind leicht und schnell bewegt wird, dem aber die Kräfte fehlen, das Schifflein zu lenken, weil er sich in eine Region begeben hat, in welcher seine vielvermögende Hand nicht mehr das bewirken kann, was sie auf heimatlichem Boden leistet.[154]

154 Vgl. Gotthilf Heinrich von Schubert: *Die Symbolik des Traumes. Mit einem Anhang: Die Sprache des Wachens. Ein Fragment* (1814), nach dem Tode des Verfassers hrsg. von Dr. Friedrich Heinrich Ranke. 4. Aufl. Leipzig 1862, S. 237.

Schubert vergleicht diesen Luftschiffer also mit einem Träumenden, der nach dem »Erwachen aus seinem Rausche ebenso wenig das, was er während desselben gesprochen und gethan hat [weiß], als das fliegende Gewürm es weiß, wenn es, von dem Sturmwinde des Instincts getrieben, ein kunstreiches Werk vollbracht [...]« hat. Dagegen setzt er an den Schluß der Ausführungen *den* Menschen, der »wachend im Geiste erfaßt wird, [...] jenen Faden niemals [verliert], an welchen das Bestehen seines eigenen Selbst geknüpft ist«. Dieser Mensch wisse, »daß er dem vorüberrauschenden Strome, der ihn bewegte, mit wachem Auge nachzublicken vermag, das ist es, was ihm den Vorzug gibt vor dem nervös Inspirierten«.[155] Schuberts traumtheoretische Inanspruchnahme des Luftschiffer-Motivs wird bereits in früheren Passagen der *Symbolik* vorbereitet: Seine Argumentation bleibt insofern ganz im Bild, als er die Gravitation, das Gesetz der »Schwere und des Falles der Körper«[156] auf das Leib-Seele-Problem überträgt. Er wählt das plotinische Bild eines aus »unbekannte[r] Höhe herabstürzende[n] Meteorstein[s]«, der von der ganzen Erdoberfläche angezogen werde und durch Zufall »auf einer Granitklippe eines hohen Gebirgs seinen Ruhepunkt« finde, der ihm, nur solange er dort festsitze, vorläufig die Basis (also die ganze Erde) vertritt. Ebenso – sagt Schubert – verhalte es sich mit der Seele, »wenn sie von der Gebundenheit an das Leibliche« wie der Stein von der Klippe wieder frei geworden sei; und wenn sie mit der »ganzen Sinnenwelt«, zu der der Körper selbst gehöre, wieder in Wechselwirkung treten könne.

Eine Interpretation, die die poetischen Bilder in Günderrodes *Luftschiffer*-Gedicht auf die Reflexionsgrundlage des philosophischen Idealismus zurückführen wollte, käme jedoch – darin ist Howeg zuzustimmen – bald an ihre Grenzen. Denn im vorliegenden Gedicht geht es gerade um die fremde Stimme der Vernunft, deren Perspektive rückwirkend die ekstatischen Bilder des Flugs irrealisiert. Andererseits wird gerade der durch die Anziehungskraft der Erde verursachte ›Rücktrieb‹ des lyrischen Ichs zu einem Indiz, das die Existenz der im ersten Teil des Gedichts erzählten Himmelfahrt verbürgt. Dieser Fall bzw. dieser Sturz der Seele ist allerdings nicht länger wie bei Schubert ein Versprechen auf die Einheit mit der gesamten Natur, sondern ein Zeugnis von deren Unmöglichgewordensein: Das Gedicht endet mit dem »Wehe!« der Seherin ebenso wie mit der Ratio einer Einsicht ins unabänderlich Gegebene.

Die Kommentatoren der *Historisch-kritischen Ausgabe* haben eine Liste der Häufigkeitsverteilung von Wörtern im Werk der Günderrode

155 Schubert: *Die Symbolik des Traums*, S. 240.
156 Vgl. im folg. Schubert: *Die Symbolik des Traumes*, S. 137 f.

erstellen können, unter denen man »Schweben«, »Fliegen«, »Luftschiff« oder überhaupt die Metaphorik der »Schiffahrt« vergeblich sucht. Es kann aber nicht zufällig sein, daß die eher seltenen Adaptionen dieses Bildbereichs, zu denen auch das vorliegende Gedicht gehört, in eine Lebensphase der Günderrode fallen, die von ihrer zunächst vielversprechenden, dann immer hoffnungsloser für sie werdenden Bindung an Friedrich Carl von Savigny maßgeblich bestimmt war. Daß analog zum Erkalten dieser Beziehung eine Veränderung in ihrer Verwendung dieses Bilds zu konstatieren ist, zeigen die Briefstellen und Gedichte aus dieser Zeit. »Ich bin wie ein kühner Schiffer, ich vertraue mich der stürmischen See.«[157] Dies schreibt sie noch Ende 1801 in einem Brief an die Freundin Gunda Brentano, die spätere Braut Savignys; und im Mai 1803, als die eigenen Aussichten auf eine Ehe mit Savigny bereits zerschlagen waren, wird aus dem Bild des kühnen Schiffers das eines Schiffbrüchigen, ein Bild also, mit dem sie in einem Brief an Gunda Brentano zwar diese warnend in Liebesdingen zu beraten vorgibt, das aber doch unmißverständlich die eigene Situation charakterisiert.[158]

Nicht hoch genug kann auch in diesem Zusammenhang der etwas später als das *Luftschiffer*-Gedicht zu datierende Brief von 1804 an die vertraute Freundin Claudine Piautaz bewertet werden.[159] Chronologisch folgt er auf das Sonett *Der Kuß im Traume*,[160] die wohl letzte an Savigny unmittelbar vor dessen Hochzeit literarisierte Liebeserklärung einer Desillusionierten. Obgleich sich ihre Anklage hier unmißverständlich gegen Savigny richtet, läßt die Briefschreiberin dessen Namen auffällig im dunkeln: Die von ihr im Brief attackierte moralische Gewaltausübung (»ich möchte den Sieger fragen, warum hast Du das getan?«) wird vielmehr neutralisiert (»[s]ich stückweise morden ist also Tugend«). Das »System politischer Ökonomie«,[161] vor dem sie sich – im Brief an Gunda Brentano – kaum mehr als ein Jahr zuvor um der Liebe willen noch selbst gewarnt hatte, wird nun erneut zitiert. Zugleich wird es als grausame Tugend eben jenes Mannes indirekt benannt, dem ihre Liebe galt. Ihrem Brief hat die Schreiberin ein Gedicht, das zu einem früheren

157 Brief Karoline von Günderrodes an Gunda Brentano vom 30. Dezember 1801. In: *Briefe*, S. 84.

158 Brief Karoline von Günderrodes an Gunda Brentano vom 15. Mai 1803, ebd., S. 93.

159 Brief Karoline von Günderrodes an Claudine Piautaz [undatiert] vom April 1804, ebd., S. 126 f.

160 Karoline von Günderrode: *Der Kuß im Traume*. In: *GüHKA*, Bd. II, S. 96.

161 Brief Karoline von Günderrodes an Gunda Brentano vom 15. Mai 1803, S. 93.

Zeitpunkt entstanden ist, angefügt und es damit explizit auf ihre gescheiterte Liebe bezogen: Es trägt den Titel *Der Trauernde*[162] und endet mit einer Flugphantasie, die im Vergleich zum *Luftschiffer*-Gedicht eine bemerkenswerte Veränderung aufweist. Dieses Gedicht handelt von einem liebenden Knaben, der zum Grab der Geliebten schleicht und tränenverloren in einen Schlummer verfällt, aus dem ihn Elfen wecken, die ihn auf seinen eigenen nahen Tod hinweisen und ihm raten, die Gestorbene zu vergessen und lieber sorglos zu tanzen, was er auch – ohne zu zögern – in die Tat umsetzt: »Und über seiner Braut Gebein«, so lauten die letzten beiden Verse der vorletzten Strophe, »[s]chlingt sich der muntre Elfenreihn«. Das Gedicht endet mit den folgenden Zeilen: »Er tanzt, vergißet die Geliebte, / Leicht wie der Elfen wird sein Sinn. / Entfesselt aller Erdensorgen / Schwingt er sich über Wolken hin. / Und sieht Geschlechter kommen, sterben. / Kann alles froh und lustig sehn, / Die Dinge blühen und vergehn.«[163]

Von einem »Gesez der Schwere«, dem keiner sich entziehen darf, ist hier nicht mehr die Rede. Das Gedicht läßt sich wie eine Konsequenz aus der vorangehenden Briefpassage lesen, der es zugehört; und es antwortet auf das frühere *Luftschiffer*-Gedicht, das beide Seiten, den ›traurigen Triumph‹ der Notwendigkeit einerseits und die Trauer um die unmöglich gewordene Himmelfahrt des lyrischen Ichs andererseits poetisch in der Schwebe hält. Scheinbar durchbricht das Gedicht *Der Trauernde* das stete Widerspiel von Flug und Erdenschwere: Die gefesselten Opfer der triumphierenden Tugend, die in der Briefpassage an Claudine Piautaz beklagt werden, scheinen hier im Gedicht für immer befreit zu sein. Der Trauernde ist nun »entfesselt aller Erdensorgen« (*GüHKA*: »entbunden«). Die erreichte Erdenferne ist mit bekannten Wahrnehmungsmustern nicht mehr in Übereinstimmung zu bringen: »Kann alles froh und lustig sehn« (*GüHKA*: »Alles«) – so heißt es ja im Gedicht, während die meisten literarischen Berichte um 1800 gerade die Blindheit, das Nicht-Sehen und Nebelhaft-Unkonturierte als eine schockierende Begleiterscheinung der Entfernung von der Erde betonen. Günderrodes Gedicht dagegen entführt den Trauernden der Erde nicht, sondern macht sie diesem auf fatale Weise gleich. Beschrieben wird hier die ›traurige Lustigkeit‹, die das entfesselte (bzw. entbundene) Opfer zwar über die Erde erhebt, seinen Zustand des Erlöstseins allerdings

162 Das Gedicht wurde in die *GüHKA*, Bd. I, S. 66 f. unter dem Titel *Der Traurende und die Elfen* aufgenommen. Wichtige Textvarianten werden in der Interpretation in Klammern vermerkt.

163 Brief Karoline von Günderrodes an Claudine Piautaz [undatiert] vom April 1804, S. 128.

mit jenen Attributen des Triumphators selbst versieht, die Karoline von Günderrode im Brief indirekt Savigny zugewiesen hatte: mit denen des ungerührt sehenden Wissens um die eigene Sterblichkeit und um das Leben und den Tod der andern.

Von einer ähnlichen Verwendung des Luftschiffer-Motivs bei Günderrode und Kleist ist also nur insofern zu sprechen, als bei beiden Autoren eine autobiographische Wiederaufnahme und Umwertung früherer poetischer Bilder nachzuweisen ist. Das Bild des »fröhliche[n] Luftschiffers«, mit dem auch Günderrode ihr Brief-Gedicht *Der Trauernde* abschließt, radikalisiert m. E. jedoch noch dessen Verwendung in Kleists Abschiedsbrief. Kleists letale Abschiedsfröhlichkeit beruhte ja gerade darauf, »von den Freuden dieser Welt [nichts] wissen« zu wollen, während der Abschiednehmende bei Günderrode in den anästhesierten Zustand gerät, »alles froh und lustig« zu sehen. Auf die Gefahren, die der Versuch in sich birgt, das Bild des Luftschiffers auch für eine Grenzüberschreitung von Poesie und Biographie in Anspruch zu nehmen, hat früh Max Preitz, der Herausgeber des Studienbuchs der Günderrode, hingewiesen. Mit Recht warnt er vor inhumanen Interpretationen, die eine gelungene »Einheit zwischen Todesideal und Tod«[164] konstatieren wollten. Verglichen mit Jean Pauls Petrarca-Rezeption und Satire, die die Bilder der Ballonfahrt bzw. ›Bergperipatetiker‹ in die selbstreferentielle Horizontalität des Erzählens überführt und somit autopoetologisch wendet, verbleiben Günderrodes Adaptionen aus dem *Kampaner Tal* in der vorgegebenen Vertikalität eines motivisch aufgerufenen Zwei-Welten-Modells. Eine ihre Poesie und Biographie zusammenführende Interpretation ist dabei insofern gerechtfertigt, als durch sie erst deutlich wird, daß Günderrode (wie auch Kleist) das Bild des Luftschiffs wiederholt aufrufen: Über den Weg des Selbstzitats machen beide Autoren auch den Tod selbst zitierbar, ohne diesem jedoch wie Jean Paul seine Substantialität poetisch streitig machen zu wollen.

IV.7. »Luftige Promenaden« und blinde Orientierung: Zur Dislozierung des Auges im *Seebuch*

Der allgemeinen Hoffnung, die durch die Luftschiffahrt möglich gewordene kartographische Überschau projektiv einsetzen zu können, stand die Undirigierbarkeit der Ballone entgegen, die von Anfang an als

164 Vgl. Hopp; Preitz (Hrsg.): *Karoline von Günderrodes Studienbuch*, S. 240.

wissenschaftlich-technische[165] Herausforderung, aber auch als mögliche Quelle der Katastrophe eines Absturzes angenommen worden war. Deren enormer Diskussionswert im gesellschaftlichen Leben der zweiten Hälfte des 18. Jahrhunderts geht jedoch über das technische Skandalon weit hinaus und wird erklärbar erst durch eine kulturelle Verfaßtheit, die sich in ihm zu materialisieren schien: Dieses insbesondere durch Faujas de Saint-Fond[166] verbreitete Wissen um die grundlegende technische Unvollkommenheit des Luftschiffs hielt Einzug ins Alltagsbewußtsein, rief Fachleute und Dilettanten aller Couleurs auf den Plan und kann – in Übertragung und Gegenübertragung – auch als Analogon gleichzeitiger Diskussionen über den Orientierungssinn in Naturkunde, Philosophie und Poetik gelten. Wie schnell das Vertrauen in eine Lösung dieses Problems dem Spott weichen mußte, zeigt Wielands Umorientierung, der noch in einer Hommage an Blanchard in seinem ersten, 1783 erschienenen Artikel mit dem Titel *Aeropetomanie* das Versprechen des Luftschiffers, er werde imstande sein, in wenigen Tagen eine »aerostatische Maschine zu zeigen, welche auf und nieder steigen und jede beliebige Horizontallinie halten wird«, enthusiastisch zitiert und bereits ein Jahr später in der Abhandlung *Die Aeronauten* anmerkt, daß »Herr Blanchard »sich also abermahls zu zeigen [begnügte], daß er mit Hülfe seiner Flügel nach Gefallen auf und nieder steigen könne«.[167] Daß Wielands desillusionierter Blick im Januar 1784

165 Bereits kurz nach Erfindung der Montgolfiere wurde von der Akademie der Wissenschaften zu Lyon ein »Preis darauf gesetzt, ein sicheres Mittel ausfindig zu machen, wie man einen Luftballon in einer geraden Linie fortbewegen könne«. Vgl. Nachricht aus Paris vom 26. Dezember 1783, abgedruckt in *Berlinische Nachrichten von Staats- und gelehrten Sachen*; zit. nach: Günther (Hrsg.): *Die Pioniere der Ballonfahrt*, S. 51.

166 Die Reflexionen zur Lenkbarkeit des Luftschiffs im *Giannozzo* (»Ich warte sogar wie ein Paradiesvogel meinen Schlaf über den Wolken ab und ankere vorher in der Luft«; I/3,929) sind offensichtlich aus Faujas de Saint-Fonds *Déscriptions* übernommen. Darauf weisen bereits die Herausgeber Jean Pauls, die sich allerdings (Berend folgend) auf die Uebelacker-Übersetzung stützen, in einer Anmerkung hin (I/3,1123). Bei Murr (S. 79) heißt es: »Zwischen zween Strömen eines Fluidi, deren einer oben, der andere unten, in verschiedenen Richtungen ist, findet sich allemal eine mehr oder weniger breite Schichte dieses Fluidi, welche weder an der einen, noch an der andern Richtung dieser Luftströme Antheil hat, und völlig ruhig ist.«

167 Wieland zitiert im früheren Beitrag von 1783 (*Die Aeropetomanie*, S. 33) noch optimistisch Blanchards Ankündigung. Bereits ein Jahr später – dies zeigt das Zitat (*Die Aeronauten*, S. 108) – setzte er in die Fähigkeiten des berühmten Luftschiffers nur noch wenig Hoffnungen.

auf des Luftschiffers Anmaßung, sein Vehikel souverän lenken zu können, Jean Paul beeinflußt hat, zeigt ein Aufsatz aus den Jugendwerken, auf den im Kontext einer Wahrnehmungspoetik zuerst Paul Heinemann hingewiesen hat.[168] Dieser in das Jahr 1789 zu datierende Aufsatz, dessen Titel *Verschiedene Gesichtspunkte der Weltbetrachtung* (II/2,478-480) von Berend stammt, ist eine überarbeitete Neufassung eines kurzen Textes, der als Teil der Vorstufen zur *Auswahl aus des Teufels Papieren* (1789) ausgewiesen und unter dem Titel *Die verschiedenen Gesichtspunkte, woraus der Teufel, der Tod und der Maler die Welt ansehen* (II/2,39-45) den *Scherzen in Quart* zuzurechnen ist. Für eine Datierung des früheren Textes in das Jahr 1783 spricht, daß nicht dieser, sondern ausschließlich der spätere Aufsatz die Multiperspektivität der Weltbetrachtung an einen satirischen Seitenhieb auf den Luftschiffer Blanchard bindet: Wenn ein »geschikter Engel einen langen Steckbrief von dieser verdächtigen Welt aufsezen wollte« (vgl. auch im folg. II/2,478), so bekäme er von den von ihm befragten Verstorbenen die unterschiedlichsten Antworten, die je nach ihrer individuellen Perspektive zugerichtet wären: »Jeder Seelige würde die Erde [...] anders beschreiben, weil ieder sie durch eine andere Augenlinse, durch ein anderes Augenglas [...] besehen hätte«. Am Anfang der Aufzählung steht der berühmte Luftschiffer:

> So würde z. B. Blanchard (wenn er selig würde) dem Seraph die Erdkugel als einen globe Montgolfiere abzeichnen – ein Bergknappe aber gar nicht; dieser der das Gold nicht durch Steigen, sondern durch Sinken entzaubert und hebt, hiesse sie blos einen globe de compression, der ihn entzweidrükke [...]. (II/2,479).

Wielands Charakterisierung der Ballonflüge als »luftige Promenaden« nehmen direkt Bezug auf ein Bild, das Blanchard seinen Aufstiegen gegeben hatte und das von Kommentatoren sowie Amtspersonen höchst unterschiedlich und nicht immer freundlich ausgelegt wurde: Den zentralen Vorwurf des Vagabundierens hat Jean Paul in das Bild eines die Grenzen der Kleinstaaten überschreitenden Schwebens seines Luftschiffers mit aufgenommen: Ein Blick in die Zeitungen aus diesen Jahren kann deutlich machen, daß die Anfänge der Ballonfahrt nicht nur mit technischen Schwierigkeiten, sondern vor allem auch mit polizeilichen zu rechnen hatte. Nicht wenige Journale vermeldeten, daß eine Auffahrt aufgrund des Argwohns, es handele sich eher um Vagabunden als um

168 Heinemann (*Potenzierte Subjekte – Potenzierte Fiktionen*, S. 250) erwähnt diesen Text allerdings nicht im Vergleich mit der früheren Fassung, der für meine These (einer Wieland-Rezeption) entscheidend ist.

Passagiere einer amtlich genehmigten Himmelfahrt, von vornherein verboten wurde oder daß glücklich ›Gestrandete‹ des fehlenden Reisepasses wegen in Arrest genommen wurden.[169] Angesichts der Fülle an Literatur zur horizontalen Undirigierbarkeit der Luftballone ist allerdings Giannozzos Erwähnung, daß er seine Kugel »bei leichtem Winde sogar steuern« könne (vgl. auch im folg. I/3,928), von erheblicher Bedeutung für die Frage nach einer Wahrnehmungspoetik im *Seebuch*.

Vorauszusetzen ist, daß zur Zeit der Entstehung des *Seebuchs* eine große Anzahl technisch höchst zweifelhafter Vorschläge existierte, die Lenkbarkeit des Luftschiffes um jeden Preis – und sei es durch Raketen[170] – zu bewerkstelligen: Als Gegner solch abenteuerlicher Pläne kommt Zachariä in seinem umfangreichen Buch *Die Elemente der Luftschwimmkunst* mit Berufung auf Newton der Lösung sehr nahe, indem er zu bedenken gibt, daß »die Kugel als Kugel schlechterdings unlenkbar sey«[171] und man also »dem Luftfahrtzeuge, wenn die Lenkung des-

169 Reinicke (*Aufstieg & Revolution*, S. 106) zitiert einen eloquenten Arresteur, der die Verhaftung eines Luftschiffers in einem Leserbrief an eine Tageszeitung folgendermaßen rechtfertigte: »Sie vergessen, Herr Redakteur, daß die Obliegenheiten meiner Stellung mich beauftragen, Vagabunden zu arretieren, und niemand erscheint mehr als ein Vagabund denn eine Person, die aus dem Himmel fällt.«

170 Vgl. z. B. Prévost: *Noch etwas über die aerostatischen Maschinen, vorzüglich über deren Lenkung*, S. 39-49: »Ich sehe nicht ein, wie man ein unelastisches Fluidum zur Lenkung eines Luftschiffs gebrauchen könnte. Alle dichtern Fluida aber, als Wasser u. s. w. haben wenig Elasticität. Daß hingegen die lokkeren und elastischeren dazu dienen können, sehen wir an dem Zurückprallen der Schießgewehre, dem Aufsteigen der Raketen, und andern solchen Beispielen, wo die Feuermaterie, die Luft, oder welches andre Fluidum sonst sich bei der Verbrennung des Pulvers entwikkelt, unmittelbar auf die Kugel oder die atmosphärische Luft wirkt [...].« August Wilhelm Zachariä (*Die Elemente der Luftschwimmkunst*. Mit einer Kupfertafel. Wittenberg 1807, S. 19) weist auf die Gefahren solcher Experimente hin: »Sie [die Raketen] sollten auf einem, um den Luftball her liegenden Ringe befestigt werden, und durch ihren Feuerstrahl den Ball auf die entgegengesetzte Seite treiben. Ein gefährliches Experiment! Man sehe davon Voigts Magazin f. d. neuest. Zustand d. Naturkunde, B. 9, St. 3.« Diese Feuergefahr wurde auch aus reinen Vergnügungsgründen eingegangen. Vgl. z. B. *Die Pyrotechnie oder theoretisch-praktische Anweisungen zur Bereitung aller Arten Feuerwerke auf der Erde, in der Luft und auf dem Wasser, nebst Anleitung zur Verfertigung der Theater-, Tafel-, Aerostaten- und Artilleriefeuerwerke*. Nach den Vorschriften von Claude Ruggieri und Thomas Morel bearbeitet. Leipzig 1807.

171 Zachariä: *Elemente der Luftschwimmkunst*, S. 208.

selben nicht auf immer unmöglich bleiben soll, die Kugelgestalt nehmen müsse«.[172] Lichtenbergs Bosheit in einem Brief an Franz Ferdinand Wolff Ende November 1783 gehört zu den pointiertesten Satiren der Anfangszeit in der Ballonfahrt-Ära: Mit dem Experimental-Gestus des Naturwissenschaftlers nimmt er die Unlenkbarkeit der Luftschiffe ins Visier und teilt seine Beobachtung mit, daß die zu Versuchen herangezogenen Blasen von den weiblichen Fliegen gesteuert würden, die sich »beherzter [als] die Damen in Frankreich« auf die Blase setzen und somit erreichen würden, daß bei »jeder verübten Unzucht [der Fliegen]« die Blase in den Abgrund sinke: »O wenn es doch mit unserm Erdball ebenso wäre! So würde doch endlich dem leidigen Huren und Buhlen, mit Respekt zu sagen, endlich gesteuert werden.«[173] Die Entwürfe einer Lenkung der Luftschiffe durch Vögel und andere Tiere – Lichtenberg ersinnt z. B. einen von Pferden gelenkten Luftwagen, mit dem »man in kurzer Zeit Länder durchreisen könnte«[174] – sind kaum zu zählen und nicht nur dem satirischen Fach zuzurechnen. Sie können ebenso der Sehnsucht nach einer zweiten jenseitigen Welt oder auch nur dem Fernweh nach einer andereren irdischen Welt (die exotische Chinas z. B.) zugeordnet werden wie als Hoffnung auf einen zu erwartenden Fortschritt gelten. Dabei zählt Merciers Plan, die neuen Luftschiffer durch Verharren in den Lüften einfach darauf warten zu lassen, daß sich die Erde drehe, bis sie Peking erreicht hätten, um dann wenige Stunden später wieder in Frankreich zu landen,[175] eher zu den anti-

172 Ebd., S. 210 f.

173 Brief Lichtenbergs an Franz Ferdinand Wolff vom November 1783: In: *Schriften und Briefe*, Bd. 4, S. 534-539; hier: S. 535.

174 Lichtenberg: *Vermischte Gedanken über die aërostatischen Maschinen*, S. 70 f.

175 Mercier (*Le Ballon-Montgolfier*, S. 565): »Ainsi nos nouveaux Argonautes, en laissant paisiblement la terre tourner sous leurs pieds, porraient sans se mouvoir se trouver audessus de Pékin, y descendre, y saluer l'empereur de la Chine de la part du roi de France, remonter et revenir quelques heures après rendre compte à Louis XVI de la santé de sa majesté tartaro-chinoise«. – Reinicke (*Aufstieg & Revolution*, S. 63) zitiert den Basler *Hinkenden Bott* von 1785. Dort wird der Konjunktiv des Mercier zur Tatsache erklärt und von einem Luftschiffer berichtet, der in Frankreich gestartet und nach einigen Monaten – mit den Worten, er komme »von Pekin, der Hauptstadt in China« zurückgekehrt sei. Im übrigen wurde das außergewöhnliche Ereignis der Ballonfahrt nicht selten exotisch konnotiert. Faujas de Saint-Fond berichtet, daß im Februar des Jahres 1784 ein Schiff mit einer Ladung von »zwölf Luftballen von Taffent, mit der nöthigen Anweisung, und den fernern Zubehörden« (Murr, 109) als ein Geschenk an den Kaiser von China zu senden. Davon spricht auch Mercier (*Le Ballon-Montgolfier*, S. 561):

quierten Kuriosa unter den Vorschlägen, weil er der Luftschiffahrt ein statisches Modell der Fortbewegung zugrunde legt, das einem naiven anthropozentrischen Bewußtsein weiterhin verpflichtet bleibt.

Die Mode, Luftschiffe durch Adler ›regierbar‹ machen zu wollen, ist dagegen nicht nur als eine motivische Reminszenz an die Barocksatire – etwa an Grimmelshausens Godwin-Übersetzung *Der fliegende Wandersmann nach dem Mond*[176] – zu interpretieren. Diese war Inventoren wie etwa Jacob Kaiserer in seiner 1801 erschienenen Schrift *Ueber meine Erfindung, einen Luftballon durch Adler zu regieren* vielfach ohnehin nicht bekannt. Jene Idee, den Ballon von einem Gespann von Adlern wie dem »Gold- oder Steinadler in Siebenbürgen, in der Bukowina, u. s. w.; de[m] schweitzerische[n] Lämmergeyer, und de[m] amerikanische[n] Condor«[177] ziehen zu lassen, war dabei keineswegs so neu, wie Kaiserer glaubte beanspruchen zu können.[178] Viel eher ist

»Cette découverte immortalisera le règne actuel. Dans quatre mille ans on dira: Les *hommes volants* datent du règne de Louis XVI, et il a fait présent à l'empereur de la Chine de douze ballons aérostatiques. / Que ce présent est bien imaginé! Comme l'empereur de la Chine sera émerveillé du génie francais!« Ein Plakat mit der Ankündigung der Vorstellung eines Kunst-Kabinetts zu Ehren Blanchards auf der Bornheimer Heide in Frankfurt am Main am 7. Oktober 1785 trägt den Titel »Die Chinesische Belustigung«, die »in der neuerbauten Hütte, zu die 2 Luftkugeln genannt, ohnweit der Hauptwache« gezeigt zu werden verspricht. Vgl. hierzu *Luft-Ballone. Blanchards Ballonfahrt am 3. Oktober 1785 in Frankfurt*. Eine Ausstellung der Flughafen Frankfurt Main AG und der Stadt Frankfurt am Main zur Ballonfahrt in Geschichte und Gegenwart. Aus Anlaß der 200jährigen Wiederkehr des ersten in Deutschland erfolgten Ballonaufstiegs von Jean Pierre Blanchard am 3. Oktober 1785. Vom 11. September bis 20. Oktober 1985. Hrsg. von der Airport Gallery Flughafen Frankfurt Main 1985, S. 29.

176 Bereits Minor (*Die Luftfahrten in der deutschen Literatur*, S. 65) weist darauf hin, daß in Godwins (bzw. in dessen durch Grimmelshausen bearbeiteter) Mondreise »in Nachahmung des Taubengespannes der Aphrodite und des Drachenwagens der Medea Adler und Geier als Zugtiere verwendet« wurden.

177 Jacob Kaiserer: *Ueber meine Erfindung, einen Luftballon durch Adler zu regieren*. Wien 1801, S. 8.

178 Vgl. den Artikel *Ueber die Luftbälle* (GU: Bd. 1, Nr. 3, März 1784, S. 282-292; hier: S. 286 f.): »In Wahrheit, die Erfindung der Horizontallinie scheint, in Ansicht des Wunders des Werks, der leichteste Theil daran zu seyn. [...] Und wie: wenn man abgerichtete Vögel für den Luftwagen spannete? [...] Nun würde nichts mehr fehlen, als die Kunst Adler, Pelikane, Falken ec. ec. zahm zu machen: eine Möglichkeit, welche, troz dem Privilegium das ihnen Buffon giebt, nicht unbegreiflich ist.« Vgl. auch Prévost: *Noch etwas*

sie auf naturkundliche Beobachtungen zurückzuführen, die zeitgleich mit den Anfangsjahren der Ballonfahrt bis weit in die 90er Jahre hinein in Europa Konjunktur hatten und den Orientierungssinn von Insekten und Fledermäusen zu erforschen suchten. Wohl in diesem Kontext muß auch Kaiserers Überlegung gedeutet werden, »im äußersten Falle« die wilden Adler für die gewünschte Funktion zu zähmen, indem »man sie ihrer Waffen *und Augen* beraubte«.[179] Allerdings fällt sein eher schlichter Vorschlag, der sich zwar der Frage der Dirigierbarkeit, nicht jedoch jener der Orientierungsfähigkeit in der Luft annimmt, hinter die zentrale Frage in der zeitgenössischen Naturkunde zurück: Auf der Grundlage von Lazzaro Spallanzanis physiologischen Untersuchungen über den sechsten Sinn der Fledermäuse wurde die vorherrschende Position des Auges in der Hierarchie der Sinne grundlegend in Frage gestellt. Cuviers in der »Naturforschenden Gesellschaft zu Paris« im März 1795 kritisch vorgetragenen Ausführungen[180] über die Fledermaus-Studien des Experimentalbiologen beschreiben den Versuch Spallanzanis, der Fledermäuse geblendet hatte mit der Hypothese, daß diese Nachttiere ihren Orientierungssinn nicht ausschließlich den Augen verdankten. Er sei zu dem Schluß gekommen – so Cuviers Referat – daß die Nachttiere »darum mit nicht weniger Geschicklichkeit alle Gegenstände [vermieden,] welche ihnen in ihrem Fluge hinderlich sein konnten«,[181] sondern sich wie die sehenden Fledermäuse betrugen, gleichgültig, ob man ihnen die Augen »mit Klebewachs verklebt, oder sie gar durch Ausbrennen zerstört hatte«. Cuviers Ausführungen kritisieren den Befund eines sechsten Sinns der Fledermäuse mit dem Argument, der Italiener habe nicht berücksichtigt, daß die Organe des Gefühls »uns zwei verschiedne Arten von Perzepzionen« geben, nämlich die aus einer *unmittelbaren* Berührung entstehende Empfindung und die »einer andern Art; nehmlich von der Temperatur der Luft, von ihren Bewegungen, und von dem Widerstand, den sie der unsrigen entgegensetzt«. Der Hinweis

über die aerostatischen Maschinen, vorzüglich über deren Lenkung, S. 49: »Ich weiß nicht, ob die großen Adler uns in ihrem Elemente Dienste leisten werden. Bis dahin könnte man indessen die Luftwagen durch ein irdisches Gespann bugsieren lassen. Doch mögte diese Art von Schiffahrt wenig nützlich und dabei sehr unbequem sein.«

179 Kaiserer: *Ueber meine Erfindung*, S. 10 (Herv. S. E.).

180 G. Baron Cuvier: *Vermuthungen über einen sechsten Sinn den man bei den Fledermäusen zu bemerken glaubte*. Übersetzt von W. Davidson. In: *Berlinische Blätter* (1798), 1, S. 272-280.

181 Vgl. auch im folg. Cuvier: *Vermuthungen über einen sechsten Sinn*, S. 273-275.

auf die Fähigkeit der Blinden, sich aufgrund einer größeren Sensibilität auch ohne Augenlicht zu orientieren, gibt ihm Anlaß zur Annahme, die umfangreiche mit Nerven durchzogene Fläche der Fledermausflügel für die erhöhte Empfindlichkeit der Tiere verantwortlich zu machen. Diese Einschätzung war weitreichend, denn sie ging über frühere Untersuchungen z. B. der Orientierungsfähigkeit von Insekten hinaus, deren Fühlhörner man als eigentliches Wahrnehmungsorgan etwa der Bienen entdeckt hatte.[182] Zumindest die hier noch in Erwartung gestellte Möglichkeit, daß auch die »Fledermäuse, welche gleichfalls ihre Geschäfte größtentheils im Finstern verrichten, ein ähnliches Organ an ihren Ohren«[183] hätten, schien mit Cuviers Spallanzani-Kritik aus dem Feld geräumt zu sein. Aber erst der seinem Aufsatz nachgestellte Zusatz des Übersetzers Davidson versucht, den Streit zu schlichten, indem er die Diskussion – unter Berufung auf Sulzer und Engel[184] – auf das Niveau des philosophischen Sensualismus hebt.

182 A. W. Telge: *Etwas über die Bestimmung der Fühlhörner bei den Insekten.* In: *Berlinische Monatsschrift* (1796), 2, S. 78-82.; hier: S. 80. Der Herausgeber des Cuvier-Textes (*Vermuthungen über einen sechsten Sinn*, S. 280) erinnert daran, daß man aus den Fühlhörnern der Insekten »gleichfalls einen sechsten Sinn, oder wohl gar eigentliche Augen, hat machen wollen«, bis man bemerkt habe, daß »nach Beraubung dieser Werkzeuge, die Insekten gleichsam blind oder vielmehr ganz gefühllos wurden.« Die popularisierte Diskussion über die Experimentalbiologie ist auch in Jean Pauls Register-Artikel »Auge/Augen« zu finden.

183 Telge: *Etwas über die Bestimmung der Fühlhörner*, S. 81; vgl. auch M. Friedländer: *Nachricht von physikalischen Versuchen aus Italien. Aus einem Briefe an Hrn. Dr. Bloch.* In: *Berlinische Monatsschrift* (1794), 2, S. 401 f.: »Man hat nehmlich der geblendeten Fledermaus die Ohren abgeschnitten, und alsdann gelang jener Versuch nicht. Also, sagen die Experimentatoren, entdeckt die Fledermaus die Gegenstände durchs Gehör.«

184 Johann Jacob Engel hatte in einer Vorlesung 1788/89 *Über einige Eigenheiten des Gefühlssinnes* (In: *Schriften*, Bd. IX, S. 201-228) für die Anerkennung eines sechsten Sinns – des »Getasts« – plädiert, den er (neben dem Gesicht und dem Gehör) zu den »drei feinere[n]« (S. 226) Sinnen zählt. Dieser Erweiterung der Sinnesskala geht voraus, daß der Gefühlssinn, der traditionell als »der gröbste Sinn« (S. 213) in der Rangfolge der Sinne galt, von ihm insofern differenziert wird, als er das feinere Gefühl, das »ursprüngliche Eigenschaften« (wie Ausdehnung, Figur, Solidität, Bewegung) zu erkennen vermöge, von einem gröberen trennt, das lediglich »abgeleitete« wie z. B. »Farbe, Wärme, Kälte« gewahr werden könne (S. 207). Das feinere Gefühl habe vor dem gröberen die Fähigkeit zur Differenzierung gleichzeitiger Eindrücke (vor allem im Bewegungsablauf) voraus und laufe somit nicht Gefahr, sich in einem einzelnen ununterschiedenen Eindruck zu ver-

Daß die Luftfähre des Giannozzo eine ›blinde Orientierung‹ garantiert und zugleich mit einem allseits sehenden, gottähnlichen Auge ausgestattet ist, verweist den Text in den thematischen Einzugsbereich dieser Diskussion, die bei Herder sprachtheoretisch konnotiert ist: Herder hatte sich in der ersten Fassung seiner Schrift *Vom Erkennen und Empfinden der menschlichen Seele*, die für die Preisaufgabe der Berliner Akademie im Jahre 1773 verfaßt worden war, auf Hippokrates berufen, um zu zeigen, daß alles Erkennen »nur durch Empfindung« werde und man sich »also für nichts so sehr, als für dem einseitigen Zerstücken und Zerlegen hüten«[185] müsse. Schon dieser, so Herder, »nennte die menschliche Natur einen lebendigen Kreis, und das ist sie. Ein Wagen Gottes, Auge um und um, voll Windes und lebendiger Räder«. Herder zitiert dieses Bild[186] zunächst im Kontext einer Argumentation, die

lieren: »Gesicht, Gehör, Gefühl, insofern das Letztere ursprüngliche Eigenschaften erkennt, haben vor Geruch, Geschmack, und demjenigen Gefühl welches abgeleitete Eigenschaften gewahr wird, das Eigne voraus: daß sie alle eine weit *schnellere Folge von successiven* Eindrücken unterscheiden können. Die Sinne werden nicht so von jedem einzelnen Eindrucke angegriffen; die *Vibration* währt nicht so lange, daß nicht schnell hinter einander [...] mehrere Umrisse, Bewegungen, Töne, sollten erkannt, und mit voller Unterscheidung erkannt werden können. [...] Die feinern Sinne halten, so zu reden, mit der Imagination mehr gleichen Schritt: die Geschwindigkeit in der Folge der Eindrücke ist der natürlichen Geschwindigkeit der Ideenfolge mehr angemessen.« (S. 217 f.; Herv. i. Orig.).

185 Vgl. auch im folg. Herder: *Vom Erkennen und Empfinden der menschlichen Seele,* S. 200 f. – Die Prämissen für diese Preisaufgabe basierten auf Sulzers Abhandlung *Anmerkungen über den verschiednen Zustand, worinn sich die Seele bey Ausübung ihrer Hauptvermögen, nämlich des Vermögens, sich etwas vorzustellen, und des Vermögens zu empfinden, befindet.*

186 Ein Göttinger Brief von Johann Bernhard Hermann an Jean Paul vom 8. bis 17. März 1789 nimmt satirisch Bezug auf Hippokrates (SW IV/1,150-168; hier: S. 160 f.). In Erinnerung an seinen Briefbericht (vom 24. Oktober 1788) über einen ungehobelten jungen Grafen, dessen »Gabe zu forzen« (S. 131) Hermanns Hofmeisterleben trübte, schreibt er in der o. g. Brieffolge eine satirische Abhandlung zur Frage »Woher entstehen die Winde im Unterleibe? pp« (S. 160) und spielt daraufhin (S. 160 f.) auf das Gespräch Jesu mit Nikodemus in *Joh.* 3,8 an (»Der Wind bläst, wo er will, und hörst sein Sausen wohl«; bei Hermann heißt es: »Du hörest sein Sausen wohl, (also wuste man auch noch nicht einmal etwas von den so durchdringenden Schleichern).« Im dann folg. Briefsatz verspricht Hermann, dem Freund »aus dem Hippokrates etwas über diese Materie [des Windes]« (S. 161) aufsuchen zu wollen. Die spielerische Assoziation zum Windthema bringt ihn schließlich auch auf Analogien zur Ballonfahrt: auf die »inflammable Luft«

sich an Albrecht von Hallers Reizlehre orientiert, also physiologisch und sensualistisch verfährt. Zugleich weist er jedoch jegliche Mechanik der Empfindungen zurück und stellt die rhetorische Frage, ob »nicht aus der Flamme aller vereinigten Reize und Leben Ein Lebensfunke, gleichsam im schnellen Fluge und also über den kriechend langsamen Gang mechanischer Stock- und Triebwerke weit hinaus, zu einer neuen höhern Stufe seiner Läuterung walle«.[187] Er richtet sich damit gegen die von Descartes[188] mechanistisch uminterpretierte Spazierstock-Analogie der Stoiker. Descartes hatte zur Veranschaulichung der Beschaffenheit des Lichts behauptet, dieses sei in seiner Ausbreitung der passiven Wahrnehmung eines Blinden zu analogisieren, die über den mechanischen Druck äußerer Gegenstände auf den Spazierstock in seiner Hand zu erklären sei.[189] An die Stelle mechanistischer Wahrnehmungstheorien setzt Herder[190] dagegen ein Denken in Analogien, das ihm – Götz Müller hat darauf hingewiesen – die »Ähnlichkeiten zwischen Tier, Mensch und Gott«[191] nicht nur für die Sprache, sondern »für jede Erkenntnis die Basis und den Ausgangspunkt« bildeten. Der Aufsatz Herders ist für eine Interpretation des *Seebuchs* auch deshalb heranzuziehen, weil an seiner Rezeption die ambivalente Haltung Jean Pauls um 1800 deutlich zum Ausdruck kommt: Der Autor des *Seebuchs* teilt Herders frühe – unter dem Einfluß des Analogiedenkens des Theologen Peter Browne[192] stehende – Auffassung von der Notwen-

(S. 162) und auf die »Blanchardischen Luftbälle« (S. 163). Erst die nun vorliegenden Briefe *an* Jean Paul ermöglichen es, präzisere Hinweise auch auf die biographische Herkunft und ›Vernetzung‹ von Motiven in den literarischen Texten (hier im *Seebuch*) zu finden.

187 Herder: *Vom Erkennen und Empfinden der menschlichen Seele*, S. 177.

188 Descartes: *La Dioptrique* (»Discours Premier: De La Lvumiere«), S. 81-93; hier: S. 84: »Il est vray que cete sorte de sentiment est vn peu confuse & obscure, en ceus qui n'en ont pas vn long vsage; mais considerés la en ceus qui, estant nés aueugles, s'en font feruis toute leur vie, & vous l'y trouuerés si parfaite & si exacte, qu'on pourroit quasi dire qu'ils voyent des mains, ou que leur baston est l'organe de quelque sixiesme sens, qui leur a esté donné au defaut de la veüe. Et pour tirer vne comparaison de cecy, ie desire que vous pensiés que la lumiere n'est autre chose dans les corps qu'on nomme lumineux, qu'vn certain mouuement, ou vne action fort promte & fort viue, qui passe vers nos yeux, par l'entremise de l'air & des autres corps transparens, en mesme façon que le mouuement ou la resistence des corps, que rencontre cet aueugle, passe vers sa main, par l'entremise de son baston.«

189 Vgl. hierzu Lindberg: *Auge und Licht im Mittelalter*, S. 398; Anm. 38.

190 Herder: *Vom Erkennen und Empfinden der menschlichen Seele*, S. 191.

191 Müller: *Jean Pauls Ästhetik und Naturphilosophie*, S. 104.

192 Vgl. ebd., S. 106 f.: Müller weist auf die Bedeutung von Peter Brownes Ab-

digkeit einer Übertragung der sensualistischen Philosophie in Sprachtheorie (»dies Medium unsres Selbstgefühls und geistigen Bewußtseyns ist – *Sprache*«),[193] nicht jedoch dessen Spinozismus, den er unter dem Einfluß Jacobis fundamental ablehnt und im *Seebuch* schließlich ad absurdum führt.

Bereits der »Erste Versuch« von Herders Abhandlung endet mit einer Apologie auf die Liebe als höchstem Ausdruck des »großen Sensoriums der Schöpfung Gottes«, deren Garanten der Autor im heiligen Johannes und in dem »ohne Zweifel noch göttlichern *Spinoza*« findet.[194] In Herders späterer Schrift *Gott* (1787) wird dieser nicht nur durch Ablösung von den »Hypothesen des Des-Cartes«[195] im Sinne einer theologischen Verbindlichkeit der Analogie rehabilitiert, sondern auch die Verknüpfung von johanneischem Christentum und Spinozismus weitergeführt. Darauf deutet der Brief Herders an Jean Paul vom 11. Mai 1799, dem die zweite Auflage seiner *Gott*-Gespräche beigefügt war: Herder spielt in einer Begleitnote auf die Analogie zu Johannes (bzw. Paulus) in Jean Pauls ›apostolischem‹ Namen hin, mit der Bitte, zwischen ihm und Jacobi (hinsichtlich des Spinoza-Streits) zu vermitteln.[196] Die Auseinandersetzung um den Spinozismus und Fichtismus kann für eine Interpretation des *Seebuchs* insofern wertvolle Hinweise geben, als Jean Pauls Vermittlerrolle nicht geringzuschätzen ist, die eher einem Lavieren zwischen den beiden Positionen als einer klaren Parteinahme glich. Von Herders Brief (mit der *Gott*-Beilage) schreibt Jean Paul am 15. Mai 1799 an Jacobi mit dem Hinweis: »Er bleibt aber bei seiner Ansicht des

handlung *Things Divine and Supernatural conceived by Analogy with Things Natural and Human* (1733) für Herders Sprachtheorie hin. Müller stellt dessen Differenzierung von Metapher und Analogie heraus: »Die Metapher setzt willkürlich die Wortvorstellung eines Dings an die Stelle eines anderen, ›Without any real Resemblance and Correspondency; as when God is said to have *Hands*, and *Eyes*, and *Ears*.‹ Hingegen ist die Analogie eine notwendige Methode des Denkens, durch welche die wirkliche Ähnlichkeit und Entsprechung […] in der Natur der Dinge aufgedeckt wird. […] Die Analogie ist notwendig, um überhaupt über das Unendliche sprechen zu können.«

193 Herder: *Vom Erkennen und Empfinden der menschlichen Seele*, S. 196 f. (Herv. i. Orig.).

194 Ebd., S. 202. (Herv. i. Orig.).

195 Johann Gottfried Herder: *Gott. Einige Gespräche* (1787). In: HWS, Bd. 16, S. 401-580; hier: S. 492.

196 Auf diese Briefstelle Herders hat zuerst Wirtz (»›*Ich komme bald*‹, *sagt die Apokalypsis und ich*«, S. 55) hingewiesen.

Spinoza«.[197] Im selben Brief findet man in der Anmerkung den Hinweis darauf, daß er »von Fichte nichts gelesen [habe] als den Abris seines Systems in Niethammers Journal, seine Moral und das was ich aus Schelling und Schlegel errieth«. Bereits sieben Monate später – am 20. Dezember 1799 – meldet er Christian Otto die Fertigstellung seiner »Satire und Widerlegung gegen Fichte« (die der *Clavis Fichtiana*), die er vor der Veröffentlichung Jacobi sicherheitshalber vorzulegen gedachte, mit den Worten: »Ich habe alle seine [d. h. Fichtes] Werke auf meinem Tisch und kenne sein polytheistisches System, das niemand aus der Appellazion erräth und kaum aus ihm ohne Kentnis des Spinoza.«[198]

Die Herdersche Verknüpfung von Johannes und Spinoza ist in die Namensgebung des Luftschiffers eingegangen. Als entsprechend zweideutig kann die Schlußpassage, die »Vierzehnte Fahrt«, die als die »Letzte –« im *Seebuch* (I/3,1004-1010) gilt, gelesen werden: Zum einen werden in ihr die »Gewitterwolken« aus Herders *Gott*-Gesprächen zitiert, die dort dem spinozistischen System von einem fingierten und mit den Schriften Spinozas noch unvertrauten Gegner des Philosophen gleichnishaft beigemessen werden.[199] Sie spielen insofern in Herders Gesprächen eine wichtige Rolle, als sie die Wende im Spinoza-Verständnis des fiktiven jungen Kritikers markieren: »Philolaus«, so nimmt der sokratische Lehrer Theophron das Bild des unbelesenen Schülers nach dessen erhellender Spinoza-Lektüre auf: »Sie haben die Witterung nicht ganz wahr gelobet; die abgeregneten Spinozistischen Gewitterwolken haben uns eine Kälte verursacht, die man nach Ihrem Gleichnis nicht vermuten sollte.«[200] Zum andern jedoch ist die Schlußpassage

197 Vgl. auch im folg. den Brief Jean Pauls an Friedrich Heinrich Jacobi vom 15. Mai 1799. (SW III/3,198 f.).

198 Brief Jean Pauls an Christian Otto vom 20. December 1799 (SW III/3,263). – Sandra Hesse hat kürzlich deutlich gemacht, daß von einem intensiven Fichte-Studium Jean Pauls auszugehen sei und somit »die Voraussetzungen für eine philosophische Bedeutung der *Clavis Fichtiana* durchaus bestehen«. Ihre Studie widmet sich insbesondere dem »raffinierten Aufbau« der Schrift. Vgl. dies.: *»Mir (empirisch genommen) grauset vor mir (absolut genommen). Zur philosophischen Kritik und poetologischen Reflexion in Jean Pauls Clavis Fichtiana.* In: *JJPG* 40 (2005), S. 107-149; hier: S. 113.

199 Herder: *Gott*, S. 412: »So stelle ich mir den Zustand der Weisheit vor, da Spinoza und seinesgleichen der Welt den Anblick Gottes mit ihren schweren Dünsten rauben wollten: sie thürmten sich auch zum Himmel empor und umzogen das Firmament; aber eine gesundere Philosophie hat sie wie die Riesen hinuntergestürzt und der nachdenkende Geist erblickt die stralende Sonne wieder.«

200 Herder: *Gott*, S. 431.

des *Seebuchs* als eine den eigenen Untergang protokollierende Rede zu lesen, die in einer Abfolge von syntaktischen »Jetzt«-Konstruktionen (z. B. »Jetzt regt sich nichts mehr«; »Jetzt gähnet ein Wolken-Rachen vor der Sonne«; »jetzt versteh' ichs« (I/3,1008 f.)) das Bild der Apokalypse evoziert: einer Offenbarungsrede, die den Prozeß des Endens als einen der sich unaufhörlich selbst protokollierenden Augenblickswahrnehmung faßt und ihn zugleich auch sprechend zu verstehen und auszulegen sucht. Eine solchermaßen das eigene Sprechen begleitende Selbstexegese eines Luftschiffers ist auf den Gebrauch *aller* Sinne angewiesen, zugleich auf die Strukturierung der sich ihm im Prozeß seiner Rede offenbarenden End-Zeit.

IV.8. Blindheit und Endzeit: *Die wunderbare Gesellschaft in der Neujahrsnacht* – ein Prätext des *Seebuchs*

In Bezug auf die Schlußpassage kann die in der Zeit vom 19. bis 31. Juli 1800 – also wenige Monate vor dem *Seebuch* – entstandene Erzählung *Die wunderbare Gesellschaft in der Neujahrsnacht* (I/4,1121-1138) als eine erste Fassung angesehen werden. Der frühere Text ist insofern aufschlußreich für die Interpretation, als er die dort zu verzeichnende selbstreflexive Struktur in der »Letzten Fahrt« des Luftschiffers noch nicht ausgebildet hat: Jene Wesen und Erscheinungen der »zweiten Welt oder meines Gehirnglobus« (I/4,1126) treten vielmehr dem Ich-Erzähler in der Neujahrsnacht von außen vor die Augen und sind als von ihm abgespaltene redende *andere* kommunizierbar: als »Jungfrau«, »Knabe« »Schwedenkopf« und »Maske«. Andererseits ist dieser Text dem *Seebuch* bezüglich eines Hinsprechens auf das Ende der Zeit vergleichbar, das hier als Glockenschlag der letzten Sekunde des Jahrhunderts ausgewiesen wird und die Rede des Ich-Erzählers ins Zeichen des *memento mori* stellt: »›Ich werde also so gut verschwinden‹, fuhr ich fort, ›wie mein Jahrhundert – die Sanduhr der Zeit wird ihren Hügel so gut über mich gießen wie über den Hesperus am Himmel [...]‹«. (I/4,1129). Auch das apokalyptische Sprechen der »geschminkte[n] Maske« ist sich der eigenen Zeitlichkeit und Vergänglichkeit in jedem Augenblick bewußt und bindet das Wissen um den vorrückenden Zeiger der Uhr an eine durch Wenn-Konstruktionen geleitete Rede, die sich des Futurum II bedient:

> *Wenn* alle Raffaele verwittert, alle jetzigen Sprachen gestorben, neue Laster und alle mögliche Physiognomien und Charaktere dagewesen [...] – *Wenn* Flotten von Luftschiffen über der Erde ziehen

> und die Zeit alle ihre griechischen Futura durchkonjugiert – *Wenn* alles unzählige Male dagewesen, ein Gottesacker auf dem andern liegt [...] und der ewige Jude, der Planet, doch noch immer läuft – – sag an, o bleicher Jüngling, *wenn* schlägt es in der Ewigkeit 12 Uhr, und die Geisterstunde der Erd-Erscheinungen ist vorbei? (I/4,1131 f.; Herv. S. E.).

Das syntaktische Konditionalgefüge dieser Rede (›wenn – dann‹) bleibt unabgeschlossen und somit folgenlos; es mündet vielmehr in eine Frage, die die Wenn-Voraussetzungen formal weiterführt. Der Tod wird nicht – wie im *Seebuch* – in den Prozeß des Erzählens selbst integriert, sondern bleibt ihm äußerlich. Dies wird zum einen durch den Blick des Erzählers aus dem Innenraum heraus nach draußen deutlich gemacht, wo – kurz vor dem Glockenschlag – Luftschiffe in der Konnotation von Totenschiffen gesichtet werden, deren eines die Phantome der Neujahrsgesellschaft an Bord hat:

> Ich blickte durch das Fenster, und in den langen Bogen des Fluges zog eine blendende Taube unter den Sternen durch den tief-blauen Himmel hin; und Luftschiffe voll unbekannter Gestalten jagten nach, und eines ging wie unter Schleiern vorüber, worauf alle Menschen waren, die ich innig geliebt und nur am Grabe verloren habe – und dann schoß eines vorüber, worin der Knabe und die verhüllte Jungfrau ruhten; [...]. (I/4,1135).[201]

Zum anderen korrespondiert das fixierte Auge des Erzählers mit einem – dreifach erwähnten – göttlichen Auge, das auf dem Ring der in der

201 Nach diesem Fensterblick hat Stifter offensichtlich das »Nachtstück« – also die Anfangsszene in der Erzählung *Der Condor* – gestaltet (im folg. zit. nach der Journalfassung, die präzisere Angaben macht: *Werke und Briefe*. Historisch-kritische Gesamtausgabe. Hrsg. von Alfred Doppler und Wolfgang Frühwald. Bd. 1.1 (hrsg. von Helmut Bergner und Ulrich Dittmann, Stuttgart, Berlin, Köln, Mainz 1978, S. 9-31; hier: S. 12 ff.; Herv. i. Orig.): »[...] ich griff rasch um das Fernrohr, und schwang es gegen jene Stelle des Firmamentes – zwey Sterne, ein Stück Mond flatterten durch das Objectiv, ich achtete ihrer nicht, bis ich eine große schwarze Kugel erfaßte und festhielt. / *Es war richtig, meine Voraussage trifft ein*: Gegen den zarten Frühhimmel, so schwach roth erst, wie Pfirsichblüthe, zeichnete sich eine bedeutend große dunkle Kugel, unmerklich emporschwebend – und unter ihr an unsichtbaren Fäden hängend, im Glase des Rohres zitternd und schwankend, klein wie ein Gedankenstrich am Himmel – das *Schiffchen*, ein gebognes Kartenblatt, das drey Menschenleben trägt, und sie noch vor dem Frühroth herabschütteln kann, so naturgemäß, wie aus der Wolke daneben ein Morgentropfen fällt.«

Neujahrsnacht ihm erschienenen Jungfrau ruht. Beim ersten Mal beschaut der ihm ebenfalls erscheinende Jüngling »auf dem Ringe ein herrliches großes Auge, *dem gleich*, unter welchem sonst die Maler den Allsehenden vorstellten« (I/4,1126; Herv. S. E.). Die zweite Erwähnung evoziert das Bild der gefalteten Hände der Jungfrau, unter deren Erheben »sich das göttliche Auge des Ringes mit einem *weißen Augenlid*« überzog (I/4,1132; Herv. S. E.). Die dritte Textstelle ›exportiert‹ dieses göttliche Auge gleichsam aus dem Innenraum hinaus in den Planetenhimmel der Neujahrsnacht, nachdem die geliebte Gattin des Erzählers, Hermine, ›von draußen‹ zurückgekommen ist und die »ernste Stunde« mit ihm feiert: »Der Mond schwamm einsam in einem weiten reinen Blau, *gleichsam* das große Auge auf dem Ringe der Jungfrau [...].« (I/4,1137; Herv. S. E.). Die Evokationen des göttlichen Auges verbleiben somit durchgängig im Bereich des Vergleichs bzw. der Verhüllung und werden in die Sphäre mariologischer Darstellungen verwiesen. Ins Zeichen der Trinität gestellt,[202] zitieren sie jene Vermischung theologischer Vorstellungen, die die christliche Überlieferung mit dem jüdischen Bilderverbot bzw. dem Verbot, Gottes Namen auszusprechen, verknüpfen. (Christoph Geissmar weist im Kontext der Böhme-Ikonographie auf ein Titelkupfer hin, das die Darstellung des Gottesauges mit dem Schriftzug »non exprimor« verbindet.[203] Das Schema der Philosophischen Kugel, das als die Grundstruktur des Kupferstichzyklus in der Amsterdamer Jacob-Böhme-Ausgabe 1682 gilt, kann ebenfalls in dieser Tradition des Bilderverbots verstanden werden. Böhme spricht von der Philosophischen Kugel als von einem »Auge der Ewigkeit, das man nicht mahlen kann«.)[204] Das Sprechen über das göttliche Auge in Analogien, das in der Erzählung *Die wunderbare Gesellschaft in der Neujahrsnacht* durchgängig aufrechterhal-

202 Darauf deutet die Dreizahl der Erwähnung hin, auch der Hinweis auf das weiße Augenlid (vgl. Schleusener-Eichholz: *Das Auge im Mittelalter*, Bd. 1, S. 331).

203 Christoph Geissmar: *Das Auge Gottes. Bilder zu Jacob Böhme*. In Zusammenarbeit mit dem Internationalen Arbeitskreis für Barockliteratur hrsg. von der Herzog August Bibliothek. Bd. 23. Wiesbaden 1993, S. 59 f. – Der Autor verweist auf das Titelkupfer zu Thomas Bangs *Caelum Orientis*, das den Übergang vom einzelnen Auge Gottes zur symbolischen Form ›Auge Gottes im Dreieck‹ markiere. Die bei Böhme dann geläufige Darstellung des Auges im Dreieck wurde in Illustrationen der Arbeiten Athanasius Kirchers präfiguriert.

204 Böhme: *Vierzig Fragen*, § 106, S. 31. Vgl. hierzu Geissmar: *Das Auge Gottes*, S. 77.

ten wird, garantiert die Zuverlässigkeit eines Glaubens, der noch die erschreckendsten Prophezeiungen überdauert:

> In der Ewigkeit kommt ein Tag, wo auch alle diese Straßen und weißen Wölkchen sich verfinstern und wo in der weiten Unermeßlichkeit nur Gewitterwolken ziehen, aus Sonnen gemacht, und wo es dämmert in der ganzen Schöpfung ... Dann ist Gott noch; er steht licht in der Nacht, seine Sonne zog die Sonnen-Wolken auf, seine Sonne zerteilt sie wieder – und dann ist wieder Tag. (I/4,1134).

Gemessen an diesem früheren Text scheint in der letzten Fahrt des Giannozzo das unabgeschlossene Konditionalgefüge, das den Gedanken an Gott noch evoziert, wo nichts mehr auf ihn verweist, unmöglich geworden zu sein. Es wird durch eine unablässige Abfolge von ›Jetzt‹-Sätzen substituiert, die fast durchgängig im Präsens gehalten sind. Der 1816 im *Taschenbuch für Damen* erschienene Text *Erinnerungen aus den schönsten Stunden für die letzten*, in dem vom Protagonisten lebensbegleitend eine Art schriftliches Gedächtnisreservoir für die Stunde seines Todes angelegt wird, heißt es: »Der Sterbende kennt keine Gegenwart, nur Zukunft und Vergangenheit« (II/3,361). Giannozzos permanente Gegenwart des ›jetzt‹ bringt den Luftschiffer schließlich um seine panoramatische Überschau, in der ihm »*wie* für einen Gott alles nur Gegenwart war« (I/3,971; Herv. S. E.). Die Bindung seines Berichts ans Sehen, an die visuelle Wahrnehmung des gerade gelebten Augenblicks, überführt die temporale ›jetzt‹-Folge schließlich in eine stete räumliche Selbstvergewisserung des deiktischen ›hier‹, das die letzte Fahrt Giannozzos leitet. Angesichts dieses konstanten Gebrauchs des Präsens in der Schlußpassage des *Seebuchs* kommt dem Wechsel ins Präteritum im Augenblick der Transformierung des Sehens in Auslegung des Gesehenen (»Ach! jetzt wölbt sich auf einmal zusehends ein zweites Gewitter über mir; beide schlagen dann gegeneinander, und eines greift mich, *jetzt versteh' ichs*. –« (I/3,1009; Herv. S. E.)) ein hoher interpretatorischer Stellenwert zu: »Oho! jetzt riß es meinen Charonskahn in den brauenden Qualm hinab! – *Ich sehe nicht mehr* – Was ist das Leben [...]« (I/3,1009; Herv. S. E.). Diese letztere Satzfolge schließt an die Beteuerung an, bis auf die »letzte Schlag-Minute« schreiben zu wollen, in der Hoffnung, daß »mein Tagebuch nicht zerschmettert« werde (I/3,1009). Auch auf syntaktischer Ebene wird der Luftschiffer-Bericht sich noch im Prozeß des Erzählens seines eigenen fiktionalen Charakters selbst inne. Jener Hinweis auf ein ›Nicht-mehr-Sehen‹, das seine motivische Validität durch die Analogie zur Orientierungsfähigkeit im Blindflug erhält, verdankt sich demnach zugleich einem erzählerischen Paradoxon: zwar wird das Erzählte in bewährter herausgeberischer Fiktion zu verbürgen versucht. Andererseits wird das Authentizitätspostulat des Berichts nicht zuletzt deshalb in Frage gestellt, weil der Protagonist der Ich-Erzählung (Giannozzo also) sich während des Erzählens selbst seiner Protagonistenrolle bereits begibt: Der Erzähler wechselt in die Position einer ihn ›überlebenden‹ auktorialen Instanz. Für die Interpretation des *Seebuchs* hat diese paradoxe Erzählhaltung erhebliche Konsequenzen. Denn durch die Mehrfach-Fiktionalisierung von Herausgeber, Augenzeuge und Erzähler und durch deren tendenzielle Überschneidung geraten auch die einzelnen Episoden im *Seebuch* in eine auf den ersten Blick nicht ersichtliche enge Verbindung zueinander.

Auf diese Weise wird ein Denken in Analogien, das im sprachphilosophischen Kontext Herders eine hohe theologische Verbindlichkeit[205] erhält, im *Seebuch* aufgenommen und zugleich doch der Spinozismus des philosophischen Leitbilds als Atheismus ad absurdum geführt. Jener apokalyptische Blindflug des Luftschiffers kann somit weder auf eine philosophische bzw. theologische Aussage reduziert noch auf das bloß digressive Verfahren eines Erzählens rückverpflichtet werden, das etwa die von Jean Paul in der *Vorschule der Ästhetik* gegebene Definition der Laune, die »tausend krumme Wege« im Unterschied zum einen geraden der Ironie bzw. des Ernstes habe (I/5,152), zitieren und der Luftschifferei analogisieren wollte. Es entwirft die Apokalypse als »Possenspiel«, das auf der metaphorischen Ebene mit der Kombinationskraft des alles verbindenden Witzes arbeitet. Dessen sprechender Akteur entwirft eine Offenbarungsrede, der das *Finis* ihrer selbst bereits eingeschrieben ist und dieses selbst doch redend (im fingierten Gespräch) ›überlebt‹.

IV.9. Augen und Kugeln: Die optische Metaphorik in Jean Pauls Unsterblichkeitsschrift *Das Kampaner Tal*

»Der Mensch besteht aus zwei Teilen, aus Spaß und Ernst, – und seine Glückseligkeit besteht daher aus höhern und aus niedern Freuden.« (I/4,563). Diese Anfangszeile im »Vorbericht« des *Kampaner Tals* von 1797 verweist auf die vom Erzähler intendierte enge Verbindung zwischen zwei Teilen des Werks, das ein Gespräch über die Unsterblichkeit der Seele mit einer »Erklärung der Holzschnitte unter den

205 Vgl. Müller: *Jean Pauls Ästhetik und Naturphilosophie*, S. 109.

10 Geboten des Katechismus« verbindet. Wer sich dem Thema der Unsterblichkeit zuwendet, ist in aller Regel eher am Ernst als am Spaß interessiert – dieser Sachverhalt mag erklären, daß Jean Pauls »binomische Wurzel« und »Zwitterblüte« (I/4,563) nicht selten zur Erbauungsschrift umgedeutet wurde, indem der zweite Teil ignoriert und der erste (also ernste) Teil erheblich um seine Zweideutigkeiten gebracht wurde.[206] Die dort aufs »mendelssohn-platonisch[e]« (I/4,597) Gespräch verpflichtete – und als Spaziergang präsentierte – »langsame horizontale Himmelfahrt« (I/4,584) endet in einem zweifachen Ballonaufstieg, der mit den Mitteln der Elevations- und Entkörperungsmetaphorik ein Bild optischer Erhabenheit zu entwerfen und damit, wie Bernhard Buschendorf resümiert hat, den »poetischen – und in dieser gefühlsappellativen Form nach Jean Paul besonders validen – Beweis der im Gespräch statuierten Unsterblichkeitsgewißheit«[207] zu erbringen scheint. Dieser Schluß legt allerdings auch nahe, daß der philosophische Spaziergang als ein erzählerischer Läuterungsprozeß verstanden werden könne und daß die bereits im ersten Teil enthaltene spielerische erotische Zweideutigkeit am Ende dieser Himmelfahrt schließlich insofern vereindeutigt werde, als das Unsterblichkeitspostulat sich im Bild manifestiere, das jede Sprache übersteigt. Auf den ersten Blick könnte diese Annahme vor allem die Gestalt der Nadine bzw. die Metamorphose ihrer Tränen belegen, die der Erzähler vom erotisch konnotierten diamantenen Tautropfen (nach dem Vorbild der frühen, 1762 entstandenen *Nadine*-Erzählung Christoph Martin Wielands)[208] in einen unverhüllten

206 Inzwischen wurde der Zusammenhang zwischen den beiden Teilen des *Kampaner Tals* herausgearbeitet: Schmitz-Emans: *Bildererklärung als Transsubstantiation*, S. 161-192; Von René Niederhäusern: *»So leserlich wie die Kehrseite der Gesetztafel«. Zur Bedeutung der Physiognomik in Jean Pauls »Kampaner Tal«*. In: *Physiognomie und Pathognomie. Zur literarischen Darstellung von Individualität*. Festschrift für Karl Pestalozzi zum 65. Geburtstag. Hrsg. von Wolfgang Groddeck und Ulrich Stadler. Berlin 1994, S. 222-244.

207 Buschendorf: *Jean Pauls »Kampaner Tal«*, S. 92.

208 Vgl. Christoph Martin Wieland: *Nadine. Eine Erzählung in Priors Manier* (1762). In: *Sämmtliche Werke*, Bd. III (= Bd. 9), S. 301-305; hier: S. 303 f.; Herv. i. Orig. – Bei Wieland heißt es: »Nur einer aus der kleinen Schaar / Ein junger *Scherz*, von dreisterem Geschlechte, / Den eine *Grazie* dem schönsten Faun gebar, / Sezt schalkhaft auf dem braunen Haar / An deiner Stirn, *Nadine*, sich zurechte. // *Amynt* wird ihn zuletzt gewahr, / Und will den losen Gaukler fangen; / Allein der Scherz, der leicht von Füßen war, / Entschlüpft, und flieht in eins der Grübchen ihrer Wangen. // Auch hier

Strom »aus ihren sanften Augen« (I/4,626) überführt und schließlich angesichts der Erdenferne im Fesselballon ungetrübt von allem Spaße ins Zeichen der Unsterblichkeit stellt. Zunächst vergleicht der Erzähler des *Kampaner Tals* jedoch Nadine, die Schwester der zentralen Protagonistin Gione, mit einem »unbekanne[n] innere[n] Afrika«, wobei er wünscht, »sie wäre ebenso heiß« (I/4,582), und orientiert die betreffende Passage an Wielands erotischer Tändelei, die bereits in dessen Erzählung »nach Priors Manier« ins melancholische Zeichen der flüchtigen Zeit gestellt war und somit Ernst und Scherz zu vereinen wußte.[209] »Indes hielt das Tageslicht dem reizenden Tropfen unter Nadinens Auge«, so heißt es in Jean Pauls Adaption, »diesem Solitäre unter ihren glänzendsten Reizen, durch eine halb so große Warze fast das Gleichgewicht« (I/4,583). Die erzählerische Assoziationskette beruht in Jean Pauls Text auf der Verknüpfung von Träne, Diamant, Sonne, Auge,

verfolget ihn *Amynt*. / Nun, denkt er, soll mir's doch in ihren Lippen glücken! / Ja! wäre nicht sein Gegner schnell gesint, / Den kleinen Gott mit Küssen zu ersticken. // Er zappelt, wie ein junger Aal / Im feuchten Netz, und schlägt und sträubt sich mit den Flügeln, / Bis zwischen sanft erhabnen Hügeln / Von warmem Schnee ein dämmernd Rosenthal / Sich ihm entdeckt. – Er glitscht an einer Leiter / Von Bändern unvermerkt herab. / Umsonst! Der Mund der keine Rast ihm gab, / Folgt ihm durch Berg und Thal, und treibt ihn immer weiter. // […] So wie ein Reh, vom frühen Horn erweckt, / Mit raschem Lauf, der kaum das Gras berühret, / Von Bergen flieht, dann steht, die Ohren reckt, / Dann schneller eilt, vom Nachhall fortgeschreckt, / Und sich zuletzt in einen Hain verlieret, / Wo krauser Büsche Nacht ihm seinen Feind versteckt: // So eilt der schlaue *Scherz*, ganz athemlos vor Schrecken, / So leis' er kann in eine Freystatt sich, / Wo ihn ein Jäger *sicherlich* / Nicht suchen werde, zu verstecken. // Der Flüchtling glaubt in Pasos tiefstem Hain, / Wo, unentdeckt sogar bey Sonnenschein, / Sich Amor oft an Spröden schon gerochen, / Glaubt in Cytherens Heiligthum, / In *Dädals* Labyrinth, ja im Elysium / Nicht sicherer zu seyn als wo er sich verkrochen. // Allein der Liebesgötter Schaar / Die, Bienen gleich, doch unsichtbar, / In Trauben an *Nadinens* Wangen, / An ihrem Rosenmund, an ihrem Busen hangen, / Bemerkten bald die reitzende Gefahr, / Und schrien laut – als es zu späte war: / Ach! Brüderchen, du bist gefangen!«

209 Wielands Erzählung (ebd, S. 301; Herv. i. Orig.) beginnt mit Bildern des *memento mori*: »Ein Augenblick wird schon zu theu'r versäumt; / Sie fliehn, sie fliehn mit Flügeln an den Füßen, / Die Stunden fliehn, die unter unsern Küssen / Ein *Quincika* am Quell der Lust verträumt. // ›Hat meinen letzten Hauch dein Mund einst aufgeküßt, / Was folget uns ins öde Reich der Schatten? Ach! die Erinnerung was wir genossen hatten / Ist mehr vielleicht als dann uns übrig ist.‹«

Warze und Tautropfen und überträgt somit Wielands frühes Vorbild eines der Topographie des weiblichen Körpers anvertrauten wandernden erotischen Scherzes auf die für den Unsterblichkeitsdiskurs valente Diamantenmetapher:[210]

> Nadinen war ein linsengroßer Diamant aus der Brillantierung ihres Halsgehenkes ausgefallen, und sie suchte im Grase nach dem silbernen versteinerten Funken [...]. Die Kirwane guckte auf der betropften glänzenden Aue nach dem verlornen verhärteten Tautropfen: als ein lichter Demant vom ersten Wasser war er so leicht mit einem Taukügelchen zu verwechseln, daß ich, als ich eines in einer angesteckten Busenrose Nadinens glimmen sah, anmerkte: »Alles liegt voll weicher Demanten, und wer will den harten ausfinden? Der Tau in Ihrer Vorsteckrose glänzet so schön wie der ausgebrochene Stein«. (I/4,590).

9.1. Der Erzähler als Landschaftsmaler

Die Reminiszenz der Rokoko-Tändelei stellt den gesamten Unsterblichkeitsdialog, der zudem als Brief des Erzählers an Viktor, den vielnamigen Protagonisten des *Hesperus,* konzipiert ist, ins Zeichen des bukolischen Scherzes und der bildkünstlerischen Arkadien-Tradition. Bernhard Buschendorf hat auf die entsprechenden Anspielungen im Text – wie den Ort der Kaskaden, das in den Namen »Myrtill« und »Phylax« enthaltene Zitat des Schäferspiels bzw. das »in der Tradition nicht selten begegnende Motiv des Denksteins«[211] – hingewiesen und deutlich gemacht, daß der Unsterblichkeitsdialog vom Erzähler selbst als ein »gezeichnetes Tal« annonciert und mit Claude Lorrains arkadisch idealisierender Landschaftsmalerei[212] in Verbindung gebracht wird.

Daß der Erzähler sich indes als einen briefeschreibenden Protokollanten der Dialoge um die Unsterblichkeit der Seele versteht und sich vom Adressaten seiner »epistolarischen Stundenzettel« (I/4,570) – von Viktor – auch ein »Widerspiel des Claude Lorraine« nennen läßt, »der nur die Landschaften selber machte, die Menschen dazu aber von an-

210 Zum Bild des Diamanten im Themenbereich der Unsterblichkeit vgl. Kap. V dieser Arbeit; des weiteren meinen Aufsatz: *Horizontale Himmelfahrt oder poetische Ars volandi*, bes. S. 268-280 (= Kap. I. »Auge und Diamant: Der paulinische Erzähler«).

211 Vgl. auch im folg. Buschendorf: *Jean Pauls »Kampaner Tal«*, S. 67.

212 Vgl. zu diesem Thema zuletzt Goebel: *Am Ufer der zweiten Welt*, a.a.O., 1999.

dern malen ließ« (I/4,570 f.), zeigt, daß der Naturbegriff im *Kampaner Tal* selbst thematisch wird. Diese erzählerische Selbstexplikation eines idealisierenden Landschaftsmalers hat René von Niederhäusern[213] in seiner Studie zur Physiognomik in Jean Pauls Unsterblichkeitsschrift nicht bedacht und kommt deshalb zu der – meiner Untersuchung diametral entgegenstehenden – Schlußfolgerung, daß »die Natur im ersten Teil [des *Kampaner Tals*] pansymbolischer Reflex eines göttlichen Sinnes« sei und schließlich in die Nähe von Johann Caspar Lavaters *Aussichten in die Ewigkeit* rücke.[214] Als Garant seiner These führt der Autor eine Anspielung des Erzählers auf das Buch der Natur an:

> Denke nicht, daß ich jetzt alle meine Tuschschalen um mich stellen und dir das kunstlose geründete Tal durch das Quadrat der Kunst abzeichnen werde: ich will dich in diese *Bilderbibel* der Natur stückweise schauen lassen, so wie der Zufall ein Blatt nach dem andern umschlägt. (I/4,581; Herv. i. Orig.).

Gegen Friedrich Ohly,[215] der »dem zufälligen Blättern in der Naturbibel ein theologisches oder forschendes Interesse«[216] abspreche und in ihm vielmehr eine Ästhetisierung der Natur sehen wolle, setzt von Niederhäusern die Beobachtung, daß »an Schlüsselstellen des Gesprächs die diskursive Argumentation durch Naturbeschreibungen abgelöst wird, welche die Funktion eines Gefühlsarguments übernehmen«. Gerade die Fortführung des Zitats aus der 502. Station des *Kampaner Tals*, auf das sich von Niederhäusern beruft, zeigt jedoch, daß der Erzähler auf der von ihm selbst dementierten *Kunst* der Naturnachahmung nun

213 Von Niederhäusern: *»So leserlich wie die Kehrseite der Gesetzestafel«*, S. 236-238.

214 Vor der Gefahr einer solchen Lesart hat bereits Endres (*Jean Paul. Die Struktur seiner Einbildungskraft*, S. 114) in ihrer an Staiger orientierten Studie gewarnt: »Aber gerade diesen Weg geht Jean Paul nicht: er führt die Sterne nicht auf ihren Ordner und Schöpfer zurück, der auch die Rosen, die Nachtigallen und die Zitronenbäume in ihren jeweiligen Gesetzen geschaffen hat, der dem Wurme Wollust gab, dem Cherub aber als höchste Freude die visio Dei. / Es liegt auf der Hand, warum Jean Paul diesen Weg nicht ging: er schildert die Natur nicht in der ihr eigenen Ordnung: denn dann wäre der Himmel kein Äthermeer, die Glühwürmchen keine Goldkörner. Diese Schilderung hat den Charakter des Gemachten im vultischen Sinn. Die Natur wird von ihrem Gesetz weggeleitet zu etwas Neuem hin, sie wird verwandelt.«

215 Ohly: *Das Buch der Natur bei Jean Paul*, S. 217.

216 Von Niederhäusern: *»So leserlich wie die Kehrseite der Gesetzestafel«*, S. 237.

gerade beharrt und sie den Kapiteln der Unsterblichkeitsschrift – den von ihm beschriebenen »Stationen« – analogisiert:

> Meine Stationen werden dich durch die *verschiedenen Zimmer* führen, worin die reiche Ausstattung dieser Blütenzeit, wie die einer Königstochter, *zur Schau aushängt*; aber etwas anders ists freilich, an der königlichen Braut selber den vereinten angelegten Schmuck zu sehen. (I/4,581; Herv. S. E.).

Der Erzähler beruft sich hier gerade auf das Unzulängliche einer Darstellungsweise, die die Natur nur stückweise wiederzugeben vermag, obgleich sie – so jedenfalls in den Parallelstellen der Vorrede zur *Unsichtbaren Loge* oder in den *Belustigungen* dem Betrachter doch vielmehr »auf einmal« vor Augen treten sollte. Auf diese Weise wird der Unsterblichkeitsdialog im *Kampaner Tal* von vornherein auf die Ebene der schriftlichen Repräsentation verpflichtet, die er weder zu überschreiten noch vergessen zu machen in der Lage ist: Die Beschreibung selbst wird der Führung durch eine Gemäldegalerie analogisiert, deren Räume der Betrachter wie numerierte »Stationen« zu durchschreiten hat. Zudem läßt der Erzähler keinen Zweifel am signifikanten Charakter einer gestalteten Natur, die wie die englische Landschaftsarchitektur über den Weg der Täuschung den mit Staffagen – wie Grotten, Kaskaden oder Fesselballons – möblierten Innenraum zum unendlichen Raum umzuschaffen verspricht.

Daß dabei die Reflexion des Erzählers auf das in der Landschaftsgartenbewegung des 18. Jahrhunderts entstandene Postulat eines Nachschaffens der göttlichen Natur in sein Erzählen selbst eingeht, zeigt die Vorrede zum *Kampaner Tal*, in der der Maler-Erzähler das Organisationsprinzip seiner Narration zu deklarieren sucht: »Ich habe scherzhaft meine Briefe an Viktor in Stationen zerfället: fünfhundert Stationen unterschlag' ich, *wie natürlich*, und fange mit der 501ten an, worin ich im Tale *erscheine*.« (I/4,571; Herv. S. E.). Der Hinweis des Erzählers auf den Simulationscharakter seines Erzählens zitiert den wirkungsästhetischen Anspruch einer an der Landschaftsmalerei orientierten Architektur des englischen Landschaftsgartens: dessen Postulat also, Natur nachzuschaffen, nicht um sie artifiziell zu übertreffen, sondern um ihre Wirkung durch Kunst zu erhöhen. Der Erzähler zitiert indirekt jene in der Gartentheorie Hirschfelds genannte Regel, die der Landschaft bzw. den Gärten gleichsam einen wirksamen ›Auftritt‹ auf der Bühne der Einbildungskraft verschafft. Hans von Trothas Resümee des gartentheoretischen Ansatzes im 18. Jahrhundert, daß unter wirkungsästhetischen Bedingungen »zwischen den ›schönen Auftritten‹ der ersten Schöpfung (des Herrn) und der zweiten (des Gartenkünstlers)«[217] prinzipiell kein Unterschied bestehe, legt die Spur zur Interpretation des im *Kampaner Tal* explizierten ›Auftritts‹ des Erzählers in seiner Erzählung: Zum einen wird diese selbst vom erzählten ›Gegenstand‹ – vom Tal – nicht länger unterschieden; und zum anderen präsentiert der Maler-Erzähler sich selbst als bestes Exempel für den wirkungsästhetischen Effekt seiner ›Kunst‹, nicht ohne zu zeigen, daß ihr keineswegs immer Erfolg beschieden ist, zumal dann nicht, wenn die Wirkung an einem Vertreter der kritischen Philosophie erprobt werden soll: Die bewußt eingesetzte *Fiktion* der Natürlichkeit bleibt dabei nicht ohne Wirkung auf den zweiten Teil dieses Satzes, der das ›Erscheinen‹ des Erzählers im Tal christologisch konnotiert und zugleich ironisch an eine weitere Imagination bindet, die dem kantianischen Kaplan zugeschrieben wird: Der wie Christus im Tal erscheinende und mit seinem Erscheinen den Anfang der Erzählhandlung setzende Erzähler läßt seine Entzückung über »eine solche langsame horizontale Himmelfahrt, ein solches melodisches Arpeggio« (I/4,584) am Hauskaplan aus, »dem innerlich die ganze voyage pittoresque *wie eine Karfreitagsprozession* widerstand und dem statt dieses Himmelsweges der von Höfer lieber gewesen wäre, weil er sich lieber zu Hause hingesetzt und fortgelesen hätte [...]« (I/4,584; Herv. S. E.).[218] Das Erzähler-Spiel integriert somit den ironischen Vergleich seiner eigenen Protagonistenrolle in der Erzählung mit der des Passionswegs Christi, den er mit Hinweisen auf »Höllenfahrt und Fegfeuerprobe und Durchgang durch limbos infantum et patrum« (I/4,571 f.), mit Berufung auf Miltons »verlorne[s] Paradies« und Dantes »Hölle« sowie schließlich auch mit der Strukturierung seines Erzählens durch ›Stationen‹ aufzurufen weiß. Darüber hinaus aber wird durch diese doppelte Herausstellung des Als-ob (»wie natürlich« und »wie eine Karfreitagsprozession«) eine Strukturhomologie zwischen den Redeweisen der philosophischen Kontrahenten, zwischen dem Erzähler und dem kantianischen Kaplan, gestiftet, die schließlich im Lob auf die Bewegung, auf den Spaziergang des Körpers und des Geistes bei Montaigne und Rousseau (I/4,585) vorläufig umgeleitet wird.

Diese Bewegung ist der Erzählung thematisch (als arkadischer Spaziergang bzw. als mendelssohn-platonischer Unsterblichkeitsdialog)

217 Von Trotha: *Angenehme Empfindungen*, S. 134. Von Trotha bezieht sich auf Christian Cay Lorenz Hirschfelds *Theorie der Gartenkunst* (1775 ff.).

218 Eine Anmerkung im Text verweist auf das Erbauungsbuch von Johann Cyriakus Höfer: *Kurzer, aber richtiger Himmelsweg* (1672), das nach den Angaben des Herausgebers (I/4,1188) vielfältig im 18. Jahrhundert wieder aufgelegt wurde.

unterlegt und strukturiert auch die Bildebene des Erzählens. Auf den ersten Blick ist diese »horizontale Himmelfahrt« allerdings ganz durch vertikal strukturierte Bilder bestimmt, die schließlich im Ballonaufstieg am Schluß der Erzählung kulminieren und die fast durchgängig die Opposition von »Höhe« und »Tiefe« aufweisen. Der Himmelfahrt ist die Höllenfahrt zugeordnet (I/4,571), und wesentliche Ereignisse der Handlung finden in der Nähe von Wasserfällen statt (I/4,573; Herv. S. E.):[219] Die Wege der Gesellschaft führen in eine sich emporwölbende Grotte, in eine Unterwelt, deren »weite Perspektive in eine reich geschaffne tiefe Seele« wiederum erst durch Nadines »klares ruhiges Auge« (I/4,577) aufgetan wird, und der Erzähler sieht dem Freund Karlson »zu oft in sein schönes treues, gleich dem himmlischen Äther zugleich tiefes und offnes und blaues Auge hinein: ich stieg in seine Brust *hinab*« (I/4,576; Herv. S. E.). Diese Bilder präfigurieren auf der vertikalen Koordinate des Erzählens den doppelten Ballonaufstieg, dem die Opposition von Höhe und Tiefe, von Himmel und Abgrund eingeschrieben ist. Zugleich wird die vertikale Bildstrukturierung auf der syntaktischen Ebene unterlaufen: Im Rückgriff auf das – von Goethes *Werther* übernommene und in späteren Texten Jean Pauls immer wieder verwendete – Konditionalgefüge einer ›Wenn-Dann‹-Konstruktion dementiert ›der Text‹ seine vertikal stukturierte Opposition der Blickführung:

> Beim Himmel, *wenn* die Sonne *oben* dem Fußgänger von einem Laubgipfel zum andern nachfolgt, *wenn* die erblichne im Wasser unter den Wellen nachschwimmt – *wenn* Szenen, Berge, Hügel, Menschen im Wechsel kommen und fliehen und Freiheitslüfte über das ganze veränderliche Eden wehen – *wenn* wir mit zersprengten Hals- und Brusteisen und zerschlagenen Sperrketten der engen Verhältnisse leicht und ungebunden wie in Träumen über neue Bühnen fliegen – – *dann* ists kein Wunder, *daß ein Mensch sich auf die Füße macht, und daß er immer weiter will.* (I/4,585 f.; Herv. S. E.).

Das vom Erzähler programmatisch eingesetzte Lob der körperlichen und geistigen Bewegung unterläuft formal die konzeptionelle Anlage einer erhabenen Feier der Unsterblichkeit der Seele, indem es die Grundfigur der Gravitationslehre, die Kugel, zum formalen Analogon auf der Textebene wählt. Die Zentralmetapher des (göttlichen) Auges wird auf

219 Später wird die Handlung des Gesprächs wiederum an eine Kaskade verlegt, neben der eine Karte mit einer römischen Ansicht gefunden wird, so daß man »diesesmal neben dem rauschenden Wasserfall den gezeichneten von Tivoli« (I/4,582) ansehen konnte. Giannozzos Absturz findet am Rheinfall zu Schaffhausen statt (I/3,1010).

diese Weise durch das in augenanatomischen Schriften tradierte Ähnlichkeitsverhältnis zur Kugel zum Movens des Dialogs gemacht, also dezentralisiert und in ein tendenziell unendliches Sprachspiel überführt. Man könnte insofern von einer zweiten Textebene des *Kampaner Tals* sprechen, als der doppelte Hinweis auf die Kugeln und auf die Bewegung das Bild der beiden Montgolfieren ans Ende einer narrativen Bildfolge von Kugeln setzt. Deren metonymische Verknüpfung durchzieht die gesamte Erzählung und bringt auch das Bild optischer Erhabenheit am Schluß des Unsterblichkeitsdialogs buchstäblich in Bewegung. Im folgenden wird diese metaphorische Subversion der diskursiv-thematischen Auseinandersetzung um die Gewißheit einer anderen Welt auf der Ebene einer Strukturuntersuchung zu zeigen sein, die sich auf die (bisher von der Forschung kaum beachtete) Liebeständelei zwischen dem Erzähler und der Protagonistin Nadine bzw. dem karikierten kantianischen Kaplan bezieht. Der zweite Teil dieses Kapitels gilt der Interpretation der Schlußpassage der Erzählung: der als Feier der Unsterblichkeit konzipierten Szene eines doppelten Ballonaufstiegs.

9.2. Das »zweyt[e] Seelenauge«: Jacobis Einfluß

Jean Paul weiß das im Bild der (Ballon-)Kugel enthaltene aktuelle und philosophisch-theologische semantische Potential erzählerisch zu nutzen. Im *Kampaner Tal* wird diese Aktualität an den philosophischen Kontext gebunden: Eine Bezugnahme auf Jacob Böhmes Philosophische Kugel ist auszuschließen: Die Kenntnis der *Vierzig Fragen von der Seelen* wird erst durch einen Brief an Jacobi 1801 dokumentiert, in dem er Böhme einen »Prä-Fichtianer« (SW III/4,63) nennt. Der zentrale Bezugstext des Dialogs über die Unsterblichkeit ist vielmehr Jacobis Abhandlung in Form eines Gesprächs mit dem Titel *David Hume über den Glauben, oder Idealismus und Realismus*[220] (1787). Jacobi bezieht sich auf Platons Höhlengleichnis im VII. Buch der *Politeia*, um deutlich zu machen, daß die Menschen über verschiedene Wahrnehmungsvermögen verfügten, deren eines durch körperlich sichtbare »Wahr-

220 Friedrich Heinrich Jacobi: *David Hume über den Glauben, oder Idealismus und Realismus. Ein Gespräch* (1787). In: *Werke*. Hrsg. von Friedrich Roth und Friedrich Köppen. Repr. Nachdruck der Ausgabe Leipzig 1815-1825. Darmstadt 1968-1976, Bd. 2, S. 3-289. Auf diese Vorlage hat bereits Christian Otto in seiner Briefrezension des *Kampaner Tals* 1797 gegenüber Jean Paul Bezug genommen. Vgl. den Kommentar der Briefe an Jean Paul in: SW IV/2,789; vgl. auch zum platonischen Denken Jacobis: Buschendorf: *Zur relativen Autonomie des Ästhetischen bei Jean Paul*, S. 220 ff.

nehmungs-Werkzeuge«[221] und deren anderes durch »ein unsichtbares, dem äußeren Sinne auf keine Weise sich darstellendes Organ« ausgezeichnet seien. Dieses letztere Organ, dessen Existenz uns allein durch Gefühle offenbart werde, nennt er das »zweyt[e] Seelenaug[e]«, das dem Übersinnlichen zugekehrt sei und von manchen Philosophen so sehr geleugnet werde, daß sie es sich unter dem Vorwand ausgestochen hätten, dieses sei nur ein »*Scheinauge* [...], in Wahrheit nur ein krankes Doppelsehen des allein *wirklich* sehenden Auges«.[222] Wem es wie diesen rationalistischen »Polypheme[n]« am geeigneten Organ fehle, dem sei – so argumentiert er mit Platon – die Erkenntnis des Wahren ebensowenig einzuflößen »als einem Augenlosen, durch Vorhalten von Gläsern, das Gesicht«.[223] Jacobis Erläuterung der Platonstelle deklariert programmatisch die Überführung der platonischen Erkenntnislehre in einen gefühlsphilosophisch fundierten Realismus:

> Wen die reinen Gefühle des Schönen und Guten, der Bewunderung und Liebe, der Achtung und Ehrfurcht, nicht überzeugen, daß er in und mit diesen Gefühlen ein von ihnen unabhängig vorhandenes wahrnehme, welches den äußern Sinnen und einem auf ihre Anschauungen allein gerichteten Verstande unerreichbar ist: wider den ist nicht zu streiten.[224]

Der Dialog endet schließlich mit dem Bild des Starstechens, das Jean Paul später an anderer Stelle (I/6,165) modifiziert übernimmt: »Es hilft nichts zum Sehen, die Nacht zu beschreiben, und die schwarze Farbe ihrer Schatten zu mahlen«, so zitiert Jacobi mit platonischem Impetus aus Pestalozzis Roman *Lienhard und Gertrud*, »nur wenn du das Licht anzündest, kannst du zeigen was die Nacht war, und nur wenn du den Staaren stichst, was die Blindheit gewesen.«[225]

221 Vgl. auch im folg. Jacobi: *David Hume über den Glauben*, S. 74 f.; Herv. i. Orig.

222 Es ist anzunehmen, daß dieses Bild des Augenausstechens an einer Passage von Hamanns *Aesthetica in nuce* orientiert ist. Vgl. ders.: *Aesthetica in nuce. Eine Rhapsodie in Kabbalistischer Prose* (1762). In: *Sämmtliche Werke*, Bd. 2, S. 207 f.

223 Platon, zit. nach Jacobi: *David Hume über den Glauben*, S. 76.

224 Jacobi: *David Hume über den Glauben*, S. 76.

225 Johann Heinrich Pestalozzi: *Lienhard und Gertrud. Ein Buch für das Volk*. Erste Fassung. 4 Bände. Berlin, Frankfurt a. M., Leipzig 1781-1787. Der Verfasser wird bei Jacobi (*David Hume über den Glauben*, S. 286 f.) nicht genannt.

9.3. Aurora und Göttin des Wegs: Die Protagonistinnen Gione und Nadine

Nicht zufällig ist im Handlungsgefüge des *Kampaner Tals* eine Tendenz zur personellen ›Zentrierung‹ der Protagonistin Gione zu beobachten. Alle am Unsterblichkeitsgespräch beteiligten Personen sind durch ihre unerklärliche Liebe zu Gione ausgezeichnet, die somit zum ›Herzen‹ der Gesellschaft wird: Karlson liebt (unglücklich) Gione, Wilhelmi liebt Gione (und heiratet sie im Verlauf der Handlung), der Erzähler liebt Gione und lenkt sich selbst von seiner Liebe durch die Tändelei mit deren Schwester Nadine ab. Zugleich führt er seinem Briefadressaten und Freund Viktor – um diesem ein Bild von ihr zu geben – dessen Geliebte Klotilde vor Augen. Selbst der kantianische Kaplan, der der Liebe nicht fähig zu sein scheint und den Unsterblichkeitsglauben als bloßes Postulat der reinen praktischen Vernunft versteht, ist insofern *ex negativo* auf die zentrale Protagonistin bezogen, als er Gione zunächst einen Sonnenschirm nachtragen will, der ihm gemäß seinem kantischen Auftrag einen potenten Schutz vor dieser göttlichen Sonne (sie wird in der Ballon-Schlußszene auch »blühende Aurora« (I/4,624) genannt) zu geben versprechen scheint. Diese Zentrierung ist zudem bereits aus dem Namen der Protagonistin selbst herzuleiten, die insofern eine enge Verbindung zum *Seebuch* herstellt, als »Gione« genau die Mitte zwischen dem Superlativ des Luftschiffer-Namens »Giannozzo« und dessen im Text ebenfalls gebrauchten Diminutiv »Giannino« einnimmt.[226] Darüber hinaus steht sie – parallel zu Giannozzos Status eines »révenant« – als eine Wiederauferstandene, als eine dem (Schein-)Tod entronnene Geliebte in der Position einer *imitatio Christi* und will schließlich nicht zufällig in der Elevationsszene der Fesselballons »mit der Kugel aufsteigen und in dieser herrlichen Nacht über diese herrliche Gegend *mitten im Himmel* schweben« (I/4,624; Herv. S. E.). Den narrativen Koordinaten von vertikaler und horizontaler Bildgebung werden zudem die Koordinaten der Zeit und des Weges unterlegt. Gione weist alle Attribute jenes weiblichen Janusgesichts auf, das – so wird es im 1815 entstandenen *Gespräch zwischen den beiden Gesichtern des Janus* (II/3,532-545)[227] später bei Jean Paul expliziert –

226 Diesen Spielcharakter sieht von Niederhäusern (*»So leserlich wie die Kehrseite der Gesetztafel«*, S. 239) nicht, wenn er die Physiognomik in Jean Pauls *Kampaner Tal* in die Nähe von Lavater rückt und dessen Beeinflussung durch »die Signaturenlehre (wie sie Paracelsus und Jakob Böhme formulierten)« betont.

227 Als Quelle diente Jean Paul nach der Angabe der Herausgeber (II/4,638) das *Neue mythologische Wörterbuch* von Paul Fr. Achat Nitsch. Leipzig

in die Zukunft sieht und über »ein Lilien- und Madonnengesicht mit weichen Wellen-, nicht Lockenhaaren und mit Blauaugen« verfügt und gleich der Göttin der Morgenröte, Aurora, am »östliche[n] Tor« (II/3, 533) steht.[228] Mit dem Namen Nadine wird bereits bei Wieland der Diana-Mythos verknüpft. Sie ist die Göttin des Wegs,[229] deren Attribute – der Mond, der Flug[230] – in der Unsterblichkeitsschrift aufgerufen werden. Auch der Kaplan, der vom Erzähler ironisch Phylax genannt wird, erhält seinen Platz im mythologischen Kontext, insofern er nach manchen Quellen seine »Kapelle« am Tempel der Diana Pronoa gehabt haben soll.[231] In jeder Hinsicht kann Nadine im *Kampaner Tal* als die ›Herrscherin‹ des Weges gelten: Sie leitet die »horizontale Himmelfahrt«, die thematisch als eine Wegstrecke des Aufstiegs von der 501. Station im Tal bis zur 507. Station in den schwebenden Ballons beschrieben werden kann und die selbst Jagdszenen nach einem »geflügelten Warzen-Operateur«, nach einer Heuschrecke, zu integrieren weiß, mit deren Hilfe der Erzähler eine Warze unter Nadines Auge entfernen will (I/4, 598). Sie legt zugleich die Spur durch eine Erzäh-

1793, Spalte 1097 ff. – Jean Paul beruft sich mit satirischer Absicht auf Böttiger (II/4,534). Gemeint sind (vgl. II/4,638) dessen Aufsätze *Die Neujahrslampe* (im Januarstück 1800 des *Journals des Luxus und der Moden* sowie *Die Doppelköpfe des Janus* (im Kunstblatt Nr. 16 des *Morgenblatts* vom 30. September 1816.

228 Dem 5. Brief in *Jean Pauls Briefe und bevorstehender Lebenslauf* von 1799 ist ein Postskriptum angefügt mit dem Titel *Die wandelnde Aurora* (I/4,971). Vgl. das Motto dieser Arbeit. Aurora wird hier indirekt ins Zeichen der Unsterblichkeit gestellt.

229 Vgl. z. B. *Hederich*: Artikel »Diana«, S. 905-916; hier: S. 907.

230 In manchen Quellen wird überliefert, daß die Göttin Diana von Greifvögeln in die Lüfte gehoben worden sei (ebd., S. 915.). Zum berühmten fliegenden Panoptikum der Luftschiffkonstrukteure Enslen gehörte auch der von zwei Hirschen gezogene prächtige Wagen, in dem die Göttin Diana saß. Ihr Name gehört somit zu den bekannten Zitaten in der Ballonfahrt. Vgl. Wider: *Von Menschen und Ballonen*, S. 58. Im Katalog der ILA von 1901 (S. 58 f.), der aerostatische Figuren der Brüder Enslen, u. a. die des »Merkur« (handkolorierter Kupferstich: 1795) oder eines »Geflügelten Kriegers« (teilweise kolorierter Kupferstich), auch die einer freischwebenden modisch gekleideten Dame mit einer Montgolfiere als Kopfputz (teilweise kolorierter Kupferstich: 1784) verzeichnet, ist die Diana nicht aufgeführt.

231 Vgl. *Hederich*: Artikel »Phylacvs«, S. 2003: »ein alter Held der Delphier, dessen Geist diesen wider die Gallier mit beystund. [...] Er hatte seine besondere Kapelle an dem Tempel der Diana Pronoa [...]«.

lung, in der die Kugel als formales Analogon zum Auge und zum Ballon ein narratives Movens der Gesprächshandlung wird.

Jenes Ähnlichkeitsverhältnis von Auge und Kugeln wird darüber hinaus auf der Ebene von Lautähnlichkeiten und -verschiebungen, z. B. von Alliterationen wie in der Abfolge der Worte »Waterloos-Landschaften«, »Wangen«, »Warzenfresser«, »Warze«, »Wunde«, »Wannen« (I/4,598 f.) noch verstärkt. Wenn der Erzähler in Nadines »hellem Auge« eine Träne bemerkt, »die nicht wegzulächeln und wegzublicken war«, so leitet diese Beobachtung jene weitere Reflexion ein, »daß ihr *Herz* gleich der *Erdkugel* mit einer bis auf eine ziemliche Tiefe kalten Oberfläche anfange, in seinem Innersten aber eine verhüllte Wärme vermehre« (I/4,582 f.; Herv. S. E.). Nadines Gesicht erhält den Rang einer mikroskopisch untersuchten Oberflächenstruktur, deren Kohärenz sich erst dem sprachlich geordneten Blick eines Forscher-Interesses offenbart, das die Landschaft eines schönen Gesichts mit gleicher Studienintensität wie die eines schönen Tals zu erfassen sucht. Eingebunden in die Anekdote einer von Nadine verlorenen diamantenen Perle, die von den beiden Kontrahenten, dem kantianischen Kaplan und dem Erzähler, konkurrierend gesucht wird, umfaßt die sprachliche Assoziationskette den »reizenden Tropfen unter Nadinens Auge« als einen »Solitäre unter ihren glänzendsten Reizen«. Sie bringt ihn mit der »Warze« unter ihrem Auge in Verbindung (I/4,583),[232] bevor die Geschichte des wiedergefundenen »linsengroße[n] Diamant[en]« ausführlich erzählt wird, der »so leicht mit einem Taukügelchen zu verwechseln« sei und von den Beteiligten auf der »betropften glänzenden Aue« vermutet und dann schließlich doch in der »angesteckten Busenrose Nadinens« vom Erzähler entdeckt wird (I/4,590). Auf der Sprachebene dieses Dialogs über

232 Bereits in der *Unsichtbaren Loge* wird die Warze mit der Reflexion über Tod und Unsterblichkeit in Verbindung gebracht: In der Abschieds- und Begräbnisszene (also vor der Wiederauferstehung des scheintoten Ottomar) drückt Fenk voller Trauer die Hand des (vermeintlich) Gestorbenen: »Aber als er in jener Hand *zwei Warzen* wiederfand, die er sonst bei ihrem Druck so oft gefühlet hatte: so nahm der Schmerz die Schleiergestalt der Vergangenheit an. […] Hier wär' er mit den *zwei gießenden Augen* auf die zwei ewig trocknen gefallen, wenn nicht der Leichenmarschall gesagt hätte: ›Das tut man nicht gern, es ist nicht gut.‹« (I/1,293; Herv. S. E.). – Im »sechunddreissigste[n] Sektor« heißt es: »Heutiges Tages muß jede Seele von – Stand *desorganisiert* und *entkörpert* werden. Hier hat man nun nicht mehr als zwei ganz verschiedne Operationen. Die kürzeste und schlechteste meines Erachtens ist die, daß sich der Mensch – aufhenkt und daß so die Seele den Körper von sich wie eine Warze *abbindet*.« (I/1,324; Herv. i. Orig.).

die Unsterblichkeit wird ein feinmaschiges Netz der Bilder gesponnen: Selbst die Nebenschauplätze dieser »horizontale[n] Himmelfahrt« wie der eines privaten Kleinkriegs zwischen dem Erzähler und dem Kantianer »Phylax« führen in das semantische Zentrum dieses Wort- und Augen-Spiels, dessen Assoziationskraft sich verschiedensten literarischen Kontexten der Verblendung verdankt, u. a. auch dem *Don Quixote*.[233] Am Schluß des achten (Windmühlen)-Kapitel wird dort vom Ansturm des Ritters auf einen der Sprache kaum mächtigen Biskayer, den Begleitschutz einer reisenden Dame, berichtet, der in seiner Not die Schwertstreiche des irrenden Helden mit einem Kissenpolster abzuwehren sucht. Korrespondierend mit dieser Szene drückt der Erzähler seinem Konkurrenten während des Spaziergangs, dem kantianischen Kaplan, eine der beiden vom Kanapee erbeuteten »wie Zwilling[e]« zusammengehörigen »zwei Polster oder Seiden-Walzen« (I/4,585) unter den Arm, so daß Phylax »zu seinem Verdruß die eine Walze oder den weichen Bloch in die Arme nehmen« muß, während der Erzähler selbst »wie an einem Stockband den andern Bloch an den Daumen« hängt.

Die für die Erzählung zentrale Episode einer an Nadine vorgenommenen Warzenoperation scheint auf den ersten Blick eine mit dem Unsterblichkeitsdialog unvereinbare Anekdote zu sein. Es wird von dem Augenblick berichtet, »als Nadine, die von ihm [Karlson] sich die Ephemere hatte leihen lassen, diese zu nahe vor das Auge hielt und dadurch unser mendelssohn-platonisches Kolloquium dämmte und störte« (I/4,597). Diese scheinbar ungezielte Handlung Nadines wird von der Haus- und Gastwirtin Madame Berlier als ein Versuch, sich eine Warze unter dem Auge entfernen zu lassen, mißverstanden und korrigiert. Ihre Worte, daß es um den Schmerz schade sei, wenn man ineffektiv vorgehe und sich nicht dabei der »Warzenheuschrecken«, des »Warzentöter[s]« (I/4,598) bediene, bewirken schließlich, daß die beiden Konkurrenten Phylax und Jean Paul sich diensteifrig auf die Jagd begeben. Das Scheitern des Kaplans gerät zum Erfolg des Erzählers, der »sogleich nach einem zweiten Warzenfresser« läuft und »einem solchen Springer nach[springt]«. Endlich – so berichtet er Viktor – »bracht'

233 Jean Paul hat den Roman in der Übersetzung Friedrich Johann Justin Bertuchs gelesen: *Leben und Thaten des weisen Junkers Don Quixote von Mancha. Aus der Urschrifft des Cervantes, nebst der Fortsetzung des Avellaneda*. 6 Bde., Weimar und Leipzig 1775-1777. Vgl. hierzu die Kurzbiographie Bertuchs im Kommentar zu dessen *Brief an Jean Paul vom 30. August 1790* (SW IV/1,613). Die Lektüre des Romans ist bereits in einem *Brief an Adam Lorenz von Oerthel in Töpen* [undatiert; ca. 1785] nachzuweisen (SW III/1,161).

ich einen an den Flügelspitzen gefasseten und zappelnden getragen und sagte, ich wollte den kleinen Dentisten so lange über der Warze halten, als er operierte und bisse« (I/4,598). Nadines »Ängstlichkeit vor den Zähnen des braunen Medikasters« erhöht die Laune des Jäger-Erzählers schließlich und läßt ihn die Operation erneut als eine Parallelaktion der anästhesierten Liebe beschreiben:

> Es braucht vor dir nicht verhehlt zu werden, daß michs angriff, da ich in zwei so lichte warme, *gegen mich aufgetane Augen bis auf die Retina* hineinschauen mußte, wobei ich des ganzen andern Kriegsschauplatzes von Locken und Lippen und Stirnen [...] nicht einmal gedenke. (I/4,598; Herv. S. E.).

Es sei wahr, so bemerkt er nach dem vorläufigen Scheitern seiner »große[n] Handlung« (ebd.), »ich hatte mich in ihre [Nadines] Netzhäute vertieft« (I/4,599). Daraufhin konstatiert der Erzähler, zu diesem Zeitpunkt sei noch wenig bemerkt worden, daß die Kur nicht vollendet werden könne, »wenn ich nicht den Ballen der rechten Hand ein wenig auf ihre Wange aufsetzte und aufstemmte, um mit dem Warzenfresser fester über der Warze zu halten« (ebd.).

In dieser Passage wird der bereits in der 503. Station am Beispiel eines ›philosophischen Dentisten‹ vorgestellte Kampf zwischen leeren Termini des (kantischen) Philosophen und poetischer Beredsamkeit des Unsterblichkeitsapologeten wiederaufgenommen und schließlich durch das Jagdglück des einen der beiden Walzenträger – Jean Pauls – entschieden. Wie spielerisch der Erzähler verfährt, zeigt die kühne Verknüpfung der scheinbar unvereinbaren Ebenen dieses Zahnarzt-Bildes: Ein Philosoph, der »stets über seine Haustüre: pour l'ondalgie statt: ›Hier wohnt ein Zahnarzt‹« (I/4,587)[234] schreibe, dient ihm zum Exempel für die Neigung zur leeren Terminologie der Kantianer, die wie Phylax »weder Bücher noch Menschen noch Erfahrungen noch Physik, Botanik, Künste, Naturgeschichte zu kennen« (I/4,588) brauchen und »das [sic!] Positive, das Reale, das Gegebene, das unbekannte X entraten« können. In der Passage der Warzenoperation wird dieses Bild nun insofern wiederaufgenommen, als der Kampf zwischen beiden Walzenträgern zu seinem Höhepunkt gelangt und sich als ein fortgesetzter Krieg mit andern Mitteln darstellt, der wiederum vom schließlich siegenden Erzähler auf die Ebene der Sprache transportiert wird. Nachdem der kantianische Kaplan die von *ihm* gefangene Warzenheu-

234 Der Herausgeber-Kommentar weist darauf hin, daß es richtig »odontalgie« heißen müsse (I/4,1189).

schrecke versehentlich »totgeplätscht« (I/4, 598) hat, überführt der Erzähler »Jean Paul«, die »große Handlung« der Warzenextraktion auf der Darstellungsebene in ein Wortspiel.

9.4. Heuschreckensprung und ›Augen-Kugel‹ der Kunst: Jean Pauls Rezeption von Hamanns »mimische[m] Stil«

Die Unsterblichkeitsschrift ist vom autopoetologischen Entwurf einer Bestimmung des bildlichen Witzes in der *Vorschule der Ästhetik* (§ 50) nicht auszunehmen. In Bezug auf die komische Dichtung wird hier für das »gedruckte Herz« das Bild des »Globe de compression« und das einer »Spiel- und Sprach*walze*« (I/5,189; Herv. S. E.) gefunden. Diese Parallele ist um so wichtiger für die Interpretation, als die in der *Vorschule* gegebene allgemeine Bestimmung des bildlichen Witzes bereits im *Kampaner Tal* 1797 am Beispiel der Kontrahenten Phylax und Jean Paul in Szene gesetzt zu sein scheint. Beide gehören zu den Walzenträgern und Heuschrecken-Jägern dieser »horizontale[n] Himmelfahrt«, und ihnen wird darüber hinaus ein zentrales Merkmal der Warzenheuschrecke – ihr Springen – selbst zugeordnet, das sie gleichsam mimetisch adaptieren: »Ich lief sogleich nach einem zweiten Warzenfresser herum und sprang einem solchen Springer nach« (I/4,598) – so berichtet der Erzähler im Brief an Viktor; und von Phylax heißt es, er habe »jetzt seinen Kanapeestrunk oder Polster in eine rieselnde Quelle springen lassen« (I/4,600). Es ist der Forschung bisher entgangen, daß dieses Heuschrecken-Bild von Jean Paul ebenfalls aus Jacobis *Hume*-Schrift entnommen wurde, wo dieser – ohne Nachweis – seinen »aphoristische[n] Vortrag« am »Heuschreckenstyl« seines »verewigte[n] Freund[es] Hamann«[235] orientiert. Dieser hatte in seinem ersten Brief an Kant 1759 sein sprunghaftes Darstellungsverfahren folgendermaßen legitimiert:

> Jedes Thier hat im denken und schreiben seinen Gang. Der eine geht in Sätzen und Bogen *wie eine Heuschrecke*; der andere in einer zusammenhängenden Verbindung wie eine Blindschleiche im Fahrgleise, der Sicherheit wegen, die sein Bau nöthig haben soll. Der eine gerade, der andere krumm. Nach Hogarts System ist die Schlangenlinie das Element aller malerischen Schönheiten; wie ich es aus der Vignette des Titelblattes gelesen habe.[236]

235 Jacobi: *David Hume über den Glauben*, S. 107.

236 Johann Georg Hamann: Brief an Immanuel Kant vom 27. Juli 1759. In: Ders.: *Briefwechsel.* Erster Band: 1751-1759. Hrsg. von Walther Ziesemer und Arthur Henkel. München 1955, S. 379; Herv. S. E.

Hamanns Brief steht im Kontext der Selbstrechtfertigung eines Schriftstellers, der sich gegen Vorverurteilungen seines metaphorischen Stils zur Wehr zu setzen hat und sich auf eine Autorität, auf Hogarths wenige Jahre zuvor erschienene kunsttheoretische Schrift *The Analysis of Beauty* (1753),[237] beruft. Daß in seinem – Hamanns – »mimische[n] Styl [...] eine strengere Logic und eine geleimtere Verbindung als in den Begriffen lebhafter Köpfe«[238] herrsche, wird von ihm schließlich in die Pointe überführt, daß es sich am wenigsten schicke, »über die Brille meiner ästhetischen Einbildungskraft zu lachen, weil ich mit selbiger die blöden Augen meiner Vernunft wafnen muß«.[239] Auf der Grundlage erst dieses – von Jacobi zustimmend aufgerufenen – Briefes ist der Paragraph 50 der *Vorschule der Ästhetik* über den »Doppelzweig des bildlichen Witzes« also zu verstehen, wo dem Springen bzw. dem Sprung explizit eine poetologische Bedeutung zugemessen wird, weil er als Brücke zwischen nahezu unzusammenhängenden Bildern fungieren könne. Mit der Prämisse, daß es viel leichter sei, »das Körperliche zu beseelen und zu sagen: der Sturm zürnet, als das Geistige so zu verkörpern: der Zorn ist ein Sturmwind« (vgl. auch im folg. I/5,185 ff.; Herv. i. Orig.), schlußfolgert der Ästhetiker Jean Paul, daß man generell im Gleichnis »das Geistige vor- und das Körperliche nachstellen« müsse. In Hippels Verfahren des Erzählens sieht er eine »genial gesteigerte Art von Witz«, da dieser »mehre allgemeine Sätze zu Gleichnissen oder Allegorien *eines* Satzes« aneinanderzulöten wisse. Diesem gelänge es, seinen einzigen Gedanken, nur Winke geben und nichts weiter ausmalen zu wollen, eben dadurch auszudrücken, »daß er fast anderthalb Seiten lang das Fehlerhafte eines langen und das Vorteilhafte eines kurzen Ausmalens« in einer Abfolge von Gleichnissen ausmale,[240] die *nicht* durch eine vergleichende Konjunktion verbunden seien: Aber gerade die »Auslassung des *Wie* oder des *Gleichsam*, das Springen nicht zwischen Bildern, sondern zwischen Ideen und der selbständige Gehalt

237 William Hogarth: *The Analysis of Beauty. Written with a view of fixing the fluctuating Ideas of Taste.* London 1753. A Scolar Press Facsimile with an Introduction of Richard Woodfield. London 1969.

238 Hamann: Brief an Kant, S. 378.

239 Ebd., S. 380.

240 In der *Vorschule der Ästhetik* (I/5,187) werden diese Gleichnisse zitiert: »›Die Damen erkälten sich lieber, als daß sie dem Putze etwas entziehen. Große Esser entfernen alles Fremdartige, sogar weite Aussicht, Tafelmusik, unterhaltende Gespräche. Alles Kolossale ist schwächlich. Wer Menschen vergöttert, macht sie zu noch weniger, als sie von Gottes und Natur wegen sein können,‹ und so noch lange fort.«

der einzelnen neuen Bemerkungen«, so Jean Paul über Hippels Verfahren, »machen es schwer, sich nicht in einzelne genießend zu vertiefen, sondern sie nur als bloße zum leidenden Bilderdienste verdammte Farben für das Hauptgemälde zu verbrauchen« (I/5,187; Herv. i. Orig.). Diese *färbende* (nicht malende)[241] Kraft des bildlichen Witzes, vor deren Gefahr der Unverständlichkeit Jean Paul zugleich warnt, ist also auf den »geistigen Extrakt« des Verglichenen und nicht auf ihre Konkretionen gerichtet. Sie stiftet insofern ein rein formales Verhältnis, das auf der ›Kälte‹ gegenüber dem Verglichenen beruht und anders als die bildliche Phantasie »nur eine leblose Musaik geben will«. Der bildliche Witz, so heißt es dort weiter, könne »in jedem Komma den Leser zu *springen* nötigen [...]« (I/5,187 f.; Herv. S. E.).

Dieser Paragraph der *Vorschule der Ästhetik* legt es nahe, die motivische Nähe der beiden ›springenden‹ Kontrahenten des *Kampaner Tals* – Phylax' und »Jean Paul[s]« – auch als eine poetologische Reflexion des Erzählers zu lesen. Denn die kritisierte leere Terminologie des kantianischen Philosophen wird mit dem vom Erzähler selbst präsentierten bildlichen Witz in ein formales Vergleichungsverhältnis gesetzt, das sein eigenes – auf Unsterblichkeit gerichtetes – Erzählverfahren selbst problematisch erscheinen läßt. Nur wer das Verfahren des bildlichen Witzes im frühen Unsterblichkeitsdialog als ein Konstituens der dort präsentierten Argumentation selbst anzuerkennen bereit ist, ohne es exklusiv in den zweiten Teil und Anhang der Schrift zu verbannen, wird den Sprengstoff erkennen können, der sich unter der Darstellungsoberfläche der vermeintlichen Nebenschauplätze verbirgt, auf denen versucht wird, die Wahrnehmung der zweiten Welt mit der Begründung im Witz zu sichern. Jean Pauls bildlicher Vergleich der beiden Vertreter von Philosophie und Poesie macht zugleich deutlich, daß er die problematischen Konnotationen dieses Begründungsversuches im *Kampaner Tal* selbst mitthematisiert. Riedel hat in Bezug auf die *Vorschule der Ästhetik* deutlich gemacht, daß die »ständige Reflexion auf die Metapher« als einen Konstitutionsgrund der Metaphysik in der Tat zur Folge hat, daß die zweite Welt nicht gedacht werden kann, ohne ihren möglichen Projektionscharakter als unhintergehbaren mitzubedenken. Mit dieser Prämisse wären Interpretationen, die den doppelten Ballon-

241 Die Kraft des Malens ordnet er der bildlichen Phantasie zu: »Von der bildlichen Phantasie schlägt der Weg des bildlichen Witzes sich weit ab. Jene will malen, dieser nur färben. Jene will episch durch alle Ähnlichkeiten nur die Gestalt beleben und verzieren; dieser, kalt gegen das Verglichene und gegen das Gleichende, löset beide in den geistigen Extrakt ihres Verhältnisses auf.« (I/5,187).

aufstieg am Ende des *Kampaner Tals* als eindeutige Verbildlichung des Unsterblichkeitsglaubens lesen wollten, zumindest um ihre Selbstverständlichkeit gebracht.

In das IX. Programm der zweiten Abteilung der *Vorschule der Ästhetik* gehört die Ausführung über das Wortspiel, das im Paragraphen 52 abgehandelt wird und einen zentralen Stellenwert in Jean Pauls Reflexionen über den Witz einnimmt. Dieser Paragraph ist für die Interpretation des *Kampaner Tals* insofern heranzuziehen, als er die Bestimmung des bildlichen Witzes *ex negativo* zu differenzieren hilft. Denn er analogisiert das Wortspiel zunächst dem unbildlichen Witz, insofern »ja der optische und akustische Betrug des Wortspiels gleichfalls auf ein solches Vexierbild hinaus[laufe], das zwar nicht sinn-, aber klangmäßig zweien Wesen angehört« (I/5,192). Es wird – gegenüber dem *bildlichen* Witz – entsprechend niedriger eingestuft und in seiner Willkür verurteilt. Jedoch lobt der Autor der *Vorschule* dessen »Geistes-Freiheit« (vgl. auch im folg. I/5,194 f.), wenn sie imstande sei, »den Blick von der Sache zu wenden gegen ihr Zeichen hin«. Das Wortspiel ist für ihn dort erlaubt, wo »es sich mit dem Sach-Witz gattet und die Schar der Ähnlichkeiten verstärken hilft – oder wo überhaupt der Witz strömt mit seiner Goldauflösung und dieses Rauschgold zufällig darauf schwimmt«. Das folgende Bild zeigt, daß dem Wortspiel der Status des Partiellen zugewiesen und es nur dort für problematisch befunden wird, wo über dessen möglicher Detailverlorenheit der Blick aufs Ganze abhanden zu kommen drohe. Der Autor kleidet diesen Gedanken hier in das – durch Böhme tradierte – Thronwagen-Bild des *Ezechiel*:[242]

> Das Wortspiel dreht das Auge zu leicht von dem Großen und Weiten zu sehr auf die Teilchen der Teilchen hin, zum Beispiel *von jenen feurigen Engel-Rädern des Propheten auf die Rädertierchen der Silben.*

242 Dieses war durch das Titelkupfer der Amsterdamer Böhme-Ausgabe (1682) berühmt geworden: Das geometrisierte Bild zeigt neben dem Titelschriftzug »Aurora« die Erdkugel, das Himmelsrad und eine durch sieben augenbesetzte Felgen konturierte und sich in alle Richtungen drehende Kugel. Bei Böhme heißt es: »Dan die Gottheit ist gleich wie ein Radt / daß sich mit seinen Fälgen und Speicheln / und mit samt der Naben umbwendet / und das ineinander gefälget ist als wie 7. Räder / daß es kann ohne Umbwendung für sich und hinter sich / so wol über sich / unter sich und neben sich gehen.« (Jacob Böhme: *Morgenröte im Aufgang / Das ist: Die Wurtzel oder Mutter der Philosophiae, Astrologiae und Theologiae* [...]. Amsterdam 1682, S. 190 (= Kap. 16, V. 10). Vgl. zur Ikonographie der Böhme-Kupfer Geissmar: *Das Auge Gottes*, S. 79; zur Ikonographie des biblischen Ezechiel-Motivs vgl. Schleusener-Eichholz: *Das Auge im Mittelalter*, Bd. 1, S. 616-630.

> In der Dichtkunst ist (wie in der Natur) nur das Ganze der Vater der Urenkelchen; aber die winzigen Schneidervögelchen der Teilchen werden nie Väter von einem oder dem andern Adler. (I/5,195 f.; Herv. S. E.).

Dieser Gedanke zieht sich durch das Werk Jean Pauls. Im Stück Nr. 17 der *Flegeljahre* stellt Graf Klothar die Regel auf, daß anders als im »mineralogischen, atomistischen oder toten Reiche der Krystallisation«, wo nur die gerade Linie vorherrsche, »im dynamischen Reiche von den Pflanzen bis zu den Menschen [...] der *Zirkel*, die Kugel, die Walze, die Schönheitswelle« (I/2,700 f.; Herv. i. Orig.) regiere: »So ist die Kunst«, heißt es dort weiter, »sie sucht die beweglichste und vollste Form und ist, wie sonst Gott, nur wie ein Zirkel oder ein Augapfel abzubilden.«[243] Diese in den *Flegeljahren* explizite Übertragung der göttlichen Augenmetapher in den Geltungsbereich der Kunst ist im *Kampaner Tal* auf der Ebene des Wortspiels selbst bereits stets mitgedacht. Der wortspielerische Assoziationsradius reicht in der Warzen-Extraktionsszene der Unsterblichkeitsschrift vom alttestamentarischen »Auge um Auge, Zahn um Zahn« (*3. Mose* 24,20)[244] bis hin zur Guillotine-Praxis der Französischen Revolution, die mit der heilkundigen Mme Berlier aufgerufen wird.[245]

243 Klothars Regel ist unzweifelhaft als eine ironische Übertragung der physikotheologischen Gottesbeweise auf die Kunst zu verstehen: Kant rekurriert in seiner Kritik am Versuch einer Theodizee – mit Rücksicht auf das zum Spiel des Witzes Anlaß gebende Ähnlichkeitsverhältnis »unter den Dingen der Welt« – auf die geometrische Vollkommenheit in der Natur: »Z. E. Es ist unter allen Figuren die Zirkelfigur diejenige, darin eben der Umkreis den größest möglichen Raum beschließt, den ein solcher Umfang nur befassen kann, darum nämlich, weil eine genaue Gleichheit in dem Abstande dieser Umgrenzung von einem Mittelpunkte darin durchgängig herrscht. Wenn eine Figur durch gerade Linien soll eingeschlossen werden, so kann die größest mögliche Gleichheit in Ansehung des Abstandes derselben vom Mittelpunkte nur statt finden, wenn nicht allein die Entfernungen der Winkelpunkte von diesem Mittelpunkte untereinander, sondern auch die Perpendikel aus diesem auf die Seiten einander völlig gleich sein.« Vgl. Kant: *Der einzig mögliche Beweisgrund zu einer Demonstration des Daseyns Gottes*, S. 702.

244 Hirschberg (*Geschichte der Augenheilkunde*, Bd. 2, S. 190) weist darauf hin, daß die Worte »Auge« und »Zahn« in »der hebräischen Schrift sehr ähnlich sind«. – Über diese theologische Tradition hinaus ist darauf hinzuweisen, daß noch in der ersten Hälfte des 18. Jahrhunderts die Fachrichtungen Zahnmedizin und Augenheilkunde nicht unterschieden wurden. Diese Tatsache ist in Jean Pauls Text eingegangen.

245 Eine weitere Assoziation zwischen Warzenextraktion und Guillotinierung ist über die Fachsprache der Ballonfahrt selbst herzuleiten: Der Sockel, auf

Diese erhielt ihren Namen offenbar von Théophil de Berlier (1761–1840), dem – wie die Herausgeber anmerken (I/4,1189) – im Prozeß gegen Ludwig XVI. eine führende Rolle zugefallen war. Die Szene wird als ein Zweikampf zwischen den beiden Walzenträgern Phylax und Jean Paul und darüberhinaus als ›Nahkampf‹ zwischen dem Erzähler und Nadine präsentiert. (I/4,599).

Durch die Ähnlichkeit der Worte »Warze« und »Walze« wird diese Szene wiederum der Kugel-, Ballon- und Augenmetaphorik im Text hinzugefügt und somit eine sprachliche Verbindung hergestellt, die der Erzähler mit größter Präzision auszuspielen weiß, indem er eine weitere assoziative Verbindung zwischen Ballen und Ballon – und ferner auch zwischen Ballen und Auge – stiftet (»wenn ich nicht den Ballen der rechten Hand ein wenig auf ihre Wange aufsetzte« (I/4,599)). Dieses Assoziationsnetz wird um so dichter geknüpft, als mit dem Hinweis auf den Ballen der *rechten* Hand indirekt nun auch die theologische Konnotation des *rechten* Auges aufgerufen wird, die in der vorliegenden Arbeit insbesondere für die Schlußpassage des *Kampaner Tals* in der Unterscheidung von östlichem und westlichem Ballon (als Bilder für das rechte und linke Auge) an interpretatorischer Relevanz gewinnt. Zunächst ist jedoch festzuhalten, daß des Erzählers Nennung seines »Ballen[s] der rechten Hand« als eines wichtigen Hilfsinstruments für die Durchführung der »großen Handlung« – die Warzenextraktion – ein Bild in Anspruch nimmt, das er entgegen dem allegoretischen Kontext (in dem die *vita activa* auf das *linke* Auge bezogen ist) assoziativ gerade mit dem Gott zugewandten *rechten* Auge verknüpft. Schleusener-Eichholz hat in Bezug auf Jacob Böhme gezeigt, daß das linke Auge stets »das gefährdete [sei], in das der Teufel, Grimm und

dem man die Montgolfieren füllte, wurde auch »Schafot« genannt, wie bei Faujas de Saint-Fond (Murr, S. 57) nachzulesen ist: Die aerostatische Maschine »müßte mit seidenen Stricken [...] über dem Theile des Schafots, wo man die Dünste entwickelt, befestigt seyn, und mit dem Gaz des Herrn von Montgolfier angefüllet werden, nämlich durch ein lebhaftes helles Feuer.« Der technische Wortgebrauch wird im *Grimm*: Artikel »Schafot«, Bd. 14, S. 2036 für die Schiffahrt bestätigt. Darüber hinaus gab es eine am 23. Juni 1784 mit Pilâtre de Rozier aufsteigende Montgolfiere, die den Namenszug Marie Antoinettes trug, was Jean Pauls bildliche Assoziation von Guillotine und Freiballon befördert haben mag. Auf der entsprechenden handkolorierten Radierung »Expérience Aërostatique« ist deutlich das »Schafot« der Ballonfüllung zu sehen: eine Bühne mit einer kreisrunden Vertiefung im Zentrum. Vgl. Weber: *Die Erben des Ikarus*, S. 30 (Katalog-Beschreibung Nr. 26); vgl. auch Abb. Nr. 25, S. 50.

Materie einziehen und es zum Erlöschen bringen«[246] können. Es stehe »in den Spannungen der sichtbaren Welt, zwischen Gut und Böse. Wenn es ihm gelingt, von der Materie frei zu bleiben, wird es mit dem rechten Auge nach dem Tode erleuchtet; die ›visio beatifica‹ wird Anschauung mit beiden Augen sein.«

Mit dieser Prämisse wird Nadines linkes Auge (als das der Welt zugewandte Auge) vom Erzähler ›operiert‹ und somit zugleich in einen ›doppelten‹ Heilungsprozeß überführt.[247] Der Erzähler unterlegt seinem poetischen Verfahren ein kombinatorisches Wortspiel und betreibt das Jonglieren mit Warzen, Walzen, Ballons und Ballen im augenmetaphorischen Kontext. Zwar wird in der betreffenden Passage des *Kampaner Tals* nicht angegeben, welchem der beiden Augen Nadines die (mit Hilfe des rechten Erzähler-Handballens) operierte Warze zugeordnet wird. Für das linke Auge spricht aber die verbreitete und seit Georg Bartischs *Ophthalmologia* tradierte Regel der Augenoperateure, die auch noch in den von Jean Paul zur Kenntnis genommenen zeitgenössischen Schriften über das Starstechen stereotyp wiederholt wird: »Als denn nim das Instrument oder Starnadel in deine eine Hand«, so heißt es 1583 bei Bartisch, »welche sich zu dem blinden Auge schickt / *als die rechte Hand zu dem lincken Auge* / und die lincke Hand zu dem rechten Auge.«[248]

246 Vgl. auch im folg. Schleusener-Eichholz: *Das Auge bei Jacob Böhme*, S. 476 f.: »Das Auge der Seele wird analog zum Auge Gottes aufgefaßt. So entsprechen den zwei Augen Gottes zwei Augen der Seele«. Dieser Kommentar der Autorin bezieht sich auf Böhmes folgende Zeilen (*Vierzig Fragen*, zit. nach ebd.): »Du hast in deiner Seelen zwey Augen, die sind rücklich aneinander gesetzet, eines siehet in die Ewigkeit, und das ander hinter sich in die Natur, und gehet immer für sich fort und suchet im Begehren [...]«. Schleusener-Eichholz weist Parallelen bzw. Quellen Böhmes bei Richard von St. Viktor, bei Meister Eckart, der *Theologia Deutsch*, Angelus Silesius und Hildegard von Bingen (zit. n. ebd., S. 481) nach, die von einem vierfachen Flugvermögen der Seele (*sensus*, *scientia*, *voluntas*, *intellectus*) redet: »Mit diesen vier Flügeln hat die Seele Augen. Sie schaut damit voraus und zurück. Sie hat dies Wissen um Gut und Böse.«

247 Eine vergleichbare Szene gibt es bereits im *Hesperus* (I/1,503; Herv. i. Orig.): »Ich und der Leser stehen unter einem solchen Gedränge von Leuten, daß ich ihm noch nicht einmal so viel sagen können, daß der Doktor *Kuhlpepper* dem Lord das linke Auge mit der plumpen Starnadel so gut wie ausgestochen; – um also das rechte des geliebten Vaters zu retten, hatte Sebastian sich auf die Kur jener Verarmten gelegt, die schon mit den Augen im Orkus wandeln, und nur noch mit vier Sinnen außerhalb des Grabes stehen. –«

248 Bartisch: *Ophthalmologia*, S. 62; Herv. S. E. – Vgl den ähnlichen Wortlaut in Richter: *Wundarzneykunst*, S. 244: »Das linke Auge des Kranken operirt

9.5. Linkes und rechtes Auge: Westlicher und östlicher Ballonaufstieg im Schlußbild des »Kampaner Tals«

Das in der Schlußpassage entworfene Tableau eines doppelten Fesselballonaufstiegs zitiert nicht nur ein nach 1783 beliebtes gesellschaftliches Ereignis, sondern wird zugleich im Kontext der Augenmetaphorik belassen. Der Erzähler, der mit Nadine den westlichen der beiden Ballons besteigt, beschreibt die beiden Aufstiege als ein teilnehmender Beobachter, der die Wiedergabe des Gesprächs durch die szenische Repräsentation der Elevations-›Handlung‹ ersetzt. In der gesamten Passage wird somit auf den Bildcharakter des Erzählten hingewiesen und der bisherige Dialog über Unsterblichkeit an die (briefliche) Rede des Erzählers delegiert, der nur ein einziges Mal die Protagonistin Nadine mit dem Satz »Wir sind ja doch so weit von der harten Erde« (I/4,626)[249] zitiert. Gerade die Überführung des Gesprächs ins Bild wird dabei zum Thema der Reflexion des Erzählers selbst erhoben, der gegenüber seinem Adressaten Viktor darlegt, daß die Teilnehmer der spazierenden und diskutierenden Gesellschaft sich »wie Unsterbliche und erhabener« vorkamen und »wähnten, das Sprechen über die Unsterblichkeit habe bei uns, wie bei jenen zwei edeln Menschen, den Anfang der unsrigen bedeutet« (I/4,623).[250] Zugleich zelebriert der Erzähler diese sich im Pro-

der Wundarzt mit der rechten, das rechte mit der linken Hand.« Diese Anweisung findet sich wörtlich auch in der Schrift von Beer: *Praktische Beobachtungen über den grauen Staar*, S. 88. Der Autor fügt dieser Regel lediglich noch die notwendige Voraussetzung hinzu, »daß der Augenarzt, so wie jeder Wundarzt mit der Linken so wie mit der Rechten zu operiren wisse« (ebd.).

249 Dieser Satz erfährt in Stifters Erzählung *Der Condor* eine Modifikation: Cornelias Satz »Mir schwindelt« wird dort – anders als im *Kampaner Tal* – von einem technikgläubigen Aeronauten mit den Worten »Ich habe es dir gesagt, Richard, das Weib erträgt den Himmel nicht –« kommentiert. Vgl. die Buchfassung in: *Werke und Briefe*, Bd. 1,4, S. 28). Vgl. hierzu Begemann: *Die Welt der Zeichen*, a.a.O., 1995; Menke: *Desintegration und Rahmenschau*, a.a.O., 1998.

250 Eine Fußnote des Erzählers weist darauf hin, daß mit den »zwei edeln Menschen« Raffael und Hamann gemeint seien: »Raffael starb, da er die Verklärung vollendet hatte; und der genialische Hamann starb mitten unter dem Drucke einer Abhandlung ›über Verklärung und Entkörperung‹ (I/4,623; Fußnote 1). Vgl. Johann Georg Hamann: *Entkleidung und Verklärung. Ein Fliegender Brief an Niemand, den Kundbaren* (1. und 2. Fassung). In: *Sämmtliche Werke*, Bd. III, S. 348-407. Am 17. September 1786 hatte Hamann mit der Umarbeitung dieser Schrift begonnen. Er starb am 21. Juni

zeß der Bilderzeugung scheinbar selbst überwindende Macht der Worte am Schluß der 507. Station paradoxerweise gerade als rhetorischen Abschluß des Dialogs: Angesichts der erhabenen Szenerie, in deren mächtigem Bild die Rede zu versiegen und sich selbst zum Schweigen gebracht zu haben vorgibt, erhält gerade die Konstatierung des Nichts-mehr-sagen-Könnens den Status eines (wenngleich konjunktivisch verweigerten) ›letzten Worts‹: »Aber ich konnte nichts sagen ... / – Und wie *könnt'* ich denn jetzt noch etwas sagen, du Geliebter! –« (I/4,626; Herv. S. E.). In ihrer rhetorischen Pose nimmt die Erzählerrede Giannozzos ›Sterbeprotokoll‹ hier insofern voraus, als sie die gesamte Schlußpassage durch eine Abfolge von Temporalbestimmungen der Gegenwart strukturiert: Fast jeder Absatz leitet die jeweils neue Beobachtung des Erzählers mit einem ›Plötzlich‹, ›Jetzt‹, ›Und nun‹ oder ›Auf einmal‹ ein: »*Plötzlich* wurden wir von den vielfachen Armen eines harmonischen Stroms, der mit Lebenstönen durch das Lustschloß rauschte, gefasset und ins Leben zurückgeführt.« – »*Plötzlich* trat ihr fernes erhöhtes Angesicht in einen hellen überirdischen Glanz hinein« (I/4,624; Herv. S. E.). – »*Jetzt* wurd' es mir unmöglich, meine Sehnsucht nach den Sternen und meine Bitte um das Einschiffen dahin zurückzuhalten.« – »Und *nun* zogen uns die Sonnen empor.« – »*Plötzlich* stockte unser Flug« (I/4,625; Herv. S. E.). – »*Auf einmal* stiegen unten aus dem schimmernden Schlosse leise Harmonien herauf« (I/4,626). Die Vergegenwärtigung der Vergangenheit ist in Hinsicht auf den Prozeß der Fiktionalisierung zwar als erzählerisches Verfahren weniger radikal, aber doch in seiner Intention nicht weniger deutlich als im *Seebuch*: Unter der Maßgabe einer brieflichen Korrespondenz versucht der Erzähler, seinen abwesenden Adressaten durch eine *szenische* Repräsentation des Vergangenen an der Vergangenheit *als* Gegenwart teilhaben zu lassen, und beendet seinen Bericht mit dessen direkter Anrede, die das »jetzt« des je vergangenen Augenblicks mit dem »jetzt« des Schreibens zu verschmelzen sucht: »Und wie könnt' ich denn *jetzt* noch etwas sagen, du Geliebter! –« (I/4,626; Herv. S. E.). Die durch die Staffagen des Landschaftsgartens vorgegebene Kulisse der Szenerie wird somit auf der sprachlichen Ebene wiederholt, die das durch Sprache erzeugte und ins Sprachbild gesetzte Unsterblichkeitsszenario auf die Bühne des Natur-Theaters bringt: Dabei lassen die durchgängig gebrauchten Formulierungen des »Als ob« keinen Zweifel daran, daß in der erhabenen Szenerie des Ballonaufstiegs Unsterblichkeit inszeniert wird und als Produkt der Rede über sie sich das Bewußtsein ihres fik-

1788 in Münster, ohne die Schrift abgeschlossen zu haben. Friedrich Heinrich Jacobi betreute den postumen Druck.

tionalen Charakters stets zu bewahren hat: »O mein Geliebter, mußte dann nicht jeder entzückten Seele sein, *als falle* von der gedrückten Brust die irdische Last [...] – *als sei* das leichte Leben verweht? – Wir kamen uns *wie Unsterbliche* und erhabener vor« (I/4,623; Herv. S. E.). – »Sie ging einsam *wie* eine Himmlische empor unter die Sterne« (I/4,624; Herv. S. E.). – »[D]ie auftreibende Kugel flog mit uns vor die stummen Blitze des Mondes, der *wie ein Elysium* unten im Himmel stand« (I/4,625; Herv. S. E.). – »[U]nd ein schwarzer Adler glitt *wie ein Todesengel* von Morgen vorüber« (I/4,625 f.; Herv. S. E.).

Das Schlußbild des *Kampaner Tals* wird also vom durchgängig zu beobachtenden Fiktionalisierungsverfahren des Erzählens nicht ausgenommen: Die Differenzierung der Ballone in eine östliche und eine westliche Montgolfiere evoziert – über die Diskussion der Planetenwanderung[251] hinaus – die makrokosmische Vorstellung von den Ge-

251 Der Erzähler bezieht sich in der Diskussion über die Planetenwanderung auf Kants vorkritische Reflexionen aus dem dritten Teil (»Von den Bewohnern der Gestirne«) der 1755 erschienenen *Allgemeinen Naturgeschichte und Theorie des Himmels* (in: *Werke in sechs Bänden,* Bd. 1, S. 255-396) und stiftet ironisch eine scheinbare Übereinkunft mit der Position des Kantianers Phylax: Dieser pflichtet Karlson in dessen Rede gegen die Planetenwanderung bei, in der betont wird, daß, wer »den sogenannten Geist oder Spiritus rektifizieren will, indem er ihn aus dem Brennkolben eines Planeten in den andern überzieht, der kann ebensogut versichern, daß die Geister aus dem verschlackten Merkur in einer Destillation durch Niedersteigen in unsere Erde ihre Dephlegmation erhalten, kurz daß die Erde die zweite Welt für Merkur und Venus ist – ja die Verstorbenen aus den Polarzonen könnten (es wäre destillatio per latus) in die gemäßigten fahren. Denn auf allen Planeten können am Ende doch nichts sein als gröbere oder feinere *Menschen* wie wir.« (I/4,610; Herv. i. Orig.). Daraufhin antwortet der Erzähler, er habe noch einen stärkeren Grund »›gegen die Auswanderung und voyage pittoresque durch Planeten: weil wir *in unserer Brust* einen Himmel voll Sternbilder tragen und verschließen, für den keine beschmutzte Weltkugel weit und rein genug ist‹« (I/4,611; Herv. S. E.). Kant hatte für die Unsterblichkeit des *Geistes* – nicht des Gefühls und der Einbildungskraft – mit dem Argument plädiert, daß die »menschliche Natur, welche in der Leiter der Wesen gleichsam die mittelste Sprosse inne hat, [...] sich zwischen den zwei äußersten Grenzen der Vollkommenheit mitten inne [sähe], von deren beiden Enden sie gleich weit entfernet« sei: »Wenn die Vorstellung der erhabensten Klassen vernünftiger Kreaturen, die den Jupiter oder den Saturn bewohnen, ihre Eifersucht reizet, und sie durch die Erkenntnis ihrer eigenen Niedrigkeit demütiget: so kann der Anblick der niedrigen Stufen sie wiederum zufrieden sprechen und beruhigen, die in den Planeten Venus und Merkur weit unter der Vollkommenheit der

stirnen Sonne und Mond als Augen der Welt[252] sowie die lange theologische Tradition der Qualifizierung des rechten und linken Auges der Seele. Mit dieser Prämisse gewinnt die Nachricht des Erzählers, daß Gione die östliche und er selbst (zusammen mit Nadine) die westliche Montgolfiere bestiegen habe, ebenso an interpretatorischer Relevanz wie die Tatsache, daß beide Elevationsereignisse aus der alleinigen Perspektive des ›teilnehmenden Beobachters‹ »Jean Paul« erzählt werden. Was die zentrale Protagonistin des *Kampaner Tals*, Gione, also während ihres Ballonaufstiegs *sieht*, bleibt dem Briefadressaten Viktor dabei ebenso unentdeckt wie den Lesern dieses Gesprächs über die Unsterblichkeit. Daß sie die östliche Montgolfiere besteigt, ordnet sie der theologischen Augenmetaphorik zu, die in der Akzentuierung des rechten Auges eine besondere Liebesbereitschaft gegenüber Gott sieht. In der augustinischen Tradition wird zwischen dem liebeskräftigen und in göttlichen Dingen unterweisenden rechten Auge und dem linken Auge, das auf irdische Dinge achtet, unterschieden. Gegenüber dem linken Auge (*intellectus*), das der Sünde, der Vergänglichkeit der Zeit und des Geblendetseins gewärtig zu sein hat, ist das rechte Auge (*amor*), dessen Verlust man stets zu befürchten hat, vor Blindheit geschützt.[253] Auch Gionens Aufstieg verbleibt ganz in dieser augenmetaphorischen Tradi-

menschlichen Natur erniedriget sein.« (vgl. auch im folg. Kant: *Theorie des Himmels*, S. 386 ff.; Herv. i. Orig.). Im Anschluß an diese Passage bemerkt er, »*daß die Vollkommenheit der Geisterwelt sowohl, als der materialischen in den Planeten, von dem Merkur an bis zum Saturn, oder vielleicht noch über ihm (woferne noch andere Planeten sein), in einer richtigen Gradenfolge, nach der Proportion ihrer Entfernungen von der Sonne, wachse und fortschreite*«. Die Spekulationen über die Planetenwanderung weist Kant mit dem Hinweis zurück, daß niemand »die Hoffnung des Künftigen auf so unsichern Bildern der Einbildungskraft gründen« werde: »Nachdem die Eitelkeit ihren Anteil an der menschlichen Natur wird abgefordert haben: so wird der unsterbliche Geist, mit einem schnellen Schwunge, sich über alles, was endlich ist, empor schwingen, und in einem neuen Verhältnisse gegen die ganze Natur, welche aus einer näheren Verbindung mit dem höchsten Wesen entspringet, sein Dasein fortsetzen.« (S. 395).

252 Schleusener-Eichholz (*Das Auge im Mittelalter*, S. 855) führt u. a. Hildegard von Bingen (»Nam firmamentum est velut caput hominis, sol, luna et stellae ut oculi«) sowie Ambrosius' Bezeichnung von Sonne und Mond als »coelestis oculi firmamenti« an.

253 Vgl. hierzu die zahllosen Nachweise Schleusener-Eichholz' (*Das Auge im Mittelalter*, a.a.O., 1985), die sich vor allem auf Augustinus' *De sermone domini in monte* (ebd., Bd. 1, S. 373) und dessen Rezeption (ebd., Bd. 2, S. 794) beziehen.

tion, während der Erzähler zugleich deutlich macht, daß die Elevationsszene sich dem Umstand einer besonderen Konstellation des Abendlichts verdankt und der Mond die Funktion einer Bühnenlampe übernimmt:

> Plötzlich trat ihr fernes erhöhtes Angesicht in einen hellen überirdischen Glanz hinein; es stand leuchtend, wie das eines Engels, im Nachtblau gegen die Sterne erhoben! Wilhelmi und Karlson ergriff ein ungewöhnlicher Schauder, ihnen war, als sähen sie die Geliebte wieder von sich ziehen, vom Flügel des Todesengels getragen. *Der Mond hinter der Erde, der seine Strahlen früher hinauf an die Sterne als herunter auf die Erdenblumen warf, hatte sie so himmlisch verklärt.* (I/4,624 f.; Herv. S. E.).

Der Erzähler bindet somit die theologisch konnotierte Ballon- bzw. Augenmetapher an die Verklärungsszenerie. Gionens ›Auffahrt‹ verbleibt deshalb auf der Ebene der Vermitteltheit sprachlicher Darstellung, also in der Perspektive eines Erzählens ›von unten‹. In dieser Perspektive finden sich allenfalls Hinweise auf ihre Verklärung, die sich nicht der Evidenz *ihres* Berichts (den gibt es nicht), sondern den Zuschreibungen des erzählenden Beobachters verdanken. Dieser schöpft die Einzelheiten seines Augenzeugenberichts aus Bildern der *Offenbarung* – aus dem des Endes aller Zeiten und aller Tränen:

> Als sie wieder zu uns kam, waren *ihre Augen von gestillten Tränen rot* – und sie war eben aufgestiegen, um in einer *verhüllten Minute* näher an den Sternen alte schwere Tränen einsam zu vergießen. O die Himmlische! sie lächelte sonderbar im Schlummer dieses Lebens über höhere Freuden, als die hiesigen sind, wie etwan schlafende Kinder lächeln, weil sie Engel sehen. (I/4,625; Herv. S. E.).

Folgerichtig kann der Erzähler den erhabenen Moment einer *erfüllten* Zeit nur im Bild einer »*verhüllten* Minute« (Herv. S. E.) fassen, in der Zeit außer Kraft gesetzt zu sein *scheint*, weil sie sich dem *Blick* des Beobachters entzieht. Mit dem Hinweis auf den Tränenstrom beider ›zum Himmel fahrender‹ Protagonistinnen ist dem Erzähler zugleich ein weiteres Differenzierungsmittel an die Hand gegeben: Die »gestillten Tränen« Gionens paraphrasieren die – ebenfalls im augustinischen Kontext überlieferten – Tränen der *compassio*, die den Menschen dem festen Glauben übergeben, daß den Heiligen im ewigen Leben die Tränen getrocknet würden (vgl. auch *Joh.-Off.* 7,17).[254] Der Erzähler deklariert die Ahnung von Gionens einsamer Verzückung in der »verhüllten Minute« im Ballon zur fingierten Unsterblichkeit, indem er ihren Zustand

254 Vgl. hierzu Schleusener-Eichholz: *Das Auge im Mittelalter*, Bd. 2, S. 733.

nach der Rückkehr zur Erde einem »Schlummer dieses Lebens« und also dem Traum analogisiert.

Während der Bericht über den Ballonaufstieg über das von Gione Gesehene schweigt und es durch das Nichts-Sehen des Erzählers ersetzt, wird der gemeinsame Aufstieg Nadines und »Jean Pauls« im *westlichen* Ballon von vornherein als ein Abenteuer des Sehens, als ein betäubter Blick ›zurück nach unten‹,[255] kenntlich gemacht, der sich keinen Augenblick lang der Zeit entschlägt:

> Die schwere Erde sank wie eine Vergangenheit zurück [...], und in der blauen Einöde wurden wir von einem gaukelnden Sturm gleichsam in die nähere schimmernde Welt des Mondes *geblendet* gewiegt .... und dann wurd' es dem leichtern Herz, das hoch über dem schweren Dunstkreis schlug, als flatter' es im Äther und sei aus der Erde gezogen, ohne die Hülle zurückzuwerfen. – (I/4,625; Herv. S. E.).

Der westliche Ballon kann auf dieser metaphorischen Ebene als Analogon zum linken, auf Irdisches gerichteten Auge gelesen werden, das in die Zeit schaut und stets von Blindheit bedroht ist. Daß der Erzähler in diesem westlichen und nicht im östlichen Ballon aufsteigt, wird durch die Wahrnehmung des Luftschiffers im Fesselballon unterstrichen, dessen Blick nach unten einer freien Sicht auf die irdischen Objekte entraten muß. Ganz deutlich wird dieser Zustand des Geblendetseins im Aufstieg durch einen Perspektivenbruch des Erzählers: »Plötzlich stockte unser Flug –«, so heißt es im Ballonfahrerbericht an Viktor, »wir blickten *hinunter* in das von der Tiefe und der Nacht verschlungene Tal, und nur die Lichter des Schlosses schimmerten zusammenfließend *hinauf* – eine westliche Wolke hing vor uns in Gestalt einer weißen Nebelbank [...]« (I/4,625; Herv. S. E.). Die grammatikalisch korrekte Präposition »herauf« weicht an dieser Stelle der präpositionalen Bestimmung »hinauf« und impliziert damit einen (imaginären) Standpunktwechsel des Beobachters, dessen Blick nicht als einer ›von oben nach unten‹, sondern als einer ›von unten nach oben‹ angegeben wird. Ein

255 Noch radikaler wird diese Abgrundphantasie im Brief Emanuels an Horion im *Hesperus* (I/1,890) gestaltet: »Ja dich rücke eine unendliche Hand aus dem ganzen Himmel, du siehest zurück und heftest dein Auge auf das erblassende eintrocknende Sonnenmeer, endlich schwebt die entfernte Schöpfung nur noch als ein bleiches stilles Wölkchen tief in der Nacht, du dünkst dich allein und schauest dich um und – – ebensoviel Sonnen und Milchstraßen flammen herunter und hinauf, und das bleiche Wölkchen hängt noch zwischen ihnen bleicher, und außen um den ganzen blendenden Abgrund ziehen sich lauter bleiche stille Wölkchen. – –«

sprachliches Versehen kann im Vergleich mit einer Parallelstelle ausgeschlossen werden, denn wenig später heißt es: »Auf einmal stiegen unten aus dem schimmernden Schlosse leise Harmonien *herauf*, und unsere Geliebten riefen uns mit gedämpften Echos zurück ....« (I/4,626; Herv. S. E.). Während also die Klänge die Höhe der im westlichen Ballon Aufgestiegenen erreichen (»herauf«), sind ihnen die schimmernden Lichter nur in *Erinnerung* an den Standort ›unten‹ am Schloß zugänglich, und der direkte Blick nach unten bleibt verhüllt. Im Anschluß an diese Stelle heißt es von Nadine:

> Und da Nadine hinuntersah, brach ihr das einsame Herz vor Sehnen nach den teuern Menschen – und da sie in das lange versilberte Tal hinüberblickte, worüber der Mond *hereingewälzet* war, und da unter seinen flatternden Folien die zitternden Wasserfälle glommen und die rinnenden Bögen des Stroms und die grünenden Marmor-Torsos und die weißen Steige zwischen Ulmen und Ähren und die ganze zauberische Bahn unsers heutigen Tages: so strömten helle und glänzende Tränen unverhüllt aus ihren sanften Augen, und sie blickte mich gleichsam mit der Bitte um Nachsicht und Verschweigen an und sagte erschütternd: »Wir sind ja doch so weit von der harten Erde!« (I/4,626; Herv. S. E.).

Die zentrale Schlußpassage des *Kampaner Tals* stellt das Sehen der Protagonistin somit unter die Vorherrschaft des Sich-zurück-Sehnens und setzt den Blick nach unten als ein Instrument der Erinnerung an einzelne Orte und ›Merkzeichen‹ der Natur (»Ulmen«, »Ähren«) frei, die während der »horizontalen Himmelfahrt« passiert und gesehen wurden und nun erinnernd benannt werden können: Auf diese Weise wird Nadines Blick zurück nach unten (also ihr erzählerisches vermitteltes Sehen) ebenso sprachlich konnotiert wie ihre Sehnsucht, die über die metonymische Verbindung von Herz, Mond, Auge und Ballon wiederum auf die poetische Darstellungsebene der Unsterblichkeitsschrift verweist. Diese Verbindung wird vor allem durch die assoziative Verknüpfung von Bedeutungen unterschiedlicher Bildbereiche hergestellt: Die Abfolge dieser Aneinanderreihungen beginnt mit dem gemeinsamen Aufstieg im westlichen Ballon: »und dann wurd' es dem *leichtern Herz*, das hoch über dem *schweren Dunstkreis* schlug, als *flatter'* es im Äther und sei aus der Erde gezogen, ohne *die Hülle* zurückzuwerfen. –« (I/4,625; Herv. S. E.). Dieses Bild verschränkt die Herzmetapher[256] mit

256 Vgl. hierzu Wolf Gewehr: *Der Topos ›Augen des Herzens‹ – Vesuch einer Deutung durch die scholastische Erkenntnistheorie.* In: *DVjS* 46 (1972), S. 626-649; hier: S. 629 ff.

der Ballonmetapher, indem es die moraltheologische Bedeutung (eines ›leichten Herzens‹) an die der naturwissenschaftlichen in der Ballonfahrt (›leichter als Luft‹) und umgekehrt wiederum die Rede vom Äther (»schwere[r] Dunstkreis«) an die Assoziation des Herzens (›schweres Herz‹) bindet. Auf einer zweiten Ebene wird das metaphorische Bild vom Herzflattern an das wörtliche des Flatterns einer Ballonhülle im Äther gebunden. Zugleich evoziert der Erzähler die Metapher eines ›entwurzelten Herzens‹ (»aus der Erde gezogen«), um im nächsten Schritt (»ohne die Hülle zurückzuwerfen«) Erde und Hülle zu analogisieren. (Das entwurzelte Herz führt also – so die Konsequenz dieses Bildes – die Erde wie seine Hülle weiterhin mit sich). Auf diese Weise entsteht das Bild einer ›Erdhülle‹, die (wie eine Ballonhülle) im Äther mitflattert. Der Schluß dieser Unsterblichkeitsschrift evoziert die Sprachmetapher der Hülle[257] im Kontext der tradierten Diskussion um eine Erdensprache und eine zukünftige Sprache der anderen Welt. Der Mensch darf im irdischen Leben nicht darauf hoffen, sich der irdischen Hülle entledigt zu sehen, so hoch er auch steigt: Diese Überzeugung wird auch im Erzählerbericht über den gemeinsamen (westlichen) Ballonaufstieg zum Ausdruck gebracht. Nadines einziger Satz während des Aufstiegs – »Wir sind ja doch so weit von der harten Erde!« – ist als Versuch zu verstehen, ihren mitfahrenden Augenzeugen »Jean Paul« auf dessen »Verschweigen« ihrer Tränen zu verpflichten. Deren ›Unverhülltheit‹ ist somit der *eigentliche* Anlaß des von ihr geäußerten und vom (keineswegs diskreten) Erzähler zitierten Satzes, bedarf also paradoxerweise wiederum gerade der sprachlichen ›Hülle‹, um sich ihrer ›Unaussprechlichkeit‹ zu versichern. Gerade am Beispiel dieser Schlußpassage vermag die Interpretation zu zeigen, daß der im *Kampaner Tal* diskutierte Entwurf einer anderen Welt in poetische Sprache überführt wird. Selbst

257 Vgl. hierzu vor allem Schmitz-Emans: *Jean Pauls Ansätze zu einer Theorie der Sprache*, S. 75 ff.: Im Abschnitt »Erdensprache und zukünftige Sprache« heißt es dort mit einem Hinweis auf die *Rhapsodien* (entstanden 1780/82): »Es kann als eine Art von Verselbständigung der Hüllenmetaphorik gelten, wenn Jean Paul das Streben nach unverstelltem zeichenhaften Ausdruck dem Wunsch nach einer ›durchsichtigen‹ Hülle gleichsetzt und die Plausibilität dieses Bildes zur Grundlage seiner Hypothesen macht.« Die Verfasserin bezieht sich damit auf folgende Passage bei Jean Paul (II/1,283): »Unsre Fähigkeiten glänzen weit umher; aber sie müssen erst, wie die Sonne, den dikken Nebel durchbrechen, in welchen sie unser Körper verhült. Wir sehen eigentlich nicht den menschlichen Geist in seiner waren Beschaffenheit – er bildet sich nur im Kleinen in seinem Körper ab, wie die Sonne im trüben Wassertropfen. Der Tod wird uns erst das Gewand geben, das die Entfaltung keiner unsrer Reize weder verhindert noch verbirgt. –«

dort, wo die narrative (Brief-)Ansprache sich ihre Rede selbst versagt und dem Schweigen überantworten will (»Aber ich konnte nichts sagen … / – Und wie könnt' ich denn jetzt noch etwas sagen, du Geliebter! –« (I/4,626)), nimmt und gibt sich der Erzähler noch das letzte Wort. Dessen Rede kann sich allenfalls dort selbstappellativ verbieten, wo sich ihre Unhintergehbarkeit gerade zeigt. Der letzte Absatz des *Kampaner Tals* (der im folgenden ohne die rhetorische abschließende Anrede an Viktor zitiert wird), evoziert noch einmal die Zentralmetapher des Auges in ihrem Prozeß einer unendlichen Sprachbewegung:

> Und als unsere kleine *Kugel* zu den schillernden Auen und hellern Tönen zurückgezogen wurde: sah sie mich fragend an, ob ihre *Augen* noch Spuren der Tränen zeigten. Sie trocknete sie schneller, aber vergeblich. Wir sanken schweigend hinunter. Ich nahm ihre brennende Hand und sah ihre *fortweinenden Augen*. […] (I/4,626; Herv. S. E.).

Diese Metonymie führt vom Kugelbild (des Ballons) zur Zentralmetapher des Auges: Die Fortsetzung dieses ›Augen- und Kugel-Spiels‹ auf der Textebene impliziert damit die Geste der »fortweinenden Augen«. Auf diese Weise ist einerseits die theologische Bedeutung der ›ungestillten‹ Tränen aufgerufen, um sie in den Konnotationsbereich einer ›ungestillten‹ Rede zu versetzen. Andererseits wird die Rede des Erzählers nun auch umgekehrt als eine gestische prononciert, die das Abwerfen ihrer sprachlichen Hülle und irdischen Fessel zu indizieren vermag. Auf der Grundlage dieser Untersuchung erweist sich die Wiederaufnahme der Ballonmetapher im *Seebuch* als eine Fortsetzung der Reflexion über die Unsterblichkeit der Seele, die im *Kampaner Tal* nicht zufällig das Bild des Fesselballons (im Gegensatz zu dem des Freiballons im *Seebuch*) wählt. (»Die Breite und Tiefe der Barke unter dem Globen und ein Stuhl darin und die Seile, die ihn steigen und wiederkehren ließen, nahmen alle Gefahr hinweg.« (I/4,624)). Die optische Erhabenheit einer ins Vertikale gerichteten Elevation von Fesselballonen wird bereits in der früheren Unsterblichkeitsschrift auf der horizontalen Sprachebene der Bildverknüpfungen selbst dementiert und einem unendlichen poetischen Prozeß übergeben. Wer das *Kampaner Tal* deshalb in Opposition zur Modernität des narrativen Verfahrens im *Seebuch* lesen will, muß verkennen, daß es sowohl auf der motivischen als auch auf der metaphorischen Ebene als dessen Vorstufe zu gelten hat: als ein Prätext, der mit seiner Hüllen-Metaphorik hinter der Radikalität einer narrativen Autoreferentialität zurückbleibt: Diese erlaubt es dem Erzähler im *Komischen Anhang zum Titan*, selbst seinen eigenen Tod noch in den narrativen Prozeß zu integrieren und erzählend zu überbieten.

V. Sympathetische Ophthalmie
Jean Pauls Rezeption der »Friendship in Death« im *Titan* und *Selina*-Fragment: Ausblick ins Spätwerk

Jean Paul war mit der englischen pietistischen Tradition der *Friendship in Death*[1] bei Elizabeth Singer Rowe, mit Edward Youngs *Night Thoughts*[2] und auch mit Wielands Rowe-Rezeption *Briefe von Verstorbenen an hinterlassene Freunde*[3] vertraut – mit einem literarischen Genre also, das vom Autor beerbt und nach 1800 sukzessive in eine Theorie des Gedächtnisses, der Vision und des Traums überführt wird. Eine Untersuchung dieser Umwertungen im Gesamtwerk Jean Pauls hätte insbesondere in den *Mutmassungen über einige Wunder des organischen Magnetismus* (1813/14) anzusetzen, in denen die Frage des »Scheintods und Sterbens in Beziehung des Magnetismus« (II/2,914-918) neu reflektiert wird. Die im folgenden präsentierte Lektüre des *Titan* und des *Selina*-Fragments, zwischen denen fast ein Vierteljahrhundert liegt, ist deshalb als ›Probe aufs Exempel‹, als Ausblick ins

1 Elizabeth Singer Rowe: *Friendship in Death in Twenty Letters From the Dead to the Living. To which are added Thoughts on Death*: Translated from the Moral Essays of the Messieurs du Port Royal. 3. Aufl., 1733. Repr. of the 1728 edition with a new introduction for the Garland Edition by Josephine Grieder. New York/London 1972. Edward Young (ebd., *The Preface*) hatte das Vorwort zu *Friendship in Death* geschrieben, deren Verfasserin hinter seinen berühmten Namen in ihrer Dedikation (ebd., *To Dr. Young*) zurücktrat.

2 Young: *Nachgedanken*, a.a.O., 1760-1771. – Zur Young-Rezeption Jean Pauls vgl. auch Barnstorff, Johannes: *Youngs Nachgedanken und ihr Einfluß auf die deutsche Literatur.* Mit einem Vorwort von Franz Muncker. Bamberg 1895.

3 Wieland: *Briefe von Verstorbenen an hinterlassene Freunde* (1753). In: *Sämmtliche Werke*, Bd. XIII (= Supplemente 2), S. 201-469. – Zum Motiv der toten Freundin vgl. auch: Ders., *Sympathien* (1754). In: *Sämmtliche Werke*, Bd. XIII (= Supplemente 3), S. 127-208; Herder interpretiert eine kleine – von ihm in der Sammlung *Terpsichore* publizierte – Schrift (*Philomele an ihre Schwester Progne* (1795)) als den Anfang einer literarischen Mode von »Briefe[n] der Verstorbenen an ihre Hinterlassenen«. Vgl. HSW, Bd. 27, S. 162. Vgl. zum Thema auch Herders Schrift *Freundschaft nach dem Tode* (= Legenden: 1796-1801). In: HSW, Bd. 28, S. 235-237.

Spätwerk zu verstehen. Ihre Legitimation zieht diese vergleichende Studie aus der Parallele, die Jean Paul selbst zwischen dem »verdeutscht[en] Kampanertal« (I/6,1109) und Albanos ›Biographie‹ (I/3,146) hat sehen wollen.[4] Die vorliegenden Studien finden ihren Abschluß also dort, wo sie auch hätten beginnen können: bei dem Befund, daß die Jahrhundertdebatte über Unsterblichkeit nicht abzulösen ist von den Topoi der Freundschaft und Sympathie. Jean Pauls humoristische Romane sind in dieser Tradition zu lesen, in die er das *humanum humoris* als Signatur der literarischen Moderne einträgt.

V.1. Augenleiden und Jenseitsblicke: Die Freundinnen der Toten

Anders als in den heroischen Freundschaften zwischen den ›hohen Menschen‹,[5] anders auch als in den sympathetischen Bindungen zwischen den Humoristen haben die toten Freundinnen – Karoline, die Freundin der Liane im *Titan*, oder Gione, die verstorbene Mutter und Freundin Selinas im gleichnamigen Fragment – eine unerklärliche Macht über jene hinterbliebenen ätherischen weiblichen Wesen, die ihnen bereits zu Lebzeiten nachzusterben suchen oder ihnen ähnlich werden. Lianes Augenkrankheit im *Titan* trägt alle Symptome einer ›migraine ophthalmique‹ (vgl. I/3,154)[6] und hängt aufs engste mit Selinas »Selbermagnetismus« (I/6,1191) und hellseherischer Kraft im – Fragment gebliebenen – *Neuen Kampaner Thal* (später *Selina*) zusammen. Der Autor beläßt diese Freundinnen der Toten ein für allemal im Banne der Verstorbenen und unterstellt sie zugleich einem Einfluß ihrer Mütter, der auch durch irdisch-pragmatische Gefährtinnen wie Lianes Rabette oder Selinas Nantilde nur unzureichend relativiert wird: Lianes Erzählung von Karolines Tod muß als Höhepunkt jener Passage gelten, in der Albano ihr seine Liebe erklärt; und *ihre* Idealisierung

4 Vgl. hierzu Berends Einleitung in SW II/4 (= *Freuden-Büchlein, Überchristenthum, Selberlebensbeschreibung, Neues Kampaner Thal, Selina*), S. V-LX; hier: S. XLI.

5 Eine immer noch gültige – wenn auch eher inventarisierende als interpretierende – Aufstellung der Freundes- und Freundinnenpaare im Werk Jean Pauls gibt Wolfdietrich Rasch: *Die Freundschaft bei Jean Paul*. Breslau/Oppeln 1929.

6 Die korrekte Beschreibung dieses Krankheitsbildes wurde unter medizinischer Perspektive bereits überprüft: Vgl. Thiele: *Lianes Augenmigräne in der Darstellung Jean Pauls*, S. 50-57.

dieser Sterbeszene der Freundin, die ein genaues Vorbild der Geschichte Selinas am Totenbett der Mutter ist, stellt *seine* Liebe ins Zeichen ihres eigenen bevorstehenden – und von Karoline prophezeiten – Todes. So läßt sich auch aus der Perspektive Lianes der Liebesbund mit Albano als ein vorübergehender und gänzlich unzureichender Ersatz für eine erst noch bevorstehende und im jungfräulichen Tod zu zelebrierende himmlische Vereinigung der Freundinnen werten (I/3,342). Albanos Liebe entzündet sich erst angesichts dieser Aura einer abgewandten seraphischen Gestalt, die den von der toten Freundin geschenkten Schleier stets wie einen »Reiseflor für die zweite Welt« (I/3,371) trägt; und der liebende Jüngling entfacht mit seiner Erklärung durchaus nicht die von ihm erhoffte Gegenliebe Lianes, sondern einen gleichsam apokalyptischen Flächenbrand der Tugend, der alle Sinnlichkeit vertilgt:

> ›Liebst du die Toten? [so lautet ihre Antwort] Das ist mein Leichenschleier; im künftigen Jahre liegt er auf diesem Gesicht.‹ [...] – [D]ie Schönheit der Erde verzerrte sich vor ihm, und in das Abendgewölk waren breite Feuerfahnen gepflanzt, und das Sonnenauge schloß sich blutend zu. -- (I/3,346).

Ähnlich wird die Liebe Selinas zu Henrion beschrieben, der wie Albano als ein Herkules der Freiheit in den griechischen Unabhängigkeitskampf nach Morea zieht. Sein Tod wird durch die Braut in einem magnetischen Schlaf ›gesehen‹, den Jean Paul, der im Text direkt anwesende Dichter, persönlich überwacht. Im Augenblick des Todes ihrer Mutter Gione, der weiblichen Hauptfigur des *Kampaner Tals*, steht Selina in ihrem fünfzehnten Lebensjahr, ist also ebenso alt wie Liane beim Verlust Karolines, und als einzige Zeugin des Sterbens der Mutter (I/6,1133) gilt sie als Geheimnisträgerin von deren letzter Stunde. Zwar wird berichtet, daß die Scheidende »ihr versprochen [hatte], ihr zuweilen im Traume zu erscheinen und zwar so oft, als sie recht zufrieden mit ihrem Leben sei« (I/6,1134). Den letzten Willen der Mutter gegenüber der Tochter – tätig zu sein und handeln zu lernen – löst Selina ein und unterscheidet sich in ihrer Tatkraft auffällig von Liane. Und doch kann nicht übersehen werden, daß diese Läuterung zum Tätigwerden als ein Prozeß beschrieben wird, an dessen Ende wie in Raffaels »letzte[r] Kunstgeburt« (I/6,1133) die Verklärung steht, als ein Prozeß also, den der Erzähler unmißverständlich als Krankheit zum Tode ausweist: »[U]nd so mußten Selinas Anstrengungen für alles Geliebte endlich in das körperliche, zu dünne Florkleid ihrer Seele Risse machen. So sucht das Ätherische immer den Äther, und nichts Zartes will bei uns bleiben.« (I/6,1157). Die einen großen Teil der ›Handlung‹ umfassenden Gespräche über die Unsterblichkeit ziehen sie »unaufhörlich in die zweite Welt hinauf, und sie ging da [...] sogleich zu ihrer Mutter hin und liebte sie noch heißer und wünschte ihr nachzusterben« (I/6,1214).

V.2. Der blinde Spiegel Liane: Zur Selbstreferentialität des ›Körperzeichens‹

Im Bildinventar des Autors ist für Liane, Selina und deren Freundinnen ein Modell der Spiegelungen, wie es den männlichen Freunden bei Jean Paul geläufig ist, nicht vorgesehen: Während z. B. Leibgeber und Firmian sich im *Siebenkäs* mit einer optischen Täuschung der Vervielfältigung ihres Ichs konfrontieren und Albano ein »heißbrennender Hohlspiegel [ist], der seinen Gegenstand nahe hat und ihn aufgerichtet hinter sich darstellt [...]« (I/3,233 f.), scheuen die ätherischen weiblichen Wesen in den Schriften Jean Pauls den »wilden Spiegel, der den Menschen so grausam verzieht« (I/3,347). Sie sind der Widerschein der Gestirne und stehen konsequent im kosmologischen Bildbereich von Sonne und Mond: Während ihrer Karoline-Erzählung bezieht sich Liane auf ein von ihr erinnertes Bild, das ihre entsetzte Abkehr vom eigenen Spiegelbild und ihr darauf folgendes Sich-Umkehren und Sich-Zuwenden zum Antlitz des Mondes wiedergibt, der die Züge Karolines getragen habe. In der entsprechenden Passage erscheint die tote Freundin Karoline als das lunare Gegenbild der Sonne, als eine engelsgleiche Lichtgestalt, die Liane hätte zeichnen wollen, »wenn man mit Licht malen könnte« (I/3,348), und Liane steht im Zeichen des Hesperus, des Abendsterns und der Venus (I/3,117;361). Ihr Name wird mit dem Bild einer »glänzende[n] Lilie aus der zweiten Welt« (I/3,181;385) verbunden, einer Lilie, »die sich selbst das Zeichen ist, daß sie bald in diese entfliehe« (I/3,181).

Der Erzähler, dem eine bloße Charakterisierung dieser seraphischen Freundinnen offensichtlich fernliegt, verweist sie von Anfang an in den metaphorischen Bereich seiner – poetologisch konnotierten – ›Theorie des Gedächtnisses‹: Seine Beschreibung Karolines thematisiert – als ausdrückliche Reflexion auf die unzureichenden Kunstmittel – die Unmöglichkeit ihrer Darstellung durch Liane, und Lianes körperliche Anwesenheit gilt ihm als Zeichen ihrer ›eigentlichen‹ Abwesenheit: Wie sonst eine »im Chorstuhle liegende Lilie den Tod dessen bedeute, dem er gehörte« (I/3,181; Anm. 1),[7] so verweist sie für ihn auf nichts

7 Jean Paul konnte das Bild der Lilie aus Youngs *Night Thoughts* entnehmen, wo Narcissa als eine Sterbende vorgestellt wird, die dem toten Philander

anderes als auf sich selbst, sie ist ein Körperzeichen, das sich selbst als nicht-körperlich bezeichnet (»je ne suis qu'un songe« (I/3,434;535)), sie ist ein blinder Spiegel, der sich nicht reflektiert. Lianes Tod, der erzählerisch ein barockes Fresko[8] nachzuahmen scheint und dramaturgisch analog zu einer magnetistischen Séance im *Selina*-Fragment angelegt ist, fällt auch zeitlich mit dem abendlichen Untergang der Sonne zusammen. Entsprechend zeigen die Vorarbeiten Jean Pauls zu *Selina*, daß er diese bei Sonnenaufgang hatte sterben lassen wollen,[9] und lassen vermuten, daß sie von Anfang an als direktes Pendant zur Liane-Gestalt konzipiert war. Im Brief Henrions an die Braut wird sie als Luna angesprochen, und auch der auf das jeweilige – in »Sternbilder« eingeteilte – Kapitel des Romans folgende »Streckvers« bezeichnet Selina »am Abendhimmel des Lebens als Hesperus«, der uns »den stillen Glanz« ihrer Mutter zuwerfe »wie der Abendstern den der untergegangenen Sonne, der er nachzieht« (I/6,1145).

V.3. Hartnäckige »Ophthalmie an beiden Augen«: Liane, Selina und Diderots *Lettre sur les Aveugles*

Die verglühende Existenz dieser ätherischen Frauengestalten kann jedoch nicht nur auf die stellare Komposition der Handlung im Roman zurückgeführt werden. Die auffällige Namensähnlichkeit von Liane und Selina, ja deren fast anagrammatische Identität wurde meines Wissens bisher nicht beachtet. Zwar ist in der Forschung verschiedentlich angemerkt worden, daß Liane ursprünglich Lidie heißen sollte,[10] auch daß der Name Selina in der 6. Satire Youngs vorkommt,[11] daß Johannes

folgt: »(As if the sun could envy)«, so heißt es in der dritten *Nacht*, »[the sun] checkt his Beam, / Deny'd his wonted succour, nor with more / Regret beheld her drooping, than the Bells / of Lilies! Fairest Lilies not so far!« – Dt. Übers.: »[A]ls hätte die Sonne sie beneiden können, hemmte [sie] ihren Stral, versagte ihre gewöhnliche Hülfe, und sah sie eben so ungerührt hinsinken, als die Glocken der Lilien; der schönsten Lilien! Die doch nicht so schön sind!« Vgl. Young: *Nachtgedanken*, Bd. 1, 1760, S. 224 f.

8 Richard Benz: *Jean Paul und das Barock*. In: Ders.: *Widerklang, vom Geiste großer Dichtung und Musik*. Gedenkreden und Aufsätze. Düsseldorf, Köln 1964, S. 120-138; hier: S. 136.

9 Vgl. Jean Pauls Vorarbeiten zur *Selina* (bis 1823) in: SW II/4, 422.

10 Vgl. Jean Pauls Vorarbeiten zum *Titan* (1797) in: SW II/6.1 (= Dichtungen, Merkblätter, Studienhefte, Schriften zur Biographie, Libri Legendi).

11 Dieser Hinweis findet sich bei Berend SW II/4, XLIV. Vgl. ebd. Berends Hinweis auf die Angabe in Jean Pauls Exzerpten, daß »Seline im alten Platt-

Hevelius (Hewelcke) 1647 in seinem Kupferstichwerk *Selenographia* erstmals die Mondoberfläche beschrieb (I/3,1096; Anm.). Dem könnte hinzugefügt werden, daß die Selina-Gestalt ihren Namen erst ab Mitte des Jahres 1823 erhielt[12] und zuvor Sione hieß, also einen Namen tragen sollte, der möglicherweise – diese Variante findet man bei Berend nicht – Jung-Stillings *Scenen aus dem Geisterreiche*[13] entnommen war. Eine näherliegende Erklärung wurde in der Forschung bisher nicht gesehen: Die Namen Liane und Selina sind Fragmente des Namenszugs jener berühmten blinden Melanie de Salignac, die Diderot in seiner *Addition*, dem Nachtrag zum *Lettre sur les Aveugles*,[14] zitiert. Gerade dieser Rekurs auf Diderots Schrift, die im *Titan* erwähnt wird (I/3, 467 f.), läßt Lianes Blindheit und Selinas Selbermagnetismus nicht länger als einen bloßen Mangel erscheinen, sondern als Ausdruck höchster künstlerischer Sensibilität. Ähnlich wie die im Alter von zweiundzwanzig Jahren verstorbene Blinde Diderots liegen die Talente dieser ätherischen Wesen nicht nur darin, blindes Vertrauen in die Fortdauer ihrer Freundschaft auch nach dem Tode zu setzen, sondern sie zeichnen, porträtieren und lieben die Musik. Diderots *Lettre sur les Aveugles* wurde in Deutschland – so Peter Utz – zum »Ferment einer Diskussion, die sich immer deutlicher in zwei getrennte Diskurse spaltet: Einen anthropologischen Diskurs, der von außen über die Sinne weiterspricht, und einen ästhetischen Diskurs, der die Sinne von innen her zum Sprechen bringen möchte«.[15] Wie präzise Jean Paul Diderots Blindenporträt für die Konzipierung seiner Frauengestalten Liane und Selina nutzt, wird darin deutlich, daß er deren ästhetische Auszeichnung, philosophische Poesie zu sein, aufgreift und an die geläufige zeitgenössische medizinische Rezeptur der Blindenheilung rückzubinden weiß.

Die musikalische Trunkenheit Melanie de Salignacs wird von Diderot nicht zufällig in den tradierten Topoi der Blindenheilung, die den ersten (wieder) sehenden Blick auf die eigene Mutter fallen läßt, darge-

deutschen Seelenmädchen« bedeutet habe. Die entsprechende Zeile bei Edward Young (*Night Thoughts*, Bd. 5, 1771, S. 322 f.) lautet: »SELINA serves her friends, relieves the poor – / Who was it said, SELINA's near threescore?« / »Selina dient ihren Freunden, und hilft den Armen: – Wer sagte doch, daß Selina nicht weit von sechzig wäre?«

12 Berend SW II/4,XLIV.

13 Jung-Stilling: *Sämmtliche Werke*, Bd. 2 (= 2. Theil, 1. Szene: *Die Selbstmörder. Siona und Ich*). Stuttgart 1841 (Orig. 1792; 2. Aufl. 1802), S. 259-300.

14 Diderot: *Addition à la Lettre sur les Aveugles*, Vol. 4, S. 95-107; hier: S. 98 ff. – Dt. Übers.: Diderot: *Nachtrag zum Brief über die Blinden*, Bd. 1, S. 100-110; hier: S. 102 ff.

15 Utz: *»Es werde Licht!«*, S. 381.

stellt: als ein orgiastisches Erwachen zum Tode. Die Wirkung der Musik sei *dem* Zustand vergleichbar, »wenn ich mich nach langer Trennung in die Arme meiner Mutter stürze, wenn mir die Stimme versagt, die Glieder zittern, die Tränen fließen, und die Knie wanken. Mir ist dann immer, als müßte ich vor Freude sterben«.[16] Andererseits wird bereits bei Diderot unmißverständlich der blinden Genialität ihre ungelebte Weiblichkeit zum Nachteil ausgelegt, ja letztlich als deren eigentliche Todesursache benannt. So ist es gerade die Tugendhaftigkeit der Melanie de Salignac und das von der Mutter erlassene Gebot, den »Anblick gewisser Körperteile«,[17] die zum Laster führten, zu meiden, die sie ums Leben bringen: »Sie ist an einem Gewächs in den inneren Genitalien gestorben, weil sie nie den Mut hatte, sich darüber auszusprechen«, kommentiert Diderot den frühen Tod der jungen Frau. Sein aufklärerisches Verdikt über eine zweifelhafte, die weibliche Sexualität nicht thematisierende Moral hatte ihr Pendant in der (auch von Jean Paul zur Kenntnis genommenen) zeitgenössischen Augenheilkunde. Der berühmte Augenarzt Jean Janin nennt als Ursachen einer »hartnäckigen Ophthalmie an beyden Augen«[18] neben der Hysterie die »Unter-

16 »[...] ›lorsque après une longue absence je me précipite entre les bras de ma mère, que la voix me manque, que [les membres me tremblent], que les larmes coulent, que les genoux se dérobent sans moi; je suis comme si j'allais mourir de plaisir« Diderot: *Addition*, S. 95-107; hier: S. 101; dt. Übers.: Lücke (Hrsg.): *Nachtrag*, S. 104. Diderot (*Addition*, S. 97) beschreibt selbst den Fall einer solchen Blindenheilung nach einer Staroperation: »Le malade était assis; voilà sa cataracte enlevée, Daviel pose sa main sur des yeux qu'il venait de rouvrir à la lumière. Une femme âgée, debout à côté de lui, montrait le plus vif intérêt au succès de l'opération, elle tremblait de tous ses membres à chaque mouvement de l'opérateur.« / »[...] Eine alte Frau, die neben ihm stand, zeigte das lebhafteste Interesse für den Ausgang der Operation; sie zitterte an allen Gliedern bei jeder Bewegung des operierenden Arztes« (dt. Übers.: Lücke (Hrsg.): *Nachtrag*, S. 102).

17 »la vue de certaines parties du corps«. Vgl. auch im folg. Diderot: *Addition*, S. 101; dt. Übers.: Lücke (Hrsg.): *Nachtrag*, S. 104 f. »Elle est morte d'une tumeur aux parties naturelles intérieures qu'elle n'eut jamais le courage de déclarer.«

18 Vgl. auch im folg. Janin: *Abhandlungen und Beobachtungen über das Auge*, S. 307 f. – Die nicht selten dem schwarzen Star zugeschriebenen Erscheinungen der periodischen Blindheit im Kontext mit einer hysterischen Symptomatik ist in der medizinischen Literatur des 18. Jahrhunderts geläufig. Vgl. auch Richter: *Wundarzneikunst*, S. 483: »Einer Frau, die bereits seit einem halben Jahre blind war, und ihre monatliche Reinigung verlohren hatte, setzte man verschiedenemal Blutigel an die äußerlichen Geburtstheile. So oft die Thiere saugten, zeigte sich etwas von der monatlichen Reinigung, und

drückung der monatlichen Reinigung« und weiß die Blindheit seiner Patientin »Mademoiselle ***« durch die »gute Wirkung, welche in solchen Fällen die Blutigel äußern, wenn man sie an die großen Lippen setzt«, zu heilen.

Gerade diese ambivalente Bewertung ›weiblicher Blindheit‹ kann als ein für Jean Pauls ästhetische Konstruktionen der Freundinnenschaft zentrales Moment angesehen werden. Daß unterdrückte bzw. ungelebte Weiblichkeit Blindheit und tödliche Nichtidentität zur Folge haben, macht Liane[19] und Selina ausdrücklich geeignet, ›namentlich‹ auf eine Unsterblichkeit der Seele zu verweisen, die den zentralen Inhalt der philosophischen Gespräche bestimmt.

V.4. Diamant und Auge: »Vereinigung von fortschwebender Phantasie und fortgrabender Philosophie« im *Selina*-Fragment

Weil sie gegenüber ihrer eigenen Weiblichkeit blind und einer sprachlichen Artikulation des Verborgenen nicht mächtig sind, ist Jean Pauls Freundinnen der Toten jener transparente Glanz eines Diamanten zu eigen, des Emblems der Unsterblichkeit, der – selbst farblos – alle Farben in sich aufzunehmen weiß.[20] Selina wird darüber hinaus als ein

jedesmal sahe sie so lange sich etwas davon zeigte, welches aber selten über ein paar Stunden dauerte.« – Vgl. auch *Zedler*, Artikel »Staar«, S. 589: »So lange sich die Excremente nur richtig und in guter Ordnung befinden, bringen sie dem Cörper keinen geringen Nutzen; bleiben sie aber allzulange im Leibe, oder gehen in allzu großer Menge ab, verursachen sie nicht nur in uns hundert Ungelegenheiten, sondern geben auch zum Staare Gelegenheit, als z. E. die Verhaltung der Reinigung nach der Geburt, der weiblichen Monats-Zeit, des Saamens ec. oder derselben und besonders des Saamens Verschwendung.«

19 Lianes Blindheit als hysterisches Symptom zu lesen wird beiläufig auch von Rita Wöbkemeier vorgeschlagen: *Physiognomische Notlage und Metapher. Zur Konstruktion weiblicher Charaktere bei Jean Paul.* In: Schings (Hg.): *Der ganze Mensch*, S. 676-696; hier: S. 695 f.

20 »So hatte denn in Selina alles Nervenlicht sich im Innersten ihres Wesens aufgehäuft und das letzte Kleid ihres Ich wie auf einem Tabor glänzend gemacht; und dieses schimmerte nun, wie im Dunkeln der lichteinsaugende Diamant, im Dunkel des Traums.« (I/6,1214). Vgl. auch die Selbstcharakterisierung Lidies in den Vorarbeiten zum *Titan* in: SW II/6.1,21: »Meine Seele ist hel wie ein Diamant und ohne Farbe, aber sie sammelt die Stralen der Natur und fliesset stralentrunken über.«

weibliches Wesen vorgestellt, »von dem ich wegen einer ungewöhnlichen Vereinigung von fortschwebender Phantasie und fortgrabender Philosophie gar keine scharfe feste Schilderung zu geben weiß« (I/6, 1111), und ihre »ganze Seele [sei] offen, ja durchsichtig wie der Diamant, und doch ebenso fest und dicht wie der Edelstein«. Mit dieser Beschreibung der Hellseherin, die eine entscheidende Differenz zur Liane-Gestalt markiert, stellt sich Jean Paul ausdrücklich in die theosophisch weiterentwickelte Tradition der Naturphilosophie und rückt das *Selina*-Fragment in auffällige Nähe zu einem Text, der ihm nicht bekannt sein konnte, weil er erst nach dem Tode seines Autors aus dem Nachlaß publiziert wurde: zu Schellings Fragment *›Clara‹ oder Ueber den Zusammenhang der Natur mit der Geisterwelt. Ein Gespräch*.[21]

Claras Insistieren auf Freundschaft als einem ihrer »Natur nach Ewige[m]«, als einem »Band, das Gott geknüpft hat [und] weder Tod, ja Gott selbst nicht auflösen können«,[22] wird in einem dem platonischen Dialog angenäherten Gespräch entwickelt, das die tote Freundin zum Garanten eines Fortlebens nach dem Tode macht: Clara gedenkt ihrer »früh verklärten Freundin«, die sie »nie so schön gesehen zu haben [glaubte] als im nahenden Augenblick des Erlöschens«, und konstatiert, sie habe »nie geglaubt [...], daß eine solche Anmuth im Tode wäre«.[23] Nur die am bürgerlichen Individualitätsentwurf orientierte Konzeption der Freundschaft kann die Grundlage für Schellings Argumentation geben, die die Seele nicht dem restlosen Einzugsbereich des ›Magneten Gottes‹[24] ausliefert, sondern deren Unsterblichkeit gerade in der Differenz zu Gott verorten zu können meint: Allem von der Kraft des Magneten ganz Durchdrungenen sei doch immer noch etwas zu eigen, das in ihm selbständig sei, etwas, was »es *nicht* vom Magnet« habe. »So wenig, scheint mir, sagte sie, als der durchsichtigste Demant deswegen aufhört schwer oder überhaupt *körperlich* zu seyn.« Daß man das *Clara*-Fragment zugleich auch als eine »Autopoetologie des Schellingschen Textes« zu verstehen habe, wurde von Jürgen Barkhoff hervorgeho-

21 Friedrich Wilhelm Joseph von Schelling: *Ueber den Zusammenhang der Natur mit der Geisterwelt. Ein Gespräch*. Fragment aus dem handschriftlichen Nachlaß (zwischen 1809 und 1812). In: Ders.: *Ausgewählte Schriften (in sechs Bänden)*. Hrsg. von Manfred Frank, Bd. 4 (= Schriften 1807-1834). Frankfurt a. M. 1985, S. 97-206. Bekannt war Jean Paul dagegen die Schrift des Schelling-Schülers: Gotthilf Heinrich Schubert: *Ansichten von der Nachtseite der Naturwissenschaft* (Orig. 1808), 3. Aufl. Dresden 1827.

22 Schelling: *Ueber den Zusammenhang der Natur mit der Geisterwelt*, S. 115.

23 Ebd., S. 162.

24 Vgl. im folg. ebd., S. 168 f. (Herv. S. E.).

ben[25] (und es wäre zu überlegen, ob eine solche Lesart nicht auch für die Charakterisierung Selinas als »fortschwebend[e] Phantasie und fortgrabend[e] Philosophie« (I/6,1111) in Anspruch genommen werden könnte). Clara rekurriert in ihren Gesprächsbeiträgen auch dort auf das Modell der Freundin, wo sie für die philosophische Reflexion den Charakter des Dramatischen einklagt und fordert, »kleine Schaubühnen«[26] aufzuschlagen. Das Beharren in beiden Fragmenten auf einer Transformation des Physischen bzw. der Gedanke einer auch körperlichen Fortexistenz nach dem Tode wird an ein weiblich-platonisches Freundschaftsmodell des lebendigen Dialogs gebunden und nicht – wie die aristotelische Tradition (z. B. bei Montaigne) und deren moralphilosophische Rezeption bei Kant es nahelegten – an den Tugendbund männlicher Freunde.[27] Dies ist um so bemerkenswerter, als Jean Paul beim Tode Heinrich Voß' im Oktober 1822 dem Freund in seiner Unsterblichkeitsschrift eine zentrale Stelle des Gedenkens einräumen[28] und sich also zunächst ausdrücklich in die Tradition der *Essais* Michel de Montaignes stellen wollte. Möglicherweise hätte diese Entscheidung zur Konsequenz gehabt, daß das *poetologische* Programm einer Vereinigung von »fortschwebender Phantasie und fortgrabender Philosophie« erneut an ein Modell der Identitätsstiftung durch Trauer wäre gebunden worden – durch Trauer um den toten Freund, die Montaigne an den ›Ursprung‹ der *Essais* gestellt hat.[29] Auf

25 Jürgen Barkhoff: *Magnetische Fiktionen. Literarisierung des Mesmerismus in der Romantik*. Stuttgart/Weimar 1995, S. 127.

26 Vgl. auch im folgenden Schelling: *Ueber den Zusammenhang der Natur mit der Geisterwelt*, S. 184.

27 In diesem Sinne ist auch Kommerells (*Jean Pauls Verhältnis zu Rousseau. Nach den Haupt-Romanen dargestellt*. Marburg a. L. 1924, S. 149) – zweifellos im ontologisierenden Geschlechterdiskurs seiner Zeit befangene – Begründung des von Rousseau entworfenen und am Vorbild des sterbenden Sokrates orientierten Modells der *Freundinnen*schaft nicht ohne weiteres von der Hand zu weisen, sondern eher gründlich zu revidieren. Er will zeigen, daß »nur der schmiegsamere Stoff des Weiblichen, der jeder Regung nachschwingt und völlig überfließt in das andere Wesen bis zur Verwechslung von Ich und Du, [...] seiner Liebessehnsucht wie auch seinem Freundschaftsbedürfnis vollen Ausdruck verleihen [könne], weil diese weiblichen Gestalten nicht das unentrinnbar feste Gefüge ihrer selbst besitzen wie die männlichen«.

28 Dieser Hinweis findet sich in einem Brief Jean Pauls an Ernestine Voß vom 7. November 1823 (SW III/8, 243).

29 Jean Starobinski: *Montaigne. Denken und Existenz.* Aus dem Französischen von Hans-Horst Henschen. Frankfurt a. M. 1986 (Orig.: Paris 1982), S. 64-89; hier: S. 79.

die von Jean Paul exponierte Freundschaft mit einer Toten kann ein Modell der (männlichen) Freundschaft, das deren Autonomie im Augenblick des gegenseitigen Erkennens und Anerkennens der je eigenen Individualität begründet – »weil er es war, weil ich es war«[30] –, jedoch keineswegs übertragen werden. Seine identitätsstiftende, auch den Tod überdauernde Freundschaft mit La Boétie habe sich für den Freund Montaigne – so heißt es im Essai *De L'Amitié* – bereits über den bloßen Klang der Namen hergestellt, ohne das Äußere des anderen je vorher gesehen zu haben. Montaignes Begründung einer Selbstkonstitution durch das »andere Ich«, den toten Freund, dessen Schrift als ›blinder Fleck‹ im Zentrum der *Essais* steht und deren symmetrische Gestalt markiert, kann für die überlebenden Freundinnen Jean Pauls dagegen nicht gedacht werden; denn selbst im Augenblick der Trauer bleiben sie auf ihre Körperlichkeit verwiesen. Jean Paul offeriert also nicht ein Modell des Identitätsgewinns durch die im Namen des toten Freundes freigesetzte Metaphernfülle diggressiven Schreibens, sondern das des weiblichen Selbstverlusts durch physische Angleichung an die sterbende bzw. tote Freundin oder Mutter.

V.5. »Beweis des Gedächtnisses«: Das Vorbild Rousseau (*La Nouvelle Héloïse*)

Jean Pauls Metapher von der toten Freundin steht insofern von Anfang an im Zeichen einer Theorie des Gedächtnisses, die er explizit am Ende des *Selina*-Fragments entwickelt und – vermittelt über den zeitgenössischen Diskurs über Magnetismus und den der Hysterie – ins Bild des Sterbelagers setzt. Dabei wird die Perspektive Edward Youngs, dem das Sterbebett als ein Ort der anbrechenden Wahrheit schien,[31] bei Jean Paul irritiert: Das Sterbelager ist in der *Selina* – mit einer Reminiszenz

30 »par ce que c'estoit luy; par ce que c'estoit moy.« Michel de Montaigne: *Essais* [*De l'Amitié*; Livre I, Chapitre XXVIII]. In: *Œuvres complètes*. Hrsg. von Albert Thibaudet und Maurice Rat. Einführung und Anmerkungen von Maurice Rat. Paris 1962, S. 181-193; hier: S. 187; dt. Übers.: *Essais (Versuche)* nebst des Verfassers Leben nach der Ausgabe von Pierre Coste ins Deutsche übers. von Johann Daniel Tietz. Erster Theil. (*Von der Freundschaft*: XXVII. Hauptstück). Zürich 1992, S. 320-347; hier: S. 332.

31 »*Here* tir'd *Dissimulation* drops her Masque, / Thro' Life's Grimace, that Mistress of the Scene«. – Er sagt, daß, »die müde Verstellung, diese Meisterinn auf der Bühne in dem Geberdenspiele des Lebens! ihre Larve fallen« läßt. Young: *Nachtgedanken*, Bd. 1, S. 186 f. (Herv. i. Orig.).

an Rousseaus elften Brief am Schluß der *Nouvelle Héloïse* – ausdrücklich als Inszenierung ausgewiesen: Dort teilt die beste Freundin der sterbenden Julie, Claire d'Orbe, während ihrer Nachtwache mit der Sterbenden – weil diese es so wünscht – das (Sterbe-)Bett,[32] auf eine Weise, die als eine Entkörperung, als ein Prozeß physischer Identifikation Claires mit der Sterbenden bezeichnet werden kann, die schließlich in den Zustand hysterischer Raserei mündet: »ich sehe beide Freundinnen regungslos einander in den Armen halten; die eine in Ohnmacht, die andre im Sterben«,[33] so lautet die teilnehmende Beobachtung und der Bericht des Monsieur de Wolmar an St. Preux. Nach dem letzten Seufzer Julies – so fährt der Briefschreiber fort – sei Claire »völlig von Sinnen« gewesen, »wälzte sich auf dem Boden herum, rang die Hände und biß in die Stuhlbeine«.[34] Von einer Änderung ihrer Lage, die Claire aus dem Zustand dieses hysterischen Scheintods schließlich herausführte, habe man erst sprechen können, als Henriette, die Tochter der Verstorbenen, diese imitiert, sich so ähnlich wie möglich gekleidet und – mit der Absicht, die untröstliche Freundin der toten Mutter zu heilen – diese darzustellen begonnen (»Henriette war stolz darauf, daß sie ihre kleine Mama darstellen sollte«)[35] und sie mimisch ins Leben zurückzuholen gesucht habe.

Jean Pauls Rezeption dieser – auch bei Rousseau in ein Gespräch über Seelen-Unsterblichkeit eingebundenen – Sterbeszene geht allerdings über sein Vorbild entscheidend hinaus. Die zentralen Merkmale der Rousseauschen Gestalten – Freundin und Tochter der Verstorbe-

32 »Qu'en dis-tu, Cousine? mon mal ne se gagne pas, tu ne te dégoûtes pas de moi, couche dans mon lit.« »Meine Krankheit ist nicht ansteckend, du ekelst dich nicht vor mir; schlaf in meinem Bette!«. Rousseau: *La Nouvelle Héloïse*, (Sixième partie; Lettre XI), S. 710; dt. Übers.: *Julie oder Die neue Héloïse*, (6. Teil; 11. Brief), S. 746. Vgl. in anderem Kontext auch das Kapitel »Deathbed scenes« bei Elisabeth Bronfen: *Over Her Dead Body. Death, feminity and the aesthetic.* Manchester 1992, S. 76-94; hier: S. 79 ff.; vgl. auch Uli Wunderlich: *»Sarg und Hochzeitsbett so nahe verwandt!« Todesbilder in Romanen der Aufklärung*. St. Ingbert 1998.

33 »je vois les deux amies sans mouvement, et se tenant embrassées; l'une éanouie, et l'autre expirante«. Rousseau: *La Nouvelle Héloïse*, S. 733; dt. Übers.: Gellius (Hrsg.): *Julie oder die neue Héloïse*, S. 770.

34 »tout-à-fait hors de sens«; »se roûlant par la chambre en se tordant les mains et mordant les pieds des chaises [...]«. Rousseau: *La Nouvelle Héloïse*, S. 734; dt. Übers.: Gellius (Hrsg.): *Julie oder die Neue Héloïse*, S. 771.

35 »Henriette, fiere de répresenter sa petite Maman«. Rousseau: *La Nouvelle Héloïse*, S. 739; dt. Übers.: Gellius (Hrsg.): *Julie oder die Neue Héloïse*, S. 776.

nen – werden bei Jean Paul letztlich in einer einzigen Person, der Protagonistin Selina, vereint und in einen »Beweis des Gedächtnisses« (I/6, 1233) überführt, der das metaphorische Vokabular für Freuds und Breuers therapeutische Ausführungen über die nebeneinander existierenden »zwei Bewußtseinszustände«[36] gleichsam vorbuchstabiert. Die Rede über eine Sympathie mit den Toten gehört durchaus zu den Themen der Zeit: Adam Smith deklariert sie entschieden als eine »Täuschung unserer Phantasie«, als ein Verfahren der Einbildungskraft, die versuche, »unsere eigene lebende Seele in ihren [d. h. der Toten] unbeseelten Leichnam« einzuquartieren und uns dann die Gefühle vorzustellen, die »wir in dieser Lage haben würden«.[37] Smith läßt keinen Zweifel daran, daß eine solche Täuschung die Tatsache lediglich verhülle, daß sich der Tod und – bei aller Freundschaft – auch der Tod der anderen nun einmal nicht erleben läßt. Und doch zögert der Erzähler im Fragment nicht, Selinas am Sterbebett der Mutter entstandenen Wunsch, ihr nachzusterben (I/6,1214), buchstäblich Gestalt annehmen zu lassen. Physiognomische Reminiszenzen wie etwa die der verwandtschaftlichen Ähnlichkeit im Tode[38] mögen dabei eine gewisse Orientierung gegeben haben, ohne daß sie Selinas Darstellungskraft erklären könn-

36 Besonders auffällig sind die Parallelen zu der von Breuer protokollierten Krankengeschichte (Frl. Anna O...). Vgl. Sigmund Freud/Josef Breuer: *Studien zur Hysterie*. Frankfurt a. M. 1979 (7. Aufl.), S. 20-40; hier: S. 38 f. – Anke Bennholdt-Thomsen hat die Freud-Antizipation der literarischen Traumtheorien bereits für das 18. Jahrhundert belegt. Vgl. dies.: *Auffassung und Verwendung des Traums in der deutschen Psychologie und Literatur vor 1800*. In: *Jahrbuch für Verstehende Tiefenpsychologie und Kulturanalyse* 5 (1985), S. 65-74.

37 Adam Smith: *The Theory of Moral Sentiments* (Part I, Chap. I: *Of Sympathy*). In: *The Works of Adam Smith LL.D. with an Account of His Life And Writings* by Dulgald Stewart, 5 Bde., Bd. 1. Reprint of the Edition 1811-1812. Aalen 1963, S. 1-10; hier S. 9 f. – Dt. Übers.: Adam Smith: *Theorie der ethischen Gefühle oder Versuch einer Analyse der Prinzipien, mittels welcher die Menschen naturgemäß zunächst das Verhalten und den Charakter ihrer Nächsten und sodann auch ihr eigenes Verhalten und ihren eigenen Charakter beurteilen*. Nach der Auflage letzter Hand übersetzt und mit Einleitung, Anmerkungen und Registern hrsg. von Dr. Walther Eckstein, Bd. 1 (1. Teil, 1. Kap.: »Von der Sympathie«). Leipzig 1926, S. 1-9; hier: S. 9: »illusion of the imagination«; »from our putting ourselves in their situation, and from our lodging, if I may be allowed to say so, our own living souls in their inanimated bodies, and thence conceiving what would be our emotions in this case«.

38 Lavater: *Physiognomische Fragmente*, Bd. 2, 1776, S. 33-35.

ten, die sich auf höchst ambivalente Weise Ausdruck verschafft: Ihre mimetische Angleichung an die Gestalt der Mutter im Tode ist vom gleichzeitigen Versuch, deren Sterben mimisch zu revidieren, nicht zu trennen. Sie wird insofern gleichermaßen zur Darstellerin des Lebens wie auch zur Darstellerin des Todes: Der Erzähler berichtet, daß Selina das »blaue Kleid« der Mutter Gione trug und überhaupt »alle Kleider derselben, soweit es nur angehe, immer vorziehe« (I/6,1130). Als einzige Zeugin an deren Sterbebett sind ihr andererseits die Todesmale der Verstorbenen ins Gesicht deutlich eingesenkt: Dessen Konturen schwinden, die individuellen Züge ihres jugendlichen Antlitzes mit dem »Blütenweis der Wangen« (I/6, 1130) verzerren sich zum Totenschädel:

> So blühte nun ihr schönes Angesicht immer mehr ab oder vielmehr zurück, und die Rosen ihrer Wangen zogen sich zu zwei hellroten Knospen zusammen und die Lilien breiteten sich aus; nur die Augen nahmen immer mehr Glanz und Verklärung an [...]. (I/6,1214).

Es kann geradezu als ein Gegenentwurf zu Rousseau aufgefaßt werden, daß die in der Selina-Gestalt gedoppelte Darstellung des Lebens und des Todes nicht ins Zeichen der Fortdauer der Seele, sondern in das der Vernichtung gesetzt wird. Ihre Mutter, die sie im Traum »auf ihrem letzten Ruhelager immer bleicher werden« (vgl. im folg. I/6,1198 f.) sah, bezeugt im (geträumten) Sterben, daß mit dem Tod »alles aus [ist], auch der Tod und das Nichts«. Zwar wird dieser Traum von Selina selbst für »unwahr« erklärt, damit aber das Unfaßbare dieses Gedankens nicht mehr aus der Welt geschafft: daß die Existenz Gottes, die »fort durch die Ewigkeiten« glänze, noch lange nicht die individuelle Fortexistenz der Menschen verbürge (»ich bin zunichte gemacht«).

V.6. »Sonnen- und Seelenfinsternis«: Bilder des Traumgedächtnisses

Wenn die »zweite Welt« im Anschluß an diese erzählerische Handlungszäsur dennoch weiterhin gedacht wird, so nur deshalb, weil der Erzähler sie in das »ungeheure Reich des Unbewußten, dieses wahre innere Afrika« (I/6,1182) verlagert. In einer parodierenden Wiederaufnahme der literarischen Tradition einer Korrespondenz von Verstorbenen mit deren noch lebenden Freunden spricht Jean Paul vom magnetischen Schlaf als dem »Missionar einer zweiten Welt« (I/6,1169). Die zentrale und vieldiskutierte Frage des Wiedersehens und Wiedererkennens nach dem Tode wird nun ausdrücklich vom Gesandtschaftsrat Alexander, der als »Teufelsadvokat« (vgl. auch im folg. I/6,1232) am

Gespräch über die Unsterblichkeit teilnimmt, an die menschliche Gedächtnisleistung geknüpft, zu der schließlich »doch einiges Gehirn« vonnöten sei, von dem man ebensowenig wie von der »Erinnerung des hiesigen Lebens« wisse, wie es »unbegraben durch das Totenmeer durchkommen« solle. Jean Paul, die Figur des Ich-Erzählers im *Selina*-Fragment, nimmt nun zum ›Beweis‹ der Fortdauer der Seele das Bild des Gedächtnisses auf und analogisiert die Zustände des Wachens und Schlafens mit denen des Erinnerns und Vergessens, schließlich mit denen einer partialen und totalen »Sonnen- und Seelenfinsternis« (I/6,1168) im Sinne einer metaphorischen Beschreibung für den Schlaf und den Tod. Seine Argumentation stützt sich auf die Analogie dieser Zustände und auf die logische Schlußfolgerung, daß die Wiederholbarkeit von Erinnern und Vergessen einem durchaus alltäglichen Prozeß entspricht, der beweise, daß »dem Geiste der Inhalt ebensooft entschwunden und ebensooft wiedergekehrt sei« (I/6,1234). Vermittelt über das Beispiel der Hellseherin Selina, deren magnetischer Schlaf von der Erzähler-Figur Jean Paul nicht nur erzählt, sondern im Handlungsgeschehen initiiert und bewacht wird, schließt er (mit deutlicher Reminiszenz an Bonnets *Palingenesie*) auf die mögliche Existenz eines »ätherische[n] zweite[n] Gehirn[s]« (I/6,1235): Dieser Schlußfolgerung ist gedanklich die Frage vorausgesetzt, woher denn die Hellseherin ihr »Wundergedächtnis« (I/6,1235) habe, »woher denn ihr Erinnern so wie ihr Vergessen komme, jenes, das in die Fernen und Nächte ihres Lebens [...] reicht, und ihr Vergessen, da nach dem Schlafe sich das Auge *wie eine Theaterversenkung* oder wie ein Erdfall auftut und alle die neuen Reiche des Lebens verschlingt« (I/6,1235 f.; Herv. S. E.). Jean Paul beläßt beide Vorstellungs- bzw. Bewußtseinsebenen – auch darin ist er ein Vorläufer Freuds – in der Bühnenmetaphorik: Ihm geht es nicht um die Konstatierung der anbrechenden Wahrheit in der anderen Welt, die Edward Young am Sterbebett beginnen läßt, sondern um die analoge Erschließung eines zweiten »ätherischen Gehirns«, das für ihn in letzter Konsequenz nicht von dieser Welt ist und den Anthropologen Jean Paul schließlich doch als Metaphysiker ausweist. Während es ihm aber in seiner frühen Unsterblichkeitsschrift um »moralische Indizien«[39] ging, wenn er die »Empfindungen der Liebe und Freundschaft in uns« (II/2,790) zum Beweis für die Fortdauer der Seele anführte, steht im letzten Werk, dem *Selina*-Fragment, deren Bewußtseinsstruktur und nicht deren bloß körperliche oder moralische Beschaffenheit im Zentrum des Interesses.

39 Hans-Jürgen Schings: *Der anthropologische Roman*, S. 247-275; hier: S. 264.

Schellings Clara hatte »aller Wünsche letztes Ziel«[40] dort angesetzt, wo in der Nacht »ein Licht aufginge, daß Ein nächtlicher Tag und Eine tagende Nacht uns alle umfinge«; ein »wachendes Schlafen oder schlafendes Wachen« nennt er diesen Zustand, den er nicht im Tod verortet, sondern jenseits des Todes, in einem Zustand, der »das höchste, durch kein Erwachen unterbrochene Hellsehen seyn« werde. Sein Bild geht insofern entscheidend über Jean Pauls frühe metaphorische Umschreibung der anderen Welt als einer Überwindung der »lokale[n] Sonnenfinsternis«, die »mit einem nachblitzenden Tage beschliesset« (II/2,798), hinaus, als es den magnetischen Schlaf, den Zustand des Schlafwachens in alle Ewigkeit perpetuiert.

Der späte Jean Paul des *Selina*-Fragments akzentuiert mit seiner Rede vom »ätherischen Gehirn« diese Metaphorik, wenn er über das ›Medium‹ Selina äußert: »Aber im Schlafwachen war die Luna eine Sonne« (I/6,1220). Inhaltlich bezieht sich diese Aussage auf die erwartete Ankunft des von ihr (auf Distanz) geliebten Henrion am 2. August 1822, einem Datum, das zugleich als dessen Geburtstag und – in der Anmerkung – als Tag einer großen Mondfinsternis ausgewiesen wird.

Das analoge Bild einer Sonnenfinsternis, jenes Augenblicks also, in dem das Licht der Sonne die Scheibe des Mondes, der sie bedeckt, zum transparenten Leuchten bringt, ist in der Sterbeszene der Liane im *Titan* bereits *in nuce* vorgezeichnet; und deren Requisiten – wie der Braut- und Leichenschleier Lianes – sind dem Inventar der *mors mystica* entnommen. Auch Lianes Sterben ist kosmologisch konnotiert, und Jean Paul setzt sie in ein Bild des Himmels, das nicht – wie in den meisten Liane-Passagen des Romans – vom Licht des Mondes beherrscht wird, sondern zum ersten Mal ausdrücklich ins Zeichen der Sonne tritt:

> Auf einmal, als die Sonne die Wolken wie Augenlider aufschlug und hell herunterblickte, erschütterte sich die stille Gestalt; Sterbende sehen doppelt, sie sah zwei Sonnenkugeln und rief, an die Mutter geschmiegt: »Ach Mutter, wie groß und feurig sind seine Augen!« – Sie sah den Tod am Himmel stehen. »Bedecket mich mit dem Leichschleier« (flehte sie ängstlich) – »meinen Schleier!« Ihr Bruder griff nach ihm und deckte damit die irren Augen [...] zu; auch die Sonne zog schonend wieder das Gewölke über sich (I/3,536).

Der metaphorische Bruch in dieser Sterbeszene ist kaum ohne die Verbindungen zu verstehen, die sie mit zahlreichen anderen Textstellen des

40 Vgl. auch im folg. Schelling: *Ueber den Zusammenhang der Natur mit der Geisterwelt*, S. 160 f.

Romans eingeht. Erst vor dem Hintergrund des Hesperiden-Mythos im Roman erhält der 35. Zykel seinen Sinn, in dem Albano – der als Herkules beschrieben und also der Sonne zugeordnet wird – »nach dem östlichen Park des Ministers [des Vaters der Liane] abreisete, um den Durchgang des Hesperus und Venussternes, aber *nur durch den Mond*, zu observieren« (I/3,177; Herv. S. E.). Statt dessen erscheint die blinde Liane im Licht des Mondes vor Albanos Auge, das einem »Seh-Rohr« verglichen wird. Die voyeuristische Qualität dieses Beobachtungsstandpunkts wird durch den Umstand noch verstärkt, daß es Albano so scheint, als sehe diese Blinde, die »im Augenblick des Vergessens ihrer Blindheit niederblickte«, auf ihn, den Beobachter, der selbst verschiedentlich im Roman mit einem Hohlspiegel verglichen wird; z. B. mit jenem verzerrenden Spiegel, den Liane flieht, um sich dem geliebten Mond, dem lichten Antlitz der toten Freundin Karoline, zuzuwenden. Die Konstellation des verdeckten Sehens und Gesehenwerdens ist für die Sterbeszene der Liane insofern zentral, als der verhüllte und instrumentalisierte Blick Albanos der bräutlichen Liane wahrhaft vor Augen geführt wird und ihr damit – wenngleich erzählerisch modifiziert als Todesblick von Sonnenkugeln – erstmals zu ›Bewußtsein‹ kommt. Allerdings wird dieses ›Sehen‹ Lianes, das ihre Blindheit gegenüber dem Gesehenwerden für den Augenblick des Sterbens außer Kraft setzt, umgehend durch die Sehende selbst revidiert, indem sie sich erneut zur Blinden macht und ihre »irren Augen« mit dem »Leichenschleier« (I/3, 536) bedecken läßt. Der Zustand des momenthaften Selbstbewußtwerdens einer sich angeblickt Wissenden, die sich selbst fortwährend als einen bloßen Traum bezeichnet (»Je ne suis qu'un songe« (I/3,434; 535)), markiert das Zu-sich-selbst-Kommen dieses Traums, der sich blind stellt, um weiterhin unschuldig bleiben und die reine Selbst-Abwesenheit verkörpern zu können. Dieser Zustand ist jenem Halbtraum vergleichbar, den Jean Paul in seiner Theorie des Traums benennt. Er sei dem Zustand analog, in dem man »im Bewußtsein des nichtigen Bestandes [sich] vor den Spiegel stell[t] und flüchtend sag[t]: ›Ich will sehen, wie ich im Spiegel mit geschloßnen Augen aussehe.‹«[41] Das so erzeugte »Irresein« der unbedeckten Liane bezeichnet den Augenblick, den der Erzähler – erotisch konnotiert und indirekt den latenten Wunsch Albanos vom Durchgang des Hesperus durch die *Sonne* aufnehmend – ein weiteres Mal metaphorisiert, indem er die tote Freundin Karoline »wieder wie ein[en] aufgegangene[n] Mond über das ganze dunkle Sterben« (I/3,537) schimmern läßt.

41 Jean Paul: *Blicke in die Traumwelt* (II/2,1036).

Die einer Sonnenfinsternis analoge Kongruenz von Abend und Morgen und der Zusammenfall der Jahreszeiten Herbst und Frühling[42] evoziert nicht zufällig das apokalyptische und für den 1801 entstandenen Text *Über den Tod nach dem Tode* zentrale Bild der »Mondsonne«,[43] das im späten *Selina*-Fragment erst seine umfassende Bedeutung erhält. Dieser Text berichtet von einem Träumer, der sich in einen Zustand *nach* dem Abschied aus der hiesigen Welt und *vor* dem »Tod in der letzten zweiten Welt« träumt: In der sterbenden Zwischenzeit umgeben ihn noch »tausend Mondsonnen« mit einem Menschenantlitz, die »uns bloß mit einem Mondlicht ansahen« und die »eine nach der andern [...] bloß in der Höhe unbegreiflich unter[gingen], aber an keinem Erdenrand und vorher ihre eigne Abendröte« wurden. Auch die magnetistische Séance Selinas, die immer kurz vor Sonnenuntergang stattfindet, wird – vermittelt durch den Magnetiseur »Jean Paul«, den sein Medium Selina dreimal als »Johannes« anruft – ins Zeichen der Apokalypse gestellt.[44] Als Morgenstern – Jean Paul wollte sie bei Sonnenaufgang sterben lassen, und sie tut »mit dem letzten Sonnenblicke [...] ihre Augen auf« (I/6,1220) – kündigt sie die Sonne an und verweist somit (in barocker Tradition) auf Johannes den Täufer, den »Vorläuffer« Christi.[45] (Die Liane-Gestalt wird ebenfalls in diesen religiösen Kontext eingebunden, wenn sie von Albano wie Christus von Johannes geküßt wird (I/3,352). Dieses Bild erklärt zugleich den ihm vorangehenden Wunsch Lianes, Gott möge »mich dir [Albano] immer erscheinen [lassen] wie mir Karoline« (I/3,351). Eine solchermaßen intendierte ›Erbfolge‹ der Visionäre geht kaum auf eine Identifizierung von Freundschaft und Liebe aus; sie verweist vielmehr auf die Wünschende als ein Körper-Zeichen selbst zurück: Ihre (liebende) Anwe-

42 Vgl. I/3,535; Anm. 1. Dort heißt es »Sie sieht das Herbstlaub«, während in derselben Szene (S. 537) von einer »kleine[n] Mainacht« geredet wird.

43 Jean Paul: *Über den Tod nach dem Tode* (I/6,169).

44 Im Register Jean Pauls gibt es unter dem Artikel »Name« die Eintragung: »John, Johanes, Jean, Juan, Ivan, Giovanni gleich«. Vgl. Müller: *Exzerpte*, S. 316. Möglicherweise wäre auch der Name »Gione« hier einzureihen.

45 Vgl. hierzu Dietrich Walter Jöns: *Das »Sinnen«-Bild. Studien zur allegorischen Bildhaftigkeit bei Andreas Gryphius.* Stuttgart 1966, S. 159. Den Hinweis auf Jöns' Gryphius-Interpretation verdanke ich einer beiläufigen Bemerkung bei Esselborn: *Das Universum der Bilder*, S. 209. Bei Gryphius heißt es im zweiten Buch, im XVII. Sonnett *Auf den tag Johannes des Täuffers (Luc. 1)*: »Der güldne morgenstern dringt durch die trübe nacht; / Nah ist die gnaden-sonn [...].« (Vgl. ders.: *Werke in drei Bänden mit Ergänzungsband.* Hrsg. von Hermann Palm. Darmstadt 1961, S. 81).

senheit evoziert ihren eigenen nahe bevorstehenden Tod – als eine fortgesetzt potentielle Anwesenheit im Gedächtnis Albanos.)

»Johannes«, so ruft Selina beim ersten Magnetisieren jenen »Jean Paul« an, nachdem ihre »großen Lichtaugen« sich »wie gestorbne selber zu[gedrückt]« (I/6,1219) haben: »›Johannes, sage mir *alles* wieder nach meinem Erwachen! Die Sonne ist schon mit halber Scheibe eingesunken; Johannes, bringe mich, *jedesmal* an die Stelle, in dieser Stunde, damit ich erwache, wenn die Sonne scheidet – –‹« (Herv. S. E.). Die Passage wiederholt das Bild der sterbenden Zwischenzeit, indem dieses erste Magnetisieren an den Anfang einer Kette von Sonnenuntergängen gesetzt und somit eschatologisiert wird (»bringe mich *jedesmal* an die Stelle«). Darüber hinaus steht diese Szene im Zeichen eines paradoxen Sprechens, das ohne Distanz zum ›Gesehenen‹ ist und zugleich das Gesehene in Worte faßt, die es selbst weder erinnert noch versteht. Das unbewußt sehende Sprechen Selinas bedarf eines Gedächtnisses, das ihr »alles wieder« sagt. Die von der Erzählerfigur übernommene Stellvertreterfunktion für das abwesende Bewußtsein Selinas, eines Gehirns, das als der »erste Mitarbeiter des Traums« (II/2,1042) auf die verstehende Wiederholung der Vergangenheit verpflichtet ist und dessen gegenwärtige Aktivität protokolliert, tritt zugleich in die Verantwortung eines Zukunftsentwurfs, der das »ätherische zweite Gehirn« auf ästhetischer Ebene antizipiert: Der Erzähler entziffert das ›Medium‹ der zweiten Welt, er dechiffriert Selinas blindes Sprechen, um ihr im Akt des Erzählens die Augen aufzutun und ihm Sinn zu geben.

VI. ›Sehen im Wort‹. Benjamins Umwertung von Kommerells *Jean Paul*: Epilog

Die mit Wolfdietrich Raschs Untersuchung zur »Erzählweise«[1] Jean Pauls einsetzende Tendenz hin zur Entdeckung des Metaphorikers Jean Paul war in der Tat überfällig. Die Wirkung (nicht das Verfahren) seiner vielzitierten Untersuchung wurde jedoch bereits früher durch Walter Benjamins Kommerell-Rezension von 1934 (*Der eingetunkte Zauberstab*)[2] vorbereitet. Daß diese von der Jean-Paul-Forschung selten anders als im irritierten Zitat herangezogen wurde, hat seinen Grund nicht zuletzt darin, daß die in ihr mittransportierte Würdigung eines ideologischen Gegners nicht immer verstanden werden wollte. Eckart Goebel hat diesen Sachverhalt im Rahmen eines Exkurses seiner 1999 erschienenen Arbeit *Am Ufer der zweiten Welt*[3] deutlich gemacht und Benjamins vergleichsweise nachsichtigen Umgang mit Kommerells Jean-Paul-Studie darauf zurückgeführt, daß es dem Rezensenten weniger um eine Kritik dieses Verfassers als um die Darlegung seiner eigenen Interpretation gegangen sei. In Goebels Exkurs bleibt es bei dieser überzeugenden Prämisse, die von ihm im weiteren allerdings nicht ausgeführt wird. Sie eröffnet den Weg zu einer bisher versäumten Lesart, die den Grund für Benjamins differenzierte Kommerell-Lektüre eher im interpretatorischen Verfahren des Rezensenten selbst als in seinen Urteilen sucht. In den Interpretationsradius Benjamins gehört neben der Kommerell-Kritik und -Würdigung und neben dem kritischen Bemühen, Jean Paul auf dem ›Vordergrund‹ Nietzsches zu lesen, auch der Vorschlag, den ›Allegoriker‹ im Kontext der Moderne zu interpretieren. Nicht der dichterische ›Charakter‹ Jean Pauls, sondern seine Darstellungsweise, die sich wiederholt selbst als eine malerische zu präsentieren sucht, rückt somit ins Zentrum der Kommerell-Rezension Ben-

1 Rasch: *Die Erzählweise Jean Pauls*, S. 82-117.

2 Benjamin: *Der eingetunkte Zauberstab. Zu Max Kommerells »Jean Paul« (1934)*. In: *Gesammelte Schriften*. Unter Mitwirkung von Theodor W. Adorno und Gershom Scholem hrsg. von Rolf Tiedemann und Hermann Schweppenhäuser, Bd. III (hrsg. von Hella Tiedemann-Bartels). Frankfurt a. M. 1980, S. 409-417 (im folg. zit. als GS Band, Seite).

3 Goebel: *Am Ufer der zweiten Welt*, a.a.O., 1999.

jamins. Diese Fokussierung orientiert sich zunächst eng an Kommerells Hervorhebung der sprachlichen »Ausdrucksgebärde«.[4] Paul Fleming hat in seiner Studie *Max Kommerells Gattungspoetik in »Jean Paul«* auf diesen Terminus als Bestimmung der performativen Seite der Sprache hingewiesen und deutlich gemacht, daß Kommerell die innovative Integration dieser Ausdrucksgebärden in den Roman seines Autors klar gesehen habe. Deren Gebrauch – so Fleming – erwachse aus Jean Pauls Humorbegriff und vollziehe »eine für die Gattung spezifische Spracherneuerung«.[5] Flemings sprachtheoretisch orientierter Ansatz ist mit Blick auf die Frage nach einer optischen Metaphorik der Unsterblichkeit im poetischen Verfahren Jean Pauls zweifellos wichtig. Allerdings bleibt Benjamins Rezension in seinem Aufsatz unerwähnt, und er verzichtet auf eine vergleichende Rückbindung des Kommerellschen Neuansatzes an die Humorparagraphen in der *Vorschule der Ästhetik*.[6] Hier eröffnet sich ein Ausblick, dessen Skizzierung die vorliegende Arbeit abschließen soll: Ihr kann vorausgesetzt werden, daß Benjamins Rezension ihre Argumente nicht nur aus der zeitgenössischen kulturpolitischen Auseinandersetzung, sondern auch aus dem Sinnesdiskurs im 18. Jahrhundert bezieht. Die folgende Analyse dieses Textes legitimiert sich zum einen durch den Stellenwert, der ihm zukommt, und sie resümiert, daß Benjamins methodisches Verfahren auch heuristisch für die vorliegende Interpretation in Anspruch genommen werden kann.

Max Kommerells Wertung, daß Giannozzo der »männlichste, unbedingteste, aber auch liebloseste aller Humoristen Jean Pauls«[7] sei, hat die Forschung nicht weniger nachhaltig beeinflußt als Benjamins Charakterisierung Kommerells als eines Interpreten, der – so Eckart Goebels abschließender Befund – Jean Paul ungewollt »als einen Modernen gezeichnet [habe], der nicht mehr der untergehenden Sonne nachsieht,

4 Kommerell: *Jean Paul*, S. 31.

5 Paul Fleming: *Die Moderne ohne Kunst. Max Kommerells Gattunspoetik in »Jean Paul«*. In: *Max Kommerell. Leben – Werk – Aktualität*. Hrsg. von Walter Busch und Gerhart Pickerodt. Göttingen 2003, S. 54-73; hier: S. 62 f.

6 Diese Vermittlung wird auch in Flemings Monographie – soweit ich sehen kann – nicht angestrebt; allerdings setzt der Autor bei Georges Hochschätzung von Jean Pauls nichtreferentieller Sprache des Traums an: Vgl. ders.: *The Pleasures of Abandonment. Jean Paul and the Life of Humor*. Würzburg 2006., bes. S. 88 ff. – Seine Studien können sich auf Hans-Michael Speiers frühe Arbeit stützen: *Die Ästhetik Jean Pauls in der Dichtung des deutschen Symbolismus*. Frankfurt a. M. 1979.

7 Kommerell: *Jean Paul*, S. 319.

sondern bereits in der Welt nach deren Untergang steht«.[8] Goebels Urteil bezieht sich explizit auf den Schluß der Benjamin-Rezension, in der es heißt: »Am Himmel aber geht die Sonne unter. So hat Lyser einmal die Landschaft gemalt, in deren buntem Feuer die Gestalten Jean Pauls wandeln und sich verwandeln. *Bei Kommerell zeichnet das Dichterhaupt nackt vor dem grauen Hintergrund der Ewigkeit sich ab.*«[9] Gerade dieses Bild zeigt, daß Benjamin neben den verschiedenen anderen Interpretationsebenen, die seine Rezension umfaßt, besonders die Ansicht eines Autors herauszustellen bemüht ist, dessen Verfahren im Kontext eines poetischen Denkens zu lesen ist. Bisher wurde m. W. nicht gesehen, daß Benjamins Kommerell-Lektüre in diesem allegorischen Bild Nietzsches heroische Metapher des Luftschiffers im fünften Buch der *Morgenröthe* integriert und es zugleich verändert, indem er ihm sein Pathos nimmt:

> *Wir Luft-Schifffahrer des Geistes*! [...] Wohin reisst uns dieses mächtige Gelüste, das uns mehr gilt als irgend eine Lust? Warum doch gerade in dieser Richtung, dorthin, wo bisher alle Sonnen der Menschheit *untergegangen* sind? Wird man vielleicht uns einstmals nachsagen, dass auch wir, *nach Westen steuernd, ein Indien zu erreichen hofften*, – dass aber unser Loos war, an der Unendlichkeit zu scheitern? Oder, meine Brüder? Oder? –[10]

Mit Hilfe einer diese Nietzsche-Passage indirekt verkehrenden Zitation also markiert Benjamin die (ideologisch bedingte) Ambivalenz des Jean-Paul-Interpreten Kommerell. Diese verlaufe zwischen einer »Diffamierung des Denkens selbst«,[11] die aus dessen Deutung der humoristischen Praxis im Sinne der »Gefahr einer philosophisch überreizten Selbstbesinnung« (Kommerell)[12] abzulesen sei, und seiner Tendenz,

8 Goebel: *Am Ufer der zweiten Welt*, S. 153-157.
9 Benjamin: *Der eingetunkte Zauberstab*, GS III, S. 417; Herv. S. E.
10 Friedrich Nietzsche: *Morgenröthe. Gedanken über die moralischen Vorurtheile*. In: *Friedrich Nietzsche. Kritische Studienausgabe in 15 Einzelbänden*. Hrsg. von Giorgio Colli und Mazzino Montinari, Bd. 3 (= Stück 575). München 1988, S. 331 (Herv. i. Orig.). Die entsprechenden Stellen im *Zarathustra* hat Anke Bennholdt-Thomsen (*Nietzsches »Also sprach Zarathustra« als literarisches Phänomen. Eine Revision.* Frankfurt a. M. 1974) im Horizont der Rhetorik interpretiert. Vgl. ebd. vor allem die Paragraphen 23, S. 51 f. (»Der Geist der Schwere«) und 24, S. 52 (»Die Überwindung des Geistes der Schwere«); vgl. ebenso § 91-93, S. 157-164.
11 Benjamin: *Der eingetunkte Zauberstab*, im folg. S. 413.
12 Kommerell, zit. nach ebd., S. 413.

»entschlossener seinen Dichter in die Nähe Nietzsches« zu rücken und somit zumindest »dem Humor nach seiner destruktiven Seite gerecht zu werden«.[13]

Die Ursachen dieses Schwankens hat Benjamin kenntlich zu machen versucht. Seine differenzierte Lektüre, die sich auch auf Kommerells Auffassung des Luftschiffers beruft, könnte insofern erklären, daß dessen charakterisierende Beschreibung mit den Superlativen der ›Männlichkeit‹, ›Unbedingtheit‹ und ›Lieblosigkeit‹, die die Attacke des Jean-Paul-Interpreten gegen gängige Erwartungen an einen ›warmen‹ Humor leitet, noch in derselben Passage von der Diagnose des ›kalten‹ Denkens auf die auch der ›kalten‹ Wahrnehmung übertragen wird:

> Er ist der männlichste, unbedingteste, aber auch liebloseste aller Humoristen Jean Pauls, und widerlegt die bürgerliche Behauptung, der echte Humor habe immer auch Wärme und Güte. [...] [E]ine humoristische Vogelschaulandschaft! Das Bewusstsein des Humoristen, das die Welt *willkürlich zu einem leeren Zugleich des Verschiedenartigsten entgliedert*, – hier erdenkt es nicht bloß, hier sieht es sein absurdes Credo: »Drunten ... stieg ein Dieb in eine Kirche ein – unweit davon stieg ein Mönch aus einem Kloster als Selbstdieb heraus – in den Wald liefen Wilddiebe – auf dem Felde Wächter gegen das diebische Wild – ferner Reisende – Sentimentalisten usw. Was ging mich das tiefe Volk an? – Ich ging zu Bette.«[14]

In dieser Passage analogisiert Kommerell die reflexive Willkür des Denkens (d. h. eines sich über die Dinge erhebenden Humoristen) mit der eines nicht minder dissoziierenden *Sehens*, in dessen Blick jedes individuelle Detail in der Reihung des Gleichen nicht nur zum Verschwinden *gebracht* wird, sondern sich bereits den Augen des Betrachtenden als je schon Verallgemeinertes darzubieten scheint. Diese implizite Analogisierung kann als Umwertung der Programmatik in der *Vorschule der Ästhetik* gelten. Jean Paul hat dort ein humoristisches Verfahren, das den Rezipienten zwinge, »im Besondern, ja Individuellen [...] nichts als das Allgemeine anzuschauen, in der schwarzen Farbe das Licht« (I/5,143), gerade als eine ›Erquickung‹ des Geistes angesehen und das innere Bewegtsein durch »das Allgemeine« (I/5, 125) wiederum als eine grundsätzlich dem Humanum verpflichtete Regung verstanden. Kommerell setzt dagegen das ›kalte‹ humoristische *Denken* in ein qualitativ ähnliches – und nur graduell zu unterscheidendes – Verhältnis zu Gian-

13 Vgl. auch im folg. Benjamin: *Der eingetunkte Zauberstab*, S. 413.

14 Kommerell: *Jean Paul*, S. 319; kursive Herv. S. E.; gesperrte Herv. i. Orig. die zit. Passage findet sich im *Seebuch* (I/3, 942).

nozzos *Sehen*. Damit aber gerät nicht nur die Charakterisierung des ›destruktiven‹ Humoristen, sondern das Darstellungsverfahren Jean Pauls selbst auf den Prüfstein: Es offeriert eine Reihung von einander ähnlichen Bildern, die durchgängig das Wort »Dieb« variiert und somit als eine rhetorisierte Wahrnehmung des Immergleichen aufgefaßt werden könnte. Kommerell läßt keinen Zweifel daran, daß er um diesen Sachverhalt weiß, indem er das Sehen Giannozzos als ein durch Sprache vermitteltes kenntlich zu machen sucht: »Die Fernsicht auf das Irdische, die Verleugnung des uns angeschaffenen Horizontes und die Erträumung eines siderischen«[15] werde – so der Interpret weiter – »hier zur *sinnlichen und wörtlichen*, nämlich zur Fernsicht des Luftschiffers«. Der Schluß liegt nahe, daß es Kommerell hier nicht allein um den Anschluß an das Pathos des Fliegens in Nietzsches *Morgenröthe*-Paragraphen geht: Vielmehr markiert er unausgesprochen den im poetischen Verfahren Jean Pauls zu beobachtenden Übergang von begrifflicher Reflexion in Darstellung.

Daß Benjamin nicht nur auf den ideologisch motivierten Tiefsinn Kommerells, sondern zugleich auch auf dessen unwillentliche Qualifizierung Jean Pauls als eines Vertreters der aporetisch gewordenen Moderne hingewiesen hat, mag auch dieser implizit ›rhetorischen‹ Argumentation zugeschrieben werden. Denn in ihr kommt ein poetisches Denken zum Ausdruck, das der frühe Benjamin selbst (für die Philosophie) mit dem Hinweis auf »eine Beziehung der Erkenntnis auf die Sprache« proklamiert hat, »wie sie schon zu Kants Lebzeiten Hamann versucht«[16] habe. Es kann sicherlich nicht darum gehen, Kommerells Analyse des Darstellungsverfahrens Jean Pauls nun von Nietzsche auf Hamanns Sprachdenken rückübertragen zu wollen, auch dann nicht, wenn eine solche Verbindung durchaus Sinn machte: Nur beiläufig ist

15 Vgl. auch im folg. Kommerell: *Jean Paul*, S. 319; Herv. S. E.

16 Benjamin: *Über das Programm der kommenden Philosophie* (1917). In: *GS* II/1, S. 157-171; hier: S. 168; Johann Georg Hamann: *Schriften zur Sprache.* Hrsg. mit einer Einleitung und Anmerkungen von Josef Simon. Frankfurt a. M. 1967; Georg Baudler*: »Im Worte sehen«. Das Sprachdenken Johann Georg Hamanns.* Bonn 1970; Heinz Herde: *Johann Georg Hamann. Zur Theologie der Sprache.* Bonn 1971; Bernd Bräutigam: *Reflexion des Schönen – Schöne Reflexion. Überlegungen zur Prosa ästhetischer Theorie. Hamann, Nietzsche, Adorno*. Bonn 1975, S. 22-97; Günter Wohlfahrt: *Denken der Sprache. Sprache und Kunst bei Vico, Hamann, Humboldt und Hegel.* Freiburg, München 1984, S. 119-166; Helmut Weiß: *Johann Georg Hamanns Ansichten zur Sprache. Versuch einer Rekonstruktion aus dem Frühwerk.* Münster 1990.

deshalb an dieser Stelle zu erwähnen, daß Benjamins frühe Bezugnahme auf Hamann unter anderem[17] auch aus dem Kontext einer Rehabilitierung des poetischen Denkens gegen eine philosophische Kritik zu verstehen ist, die Hamann und Jean Paul gleichermaßen traf und die sich aus den gleichen Vorbehalten gegen ein metaphorisches Verfahren sowohl in der Philosophie als auch in der Poesie speiste. Hegel zitiert Hamanns *Metakritik über den Purismus der Vernunft* (1783) mit dem Argument, daß dieser nur die »geballte Faust« mache und es dem Leser überlasse, »sie in eine flache Hand zu entfalten«.[18] Bei Jean Paul – so Hegels bekannter Vorwurf – töte »eine Metapher, ein Witz, ein Spaß, ein Vergleich den anderen« und man sehe »nichts werden, alles nur verpuffen. Was sich aber auflösen soll, muß sich vorher entfaltet und vorbereitet haben.«[19] Vor dem Hintergrund dieser philosophischen Fundamentalkritik am ›poetischen Denken‹ reicht die Analogie zwischen Benjamins früher Berufung auf Hamann in der Forderung nach einer »Beziehung der Erkenntnis auf die Sprache« und Kommerells ›sprachlich‹ orientierter Jean-Paul-Lektüre aber (bei aller Vorsicht) doch so weit, als sie herauszustellen vermag, daß Benjamin Kommerell ›gegen den Strich‹ interpretiert. (Hierin stimme ich Goebel zu.) Der unausgesprochene Weg zu dieser Lesart führt auch über die Tatsache, daß Kommerell die sprachlichen Implikationen im Darstellungsverfahren Jean Pauls nicht ignoriert, sondern zum Gegenstand seiner Arbeit gemacht hat.

Hierin aber scheint der eigentliche Grund für dessen Würdigung durch Benjamin zu liegen: Der Rezensent unterlegt seinem voraussetzungsreichen Text die seit Kant tradierte,[20] von Jean Paul explizit in seinen Romanen thematisierte ästhetische Hierarchisierung zwischen

17 Benjamin (*Über das Programm der kommenden Philosophie*. In: GS II/1, S. 168) faßt seine Forderung in folg. Worte: »Auf Grund des Kantischen Systems einen Erkenntnisbegriff zu schaffen dem der Begriff einer Erfahrung korrespondiert von der die Erkenntnis Lehre ist. Eine solche Philosophie wäre entweder in ihrem allgemeinen Teile selbst als Theologie zu bezeichnen oder wäre dieser sofern sie etwa historisch philosophische Elemente einschließt übergeordnet.«

18 Georg Wilhelm Friedrich Hegel: *Berliner Schriften* (= »Hamanns Schriften«; 1828). In: *Werke*, Bd. 11. Hrsg. von Eva Moldenhauer und Karl Markus Michel. Frankfurt a. M. 1986, S. 330. Vgl. hierzu Johann Georg Hamann: *Sämtliche Werke. Historisch-kritische Ausgabe*. Hrsg. von Josef Nadler, Bd. 3 (= Schriften über Sprache/Mysterien/Vernunft). Wien 1950, S. 289.

19 Hegel: *Vorlesungen über die Ästhetik II*. In: *Werke*: Bd. 14, S. 230.

20 Vgl. hierzu meinen Aufsatz: *Kopien der Kopien*, S. 103 ff.

Zeichnung und Farbe, die er (wie Jean Paul) zugunsten der Farbgebung, eines dichterischen Malens mit ›reiner Farbe‹ entscheidet. Benjamin macht zudem deutlich, daß er das dichterische Verfahren Jean Pauls durchaus nicht umstandslos dem barocken zuschlagen, sondern als eines charakterisieren wolle, das sich vielmehr aus dem »Fundus« des Barock – der Theaterbegriff wird mit Bedacht gewählt – virtuos bediene. Gerade in der Differenz jedoch zwischen Zeichnung (als ›Gestaltung‹) und Farbgebung (als ›Entstaltung‹) verortet der Rezensent das poetische Verfahren Jean Pauls.[21] Denn die »Phantasieanschauung«, die die Jean-Paulsche Dichtung in die Nähe der Traumwelt bringe, sei in der Welt der Farben zu Hause, da sie die Grenze der *physischen* Nachahmungsmöglichkeiten bezeichne. (Wie eng Benjamin dem Darstellungsgestus Jean Pauls verhaftet bleibt, wird deutlich, wenn man das korrespondierende Bild im kryptischen Paragraphen 31 der *Vorschule der Ästhetik* vergleichend heranzieht: »Wir haben der romantischen Poesie im Gegensatz der plastischen die Unendlichkeit des Subjekts zum Spielraum gegeben, worin die Objekten-Welt wie in einem Mondlicht ihre Grenzen verliert.« (I/5, 124)). Benjamin verbleibt in der Sprache der Bühnenästhetik und der des Tanzes, wenn er weiter argumentiert, daß der Mensch »[a]ller Form nämlich, allem Umriß«, den er wahrnehme »mit dem Vermögen, ihn hervorzubringen«,[22] entsprechen könne. Indirekt stellt sich damit der Rezensent in die Tradition des philosophischen Sensualismus eines Johann Jacob Engel,[23] wenn er weiter

21 Helmut Pfotenhauer ist in seiner Untersuchung der »Empfindbilder« (vgl. II/2, 1020 ff.), die Jean Pauls »Vorstellbildern« entgegengesetzt werden, zu ganz ähnlichen Resultaten gelangt. Diese legen nahe, daß die Geschichte einer Geburt der Jean Paulschen Traumtheorie aus dem Geist der Zweiweltenlehre im poetologischen Kontext der Visionen erst noch zu schreiben wäre: Sie hätte sich an einer Farbenpoetik zu orientieren, insofern »Empfindbilder« eine »Poesie an der Grenze des Sagbaren, klar und verschwimmend zugleich« begründeten. Pfotenhauer thematisiert damit ein zentrales Problem in Jean Pauls Prosa: Es besteht in der Überführung der »farbigen Traumwelt« (II/2, 1022) in absichtsvolle, allegorisch »entfärbende« Darstellung. Vgl. Helmut Pfotenhauer: *Empfindbild, Gesichtserscheinung, Vision. Zur Geschichte des inneren Sehens und Jean Pauls Beitrag dazu.* In: *JJPG* 38 (2003), hier: S. 78-110; S. 103 f.

22 Benjamin: *Der eingetunkte Zauberstab*, S. 416.

23 Vgl. Johann Jacob Engel: *Über einige Eigenheiten des Gefühlssinnes* (1788/89). In: *Schriften* (1801-1806), Bd. IX. Reprogr. Nachdruck der Philosophischen Schriften. Erster Theil. Berlin 1805. Frankfurt a. M. 1971, S. 201-228; hier: S. 210: »Das Gesicht nehmlich ist durchaus ein feinerer Sinn, nicht bloss insofern er Figur, sondern auch insofern er Farben erkennt.«

argumentiert, daß dieses Vermögen in den Farben seine Grenze finde. Denn diesen könne der Mensch physisch nicht produktiv nachahmend, sondern nur »empfangend: im farbig schimmernden Auge«[24] begegnen. Es ist auffallend, daß Benjamin die tradierte ästhetische Hierarchisierung der Sinne, die den Gesichtssinn vor anderen Sinnen privilegiert, weil er auch Farben erkennen kann, nun poetologisch wendet, indem er diesen als *passiven* Sinn (als Augen-Spiegel) kenntlich macht und als den vom Körper unabhängigsten Sinn nicht der kontrollierenden Vernunft, sondern der dichterischen Phantasie übergibt. Eine solche Umwertung der von Kant normativ gesetzten Privilegierung des Gesichtssinns gerade aufgrund der ihm zugeschriebenen Fähigkeit, sich über physische Grenzen hinwegzusetzen, ist eklatant: Benjamin beläßt den Gesichtssinn im Hinblick auf die Wahrnehmung von Farben gleichsam in einem ›theologischen‹ Modell (des Augen-Spiegels), um den Phantasiebegriff im Hinblick auf Jean Paul zu enttrivialisieren. Jean Pauls Phantasie – so argumentiert Benjamin – umfasse gerade *nicht* die metamorphotische Beliebigkeit der Gestaltung. (Jean Paul verspricht im Paragraphen 35 der *Vorschule der Ästhetik* programmatisch, den »metamorphotischen sinnlichen Stil des Humoristen« zu analysieren (I/1, 140).) Benjamin legt gleichsam die Jean-Paulsche Humortheorie *in nuce* frei – und dies auch um den Preis gelegentlicher Korrekturen: Denn anders als es die Aussage des Autors der *Vorschule* an der zitierten Stelle nahelegt, will Benjamin bloße Stilfragen eines humoristischen Verfahrens in den Hintergrund treten lassen. Das Reich des Wandels der humoristischen Gestaltung sei vielmehr, solange sie sich der »[r]einen Farbe« übergebe, jene »Wolkenheimat, in der Formen sich weniger gestalten als entstalten« müßten.

An dieser Stelle der Argumentation verdichtet Benjamin seine Darlegung, die Kommerells Studie als Vehikel der eigenen Jean-Paul-Lektüre mit sich führt, im abschließend aufgerufenen Bild der Rezension. Genau genommen hat dieses Bild als die Zusammenfügung, Variation und somit Umwertung verschiedener Bilder zu gelten: Denn es nimmt nicht nur dem korrespondierenden Bild des Sonnenuntergangs in Nietzsches *Morgenröthe*-Paragraphen sein Pathos, sondern entfärbt auch das von Lyser gemalte Farbspektrum einer Landschaft – dieses »bunt[e] Feuer« – in ein farbloses Grau: Dieses Schlußbild – »[b]ei Kommerell zeichnet das Dichterhaupt nackt vor dem grauen Hintergrund der Ewigkeit sich ab« – führt Benjamins Plädoyer für ein ›poetisches Denken‹ nicht nur fort, sondern bringt dieses schließlich in seinen Aporien selbst zur Aufführung. Es ist die besondere Leistung von Benjamins

24 Vgl. auch im folg. Benjamin: *Der eingetunkte Zauberstab*, S. 417.

Rezension, daß er aus der dunklen Bestimmung des »Begriff[s] des Humors« im Paragraphen 31 der *Vorschule der Ästhetik* (I/5,124 f.) über den Weg einer kritischen Umwertung von Kommerells sprachtheoretischem Neuansatz die Funken seiner aphoristischen Jean-Paul-Deutung schlägt: Benjamin komprimiert im Schlußbild seiner Rezension dessen metaphorische ›Definition‹, die sich des malerischen Vokabulars in doppelter Weise bedient: Denn nicht nur spricht der Autor der *Vorschule der Ästhetik* von der Entgrenzung der »Objekten-Welt wie in einem Mondlicht«, sondern er spricht im Humorparagraphen auch von einer »Unendlichkeit des Kontrastes« (I/5,125). Es ist bisher wenig beachtet worden, daß diese ebenso berühmte wie in der Forschung umstrittene Formulierung von Jean Paul in einer Fußnote auf ein tradiertes Beispiel aus dem *Don Quixote* bezogen wird, das er im Paragraphen 28 (»Untersuchung des Lächerlichen« (I/5,110 f.)) paraphrasiert: Dort fragt er, warum wir über Sancho Pansa lachen, der »eine Nacht hindurch sich über einem seichten Graben in der Schwebe erhielt, weil er voraussetzte, ein Abgrund gaffe unter ihm« (I/5,110), und kommt zu folgendem Schluß:

> [W]ir leihen *seinem* Bestreben *unsere* Einsicht und Ansicht und erzeugen durch einen solchen Widerspruch die unendliche Ungereimtheit [...]. Unser Selbst-Trug, womit wir dem fremden Bestreben eine entgegengesetzte Kenntnis unterlegen, macht es eben zu [...] jenem angeschaueten Unverstande, worüber wir lachen, so daß also das Komische, wie das Erhabene, nie im Objekte wohnt, sondern im Subjekte. (I/5,110; Herv. i. Orig.).

Im Humorparagraphen wird dieser »Selbst-Trug« in einem Analogieschluß von der Ebene des Individuellen auf die des Allgemeinen übertragen:

> Der Verstand und die Objekten-Welt kennen nur Endlichkeit. Hier finden wir nur jenen unendlichen Kontrast zwischen den Ideen (der Vernunft) und der ganzen Endlichkeit selber. Wie aber, wenn man eben diese Endlichkeit als *subjektiven* Kontrast jetzo der Idee (Unendlichkeit) als *objektivem* unterschöbe und liehe und statt des Erhabenen als eines angewandten Unendlichen jetzo ein auf das Unendliche angewandte Endliche, also bloß Unendlichkeit des Kontrastes gebäre, d. h. eine negative? (I/5,124 f.; Herv. i. Orig.).

Folgt man Jean Pauls Analogisierung, so geht es auch in dieser Übertragung, die Kants Theorie des Erhabenen verkehrt, um einen »Selbst-Trug«, insofern wir der Unendlichkeit unsere entgegengesetzte Kenntnis von der Endlichkeit der Objektenwelt unterschöben und sie auf diese

Weise (wie den verblendeten Sancho Pansa) zu einem »angeschaueten Unverstande« machten. Nicht in der einfachen Kontrastierung von Endlichem und Unendlichem, von Verstand und Vernunft(ideen), liegt die Leistung der Humortheorie Jean Pauls, sondern in der dialektischen Dynamisierung eines Fiktionalisierungsverfahrens, das die Unendlichkeit gerade mit der unfreiwilligen Hilfe des Verstandes, dieses »Gottesleugner[s] einer beschlossenen Unendlichkeit«, zu sichern versteht. Das auf die dichterische Phantasie verwiesene Verfahren der Entgrenzung »wie in einem Mondlicht« (I/5,124), der färbenden »Entstaltung« (Benjamin) überführt das theologisch konnotierte Bild eines Augen-Spiegels der Seele in den »Spielraum« (I/5,124) eines als unendlich begriffenen Subjekts. Jean Pauls ›Augen-Spiele‹ sind ambivalent: als optische Vexierbilder eröffnen sie nicht nur den Blick auf den Grund der Unsterblichkeitsgewißheit im Modus ihrer »Läugnung«,[25] sondern enthüllen zugleich auch den Abgrund im Subjekt selbst; und als optische Vexierspiele mit Fiktion und Wirklichkeit überführen sie die Unsterblichkeitsschriften dieses Autors in den unabschließbaren Metaphorisierungsprozeß eines poetischen Denkens der Moderne.

25 Im Brief vom 13. Juni 1797 aus Hof an Friedrich von Oertel (SW III/2,342 f.) verteidigt Jean Paul in Bezug auf das gerade erschienene »Campaner Thal« seine »genialischen Läugner der Unsterblichkeit«, die ihre Vorbilder gerade in den »wärmsten Menschen« hätten (u. a. wird Diderot genannt).

Siglenverzeichnis

Die Schriften Jean Pauls werden im laufenden Text mit den üblichen Abkürzungen nachgewiesen (vgl. Angaben in der Bibliographie). Alle anderen Titel werden bei erster Nennung in den Anmerkungen vollständig bibliographiert, bei wiederholter Nennung mit Nachname, Kurztitel, Seitenangabe genannt. Des weiteren werden folgende Siglen in dieser Arbeit verwendet.

Bayle	Herrn Peter Baylens, weyland Professors der Philosophie und Historie zu Rotterdam Historisches und Kritisches Wörterbuch, nach der neuesten Auflage von 1740 ins Deutsche übersetzt; auch mit einer Vorrede und verschiedenen Anmerkungen sonderlich bey anstößigen Stellen versehen, von Johann Christoph Gottscheden. 4 Bde. Leipzig 1741-1744 [zit. als: *Bayle*: Artikel, Band, Seite].
DVjS	Deutsche Vierteljahrsschrift für Literaturwissenschaft und Geistesgeschichte [zit. als: *DVjS*, Band (Jahr), Seite)].
Grimm	Deutsches Wörterbuch von Jacob und Wilhelm Grimm. Leipzig 1854 ff. Fotomechanischer Nachdruck der Erstausgabe München 1999 [zit. als: *Grimm*: Artikel, Band, Seite].
GS	Benjamin, Walter: Gesammelte Schriften. Unter Mitwirkung von Theodor W. Adorno und Gershom Scholem hrsg. von Rolf Tiedemann und Hermann Schweppenhäuser. Frankfurt a. M. 1980 [zit. als: *GS*, Band, Seite].
GU	Das Graue Ungeheuer. Bd. I-XII. Hrsg. von Wilhelm Ludwig Wekhrlin. Nürnberg 1784-1787 [zit. als: *GU*, Band, Nummer, Jahr, Seite].
GüHKA	Günderrode, Karoline von: Sämtliche Werke und ausgewählte Studien. Historisch-kritische Ausgabe. 3 Bde. Hrsg. von Walter Morgenthaler unter Mitarb. von Karin Obermeier und Marianne Graf. Basel, Frankfurt a. M. 1990 [zit. als *GüHKA*, Band, Seite].
Hamann HKA	Hamann, Johann Georg: Sämmtliche Werke. Historisch-kritische Ausgabe. 6 Bde. Hrsg. von Josef Nadler. Wien 1949 ff. [zit. als: *Hamann HKA*, Band, Seite].
Hederich	Benjamin Hederichs gründliches mythologisches Lexicon, worinnen so wohl die fabelhafte, als wahrscheinliche und eigentliche Geschichte der alten römischen, griechischen und ägyptischen Götter und Göttinnen [...] zusammengetragen, und mit einem Anhange [...] versehen worden. Leipzig 1770. Reprographischer Nachdruck Darmstadt 1996 [zit. als: *Hederich*: Artikel, Band, Seite].
HSW	Herder, Johann Gottfried: Sämmtliche Werke. Hrsg. von

	Bernhard Suphan (= HSW), 33 Bände. Berlin 1877 ff. [zit. als: *HSW*, Band, Seite).
JJPG	Jahrbuch der Jean-Paul-Gesellschaft [zit. als: *JJPG*, Band (Jahr), Seite].
Zedler	Zedler, Johann Heinrich: Großes vollständiges Universal-Lexicon aller Wissenschaften und Künste. Leipzig und Halle 1732-1754. Reprographischer Nachdruck Graz 1961 ff. [zit. als: *Zedler*: Artikel, Band, Seite].

Bibliographie

Jean Paul

Goebel, Ralf: Der handschriftliche Nachlaß Jean Pauls und die Jean-Paul-Bestände der Staatsbibliothek zu Berlin, Preußischer Kulturbesitz. Teil 1 (Fasz. Ia-XV). Katalog. Wiesbaden 2002.

Jean Pauls Sämtliche Werke. Historisch-kritische Ausgabe. Hrsg. von der Preußischen Akademie der Wissenschaften (ab 1952 hrsg. von der Deutschen Akademie der Wissenschaften). Abteilung I: Zu Lebzeiten des Dichters erschienene Werke, Bd. 1-19; Abteilung II: Nachlaß, Bd. 1-5; Abteilung III: Briefe, Bd. 1-9. Weimar (Abteilung III: Berlin) 1927-1964. [Zit. als: SW Abteilung, Band, Seite; z. B.: SW III/2,200].

Jean Paul. Sämtliche Werke. Abteilung I: 6 Bände, hrsg. von Norbert Miller und Gustav Lohmann. München 1959 ff.; Abteilung II: 4 Bände, hrsg. von Norbert Miller unter Mitwirkung von Wilhelm Schmidt-Biggemann. München 1974 ff. [Zit. als: Abteilung, Band, Seite; z. B.: I/2,25].

Jean Paul. Die unsichtbare Loge. Eine Biographie. Text der Erstausgabe von 1793 mit den Varianten der Ausgabe von 1826, Erläuterungen, Anmerkungen und Register. Hrsg. von Klaus Pauler. München 1981.

Jean Pauls Sämtliche Werke. Historisch-kritische Ausgabe. Im Auftrag der Preußischen Akademie der Wissenschaften begründet von Eduard Berend. Zweite Abteilung: Nachlaß, 6. Band (= 2 Teilbände): Dichtungen, Merkblätter, Studienhefte, Schriften zur Biographie, Libri legendi. Hrsg. von Götz Müller, Janina Knab und Winfried Feifel. Weimar 1996. [In der Arbeit zit. als: SW Abteilung, Band/Teilband, Seite; z. B.: SW II/6.1,95].

Jean Pauls Sämtliche Werke. Historisch-kritische Ausgabe. Im Auftrag der Preußischen Akademie der Wissenschaften begründet von Eduard Berend. Zweite Abteilung: Nachlaß, 7. Band: Philosophische, ästhetische und politische Untersuchungen, hrsg. von Götz Müller unter Mitarbeit von Janina Knab. Weimar 1999. [In der Arbeit zit. als SW Abteilung, Band, Seite; z. B.: SW II/7,25].

Jean Pauls Sämtliche Werke. Historisch-kritische Ausgabe. Im Auftrag der Preußischen Akademie der Wissenschaften begründet und herausgegeben von Eduard Berend. Vierte Abteilung: Briefe an Jean Paul. Hrsg. von der Berlin-Brandenburgischen Akademie der Wissenschaften durch Norbert Miller. Bd. 1 (= Briefe an Jean Paul 1781-1793. Text mit 13 Abbildungen auf 12 Tafeln und Kommentar. 2 Teilbände, hrsg. von Monika Meier). Berlin 2003. – Bd. 2 (= Briefe an Jean Paul 1794-1797. Text mit 13 Abbildungen und Kommentar; 2 Teilbände, hrsg. von Dorothea Böck und Jörg Paulus). Berlin 2004. [In der Arbeit zit. als SW Abteilung, Band, Seite; z. B.: SW IV/1,79].

Jean Pauls Register-Artikel »Auge/Augen«. Fasz. 3a im Nachlaß Jean Pauls. Unveröffentlicht. Bearbeitet im Rahmen der elektronischen Edition der Exzerptehefte 1778-1823 von Michael Will, Universität Würzburg. Arbeitsstelle Jean-Paul-Edition unter Leitung von Helmut Pfotenhauer. Auswahl-Publikation im Internet: http://www.uni-wuerzburg.de/germanistik/neu/jp-arbeitsstelle

Müller, Götz: Jean Pauls Exzerpte. Würzburg 1988.

Quellen

Adam, Georg: Anweisung zur Erhaltung des Gesichts. Aus dem Englischen von Kries. Gotha 1800. (Orig.: Adams, G[eorge]: An Essay on Vision [...] intended for the service of those whose Eyes are weak or impaired. London 1789).

Adams, Büsch und Lichtenberg: Über einige wichtige Pflichten gegen die Augen. Mit einigen Anmerkungen hrsg. von Samuel Thomas Soemmerring. Frankfurt 1794.

Anatomierung des in Gersthofen erblaßten Erdlieb Luftballon. [Gersthofen] 1787.

Arien auf den Luftballon. In einer Operette von drey Aufzügen. Hrsg. am 24. August 1786, also an dem Tage der Luftreise des Freyherrn von Luetgendorf. Nebst einem Sinnbilde des deutschen Künstlers. Friedberg 1786.

Arnim, Bettina von: Werke und Briefe in drei Bänden. Hrsg. von Walter Schmitz und Sibylle von Steinsdorff. Frankfurt a. M. 1986.

Balde, Jacob S. J.: Opera Poetica Omnia. 8 Bände. Repr. Neudruck der Ausgabe München 1729. Hrsg. und eingeleitet von Wilhelm Kühlmann und Hermann Wiegand. Frankfurt a. M. 1990.

Balde, Jacob: Deutsche Dichtungen. »Ode nova dicta Hecatombe de vanitate mvndi« (1637). »Ehrenpreiß« (1640). Photomechanischer Nachdruck, mit Bibliographie und textkritischem Apparat von Rudolf Berger. Amsterdam, Maarssen 1983.

Bartisch Georg: Ophthalmologia. Das ist / Augendienst. Newer und wolgegründter Bericht von ursachen und erkentnüs aller Gebrechen / Schäden und Mängel der Augen und des Gesichtes / wie man solchen anfenglich mit gebürlichen Mitteln begegnen / vorkommen und wehren / Auch wie man alle solche Gebresten künstlich durch Artzney / *Instrument* und Handgrieffe *curiren*, wircken und vertreiben sol. [...] [B]eschrieben durch George Bartisch von Königsbrück / Bürger / *Oculist*, Schnit und Wundartzt in der Churfürstlichen Alten Stadt Dreßden. Dergleichen zuvor nie an Tag noch in Augenschein kömmen / als jetzund erst geschehen im 1583 Jahre. Gedruckt zu Dreßden durch Matthes Stöckel 1583. Nachdruck der ersten deutschsprachigen umfassenden Augenheilkunde aus dem Jahre 1583. Mit einem Begleitheft von Richard Toellner. Hannover 1983.

[Bayle, Pierre:] Herrn Peter Baylens, weyland Professors der Philosophie und Historie zu Rotterdam Historisches und Kritisches Wörterbuch, nach der neuesten Auflage von 1740 ins Deutsche übersetzt; auch mit einer Vorrede und verschiedenen Anmerkungen sonderlich bey anstößigen Stellen versehen, von Johann Christoph Gottscheden. 4 Bde. Leipzig 1741-1744.

Beer, Joseph Georg: Praktische Beobachtungen über den grauen Staar und die Krankheiten der Hornhaut. Für Aerzte und Wundärzte. Mit illuminirten und unilluminirten Kupfern. Wien 1791.

Beer, Joseph Georg: Praktische Beobachtungen über verschiedene, vorzüglich aber [...] jene Augenkrankheiten, welche aus allgemeinen Krankheiten des Körpers entspringen. Mit Kupfern. Wien 1791.

Beer, Joseph Georg: Repertorium aller bis zu Ende des Jahres 1797 erschienenen Schriften über die Augenkrankheiten. 3 Theile. Wien 1799.

Beer, Joseph Georg: Auswahl aus dem Tagebuch eines praktischen Augenarztes. Wien 1800.

Beer, Joseph Georg: Pflege gesunder und geschwächter Augen. Berlin 1800.

Bergerac, Cyrano de: Les Œuvres Libertines de Cyrano de Bergerac. Parisien (1619-1655). Précédées d'une notice biographique par Frédéric Lachèvre. Reprint Genève 1968.

Bericht des Herrn Academicus Sacharow an die kaiserliche Akademie der Wissenschaften zu Petersburg, über die Luftfahrt, welche er zu Folge ihres Auftrags in Begleitung des Physicus Robertson am 30ten Junius 1804 unternommen hat. In: Annalen der Physik, Bd. 20 (1805), S. 107-124.

Bertuch, Friedrich Johann Justin: Leben und Thaten des weisen Junkers Don Quixote von Mancha. Aus der Urschrifft des Cervantes, nebst der Fortsetzung des Avellaneda. 6 Bde., Weimar und Leipzig 1775-1777.

Die Bibel oder die ganze Heilige Schrift des Alten und Neuen Testaments nach der deutschen Übersetzung D. Martin Luthers. Deutsche Bibelgesellschaft 1984.

Blankenburg, Christian Friedrich von: Versuch über den Roman. Faksimiledruck der Originalausgabe von 1774. Mit einem Nachwort hrsg. von Eberhard Lämmert. Stuttgart 1965.

Bode, Johann Elert: Anleitung zur allgemeinen Kenntniß der Erdkugel. Mit einer Weltkarte und 6 Kupfertafeln. 4., durchgehends verbesserte und vermehrte Auflage. Berlin 1813.

Böhme, Jacob: Morgenröte im Aufgang / Das ist: Die Wurtzel oder Mutter der Philosophiae, Astrologiae und Theologiae. Aus rechtem Grunde, oder Beschreibung der Natur [...]. Amsterdam 1682.

Böhme, Jacob: Sämtliche Schriften. Faksimile-Neudruck der Ausgabe von 1730 in elf Bänden. Neu hrsg. von Will-Erich Peuckert. Stuttgart 1960.

Bonnet, Charles: La Palingénésie philosophique, ou Idées sur l'État passé et sur l'État futur des Êtres vivans: Ouvrages destiné à servir de supplément aux derniers écrits de l'auteur, et qui contient principalement le précis de ses Recherches sur le Christianisme. Genève 1770 (zuerst 1769).

[Bonnet:] Herrn C[harles] Bonnets verschiedener Akademien Mitglieds Philosophische Palingenesie oder Gedanken über den vergangenen und künftigen Zustand lebendiger Wesen. Als ein Anhang zu den letztern Schriften des Verfassers; und welcher insonderheit das Wesentliche seiner Untersuchungen über das Christenthum enthält. Aus dem Französischen übersetzt, und mit Anmerkungen hrsg. von Johann Caspar Lavater. 2 Theile. Zürich 1769 f.

Brockes, Barthold Heinrich: Herrn B. H. Brockes, L. weil. Rathsherrn der Kaiserlichen freyen Reichsstadt Hamburg, Physikalische und moralische Gedanken über die drey Reiche der Natur, Nebst seinen übrigen nachgelassenen Gedichten, als des Irdischen Vergnügens in GOTT Neunter und letzter Theil. Hamburg 1748.

Bürger, Gottfried August: Wunderbare Reisen zu Wasser und Lande, Feldzüge und lustige Abentheuer des Freyherrn von Münchhausen, wie er dieselben bey der Flasche im Cirkel seiner Freunde selbst zu erzählen pflegt. Aus dem Englischen nach der neuesten Ausgabe übersetzt, hier und da erweitert und mit noch mehr Kupfern gezieret. London 1786. Erstmaliger wortgetreuer Abdruck der ersten Übersetzung Gottfried August Bürgers von 1786 (ohne die Kupfer), vermehrt um ein Nachwort von Dr. Erich Hegenbarth. Leipzig 1925.

Buffon, Jean Louis Leclerc de: Allgemeine Historie der Natur nach allen ihren besonderen Theilen abgehandelt; nebst einer Beschreibung der Naturalienkammer Sr. Majestät des Königs von Frankreich. Mit einer Vorrede Herrn Doctor Albrecht von Haller [sic!]. 8 Theile. Hamburg und Leipzig 1750-1774.

Busch, Gabriel Christoph Benjamin: Versuch eines Handbuchs der Erfindungen. Theil 1-8. Eisenach 1790-1798.

Campe, Joachim Heinrich: Versuch eines neuen Beweises für die Unsterblichkeit der Seele. In: Deutsches Museum. 2. Bd., Leipzig 1780, S. 203-211.

Claudius, Carl Friedrich: Ausführliche Nachricht meiner ersten Luftfahrt am 5. Mai, und meiner darauf am 10. Mai erfolgten glücklichen Rückkehr in Berlin nebst der Abbildung meines Flugwerks und dessen Beschreibung. (= Beiträge zur Geschichte der Ballonfahrt, Bd. 4). Hrsg. von Peter P. E. Günther. Berlin 1989.

Creuzer, Friedrich: Symbolik und Mythologie der Alten Völker, besonders der Griechen (1810). In: Friedrich Creutzer's deutsche Schriften, neue und verbesserte Ausgabe. 4 Theile. Leipzig und Darmstadt 1836-1843.

Cuvier, G. Baron: Vermuthungen über einen sechsten Sinn den man bei den Fledermäusen zu bemerken glaubte. Übersetzt von W. Davidson. In: Berlinische Blätter 1 (1798), S. 272-280.

Degen, Jakob: Beschreibung einer neuen Flugmaschine von Jakob Degen, bürgerlichem Uhrmacher. Mit einer Kupfertafel. Wien 1808.

De Pauw, Cornelius: Recherches Philosophiques sur les Egyptiens et les Chinois. Berlin 1773.

De Pauw, Cornelius: Philosophische Untersuchungen über die Aegypter und Chinesen. Nebst einer Carte von der berühmten großen Mauer in dem alten Aegypten. Aus dem Französischen übersetzt von D. J. G. Krünitz. Berlin 1774.

[Descartes, René:] Œuvres de Descartes. Publiées par Charles Adam & Paul Tannery sous les auspices du Ministère de l'Instruction Publique. 12 Bde. Paris 1904 ff.

Diderot, Denis: Œuvres complètes. Édition critique et annotée. Hrsg. von Herbert Dieckmann u. a. 25 Bde. Paris 1975 ff.

Diderot, Denis: Philosophische Schriften. Aus dem Französischen übers. von Theodor Lücke. 2 Bde. Berlin 1961.

Eckhardt, Gottlieb Wilhelm: Montgolfiers Luftball. Eine poetische Deklamation. Berlin 1784.

Engel, Johann Jacob: Schriften. Reprint. 12 Bde. Frankfurt a. M. 1971.

Faujas de Saint-Fond, Barthélemy: Déscription des Expériences de la Machine Aërostatique de MM. de Montgolfier, et de celles auxquelles cette Découverte a donné Lieu. Paris 1783-84.

[Faujas de Saint-Fond, Barthélemy:] Des Herrn Faujas de Saint-Fond Beschreibung der Versuche mit der Luftkugel, welche sowohl die Herren von Montgolfier, als andre aus Gelegenheit dieser Erfindung in Frankreich gemacht haben. Uebersetzt von Abbé Uebelacker. Mit einer Abhandlung desselben, wodurch erwiesen wird, dass ein deutscher Physiker vom XIIII. Jahrhunderte [Albert von Sachsen] der Urheber der Erfindung sey. Wien 1784.

Feder, Johann Georg Heinrich: Logik und Metaphysik (1769). 7. Aufl. Göttingen 1790.

Fichte, Johann Gottlieb: Ausgewählte Werke in sechs Bänden. Hrsg. von Fritz Medicus. Darmstadt 1962.

Flayder, Friedrich Hermann, Johann Oswald, Johann-Ulrich Brenizer: Curieuse Gedancken von der Kunst zu fliegen krafft welcher ein jeder Mensch [...] sich selber durch die Lufft schwingen kann. Weiland in 3 besonderen lateinischen Reden auf der Universität Tübingen vorgetragen; anjetzo aber ins Teutsche übersetzt. Frankfurt a. M. 1737.

Flügge, Christian Wilhelm: Versuch einer historisch-kritischen Darstellung des bisherigen Einflusses der Kantischen Philosophie auf alle Zweige der wissenschaftlichen und praktischen Theologie. 2 Bde. Hannover 1796-98. Repr. Nachdruck Hildesheim und New York 1982.

Flügge, Christian Wilhelm: Geschichte des Glaubens an die Unsterblichkeit. 3 Teile. Leipzig 1794-1800.

Friedländer, M.: Nachricht von physikalischen Versuchen aus Italien. Aus einem Briefe an Hrn. Dr. Bloch. In: Berlinische Monatsschrift (1794), 2, S. 401 f.

[Forster, Georg:] Georg Forsters Werke. Sämtliche Schriften, Tagebücher, Briefe. Hrsg. von der Akademie der Wissenschaften der DDR. 18 Bde. Berlin 1958 ff.

Garve, Christian: Popularwissenschaftliche Schriften über literarische, ästhetische und gesellschaftliche Gegenstände. Im Faksimiledruck hrsg. von Kurt Wölfel. 2 Bände. Stuttgart 1974.S. 1067-1114.

Der Gebrüder Montauciel Reise auf dem Luftballon oder Begebenheiten zweyer Franzosen, die auf einem Luftballon in die Höhe geschickt wurden, und bis in den Mond kamen. Beschrieben von ihnen selbst. Uebersetzt durch Tintinum Federum. Wien 1784.

Godwin, Francis [und Jean Boudoin]: Der fliegende Wanders-Mann nach dem Mond oder eine gar kurtzweilige und gar seltzame Beschreibung der Neuen Welt des Mondes, wie solche von einem gebohrnen Spanier mit Namen Dominico Gonsales, beschrieben, und der Nach-Welt bekandt gemacht worden ist. Nürnberg (Felßecker) 1699.

Görres, Joseph: Gesammelte Schriften. Hrsg. im Auftrage der Görres-Gesellschaft von Wilhelm Schellberg u. a. 17 Bde. und Ergänzungsbände Köln 1928 ff.

Goethe, Johann Wolfgang: Sämtliche Werke nach Epochen seines Schaffens. Münchner Ausgabe. 21 Bände. Hrsg. von Karl Richter in Zusammenarbeit mit Herbert G. Göpfert, Norbert Miller und Gerhard Sauder. München 1985 ff.

Gottsched, Johann Christoph: Ausgewählte Werke. Hrsg. von Phillip M. Mitchell u. a. 12 Bde. Berlin, New York 1968 ff.

Greiffenberg, Catharina Regina von: Sämtliche Werke. Herausgegeben von Martin Bircher und Friedhelm Kemp. 10 Bände, Reprint New York 1983.

[Grimm, Jacob und Wilhelm:] Deutsches Wörterbuch von Jacob und Wilhelm Grimm. Leipzig 1854 ff. Fotomechanischer Nachdruck der Erstausgabe. München 1999.

Gryphius, Andreas: Werke in drei Bänden mit Ergänzungsband. Hrsg. von Hermann Palm. Darmstadt 1961.

Günderrode, Karoline von: Dichtungen. Hrsg. von Ludwig von Pigenot. München 1922.

Günderrode, Karoline von: »Ich sende Dir ein zärtliches Pfand«. Die Briefe der Karoline von Günderrode. Hrsg. von Birgit Weißenborn. Frankfurt a. M., Leipzig 1992.

Günderrode, Karoline von: Sämtliche Werke und ausgewählte Studien. Historisch-kritische Ausgabe. 3 Bde. Hrsg. von Walter Morgenthaler unter Mitarbeit von Karin Obermeier und Marianne Graf. Basel, Frankfurt a. M. 1990.

[Günderrode, Karoline von:] Karoline von Günderrode in ihrer Umwelt III. Karoline von Günderrodes Studienbuch. Hrsg. von Max Preitz und Doris Hopp. In: Jahrbuch des Freien Deutschen Hochstifts. Hrsg. von Detlev Lüders. Tübingen 1975.

Hagemann, Friedrich Gustav: Die Luftkugel. Ein Beytrag zur Bibliothek theatralischer Schnurren. Aus einer Geschichte unseres aerostatischen Jahrhunderts gezogen. Hamburg 1784.

Du Halde, Jean Baptiste: Mémoires, concernant l'histoire, les sciences, les arts, les mœurs, les usages […] des Chinois par les missionnaires de Pékin. Paris 1776 ff.

[Haller, Albrecht von:] Herrn Albrecht Hallers Anfangsgründe der Physiologie des menschlichen Körpers. Aus dem Lateinischen übersetzt von Johann Samuel Hallen [sic!]. 8 Bde. Berlin. 1759 ff. (Latein. Orig.: Elementa physiologiae corporis humani. 1. Aufl. Lausanne 1757-66).

Haller, Albrecht von: Grundriß der Physiologie für Vorlesungen. Nach der vierten lateinischen mit den Verbesserungen und Zusätzen des Herrn Prof. Wrisberg in Göttingen, vermehrten Ausgabe aufs neue übersetzt, und mit Anmerkungen versehen durch Herrn Hofrath Soemmerring in Mainz, mit einigen Anmerkungen begleitet und besorgt von P. F. Meckel, Professor in Halle. Berlin 1788. (Latein. Orig.: Primae physiologiae in usum praelectionibus academicarum. Gottingae MDCCXXXXVII. Repr. Nachdruck. Hildesheim 1974).

Haller, Albrecht von: Briefe über die wichtigsten Wahrheiten der Offenbarung. Zum Druke befördert durch den Herausgeber der Geschichte Usongs. Dritte verbesserte Auflage. Bern 1773.

Haller, Albrecht von: Gedichte. Hrsg. und eingeleitet von Dr. Ludwig Hirzel. Frauenfeld 1882.

Haller, Albrecht von: Über den Ursprung des Übels. Textwiedergabe nach der »Eilften vermehrten und verbesserten Auflage«. Bern 1777. Ohne Vorreden und Fußnoten. In: Stäuble, Eduard: Albrecht von Haller. Über den Ursprung des Übels. Zürich 1953.

Hamann, Johann Georg: Briefwechsel. 7 Bde. Hrsg. von Walther Ziesemer und Arthur Henkel. München 1955-79.

Hamann, Johann Georg: Sämmtliche Werke. Historisch-kritische Ausgabe. Herausgegeben von Josef Nadler. 6 Bde. Wien 1949 ff.

Hamann, Johann Georg: Schriften zur Sprache. Hrsg. mit einer Einleitung und Anmerkungen von Josef Simon. Frankfurt a. M. 1967.

Hederich, Benjamin: Gründliches mythologisches Lexicon, worinnen so wohl die fabelhafte, als wahrscheinliche und eigentliche Geschichte der alten römischen, griechischen und ägyptischen Götter und Göttinnen [...] zusammengetragen, und mit einem Anhange [...] versehen worden. Leipzig 1770. Repr. Nachdruck Darmstadt 1996.

Hegel, Georg Wilhelm Friedrich: Werke in 20 Bden. Auf der Grundlage der Werke von 1832-1845 neu edierte Ausgabe. Hrsg. von Eva Moldenhauer und Karl Markus Michel. Frankfurt a. M. 1986.

Herder, Johann Gottfried: Sämmtliche Werke. Hrsg. von Bernhard Suphan (= HSW), 33 Bde. Berlin 1877 ff.

Herder, Johann Gottfried: Werke in zehn Bänden. Hrsg. von Günter Arnold, Martin Bollacher u. a. Frankfurt a. M. 1985 ff.

[Herder, Johann Gottfried:] Aus Herders Nachlaß. Ungedruckte Briefe von Herder und dessen Gattin, Goethe, Schiller, Klopstock, Lenz, Jean Paul, Claudius, Lavater, Jacobi und andern bedeutenden Zeitgenossen. Hrsg. von Heinrich Düntzer und Ferdinand Gottfried von Herder, Bd. 2 (= Lavater, Mendelssohn, Fr. H. Jacobi, J. G. Zimmermann, G. Forster, August Herder). Frankfurt a. M. 1857.

Hess, Jonas Ludwig von: Durchflüge durch Deutschland, die Niederlande und Frankreich. Hamburg 1796.

Hess, Jonas Ludwig von: Versuche zu sehen. 2 Bde. Hamburg 1797-1800.

Hogarth, William: The Analysis of Beauty. Written with a view of fixing the fluctuating Ideas of Taste. London 1753. A Scolar Press Facsimile with an Introduction of Richard Woodfield. London 1969.

Im Ballon! Eine Schilderung der Fahrten des Wiener Luftballons »Vindobona« im Jahre 1882, sowie der früheren Wiener Luftschiffahrten (1791-1881), weiters Beschreibung der bedeutendsten und interessantesten Ascensionen, die überhaupt je stattgefunden haben, und endlich eine Aufzählung aller jener Luftfahrten, bei denen Menschenleben zum Opfer gefallen sind. Hrsg. von Victor Silberer. Wien 1883.

Jacobi, Friedrich Heinrich: Werke. Hrsg. von Friedrich Roth und Friedrich

Köppen. Repr. Nachdruck der Ausgabe Leipzig 1815-1825. Darmstadt 1968-1976.

Janin, Johann [Jean]: Anatomische, Physiologische und Physikalische Abhandlungen und Beobachtungen über das Auge und dessen Krankheiten. Nebst einem Inbegriff der Operationen und Mittel, welche man zu ihrer Heilung anzuwenden hat. Aus dem Französischen übersetzt, von D. E. G. Selle. Zweyte Auflage. Berlin 1788.

Jean Pierre Blanchard's 33. Luftfahrt 1788. Zeitgenössische Berichte der ersten bemannten Luftfahrt in Berlin. Aus Anlaß des 200. Jubiläums. Hrsg. von Peter P. E. Günther. Mit Abbildungen. Berlin 1988.

Jerusalem, Johann Friedrich Wilhelm: Betrachtungen über die vornehmsten Wahrheiten der Religion an Se. Durchlaucht den Erbprinzen von Braunschweig und Lüneburg. Dritte Auflage. 2 Bde. Braunschweig 1770-1779.

Jung-Stilling, Johann Heinrich: Lebensgeschichte. Vollständige Ausgabe, mit Anmerkungen hrsg. von Gustav Adolf Benrath. Darmstadt 1976.

[Jung-Stilling, Johann Heinrich:] Johann Heinrich Jung's, genannt Stilling. Sämmtliche Werke. 12 Bde. (1841-42). Neue vollständige Ausgabe. Stuttgart 1843 ff.

Jung-Stilling, Johann Heinrich: Methode den grauen Staar auszuziehen und zu heilen, nebst einem Anhang von verschiedenen andern Augenkrankheiten und der Cur-Art derselben. Marburg 1791.

Kästner, Abraham Gotthelf: Gesammelte Poetische und Prosaische Schönwissenschaftliche Werke. Mit einem Bildniß des Verfassers. 4 Theile. Berlin 1841.

Kaiserer, Jacob: Ueber meine Erfindung, einen Luftballon durch Adler zu regieren. Wien 1801.

Kant, Immanuel: Werke in sechs Bänden. Hrsg. von Wilhelm Weischedel. Darmstadt 1983.

Katalog der Historischen Abteilung der Ersten Internationalen Luftschiffahrts-Ausstellung (ILA) zu Frankfurt a. M. 1909. Mit 2 Tafeln und 80 Abbildungen. Hrsg. von Dr. Louis Liebmann und Dr. Gustav Wahl. Frankfurt a. M. 1912. Repr. Nachdruck Staten Island 1997.

Kindermann, Eberhard Christian [Anonym]: Beschreibung einer geschwinden Reise auf dem Luftschiff nach der obern Welt. Als ein Beytrag zu der gegenwärtigen neuern Erfindung der Herren Montgolfiér und du Rosiér. Mit einem Kupfer. Frankfurt, Leipzig 1784. [Nach der Erstausgabe von 1744].

Kircher, Athanasius: China Monumentis, quà Sacris quà Profanis, nec non variis Naturae & Artis spectaculis, aliarumque rerum memorabilium Argumentis Illustrata [...]. Amstelodami Anno M. DC. LXVII. Unveränderter Nachdruck der Ausgabe Amsterdam 1667. Frankfurt a. M. 1966.

Kircher, Athanasius: Oedipvus Aegyptiacvs: hoc est vniuersalis Hieroglyphicae veterum Doctrinae temporum iniuria abolitae instavratio; opus ex omni Orientalum doctrina & sapientia conditum, nec non viginti diuersarum linguarum authoritate stabilitum [...]. Romae 1652-1654.

Kleist, Heinrich von: Sämtliche Werke und Briefe. 2 Bände. Hrsg. von Helmut Sembdner. Darmstadt 1962.

Knigge, Adolph Freiherr von: Die Reise nach Braunschweig; ein comischer Roman. Hannover 1792. Nach der Erstausgabe hrsg. von Paul Raabe. Illustriert von Anneliese Kohring-Kieselbach. Kassel 1972.

Knigge, Adolph Freiherr von: Sämtliche Werke. In Zusammenarbeit mit Ernst-Otto Fehn, Manfred Grätz, Gisela von Hanstein und Claus Ritterhoff hrsg. von Paul Raabe. Photomechanischer Nachdruck der Erstausgaben. 24 Bde. München, London, New York, Paris 1992.

Kramp, Christian: Geschichte der Aerostatik, historisch, physisch und mathematisch ausgeführt. 2 Theile. Mit Kupfern. Straßburg 1784-86.

Die Kunst zu fliegen oder Geschichte aller Luftfahrten von Dädalus bis auf die neuesten Versuche in Wien 1808. Mit zwei Kupfern. Wien 1808.

Lambert, Johann Heinrich: Philosophische Schriften. 9 Bde. Hrsg. von Hans-Werner Arndt. Hildesheim 1965.

[Lana, Francesco Terzi de:] Prodromo o vero, saggio di alcune Invenzioni nuove, premesso all'Arte Maestra, Opera che prepare il Padre Francesco Lana, S. I. per mostrare i più reconditi principi della Naturale Filosofia, riconosciuti con accurata Teorica nelle più sequate Invenzioni ed esperienze fin ora ritrovate da gli Scrittori di questa materia, ed altre nuove dell' Autore medesimo. Brescia 1670.

Lana, Francesco de (Prodromo premesso all'arte maestra) und Philipp Lohmeier (Exercitatio physica de artificio navigandi per aerem): Von der Luftschiffkunst. Ins Teutsche übersetzt und mit Anmerkungen begleitet. Tübingen: Heerbrandt 1784.

Lavater, Johann Caspar: Aussichten in die Ewigkeit, in Briefen an Johann Georg Zimmermann. Th. 1-3. Hamburg 1773.

Lavater, Johann Caspar: Physiognomische Fragmente zur Beförderung der Menschenliebe und Menschenkenntniß. 4 Bde. Winterthur und Leipzig 1775-1778.

[Leibniz, Gottfried Wilhelm:] Godofredi Guillelmi Leibnitii Epistolae ad diversos, theologici, iuridici, medici, philosophici, mathematici, historici et philologici argumenti / e msc. autoris cum annotationibus suis primum divulgavit Christianus Kortholthus. Leipzig 1734.

Leibniz, Gottfried Wilhelm: Œuvres Philosophiques Latines et Francaises. Publiée par Mr. Rudolph Eric Raspe. Avec une Préface de Mr. [Abraham Gotthelf] Kästner, Professeur en Mathématique à Gottingue. Amsterdam, Leipzig 1765.

[Leibniz, Gottfried Wilhelm:] Gothofredi Guillelmi Leibnitii Opera omnia, nunc primum collecta, in classes distributa, praefationibus et indicibus exornata, studio Ludovici (Louis) Dutens. T. 1-6 (4.1 = Philosophia ingenere et opuscula Sinensis attingentia]. Genf 1768.

[Leibniz, Gottfried Wilhelm:] Geist des Herrn Leibniz oder Auserlesene Gedanken über die Religion, Moral, Sprachen und Geschichte aus allen seinen Werken zusammen getragen. Aus dem Französischen übersetzt, 4 Theile. Wittenberg und Zerbst 1775-77.

Leibniz, Gottfried Wilhelm: Die philosophischen Schriften. Hrsg. von Carl Immanuel Gerhardt. Bd. 1-7. Leipzig, Berlin 1879-1937.

Leibniz, Gottfried Wilhelm: Sämtliche Schriften und Briefe. Hrsg. von der Deutschen Akademie der Wissenschaften zu Berlin. Sechste Reihe (= Philosophische Schriften. Hrsg. von der Leibniz-Forschungsstelle der Unversität Münster). 9 Bde. Berlin 1930-99.
Leibniz, Gottfried Wilhelm: Deutsche Schriften. Hrsg. von G[ottschalk] E[duard] Guhrauer. Repr. Nachdruck der Ausgabe Berlin 1838; 1840. 2 Bde. Hildesheim 1966.
Leibniz, Gottfried Wilhelm: Novissima Sinica (1697). Mit einem Anhang (Briefe und Textdokumente) erstmals aus dem Manuskript übersetzt und ediert von Heinz Günther Nesselrath. Hrsg. von der Deutschen China-Gesellschaft. Köln 1979.
Leibniz korrespondiert mit China. Der Briefwechsel mit den Jesuitenmissionaren (1689-1714). Hrsg. von Rita Widmaier. Frankfurt a. M. 1990.
Lichtenberg, Georg Christoph: Schriften und Briefe. 4 Bände. Hrsg. von Wolfgang Promies. Darmstadt 1972.
Lohmeier, Philipp: Exercitatio physica de Artificio navigandi per aerem [...]. Rinteln 1676 [Resp.: Franciscus David Frescheur]. Nachdruck: Wittenbergae: Borckard 1679.
Lohmeier, Philipp: Exercitatio physica de artificio navigandi per aerem. Lateinisch und deutsch. [Resp.: Franz David Frescher.] Rintelii 1676 (Phil. Diss. vom 4. März 1676). Nachdruck: Arolsen 1784.
Mendelssohn, Moses: Gesammelte Schriften. Jubiläumsausgabe. Begonnen von I. Ellbogen, J. Guttmann, E. Mittwoch. Fortgesetzt von Alexander Altmann und E. J. Engel. In Gemeinschaft mit F. Bamberger, H. Borodianski (Bar-Dayan), S. Rawidowicz, B. Strauss, L. Strauss, W. Weinberg. 24 Bde. Neudruck der 1929 begonnenen Ausgabe. Stuttgart 1971 ff.
Mendelssohn, Moses: Phaedon oder über die Unsterblichkeit der Seele in drey Gesprächen (1767). Carlsruhe 1780.
Mercier, Louis Sébastien: Mon Bonnet de Nuit. Neuchatel 1784. Texte établi et annoté par Jean-Claude Bonnet, Pierre-François Burger, Shelly Charles, Paul-Édouard Levayer, Jean-Pierre Perchellet, Françoise Waquet. Mercure de France 1999.
Merck, Johann Heinrich: Briefe. Hrsg. von Herbert Kraft. Frankfurt a. M. 1968.
Michel de Montaignes Versuche nebst des Verfassers Leben, nach der Ausgabe von Pierre Coste ins Deutsche übersetzt von Johann Daniel Tietz (1753/53). Neuausgabe Zürich 1992.
Montaigne, Michel de: Œuvres complètes. Hrsg. von Albert Thibaudet und Maurice Rat. Einführung und Anmerkungen von Maurice Rat. Paris 1962.
Moritz, Carl Philipp: Gnothi sauton oder Magazin zur Erfahrungsseelenkunde als ein Lesebuch für Gelehrte und Ungelehrte. Hrsg. von Carl Philipp Moritz. Zehn Bände. Berlin 1783-1793. Neuherausgegeben und mit einem Nachwort versehen von Anke Bennholdt-Thomsen und Alfredo Guzzoni. Lindau i. B. 1979.
Moritz, Carl Philipp: Schriften zur Ästhetik und Poetik. Kritische Ausgabe. Hrsg. von Hans Joachim Schrimpf. Tübingen 1962.
Murr, Christoph Gottlieb: Der Herren Stephan und Joseph von Montgolfier

Versuche mit der von ihnen erfundenen Aerostatischen Maschine. Ein Auszug aus der französischen Beschreibung des Herrn Faujas de Saint-Fond. Mit acht Kupfertafeln. Nürnberg 1784.

Musäus, Johann Carl August [= Johann Rudolf Schellenberg]: Freund Heins Erscheinungen in Holbeins Manier. Winterthur 1785.

Museum des Wundervollen oder Magazin des Außerordentlichen in der Natur, der Kunst und im Menschenleben. Hrsg. von J. A. Bergk und F. G. Baumgärtner, Bd. 3. Leipzig 1804.

Nauck, Wilhelm [Anonym]: Wunderbare Reise ins Land Rerum. Mit Titelvignette und 1 Kupfer. Philadelphia (= Leipzig) 1786.

Nietzsche, Friedrich: Sämtliche Werke. Kritische Studienausgabe in 15 Einzelbänden. Hrsg. von Giorgio Colli und Mazzino Montinari. München 1980 ff.

[Paré, Ambroise:] Œuvres complètes d'Ambroise Paré. Revues et collationées sur toutes les éditions avec les variantes ornées de 217 planches et du portrait de l'auteur. Accompagnées de notes historiques et critiques et précédées d'une introduction sur l'origine et les progrès de la chirurgies en occident du sixième au seizième siècle. 3 Bände. Hrsg. von J.-F. Malgaigne. Paris 1840-1841. Reprint Genf 1970.

Petrarca, Francesco: Le Familiari. Edizione critica per cura di Vittorio Rossi. Edizione Nazionale della opere di Francesco Petrarca. Volumio Primo. Introduzione e Libri I-IV. Firenze 1933.

Petrarca, Francesco: Dichtungen, Briefe, Schriften. Auswahl und Einleitung von Hanns W. Eppelsheimer. Frankfurt a. M. 1980.

Pestalozzi, Johann Heinrich: Lienhard und Gertrud. Ein Buch für das Volk. Erste Fassung. 4 Bände. Berlin, Frankfurt a. M., Leipzig 1781-1787.

Pfeffel, Gottlieb Conrad: Poetische Versuche. 5 Theile. Vierte rechtmäßige, verbesserte und vermehrte Auflage. Tübingen 1802 f.

Die Pioniere der Ballonfahrt. Zeitgenössische Berichte aus dem Jahre 1783. (= Beiträge zur Geschichte der Ballonfahrt, Bd. 7). Hrsg. von Peter P. E. Günther. Berlin 1994.

Platon: Werke in acht Bänden. Griechisch und Deutsch. Hrsg. von Gunther Eigler. Darmstadt 1990.

Poe, Edgar Allan: Werke in zehn Bänden. Deutsch von Arno Schmidt und Hans Wollschläger. Herrsching 1979.

Prechtl, Johann Joseph: 1. Etwas über die Flugmaschine des Herrn Degen in Wien. Geschrieben zu Brünn am 10ten October 1808. 2. Ueber Degens's neuesten Flugversuch in Verbindung mit einem Luftballon. Aus einem Briefe an den Prof. Gilbert. Wien den 15ten Nov. 1808. In: Annalen der Physik, Bd. 30. Halle 1808. S. 320-329.

Prévost, Pierre: Ueber den Erfinder der Luftmaschinen. Deutsch von Martin Heinrich Klaproth. In: Berlinische Monatsschrift 1784, 1, S. 129-142.

Prévost, Pierre: Noch etwas über die aerostatischen Maschinen, vorzüglich über deren Lenkung. Deutsch von Martin Heinrich Klaproth. In: Berlinische Monatsschrift 1784, 2, S. 39-49.

Priestley, Joseph: The History and Present State of Discouveries relating to Vision, Light and Colours. London 1772. Repr. Nachdruck Millwood, N. Y. 1978.

Priestley, Joseph: Dr. Priestleys Geschichte und gegenwärtiger Zustand der Optik vorzüglich in Absicht auf den physikalischen Theil dieser Wissenschaft. Aus dem Englischen übersetzet und mit Anmerkungen und Zusätzen begleitet von Georg Simon Klügel. Zween Theile. Mit Kupfern. Leipzig 1776.

Priestley, Joseph: Experiments and Observations relating to various branches of Natural Philosophy; with a continuation of the Observations on Air. 3 Bde. London 1779-1786. Reprint Millwood, N. Y. 1977.

Priestley, Joseph: A contribution of the Letters to the Philosophers and Politicians of France, on the subject of Religion; and the Letters to a Philosophical Unbeliever; in answer to Mr. Paine's Age of Reason. Reprint of the 1794 edition. New York 1977.

Die Pyrotechnie oder theoretisch-praktische Anweisungen zur Bereitung aller Arten Feuerwerke auf der Erde, in der Luft und auf dem Wasser, nebst Anleitung zur Verfertigung der Theater-, Tafel-, Aerostaten- und Artilleriefeuerwerke. Nach den Vorschriften von Claude Ruggieri und Thomas Morel bearbeitet. Leipzig 1807.

Richter, August Gottlieb: Anfangsgründe der Wundarzneykunst. Bd. 3. Mit 4 Kupfern. Wien 1790.

Rousseau, Jean Jacques: La Nouvelle Heloïse. In: Œuvres complètes. Édition publiée sous la direction de Bernard Gagnebin et Marcel Raymond (sous le patronage de la Sociétié Jean Jacques Rousseau et avec l'appui du Fonds National Suisse pour la Recherche Scientifique et de l'État de Genève (= Bibliothèque de la Pléiade), Bd. 2. Paris 1964.

Rousseau, Jean-Jacques: Julie oder Die neue Héloïse. Briefe zweier Liebenden aus einer kleinen Stadt am Fuße der Alpen. In der ersten deutschen Übertragung von Johann Gottfried Gellius. Vollständig überarbeitet und ergänzt nach der Edition Rey, Amsterdam 1761. München 1988.

Rousseau, Jean Jacques: Le Nouveau Dédale. Réproduction de l'édition de 1801. Introduction par Edmont Petit. Paris 1987.

Rowe, Elizabeth Singer: Friendship in Death in Twenty Letters From the Dead to the Living. To which are added Thoughts on Death: Translated from the Moral Essays of the Messieurs du Port Royal. 3. Aufl., 1733. Reprint of the 1728 edition with a new introduction for the Garland Edition by Josephine Grieder. New York/ London 1972.

Sage, L. A.: A letter, adressed to a female friend, describing [...] her expedition with Mr. Lunardi's baloon, which ascended [...] 1785, accompanied by George Beggin. 3. Aufl. London 1785.

Schelling, Friedrich Wilhelm Joseph von: Ausgewählte Schriften in sechs Bänden. Hrsg. von Manfred Frank. Frankfurt a. M. 1985.

[Schiller, Friedrich:] Schillers Werke. Nationalausgabe. Begründet von Julius Petersen. Hrsg. im Auftrag der Nationalen Forschungs- und Gedenkstätten der klassischen deutschen Literatur in Weimar (Goethe- und Schiller-Archiv) und des Schiller-Nationalmuseums in Marbach von Lieselotte Blumenthal und Benno von Wiese. 42 Bde. Weimar 1943 ff.

[Schlegel, Friedrich:] Kritische Friedrich-Schlegel-Ausgabe. Hrsg. von Ernst Behler unter Mitwirkung von Jean-Jacques Anstett und Hans Eichner. Erste Abteilung: Kritische Neuausgabe. München, Paderborn, Wien, Zürich 1961 ff.

Schopenhauer, Arthur: Zürcher Ausgabe. Werke in zehn Bänden. Hrsg. nach der Historisch-kritischen Ausgabe von Arthur Hübscher. 3. Aufl., Wiesbaden 1972.

Schubert, Gotthilf Heinrich: Ansichten von der Nachtseite der Naturwissenschaft (Erstausgabe 1808), 3. Aufl. Dresden 1827.

Schubert, Gotthilf Heinrich von: Die Symbolik des Traumes. Mit einem Anhang: Die Sprache des Wachens. Ein Fragment (1814), nach dem Tode des Verfassers hrsg. von Dr. Friedrich Heinrich Ranke. 4. Aufl. Leipzig 1862.

Smith, Adam: The Theory of Moral Sentiments. In: The Works of Adam Smith LL.D. with an Account of His Life And Writings by Dulgald Stewart, Bd. 1. Reprint der Edition 1811-1812. Aalen 1963.

Smith, Adam: Theorie der ethischen Gefühle oder Versuch einer Analyse der Prinzipien, mittels welcher die Menschen naturgemäß zunächst das Verhalten und den Charakter ihrer Nächsten und sodann auch ihr eigenes Verhalten und ihren eigenen Charakter beurteilen. Nach der Auflage letzter Hand übersetzt und mit Einleitung, Anmerkungen und Registern hrsg. von Dr. Walther Eckstein. Leipzig 1926.

Smith, Robert: Vollständiger Lehrbegriff der Optik nach Herrn Robert Smith' Englischem mit Aenderungen und Zusätzen ausgearbeitet von Abraham Gotthelf Kästner. Altenburg 1755 [Orig.: A complete System of opticks, in four books, viz. A Popular, a Mathematical, a Mechanical, and a Philosophical Treatise. Tho which are added Remarks upon the whole by Robert Smith LLD. Professor of Astronomy and Experimental philosophy at Cambridge and Master of Mechanicks to his Majesty. Cambridge 1738].

Soemmerring, Samuel Thomas: Über das Organ der Seele. Mit einem Nachwort von Immanuel Kant. Mit Kupfern. Königsberg 1796.

Spalding, Johann Joachim: Die Bestimmung des Menschen, nebst einigen Zugaben. Neue vermehrte Auflage. Leipzig 1794 (zuerst Greifswald 1748).

Spazier, Karl: Antiphädon, oder Prüfung einiger Hauptbeweise für die Einfachheit und Unsterblichkeit der menschlichen Seele. In Briefen. Leipzig 1785. Hrsg. und eingeleitet von Werner Krauss. Berlin 1961.

Steiner, Anton Gottfried: Geschichte der zu Breslau den 27. Mai von Herrn Blanchard unternommenen Luftreise. (Breslau, den 6. Juni 1789). In: Zeitgenössische Berichte der ersten bemannten Luftfahrt in Breslau. Jean Pierre Blanchard's 35. Luftfahrt 1789. Aus Anlaß des 200jährigen Jubiläums hrsg. von Peter P. E. Günther. Mit Abbildungen. (= Beiträge zur Geschichte der Ballonfahrt. Hrsg. von Peter P. E. Günther. Bd. 5). Berlin 1989, S. 13-28.

Stelzhammer, Johann Christoph: Ueber die Flugmaschine des Uhrmachers Jakob Degen in Wien. Mit einer Tafel. In: Annalen der Physik. Bd. 30, Halle 1808, S. 1-9.

Sterne, Laurence: The Life and Opinions of Tristram Shandy, Gentleman. Edited with an Introduction and Notes by Ian Campbell Ross. Oxford 1983.

Sterne, Laurence: Das Leben und die Ansichten Tristram Shandys. Roman aus dem Englischen von Rudolf Kassner. Revidierte Übersetzung anhand des Originaltexts und älterer Übertragungen. München und Leipzig 1982 (Erstausgabe 1964).

Sterne, Laurence: Leben und Ansichten von Tristram Shandy, Gentleman. 9 Bände. Neu übersetzt von Michael Walter. Zürich 1983.

Stifter, Adalbert: Werke und Briefe. Historisch-kritische Gesamtausgabe. Hrsg. von Alfred Doppler und Wolfgang Frühwald. Stuttgart, Berlin, Köln, Mainz 1978 ff.

[Swift, Jonathan:] The Prose Works of Jonathan Swift, D. D. Edited by Temple Scott, with a biographical introduction by W. E. H. Lecky, 12 Volumes. London 1897-1908.

Taschenbuch für Freunde des Scherzes und der Satire. Hrsg. von J. D. [Johann Daniel] Falck. Nebst einem saubern Conterfey auf die Kantische Philosophie. Mit Churfürstlich Sächsischem Privilegio. Leipzig 1797.

Telge, A. W.: Etwas über die Bestimmung der Fühlhörner bei den Insekten. In: Berlinische Monatsschrift (1796) 2, S. 78-82.

Testament, Leichen-Kondukt und Grabschrift des zu Augsburg gebohrnen und zu Gersthofen erblaßten Erdlieb Luftballon, von ihm selbst noch vor seinem Ende zu Papier gebracht und veranstaltet; izt aber von einem seiner Erben zum öffentlichen Druck befördert. [Gersthofen] 1787.

Tissandier, Gaston: Bibliographie aeronautique. Catalogue de livres d'histoire, de science, de voyage et de fantaisie, traitant la navigation aérienne ou de aérostats. Paris 1887. Repr. Nachdruck Amsterdam 1971.

Versuch einer kurzen historisch-kritischen Uebersicht der Lehren und Meinungen unserer vornehmen neuen Weltweisen von der Unsterblichkeit der menschlichen Seele [Anonym]. Leipzig und Altona 1796.

Walch, Johann Georg: Historische und theologische Einleitung in die Religions-Streitigkeiten außer der Evangelisch-Lutherischen Kirche. Faksimile-Neudruck der Ausgabe Jena 1733-1736. 5 Bde. Stuttgart-Bad Canstatt 1972-1985.

[Wekhrlin, Wilhelm Ludwig:] Das Graue Ungeheuer. Bd. I-XII. Hrsg. von Wilhelm Ludwig Wekhrlin. Nürnberg 1784-1787.

Wer ist Blanchard? Etwas über die aerostatische Kunst. Von einem Licenciaten, der einmal in einer Gesellschaft mit dem Luftschiffer gewesen ist. (o. Orts- und Jahresangabe), S. 1-16.

[Werner, Zacharias:] Zacharias Werner's Sämmtliche Werke. Aus seinem handschriftlichen Nachlasse hrsg. von seinen Freunden. Einzige rechtmäßige Original-Gesammtausgabe in 13 Bänden [Stereotypauflage]. Grimma o. J. [nach 1841].

Wieland, Christoph Martin: Sämmtliche Werke. Leipzig 1794-1811. Reprint der Ausgabe letzter Hand. Hrsg. von der Hamburger Stiftung zur Förderung von Wissenschaft und Kultur in Zusammenarbeit mit dem Wieland-Archiv Biberach/Riß und Dr. Hans Radspieler. 14 Bde. und 1 Suppl.-Bd. Hamburg 1984.

Wolff, Christian: Oratio de Sinarum philosophia practica. Rede über die praktische Philosophie der Chinesen (1721), übersetzt, eingeleitet und hrsg. von Michael Albrecht (Lateinisch-Deutsch). Hamburg 1985.

[Young, Edward:] Dr. Eduard Young's Klagen oder Nachtgedanken über Leben, Tod, und Unsterblichkeit. In neun Nächten. Nebst desselben characteristische Satiren auf die Ruhmbegierde, die allgemeine Leidenschaft. Aus dem

Englischen ins Deutsche übersetzt, durchgehends mit kritischen und erläuternden Anmerkungen begleitet, und mit dem nach der letzten englischen Ausgabe abgedruckten Originale hrsg., von I. U. Ebert, 5 Bde. Braunschweig 1760-1771. (Orig.: 1742-45).

Zachariä, August Wilhelm: Die Elemente der Luftschwimmkunst. Mit einer Kupfertafel. Wittenberg 1807.

Zedler, Johann Heinrich: Großes vollständiges Universal-Lexicon aller Wissenschaften und Künste. Leipzig und Halle 1732-1754. 64 Bde. und Suppl.-Bde. Repr. Nachdruck Graz 1961 ff.

Forschungsliteratur

Allert, Beate: Die Metapher und ihre Krise: Zur Dynamik der »Bilderschrift« Jean Pauls. New York, Bern 1987.

Allert, Beate: Theorizing Visual Language in George Berkeley and Jean Paul. In: Studies in Eighteenth-Century Culture 27 (1998), S. 307-342.

Allert, Beate: »Die Unsichtbare Loge«: Jean Pauls Critique of Ocularcentrism. In: Literatur und Geschichte. Festschrift für Wulf Köpke zum 70. Geburtstag. Hrsg. von Karl Menges. Amsterdam 1998, S. 111-138.

Alt, Peter André: Traditionswandel des Allegoriebegriffs zwischen Christian Gryphius und Gottsched. In: Europäische Barock-Rezeption. Hrsg. von Klaus Garber. Wiesbaden 1991, S. 249-279.

Alt, Peter André: Aufklärung über den Himmel. Aspekte literarischer Himmelsbilder im 18. Jahrhundert. In: Euphorion 89 (1995), S. 367-391.

Alt, Peter André: Begriffsbilder. Studien zur literarischen Allegorie zwischen Opitz und Schiller. Tübingen 1995.

Anamorphosen der Rhetorik. Die Wahrheitsspiele der Renaissance. Hrsg. von Gerhart Schröder, Barbara Cassin, Gisela Febel, Michel Narcy. München 1997.

Ayrault, Roger: Leben des vergnügten Schulmeisterlein Maria Wutz in Autenhal ou les débuts du poète Jean Paul. In: Etudes Germaniques. 18. Jg., H. 1 (1963), S. 3-12.

Baierl, Redmer: Transzendenz. Weltvertrauen und Weltverfehlung bei Jean Paul. Würzburg 1992.

Barkhoff, Jürgen: Magnetische Fiktionen. Literarisierung des Mesmerismus in der Romantik. Stuttgart, Weimar 1995.

Barnstorff, Johannes: Youngs Nachtgedanken und ihr Einfluß auf die deutsche Literatur. Mit einem Vorwort von Franz Muncker. Bamberg 1895.

Barthes, Roland: Œuvres complètes. Edition établie et presentée par Éric Marty. 5 Bde. Paris 1993 ff.

Baudler, Georg: »Im Worte sehen«. Das Sprachdenken Johann Georg Hamanns. Bonn 1970.

Baumann, Gerhart: Jean Paul: »Des Luftschiffer Giannozzo Seebuch«. In: Die Wissenschaft von deutscher Sprache und Dichtung. Festschrift für Friedrich

Maurer. Hrsg. von Siegfried Gutenbrunner, Hugo Moser u. a. Stuttgart 1963, S. 399-423.

Baumeister, Pilar: Die literarische Gestalt des Blinden im 19. und 20. Jahrhundert: Klischees, Vorurteile und realistische Darstellung des Blindenschicksals. Frankfurt a. M. 1991.

Begemann, Christian: Die Welt der Zeichen. Stifter-Lektüren. Stuttgart und Weimar 1995.

Behringer, Wolfgang; Ott-Koptschalijski, Constanze: Der Traum vom Fliegen. Zwischen Mythos und Technik. Frankfurt a. M. 1991.

Behringer, Wolfgang: Ars Volandi. Gedankenspiele im Umfeld einer europäischen Debatte der Neuzeit. In: Fliegen und Schweben. Annäherung an eine menschliche Sensation. Zur Einführung. Hrsg. von Dieter R. Bauer und Wolfgang Behringer. München 1997, S. 16-36.

Benjamin, Walter: Gesammelte Schriften. Unter Mitwirkung von Theodor W. Adorno und Gershom Scholem hrsg. von Rolf Tiedemann und Hermann Schweppenhäuser. Frankfurt a. M. 1980.

Bennholdt-Thomsen, Anke: Nietzsches »Also sprach Zarathustra« als literarisches Phänomen. Eine Revision. Frankfurt a. M. 1974.

Bennholdt-Thomsen, Anke: Auffassung und Verwendung des Traums in der deutschen Psychologie und Literatur vor 1800. In: Jahrbuch für Verstehende Tiefenpsychologie und Kulturanalyse 5 (1985), S. 65-74.

Benz, Ernst: Theologie und Elektrizität. Zur Begegnung und Auseinandersetzung von Theologie und Naturwissenschaft im 17. und 18. Jahrhundert. Mainz 1971.

Benz, Richard: Jean Paul und das Barock. In: Ders.: Widerklang, vom Geiste großer Dichtung und Musik. Gedenkreden und Aufsätze. Düsseldorf, Köln 1964, S. 120-138.

Berend, Eduard: Jean Pauls Ästhetik. Berlin 1909.

Berend, Eduard: Die Namengebung bei Jean Paul. In: Publications of the Modern Language Association of America 57 (1942), S. 820-850.

Berend, Eduard: Jean Pauls Dualismusglaube. In: Hesperus. Blätter der Jean-Paul-Gesellschaft 2 (1955), S. 24-27.

Berend, Eduard: Jean Pauls Kampaner Tal. In: Hesperus. Blätter der Jean-Paul-Gesellschaft 12 (1956), S. 18-20.

Berend, Eduard: Die Personen- und Ortsnamen in Jean Pauls Werken. In: Hesperus. Blätter der Jean-Paul-Gesellschaft 13 (1957), S. 21-31.

Bergengruen, Maximilian: »Heißbrennende Hohlspiegel«. Wie Jean Paul durch die optische Magie seine Poetik sichtbar werden läßt. In: Kunst und Wissenschaft um 1800. Hrsg. von Thomas Lange und Harald Neumeyer. Würzburg 2000, S. 19-38.

Bergengruen, Maximilian: Schöne Seelen, groteske Körper. Jean Pauls ästhetische Dynamisierung der Anthropologie. Hamburg 2003.

Berhorst, Ralf: Anamorphosen der Zeit. Jean Pauls Romanästhetik und Geschichtsphilosophie. Tübingen 2002.

Berger, Rudolf: Jacob Balde. Die deutschen Dichtungen. Bonn 1971.

Berger, Willy Richard: China-Bild und China-Mode im Europa der Aufklärung. Köln, Wien 1990.

Berneaud-Kötz, Gerhard: Jung-Stilling als Arztpersönlichkeit, Laienmediziner, Arzt, Augenarzt und Staroperateur. In: Blicke auf Jung-Stilling. Festschrift zum 60. Geburtstag von Gerhard Merk. Hrsg. von Michael Frost. Kreuztal 1991, S. 19-39.

Berneaud-Kötz, Gerhard: Jung-Stilling als Augenarzt und Staroperateur. In: Jung-Stilling. Arzt – Kameralist – Schriftsteller zwischen Aufklärung und Erweckung. Ausstellungskatalog, hrsg. von der Badischen Landesbibliothek Karlsruhe. Karlsruhe 1990, S. 24-39.

Berneaud-Kötz, Gerhard: Johann Heinrich Jung-Stilling: Muster des erhellenden Wortes und der erhellenden Tat als Staroperateur der Goethezeit. In: Auf den Spuren von Jung-Stilling: Studien zu Johann Heinrich Jung-Stilling (1740-1817). Freundesgabe für Alfred Klose zum 70. Geburtstag. Hrsg. von Erich Mertens. Siegen 1998, S. 25-43.

Bexte, Peter: Blendung. Figuren der Blindheit in Kunst und Wahrnehmungstheorie. Mit 12 Abbildungen sowie einem Textanhang. Kassel 1996.

Birus, Hendrik: Vergleichung. Goethes Einführung in die Schreibweise Jean Pauls. Stuttgart 1986.

Birus, Hendrik: Der »Metaphoriker« Jean Paul. In: JJPG 41 (1987), S. 41-66.

Blumenberg, Hans: Paradigmen zu einer Metaphorologie. In: Archiv für Begriffsgeschichte 6 (1960), S. 7-142.

Börne, Ludwig: Denkrede auf Jean Paul (1925). In: Hesperus. Blätter der Jean-Paul-Gesellschaft 23 (1962).

Böschenstein, Bernhard: Umrisse zu drei Kapiteln einer Wirkungsgeschichte Jean Pauls: Büchner – George – Celan. In: Ders.: Leuchttürme. Von Hölderlin zu Celan. Wirkung und Vergleich. Frankfurt a. M. 1977, S. 147-177.

Böschenstein, Bernhard: Leibgeber und die Metapher der Hülle. In: Jean Paul. Sonderband Text + Kritik: Jean Paul. 3., erweiterte Auflage 1983, S. 59-64.

Böschenstein, Bernhard: Anmerkungen zur Metaphorik in Jean Pauls Leben des vergnügten Schulmeisterlein Maria Wutz in Auenthal. Elemente zu einem Kommentar. In: Digressionen. Wege zur Aufklärung. Festgabe für Peter Michelsen. Hrsg. von Gotthardt Frühsorge u. a. Heidelberg 1984, S. 149-161.

Böschenstein, Bernhard: Celan als Leser Hölderlins und Jean Pauls. In: Argumentum e Silentio. Internationales Paul Celan-Symposium. Hrsg. von Amy D. Colin. Berlin und New York 1987, S. 183-198.

Bohrer, Karl Heinz. Der romantische Brief. Die Entstehung ästhetischer Subjektivität. München und Wien 1987.

Bollack, Jean: Paul Celan über die Sprache. Das Gedicht »Sprachgitter« und seine Interpretationen. Aus dem Französischen von Henriette Beese und dem Verfasser. In: Paul Celan. Hrsg. von Werner Hamacher und Winfried Menninghaus. Frankfurt a. M. 1988, S. 272-307.

Bollack, Jean: Dichtung wider Dichtung. Paul Celan und die Literatur. Hrsg. von Werner Wögerbauer. Aus dem Französischen von Werner Wögerbauer unter Mitwirkung von Barbara Heber-Schärer, Christoph König und Tim Trzaskalik. Göttingen 2006.

Borgards, Roland: Experimentelle Aeronautik. Chemie, Meteorologie und

Kleists Luftschiffkunst in den »Berliner Abendblättern«. Ungekürzte Fassung. In: Homepage www.roland-borgards.de. Downloadbereich (11/2005), S. 1-41.

Borgards, Roland: Die Wissenschaft vom Auge und die Kunst des Sehens. Von Descartes zu Soemmerring, von Lessing zu A. W. Schlegel. In: Kunst und Wissenschaft um 1800. Hrsg. von Thomas Lange und Harald Neumeyer. Würzburg 2000, S. 39-61.

Bosse, Heinrich: Theorie und Praxis bei Jean Paul. § 74 der »Vorschule der Ästhetik« und Jean Pauls erzählerische Technik, besonders im »Titan«. Bonn 1970.

Bosse, Heinrich: Vorfragen zur Metaphorik bei Jean Paul. In: DVjS 45 (1971), S. 326-349.

Bräuner, Harald: Europäische Chinakenntnis und Berliner Chinastudien im 17. und 18. Jahrhundert. In: Berlin und China. 300 Jahre wechselvolle Beziehungen. Hrsg. von Kuo, Heng-yue. Mit Beiträgen von Harald Bräuner. Berlin 1987.

Bräutigam, Bernd: Reflexion des Schönen – Schöne Reflexion. Überlegungen zur Prosa ästhetischer Theorie. Hamann, Nietzsche, Adorno. Bonn 1975.

Breuer, Dieter: Grimmelshausen-Handbuch. München 1999.

Bronfen, Elizabeth: Over Her Dead Body. Death, feminity and the aesthetic. Manchester 1992.

Brüggemann: Luftbilder eines kleinstädtischen Jahrhunderts. Ekstase und imaginäre Topographie in Jean Paul: »Des Luftschiffers Giannozzo Seebuch«. In: Die Stadt in der europäischen Romantik. Hrsg. von Gerhart von Graevenitz. In Verbindung mit Alexander von Bormann, Walter Hinderer, Gerhard Neumann, Günter Oesterle und Dagmar Ottmann. Würzburg 2000, S. 127-182.

Brüggemann, Heinz: Das Inventarium neu erworbner Kenntnisse und das leichte Corps der Phantasie. Georg Christoph Lichtenberg: »Vermischte Gedanken über die aerostatischen Maschinen« und Jean Paul: »Des Luftschiffers Giannozzo Seebuch«. Kleiner Versuch über Poesie und Wissenschaft um 1800. In: Poesie als Auftrag. Festschrift für Alexander von Bormann. Hrsg. von Dagmar Ottmann. Würzburg 2001, S. 29-42.

Brunner, Horst: Die poetische Insel. Inseln und Inselvorstellungen in der deutschen Literatur. Stuttgart 1967.

Buci-Glucksmann, Christine: La folie du voir: de l'esthétique baroque. Débats. Collection dirigée par Michel Delorme. Paris 1986.

Bühlmann, Regula: Kosmologische Dichtung zwischen Naturwissenschaft und innerem Universum. Die Astronomie in Jean Pauls »Hesperus«. Bern 1996.

Buschendorf, Bernhard: Jean Pauls »Kampaner Tal«. Ein »mendelssohn-platonisches Kolloquium« über die Unsterblichkeit der Seele. In: Literaturwissenschaftliches Jahrbuch, Bd. 38 (1997), S. 63-92.

Buschendorf, Bernhard: »Um Ernst, nicht um Spiel wird gespielt«. Zur relativen Autonomie des Ästhetischen bei Jean Paul. In: JJPG 35/36 (2000/2001), S. 218-237.

Casey, Timothy J.: The Chinaman in Kuhschnappel. Jean Paul's Escape from

Reality. In: Publication of the English Goethe Society (PEGS) 67, 1997 (1998), S. 33-42.
Cloot, Julia: Geheime Texte. Jean Paul und die Musik. Berlin, New York 2001.
Cüppers, Stefan: Die geschichtliche Entwicklung der Höhenphysiologie und ihre Bedeutung für die Luftfahrtmedizin bis 1961. Aachen 1994.
Czucka, Eckehard: Tatsachen-Bilder. Literatur zwischen 1930 und 1940. Zum Beispiel Friedo Lampe und Wilhelm Lehmann. In: Ursprung der Gegenwart. Zur Bewußtseinsgeschichte der Dreißiger Jahre in Deutschland. Hrsg. von Helmut Arntzen. Weinheim 1995, S. 449-457.
Dahmann, Horst: Jean Pauls Luftschiffer Giannozzo als Humorist. Göttingen 1961.
Dangel-Pelloquin, Elsbeth: Eigensinnige Geschöpfe. Jean Pauls poetische Geschlechter-Werkstatt. Freiburg im Breisgau 1999.
Dangel-Pelloquin, Elsbeth: Küsse und Risse: Jean Pauls Osculologie. In: JJPG 35/36 (2000/01), S. 189-204.
Debold, Annette: Reisen bei Jean Paul. Studien zu einer real- und gattungshistorisch inspirierten Theorie und Praxis des Dichters. St. Ingbert 1998.
Decke-Cornill, Albrecht: Vernichtung und Selbstbehauptung. Eine Untersuchung zur Selbstbewußtseinsproblematik bei Jean Paul. Würzburg 1987.
Degen, Hans Rudolf: Samuel Johann Pauli (1766-1821). In: Pioniere. Schweizer Pioniere der Wirtschaft und Technik. Hrsg. vom Verein für wirtschaftshistorische Studien. Meilen 1996, S. 27-38.
Derrida, Jacques: Aufzeichnungen eines Blinden. Das Selbstporträt und andere Ruinen. Hrsg. und mit einem Nachwort versehen von Michael Wetzel. Aus dem Französischen von Andreas Knop und Michael Wetzel. München 1997.
Diergarten, Friedrich: Die Funktion der religiösen Bilderwelt in den Romanen Jean Pauls. Köln 1967.
Dinzelbacher, Peter: Ekstatischer Flug und visionäre Weltschau im Mittelalter. In: Fliegen und Schweben. Annäherung an eine menschliche Sensation. Hrsg. von Dieter R. Bauer und Wolfgang Behringer. München 1997, S. 111-145.
Eco, Umberto: Die Suche nach der vollkommenen Sprache. Aus dem Italienischen von Burkhart Kroeber. München (3. durchges. Aufl.) 1995.
Eickenrodt, Sabine: Blindes Vertrauen. Die Metapher der toten Freundin in Jean Pauls »Titan« und »Selina«-Fragment. In: Quer*elles*. Jahrbuch für Frauenforschung, Bd. 3: Freundschaft im Gespräch. Hrsg. von Sabine Eickenrodt und Cettina Rapisarda (unter Mitarbeit von Ute Pott). Stuttgart 1998, S. 184-201.
Eickenrodt, Sabine: Kopien der Kopien. Urbild und Abbild in Jean Pauls »Titan«. In: Übersetzen, Übertragen, Überreden. Für Klaus Laermann. Hrsg. von Sabine Eickenrodt, Stephan Porombka, Susanne Scharnowski (unter Mitarbeit von Jürg Neuenfeld). Würzburg 1999, S. 95-108.
Eickenrodt, Sabine: Horizontale Himmelfahrt oder poetische Ars volandi. Die optische Metaphorik der Unsterblichkeit in Jean Pauls *Komet*. In: JJPG 35/36 (2000/01), S. 267-292.
Eickenrodt, Sabine: [Rezension:] Jean Pauls Sämtliche Werke. Historisch-kritische Ausgabe. […] Vierte Abteilung: Briefe an Jean Paul. Hrsg. von der

Berlin-Brandenburgischen Akademie der Wissenschaften durch Norbert Miller. Bd. 1 (hrsg. von Monika Meier). Berlin 2003; Bd. 2 (hrsg. von Dorothea Böck und Jörg Paulus). Berlin 2004. In: JJPG 40 (2005), S. 187-199.

Das Ende. Figuren einer Denkform. Hrsg. von Karlheinz Stierle und Rainer Warning. München 1996.

Endres, Elisabeth: Jean Paul. Die Struktur seiner Einbildungskraft. Zürich 1961.

Erb, Andreas: Schreib-Arbeit. Jean Pauls Erzählen als Inszenierung ›freier‹ Autorschaft. Wiesbaden 1996.

Esselborn, Hans: Das Universum der Bilder. Die Naturwissenschaft in den Schriften Jean Pauls. Tübingen 1989.

Esselborn, Hans: »Denn der Unendliche hat in den Himmel seinen Namen in glühenden Sternen gesäet«. Die astronomische Metaphorik des Unendlichen bei Jean Paul. In: Geschichtlichkeit und Gegenwart. Festschrift für Hans Dietrich Irmscher zum 65. Geburtstag. Hrsg. von Hans Esselborn und Werner Keller. Köln, Weimar, Wien 1994, S. 209-228.

Esselborn, Hans: »Man kann sich nicht anders ganz sehen als im Auge eines fremden Sehers«. Jean Pauls Modernität im Spiegel der französischen Rezeption. In: JJPG 34 (1999), S. 119-143.

Esser, Albert: Das Antlitz der Blindheit in der Antike. Die kulturellen und medizinhistorischen Ausstrahlungen des Blindenproblems in den antiken Quellen. 2., erw. Aufl. Leiden 1961.

Feger, Hans: Die Macht der Einbildungskraft in der Ästhetik Kants und Schillers. Heidelberg 1995.

Fennell, Stephen: Gleich und Gleich. Die Messianik bei Jean Paul. Würzburg 1996.

Fleischhut, Ulrich: Die Allegorie bei Jean Paul. Bonn 1977.

Fleming, Paul: Die Moderne ohne Kunst. Max Kommerells Gattunspoetik in »Jean Paul«. In: Max Kommerell. Leben – Werk – Aktualität. Hrsg. von Walter Busch und Gerhart Pickerodt. Göttingen 2003, S. 54-73.

Fleming, Paul: The Pleasures of Abandonment. Jean Paul and the Life of Humor. Würzburg 2006.

Fliegen und Schweben. Annäherung an eine menschliche Sensation. Hrsg. von Dieter R. Bauer und Wolfgang Behringer. München 1997.

Fohrmann, Jürgen: Jean Pauls »Titan«. Eine Lektüre. In: JJPG 7 (1985), S. 7-32.

Foucault, Michel: Die Geburt der Klinik. Eine Archäologie des ärztlichen Blicks. Übersetzt von W. Seitter. Frankfurt a. M. 1988.

Frei Gerlach, Franziska: Schriftgeschwister. Die Rückversicherung des Fragments in Jean Pauls »Unsichtbarer Loge«. In: JJPG 39 (2004), S. 83-111.

Freud, Sigmund; Breuer, Josef: Studien zur Hysterie. (7. Aufl.) Frankfurt a. M. 1979, S. 20-40.

Fuld, Werner: Jean Paul und Weimar. In: Text und Kritik, 3. Aufl. (1983), S. 162-189.

Das Gehirn – Organ der Seele? Zur Ideengeschichte der Neurobiologie. Hrsg. von Ernst Florey und Olaf Breidbach. Berlin 1993.

Geissmar, Christoph: Das Auge Gottes. Bilder zu Jakob Böhme. In Zusammenarbeit mit dem Internationalen Arbeitskreis für Barockliteratur hrsg. von der Herzog August Bibliothek. Bd. 23. Wiesbaden 1993.

Gerabek, Werner: Naturphilosophie und Dichtung bei Jean Paul. Das Problem des Commercium mentis et corporis. Stuttgart 1988.

Gessinger, Joachim: Auge & Ohr. Studien zur Erforschung der Sprache am Menschen 1700-1850. Berlin und New York 1994.

Gewehr, Wolf: Der Topos ›Augen des Herzens‹ – Versuch einer Deutung durch die scholastische Erkenntnistheorie. In: DVjS 46 (1972), S. 626-649.

Glanzmann, Walter: Der Erde entfliehen. Nadar als Aeronaut. In: Luft-Ballone. Eine Ausstellung der Flughafen Main AG und der Stadt Frankfurt am Main zur Ballonfahrt in Geschichte und Gegenwart. Aus Anlaß der 200jährigen Wiederkehr des ersten in Deutschland erfolgten Ballonaufstiegs von Jean Pierre Blanchard am 3. Oktober 1785. Frankfurt a. M. 1985, S. 41-43.

Goebel, Eckart: Am Ufer der zweiten Welt. Jean Pauls »Poetische Landschaftsmalerei«. Tübingen 1999.

Goebel, Ralf: Philosophische Dichtung – dichtende Philosophie. Eine Untersuchung zu Jean Pauls (Früh-)Werk unter Berücksichtigung der Schriften Johann Gottfried Herders und Friedrich Heinrich Jacobis. Frankfurt a. M. 2002.

Göttsche, Dirk: Zeit im Roman. Literarische Zeitreflexion und die Geschichte des Zeitromans im späten 18. und im 19. Jahrhundert. München 2001, S. 115-141.

Goetz, Bruno: Jean Paul und die drei Reiche. In: Jean-Paul-Jahrbuch 1 (1925), S. 38-54.

Golz, Jochen: Welt und Gegen-Welt in Jean Pauls »Titan«. Stuttgart, Weimar 1996.

Golz, Jochen: Die Fassungen der »Unsichtbaren Loge«. Blicke in die Werkstatt. In: Schrift- und Schreibspiele. Jean Pauls Arbeit am Text. Hrsg. von Geneviève Espagne und Christian Helmreich. Würzburg 2002, S. 11-17.

Haas, Norbert: Spätaufklärung. Johann Heinrich Merck zwischen Sturm und Drang und Französischer Revolution. Kronberg/Ts. 1975.

Hädecke, Wolfgang: Poeten und Maschinen. Deutsche Dichter als Zeugen der Industrialisierung. München und Wien 1993.

Hagner, Michael: Das Ende vom Seelenorgan. Über einige Beziehungen von Philosophie und Anatomie im frühen 19. Jahrhundert. In: Ernst Florey; Olaf Breidbach: Das Gehirn – Organ der Seele? Zur Ideengeschichte der Neurobiologie. Berlin 1993.

Hamburger, Käte: Das Todesproblem bei Jean Paul (1929). In: Jean Paul. Hrsg. von Uwe Schweikert. Darmstadt 1974, S. 74-105. [Zuerst in: DVjS 7 (1928), S. 446-474].

Harms, Julius: Jean Pauls Weltgedanken und Gedankenwelt unter theologie- und philosophiegeschichtlichem Aspekt. Diss. Phil. Marburg 1975.

Heckmann, Wilhelm Georg: Die beiden Fassungen von Jean Pauls »Unsichtbarer Loge«. Gießen 1920.

Heinemann, Paul: Potenzierte Subjekte – Potenzierte Fiktionen. Ich-Figurationen und ästhetische Konstruktion bei Jean Paul und Samuel Beckett. Würzburg 2001.

Heinritz, Reinhart: »Kindheitshöhle«. Über Jean Pauls Roman »Die unsichtbare Loge«. In: JJPG 34 (1999), S. 156-169.

Heinritz, Reinhart: Teleskop und Erzählperspektive. In: Poetica 24 (1992), S. 341-355.

Herde, Heinz: Johann Georg Hamann. Zur Theologie der Sprache. Bonn 1971.

Hermand, Jost: Jean Pauls »Seebuch«. In: Euphorion 60 (1966), S. 91-109.

Hermand, Jost: Jean Paul: Des Luftschiffers Giannozzo Seebuch. In: Ders.: Unbequeme Literatur. Eine Beispielreihe. Heidelberg 1971, S. 40-64.

Hesse, Sandra: »Mir (empirisch genommen) grauset vor mir (absolut genommen).« Zur philosophischen Kritik und poetologischen Reflexion in Jean Pauls *Clavis Fichtiana*. In: JJPG 40 (2005), S. 107-149.

Hildebrandt, Alexandra: »Lebwohl, du heiterer Schein!« Blindheit im Kontext der Romantik. Würzburg 2002.

Hirschberg, Julius: Geschichte der Augenheilkunde (= Handbuch der Gesamten Augenheilkunde). Nachdruck der Ausgabe Leipzig 1899-1918. Hildesheim und New York 1977.

Höhler, Sabine: Luftfahrtforschung und Luftfahrtmythos. Wissenschaftliche Ballonfahrt in Deutschland, 1880-1910. Frankfurt, New York 2001.

Höllerer, Walter: [Nachwort zum dritten Band der Sämtlichen Werke Jean Pauls]. In: I/3, S. 1144-1147.

Hoffmann, Ute: Aviation, Androids and Artificial Intelligence: The Intricate Paths of Literary Imagination and Technological Development. Berlin 1992.

Horn, Eva: Trauer schreiben. Die Toten im Text der Goethezeit. München 1998.

Howeg, Waltraud: Karoline von Günderrode und Hölderlin. Inaugural-Dissertation (Martin Luther-Universität Halle-Wittenberg). Silstedt (Krs. Wernigerode) 1952 (1953).

Hsia, Adrian: Chinesia. The European Construction of China in the Literature of the 17th and 18th Centuries. Tübingen 1998.

Hübner, Anna: Todeserlebnis und Todesproblem bei Johann Paul Friedrich Richter. Diss. Phil. Wien 1936.

Hübscher, Arthur: Barock als Gestaltung antithetischen Lebensgefühls. Grundlegung einer Phaseologie der Geistesgeschichte. In: Euphorion 24 (1922), S. 517-562.

Hühn, Lore: Das »Schweben der Einbildungskraft«. Zur frühromantischen Überbietung Fichtes. In: DVjS 70 (1996), H. 4, S. 569-599.

Hunfeld, Barbara: Glanz der Unebenheit. Aus Jean Pauls »Arbeitsloge« des *Hesperus*. In: JJPG 35/36 (2000/01), S. 151-164.

Hunfeld, Barbara: Der Blick ins All. Reflexionen des Kosmos der Zeichen bei Brockes, Jean Paul, Goethe und Stifter. Tübingen 2004.

Ingold, Felix Philipp: Literatur und Aviatik. Europäische Flugdichtung 1909-1927. Mit einem Exkurs über die Flugidee in der modernen Malerei und Architektur. Basel und Stuttgart 1978.

Jacobius, Helene: Luftschiff und Pegasus. Der Widerhall der Erfindung des Luftballons in der zeitgenössischen Literatur. Halle an der Saale 1909.

Jahrbuch der Jean-Paul-Gesellschaft [= JJPG]. Hrsg. von Kurt Wölfel. Jahrgänge 1-33. Bayreuth 1966-1998. – Hrsg. von Helmut Pfotenhauer: Jahrgang 24 ff. Weimar 1999 ff.

Janz, Marlies: Vom Engagement absoluter Poesie: Zur Lyrik und Ästhetik Paul Celans. Unveränderter Nachdruck der 1. Aufl. 1976. Frankfurt a. M. 1984.

Jauslin, Kurt: Holbeins Bein. Traktat über das Verschwinden des Autors in den Wortwelten unter Berufung auf die Herren Arno Schmidt, Jean Paul und Laurence Sterne. In: Zettelkasten 7 (1989), S. 166-224.

Jay, Martin: Downcast Eyes: The Denigration of Vision in Twentieth Century French Thought. Berkeley, London 1993.

Jay, Martin: »The Rise of Hermeneutics and the Crisis of Ocularcentrism«. Force Fields: Between Intellectual History and Cultural Critique. New York, London 1993.

Jay, Martin: »Scopic Regimes of Modernity«. Force Fields: Between Intellectual History and Cultural Critique. New York, London 1993.

Jean Paul im Urteil seiner Kritiker. Dokumente zur Wirkungsgeschichte Jean Pauls in Deutschland. Hrsg., eingeleitet und kommentiert von Peter Sprengel. München 1980.

Jean Paul. Hrsg. von Uwe Schweikert. Darmstadt 1974.

Jöns, Dietrich Walter: Das »Sinnen«-Bild. Studien zur allegorischen Bildhaftigkeit bei Andreas Gryphius. Stuttgart 1966.

Kaiser, Herbert: Jean Paul lesen. Versuch über seine poetische Anthropologie des Ich. Würzburg 1995.

Kelletat, Alfred: Accessus zu Celans »Sprachgitter«. In: Der Deutschunterricht 18 (1966), S. 94-110.

Klein, Ulrich: Die deutschsprachige Reisesatire des 18. Jahrhunderts. Heidelberg 1987, S. 71-98.

Klein, Wolf Peter: Am Anfang war das Wort. Theorie und wissenschaftsgeschichtliche Elemente frühneuzeitlichen Sprachbewußtseins. Berlin 1992.

Klinckowstroem, Karl Graf von: Zur Vorgeschichte der Luftschiffahrt. München 1902.

Klinckowstroem, Karl Graf von: Luftfahrten in der Literatur. In: Zeitschriften für Bücherfreunde. NF. 3 (1911/12), S. 250-264.

Klinckowstroem, Karl Graf von: Rousseau und die Luftschiffahrt. München und Berlin 1924.

Köpke, Wulf: Jean Pauls »Unsichtbare Loge«. Die Aufklärung des Lesers durch den »Anti-Roman«. In: JJPG 10 (1975), S. 49-67.

Köpke, Wulf: Erfolglosigkeit. Zum Frühwerk Jean Pauls. München 1977.

Köpke, Wulf: Agathons und Gustavs »Fall«: Wieland-Spuren in Jean Pauls »Unsichtbarer Loge«. In: JJPG 21 (1986), S. 7-22.

Kohnen, Josef: Sterbe- und Grabespoesie im deutschen Roman. Zur intertextuellen Überlieferung des Themas von Martin Miller bis Wilhelm Raabe. Bern etc. 1989, S. 61-116.

Kommerell, Max: Jean Paul. Frankfurt a. M. (5., durchges. Aufl.) 1977.

Kommerell, Max: Jean Pauls Verhältnis zu Rousseau. Nach den Haupt-Romanen dargestellt. Marburg a. L. 1924.

Korff, Friedrich Wilhelm: Diastole und Systole. Zum Thema Jean Paul und Adalbert Stifter. Bern 1969.

Koschorke, Albrecht: Das buchstabierte Panorama: Zu einer Passage in Stifters Erzählung »Granit«. In: Vierteljahresschrift des Adalbert-Stifter-Instituts des Landes Oberösterreich (= ASTI) 38 (1989), Folge 1/2, S. 3-13.

Koschorke, Albrecht: Geschichte des Horizonts. Grenze und Grenzüberschreitung in literarischen Landschaftsbildern. Frankfurt a. M. 1990.

Košenina, Alexander: Schönheit im Detail oder im Ganzen? Mikroskop und Guckkasten als Werkzeuge und Metaphern der Poesie. In: »Das Schöne soll sein«. Aisthesis in der deutschen Literatur. Festschrift für Wolfgang F. Bender. Hrsg. von Peter Heßelmann u. a. Bielefeld 2001, S. 101-127.

Košenina, Alexander: Ernst Platners Anthropologie und Philosophie. Der philosophische Arzt und seine Wirkung auf Johann Karl Wezel und Jean Paul. Würzburg 1989.

Kulka, Georg: Der Unsterblichkeitsgedanke bei Jean Paul (1921). In: Ders.: Werke. Hrsg. von Gerhard Sauder unter Mitarbeit von Reiner Wild und Eckhard Faul. München 1987, S. 153-225.

Langen, August: Verbale Dynamik in der dichterischen Landschaftsschilderung des 18. Jahrhunderts. In: Landschaft und Raum in der Erzählkunst. Hrsg. von Alexander Ritter. Darmstadt 1975, S. 112-191.

Langenmeier, Theodor: Der Dichter der Empfindlichkeit. Eine Einführung in Jean Pauls Roman »Hesperus oder 45 Hundposttage«. In: Hesperus, Nr. 12 (1956), S. 1-14.

Leichter als Luft. Ausstellung zur Geschichte der Ballonfahrt. 24. September – 26. November 1978 im Westfälischen Landesmuseum für Kunst und Kulturgeschichte in Münster. Hrsg. von Bernhard Korzus und Burkhard Leismann. Münster 1978.

Licher, Lucia Maria: »Mein Leben in einer bleibenden Form aussprechen«: Umrisse einer Ästhetik im Werk Karoline von Günderrodes (1780-1806). Heidelberg 1996.

Liebrucks, Bruno: Sprache und Bewußtsein. 7 Bde., Bd. 1. Frankfurt a. M. 1964.

Lindberg, David C.: Auge und Licht im Mittelalter. Die Entwicklung der Optik von Alkindi bis Kepler. Übersetzt von Matthias Althoff. Frankfurt a. M. 1987.

Lindner, Burkhardt: Satire und Allegorie in Jean Pauls Werk. Zur Konstitution des Allegorischen. In: JJPG 5 (1970), S. 7-61.

Lindner, Burkhardt: Jean Paul. Scheiternde Aufklärung und Autorrolle. Darmstadt 1976.

Link, Jürgen: Riskante Bewegung im Überbau. Zur Transformation technischer Innovation in Kollektivsymbolik am Beispiel des Ballons. In: Ders.: Elementare Literatur und generative Diskursanalyse (mit einem Beitrag von Jochen Hörisch und Hans-Georg Pott). München 1983, S. 48-72.

Link, Jürgen: »Einfluß des Fliegens! – Auf den Stil selbst!« Diskursanalyse des Ballonsymbols. In: Bewegung und Stillstand in Metaphern und Mythen. Fallstudien zum Verhältnis von elementarem Wissen und Literatur im

19. Jahrhundert. Hrsg. von Jürgen Link und Wulf Wülfing. Stuttgart 1984, S. 149-164.

Link, Jürgen: Über ein Modell synchroner Systeme von Kollektivsymbolen sowie seine Rolle bei der Diskurs-Konstitution. In: Bewegung und Stillstand in Metaphern und Mythen. Fallstudien zum Verhältnis von elementarem Wissen und Literatur im 19. Jahrhundert. Hrsg. von Jürgen Link und Wulf Wülfing, Stuttgart 1984, S. 63-92.

Link, Jürgen: Literaturanalyse als Interdiskursanalyse. Am Beispiel des Ursprungs literarischer Symbolik in der Kollektivsymbolik. In: Diskurstheorien und Literaturwissenschaft. Hrsg. von Jürgen Fohrmann. Frankfurt a. M. 1988, S. 284-307.

Luft-Ballone. Blanchards Ballonfahrt am 3. Oktober 1785 in Frankfurt. Eine Ausstellung der Flughafen Frankfurt Main AG und der Stadt Frankfurt am Main zur Ballonfahrt in Geschichte und Gegenwart. Aus Anlaß der 200jährigen Wiederkehr des ersten in Deutschland erfolgten Ballonaufstiegs von Jean Pierre Blanchard am 3. Oktober 1785. Vom 11. September bis 20. Oktober 1985. Hrsg. von der Airport Gallery Flughafen Frankfurt Main 1985.

Maier, Thomas: Der Vernichtglaube. Die Diagnose der modernen Systemphilosophie in Jean Pauls »Selina«. Frankfurt a. M., Berlin u. a. 1994.

Maier, Thomas: »Selektion« als Prinzip moderner Vernichtung: ein Kapitel Jean Paul. In: Literatur für Leser, H. 2 (1996), S. 93-106.

Mall-Grob, Beatrice: »Der zerschlitzte Himmel«. Eröffnung des Unendlichen in der »Unsichtbaren Loge« Jean Pauls. In: Verbergendes Verhüllen. Zur Theorie und Kunst dichterischen Verkleidens. Hrsg. von Wolfram Malte Fues und Wolfram Mauser. Würzburg 1995, S. 131-144.

Markworth, Tino: Unsterblichkeit und Identität beim frühen Herder. Stuttgart 2004.

Mayer, Mathias: Dialektik der Blindheit und Poetik des Todes. Über literarische Strategien der Erkenntnis. Freiburg im Breisgau 1996.

Mehlrose, Friedrich: Der gottesfürchtige Jung-Stilling. Ein Pionier der Star-Extraktion. Düsseldorf 1983.

Meier, Monika: Tödliche Krankheiten und »eingebildete« Leiden: »Hypochondrie« und »Schwindsucht« im Briefwechsel zwischen Jean Paul und Johann Bernhard Hermann. Mit Ausblicken auf Literatur und Ästhetik Jean Pauls. Vortrag im Juni 2003 während der Tagung »Maladie en lettres/Krankheit in Briefen (17. bis 20. Jh.)« in Luasanne, veranstaltet vom Institut für Geschichte der Medizin der Robert Bosch Stiftung und dem Schweizer Institut universitaire romand d'histoire de la médecine et de la santé. Vortrags-Ms., 20 S.

Menke, Bettine: Rahmen und Desintegration. Die Ordnung der Sichtbarkeit, der Bilder und der Geschlechter. Zu Stifters »Condor«. In: Weimarer Beiträge, 44 (1998), H. 3, S. 325-363.

Merkle, Harry: Die künstlichen Blinden. Blinde Figuren in Texten sehender Autoren. Würzburg 2000.

Miller, Norbert: Ottomars Vernichtungsvision. Bemerkungen zum Verhältnis von Traumwelt und Wirklichkeit bei Jean Paul. In: JJPG 10 (1975), S. 29-48.

Miller, Norbert: Die Unsterblichkeit der Zweiten Welt. Jean Pauls literarische Anfänge und die Entstehung seiner Romanwelt. In: II/4, S. 9-85.

Minor, Jacob: Die Luftfahrten in der deutschen Literatur. Ein bibliographischer Versuch. In: Zeitschrift für Bücherfreunde NF. 1 (1909/10), S. 64-73.

Minter, Catherine J.: The mind-body problem in German literature, 1770-1830. Wezel, Moritz, and Jean Paul. Clarendon Press 2002.

Mülder-Bach, Inka: Eine »neue Logik für den Liebhaber«: Herders Theorie der Plastik. In: Der ganze Mensch. Anthropologie und Literatur im 18. Jahrhundert. DFG-Symposium 1992. Hrsg. von Hans-Joachim Schings. Stuttgart und Weimar 1994, S. 341-370.

Müller, Götz: Jean Pauls Ästhetik und Naturphilosophie. Tübingen 1983.

Müller, Götz: Jean Pauls Exzerpte. Würzburg 1988.

Müller, Götz: Mehrfache Kodierung bei Jean Paul. In: Ders.: Jean Paul im Kontext. Gesammelte Aufsätze. Mit einem Schriftenverzeichnis hrsg. von Wolfgang Riedel. Würzburg 1996, S. 77-96.

Müller, Götz: William Hogarth' »Finis«, ebd., S. 165-171.

Müller, Josef: Die Seelenlehre Jean Pauls. Diss. Phil. Erlangen 1894. München 1894.

Müller, Martin Heinrich: »Parodia Christiana«. Studien zu Jacob Baldes Odendichtung. Zürich 1964.

Naumann, Ursula: Predigende Poesie. Zur Bedeutung von Predigt, geistlicher Rede und Predigertum für das Werk Jean Pauls. Nürnberg 1999 (zuerst: 1976).

Nethersole, Reingard: »Der Chinese in Rom« oder von der Alterität zur Heterogenität in der Literaturwissenschaft. In: Begegnungen mit dem Fremden. Grenzen – Traditionen – Vergleiche. Beiträge zum Germanistenkongreß 1990. Bd. 2, 50/58. Hrsg. von Eijiro Iwasaki, München 1990/91.

Neumann, Bernd: Identität und Rollenzwang. Zur Theorie der Autobiographie. Frankfurt a. M. 1970.

Neumann, Gerhard: Der Anfang vom Ende. Jean Pauls Poetologie der letzten Dinge im *Siebenkäs*. In: Das Ende. Figuren einer Denkform. Hrsg. von Karlheinz Stierle und Rainer Warning. München 1996, S. 476-494.

Neumann, Peter Horst: Vorgriffe auf die Unsterblichkeit. Über das Scheintod-Motiv bei Jean Paul. In: Aurora 50 (1990), S. 207-217.

Neumann, Peter-Horst: Goethes Mittagsschlaf auf dem Papst-Thron und Jean Paul als »Chinese in Rom«. In: Aurora 52 (1992), S. 137-142.

Nigg, Walter: Das Buch der Ketzer. Zürich 1986.

Nilson, P.: Winged man and flying ships. Of Medieval Flying Journeys and Eternal Dreams of Flight. In: Georgia Review, Vol. 50, Iss. 2, 1996, S. 267-296.

Niederhäusern, René von: »So leserlich wie die Kehrseite der Gesetztafel«. Zur Bedeutung der Physiognomik in Jean Pauls »Kampaner Tal«. In: Physiognomie und Pathognomie. Zur literarischen Darstellung von Individualität. Festschrift für Karl Pestalozzi zum 65. Geburtstag. Hrsg. von Wolfgang Groddeck und Ulrich Stadler. Berlin 1994, S. 222-244.

Oettermann, Stephan: Johann Carl Enslen (1759-1848) ... und zuletzt auch noch Photographie-Pionier. In: Silber und Salz. Zur Frühzeit der Photographie im deutschen Sprachraum 1839-1860. Kataloghandbuch zur Jubiläumsausstellung 150 Jahre Photographie. Hrsg. von Bodo von Dewitz und Reinhard Matz. Köln und Heidelberg 1989, S. 116-141.

Ohly, Friedrich: Das Buch der Natur bei Jean Paul. In: Studien zur Goethezeit. Erich Trunz zum 75. Geburtstag. Hrsg. von Hans Joachim Mähl und Eberhard Mannack. Heidelberg 1981.

Ott-Koptschalijski, Constance: Fahren im Luftmeer. Überlegungen zu mittelalterlichen Luftschiffergeschichten bei Agobard von Lyon, Gervasius von Tilbury und Nicole Oresme. In: Fliegen und Schweben. Annäherung an eine menschliche Sensation. Hrsg. von Dieter R. Bauer und Wolfgang Behringer. München 1997, S. 88-110.

Panzer, Friedrich: Das Flugproblem in Mythos, Sage und Dichtung. In: Wissenschaftliche Vorträge, gehalten auf der Internationalen Luftschiffahrtsausstellung zu Frankfurt a. M. 1909. Berlin 1910, S. 118-134.

Paulson, William R.: Enlightenment, Romanticism and the Blind in France. Princeton 1987.

Pestalozzi, Karl: Autonomie und Unsterblichkeitsglaube im 18. Jahrhundert. In: Menschliche Autonomie. Hrsg. von Raymond Battegay und Udo Rauchfleisch. Göttingen 1990, S. 106-119.

Pfotenhauer, Helmut: Literarische Anthropologie. Selbstbiographien und ihre Geschichte – am Leitfaden des Leibes. Stuttgart 1987.

Pfotenhauer, Helmut: Bilderfluch und Bilderflut. Zu Jean Pauls »Hesperus«. In: JJPG 31 (1996), S. 9-22. [Überarbeitete Fassung in: Ders.: Sprachbilder. Untersuchungen zur Literatur seit dem achtzehnten Jahrhundert. Würzburg 2000, S. 123-136].

Pfotenhauer, Helmut: Roquairol oder semiotische Verwerfungen als poetische Figur. In: JJPG 32/33 (1998), S. 9-32.

Pfotenhauer, Helmut: Bild – Schriftbild – Schrift: Jean Paul. In: Bild und Schrift in der Romantik. Hrsg. von Gerhard Neumann und Günter Oesterle. Würzburg 1999.

Pfotenhauer, Helmut; Wirtz, Thomas; Goebel, Ralf; Meier, Monika: Zum Stand der Jean Paul-Edition. In: JJPG 34 (1999), S. 9-34.

Pfotenhauer, Helmut: Sprachbilder. Untersuchungen zur Literatur seit dem achtzehnten Jahrhundert. Würzburg 2000.

Pfotenhauer, Helmut: Das Leben schreiben – das Schreiben leben. Jean Paul als Klassiker der Zeitverfallenheit. In: JJPG 35/36, 2001, S. 46-58.

Pfotenhauer, Helmut: Empfindbild, Gesichtserscheinung, Vision. Zur Geschichte des inneren Sehens und Jean Pauls Beitrag dazu. In: JJPG 38 (2003), S. 78-110.

Poser und Groß-Naedlitz, Michael von: Studien zur Abschweifung im deutschen Roman des 18. Jahrhunderts. Quellen, Vorbilder, Praxis. Bonn 1969.

Pott, Hans-Georg: Das Ich und der Tod. Zur biographisch-testamentarischen Form des Romans bei Jean Paul. In: JJPG 24 (1989), S. 37-47.

Profitlich, Ulrich: Der seelige Leser. Untersuchungen zur Dichtungstheorie Jean Pauls. Bonn 1968.

Proß, Wolfgang: Jean Pauls geschichtliche Stellung. Tübingen 1975.

Ränsch-Trill, Barbara: »Den Bürgern ein Narr – der Natur ein Priester«. Jean

Pauls »Luftschiffer Giannozzo« als poetische Vergegenständlichung neuzeitlicher Bewußtseinsvorgänge. In: Zeitschrift für Ästhetik und allgemeine Kunstwissenschaft 27 (1982), H. 1, S. 30-42.

Rankl, Maximilian: Jean Paul und die Naturwissenschaft. Frankfurt a. M., Bern, New York 1987.

Rasch, Wolfdietrich: Die Freundschaft bei Jean Paul. Breslau/Oppeln 1929.

Rasch, Wolfdietrich: Die Erzählweise Jean Pauls. Metaphernspiele und dissonante Strukturen. In: Interpretationen. Bd. III. Deutsche Romane von Grimmelshausen bis Musil. Hrsg. von Jost Schillemeit. Frankfurt a. M., Hamburg 1966, S. 82-117.

Rauh, Caspar Walter: Flugobjekte. Zeichnungen und Druckgraphiken aus der Sammlung der Oberfrankenstiftung. Hrsg. vom Kunstmuseum Bayreuth. Bayreuth 2000.

Reemtsma, Jan Philipp: Komet. In: JJPG 35/36 (2000/01), S. 10-31.

Rehm, Walther: Der Todesgedanke in der deutschen Dichtung vom Mittelalter bis zur Romantik. Halle an der Saale 1928.

Reinicke, Helmut: Aufstieg & Revolution: Über die Beförderung irdischer Freiheitsneigungen durch Ballofahrt und Luftschwimmkunst. Berlin 1988.

Reisen im Luftmeer. Ein Lesebuch zur Geschichte der Ballonfahrt von 1783 (und früher) bis zur Gegenwart. Hrsg. von Karl Riha. München 1983.

Remy, Herbert: Jean Paul. Seele und Leib. Diss. Phil. Leipzig 1920.

Rexheuser, Adelheid: »Den Blick von der Sache wenden gegen ihre Zeichen hin«. Jean Pauls »Streckverse« und »Träume« und die Lyrik Paul Celans. In: JJPG 2 (1967), S. 55-72.

Riedel, Wolfgang: Die Macht der Metapher. Zur Modernität von Jean Pauls Ästhetik. In: JJPG 34 (1999), S. 56-94.

Riha, Karl: Ballonreisen – Zu einigen Aspekten der Luftschifferei. In: Reisekultur. Von der Pilgerfahrt zum modernen Tourismus. Hrsg. von Hermann Bausinger, Klaus Beyrer, Gottfried Korff. München 1991.

Ritter, Joachim: Landschaft. Zur Funktion des Ästhetischen in der modernen Gesellschaft. In: Subjektivität. Sechs Aufsätze. Hrsg. von Joachim Ritter, Frankfurt a. M. 1974, S. 141-163.

Sauder, Gerhard: Empfindsamkeit. Bd. 1 (= Voraussetzungen und Elemente). Stuttgart 1974.

Schiewer, Gesine Lenore: Cognitio symbolica. Lamberts semiotische Wissenschaft und ihre Diskussion bei Herder, Jean Paul und Novalis. Tübingen 1996.

Schings, Hans-Jürgen: Der anthropologische Roman. Seine Entstehung und Krise im Zeitalter der Spätaufklärung. Kurt Ruh zum 65. Geburtstag. In: Studien zum achtzehnten Jahrhundert. Hrsg. von der Deutschen Gesellschaft für die Erforschung des achtzehnten Jahrhunderts, Bd. 2/3: Deutschlands kulturelle Entfaltung. Die Neubestimmung des Menschen. Hrsg. von Bernhard Fabian, Wilhelm Schmidt-Biggemann und Rudolf Vierhaus. München 1980, S. 247-275.

Schinkel, Eckhard: »Süßer Traum der Poeten«: Der Freiballon. Zu den Möglichkeiten und Grenzen einer Motivuntersuchung. Frankfurt a. M. 1985.

Schinckel, Eckhard: Der Freiballon in der Literatur: Aspekte der Darstellung und

Deutung. In: Technik in der Literatur. Ein Forschungsüberblick und 12 Aufsätze. Hrsg. von Harro Segeberg. Frankfurt a. M. 1987, S. 233-268.
Schleusener-Eichholz, Gudrun: Die Bedeutung des Auges bei Jacob Böhme. In: Frühmittelalterliche Studien 6 (1972), S. 461-492.
Schleusener-Eichholz, Gudrun: Das Auge im Mittelalter, 2 Bände. München 1985.
Schleusener-Eichholz, Gudrun: Poetik und Naturwissenschaft. Augenanatomie in Dichtungen des 17. Jahrhunderts und moderner Dichtung (Pierre de Marbeuf, Phineas Fletcher, Catharina Regina von Greiffenberg, Hannelies Taschau). In: Daphnis 2/3 (1997), S. 437-515.
Schmidt, Sabine: Wenn Frauen in die Luft gehen: Aspekte eines Kollektivsymbols bei Jean Paul, August Lafontaine und Adalbert Stifter. In: Korrespondenzen. Festschrift für Joachim W. Storck aus Anlaß seines 75. Geburtstags. Hrsg. von Rudi Schweikert in Zusammenarbeit mit Susanne Schmidt. Röhrig St. Ingbert 1999, S. 175-200.
Schmidt-Biggemann, Wilhelm: Maschine und Teufel. Jean Pauls Jugendsatiren nach ihrer Modellgeschichte. München 1975.
Schmidt-Hannisa, Hans-Walter: Träume vom Fliegen – Caspar Walter Rauh und Jean Paul. In: Caspar Walter Rauh. Flugobjekte. Zeichnungen und Druckgraphiken aus der Sammlung der Oberfrankenstiftung. Schriftenreihe des Kunstmuseums Bayreuth, Bd. 7. Bayreuth 2000, S. 17-27.
Schmidt-Hannisa, Hans-Walter: »Der Traum ist unwillkürliche Dichtkunst«. Traumtheorie und Traumaufzeichnung bei Jean Paul. In: JJPG 35/36 (2000/2001), S. 93-113.
Schmitz-Emans, Monika: Der Bau des wahren Luftschlosses. Studien zur Leibniz-Rezeption des jungen Jean Paul: In: JJPG 49 (1985), S. 49-89.
Schmitz-Emans, Monika: Schnupftuchsknoten oder Sternbild. Jean Pauls Ansätze zu einer Theorie der Sprache. Bonn 1986.
Schmitz-Emans, Monika: Der verlorene Urtext. »Fibels Leben« und die schriftmetaphorische Tradition. In: JJPG 26/27 (1991/92), S. 197-222.
Schmitz-Emans, Monika: Das Wort als Materie und als Flugobjekt. Zur Bedeutung eines Metaphernkomplexes bei Jean Paul und Celan. In: Dies.: Poesie als Dialog. Vergleichende Studien zu Paul Celan und seinem literarischen Umfeld. Heidelberg 1993, S. 15-57.
Schmitz-Emans, Monika: Die Literatur, die Bilder und das Unsichtbare. Spielformen literarischer Bildinterpretation vom 18. bis zum 20. Jahrhundert. Würzburg 1999.
Schmitz-Emans, Monika: Überleben im Text? Zu einem Grundmotiv literarischen Schreibens und einigen Formen seiner Reflexion im poetischen Medium. In: Colloquia Germanica 26 (1993), H. 2, S. 135-161.
Schmitz-Emans, Monika: Die »Sprache« der Bilder als Anlaß des Schreibens: Spielformen des literarischen Bildkommentars bei Lavater, Lichtenberg, Jean Paul und Calvino. In: JJPG 30 (1995), S. 105-163.
Schmitz-Emans, Monika: Bilderklärung als Transsubstantiation: Jean Pauls »Erklärung der Holzschnitte unter den zehen Geboten des Katechismus«. In: Dies.: Die Literatur, die Bilder und das Unsichtbare. Spielformen litera-

rischer Bildinterpretation vom 18. bis zum 20. Jahrhundert. Würzburg 1999, S. 161-192.

Schneider, Sabine M.: Klassizismus und Romantik – zwei Konfigurationen der einen ästhetischen Moderne. Konzeptuelle Überlegungen und neuere Forschungsperspektiven. In: JJPG 37 (2002), S. 86-128.

Schönle, Siegfried: Das Schachspiel in den Schriften von Jean Paul (1763-1825). Zweite, überarbeitete und ergänzte Auflage. Seevetal 2000.

Schulz, Walter: Metaphysik des Schwebens. Untersuchungen zur Geschichte der Ästhetik. Pfullingen 1985.

Schweikert, Uwe: Jean Pauls »Komet«. Selbstparodie der Kunst. Stuttgart 1969.

Seeber, Hans Ulrich: Der Ballonaufstieg als Spektakel und Metapher. Zur Assimilierung neuen Wissens in die englische Versdichtung des 19. Jahrhunderts. In: Bewegung und Stillstand in Metaphern und Mythen: Fallstudien zum Verhältnis von elementarem Wissen und Literatur im 19. Jahrhundert. Hrsg. von Jürgen Link und Wulf Wülfing. Stuttgart 1984, S. 165-200.

Sell, Friedrich: Jean Pauls »Dualismus«. Diss. Phil. Bonn 1919.

Seng, Joachim: Von blühenden Sprachgittern. Paul Celan als Leser Jean Pauls. In: Die neue Rundschau 1998, S. 147-161.

Setzwein, Bernhard: »Der Chinese in Rom«. Jean Paul Friedrich Richters Reise nach Weimar. In: Ders.: Käutze, Ketzer, Komödianten. Literaten in Bayern. München 1990, S. 21-44.

Simon, Ralf: Den Tod erzählen. Jean Pauls Thanatologie (»Titan«). In: Darstellbarkeit. Zu einem ästhetisch-philosophischen Problem um 1800. Hrsg. von Claudia Albers und Christiane Frey. Würzburg 2003, S. 235-253.

Sinn, Christian: Jean Paul. Hinführung zu seiner Semiologie der Wissenschaft. Konstanz 1995.

Sölle, Dorothee: Realisation. Studien zum Verhältnis von Theologie und Dichtung nach der Aufklärung. Darmstadt und Neuwied 1973, S. 168-280.

Spedicato, Eugenio: Die grosse Kette des Bösen und Jean Pauls Poietodizee. In: JJPG 34 (1999), S. 95-118.

Speier, Hans-Michael: Die Ästhetik Jean Pauls in der Dichtung des deutschen Symbolismus. Frankfurt a. M. 1979.

Sprengel, Peter: Innerlichkeit. Jean Paul oder das Leiden an der Gesellschaft. München, Wien 1977.

Sprengel, Peter: Maschinenmenschen. Ein zentrales Motiv in Jean Pauls Satire. In: JJPG 12 (1977), S. 61-103.

Sprengel, Peter: Antiklassische Opposition. Herder – Jacobi – Jean Paul. In: Europäische Romantik I. Hrsg. von Robert Mandelkow. Wiesbaden 1982, S. 249-272.

Stadler, Ulrich: Von Brillen, Lorgnetten, Fernrohren und Kuffischen Sonnenmikroskopen: Zum Gebrauch optischer Instrumente in Hoffmanns Erzählungen. In: E. T. A. Hoffmann-Jahrbuch 1 (1992/93), S. 91-105.

Stadler, Ulrich: Der technisierte Blick. Optische Instrumente und der Status von Literatur. Ein kulturhistorisches Museum. Würzburg 2003.

Starobinski, Jean: Montaigne. Denken und Existenz. Aus dem Französischen von Hans-Horst Henschen. Frankfurt a. M. 1986 (franz. Orig.: Montaigne en mouvement. Paris 1982).

Steppacher, Elvira: Körpersprache in Jean Pauls »Unsichtbarer Loge«. Würzburg 1996.

Straub, Sabine; Vince, Monika: »Wetterleuchtende Demant- und Zaubergrube«. Zur Produktivität des Todes in Jean Pauls Exzerpten und literarischen Schriften. In: JJPG 39 (2004), S. 27-58.

Susman, Margarete: Das Problem der Unsterblichkeit bei Jean Paul. In: Jean-Paul-Jahrbuch 1 (1925), S. 55-77.

Thiele, Rudolf: Lianes Augenmigräne in der Darstellung Jean Pauls. Ein Beitrag zur Frühgeschichte der »Migraine ophthalmique«. In: Hesperus 14 (1957), S. 50-57.

Thiersch, Hans: Die kosmischen Visionen Jean Pauls und die kosmischen Vorstellungen in der deutschen Literatur des 18. Jahrhunderts. Göttingen 1963.

Trotha, Hans von: Angenehme Empfindungen. Medien einer populären Wirkungsästhetik im 18. Jahrhundert vom Landschaftsgarten bis zum Schauerroman. München 1999, S. 293-359.

Trunz, Erich: Zwischen Atheismus und Gottesglauben. Religiöse Motive in Jean Pauls großen Romanen. In: Ders.: Weltbild und Dichtung im Zeitalter Goethes: Acht Studien. Weimar 1993, S. 108-124.

Unger, Rudolf: Herder, Novalis und Kleist. Studien zur Entwicklung des Todesproblems in Denken und Dichten vom Sturm und Drang zur Romantik. Frankfurt a. M. 1922.

Unger, Rudolf: Der Unsterblichkeitsgedanke im 18. Jahrhundert und bei unseren Klassikern. Vortrag, gehalten in der Universität Göttingen am 8./9. Juli 1929. In: Ders.: Gesammelte Studien III: Zur Dichtungs- und Geistesgeschichte der Goethezeit. Darmstadt 1966 (2. Aufl.), S. 9-36.

Unger, Christoph: Die ästhetische Phantasie. Begriffsgeschichte, Diskurs, Funktion, Transformation. Studien zur Poetologie Jean Pauls und Johann Wolfgang Goethes. Frankfurt a. M. 1996.

Utz, Peter: Das Auge und das Ohr im Text. Literarische Sinneswahrnehmung in der Goethezeit. München 1990.

Utz, Peter: »Es werde Licht!«: die Blindheit als Schatten der Aufklärung bei Diderot und Hölderlin. In: Der ganze Mensch. Anthropologie und Literatur im 18. Jahrhundert. DFG-Symposium 1992. Hrsg. von Hans-Joachim Schings. Stuttgart und Weimar 1994, S. 371-389.

Vinçon, Hartmut: Topographie: Innenwelt – Außenwelt bei Jean Paul. München 1970.

Voges, Michael: Aufklärung und Geheimnis. Untersuchungen zur Vermittlung von Literatur- und Sozialgeschichte am Beispiel des Geheimbundmaterials im Roman des späten 18. Jahrhunderts. Tübingen 1987, S. 538-551.

Vollmer, Hartmut: »Blumen-Phantasien«. Betrachtung eines zentralen allegorischen Motivs in Jean Pauls Roman »Siebenkäs«. In: JJPG 37 (2002), S. 129-145.

Völcker, Matthias: Blick und Bild: das Augenmotiv von Platon bis Goethe. Bielefeld 1996.

Warburg, Aby: Luftschiff und Tauchboot in der mittelalterlichen Vorstellungswelt. (Burgundische Teppiche mit Darstellungen der Alexandersage im Palazzo Doria in Rom). In: Illustrierte Rundschau, Nr. 52. Beilage des Hamburger Fremdenblattes vom 2. März 1913.

Weber, Otto: Die Erben des Ikarus. Lichtenberg und die Anfänge der Ballonfahrt. Darin (zusammengestellt von Karin Berst): Kuperstiche und Bücher aus den Anfängen der Ballonfahrt. Eine Sammlung des Landgrafen Ludwig X. Ober-Ramstadt 1983.

Weber, Otto: Höhenflüge mit inflammabler Luft. In: Johann Heinrich Merck (1741-1791). Ein Leben für Freiheit und Toleranz. Zeitdokumente. Zum 250. Geburtstag und zum 200. Todestag von Johann Heinrich Merck. Gedenkausstellung für Johann Heinrich Merck vom 17. März bis 5. Mai 1991 in der Kunsthalle Darmstadt. Hrsg. von E. Merck. Darmstadt 1991, S. 152-157.

Weiß, Helmut: Johann Georg Hamanns Ansichten zur Sprache. Versuch einer Rekonstruktion aus dem Frühwerk. Münster 1990.

Wenzel, Manfred: Zur Frühgeschichte der Ballonfahrt in Deutschland im Umfeld Soemmerrings (1783/84). In: Samuel Thomas Soemmerring in Kassel (1779-1784). Beiträge zur Wissenschaftsgeschichte der Goethezeit. Hrsg. von Manfred Wenzel. Stuttgart u. a. 1994, S. 329-352.

Widmaier, Rita: Die Rolle der chinesischen Schrift in Leibniz' Zeichentheorie. Wiesbaden 1983.

Wider, Paul: Menschen und Ballone. Dokumentation zur Geschichte der Ballonfahrt in Süddeutschland und der deutschsprechenden Schweiz. Esslingen und München 1993.

Wiethölter, Waltraud: Witzige Illumination. Studien zur Ästhetik Jean Pauls. Tübingen 1979.

Will, Michael: Die elektronische Edition von Jean Pauls Exzerpteheften. In: Jahrbuch für Computerphilologie 4 (2002), S. 167-186. Online-Version.

Will, Michael: Der elektronische Drache: Jean Paul digital. In: Rückert-Studien. Jahrbuch der Rückert-Gesellschaft e. V. 14 (2002), S. 133-151.

Wirtz, Thomas: »›Ich komme bald‹, sagt die Apokalypsis und ich.« Vorläufiges über den Zusammenhang von Weltende und Autorschaft bei Jean Paul. In: JJPG 32/33 (1997/98), S. 47-84.

Wirtz, Thomas: Konstruiertes Leben. Bayle-Spuren im Werk Jean Pauls. In: JJPG 35/36 (2000/2001), S. 114-150.

Wirtz, Thomas: Der Hesperus als Pilotband einer Edition der Erstausgaben. (Revidierte Abteilung 1A der zu Lebzeiten veröffentlichten Werke). In: JJPG 34 (1999), S. 20-27.

Wildenberg-de Kroon, Conny van den: Die Blindenheilung in dem deutschen und französischen Drama und in der bildenden Kunst des Mittelalters. In: Amsterdamer Beiträge zur älteren Germanistik 40 (1994), S. 159-172.

Wöbkemeier, Rita: Erzählte Krankheit. Medizinische und literarische Phantasien um 1800. Stuttgart 1988.

Wöbkemeier, Rita: Physiognomische Notlage und Metapher. Zur Konstruktion weiblicher Charaktere bei Jean Paul. In: Der ganze Mensch. Anthropologie und Literatur im 18. Jahrhundert. DFG-Symposium 1992. Hrsg. von Hans-Joachim Schings. Stuttgart und Weimar 1994, S. 676-696.

Wölfel, Kurt: Über die schwierige Geburt des Gesprächs aus dem Geist der Schrift. In: Kurt Wölfel. Jean Paul-Studien. Hrsg. von Bernhard Buschendorf. Frankfurt a. M. 1989, S. 72-101.

Wölfel, Kurt: »Ein Echo, das sich selber in das Unendliche nachhallt«. Eine Betrachtung von Jean Pauls Poetik und Poesie. (1966). In: Ders.: Jean-Paul-Studien. Hrsg. von Bernhard Buschendorf. Frankfurt a. M. 1989, S. 259-300.

Wohlfahrt, Günter: Denken der Sprache. Sprache und Kunst bei Vico, Hamann, Humboldt und Hegel. Freiburg und München 1984, S. 119-166.

Wunderlich, Uli: »Sarg und Hochzeitsbett so nahe verwandt!« Todesbilder in Romanen der Aufklärung. St. Ingbert 1998.

Zastrow, Dieter: Entstehung und Ausbildung des französischen Vokabulars der Luftfahrt mit Fahrzeugen »leichter als Luft« (Ballon, Luftschiff) von den Anfängen bis 1910. Tübingen 1963.

Zymner, Rüdiger: Manierismus. Zur poetischen Ästhetik bei Johann Fischart, Jean Paul und Arno Schmidt. Paderborn 1995.

Register der Werke Jean Pauls

Abrakadabra oder Die baierische Kreuzerkomödie am längsten Tage im Jahr 100, 119, 130
Ausläuten oder Sieben letzte Worte an die Leser der Lebensbeschreibung und der Idylle 87, 106, 123-135
Auswahl aus des Teufels Papieren 23, 76 f. 85 f., 94, 117, 126, 129 f., 226, 270

Beantwortung der Preisfrage: Kan die Theologie von der nähern Vereinigung, die einige Neuere zwischen ihr und der Dichtkunst zu knüpfen angefangen, sich wol Vortheile versprechen 53
Blicke in die Traumwelt 331
Briefwechsel Jean Pauls 16, 22, 34, 53 f., 70, 74, 85, 91 ff., 123, 137-140, 142 f., 148, 157, 173, 202 f., 220-223, 227, 229, 276-279, 292, 324, 343

Clavis Fichtiana seu Leibgeberiana 142 f., 150, 156, 279

Dämmerungen für Deutschland 138
Dr. Katzenbergers Badereise 173

Erinnerungen aus den schönsten Stunden für die letzten 283
Erklärung der Holzschnitte unter den zehn Geboten des Katechismus 200, 284
Exzerpte 17-21, 31, 34, 44, 71, 75, 79, 113, 120, 136, 143, 147, 150, 163, 165, 170, 173, 205, 208, 221, 227 f., 319, 332

Flegeljahre 9, 134, 141, 190 f., 195, 227, 230, 233, 245, 303

Gespräch zwischen den beiden Gesichtern des Janus 294 f.

Habermanns große Tour und musikalischer und logischer Cursus durch die Welt, von ihm selbst gut genug beschrieben und blos summarisch abgefasset 203, 224 ff.
Herbst-Blumine 203 f.
Hesperus 15, 21, 25 f., 34, 40, 63, 66-69, 85, 136-193, 250, 287, 305, 311

Jean Pauls Biographische Belustigungen unter der Gehirnschale einer Riesin. Eine Geistergeschichte 236, 244 ff., 248-252, 289
Jean Pauls Briefe und bevorstehender Lebenslauf 178, 295

Das Kampaner Tal 14 f., 20, 34, 162 f., 166, 194, 197, 199 ff., 213 f., 220, 229, 236, 253, 258, 260, 268, 284-314, 317
Der Komet 23, 33, 37, 39, 42, 133, 177, 213
Kurze, doch getreue Nachricht von den Eigenschaften des Leibs und der Sele meiner von mir selbst erfundnen und verfertigten Gattin aus Holz 76, 85

Landnachtverhandlungen mit dem Manne im Monde, samt den vier Präliminarkonferenzen 204, 210
Leben Fibels 25
Leben des vergnügten Schulmeisterlein Maria Wutz in Auenthal 83 f., 88 ff., 250
Leben des Quintus Fixlein 15, 32, 137
Des Luftschiffers Giannozzo Seebuch 34, 134, 194-236, 244, 259, 268-284, 294, 307, 314

Meine besonders wolgerathne Ausschweifung von den Schaugerichten 86
Mutmassungen über einige Wunder des organischen Magnetismus 15, 315

Neues Kampaner Thal 15, 87, 316

Palingenesien 15, 163

Rede des toten Christus vom Weltgebäude herab, daß kein Gott sei 15, 26, 42, 56
Register-Artikel »Auge/Augen« (unveröffentlicht) 18-21, 48, 54, 75 f., 113, 115, 120, 182, 275
Rhapsodien 15, 313

Scherze in Quart 270
Selina oder über die Unsterblichkeit der Seele 13, 15 f., 32 ff., 42, 182, 227, 315-333
Siebenkäs (= Blumen-, Frucht- und Dornenstücke; oder Ehestand, Tod und Hochzeit des Armenadvokaten F. St. Siebenkäs, im Reichsmarktflecken Kuhschnappel) 14 f., 20, 23, 26, 56, 59, 103, 146, 159, 191, 236, 250, 253, 318

Tagebuch 39 f., 56, 69
Der Teufel, der Tod und der Maler 130
Titan 20 f., 26, 29, 32 ff., 40 ff., 122, 133, 138, 140, 143 f., 146, 157, 159, 167, 177, 182, 186, 197 f., 200, 226, 244, 314-322, 330

Über das Träumen, bei Gelegenheit eines Aufsatzes darüber von Doktor Viktor 163, 178 f.
Über den Tod nach dem Tode; oder der Geburttag 11, 52, 173, 332 f.
Über die erfundne Flug-Kunst von Jakob Degen in Wien 203 f.
Über die Fortdauer der Seele und ihres Bewustseins 15, 18, 74, 142, 178
Über die natürliche Magie der Einbildungskraft 11, 15
Über die vorherbestimte Harmonie 15
Die unsichtbare Loge 9, 19, 26, 34, 36-135, 232, 236, 244-250, 289, 296
Unterthänigste Vorstellung unser, der sämmtlichen Spieler und redenden Damen in Europa, entgegen und wider die Einführung der Kempelischen Spiel- und Sprachmaschinen 86

Die verschiedenen Gesichtspunkte, woraus der Teufel, der Tod und der Maler die Welt ansehen 270
Verschiedene Gesichtspunkte der Weltbetrachtung 270
Viktors Aufsatz über das Verhältnis des Ich zu den Organen 15, 63, 142
Volständige Mittheilung der schlechten, aberwizigen, unwahren und überflüssigen Stellen, die ich in meinem noch ungedrukten »satirischen Organon« aus Achtung für den Geschmak und für das Publikum ausgestrichen habe 157
Vorreden 70, 74, 81, 124 f., 132, 137, 139 f., 154, 169, 176, 245 f., 248 f., 252, 289
Vorredner in Form einer Reisebeschreibung 124 f., 129-135, 236, 243-246, 248
Vorschule der Ästhetik 15, 21-29, 30, 35, 132, 156, 171, 188, 199, 211 ff., 227, 284, 299-302, 335, 337, 340, 342

Die wandelnde Aurora 8, 295
Die wunderbare Gesellschaft in der Neujahrsnacht 204 f., 213, 280, 282

Personenregister

Adams, George 43, 65
Adelung, Johann Christoph 99
Adorne, François Xavier 238
Albrecht, Michael 136, 146, 148
Allert, Beate 26, 36, 41, 107 f.
Alt, Peter André 23, 214
Angelus Silesius (d. i. Johann Scheffler) 305
Annulus Platonis 163
Ariosto, Ludovico 210
Arnim, Bettina von 262
Augustinus 20, 173, 244 f., 247 f., 309 f.
Ayrault, Roger 83

Baader, Franz Xaver von 154
Bacqueville, Marquis de 217
Baierl, Redmer 13
Balde, Jacob S. J. 79-83, 96
Bang, Thomas 282
Barkhaus, Karoline von 253
Barkhoff, Jürgen 324
Barnstorff, Johannes 315
Barthes, Roland 180 f.
Bartisch, Georg 77, 99 f., 120, 305
Bataille, Georges 180
Baudler, Georg 338
Bauer, Dieter R. 197, 207
Baumann, Gerhart 198
Baumeister, Pilar 41
Baumgärtner, F. G. 258
Bayle, Pierre 81, 142, 173, 208
Becher, Johann Joachim 216
Beckett, Samuel 14
Beer, Georg Joseph 43, 48 f., 54 f., 306
Begemann, Christian 253, 306
Behringer, Wolfgang 197, 207
Bélidor, Bernard Forêt 185 f., 213
Benjamin, Walter 153 ff., 187 f., 190, 334-343
Bennholdt-Thomsen, Anke 61, 327, 336
Benz, Richard 319
Berend, Eduard 38, 51 f., 69 f., 84, 108, 118, 161, 170, 175, 190, 204, 225, 229, 269 f., 316, 319 f.
Bergengruen, Maximilian 26, 40, 89, 133 f.
Berger, Rudolf 82
Berger, Willy Richard 137
Bergerac, Cyrano de 204 f.
Bergk, Johann Adam 258
Berhorst, Ralf 14, 26, 133 f.
Berkeley, George 107
Berneaud-Kötz, Gerhard 111
Bertuch, Friedrich Johann Justin 297
Bexte, Peter 41
Bianchi, Pietro 182
Die Bibel 19, 50, 93-96, 110 ff., 116, 128, 147, 160, 173, 177, 182 f., 302 f., 310, 332
Bingen, Hildegard von 305, 309
Birus, Hendrik 24, 137 ff.
Blanchard, Jean-Pierre 194, 206, 218, 223-227, 232-235, 238, 243, 245, 269 f., 273, 277
Blanchard, Marie Madeleine Sophie Armant 258
Blankenburg, Christian Friedrich von 237
Blumenberg, Hans 27 f., 107, 156
Böck, Dorothea 22
Böhme, Jacob 229, 282, 292, 294, 302, 304 f.
Börne, Ludwig 37
Böschenstein, Bernhard 26, 34, 84, 158 f., 161 f., 166
Bohrer, Karl Heinz 262
Bollack, Jean 159, 162
Bonaventura 66
Bonnet, Charles 10, 17 f., 56 f., 59, 61-67, 218, 329
Borgards, Roland 66, 239, 254
Bosse, Heinrich 29
Boudoin, Jean 204

Bouvet, Joachim 153, 175
Bräuner, Harald 147, 149, 153
Bräutigam, Bernd 338
Braunschweig und Lüneburg, Johann Friedrich Herzog zu 156
Breidbach, Olaf 66
Brenizer, Johann-Ulrich 217
Brentano, Gunda 266
Breuer, Dieter 204 f.
Breuer, Josef 327
Brockes, Barthold Heinrich 26, 196, 239
Bronfen, Elisabeth 326
Browne, Peter 277 f.
Brüggemann, Heinz 211, 213
Brunner, Horst 185
Buci-Glucksmann, Christine 107
Büchner, Georg 34
Bühlmann, Regula 26
Buffon, Jean Louis Leclerc de 60, 273
Buñuel, Luis 107
Bürger, Gottfried August 205
Büsch, Johann Georg 43, 65
Busch, Gabriel Christoph Benjamin 43, 208, 231
Buschendorf, Bernhard 14, 24, 29, 87, 200, 213, 234, 285, 287, 292

Campe, Joachim Heinrich 17 f.
Casey, Timothy J. 137
Cato, Marcus Porcius C. Maior 146
Celan, Paul 34, 158 f., 161 f., 166
Cervantes Saavedra, Miguel de 297
Chamisso, Adelbert von 42
Charles, Jacques Alexandre César 202, 212, 250
Cheselden, William 60, 72
Chlodwig I (König von Franken) 174
Claudius, Matthias 223
Claudius, Carl Friedrich 241
Cloot, Julia 9
Copernicus (d. i. Kopernikus, Nikolaus) 217
Coste, Pierre 325
Couplet, Philipp 148
Creuzer, Friedrich 187, 189, 191
Cüppers, Stefan 202
Curtius, Ernst Robert 162
Cuvier, Georges Baron von 274 f.
Czucka, Eckehard 253

Dahmann, Horst 198
Dangel-Pelloquin, Elsbeth 97, 168, 177
Dante Alighieri 290
Dante, Johann Baptist 207 f.
D'Arlandes, Marquis François-Laurant 230
Davidson, W. 274 f.
Daviel, Jacques 45 f., 60, 321
De Pauw, Cornelius 147, 150
Debold, Annette 198
Decke-Cornill, Albrecht 13
Degen, Hans Rudolf 204
Degen, Jakob 203 f., 241
Deleuze, Gilles 107
Demus, Klaus 166
Derrida, Jacques 41, 182 f.
Descartes, René 66, 239, 277
Diderot, Denis 40, 43, 72, 112, 182 ff., 217, 251, 319 ff., 343
Diergarten, Friedrich 13
Dinzelbacher, Peter 207
Drummond, Alexis 75
Du Halde, Jean Baptiste 150

Eckhardt, Gottlieb Wilhelm 210, 219, 243
Eco, Umberto 155
Eickenrodt, Sabine 33 f., 42
Endres, Elisabeth 25, 200, 288
Engel, Johann Jakob 216 f., 275, 340
Enslen, Johann Carl 231, 238, 295
Erb, Andreas 123
Esselborn, Hans 19, 26, 31, 107, 198, 332
Esser, Albert 41
Eyl, Johann Georg 173

Fabris, P. Christian 232

Falck, Johann Daniel 220
Faujas de Saint-Fond, Barthélemy 214 ff., 230 f., 250, 269, 272, 304
Feder, Johann Georg Heinrich 91 f.
Federum, Tintinum 210
Feger, Hans 239
Felßecker, Wolff Eberhard 204
Fennell, Stephen 14, 36, 128, 159, 243
Fichte, Johann Gottlieb 16, 18, 85, 132, 143, 221 f., 235, 255 f., 261, 279
Fischart, Johann 26, 205
Flayder, Friedrich Hermann 217 f.
Fleischhut, Ulrich 26
Fleming, Paul 335
Fletcher, Phineas 185
Florey, Ernst 66
Flügge, Christian Wilhelm 16, 220, 222 f.
Foe [Fohi] 142, 146
Fohrmann, Jürgen 199, 226
Forster, Georg 138, 140, 224, 258
Foucault, Michel 45
Francke, August Hermann 148
Frankreich, Ludwig XV., König von 45
Frankreich, Ludwig XVI., König von 304
Frankreich, Marie Antoinette, Königin von 304
Frei Gerlach, Franziska 82
Frescher, Franz David 215
Freud, Sigmund 327, 329
Friedländer, Michael 275
Füssli, Johann Heinrich 232
Fu-Hsi [Fuhsi, Fuxi] 147, 175
Fuld, Werner 137

Galileo Galilei 216 f.
Garnerin, Elisabeth 258
Garnerin, Jacques 218, 259
Garve, Christian 237, 241 f.
Geissmar, Christoph 282, 302
Gellius, Johann Gottfried 96 f., 326
George, Stefan 34, 335
Georgius, Franciscus 164
Gerabek, Werner 13
Gessinger, Joachim 41, 60, 214
Gewehr, Wolf 312
Glanzmann, Walter 238
Godwin, Francis 204 f., 273
Goebel, Eckart 14, 227, 287, 334 ff., 339
Goebel, Ralf 12, 85
Görres, Joseph von 260
Goethe, Johann Wolfgang 9, 13, 24, 26, 35, 41, 45, 48 ff., 111, 118, 121, 132, 136-140, 143 f., 149, 177, 197, 223, 228, 251, 258, 291
Göttsche, Dirk 124
Goetz, Bruno 13
Golz, Jochen 51, 198, 200
Gonsales, Dominico 204
Gottsched, Johann Christoph 21, 23, 80 f.
Grebnitz, Ellias 153
Greiffenberg, Catharina Regina von 185
Grimaldi, Claudio Filippo 149, 150
Grimm, Jacob und Wilhelm 98 ff., 106, 161, 229, 231, 304
Grimmelshausen, Hans Jacob Christoph von 25, 204 f., 273
Gryphius, Andreas 332
Gryphius, Christian 23
Günderrode, Karoline von 35, 253-268
Günther, Peter P. E. 202, 235, 241, 243, 269

Haas, Norbert 258
Hädecke, Wolfgang 197
Hagemann, Friedrich Gustav 206
Hagner, Michael 66
Halle, Johann Samuel 44
Haller, Albrecht von 44, 52 f., 60, 75, 89, 218, 277
Hamann, Johann Georg 55, 144-149, 169, 293, 299 f., 306, 338 f.
Hamburger, Käte 13, 56 ff.
Harms, Julius 13
Heckmann, Wilhelm Georg 51

Hederich, Benjamin 181, 190, 295
Hessen und bei Rhein, Ludwig, Großherzog von (Lud-wig X., Erbprinz und Landgraf von Hessen-Darmstadt) 257
Hegel, Georg Wilhelm Friedrich 338 f.
Heinemann, Paul 14, 270
Heinritz, Reinhart 36
Henry, Célestine 259
Herde, Heinz 338
Herder, August 224
Herder, Johann Gottfried 11 f., 18, 26, 58, 71 ff., 76, 79-83, 85, 96, 122, 139 f., 145 f., 150, 153, 156, 164 f., 194, 223 f., 256, 261, 276-279, 284, 315
Herder, Karoline 140
Hermand, Jost 198 f., 221
Hermann, Johann Bernhard 53, 80, 91, 203, 276
Hess, Jonas Ludwig von 225, 257
Hesse, Sandra 279
Hevelius (Hevelke), Johann 320
Hildebrandt, Alexandra 41, 60
Hippel, Theodor Gottlieb von 38, 300 f.
Hippokrates 276
Hirschberg, Julius 43, 45 f., 54 f., 60, 76 f., 99, 119, 303
Hirschfeld, Christian Cay Lorenz 289 f.
Höfer, Johann Cyriakus 290
Höhler, Sabine 196
Hölderlin, Friedrich 34, 40, 159, 166, 183, 259 f.
Höllerer, Walter 197
Hoffmann, E. T. A. 38 ff., 118, 122, 135
Hoffmann, Ute 197
Hofmann, Paul 57
Hogarth, William 300
Holbein, Hans d.J. 131, 176, 209
Horn, Eva 228
Howeg, Waltraud 259 f., 265
Hsia, Adrian 30, 137
Hübner, Anna 13
Hühn, Lore 222
Hume, David 292 f., 299
Hunfeld, Barbara 21, 26, 253

Ingold, Felix Philipp 197

Jacobi, Friedrich Heinrich 16, 18, 28, 85, 147, 156, 200, 221
Jacobi, Johann Georg 11
Jacobius, Helene 197, 202, 231
Jakobson, Roman 24
Janin, Jean 43, 119 f., 182, 321
Janz, Marlies 159
Jauslin, Kurt 176
Jay, Martin 108
Jeffrey, Dr. 218, 237
Jerusalem, Johann Friedrich Wilhelm 10, 17 f., 74
Jesus (Christus) 112, 147, 184, 290, 332
Jöns, Dietrich Walter 332
Jungius, Friedrich Wilhelm Nathanael 241
Jung-Stilling, Johann Heinrich 44 f., 48 ff., 111, 320

Kästner, Abraham Gotthelf 17, 44, 48, 60, 69, 73 f.
Kaiser, Herbert 26, 36
Kaiserer, Jacob 273 f.
Kant, Immanuel 10, 21 f., 24, 28, 43, 56, 58-62, 66, 69, 91, 130, 140, 142, 171, 220 ff., 239 ff., 290, 292, 294, 296-301, 303, 308 f., 324, 338 f., 341 f.
Kassner, Rudolf 176
Kelletat, Alfred 159
Kempele(n) de Pázmánd, Wolfgang Ritter von 85 f.
Kindermann, Eberhard Christian 205
Kircher, Athanasius 71, 147, 152, 282
Klaproth, Martin Heinrich 207, 215
Klein, Ulrich 198
Klein, Wolf Peter 164, 226

Kleist, Heinrich von 209 f., 254 ff., 262, 268
Klinckowstroem, Karl Graf von 207, 217
Klopstock, Friedrich 201, 223
Klügel, Georg Simon 44, 104, 109
Knebel, Karl Ludwig von 137
Knigge, Adolph Freiherr von 19, 206, 221
Köpke, Wulf 26
Kohnen, Josef 13
Kommerell, Max 24, 169, 199, 324, 334-343
Korff, Friedrich Wilhelm 160, 198, 253
Korzus, Bernhard 197
Koschorke, Albrecht 232
Košenina, Alexander 40, 47
Kramp, Christian 238
Krüdener, Julie von 229
Kulka, Georg 13

Laermann, Klaus 33
Lafontaine, Auguste 201
Lambert, Johann Heinrich 26, 141, 155, 168
Lana, Francesco Terzi de 31, 205, 208, 214-217
Langen, August 201
Langenmeier, Theodor 190
Lavater, Johann Kaspar 10, 17 f., 43, 53, 61 f., 195, 22 f., 228 f., 233, 240, 288, 294, 327
Le Compte, Louis 152
Leibniz, Gottfried Wilhelm 16 ff., 31, 34, 61-64, 81, 85, 142 f., 146, 148-157, 175, 178, 214, 216 f.
Leismann, Burkhard 197
Lenz, Jakob Michael Reinhold 223
Lersner, Friedrich Maximilian von 111
Lessing, Gotthold Ephraim 66
Licher, Lucia Maria 260 f.
Lichtenberg, Georg Christoph 43, 65, 103, 202, 205, 211, 231, 237, 243, 257 f., 272
Liebrucks, Bruno 55, 169
Ligozzi, Jacopo 182
Lindberg, David C. 277
Lindner, Burkhardt 24, 26
Link, Jürgen 31, 198, 256
Locke, John 11
Lohmeier, Philipp 215 f.
Lorrain, Claude 287
Lütgendorf, Joseph Maximilian Freyherr von 206, 208
Lunardi, Vincenzo 258
Luther, Martin 132

Magritte, René 194 f.
Maier, Thomas 13
Mall-Grob, Bertrice 36
Marbeuf, Pierre de 185
Markworth, Tino 18
Mauchart, Burkard David 46
Mayer, Mathias 41, 58
Meckel, Philipp Friedrich Theodor 53
Mehlrose, Friedrich 111
Meier, Monika 22, 53, 346
Meister Eckart 305
Mendelssohn, Moses 14, 17 f., 224, 285, 290, 297
Mendoza, Gonzales de 147
Menke, Bettine 253, 306
Mercier, Louis Sébastien 195, 207 f., 272
Merck, Johann Heinrich 257 f.
Merkle, Harry 40, 66
Merleau-Ponty, Maurice 107
Meyern, Wilhelm Friedrich von 140
Miller, Martin 13
Miller, Norbert 40, 48
Milton, John 290
Minor, Jacob 197, 203, 207, 273
Minter, Catherine J. 14
Molyneux, William 41, 60 f.
Montaigne, Michel de 59, 290, 324 f.
Montesquieu, Charles de Secondat, Baron de la Brède et de M. 138
Montgolfier, Jacques Ètienne und Joseph Michel 30 f. 185, 195,

201 f., 205, 207-222, 230, 237, 243, 269 f., 272, 292, 295, 304, 308 f.
Morel, Thomas 271
Morgenthaler, Walter 256, 259, 261
Morhof, Daniel Georg 216
Moritz, Karl Philipp 14, 22, 56 f., 59, 61-69, 123
Mozart, Wolfgang Amadeus 234
Mülder-Bach, Inka 12, 72
Müller, Andreas 149 f., 153
Müller, Götz 13, 17, 19, 44, 64, 143, 147, 152, 163, 170, 173, 178, 200, 205, 208, 221, 236, 277 f., 284, 332
Müller, Josef 12
Müller, Martin Heinrich 83
Müller, Sophie 254
Münchhausen, Freyherr von 205
Murr, Christoph Gottlieb 215 f., 230 f., 250, 269, 272, 304
Musäus, Johann Carl August 209
Musil, Robert 25

Nadar (d.i. Gaspard Felix Tournachon) 238
Nauck, Wilhelm 205 f.
Naumann, Ursula 24 f., 125
Nerval, Gérard de 107
Nethersole, Reingard 137
Neumann, Bernd 111
Neumann, Gerhard 14, 25, 59, 211
Neumann, Peter Horst 13, 137
Nicolai, Friedrich 145
Niederhäusern, René von 285, 288, 294
Nietzsche, Friedrich 8, 334, 336 ff., 341
Nigg, Walter 207
Nitsch, Paul Fr. Achat 294
Novalis 26, 61, 256, 261

Oertel, Friedrich von 139, 221, 343
Oerthel, Adam Lorenz von 297
Oettermann, Stephan 238
Ohly, Friedrich 144, 157, 288
Opitz, Martin 23
Osmund, Emanuel 70, 138
Oswald, Johann 217
Ott-Koptschalijski, Constance 197, 207
Otto, Christian 15, 22, 54, 74, 138, 202 f., 279, 292

Panzer, Friedrich 207
Paracelsus, Aureolus Theophrastus (d. i. Bombast von Hohenheim) 294
Paré, Ambroise 76 f., 120
Pater Akosta 75
Pauler, Klaus 51, 88
Pauli, Samuel Johann [gen. Jean Pauly] 204
Paulson, William R. 41
Paulus 177, 278
Paulus, Jörg 22
Pestalozzi, Johann Heinrich 293
Pestalozzi, Karl 13, 255 f., 285
Petrarca, Francesco 244 f., 247 f., 268
Pfeffel, Gottlieb Conrad 220
Pfotenhauer, Helmut 15, 25, 53, 138, 169, 340
Piautaz, Claudine 266 f.
Pietzcker, Carl 42
Pigenot, Ludwig von 261
Platon 14, 36, 41, 72, 107, 159 f., 164, 188 f., 191 f., 247, 285, 290, 292 f., 297, 323 f.
Platner, Ernst 47
Platner, Johann Zacharias 46 f.
Pockels, Carl Friedrich 61
Poe, Edgar Allan 194 f.
Poser und Groß-Naedlitz, Michael von 237
Pott, Hans-Georg 13, 198
Pott, Ute 34, 220
Prechtl, Johann Joseph Ritter von 203
Preitz, Max 261, 268
Prévost, Pierre 207 f., 215 f., 271, 273
Priestley, Joseph 44, 103 f., 109
Prior, Matthew 285 f.

Profitlich, Ulrich 25
Proß, Wolfgang 15, 26

Quintilian, Marcus Fabius 237

Raabe, Wilhelm 13
Ränsch-Trill, Barbara 198
Rankl, Maximilian 26
Rapisarda, Cettina 34
Rasch, Wolfdietrich 25, 316, 334
Raspe, Rudolf Erich 143
Rauh, Caspar Walter 195, 233
Redon, Odilon 194 f.
Reemtsma, Jan Philipp 36-39, 45, 52, 79
Rehm, Walther 13, 57, 259 f.
Reinicke, Helmut 197 f., 212, 218, 230, 259, 271 f.
Rembrandt (van Rijn) 182
Remy, Herbert 13
Réveillon, Jean-Baptiste 230
Rexheuser, Adelheid 159
Ricci, Matteo 144
Richter, August Gottlieb 43, 48, 51 f., 54, 132, 305, 321
Ricœur, Paul 107
Riedel, Friedrich Justus 11
Riedel, Wolfgang 14, 27 f., 158, 213, 236, 301
Riha, Karl 195, 198
Ritter, Joachim 247
Robert, Nicholas Louis 250
Robertson, Etienne Gaspard 237 f., 258
Rozier, Jean François Pilâtre de 205, 245, 230, 304
Rousseau, Jean-Jacques 84, 96, 99, 215, 217, 290, 324-328
Rowe, Elizabeth Singer 315
Rubens, Peter-Paul 182
Ruggieri, Claude 271

Sacharow, A.D. 237 f.
Sachsen, Albert von 217
Sage, L. A. 258
Salignac, Melanie de 320 f.
Sauder, Gerhard 13, 48, 118
Savigny, Friedrich Carl von 266, 268
Scaliger, Julius Cäsar 231
Schäfer, Gottfried 157
Schellenberg, Johann Rudolf [d. i. Musäus] 209
Schelling, Friedrich Wilhelm Joseph von 264, 279, 323 f., 330
Schiewer, Gesine Lenore 26, 150
Schiller, Friedrich 23 f., 136, 223, 239
Schings, Hans-Jürgen 12, 14, 40, 322, 329
Schinkel, Eckhard 197 f.
Schlegel, August Wilhelm 66
Schlegel, Friedrich 14, 221, 279
Schleiermacher, Friedrich 262
Schleusener-Eichholz, Gudrun 53 f. 112, 185, 195, 282, 302, 304, 305, 309 f.
Schmidt, Arno 26, 36, 176, 194
Schmidt, Sabine 201, 374, 258
Schmidt-Biggemann, Wilhelm 13 f., 16, 143
Schmidt-Hannisa, Hans-Walter 233
Schmitz-Emans, Monika 13, 25, 148, 159, 169, 174, 200, 285, 313
Schneider, Sabine M. 28
Schönle, Siegfried 85
Schopenhauer, Arthur 32
Schreinert, Johann Friedrich Siegmund 203
Schubert, Gotthilf Heinrich von 264 f., 323
Schulz, Walter 222
Schweikert, Uwe 13, 201
Seeber, Hans Ulrich 31
Sell, Friedrich 12
Selle, D. E. G. 43
Seng, Joachim 159, 162, 166 f.
Setzwein, Bernhard 137
Silberer, Victor 196, 241
Simon, Josef 338
Simon, Ralf 20, 122
Sinn, Christian 26
Smith, Adam 327

Smith, Robert 44, 47 f., 60
Sölle, Dorothee 13, 200
Soemmerring, Samuel Thomas 53, 66, 197
Sokrates 145, 188
Sophokles 132
Spalding, Johann Joachim 17
Spallanzani, Lazzaro 118, 274 f.
Spazier, Karl 17 f.
Spedicato, Eugenio 14
Speier, Hans-Michael 335
Spener, Philipp Jacob 148
Spinoza, Baruch (Benedicutus) de 142, 278 f.
Sprengel, Peter 19, 26, 48, 87
Stadler, Ulrich 32, 40, 285
Starobinski, Jean 324
Steiner, Anton Gottfried 234
Stelzhammer, Johann Christoph 203
Steppacher, Elvira 36, 75, 122 f.
Sterne, Laurence 52, 176
Stierle, Karl Heinz 14, 59
Stifter, Adalbert 26, 160, 201, 232, 253, 258, 281, 306
Straub, Sabine 19 f., 71, 228
St. Viktor, Richard von 112, 305
Susman, Margarete 10, 13, 18
Swift, Jonathan 205

Telge, A. W. 275
Thiele, Rudolf 41, 316
Thiersch, Hans 198
Tietz, Johann Daniel 325
Tissandier, Gaston 196
Trotha, Hans von 186, 289 f.
Trunz, Erich 13, 144
Tschann, Urs Jakob 218, 231

Uebelacker, Abbé 217, 269
Uhland, Johann Ludwig 203
Unger, Rudolf 13, 16, 256
Utz, Peter 35, 38 ff., 43, 45, 60 f., 122, 182 ff., 320

Vega, Garcilasso de la 75
Verne, Jules 238
Vince, Monika 19 f., 71, 228
Vinçon, Hartmut 25, 41
Völcker, Matthias 41
Vogel, Erhard Friedrich 220
Vogel, Henriette 254
Voges, Michael 69
Vollmer, Hartmut 26
Voß, Ernestine 324
Voß, Heinrich 324

Walter, Michael 177
Warburg, Aby 207
Warburton, William 152
Warning Rainer 14, 59
Weber, Otto 257 f., 304
Wekhrlin, Wilhelm Ludwig 202, 208 f., 218, 344
Weiß, Helmut 338
Wenzel, Manfred 197, 258
Wernlein, Konstantin Friedrich 148, 152
Wezel, Johann Karl 14, 47
Wider, Paul 197, 218, 231, 238, 295
Widmaier, Rita 149, 150-153, 156, 175
Wieland, Christoph Martin 17, 72, 194, 210, 225, 250, 269 f., 285 ff., 295, 315
Wiethölter, Waltraud 19, 22 ff, 27, 29, 85
Wildenberg-de Kroon, Conny van den 41
Will, Michael 18 f., 21
Wirtz, Thomas 14 f., 21, 25 ff., 59, 81, 278
Wöbkemeier, Rita 41, 322
Wölfel, Kurt 28 f., 233 f., 237
Wohlfahrt, Günter 338
Wolff, Christian 73, 136, 142, 146, 148, 150
Wolff, Franz Ferdinand 272
Woolhouse, Thomas 46 f., 55
Wollschläger, Hans 194
Wunderlich, Uli 326

Young, Edward 16 f., 200, 315, 318 ff., 325, 329

Zachariä, August Wilhelm 271
Zacharias, Werner 46
Zambeccari, Francesco 203, 218, 241
Zastrow, Dieter 197, 218
Zedler, Johann Heinrich 46 f., 71, 75, 81, 84, 105, 114, 135, 216, 322
Zenge, Luise von 209 f., 254
Zimmermann, Johann Georg 10, 89, 224
Zymner, Rüdiger 26, 138

Dank

Das Wort »Habilitation« werde auch »im gemeinen Leben für ›sich ansässig machen‹ gebraucht«: So lautet die Definition in Joachim Heinrich Campes 1801 erschienenem *Wörterbuch zur Erklärung und Verdeutschung der unserer Sprache aufgedrungenen fremden Ausdrücke*. Daß die öffentlich bescheinigte ›Geschicklichkeit‹, als Hochschullehrer zu fungieren, durchaus nicht ganz ohne Zwänge zu haben war, zeigt die Plazierung des Begriffs, auf Seite 345 der verbesserten Ausgabe (man findet ihn ungefähr auf gleicher Höhe mit dem Fremdwort »Guillotine« auf der gegenüberliegenden Seite): Dem Begriff ›Habilitation‹ alphabetisch vorgeordnet ist die »Habeas-Corpus-Acte« (was so viel heiße wie »Verhaftungsgesetz«), und ihm direkt nachgeordnet findet sich der Hinweis auf den »Habit«, der von Campe schlicht als Kleidung, Tracht, z. B. »Predigertracht« übersetzt wird. Die in dieser lexikalischen Ordnung zutage tretende Ambivalenz mentaler, lokaler und sozialer Fixierungen des Hochschullehrerstands war dem Verfasser des Wörterbuchs wohl kaum bewußt: Auch in seinen kühnsten Vorstellungen hätte er sich die 200 Jahre später eklatant gewandelte Bedeutung dieses Terminus nicht vor Augen führen können, den er in der akademischen Gediegenheit eines auf Lebenszeit zu besetzenden Postens anzusiedeln wußte. Nun, wer sich heute habilitiert, wird – bei allem Vertrauen in sprachintegrative Prozesse – nicht zuverlässig damit rechnen können, sich an einem universitären Wohnsitz »ansetzen« (ebd.) zu können. Die Habilitationsschrift ist das Visum im Reisepaß, der seine Besitzer ohnehin zu Grenzgängern zwischen mehreren Welten macht. Und wer reist, ist bekanntlich abhängig von Freundlichkeit und Hilfestellungen, die ihm unterwegs erwiesen werden – erst recht dann, wenn der Reiseweg durch die Schriften Jean Pauls führt. Ich möchte deshalb all denen herzlich danken, die dieses Abenteuer des Geistes allererst ermöglicht haben: Insbesondere Frau Prof. Dr. Anke Bennholdt-Thomsen, die meine Arbeit als Erstgutachterin betreut und deren Umwege mit wohlwollender Kritik begleitet hat. Ohne ihre interessierte, genaue und teilnehmende Lektüre, die mir stets Orientierung gab, und – *last but not least* – ohne ihre freundlichen Ermutigungen wäre dieses Buch kaum abgeschlossen worden. Ebenso Herrn Prof. Dr. Klaus Laermann, in dessen Arbeitsbereich ich von 1990 bis 1999 als wissenschaftliche Mitarbeiterin und wissenschaftliche Assistentin an der Freien Universität Berlin forschen und lehren konnte. Herrn Prof. Dr. Helmut Pfotenhauer und Herrn Dr. Michael Will von der Jean Paul-Arbeitsstelle in

Würzburg, die mir Kritik, zahlreiche Anregungen und die Möglichkeit zur Veröffentlichung im Jahrbuch der Jean Paul-Gesellschaft gegeben haben. Herr Will hat mir freundlicherweise Teile seiner unveröffentlichten Transkriptionen der Exzerpte-Hefte vorab zur Verfügung gestellt. Ich danke ihnen wie auch anderen, die diese Arbeit vielfältig unterstützt haben, besonders Frau Dr. Anita Runge für Beratung und Gespräche an der ZE zur Förderung von Frauen- und Geschlechterforschung, Frau Diane Coleman Brandt für ihre zuverlässige redaktionelle Betreuung des Manuskripts im Wallstein Verlag sowie Jutta Schulze, die es für eine selbstverständliche Aufgabe der Freundschaft hielt, die Finanzierung der Druckkosten zu ermöglichen.

Cettina Rapisarda hat mit wachsender Ironie meine weit verzweigten gesellschaftlichen Verpflichtungen gegenüber Amandus, Giannozzo, Gione, Gustav, Klotilde, Liane, Linda, Nadine, Selina, Siebenkäs, Viktor und anderen zur Kenntnis genommen. Ihr ist diese Arbeit von Anfang an zugedacht.

Bibliografische Information Der Deutschen Bibliothek
Die Deutsche Bibliothek verzeichnet diese Publikation in der Deutschen Nationalbibliografie; detaillierte bibliografische Daten sind im Internet über http://dnb.d-nb.de abrufbar.

www.wallstein-verlag.de
Vom Verlag gesetzt aus der Stempel Garamond
Umschlaggestaltung: Susanne Gerhards, Düsseldorf, unter Verwendung des Titelkupfers von Jacob Böhmes »Morgenröte im Aufgang [...]« (Amsterdam 1682)

ISBN 13: 978-3-8353-0084-2
ISBN 10: 3-8353-0084-9